A GUERRA DE CHURCHILL

1940-1945

MAX HASTINGS

A GUERRA DE CHURCHILL

1940-1945

TRADUÇÃO DE BERILO VARGAS

intrínseca

TÍTULO ORIGINAL
Finest Years: Churchill As Warlord 1940-45

PREPARAÇÃO
Thadeu Santos
Rachel Agavino
Marluce Faria

REVISÃO
Clarisse Cintra
Ulisses Teixeira
Eduardo Carneiro

REVISÃO TÉCNICA
Joubert Brizida

DIAGRAMAÇÃO
Inês Coimbra

DESIGN DE CAPA
Barbara Villela e Lazaro Mendes

IMAGEM DE CAPA
IWM (H 10313)

CIP-BRASIL. CATALOGAÇÃO NA PUBLICAÇÃO
SINDICATO NACIONAL DOS EDITORES DE LIVROS, RJ

H285g

Hastings, Max, 1945-
A guerra de Churchill : 1940-1945 / Max Hastings ; tradução Berilo Vargas. - 1. ed. - Rio de Janeiro : Intrínseca, 2025.
624 p. : il.

Tradução de: Finest years : Churchill as warlord 1940-45
Inclui bibliografia e índice
ISBN 978-85-510-1640-4

1. Churchill, Winston, 1874-1965. 2. Primeiros-ministros - Grã-Bretanha - Biografia. 3. Grã-Bretanha - Política e governo - 1936-1945. 4. Guerra Mundial, 1939-1945. I. Vargas, Berilo. II. Título.

25-100845.0 CDD: 941.084092
CDU: 929:32(410.1)

Gabriela Faray Ferreira Lopes - Bibliotecária - CRB-7/6643

[2025]

EDITORA INTRÍNSECA LTDA.
Av. das Américas, 500, bloco 12, sala 303
22640-904 – Barra da Tijuca
Rio de Janeiro – RJ
Tel./Fax: (21) 3206-7400
www.intrinseca.com.br

Em memória de ROY JENKINS,
e às primaveras em que celebramos nossa amizade

Sumário

Lista de imagens

Alguns dos milhares de prisioneiros italianos que caíram em mãos britânicas durante a operação Compasso, de Wavell. (Imperial War Museum E1591)
Vere Hodgson.
George King. (Cortesia de Judith Avery)
Sir John Kennedy. (National Portrait Gallery, Londres)
Sir Alexander Cadogan. (Press Association Images)
Harold Nicolson. (Getty Images)
Charles Wilson, lorde Moran. (National Portrait Gallery, Londres)
Hugh Dalton. (National Portrait Gallery, Londres)
Leo Amery. (Getty Images)
Cuthbert Headlam. (Press Association Images)
Oliver Harvey. (Press Association Images)
Tenente-general Sir Henry Pownall. (Imperial War Museum FE556)
Churchill trabalhando em seu trem. (Imperial War Museum H10874)
Churchill vendo novas aeronaves com Lindemann, Portal e Pound. (Imperial War Museum H10306)
A despedida de Jock Colville de Downing Street, em setembro de 1941. (Harriet Bowes-Lyon)
Churchill no controle do Boeing Clipper que o levou de Washington para casa, em janeiro de 1942. (Imperial War Museum H16645)
Uma das muitas manifestações pela Segunda Frente que aconteceram nas cidades inglesas em 1942-1943. (Imperial War Museum D4593)
Conferência do Cairo em agosto de 1942. (AP/Press Association Images)
Harriman e Churchill com Molotov na chegada a Moscou. (Imperial War Museum MoI FLM115)
Dieppe depois da desastrosa incursão de agosto de 1942. (Imperial War Museum HU1904)
Tropas soviéticas avançam rumo a Stalingrado. (The Archive of the Panoramic Museum of the Battle of Stalingrad)
Os britânicos avançam em El-Alamein em novembro de 1942. (Imperial War Museum E18807)
Líderes de guerra americanos em Casablanca em janeiro de 1943. (© Bettmann/Corbis)
Aneurin Bevan. (Getty Images)
Stafford Cripps. (Getty Images)
Clement Attlee. (Getty Images)
Ernest Bevin. (Getty Images)
Lorde Beaverbrook. (Getty Images)
Churchill com o general Anderson no anfiteatro romano de Cartago em maio de 1943. (Imperial War Museum NA3253)

Tropas inglesas avançam [illegible] (NAM [illegible])

[illegible] de 1940. (Hulton/Getty Images/Getty Images)

Topografia [illegible] (Imperial War Museum [illegible])

[illegible] de 1943. (Imperial War Museum NA [illegible])

Churchill com Clementine [illegible] agosto de 1943. (Imperial War Museum [illegible])

Os três Grandes em Teerã, em 30 de novembro de 1943. (Imperial War Museum [illegible])

[illegible] de 1944. (Time & Life Pictures/Getty Images)

[illegible] (Getty Images)

[illegible] (Imperial War Museum [illegible])

[illegible] de junho de 1944. (Imperial War Museum [illegible])

[illegible] da Normandia [illegible] de 1944. (Imperial War Museum [illegible])

Churchill com Alexander na Itália, em 26 de agosto de 1944. (Imperial War Museum [illegible])

Churchill com De Gaulle em Paris no Dia do Armistício, em 11 de novembro de 1944. (Imperial War Museum [illegible])

[illegible] de dezembro de 1944. (Imperial War Museum [illegible])

[illegible] em fevereiro de 1945. (Liddell Hart Centre for Military Archives)

[illegible] (Imperial War Museum [illegible])

Churchill [illegible] em março de 1945. (Liddell Hart Centre for Military Archives)

Churchill [illegible] Buckingham [illegible] (Imperial War Museum [illegible])

Churchill [illegible] Downing Street. (Imperial War Museum [illegible])

Churchill com Truman e Stalin em Potsdam, em 23 de julho de 1945. (Getty Images)

Lista de mapas

É possível que os capítulos mais gloriosos de nossa história ainda estejam por ser escritos. Na verdade, os problemas e perigos que nos cercam, a nós e a nosso país, deveriam deixar os ingleses e as inglesas desta geração felizes por estarem aqui neste momento. Deveríamos nos alegrar diante das responsabilidades com as quais o destino nos honrou e sentir orgulho de sermos os guardiães do nosso país numa época em que sua própria sobrevivência está em risco.

Winston Spencer-Churchill, abril de 1933

A história, com sua luz tremulante, cambaleia pela trilha do passado, tentando reconstruir suas cenas, reviver seus ecos e reacender com pálidos lampejos a paixão dos dias de outrora.

Winston Spencer-Churchill, novembro de 1940

Introdução

Winston Churchill foi o maior cidadão inglês e um dos maiores seres humanos do século XX, ou até mesmo de todos os tempos. Apesar da afirmação ousada, há infinitas nuances ao se considerar o modo como Churchill conduziu a Grã-Bretanha na guerra entre 1940 e 1945 — e esse é o tema deste livro. A obra teve origem nove anos atrás, quando Roy Jenkins escrevia uma biografia de Churchill. Senti-me lisonjeado quando Roy me convidou para comentar seu texto datilografado, capítulo por capítulo. Aceitou algumas sugestões e outras, sensatamente, ignorou. Quando chegamos à Segunda Guerra Mundial, a paciência dele se esgotou. Irritado pela profusão de críticas, disse: "Você está tentando me obrigar a fazer algo que deveria escrever por conta própria!" Àquela altura, seu estado de saúde declinava. Estava impaciente para terminar o livro, que alcançou um sucesso retumbante.

Nos anos seguintes, pensei muito em Churchill e na guerra, ciente de certas frases de James Boswell sobre Samuel Johnson: "Certa vez lhe veio a ideia de escrever *The Life of Oliver Cromwell* [A vida de Oliver Cromwell]... Depois de algum tempo, abandonou o plano, ao descobrir que tudo que podia ser dito a respeito do dramaturgo já estava publicado, de modo que era impraticável buscar qualquer informação autêntica além da que o mundo já possuía."[1] Em meio à vasta bibliografia sobre Churchill, eu tinha receio sobretudo de me aventurar pelos caminhos do extraordinariamente original e penetrante *In Command of History* [No comando da história], de David Reynolds, publicado em 2004. O autor esmiuçou sucessivos rascunhos das memórias de guerra de Churchill, expondo contrastes entre os julgamentos iniciais de pessoas e acontecimentos feitos pelo velho estadista e os que por fim achou prudente publicar. Andrew Roberts traçou um retrato admirável das relações anglo-americanas durante a guerra, sobretudo dos grandes encontros de cúpula, em *Mestres e comandantes*.[2] Já nos contaram mais sobre Winston Churchill do que sobre qualquer outro ser humano. Milhares de pessoas, de diversos países, registraram até os encontros mais insignificantes, anotando cada palavra que ele proferiu. A mais vívida memória de guerra de um soldado do VIII Exército britânico está relacionada a um dia, em 1942, quando ele descobriu que o primeiro-ministro estava a seu lado numa latrina no deserto norte-africano.[3] Os discursos e escritos de Churchill preenchem muitos volumes.

Apesar disso, muito permanece obscuro, porque assim foi sua vontade. Sempre atento ao seu papel de notável protagonista no palco da história, reivindicou esse título no mais supremo grau após 10 de maio de 1940. Nunca manteve um diário porque, como disse certa vez, se o tivesse exporia suas tolices e inconsistências para a posteridade. No entanto, poucos meses depois de ascender ao cargo de primeiro-ministro, informou à sua equipe que já tinha planejado os capítulos do livro que escreveria ao fim da guerra.[4] O resultado foi uma obra impiedosamente parcial de seis volumes, que como narrativa histórica tem pouco valor, embora em seus melhores momentos apresente uma prosa incomparável. Nunca saberemos, com total segurança, o que ele achava de muitas personalidades — por exemplo, Roosevelt, Eisenhower, Alanbrooke, o rei George VI, seus colegas de gabinete —, porque teve o cuidado de não nos contar.

As relações de Churchill com o povo britânico durante a guerra foram muito mais complexas do que se costuma admitir. Poucos negavam seus direitos à chefia do governo. Contudo, entre o fim da Batalha da Inglaterra, em 1940, e a Segunda Batalha de El-Alamein, em novembro de 1942, não só cidadãos comuns, mas também alguns de seus colegas mais próximos, queriam que o controle operacional da máquina de guerra fosse tirado das mãos de Churchill e outra figura assumisse o cargo de ministro da Defesa. É difícil exagerar o constrangimento, até mesmo a vergonha, do povo britânico ao perceber que os russos desempenhavam o papel heroico na luta contra o nazismo, enquanto seu próprio exército parecia incapaz de vencer uma batalha. Para compreender a experiência pela qual a Grã-Bretanha passou durante a guerra, parece indispensável reconhecer algo que alguns relatos não fazem: o sentimento de humilhação que afligiu os cidadãos britânicos em meio aos fracassos de seus soldados, em comparação aos sucessos de Stalin — embora essas glórias com frequência se baseassem em informações absurdamente falsas.

Churchill ficou alarmado com o desempenho do exército, mesmo quando as vitórias começaram a chegar, no fim de 1942. Por ser um herói, esperava que os outros também agissem como tal. Em 1940, o povo da Grã-Bretanha, juntamente com a marinha e a força aérea, correspondeu maravilhosamente às suas expectativas. Depois disso, entretanto, parece-me que boa parte da história britânica na guerra se resumiu à insistência do primeiro-ministro em extrair de seu país e de seus guerreiros mais do que podiam oferecer. A incapacidade do exército de corresponder a tais aspirações é um dos temas centrais deste livro.

Boa parte da discussão sobre o empenho militar da Grã-Bretanha na Segunda Guerra Mundial se concentra nas relações de Churchill com seus generais. Do meu ponto de vista, essa preocupação é exagerada. As dificuldades no combate aos alemães e aos japoneses eram intensas demais para serem resolvidas por uma mudança de comandante. Os britânicos foram vencidos repetidas vezes entre

1940 e 1942, e continuaram a ter problemas no campo de batalha devido a falhas de tática, armas, equipamentos e cultura, falhas ainda mais significativas do que a ausência de uma liderança de movimento de massa ou inspiradora. A distância entre as aspirações churchillianas e a realidade estendia-se aos povos da Europa ocupada, e foi essa a origem de sua fé em "tocar fogo na Europa" por intervenção da Agência de Operações Especiais (SOE, na sigla em inglês), com consequências malignas que ele foi incapaz de prever. A SOE pôs armas nas mãos de muitos povos ocupados, o que os levou a lutar uns contra os outros mais energicamente em 1944-1945 do que haviam lutado antes contra os alemães.

É um erro comum supor que os que subiram ao palco nas horas críticas eram gigantes, seres à parte das personalidades de nossa sociedade maçante. Em vez disso, sustentei em livros anteriores que o mais correto seria vermos 1939-1945 como um período em que homens e mulheres, não muito diferentes de nós, esforçaram-se para lidar com estresses e responsabilidades que exigiram o máximo da capacidade de cada um. Churchill fez parte do minúsculo grupo de atores que se mostraram dignos do papel que o destino lhes confiou. Aqueles que trabalharam com o primeiro-ministro, na verdade todo o povo britânico em guerra, funcionaram como coadjuvantes, procurando, honrada, mas às vezes inadequadamente, desempenhar seu papel na esteira de um titã.

Sir Edward Bridges, então secretário de gabinete do primeiro-ministro, escreveu o seguinte a respeito de Churchill entre 1940 e 1942: "Tudo dependia dele e somente dele. Só ele tinha o poder de fazer o país acreditar que venceria."[5] Essa continua a ser a opinião da maior parte do mundo, quase setenta anos depois. E não é por falta de iconoclastas. Numa biografia recente, Nigel Knight, palestrante de Cambridge, escreve com desdém sobre Churchill: "Não era louco nem simplório; suas decisões equivocadas eram produto de sua personalidade — mistura de arrogância, emoção, autoindulgência, teimosia e fé cega na própria capacidade."[6] Outro biógrafo moderno, Chris Wrigley, sugere que o tributo de Sir Edward Bridges a Churchill "talvez exagere sua indispensabilidade".[7]

Essas críticas parecem fúteis para aqueles convencidos de que, na ausência dele, a Grã-Bretanha teria feito um acordo com Hitler depois de Dunquerque. A partir de então, além de suas conquistas internas como líder de guerra, Churchill teve um papel diplomático que só ele seria capaz de desempenhar: cortejar os Estados Unidos em nome da nação britânica. Para isso, foi obrigado a superar fortes preconceitos dos dois lados do Atlântico. Tão extravagante era a retórica de Churchill — e também de Roosevelt — sobre a aliança anglo-americana durante a guerra que até hoje o grau de desconfiança e mesmo de antipatia entre os dois povos costuma ser subestimado. A classe dominante britânica, em particular, tratou os americanos com um incrível tom de condescendência.

Em 1940-1941, Winston Churchill percebeu, com uma clareza que alguns de seus compatriotas não tiveram, que só a beligerância americana abriria o caminho para a vitória. Pearl Harbor, e não os poderes de sedução do primeiro-ministro, acabaria levando o país de Roosevelt a entrar na guerra. No entanto, nenhum outro estadista poderia ter conduzido a política britânica junto aos Estados Unidos com habilidade tão consumada, ou adquirido tamanha influência pessoal sobre o povo americano. Isso persistiu até 1944, momento em que sua reputação nos Estados Unidos despencou de repente, para só se recuperar quando o início da Guerra Fria fez muitos americanos verem Churchill como profeta. Sua grandeza, que acabara parecendo desproporcional para o próprio país empobrecido, passou então a ser tida como um tesouro anglo-americano.

De junho de 1941 em diante, Churchill viu com muito mais clareza do que a maioria dos soldados e políticos britânicos que a Rússia precisava ser acolhida como aliada. Contudo, é importante descartar lendas sobre a ajuda à União Soviética (URSS) e reconhecer que esse ato foi pequeno diante do decisivo período de 1941-1942. O país de Stalin salvou a si mesmo, com pouca ajuda dos Aliados Ocidentais. Foi só a partir de 1943 que os suprimentos enviados para a Rússia adquiriram massa crítica e as operações terrestres anglo-americanas absorveram parte significativa das atenções da Wehrmacht. A imensa popularidade da União Soviética na Grã-Bretanha durante a guerra era uma fonte de desalento, até mesmo de exasperação, para o pequeno número de pessoas no alto escalão que conheciam a verdade sobre a barbárie do regime de Stalin, sua hostilidade contra o Ocidente e seus desígnios imperialistas na Europa Oriental.

A linha divisória entre a opinião pública e a do primeiro-ministro sobre a União Soviética se tornou um abismo em maio de 1945. Um dos atos mais surpreendentes de Churchill, em suas últimas semanas como primeiro-ministro, foi ordenar que o Estado-Maior de Planejamento Conjunto produzisse um rascunho da operação Impensável. O documento criado examinava a praticabilidade de lançar uma ofensiva anglo-americana contra a URSS, com 47 divisões reforçadas pelos restos da Wehrmacht de Hitler, para devolver a liberdade à Polônia. Embora Churchill reconhecesse que isso era uma possibilidade remota, é notável que tenha feito os chefes de estado-maior nem sequer tratarem do assunto.

Surpreende-me ver que poucos historiadores notam que muitas informações supostamente escondidas dos soviéticos pelos britânicos e americanos — por exemplo, a decifração dos códigos do Eixo em Bletchley Park e as discussões anglo-americanas sobre o lançamento de uma Segunda Frente — eram do conhecimento de Stalin, graças aos bons ofícios de simpatizantes do comunismo e de traidores em Whitehall e Washington. Os soviéticos sabiam muito mais sobre as secretas decisões políticas de seus aliados do que os britânicos e americanos sabiam sobre as dos russos.

É fascinante estudar as mudanças do ânimo geral por intermédio de jornais e diários de cidadãos comuns britânicos, americanos e russos. Esses documentos com frequência oferecem um quadro bem diferente do apresentado pelos historiadores, com seu conhecimento privilegiado de como a guerra acabou. Quanto às impressões do alto escalão, alguns homens que eram políticos e comandantes medíocres contribuíram muito mais como cronistas contemporâneos. Os diários de figuras como Hugh Dalton, Leo Amery e do tenente-general Henry Pownall os tornam muito mais valiosos para nós no papel de testemunhas oculares e ouvintes indiscretos do que eram aos seus contemporâneos, considerados atores coadjuvantes da peça.

O major-general John Kennedy, durante boa parte da guerra diretor de operações militares do exército britânico, manteve um diário que talvez só perca para o do general Sir Alan Brooke em revelações sobre o alto comando militar britânico. Em 26 de janeiro de 1941, nos dias mais sombrios do conflito, Kennedy manifestou o temor de que relatos seletivos das reuniões de líderes britânicos pudessem iludir a posteridade:

> Seria fácil, com uma esperta ou tendenciosa seleção de provas, dar a impressão, por exemplo, de que a política estratégica do primeiro-ministro era quase sempre defeituosa, e que somente graças a terríveis esforços ele era capaz de alcançar bons resultados — seria fácil fazer o mesmo com relação a todos os chefes de estado-maior. O historiador que tiver de lidar com os volumosos registros desta guerra enfrentará uma tarefa assustadora. Imagino que nunca houve guerra tão bem documentada. Mas os registros não costumam revelar opiniões individuais. É essencialmente um governo de comitês (...) Winston é, claro, a personalidade dominante, e não há no seu *entourage* e entre seus assessores imediatos uma personalidade realmente forte. Mas as opiniões de Winston não costumam prevalecer se forem contra a opinião geral dos estados-maiores das forças singulares. Minutas levantam voo continuamente da máquina de escrever de Winston sobre todos os assuntos imagináveis. Sua imaginação estratégica é inexaurível e muitas de suas ideias são extravagantes, falhas e impraticáveis (...) mas, no fim, são derrubadas se não forem aceitáveis.[8]

Essas observações, feitas no calor dos acontecimentos, merecem o respeito de todos os historiadores do período. Outro ponto banal, mas ainda assim crítico, é que as circunstâncias e as atitudes se alteravam. O primeiro-ministro mudava com frequência de opinião e, por sua disposição em fazê-lo, merece mais crédito do que normalmente recebe. Ao mesmo tempo, outros vacilavam em suas opiniões a respeito dele. Alguns que reverenciavam Churchill nos primeiros meses do mandato de primeiro-ministro tornaram-se, mais tarde, amargamente céticos e vice-versa. Depois de Dunquerque, as classes médias da Grã-Bretanha ficaram consideravelmente mais firmes do que alguns membros da tradicional casta dominante, em parte porque tinham menos conhecimento do verdadeiro horror das dificuldades que o país enfrentava. A História considera crucial a sobrevivência da Grã-Bretanha ao longo de 1940, tanto é que a fadiga e o cinismo que impregnavam o país por volta de 1942, em meio a contínuas derrotas, costumam ser subestimados. A agitação industrial, manifestada em greves sobretudo nas regiões carboníferas e nas indústrias aeronáutica e naval, revelava fissuras no tecido da unidade nacional que, surpreendentemente, são pouco conhecidas.

Este livro não tenta contar novamente toda a história de Churchill na guerra, mas, sim, apresentar um retrato de sua liderança a partir do dia em que se tornou primeiro-ministro, 10 de maio de 1940, levando em conta o contexto da experiência nacional da Grã-Bretanha. A primeira metade do conflito recebe uma atenção maior, em parte porque a contribuição de Churchill foi então bem mais expressiva do que seria depois e em parte porque procurei ressaltar questões e acontecimentos sobre os quais algo de novo poderia ser dito. Tratei disso anteriormente em *Bomber Command* e *Armageddon*. Aqui me limitei à discussão do papel pessoal do primeiro-ministro em decisões cruciais de bombardeio. Não descrevo minuciosamente campanhas terrestres e navais; em vez disso, examino as culturas institucionais que influenciaram o desempenho do exército britânico, da Marinha Real e da Força Aérea Real (RAF, na sigla em inglês), bem como as relações das três forças singulares com o primeiro-ministro.

Para manter a coerência, é necessário abordar alguns temas e episódios que são familiares, embora aspectos específicos mereçam reconsideração. Houve, por exemplo, o que chamo de segunda Dunquerque, não menos miraculosa do que a primeira. O maior erro de julgamento de Churchill em 1940 foi a decisão de enviar mais tropas para a França em junho, após o resgate da Força Expedicionária Britânica (BEF, na sigla em inglês) das praias. Só a teimosa insistência de seu comandante, o tenente-general Sir Alan Brooke, possibilitou superar os estouvados impulsos do primeiro-ministro e evacuar quase 200 mil soldados que, de outra forma, teriam sido perdidos.

Examinam-se na narrativa alguns acontecimentos e questões de menor importância, nos quais o papel do primeiro-ministro foi crucial, como a contribuição estratégica da SOE — tão distinta das românticas histórias de arrojo de seus agentes —, a campanha do Dodecaneso e a aventura de Churchill em Atenas em dezembro de 1944. Fiz pouca pesquisa original nos documentos pessoais. Em vez disso, explorei a impressão que ele causou em generais, soldados, cidadãos, americanos e russos. O fato de Moscou ter proibido o acesso aos arquivos fundamentais a pesquisadores estrangeiros restringiu a maravilhosa bonança do período pós-Guerra Fria. No entanto, muito material relevante foi publicado em coleções documentais russas.

Parece um equívoco economizar citações de Alan Brooke, John Colville e Charles Wilson (lorde Moran) só porque tais registros são há muito tempo de domínio público. Pesquisas recentes no manuscrito de Moran sugerem que, longe de ser um genuíno registro contemporâneo, boa parte do documento foi escrita depois. Apesar disso, a maioria dos relatos e observações parece confiável. Os diários do chefe militar, secretário particular e médico de Churchill oferecem, com todas as suas limitações, o depoimento mais íntimo que teremos sobre a existência de Churchill durante a guerra.

Ele próprio, é claro, toma conta da história em todo o seu alegre esplendor. Mesmo nos períodos mais complicados, quando seu espírito fraquejava, lampejos de exuberância irrompiam, animando os colegas e contemporâneos, mas causando desconforto em algumas pessoas. Ficavam horrorizadas, até enojadas, de vê-lo vibrar tão explicitamente com o papel que exercia no maior conflito da história humana. "Por que olhamos para a história como se fosse passado e esquecemos que a estamos criando?", disse ele, exultante, para o primeiro-ministro australiano Robert Menzies em 1941. Foi esse júbilo que fez um homem como James Lees-Milne, esteta e escritor de diários, apontar em tom crítico quando já estava tudo acabado: "Churchill adorava tão evidentemente a guerra que eu jamais conseguiria gostar dele. Apenas reconheço que ele, como Gêngis-Khan, foi grande."[9]

Lees-Milne e críticos da mesma opinião ignoraram um importante aspecto da atitude de Churchill quanto aos conflitos em geral e quanto à Segunda Guerra Mundial em particular. Ele se emocionava com o troar dos canhões, desfrutando sua proximidade, mas nunca, nem por um instante, perdeu o senso de horror diante da morte e da destruição que a guerra causava entre inocentes. "Ah, guerra horrível, incrível mixórdia do glorioso e do miserável, do deplorável e do sublime", escreveu ele como correspondente na África do Sul em janeiro de 1900. "Se homens modernos de luz e comando vissem tua face mais de perto, as pessoas simples quase nunca a veriam." Hitler era indiferente aos sofrimentos que suas políticas impunham à humanidade. Churchill jamais fraquejou diante da necessidade de pagar com sangue a derrota da tirania nazista. O único objetivo era silenciar os canhões e reconduzir os povos do mundo a uma vida de paz.

O apetite para a briga era, em maio de 1940, uma das mais convincentes credenciais de Churchill para a liderança nacional. Neville Chamberlain tinha muitas fraquezas como primeiro-ministro, mas a principal delas era a repugnância pelo conflito ao qual seu país se dedicara, compartilhada por muitos membros do seu governo. Um deles, Rob Bernays, disse: "Eu queria ter vinte anos. Não aguento essa responsabilidade."[10] Um país que estava empenhado numa luta de vida ou morte contra uma das mais implacáveis tiranias da história certamente mostrou sabedoria ao confiar a liderança a um homem ansioso para aceitar a função, e não um que a evitasse. Este livro discute os deslizes e os erros de julgamento de Churchill, que são muitos e variados. Não passam, porém, de pequenezas na montanha de suas realizações. É costume dizer que os povos britânico e americano são ainda hoje, no século XXI, indecentemente obcecados pela Segunda Guerra Mundial. Não é preciso ir longe para encontrar a razão. Sabemos que aí está algo que nossos pais e avós fizeram bem, numa causa nobre para sempre identificada com a pessoa de Winston Churchill, comandante militar extraordinário.

MAX HASTINGS
Chilton Foliat, Berkshire
Maio de 2009

1
A Batalha da França

Por sete meses depois de iniciada a Segunda Guerra Mundial, em setembro de 1939, muitos britânicos se iludiram com a crença de que a guerra talvez estancasse antes de haver um banho de sangue no Ocidente. Em 5 de abril de 1940, embora o confronto armado, porém passivo, que persistia desde a queda da Polônia ainda prevalecesse na fronteira franco-alemã, o primeiro-ministro Neville Chamberlain disse numa reunião do Partido Conservador: "Hitler perdeu o trem." Menos de cinco semanas depois, no entanto, em 7 de maio, ele fez um discurso na Câmara dos Comuns com o propósito de explicar o desastroso resultado da campanha para frustrar a ocupação alemã da Noruega. Abrindo com um tributo às tropas britânicas que tinham "cumprido sua tarefa com magnífica valentia", ele prosseguiu, em tom hesitante:

> Espero que não exageremos a importância do contratempo sofrido. A retirada da Noruega meridional não é comparável à retirada de Galípoli. (...) Não havia grandes forças envolvidas. Nada muito além de uma única divisão. (...) Ainda assim, estou perfeitamente ciente (...) de que algum desalento foi causado aos nossos amigos e que nossos inimigos estão se aproximando (...) Quero pedir aos honoráveis membros que não formem opiniões apressadas sobre o resultado da campanha na Noruega até onde ela chegou. (...) Um ministro que demonstra qualquer sinal de confiança é sempre chamado de complacente. Se não se comporta assim, é rotulado de derrotista. Da minha parte, tento seguir o caminho intermediário — [Interrupção] —, nem criando expectativas indevidas [Honoráveis parlamentares: "Hitler perdeu o trem."] que sejam difíceis de cumprir, nem assustando as pessoas com quadros de absoluta tristeza. Muitas vezes alguns dos honoráveis parlamentares repetiram a frase "Hitler perdeu o trem" [Parlamentares: "Você disse isso."] (...) Enquanto preservo minha total confiança em nossa vitória final, não acho que o povo deste país percebeu ainda a gravidade ou a iminência da ameaça que pende sobre nós [Um parlamentar: "Foi o que dissemos cinco anos atrás."].

Quando o debate terminou na noite seguinte, 33 membros do Partido Conservador, os *tories*, votaram contra o próprio partido numa Moção de Suspensão e mais sessenta se abstiveram. Apesar de Chamberlain ainda dispor de maioria parlamentar, estava claro que seu governo tinha perdido a confiança do país. Não foi apenas consequência da campanha da Noruega; foi também porque, durante oito desastrados meses, ele expusera sua falta de estômago para a guerra. Uma coligação de todos os partidos era indispensável. Os trabalhistas não se subordinariam ao comando de Chamberlain. Winston Churchill se tornou primeiro-ministro depois de uma reunião com Chamberlain, com o secretário do Exterior, lorde Halifax, e com o líder da bancada do Partido Conservador, David Margesson, na tarde de 9 de maio de 1940. Durante o encontro, Halifax se declarou inapto para exercer o cargo, e na condição de membro da Câmara dos Lordes seria obrigado a delegar a direção da guerra a Churchill na Câmara dos Comuns. Na verdade, algum expediente poderia ter sido adotado para permitir que o secretário do Exterior retornasse à Câmara dos Comuns. Halifax, porém, se conhecia o bastante para saber que, assim como Neville Chamberlain, não possuía o estofo de um líder de guerra.

Enquanto boa parte da classe dominante via o novo primeiro-ministro com antipatia e desconfiança, ele tinha a preferência esmagadora do povo britânico. Com instinto notavelmente seguro, o povo percebia que, se tinha de ir à guerra, a liderança de um guerreiro era necessária. David Reynolds observou que quando a campanha de Galípoli fracassou, em 1915, muita gente quis culpar Churchill — então, como em 1940, Primeiro Lorde do Almirantado —, ao passo que, depois da Noruega, ninguém pensava mais assim. "Foi surpreendente", escreveu Churchill num rascunho inédito de suas memórias de guerra, "eu realmente não sei como — sobrevivi e mantive meu lugar na estima pública, enquanto toda a culpa foi jogada em cima do pobre sr. Chamberlain".[1] Talvez ele também tenha percebido a sorte que teve em não chegar ao cargo mais alto nos primeiros anos, ou mesmo nos primeiros meses da guerra. Tivesse assumido antes, é provável que, em maio de 1940, o país já estivesse cansado dos excessos que ele certamente teria cometido; além disso, não teria sido mais capaz do que Chamberlain de impedir o curso dos acontecimentos no continente. Ainda em 1935, Stanley Baldwin explicou a um amigo sua relutância em nomear Churchill para o seu próprio Gabinete: "Se vai ter guerra — e quem pode dizer que não —, precisamos mantê-lo engatilhado para ser nosso primeiro-ministro."[2] O tom de Baldwin era jocoso e paternalista, mas os fatos mostrariam uma boa dose de verdade nessas palavras.

Em maio de 1940, só generais e almirantes conheciam a extensão da responsabilidade de Churchill pelos malfadados desdobramentos das tropas britânicas na Escandinávia. Apesar disso, a opinião difundida de que ele foi o único arquiteto do desastre parece exagerada. Fossem as tropas britânicas mais bem treinadas, motivadas ou comandadas, teriam se saído melhor contra as forças de Hitler, que as derrotaram repetidamente na Noruega embora com frequência estivessem em inferioridade numérica. O fracasso do exército britânico refletiu décadas de abandono, somado a fraquezas institucionais que influenciariam a sorte militar nos anos que se seguiram. Isso foi simbolicamente atestado por um coronel que notou, entre as bagagens dos oficiais que desembarcavam em Namsos, na costa da Noruega central, "diversas varas de pesca e muitas armas de caça".[3] Nenhum oficial alemão teria ido para a guerra com acessórios tão frívolos.

A essa altura, Halifax escrevia desdenhosamente para um amigo: "Não acho que WSC dê um bom primeiro-ministro, embora (...) o país pense que ele seja uma injeção de estímulo."[4] O secretário do Exterior disse ao ministro da pasta, R. A. Butler, quando discutiam a recusa dele próprio de oferecer-se ao cargo de primeiro-ministro: "É uma pena mesmo. Você conhece meus motivos, não adianta discutirmos isso — mas os bandidos logo assumirão total controle."[5] Pessoas mais humildes discordavam. Nella Last, uma dona de casa de Lancashire, escreveu em seu diário em 11 de maio: "Se eu tivesse de passar minha vida inteira com um homem, escolheria o sr. Chamberlain, mas acho que preferiria o sr. Churchill se houvesse uma tempestade e eu naufragasse. Tem uma cara engraçada, como um buldogue que vive na nossa rua e fez mais para expulsar cães e gatos indesejados (...) do que todas as reclamações dos moradores."[6] A correspondente da *New Yorker* em Londres, Mollie Panter-Downes, contou aos leitores da revista: "Tudo está acontecendo tão rápido que a Inglaterra adquiriu um novo primeiro-ministro sem nem perceber. (...) É paradoxal, mas verdadeiro, que apesar de toda a sua receosa antipatia pelo brilhantismo, os britânicos comecem a achar que estarão mais seguros com um pouco de dinamite por perto."[7] O parlamentar trabalhista Harold Nicolson, um político ruim, mas com contribuições importantes como jornalista e escritor de diários, escreveu no *Spectator* que "o gosto elisabetano [de Churchill] pela vida, (...) sua perspicácia, (...) sobe até o céu como o forte esguicho de uma fonte, faiscando em cada raio de sol, renovando-se com jatos e rajadas de imagens e associações cada vez mais altos".[8]

Embora a nomeação de Churchill tenha sido feita pelo rei a conselho de Chamberlain, sem seguir qualquer processo eleitoral, a aclamação popular o conduziu à chefia do governo — e à função de ministro da Defesa, da qual também se apropriou. O parlamentar conservador Leo Amery era um dos que duvidavam que Churchill pudesse desempenhar tantos papéis: "É desconcertante o fato de Winston achar que pode ser primeiro-ministro, coordenador da defesa e líder da Câmara, tudo ao mesmo tempo, e confirma a minha crença de que ele considera este arranjo temporário. Ninguém é capaz de coordenar bem a defesa sem estar preparado para ser o comandante efetivo dos três chefes de estado-maior e diretamente responsável pelos planos."[9] Três anos depois, críticos ainda manifestavam assombro com as funções acumuladas de Churchill. No entanto, ele foi levado a isso não por presunção pessoal, mas pelo desalento de ver a chocante falta de coordenação entre as forças singulares, falha que caracterizou toda a campanha da Noruega. E a posteridade percebe, como ele percebeu na época, que, além de seu entusiasmo em dirigir a máquina de guerra britânica, não havia nenhuma outra figura política ou militar a quem fosse apropriado delegar esses poderes.

Num dos trechos mais famosos e comoventes de suas memórias, Churchill se declara, em 10 de maio, "consciente de um profundo sentimento de alívio. Finalmente tinha autoridade para dar instruções sobre o cenário todo. Senti-me como se caminhasse com o destino e toda a minha vida pregressa tivesse sido apenas um preparativo para esta hora e esta provação".[10] Ele vibrava com a subida à liderança da Grã-Bretanha. Talvez se permitisse uma pitada de satisfação ao pensar que, por fim, poderia fumar impunemente seus charutos durante as reuniões de gabinete, hábito que irritara seu antecessor. Se, porém, alimentava a crença de que estaria ao alcance dele moldar a estratégia, os acontecimentos logo o desiludiram.

Ao alvorecer de 10 de maio, poucas horas antes de Churchill ser convocado ao Palácio de Buckingham, os exércitos de Hitler atravessaram as fronteiras da Holanda, da Bélgica e do Luxemburgo, até então países neutros. O capitão David Strangeways, que servia na Força Expedicionária Britânica perto de Lille, já do lado francês da fronteira, reagiu com raiva à impertinência de um ordenança que entrou correndo no alojamento onde estava deitado, aos gritos de "David, senhor, David!".[11] Só então o oficial se deu conta de que o rapaz transmitia as ordens para a operação David, a investida da Força Expedicionária Britânica a partir de sua linha fortificada, a postos desde o outono anterior bem no interior da Bélgica para conter o avanço alemão. Apesar de os belgas terem se declarado neutros desde 1936, o planejamento de guerra dos Aliados se sentiu forçado a prever a imperativa necessidade de oferecer-lhes ajuda caso a Alemanha violasse o seu território.

A operação David correspondeu perfeitamente às previsões e aos desejos de Hitler. Em 10 de maio, os britânicos, juntamente com o I e o VII Exércitos franceses, correram para abandonar as posições defensivas cuidadosamente preparadas. Embarcaram em seus caminhões e viaturas blindadas e partiram em longas colunas para o leste, rumo à provocadora "capa do toureiro matador", nas palavras de Liddell Hart, com que os alemães lhes acenavam na Bélgica. Mais ao sul, na floresta das Ardenas, colunas de Panzers avançaram para lançar uma das grandes surpresas da guerra, uma arremetida no centro da linha aliada, indesculpavelmente enfraquecida pelas mobilizações do comandante supremo dos Aliados, o general francês Maurice Gamelin. Os tanques de Guderian e Reinhardt, correndo para o rio Mosa, facilmente destroçaram a ca-

Mobilizações de maio de 1940
DINAMARCA
MAR DO NORTE
Reservas alemãs
42 divisões
PAÍSES BAIXOS
Exército belga
18 divisões + res.
GRÃ-BRETANHA
Reservas
2 divisões
Amsterdã
Haia
Utrecht
Exército holandês
8 divisões + res.
Grupo B do Exército
(Bock)
29,5 divisões, inc. 3 blindadas
VII Exército francês
(Giraud)
7 divisões, inc.
1 mecanizada leve
e 2 motorizadas
Roterdã
Breda
Mosa
ALEMANHA
Comandante supremo, Forças armadas – Hitler
Comandante supremo
OKH (Alto Comando do Exército)
C e C, Brauchitsch
Dover
Ostend
Dunquerque
Reservas
4 divisões
Escalda
canal Alberto
Louvain
Bruxelas
Wavre
BÉLGICA
Aachen
Liège
Namur
Grupo A do Exército
(Rundstedt)
45,5 divisões,
inc. 7 blindadas
e 3 motorizadas
Abbeville
Ardenas
BEF
(Gort)
9 divisões
Somme
Sedan
Luxemburgo
I Grupo do Exército francês
(Billotte)
22 divisões, inc. 2 mecanizadas leves
Longuyon
Linha Siegfried
Sena
Paris
Brit
II Grupo do Exército francês
(Prételat)
35 divisões + 1 britânica
FRANÇA
Haguenau
Mosa
Grupo C do Exército
(Leeb)
19 divisões
III Grupo do Exército francês
(Besson)
14 divisões
Linha Maginot
Basileia
0 100 milhas
0 200 km
SUÍÇA
Berna

valaria francesa posicionada em seu trajeto. Paraquedistas da Luftwaffe e forças aerotransportadas em planadores lançaram-se com ímpeto contra as fortalezas holandesas e belgas da fronteira. Stukas e Messerschmitts despejaram bombas e rajadas de metralhadora sobre as desnorteadas formações de quatro exércitos.

Assim como todo o país, o primeiro-ministro não compreendeu a velocidade da catástrofe iminente. Os líderes aliados se imaginavam no início de uma longa campanha. A guerra já durava oito meses, mas até aquela altura nenhum dos lados demonstrara impaciência por um confronto decisivo. A invasão alemã da Escandinávia foi um fato secundário. O ataque de Hitler à França prometia aos exércitos francês e britânico a oportunidade, pelo menos assim supunham, de confrontar suas legiões em condição de igualdade. No papel, as forças dos dois lados da Europa Ocidental eram similares — cada um com cerca de 140 divisões, das quais apenas dez eram britânicas. Comandantes e governos aliados achavam que semanas, talvez até meses, se passariam antes de um choque crucial. Churchill foi para a cama na noite de 10 de maio sabendo que as dificuldades estratégicas dos Aliados eram graves, mas cheio de ideias e planos, achando que tinha tempo para colocá-los em prática.

Acontecimentos que dominam todo o cenário aos olhos da posteridade precisavam, na época, dividir as atenções com trivialidades. O radialista da BBC que informou o país sobre a invasão alemã à Bélgica e à Holanda acrescentou em seguida: "Tropas britânicas desembarcaram na Islândia",[12] como se a segunda notícia compensasse a primeira. O jornal *The Times* de 11 de maio de 1940 noticiou um mandado de prisão no Tribunal de Falências de Brighton para um dramaturgo chamado Walter Hackett, que teria fugido para os Estados Unidos. Descrevia-se uma corte marcial do exército, na qual um coronel foi acusado de "indevida familiaridade" com um sargento de sua unidade de refletores antiaéreos. O que pensariam os soldados, perguntou o promotor, ao ouvir um oficial comandante chamar um sargento de "Eric"? Anúncios de cigarros Player recomendavam aos fumantes: "Quando o bom humor estiver ameaçado, acenda um Player (...). Com algumas baforadas, ponha os problemas em seu devido lugar." A Associação Irlandesa de Turistas prometia: "A Irlanda receberá você de braços abertos." Na primeira página, um gato persa azul era oferecido por 2,10 libras esterlinas: "Treinado em casa: descendente do campeão Laughton Laurel; idade 7 semanas — Solteiro, Grove Place, Aldenham." Entre as ofertas de trabalho, "um cavalheiro com ampla experiência deseja ser sócio de negócio já estabelecido, na cidade ou no campo, disponibilidade de capital". Uma matéria de golfe na página de esportes trazia o título: "O que o público quer." Havia um poema de Walter de la Mare: "Ó linda Inglaterra, cuja paz antiga/ Os infaustos perigos da guerra maltratam e irritam."

A *Blitzkrieg* alemã foi noticiada em uma grande manchete: "Hitler ataca nos Países Baixos." Comentários asseguravam variadamente: "Belgas confiantes na vitória; dez vezes mais fortes do que em 1914"; "O aspecto da vida econômica da Holanda que mais interessa a Hitler é, sem dúvida, sua atividade agrícola e aliada"; "Prognóstico militar: nenhuma surpresa desta vez". *The Times* declarava em editorial: "Pode-se ter como certo que todos os detalhes foram preparados para uma imediata resposta estratégica. (...) A Grande Aliança da nossa época para destruir as forças da traição e da opressão está sendo firmemente montada."

Uma coluna única à direita da notícia principal, na página seis, proclamava: "Novo primeiro-ministro. O sr. Churchill aceita." As cartas para o jornal eram dominadas pelo debate do Parlamento sobre a Noruega três dias antes, que precipitara a queda de Chamberlain. O sr. Geoffrey Vickers insistiu que lorde Halifax era de longe o ministro mais qualificado para encabeçar um governo nacional, assistido por um líder trabalhista na Câmara dos Comuns. O sr. Quintin Hogg, parlamentar conservador de Oxford, notou que muitos dos que tinham votado contra o governo eram oficiais da ativa. O sr. Henry Morris-Jones, parlamentar liberal de Denbigh, lamentou a votação que acabara de ocorrer, observando, em tom complacente, que ele mesmo se abstivera. As notícias da França foram ridicularizadas por um belo dia de primavera, com jacintos e prímulas florescendo por toda parte.

"Chips" Channon, milionário parlamentar conservador, escritor de diários e idiota consumado, escreveu em 10 de maio: "Talvez o dia mais sombrio da história inglesa. (...) Estamos todos tristes, com raiva, e nos sentindo fraudados e iludidos."[13] Seu pesar era causado pela queda de Chamberlain, não pela *Blitzkrieg* na França. Churchill sabia melhor do que qualquer um da má vontade com que lhe haviam oferecido o cargo de primeiro-ministro e como era tênue sua permanência no poder. Boa parte do Partido Conservador o odiava, entre outras razões porque tinha, por duas vezes, "virado a casaca" — mudado de lado na Câmara dos Comuns. Era lembrado como arquiteto da desastrosa campanha de Galípoli em 1915, patrocinador da guerra contra os bolcheviques em 1919 na Rússia, oponente da autonomia indiana em 1933-1934, sustentáculo do rei Eduardo VIII na crise da abdicação em 1936 e membro da bancada ferozmente crítico a Baldwin e Chamberlain, primeiros-ministros *tories* durante os "anos de ostracismo" de Churchill.

Em maio de 1940, embora poucas figuras influentes pusessem em dúvida o brilhantismo de Churchill ou seu talento de orador, elas viam sua carreira permeada por erros de julgamento. À sua biografia de Churchill nos anos pré-mandato, publicada em 1970, Robert Rhodes-James deu o subtítulo de *A Study in Failure* [Um estudo sobre fracasso].[14] Já em 1914, o historiador

A. G. Gardiner escreveu uma avaliação extraordinariamente perspicaz e reverente de Churchill, que concluía ambiguamente: "'Fiquem de olho em Churchill' deveria ser a palavra de ordem dos dias atuais. Lembremo-nos de que ele é soldado, da cabeça aos pés e sempre. Certamente escreverá seu nome em nosso futuro. Cuidemos para que não o escreva com sangue."[15]

Agora, em meio à crise precipitada pela *Blitzkrieg* de Hitler, os contemporâneos de Churchill não conseguiam esquecer que ele estivera errado sobre muita coisa no passado recente, até mesmo na esfera militar, na qual se apresentava como perito. Em discussões sobre estratégias de guerra, ele descreveu a presença de aviões sobre o campo de batalha como apenas uma "complicação extra".[16] Dizia que as modernas armas anticarro neutralizariam os poderes do "pobre tanque"[17] e que "o submarino será controlado. (...) Haverá perdas, mas nada que afete a escala dos acontecimentos".[18] No Natal de 1939, escreveu para Sir Dudley Pound, Primeiro Lorde do Mar: "Acho que podemos comparar a posição atual muito favoravelmente com a de 1914."[19] Não acreditava que os alemães pudessem invadir a Escandinávia. Quando invadiram, Churchill disse na Câmara dos Comuns em 11 de abril: "Na minha opinião, que é compartilhada por meus experientes conselheiros, Herr Hitler cometeu um grave erro estratégico ao estender a guerra muito para o norte. (...) Tomaremos tudo que quisermos dessa costa norueguesa agora, com enorme acréscimo na facilidade e eficiência de nosso bloqueio." Ainda que algumas de suas falsas profecias e equivocadas manifestações de confiança fossem desconhecidas do público, eram moeda corrente entre ministros e comandantes.

A reivindicação de Churchill à liderança do país repousava não na contribuição que deu à guerra desde setembro de 1939, que era duvidosa, mas na personalidade e no histórico que construíra de inimigo do apaziguamento. Era guerreiro até o fundo da alma e descobriu sua identidade nos campos de batalha. Foi um dos poucos primeiros-ministros britânicos a ter matado homens com as próprias mãos — em Omdurman, em 1898. Agora, brandia uma espada simbolicamente, embora não mais fisicamente, em meio ao Estado britânico dominado por homens de papel, criaturas de comitês e salas de conferência. "Pode até ser", disse, com entusiasmo, seis anos antes da guerra, "que os capítulos mais gloriosos de nossa história ainda estejam por ser escritos. Na verdade, os problemas e perigos que nos cercam, a nós e o nosso país, deveriam deixar os ingleses e as inglesas desta geração felizes por estarem aqui neste momento. Deveríamos nos alegrar diante das responsabilidades com as quais o destino nos honrou e sentir orgulho de sermos os guardiães do nosso país numa época em que sua existência está em perigo."[20] Leo Amery escreveu, em março de 1940: "Começo a aceitar a ideia de que Winston, com todos os seus defeitos, é o único homem com real ímpeto de guerra e amor à batalha."[21] E era, sem dúvida. Todavia, persistia o medo generalizado de que esse gênio errático pudesse conduzir a Grã-Bretanha numa corrida rumo ao desastre militar.

Poucos dos ministros que ele convidou para uma coligação suprapartidária estavam à altura da magnitude da tarefa. Se isso é verdade para todos os governos de todas as épocas, era particularmente lamentável naquele momento. Vinte e um dos 36 ocupantes de altos cargos eram, como Halifax, David Margesson, Kingsley Wood e o próprio Chamberlain, veteranos da prévia e desacreditada administração. "Winston não tem sido nada ousado em suas mudanças e tem medo demais do Partido [Conservador]",[22] escreveu Amery, que encabeçara o ataque na Câmara dos Comuns contra Chamberlain.

Dos recrutas trabalhistas — notavelmente Clement Attlee, A. V. Alexander, Hugh Dalton, Arthur Greenwood e Ernest Bevin —, apenas Bevin era uma personalidade de primeira plana, embora Attlee, como vice-primeiro-ministro, viesse a tornar-se um sólido baluarte. Sir Archibald Sinclair, o líder liberal que em 1916 servira como oficial sob o comando de Churchill na França e mais tarde se tornou secretário do Ar, era descrito como "capacho do diretor da escola" por aqueles que desdenhavam a subserviência ao novo primeiro-ministro. Os partidários de Churchill que receberam cargos ou promoções, tendo à frente Anthony Eden, lorde Beaverbrook, Brendan Bracken e Amery, eram malvistos não apenas por adeptos de Chamberlain, mas também por muita gente sensata e bem informada que desejava apoiar o primeiro-ministro, porém não confiava nas alianças que ele fazia.

Boa parte da classe política achava que a administração de Churchill teria vida curta. "Até que enfim, portanto, esse homem realizou o que queria", comentou acerbamente um parlamentar conservador já idoso, Cuthbert Headlam. "Nunca pensei que ele conseguisse. Bem, esperemos que se saia bem. Jamais acreditei nele. Só espero que meu julgamento [...] esteja equivocado."[23] Um conhecido escritor militar, capitão Basil Liddell Hart, escreveu sombriamente em 11 de maio: "O novo Gabinete de Guerra parece um grupo dedicado à 'vitória' sem levar em conta sua possibilidade prática."[24] Lorde Hankey, veterana *éminence grise* de Whitehall e membro da nova administração, achava o Gabinete "perfeitamente inútil para a guerra" e considerava Churchill um "elefante desgovernado".[25]

Mesmo quando as colunas de Panzers de Hitler já rumavam para Sedan e avançavam pela Holanda e pela Bélgica, Churchill preenchia cargos menos importantes no governo, entrevistando novos ministros, encontrando-se com autoridades. No começo da tarde de 10 de maio, Sir Edward Bridges, o tímido e austero secretário de gabinete, foi à Casa do Almirantado, na qual Churchill ainda ocupava a mesa de onde presidira como Primeiro Lorde.

Bridges decidiu que, para um funcionário que até aquela tarde servira a um primeiro-ministro deposto, não ficaria bem acolher o novo muito servilmente. E limitou-se a dizer, com cautela: "Posso lhe desejar toda a boa sorte do mundo?" Churchill grunhiu, fixou o olhar atento em Bridges por um momento e disse: "Hum. 'Toda a boa sorte do mundo!' Gostei disso! Essas outras pessoas todas me felicitaram. Toda a boa sorte do mundo!"[26]

Na primeira reunião com os chefes de estado-maior na condição de primeiro-ministro, em 11 de maio, Churchill fez duas intervenções, ambas triviais: perguntou se a polícia deveria estar armada quando fosse prender estrangeiros inimigos e avaliou a probabilidade de a Suécia entrar na guerra do lado dos Aliados. Nem mesmo esse homem extremamente bélico tentou de imediato mexer com os movimentos do exército britânico no continente. Quando Eden, o novo secretário de Guerra, fez uma breve visita ao primeiro-ministro naquele dia, anotou em seu diário que Churchill "parecia bem satisfeito com o rumo que os acontecimentos estavam tomando".[27] Pode ser que essas palavras refletissem uma incapacidade de perceber as dúvidas íntimas do primeiro-ministro, mas a verdade é que ele de fato não enxergava a iminência do desastre.

Churchill acreditava na grandeza da França e no poder das forças armadas desse país, o que não deixa de ser comovente no estadista de um país tradicionalmente desconfiado de seu vizinho gaulês. "Aos olhos de Winston", escreveria posteriormente seu médico, "França é civilização".[28] Mesmo depois de testemunhar a conquista alemã da Polônia e da Escandinávia, Churchill não compreendeu bem a disparidade entre os relativos poderes de combate de Hitler, com a Wehrmacht e a Luftwaffe, e dos exércitos e das forças aéreas franceses e britânicos. Ele, como quase todos os seus conselheiros, achava impensável os alemães romperem a linha Maginot, na França, e a combinação substancial das forças francesa, britânica, holandesa e belga.

Nos dias que se seguiram à ascensão de Churchill ao poder, em 10 de maio, ele começou a estimular a máquina de guerra e governança britânica para uma longa jornada. Como um líder de guerra, esperava comandar a participação da Grã-Bretanha num maciço e prolongado choque na Europa. Sua maior esperança era que isso não envolvesse um morticínio como o que tinha caracterizado o conflito de 1914-1918. Se não esperava uma rápida vitória, também não alimentava qualquer temor de derrota decisiva. Em 13 de maio, as manchetes do *Times* afirmavam, com confiança: "FORÇAS BRITÂNICAS ATRAVESSAM A BÉLGICA — CONFLITOS BEM-SUCEDIDOS COM O INIMIGO — A RAF VOLTA A ATACAR."

Em discurso na Câmara dos Comuns naquele dia, o primeiro-ministro pediu desculpas pela brevidade: "Espero que (...) meus amigos (...) relevem a falta de cerimônia com a qual tem sido necessário agir. (...) Temos diante de nós uma provação das mais dolorosas. Temos diante de nós muitos, muitos longos meses de luta e de sofrimento. (...) Mas assumo minha tarefa com ânimo e esperança. Tenho certeza de que nossa causa não fracassará entre os homens. Neste momento, me sinto no direito de pedir a ajuda de todos e dizer: 'Venham, pois, e sigamos em frente juntos, com a soma de nossas forças.'"

Os discursos de guerra de Churchill costumam ser citados isoladamente. Isso obscurece o efeito anticlímax dos comentários feitos por parlamentares da bancada logo após as falas do primeiro-ministro. Em 13 de maio, o major Sir Philip Colfox, de West Dorset, disse que, embora o país agora devesse buscar a união nacional, ele mesmo lamentava que Neville Chamberlain não fosse mais o primeiro-ministro. Sir Irving Albery, de Gravesend, citou a declaração do novo primeiro-ministro: "Minha política é uma política de guerra." Albery disse que achava correto louvar a dedicação do antecessor à causa da paz. O coronel John Gretton, de Burton, injetou uma rara nota de realismo recomendando à Câmara que não desperdiçasse palavras quando "o inimigo está quase bombardeando nossos portões". O estado de espírito do Partido Conservador teve sua demonstração mais sombria quando, naquele dia, Neville Chamberlain foi aplaudido ao entrar na Câmara e Churchill acabou recebido pelos *tories* com um amargo silêncio.

Esse discurso, que foi a primeira declaração importante que fizera, recebeu mais aplausos do exterior do que de alguns parlamentares. O *Philadelphia Inquirer* disse em editorial: "Ele mostrou nesta curta fala que não tem medo de enfrentar a verdade e dizê-la para nós. Mostrou que é homem honesto, bem como homem de ação. A Grã-Bretanha tem motivos para se sentir estimulada por sua concisão, franqueza e coragem."[29] A revista *Time* escreveu: "Esse homenzinho esperto, firme e atarracado, o primeiro-ministro Winston Churchill, sabe encarar os fatos (...) O velho e incansável ativista britânico mudou o caráter do belicismo aliado."[30]

Naquele dia, 13 de maio, a ameaça de ataque aéreo alemão contra a Grã-Bretanha levou Churchill a tomar sua primeira decisão militar expressiva: rejeitou a proposta de que mais esquadrões de caças fossem enviados à França como reforço para os dez já designados. Contudo, embora as notícias do continente fossem obviamente sombrias, afirmou que "não estava nem um pouco certo de que a grande batalha estivesse se desenrolando". Ainda alimentava esperanças de mudar a situação na Noruega, indicando ao lorde almirante Cork e Orrery em 14 de maio: "Espero que o senhor limpe Narvik o mais rápido possível e depois siga para o sul com força cada vez maior."

Os alemães, porém, já estavam fazendo pontes no rio Mosa em Sedan e em Dinant, ao sul de Bruxelas, para suas colunas blindadas que emergiam das florestas das Ardenas. Uma imensa lacuna se abria entre o IX Exército francês, que entrava em colapso, e o II Exército à sua esquerda. Embora a Força Expedicionária Britânica na Bélgica ainda não estivesse seriamente em confronto, lorde Gort, seu comandante em chefe, pediu reforço aéreo. Gort inspirava pouca confiança. Como todos os generais britânicos, faltavam-lhe o treinamento e o instinto para lidar com grandes forças. Um dos mais inteligentes oficiais de estado-maior, o coronel Ian Jacob, do secretariado do Gabinete de Guerra, escreveu: "Há vinte anos pensamos muito pouco sobre como vencer grandes campanhas terrestres; vivemos mergulhados em nossas atividades diárias de polícia imperial."[31]

Essa deficiência de comandantes adequados para "grandes campos de batalha" perseguiria as forças armadas britânicas durante toda a guerra. Gort era um oficial reconhecidamente corajoso que fora condecorado com uma Victoria Cross na Primeira Guerra Mundial, e ainda apresentava o entusiasmo de um menino. O major-general John Kennedy, que logo viria a ser diretor de operações militares no Departamento de Guerra, descreveu o comandante em chefe como "um ótimo soldado em combate" — testemunho útil para um comandante de pelotão. Em palavras mais diretas, o general carecia de raciocínio, como é o caso da maioria dos homens tomados pela coragem suicida necessária para ganhar uma Victoria Cross ou Medalha de Honra. Um americano sagaz classificou Gort e o chefe do estado-maior imperial, Sir Edmund Ironside, como "soldados que só contam com a força física e não têm por que estar em posições tão altas".[32] No entanto, com os fracos recursos à disposição da BEF, Sir Alan Brooke ou Sir Bernard Montgomery não teriam sido mais capazes do que eles de evitar o desastre em 1940. Diferentemente da maior parte da Europa Continental, só em 1939 a Grã-Bretanha colocou em vigor a conscrição em tempo de paz, e consequentemente não dispunha de grande potencial de reservas para a mobilização necessária. O exército que Gort comandava era, em espírito, a polícia do entreguerras, faminta de recursos durante uma geração.

Em 14 de maio, pela primeira vez, Churchill vislumbrou o tamanho do perigo para os Aliados. Paul Reynaud, primeiro-ministro da França, telefonou de Paris para informar sobre o avanço alemão e pedir o envio imediato de mais dez esquadrões de caças da RAF. O comitê de chefes de estado-maior e o Gabinete de Guerra, que se reuniram, sucessivamente, às seis e às sete horas, concordaram em não enfraquecer as defesas da Grã-Bretanha daquela forma. Às sete da manhã seguinte, dia 15, Reynaud telefonou pessoalmente para Churchill. O francês falou em tom emocionado, afirmando, em inglês: "A batalha está perdida." Churchill recomendou-lhe que se recompusesse, assinalando que só uma parte do exército francês se engajara, ao passo que as pontas de lança alemãs estavam estendidas demais, possivelmente vulneráveis a ataques pelo flanco.

Quando Churchill relatou a conversa às lideranças políticas e militares, a questão de mais apoio aéreo voltou a ser discutida. Churchill, por um instante, pensou em ceder aos apelos de Reynaud, mas Chamberlain ficou do lado do marechal do Ar Sir Hugh Dowding, comandante em chefe do Comando de Caças, que se opunha com fervor. Nenhum outro caça foi enviado. Naquele dia, Jock Colville, de 25 anos, secretário particular do ministro e aspirante a Pepys,* anotou em seu diário as preocupações contidas do major-general Hastings "Pug" Ismay, chefe do estado-maior de Churchill na qualidade de ministro da Defesa. Ismay não estava "satisfeito com a situação militar. Diz que os franceses não estão lutando adequadamente: eles são, como assinala, uma raça volúvel e talvez precisem de algum tempo para assumir uma postura de guerra".[33]

A lenta percepção estava longe da terrível realidade. Churchill telegrafou para o presidente dos Estados Unidos, Franklin Roosevelt: "Acho que a batalha terrestre está apenas começando, e gostaria muito de ver as massas entrarem em combate. Até o momento, Hitler trabalha com unidades especializadas em tanques e no ar."[34] Pediu ajuda americana e, pela primeira vez, suplicou o empréstimo de cinquenta contratorpedeiros velhos. Washington já vetara um pedido para que um porta-aviões britânico ancorasse num porto americano e embarcasse caças não encaixotados, prontos para entrar em ação. Isso violaria a Lei de Neutralidade, disse o presidente. Ele decidiu que enviar contratorpedeiros também violaria.

Na França, no dia 15, os inadequados bombardeiros Battle e Blenheim da RAF sofreram perdas arrasadoras tentando destruir as partes do pontão germânico no Mosa. Um oficial da Divisão Panzer que a tudo assistiu escreveu o seguinte: "A paisagem de verão, com o rio correndo em silêncio, o verde-claro dos campos margeados por picos escuros de montanhas distantes, debaixo de um céu brilhantemente azul, está repleta do clamor da guerra. [...] Repetidamente aviões inimigos são abatidos no céu, arrastando uma coluna de fumaça negra. [...] De vez em quando, um ou dois paraquedas saltam das máquinas que caem e flutuam lentamente para o solo."[35] O sacrifício da RAF veio tarde. Boa parte dos blindados alemães já tinha atravessado o Mosa e avançava velozmente para oeste.

Na manhã do dia 16, soube-se em Londres que os alemães haviam rompido a linha Maginot. O Gabinete de Guerra concordou em enviar mais quatro esquadrões de caças para operar sobre o campo de batalha. Às três horas

* Samuel Pepys (1633-1703) foi um administrador naval inglês que se destacou por seu diário (1660-1669), no qual descreveu acontecimentos tais como a grande praga e o incêndio de Londres. (N. do R. T.)

daquela tarde, o primeiro-ministro voou a Paris, acompanhado por Ismay e pelo general Sir John Dill, vice-chefe do estado-maior imperial de Ironside. Aterrissando em Le Bourget, pela primeira vez perceberam o desespero do aliado. Os generais e políticos franceses viviam a expectativa da derrota. Enquanto os líderes dos dois países conferenciavam no Quai d'Orsay, funcionários queimavam arquivos no jardim. Quando Churchill perguntou sobre as reservas da França para um contra-ataque, responderam-lhe que pouco a pouco elas já estavam sendo usadas. Os colegas de Reynaud não ocultaram o ressentimento com a Grã-Bretanha pela recusa em despachar mais caças. A cada momento do debate, os franceses indicavam seu desdém. Da embaixada britânica no começo da noite, Churchill passou um telegrama para o Gabinete de Guerra pedindo o envio de mais seis esquadrões. "Insisto na mortal gravidade da hora", escreveu. O chefe do estado-maior do Ar, Sir Cyril Newall, propôs um acordo: seis esquadrões adicionais operariam sobre a França a partir de campos de aviação britânicos. Às duas horas da madrugada, Churchill foi de carro até o apartamento de Reynaud para dar a notícia. Em seguida, o primeiro-ministro voltou à embaixada, dormiu profundamente apesar dos esporádicos disparos de canhões ao longe e então voou para casa com escala em Hendon, aterrissando antes das nove da manhã do dia 17.

Embora apresentasse uma expressão otimista, já não tinha dúvida sobre a catástrofe que ameaçava os Aliados. Compreendia que se tornara essencial para a Força Expedicionária Britânica retirar-se de suas posições desbordadas na Bélgica. De volta a Downing Street, depois de se apresentar ao Gabinete de Guerra passou a preencher cargos menos importantes no governo, telefonando rapidamente para nomes possíveis, doze naquele dia. Harold Nicolson registrou uma conversa típica:

> "Harold, acho que seria conveniente se você viesse para o governo e ajudasse Duff [Cooper] no Ministério da Informação."
> "Não há nada que eu queira mais."
> "Pois bem, apresente-se amanhã. A lista sairá hoje à noite. Tudo bem?"
> "Muito bem."
> "Ok."[36]

Sir Edward Bridges e outros nomes de Whitehall ficaram impressionados com a "magnífica confiança" de Churchill, "a calma com que começou a formar seu governo".[37] No início, isso refletia a incapacidade de perceber a iminência do desastre. Em poucos dias, porém, havia em vez disso uma majestosa determinação de que sua própria conduta fosse considerada compatível com a magnitude do desafio que ele e o país enfrentavam. A partir do momento em que conquistou a chefia do governo, Churchill demonstrou uma disciplina ausente na maior parte de sua carreira. Em pequenos assuntos, como nos grandes, ganhou a afeição daqueles que se tornaram próximos a ele em Downing Street. "Que letra bonita", disse a Jock Colville quando o secretário particular lhe mostrou um telegrama ditado. "Mas, meu caro, quando digo ponto você deve escrever ponto e não apenas colocar um borrão."[38] Adotando sua equipe como uma extensão da família, nunca lhe ocorreu avisar-lhes que não repetissem suas confidências.[39] Partia do princípio de que jamais o fariam — e foi devidamente correspondido.

No dia 17 de maio, Churchill almoçou na embaixada do Japão. Mesmo nessas circunstâncias, os imperativos diplomáticos se impunham. O expansionismo japonês era evidente. Era preciso fazer tudo que fosse possível para detê-lo. Naquela tarde, despachou para o exílio o antigo secretário do Exterior Sir Samuel Hoare, o mais detestado de todos os apaziguadores, nomeando-o embaixador na Espanha. Também estabeleceu comitês econômicos para cuidar de comércio, alimentação e transporte. Uma série de telegramas chegou da França, noticiando novos avanços alemães. Churchill pediu a Chamberlain, como Lorde Presidente, que avaliasse as implicações da queda de Paris — e da possível retirada da Força Expedicionária Britânica do continente através de portos do canal da Mancha. O dia, que tinha começado em Paris, terminou para ele com um jantar na Casa do Almirantado em companhia de lorde Beaverbrook e de Brendan Bracken.

A posteridade deve muito pouco a Randolph, o desobediente filho de Churchill, mas tem uma dívida com ele pelo relato de uma visita à Casa do Almirantado na manhã de 18 de maio:

> Fui ao quarto do meu pai. Ele estava em pé em frente ao lavatório e fazia a barba com sua antiquada navalha Valet...
>
> "Sente-se, meu querido, e leia os jornais enquanto acabo de me barbear." Fiz o que ele mandou. Depois de dois ou três minutos se escanhoando, ele se virou um pouco e disse: "Acho que enxergo o caminho." Voltou a se barbear. Surpreso, perguntei: "Você quer dizer que podemos evitar a derrota?" (o que parecia verossímil) "Ou que podemos vencer os filhos da mãe?" (o que parecia inverossímil)
>
> Ele jogou a navalha Valet no lavatório, girou o corpo e disse: "Que podemos vencer, claro."
>
> Eu: "Bem, é o que eu mais quero, mas não vejo como possa fazer isso."
>
> A essa altura, ele já tinha enxugado e limpado o rosto e, virando-se para mim, disse intensamente: "Vou arrastar os Estados Unidos à força."[40]

Eis aí um característico lampejo churchilliano de revelação. A possibilidade de envolvimento americano na guerra era remota. Durante anos,

Neville Chamberlain tinha, repetidas vezes e até de maneira grosseira, ignorado as tentativas de aproximação de Franklin Roosevelt. Apesar disso, o novo primeiro-ministro já reconhecia que, por si só, a ajuda dos Estados Unidos poderia significar a vitória dos Aliados. Eden escreveu naquele dia: "Notícias não pioraram hoje de manhã, mas me parece cedo para dizer que melhoraram. Parlamentares e o chefe do estado-maior imperial passaram, porém, uma avaliação otimista para o Gabinete."[41] Não importa o que Churchill tenha dito aos colegas, o fato é que agora era obrigado a admitir a probabilidade — embora, diferentemente dos generais franceses, não quisesse curvar-se à inevitabilidade — da vitória alemã no continente. Os relatos que chegavam do campo de batalha eram cada vez mais graves. Churchill recomendou aos chefes de estado-maior que avaliassem não só a possibilidade de trazer grandes reforços da Índia e da Palestina, como também de segurar algumas unidades blindadas em trânsito da Grã-Bretanha para a BEF. A ameaça de um súbito ataque alemão à Inglaterra, encabeçado por paraquedistas militares, ocupava-lhe a imaginação, por menos realista que fosse.

Um relatório da Inteligência Interna, ligada ao Ministério da Informação, sugeriu ao governo que o moral nacional estava bastante abalado: "É preciso lembrar que a defesa dos Países Baixos foi continuamente inflada na imprensa. (...) Nenhuma pessoa, em mil, imaginaria que os alemães pudessem invadir a França. (...) Uma aliviada aceitação do sr. Churchill como primeiro-ministro permitiu ao povo acreditar que uma mudança de líder resolveria, por si só, as consequências provocadas pelo sr. Chamberlain. Relatórios enviados ontem e hoje de manhã mostram que a intranquilidade e o medo pessoal voltaram."[42]

Naquela noite de 18 de maio, o Gabinete de Guerra concluiu que Churchill deveria falar à nação, explicando com clareza a gravidade da emergência. Os ministros foram informados de que Mussolini rejeitara a proposta britânica por uma declaração de neutralidade. Isso levou o ministro da Marinha, A. V. Alexander, a recomendar a ocupação imediata de Creta, que seria a base de operações contra a Itália no Mediterrâneo. Churchill recusou a ideia de imediato, alegando que a Grã-Bretanha estava demasiadamente envolvida com outras questões para se envolver em aventuras desnecessárias.

Na manhã de domingo, 19 de maio, soube-se que a Força Expedicionária Britânica tinha evacuado Arras, aumentando o perigo de ficar isolada das principais forças francesas. Saindo juntos de uma reunião, Ironside disse a Eden: "É o fim do Império Britânico." O secretário de Guerra observou: "Militarmente, não vejo como contestá-lo."[43] Todavia, era difícil para os colegas se entregarem ao desespero quando o líder mantinha maravilhosamente o humor. Naquele mesmo domingo sombrio, o primeiro-ministro disse a Eden: "Já estava na hora de dar o número 17, não?"[44] Os dois, numa roleta de cassino em Cannes, em 1938, tinham jogado nesse número e ganhado duas vezes.

Ao meio-dia, Churchill atravessou de carro a região de Kent rumo a Chartwell, a amada casa antiga, fechada por tempo indeterminado. Buscava um interlúdio de tranquilidade para preparar seu pronunciamento ao país. Contudo, mal começou a alimentar sua carpa dourada, foi interrompido por um telefonema. Gort, na França, pedia permissão para recuar até o mar em Dunquerque se as dificuldades se agravassem. O comandante em chefe foi instruído, no entanto, a tentar restabelecer contato com o exército francês à direita dele, com pontas de lança alemãs entre as duas forças aliadas. Os franceses, por sua vez, seriam instigados a contra-atacar na direção dele. Os belgas fizeram um apelo à Força Expedicionária Britânica para que mantivessem uma linha mais ao norte, ao lado das tropas belgas. O Gabinete de Guerra determinou, porém, que a prioridade vital era restabelecer uma frente comum com os principais exércitos franceses. Os belgas deveriam ser entregues à própria sorte, enquanto as forças britânicas eram transferidas para sudoeste na direção de Arras e Amiens.

Naquela noite, falando pelo rádio ao povo britânico, Churchill manifestou uma confiança que não sentia de que a linha de frente na França seria estabilizada, mas ao mesmo tempo advertiu sobre o perigo que o país enfrentava. "Este é um dos períodos mais assombrosos da longa história da França e da Grã-Bretanha. Também é, sem dúvida, o mais sublime. Séculos atrás foram escritas palavras de invocação e estímulo aos fiéis servidores da Verdade e da Justiça: 'Preparem-se para lutar e sejam corajosos (...) É melhor morrermos na batalha do que vermos a desgraça do nosso povo e do nosso santuário. Que se faça somente a vontade de Deus.'"

Foi o primeiro dos grandes chamados à ação que dirigiria ao país. É impossível exagerar seu impacto sobre o povo britânico, na verdade sobre o mundo que o escutava. Ele manifestou com clareza sua determinação, e os ouvintes responderam. Naquela noite, despachou uma minuta para Ismay, reiterando a recusa em mandar mais esquadrões da RAF para a França. Cada caça seria necessário "se houver necessidade de evacuar a Força Expedicionária Britânica". Era óbvio que essa decisão seria mal recebida pelos franceses, e nem todos os seus subordinados a apoiavam. Seu conselheiro particular para questões científicas e econômicas, Frederick Lindemann — o "Prof" —, redigiu uma nota de protesto.

As forças da Grã-Bretanha só poderiam exercer uma influência marginal no resultado da batalha pela França. Mesmo que todos os aviões da RAF tivessem sido despachados para o continente, esse emprego de unidades não evitaria a derrota. Teria apenas sacrificado os esquadrões que, posteriormente, venceriam a Batalha da Inglaterra. Em maio de 1940, porém, isso tudo era bem menos claro. Enquanto a França cambaleava à beira do colapso, com 5 milhões de fugitivos apavorados entupindo as estradas, num êxodo febril para o sul, intensificava-se a amargura de seus políticos e generais contra um aliado que, a despeito da retórica extravagante, se recusava a oferecer a única ajuda substancial ao seu alcance. Não há dúvida de que os líderes da França responderam debilmente à *Blitzkrieg* de Hitler. Ainda assim, seu rancor contra a Grã-Bretanha é digno de simpatia. A leitura que Churchill fez da situação e dos interesses britânicos foi justificada pela história, mas nem por isso mereceu a gratidão dos franceses.

Ele mandou uma mensagem franca e desesperada para Roosevelt, lamentando a recusa dos Estados Unidos em fornecer contratorpedeiros. Além disso, advertiu que, embora seu governo jamais fosse se render, a administração de um sucessor poderia muito bem negociar com a Alemanha, usando a Marinha Real como "o único elemento de barganha que ainda lhe resta. (...) Se este país for abandonado pelos Estados Unidos à sua própria sorte, ninguém terá o direito de responsabilizar esses homens por negociarem os melhores termos possíveis para os habitantes sobreviventes. Desculpe-me, sr. Presidente, por lhe expor sem rodeios esse pesadelo".[45] Nas mãos de Hitler, a frota da Grã-Bretanha representaria grave ameaça aos Estados Unidos.

Se essa era uma possibilidade brutal para expor a Roosevelt, não se tratava, de forma alguma, de um blefe. Naquele momento, Churchill não tinha como saber que o Parlamento e o povo britânico ficariam do lado dele até o fim. Chamberlain ainda era o líder do Partido Conservador. Mesmo antes da crise na França, parte significativa da classe dominante da Grã-Bretanha já era suscetível a um pacto de concessão. Depois de uma catástrofe militar, era inteiramente plausível que o governo de Churchill caísse, assim como ocorrera com o de Chamberlain, e fosse substituído por uma administração interessada em um acordo com Hitler. Só nos meses seguintes o mundo, assim como o próprio Churchill, começariam a perceber que o povo britânico estava disposto a arriscar tudo sob a sua liderança.

No dia 20, ele disse aos chefes de estado-maior que era hora de decidir se as operações residuais norueguesas em torno de Narvik deveriam ser mantidas, já que tropas e navios eram urgentemente necessários em outros lugares. No continente, os alemães avançavam para o sul e para o oeste com tanta velocidade que parecia duvidoso a BEF conseguir novamente contato com os principais exércitos franceses. Gort ainda estava lutando para retirar forças do rio Escalda. Naquela noite, unidades alemãs passaram de Amiens, na quente e poeirenta estrada de Abbeville, separando a BEF de suas bases de suprimento. Apesar disso, Churchill se negava a entrar em desespero. Disse ao Gabinete de Guerra, no fim da manhã do dia 21, que "a situação era mais favorável do que alguns sintomas mais óbvios fariam supor". No norte, os britânicos ainda desfrutavam uma superioridade numérica local. O maior medo era com relação à suposta pusilanimidade dos franceses, característica tanto de políticos quanto de soldados. Naquele dia, os britânicos promoveram uma arremetida blindada para o sul a partir de Arras, mas ela foi incapaz de abrir uma brecha. A BEF estava isolada, juntamente com elementos do I Exército francês. Calais e Bolonha-sobre-o-Mar continuavam em mãos britânicas, mas eram inacessíveis por terra.

A Câmara dos Comuns, em 20 de maio, com o tipo de inspirada loucura que contribuiu para a lenda de 1940, debateu um Projeto de Lei de Bem-Estar Social das Colônias. Faltava entendimento a muita gente na Grã-Bretanha sobre o verdadeiro horror vivido pelos Aliados. Em 17 de maio, o *Evening News* publicou uma notícia com a manchete "ÊXITO DAS TROPAS BRITÂNICAS". No dia 19, uma manchete do *Sunday Dispatch* dizia "ATAQUES MENOS FORTES". Mesmo dois dias depois, o *Evening News* proclamava na primeira página: "ATAQUES INIMIGOS RECHAÇADOS". Um editorial no *New Statesman* recomendava que "o governo atacasse o menor, mas importante problema das relações anglo-mexicanas".[46]

O chefe do estado-maior de Gort, tenente-general Henry Pownall, queixou-se amargamente, no dia 20 de maio, da ausência de instruções claras de Londres: "Ninguém se importa de morrer lutando, mas os muitos e longos dias de indigência e, mais recentemente, a total falta de orientações (...) têm sido terrivelmente desgastantes para todos nós."[47] No entanto, quando as ordens do primeiro-ministro chegaram três dias depois — para um contra-ataque de toda a Força Expedicionária Britânica na direção sudeste —, Pownall ficou ainda mais irritado: "Não há ninguém para impedi-lo de conduzir as operações pessoalmente como um supercomandante em chefe? Ele pensa mesmo que podemos reunir oito divisões e atacar do modo como sugere? Não temos um front para manter? Ele não deve ter ideia da nossa situação e das nossas condições (...) O homem está maluco."[48]

Só o porto de Dunquerque ainda oferecia uma rota de fuga do continente, e fugir agora parecia a mais alta e plausível aspiração da BEF. Nos dias 22 e 23, os britânicos aguardaram notícias da prometida contraofensiva francesa pelo nordeste, na direção de Gort. O general Maxime Weygand, que substituíra o demitido Gamelin como comandante supremo dos Aliados, declarou que isso estava em andamento. Na ausência de movimentação visível, Churchill continuava cético. Se a arremetida de Weygand falhasse, só restaria aos britânicos a opção de evacuar. Foi o que Churchill informou ao rei na noite de 23 de maio, enquanto Bolonha-sobre-o-Mar era evacuada. Na noite do dia 24, expressou

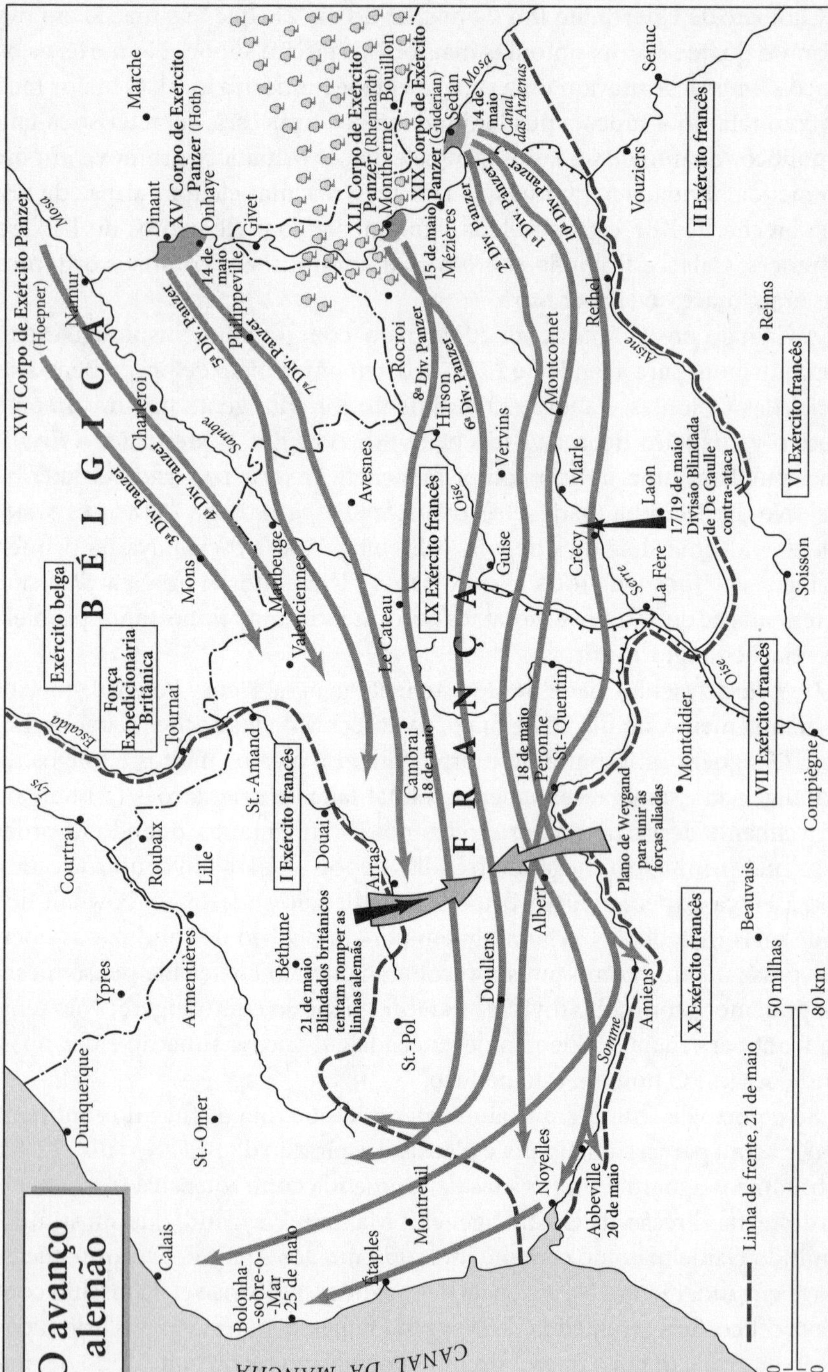
O avanço alemão
CANAL DA MANCHA
B É L G I C A
F R A N Ç A
Exército belga
Força Expedicionária Britânica
XVI Corpo de Exército Panzer (Hoepner)
XV Corpo de Exército Panzer (Hoth)
XLI Corpo de Exército Panzer (Rhenhardt)
XIX Corpo de Exército Panzer (Guderian)
3ª Div. Panzer
4ª Div. Panzer
5ª Div. Panzer
7ª Div. Panzer
8ª Div. Panzer
6ª Div. Panzer
2ª Div. Panzer
1ª Div. Panzer
10ª Div. Panzer
14 de maio
15 de maio
18 de maio
20 de maio
25 de maio
I Exército francês
II Exército francês
VI Exército francês
VII Exército francês
IX Exército francês
X Exército francês
21 de maio Blindados britânicos tentam romper as linhas alemãs
17/19 de maio Divisão Blindada de De Gaulle contra-ataca
Plano de Weygand para unir as forças aliadas
Linha de frente, 21 de maio
50 milhas
80 km
0
0
Calais
Bolonha-sobre-o-Mar
Étaples
Montreuil
St.-Omer
Dunquerque
Ypres
Armentières
Courtrai
Roubaix
Lille
Tournai
Béthune
St.-Pol
Arras
Douai
St.-Amand
Valenciennes
Mons
Charleroi
Namur
Dinant
Onhaye
Givet
Philippeville
Maubeuge
Avesnes
Le Cateau
Cambrai
Hirson
Rocroi
Monthermé
Mézières
Bouillon
Sedan
Marche
Vervins
Montcornet
Rethel
Vouziers
Senuc
Reims
Laon
Marle
Crécy
Guise
La Fère
Soisson
St.-Quentin
Peronne
Albert
Doullens
Amiens
Abbeville
Noyelles
Montdidier
Beauvais
Compiègne
Escalda
Lys
Sambre
Mosa
Oise
Serre
Aisne
Somme
Canal das Ardenas

a Ismay a raiva que sentia por Gort não ter lançado uma força rumo a Calais para juntar à guarnição local e exigiu uma otimização no uso de homens e canhões. Ainda concluiu com aquelas que foram, desde o início da campanha, as primeiras palavras abertamente amargas e histriônicas que pronunciara contra os soldados britânicos: "É claro, se um lado luta e o outro não, a guerra tende a se tornar um tanto desigual." Ironside, o chefe do estado-maior imperial, disse ao Comitê de Defesa naquela noite que, se a BEF fosse evacuada da França pelo mar, talvez uma grande quantidade de militares sucumbisse.

Churchill agora tinha três preocupações: resgatar os soldados de Gort de Dunquerque; enviar mais unidades do exército britânico para reacender a batalha na França após a retirada da BEF; e defender a ilha de uma invasão. Reynaud mandou uma amarga mensagem para Londres no dia 24, criticando a retirada britânica para o mar. Segundo ele, foi essa a causa do fracasso da contraofensiva de Weygand — que, na verdade, jamais ocorreu. "Tudo é uma confusão total", observou Sir Alexander Cadogan, subsecretário permanente no Foreign Office, em seu diário no dia 25, "não há comunicações e ninguém sabe de nada, a não ser que a situação é dramática".[49]

Churchill telegrafou para os primeiros-ministros dos domínios, advertindo que uma invasão à Grã-Bretanha talvez fosse iminente. Celebrou o fato de que reforços do Império estavam a caminho e manifestou a confiança na capacidade da Marinha Real e da RAF de frustrar um ataque, após o qual "nossa defesa terrestre cuidará de quaisquer sobreviventes no mar com firmeza". Rejeitou a ideia de um apelo público aos Estados Unidos. Temia, sem dúvida corretamente, que uma mensagem desse tipo tivesse pouco efeito num país já disposto a considerar perda de tempo qualquer ajuda à Grã-Bretanha. Nisso, assim como em sua avaliação dos variáveis estados de ânimo nos Estados Unidos nos meses seguintes, demonstrou muita sabedoria. Uma pesquisa da Gallup mostrou que os americanos ainda se opunham esmagadoramente, por treze a um, à participação no conflito europeu.[50]

Em 25 de maio, Churchill mandou uma mensagem pessoal ao general-brigadeiro Claude Nicholson, comandante da força britânica em Calais, ordenando que seus soldados lutassem até o fim. Os belgas estavam ruindo. Gort cancelou seu plano de um último contra-ataque para o sul, decidindo, em vez disso, enviar para o norte as duas divisões já destacadas a fim de preencher a brecha entre as forças britânicas e belgas. Naquela noite, numa reunião do Comitê de Defesa, Churchill aceitou a conclusão a que Gort, já sem contato com Londres, também havia chegado e a partir da qual começara a agir. A Força Expedicionária Britânica precisava recuar até a costa para evacuação. A ordem do comandante em chefe, emitida antes do consentimento da Grã-Bretanha, foi sua mais notável contribuição para a campanha, e de forma alguma foi desprezível. O primeiro-ministro ordenara a preparação urgente de seis divisões reduzidas na Grã-Bretanha para o serviço ativo, embora os recursos existentes fossem escassos. Artilharia, armas anticarro, veículos de transporte, até mesmo armas leves estavam em falta. Ele admitiu que os líderes da França, resignados à derrota, provavelmente deporiam Reynaud e negociariam com Hitler. A partir daquele momento, o futuro da frota francesa foi uma de suas preocupações constantes. Em mãos alemãs, aqueles navios de guerra poderiam aumentar drasticamente as chances de uma invasão bem-sucedida à Grã-Bretanha. Na mesma noite, Ironside renunciou como chefe do estado-maior imperial para se tornar comandante em chefe das forças metropolitanas (Home Forces). O general jamais contara com a confiança de Churchill, ao passo que Sir John Dill, vice-chefe de Ironside, contava. No dia seguinte, Dill, de 59 anos, esperto e perceptivo, embora raramente bem de saúde, tornou-se chefe do exército britânico.

Às nove da manhã do dia 26, Churchill disse ao Gabinete de Guerra que havia uma boa possibilidade "de retirar uma parcela considerável da Força Expedicionária Britânica". Paul Reynaud chegou a Londres e, durante um almoço, alertou o primeiro-ministro que se a Alemanha ocupasse uma grande parte da França, o velho herói nacional, marechal Philippe Pétain, provavelmente proporia um armistício. Reynaud rejeitou os temores britânicos de que os alemães estavam empenhados numa invasão imediata à ilha. Hitler avançaria para Paris, disse ele, e estava certo, é claro. Churchill disse a Reynaud que a Grã-Bretanha continuaria lutando independentemente do que acontecesse. Após uma pausa, na qual ele reuniu o Gabinete de Guerra, os dois líderes retomaram as conversas. Churchill pressionou Weygand a emitir uma ordem para que a BEF recuasse até a costa. A intenção era esvaziar acusações de traição britânica. Reynaud logo solicitou essa mensagem para endossar a realidade do que já estava ocorrendo.

Após a partida de Reynaud, numa reunião de quatro horas com o Gabinete de Guerra, discutiram-se os méritos de buscar um acordo com Hitler. Churchill esperava que à França fossem oferecidas condições para evitar a ocupação alemã. Halifax, o secretário do Exterior, manifestou o desejo de procurar uma mediação italiana com Hitler a fim de garantir boas condições para a Grã-Bretanha. Já tivera conversas preliminares com o embaixador de Mussolini em Londres sobre essa possibilidade. Churchill estava descrente, pois em sua visão isso pressupunha que um acordo poderia ser feito devolvendo-se as antigas colônias da Alemanha e fazendo-se concessões no Mediterrâneo. "Nenhuma dessas opções existe para nós", disse o primeiro-ministro.

Sir Alexander Cadogan, que chegou à reunião meia hora depois, achou Churchill "muito prolixo, romântico, sentimental e temperamental".[51] A avaliação era dura. O primeiro-ministro carregava pesados fardos. Convinha-lhe ser circunspecto ao tratar com velhos colegas apaziguadores. Em Whitehall havia aqueles que, em vez de se inflamarem com os apelos de Churchill, voltados para o reconhecimento do grande momento histórico que viviam, se agastavam. O secretário particular de Chamberlain, Arthur Rucker, reagiu com desdém às frases retumbantes de uma missiva do primeiro-ministro: "Ele ainda está pensando em seus livros."[52] Eric Seal, o único dos secretários particulares de Churchill a não desenvolver uma estreita relação com ele,* resmungava sobre a "maldita retórica".

Parte substancial da classe dominante britânica — tanto parlamentares quanto membros da nobreza — já não tinha fé em uma vitória militar desde setembro de 1939. Apesar de aristocrata, Churchill era visto com grande desconfiança por sua classe. Desde a Revolução Russa de 1917, muitos fidalgos britânicos, como os duques de Westminster, Wellington, Buccleuch e outros nobres menores como lorde Phillimore, tinham se mostrado muito mais hostis ao comunismo soviético do que ao fascismo europeu. Seu patriotismo nunca foi posto em dúvida. No entanto, seu entusiasmo por um embate decisivo com Hitler, que temiam acabar em ruína e destruição, era menos garantido. No começo de maio, lorde Hankey observou acerbamente, antes de fazer um discurso na Câmara dos Lordes, que "estaria se dirigindo à maioria dos membros da quinta-coluna".[53]

Lorde Tavistock, futuro duque de Bedford, pacifista e possível colaboracionista, escreveu para o antigo primeiro-ministro David Lloyd George que a força de Hitler era "tão grande (...) que é loucura supor que possamos vencê-lo numa guerra no continente". Em 15 de maio, Tavistock insistiu com Lloyd George que buscassem a paz "agora, e não mais tarde (...) Se os alemães obtiverem justas condições de paz, uma dúzia de Hitlers jamais iniciaria outra guerra sob um inadequado (...) pretexto".[54] Da mesma forma, alguns magnatas das finanças na City de Londres duvidavam de qualquer possibilidade de vitória britânica, e consequentemente de Churchill. Harold Nicolson escreveu: "Os descendentes das velhas classes dominantes não demonstram tanto entusiasmo por seu líder (...) O sr. Chamberlain é o ídolo dos homens de negócios (...) Eles não abrigam os mesmos sentimentos pessoais em relação ao sr. Churchill (...) Em certos momentos terríveis, sentem que o sr. Churchill não os acha nada interessantes."[55]

Havia derrotistas também mais abaixo na escala social. Muriel Green, que trabalhava na garagem da família em Norfolk, registrou uma conversa que teve com o entregador de uma mercearia e um diretor de escola em 23 de

---

* Seal deixou Downing Street em 1941.

maio, durante uma partida de tênis: "Acho que vão nos vencer, concorda?", comentou o entregador. "Sim", disse o diretor. E acrescentou que, como os nazistas gostavam muito de esporte, provavelmente "a gente ainda poderia jogar tênis se eles ganharem". Muriel Green escreveu: "De acordo com J, o sr. M disse que devíamos pintar uma suástica debaixo da aldrava da porta. Nenhum de nós saberia o que fazer se eles invadissem. Depois fomos jogar tênis, um jogo muito duro, tenso, e por duas horas esquecemos a guerra."[56]

Naqueles últimos dias de maio, o primeiro-ministro deve ter enxergado uma possibilidade real, até mesmo uma chance expressiva, de que, se ele parecesse irracionalmente intransigente, os velhos fidalgos do Partido Conservador voltariam a se impor. As esperanças sobre as quais se fundava a campanha militar britânica contra Hitler tinham ruído, e, em meio a esse colapso, não era absurdo supor que um partido pacifista poderia assumir o controle da Grã-Bretanha. Alguns historiadores dão muita importância ao fato de, nessa reunião do Gabinete de Guerra, Churchill ter sido incapaz de rejeitar *in totum* um contato com Mussolini. Ele não discordou terminantemente de Halifax quando o secretário do Exterior disse que, caso o Duce oferecesse condições para um acordo geral "que não postulasse a destruição de nossa independência (...), seria tolice nossa não aceitar". Conforme admitiu Churchill, "se pudéssemos sair deste aperto cedendo Malta, Gibraltar e algumas colônias africanas, ele agarraria essa oportunidade num instante". Na reunião do Gabinete de Guerra no dia seguinte, ele indicou que, se Hitler oferecesse a paz em troca da restauração de suas antigas colônias e da suserania sobre a Europa Central, uma negociação seria possível.

É essencial contextualizarmos as palavras de Churchill. Em primeiro lugar, foram ditas em meio a longas e fatigantes discussões, durante as quais ele se esforçava penosamente para parecer razoável. Halifax falava com a voz da lógica. No clima de esmagadoras derrotas militares, nem mesmo Churchill ousava oferecer aos colegas uma previsão de vitória britânica. Naqueles dias de Dunquerque, o diretor de inteligência militar disse a um correspondente da BBC: "Estamos liquidados. Perdemos o exército e nunca teremos força para construir outro."[57] Churchill não contestou a opinião dos que supunham que, cedo ou tarde, a guerra terminaria com uma negociação e não com o exército britânico invadindo Berlim. Expôs seus argumentos sem estardalhaço, pois não havia alternativa. Uma demonstração de confiança exagerada pareceria ridícula. Defendia com ardor o raciocínio de que seguir lutando e jogar a toalha envolviam exatamente os mesmos riscos.

Como seus colegas, ou mesmo a posteridade, avaliariam sua atitude se ele tivesse oferecido uma perspectiva de triunfo militar naquelas reuniões? Para entender o que aconteceu na Grã-Bretanha no verão de 1940, é indispensável

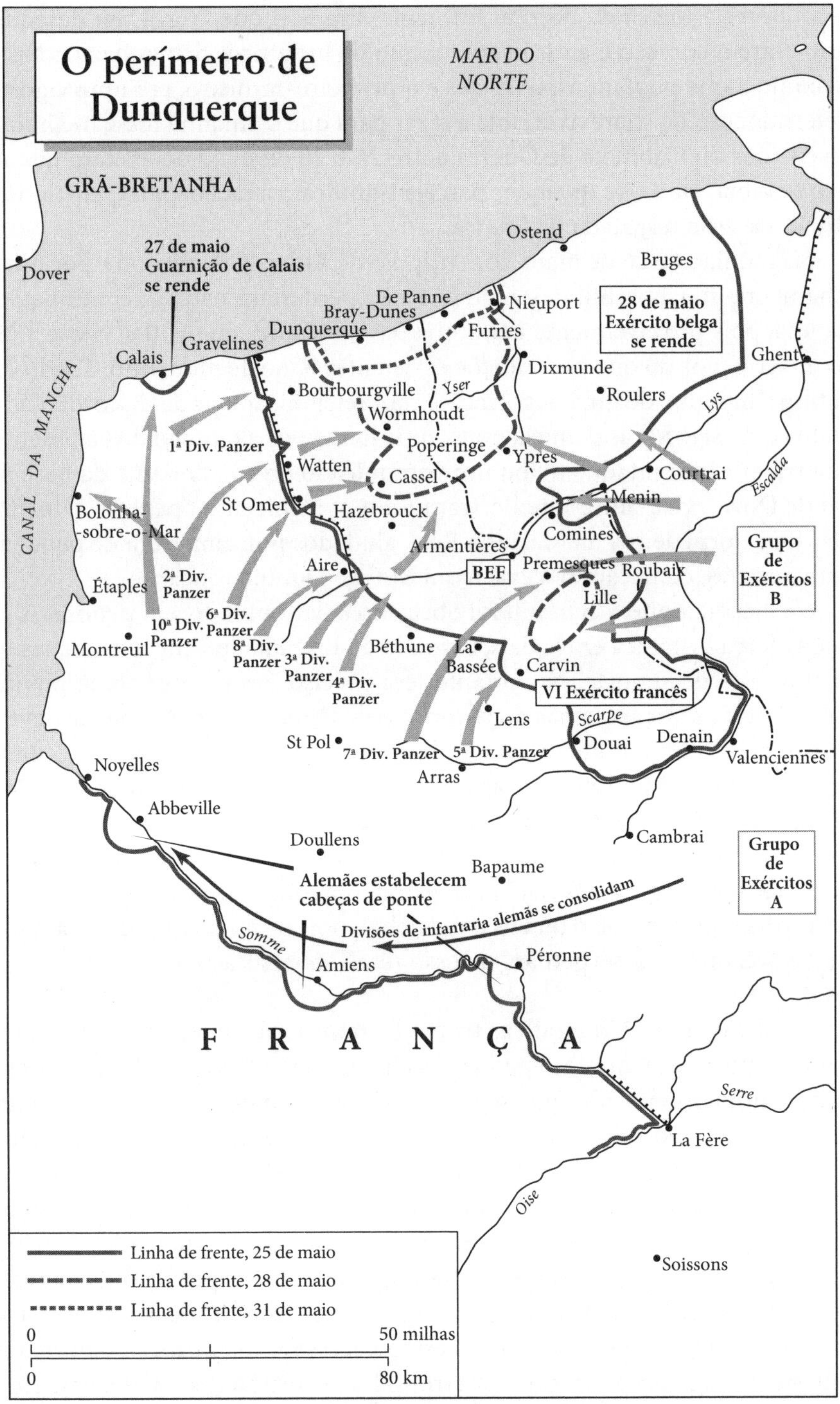
O perímetro de Dunquerque
MAR DO NORTE
GRÃ-BRETANHA
27 de maio Guarnição de Calais se rende
Dover
Ostend
Bruges
De Panne
Bray-Dunes
Dunquerque
Nieuport
28 de maio Exército belga se rende
Furnes
Gravelines
Calais
Dixmunde
Ghent
Bourbourgville
Yser
Roulers
Lys
Wormhoudt
CANAL DA MANCHA
1ª Div. Panzer
Poperinge
Ypres
Watten
Cassel
Courtrai
Escalda
Menin
St Omer
Hazebrouck
Bolonha-sobre-o-Mar
Comines
Armentières
Grupo de Exércitos B
Aire
BEF
Premesques
Roubaix
Étaples
2ª Div. Panzer
Lille
6ª Div. Panzer
10ª Div. Panzer
Montreuil
8ª Div. Panzer
Béthune
La Bassée
Carvin
3ª Div. Panzer
4ª Div. Panzer
VI Exército francês
Lens
Scarpe
St Pol
Douai
Denain
7ª Div. Panzer
5ª Div. Panzer
Valenciennes
Arras
Noyelles
Abbeville
Cambrai
Doullens
Grupo de Exércitos A
Bapaume
Alemães estabelecem cabeças de ponte
Divisões de infantaria alemãs se consolidam
Somme
Amiens
Péronne
F R A N Ç A
Serre
La Fère
Oise
Soissons
Linha de frente, 25 de maio
Linha de frente, 28 de maio
Linha de frente, 31 de maio
0
50 milhas
0
80 km

reconhecer a lógica da derrota iminente. Era isso que criava um desequilíbrio entre o coração e a razão até mesmo de britânicos firmes e patriotas. O máximo a que podiam aspirar, eles e o primeiro-ministro, era uma vigorosa determinação de sobreviver hoje e rezar para que o amanhã fosse melhor. As discussões do Gabinete de Guerra entre 26 e 28 de maio ocorreram quando não se sabia, ainda, se qualquer parcela significativa da Força Expedicionária Britânica seria resgatada da França.

Na reunião de 26 de maio, com o apoio de Attlee, Greenwood e por fim de Chamberlain, Churchill destacou que não perderiam nada se continuassem na luta, pois provavelmente nenhuma das condições que Hitler viesse a oferecer seria pior do que as condições existentes naquele momento. Tendo discutido a hipótese de uma negociação, ele a rejeitou, apesar da discordância de Halifax. Às sete horas daquela noite, uma hora após a reunião do Gabinete de Guerra, o Almirantado enviou um comunicado ao comandante da base naval de Dover, vice-almirante Bertram Ramsay: "Iniciar a operação Dínamo." Os contratorpedeiros da Marinha Real, ajudados por uma frota de pequenas embarcações, começaram a evacuar a BEF de Dunquerque.

Na mesma noite, Churchill foi obrigado a dar outra ordem penosa. A pequena força britânica em Calais, extraída da Brigada do Rifle, era apenas um contingente de suporte. No entanto, era preciso fazer o que fosse possível para afastar as forças alemãs do perímetro de Dunquerque. A Brigada deveria resistir até o último homem. Ismay escreveu: "A decisão nos afetou profundamente, Churchill sobretudo. Naquela noite, ele estava inusitadamente calado durante o jantar e comeu e bebeu com evidente desgosto."[58] Churchill pediu a um secretário particular, John Martin, que encontrasse um trecho da prece pela Inglaterra escrita em 1843 por George Borrow. Martin identificou as frases no dia seguinte: "Não temais o resultado, pois ou vosso fim será majestoso e invejável ou Deus perpetuará o vosso reino sobre as águas."

Na manhã do dia 27, quando as tropas britânicas já começavam a embarcar em Dunquerque, Churchill pediu aos chefes das forças armadas que preparassem um comunicado que explicasse quais as chances de o país resistir a uma invasão caso a França caísse. Em duas horas, os chefes do estado-maior submeteram uma resposta de onze parágrafos, identificando as questões-chave com notável argúcia. Enquanto a RAF estivesse "em disposição", escreveram eles, seus aviões, junto com os navios de guerra da Marinha Real, seriam capazes de impedir uma invasão. Se a superioridade aérea se perdesse, porém, a marinha não conseguiria preservar o canal da Mancha indefinidamente. Caso os alemães estabelecessem uma cabeça de praia no sudeste da Inglaterra, as forças metropolitanas britânicas não teriam como desalojá-los. Os chefes detalharam, com precisão, que os fatores decisivos para determinar o curso da guerra seriam a batalha aérea, a capacidade da Grã-Bretanha de defender suas principais instalações e especialmente as fábricas de aviões. Ao fim, encerraram com palavras animadoras: "O verdadeiro teste é saber se o moral de nossos combatentes e da população civil contrabalançará as vantagens numéricas e materiais de que a Alemanha dispõe. Acreditamos que sim."

O Gabinete de Guerra debateu longamente e, por fim, aceitou o relatório das lideranças. Decidiu-se que mais esforços deveriam ser feitos para obter uma ajuda substancial dos Estados Unidos. Uma importante mensagem foi enviada por lorde Lothian, embaixador britânico em Washington, sugerindo que a Grã-Bretanha oferecesse aos americanos o empréstimo de instalações nas bases de Trinidad, Terra Nova e Bermudas. Churchill se opunha a qualquer oferta unilateral dessa espécie. Os Estados Unidos "não nos deram praticamente ajuda alguma na guerra", disse. "E agora, quando viram que o perigo era grande, resolveram reter para sua própria defesa tudo aquilo que poderia nos ajudar." Assim seria até o fim da batalha pela França. Não havia dúvida sobre o desejo de Roosevelt em ajudar, mas a Lei de Neutralidade imposta pelo Congresso lhe atava as mãos. Em 17 de maio, o general George Marshall, chefe do exército americano, expôs ao secretário do Tesouro, Henry Morgenthau, suas objeções ao envio de armas para os Aliados: "É uma ninharia para o lado de lá e uma necessidade muito vital para o lado de cá, e fim de história. Por mais trágico que seja, é assim."[59] Entre 23 de maio e 3 de junho, o secretário de Guerra dos Estados Unidos Harry Woodring, ardente isolacionista, retardou a remessa de material de guerra excedente para a Grã-Bretanha. Era preciso, insistia ele, haver um comunicado público antes de o equipamento ser vendido para os Aliados. Em 5 de junho, o comitê de relações exteriores do Senado rejeitou uma proposta de vender navios e aviões para a Grã-Bretanha. O Departamento de Guerra dos Estados Unidos recusou-se a fornecer bombas para bombardeiros de mergulho já adquiridos e pagos pelos franceses.

Nos últimos dias de maio, um acordo para a Grã-Bretanha comprar vinte torpedeiros de patrulha americanos foi derrubado quando David Walsh, senador isolacionista de Massachusetts, soube de sua existência. Como presidente do Comitê de Assuntos Navais do Senado, Walsh submeteu o plano ao ministro da Justiça — que o declarou ilegal. Em meados de junho, os chefes de estado-maior recomendaram que nenhum material de guerra adicional fosse enviado para a Grã-Bretanha, e ainda proibiu que fornecedores privados aceitassem encomendas que pudessem comprometer as necessidades das forças armadas. Nada disso teve influência direta sobre a campanha na

França. Contudo, para desgosto de Londres e Paris, não deixava qualquer dúvida sobre o sentimento predominante nos Estados Unidos sobre a guerra na Europa.

Um pequeno consolo era o fato de que, do outro lado do Atlântico, vozes poderosas defendiam a causa da Grã-Bretanha. O *New York Times* criticou o coronel Charles Lindbergh, arqui-isolacionista herói da aviação nos Estados Unidos, e insistiu na reciprocidade dos interesses anglo-americanos. Lindbergh, disse o *Times*, era "um jovem ignorante se acredita na própria premissa de que, para nós, não faria diferença sermos privados da histórica defesa do poderio marítimo britânico no Atlântico". O republicano *New York Herald Tribune* deixou muitos americanos atônitos ao declarar audaciosamente: "A solução menos onerosa, tanto em vidas como em bem-estar, seria declarar guerra à Alemanha de imediato."[60] Apesar disso, embora quisesse ouvir as recomendações desses intervencionistas e oferecer assistência aos Aliados, o presidente Roosevelt tinha diante dele o exemplo de Woodrow Wilson, em cuja administração servira. Wilson foi rejeitado por seu Legislativo, em 1919, por assumir compromissos no exterior — no Tratado de Versalhes — que iam além da vontade do povo americano. Roosevelt não tinha a menor intenção de imitá-lo.

Em 27 de maio, Chamberlain informou que falara na noite anterior com Stanley Bruce, alto-comissário da Austrália em Londres, para quem a posição da Grã-Bretanha seria delicada caso a França se rendesse. O alto-comissário, astuto e respeitado porta-voz de seu domínio, recomendou que se buscasse a mediação americana ou italiana com Hitler. O primeiro-ministro da Austrália, Robert Menzies, felizmente era mais obstinado. De Camberra, Menzies simplesmente perguntou que tipo de assistência as tropas de seu país poderiam oferecer. No outono, três divisões australianas já estavam desdobradas no Oriente Médio. Churchill disse a Chamberlain para deixar claro a Bruce que a determinação britânica de continuar lutando não seria afetada pela rendição da França. Solicitou aos ministros — reforçando a mensagem por escrito poucos dias depois — que apresentassem ao mundo uma imagem de ousadia e agressividade. Da mesma forma, pouco depois, instruiu as missões britânicas no exterior a oferecer lautas recepções, incentivando festas nas embaixadas de Madri e Berna. Na casa de Churchill, mesmo em meio ao desastre, não havia lugar para semblantes abatidos.

Em outra reunião do Gabinete de Guerra naquela tarde, Halifax se viu sozinho ao retomar o tema do dia anterior, buscando apoio a uma iniciativa britânica de recorrer a Mussolini e, assim, explorar um acordo com Hitler. Churchill disse que, naquele momento, o prestígio da Grã-Bretanha na Europa era muito baixo e só poderia ser recuperado pela resistência declarada. "Se, depois de dois ou três meses, pudermos mostrar que ainda não fomos vencidos, não estaremos em pior situação do que se abandonarmos a luta agora. Não nos deixemos afundar junto com a França." Se termos fossem oferecidos, ele estaria disposto a examiná-los. Contudo, se os britânicos fossem convidados a mandar um delegado a Paris, que assim se juntariam aos franceses na busca pela paz com a Alemanha, a resposta seria "não". O Gabinete de Guerra concordou.

Halifax escreveu em seu diário: "Achei que Winston falou as bobagens mais terríveis. Eu disse exatamente o que pensava sobre [a oposição no Gabinete de Guerra], acrescentando que, se aquela era de fato a opinião geral, nossos caminhos deviam se separar." Depois, no jardim, quando reiterou a ameaça de renunciar, Churchill acalmou-o com palavras brandas. Halifax concluiu, no registro que fez em seu diário: "É desesperador que ele se deixe levar pelas paixões quando deveria botar a cabeça para pensar logicamente."[61] Ele e Chamberlain reprovavam a "teatralidade" de Churchill, no dizer de Cadogan. Esses dois homens frios não conseguiam perceber, nessas situações, a necessidade de ao menos um semblante de ousadia. No entanto, o apoio final de Chamberlain ao posicionamento de Churchill teve importância decisiva para derrubar as propostas do secretário do Exterior.

Independentemente da fonte de consulta, os fatos que envolvem essa série de conversas parecem claros. Halifax achava que a Grã-Bretanha deveria sondar termos de paz. Churchill, com certeza, ficou alarmado com a possibilidade de renúncia do secretário do Exterior, o homem que apenas três semanas antes era o preferido do Partido Conservador para o cargo de primeiro-ministro. Naquele momento de crise profunda, era fundamental que a Grã-Bretanha apresentasse uma face unida para o mundo. Churchill nunca mais confiaria pessoalmente em Halifax, mas continuou a tolerá-lo como colega, pois precisava assegurar o apoio dos *tories*. Uma prova das apreensões de Churchill quanto à firmeza da classe dominante foi o fato de que, apenas sete meses depois, ele se sentiu forte o bastante para relegar "the Holy Fox" ao exílio.

A lenda de que a Grã-Bretanha era um país unido ao desafiar Hitler no verão de 1940 tem fundamento. Não é diminuí-la afirmar que, se outro homem fosse o primeiro-ministro, a facção política que se resignara a negociar a paz provavelmente teria prevalecido. O que Churchill compreendeu, ao contrário de Halifax e outros, foi que o simples gesto de explorar termos de paz teria impacto desastroso na posição da Grã-Bretanha. Mesmo que a resposta de Hitler se revelasse inaceitável para o governo britânico, o simples e claro posicionamento churchilliano de rejeitar qualquer negociação com as forças do mal ficaria irremediavelmente comprometido.

É impossível declarar com segurança em que momento, durante o verão de 1940, Churchill firmou-se no poder e conquistou de fato a lealdade do povo britânico. O que fica bem claro é que, nos últimos dias de maio, ele não se via protegido de inimigos internos. Sobreviveu no cargo não por ter dissipado as dúvidas privadas de céticos ministeriais e militares, algo que não fez, mas graças à face de coragem e insubmissão que apresentou ao país. Passou por cima daqueles que sabiam demais, conquistando aqueles que estavam dispostos a resistir visceralmente. "Seu mundo tem como base a primazia dos relacionamentos públicos sobre os privados", escreveu o filósofo Isaiah Berlin num belo ensaio sobre Churchill, "tem como base o supremo valor da ação, a batalha entre um bem primário e um mal primário, entre a vida e a morte; mas, acima de tudo, tem como base a batalha. Ele sempre lutou".[62] A simplicidade da dedicação de Churchill, aliada à grandeza da linguagem na qual a expressava, arrebatou a imaginação popular. Na imprensa, nos pubs e onde quer que Churchill aparecesse durante suas viagens pelo país, o povo aplaudia apaixonadamente sua atitude desafiadora. Os conservadores que buscavam uma trégua naufragaram — estavam irritados e ressentidos, mas impotentes.

O fictício oficial alabardeiro de Evelyn Waugh, o fastidioso Guy Crouchback, era um dos muitos membros das elites britânicas que relutavam em abandonar o desdém pelo primeiro-ministro, apresentando uma atitude comum entre seus equivalentes na vida real, como o próprio Waugh:

> Alguns discursos do sr. Churchill eram transmitidos no aparelho de rádio do refeitório. Guy os considerava pura ostentação, e na maioria das vezes eram imediatamente seguidos por notícias de algum desastre (...) Sobre o sr. Churchill, Guy só sabia que se tratava de um político profissional, um mestre simulador da prosa solene, um defensor da Frente Popular na Europa, um companheiro dos donos da imprensa e de Lloyd George. Certa vez lhe perguntaram: "Tio, que tipo de homem é esse Winston Churchill?" "É como Hore-Belisha [secretário de Guerra demitido, amplamente visto como um charlatão], com a diferença de que, por algum motivo, acham seus chapéus engraçados" (...) Então o major Erskine se debruçou sobre a mesa. "Churchill é provavelmente o único homem capaz de evitar a derrota nesta guerra", disse ele. Foi a primeira vez que Guy ouviu um alabardeiro sugerir que outro resultado além da vitória total era possível.[63]

Alguns anos antes da guerra, o diplomata lorde D'Abernon observou com aristocrática condescendência que "uma mente inglesa funciona melhor quando é quase tarde demais". Em maio de 1940, ele talvez visse em Churchill um bom exemplo para suas palavras.

2

As duas Dunquerques

Em 28 de maio, Churchill recebeu a informação de que os belgas haviam se rendido ao amanhecer. Ele reprimiu até bem mais tarde um ressentimento pessoal, que era injusto, pois a Bélgica não tinha qualquer perspectiva racional de continuar a luta. Assim, simplesmente observou que não lhe cabia julgar a decisão do rei Leopoldo. Durante a noite, alguns milhares de soldados britânicos foram retirados de Dunquerque, mas, em vista do esmagador poderio alemão, Gort estava pessimista quanto ao destino dos mais de 200 mil remanescentes. "E aqui estamos, de volta às praias da França, onde desembarcamos com tanta euforia mais de oito meses atrás", escreveu naquele dia Pownall, chefe do estado-maior de Gort. "Acho que éramos um grupo corajoso cujos esforços não mereciam fim tão infame (...) Se nossa habilidade não é tão grande assim, nossa bravura e resiliência são certamente maiores do que as dos alemães."[1] A dolorosa autoanálise refletida na frase de Pownall, reconhecendo o profissionalismo inferior do exército britânico, permaneceria no coração de seus inteligentes soldados até 1945.

Naquela tarde, durante uma reunião do Gabinete de Guerra na sala de Churchill, na Câmara dos Comuns, o primeiro-ministro novamente — e pela última vez — rejeitou os argumentos de Halifax de que o governo poderia conseguir melhores termos de paz antes que a França se rendesse e as fábricas de aviões fossem destruídas. Chamberlain, vacilante como sempre, agora apoiava o secretário do Exterior e insistia que a Grã-Bretanha deveria examinar "termos decentes, se nos forem oferecidos". Churchill disse que as chances de essa generosidade de Hitler se materializar eram de uma em mil, e ainda advertiu que "os países que caíram lutando se reergueram, mas os que se renderam mansamente foram liquidados". Attlee e Greenwood, membros do Partido Trabalhista, endossaram a posição de Churchill. Foi a última tentativa dos velhos apaziguadores. Privadamente, eles abraçaram a opinião, compartilhada pelo ex-primeiro-ministro Lloyd George, de que cedo ou tarde a negociação com a Alemanha seria essencial. Ainda em 17 de junho, o embaixador sueco informou que, segundo declararam Halifax e seu ministro R. A. Butler, nenhum "cabeça-dura" atrapalharia a paz "havendo termos razoáveis".[2] Andrew Roberts afirma, de modo convincente, que Halifax não esteve diretamente envolvido nos comentários feitos durante a conversa entre Butler e o embaixador.[3] Não deixa, porém, de ser extraordinário que alguns historiadores ainda tentem moderar veredictos sobre o comportamento do secretário do Exterior no verão de 1940. Não foi desonroso — a altiva eminência jamais agiria assim —, mas foi covarde.

Imediatamente após a reunião de 28 de maio, cerca de 25 ministros — todos os que não eram membros do Gabinete de Guerra — entraram na sala para receber instruções de Churchill. Ele descreveu a situação em Dunquerque, previu o colapso francês e manifestou a convicção de que a Grã-Bretanha deveria continuar lutando. "Foi magnífico", escreveu Hugh Dalton, ministro da Economia de Guerra, "o homem, e nosso único homem à altura deste momento (...) estava determinado a preparar a opinião pública para más notícias (...) Sofreríamos, sem a menor dúvida, tentativas de invasão".[4] Churchill disse aos ministros que havia examinado a possibilidade de negociar com "aquele homem" — e a rejeitou. A posição da Grã-Bretanha, com sua armada e sua força aérea, permanecia forte. E concluiu o discurso de modo admirável: "Estou convencido de que cada um dos senhores se revoltaria e me arrancaria do meu lugar se eu, por um momento, contemplasse a negociação ou a rendição. Se a longa história desta nossa ilha precisa um dia acabar, que acabe apenas quando cada um de nós estiver estirado no chão, sufocado em nosso próprio sangue."

Foi saudado com uma aclamação que seria extraordinária em qualquer assembleia de ministros. Nenhuma palavra discordante foi pronunciada. A reunião representou um triunfo pessoal absoluto. Churchill relatou seu desfecho para o Gabinete de Guerra. Naquela noite, o governo britânico comunicou a Reynaud em Paris que não buscaria mediação italiana para um acordo de paz. Uma última sugestão de Halifax, de recorrer diretamente aos Estados Unidos, foi rejeitada. Uma audaciosa resistência contra a Alemanha, reiterou Churchill, teria muito mais peso naquele momento do que "um pedido suplicante". Na sessão do Gabinete de Guerra no dia seguinte, discutiram-se novas instruções para Gort. Halifax era a favor de conceder ao comandante em chefe poder de decisão para capitular. Churchill recusou de imediato. Gort recebeu ordem para lutar pelo menos até que a evacuação de Dunquerque se tornasse impossível. Para não ser repreendido pelos Aliados, disse ao Departamento de Guerra que tropas francesas dentro do perímetro teriam acesso a navios britânicos. Informou a Reynaud sobre sua determinação de criar uma nova Força Expedicionária Britânica, baseada no porto atlântico de Saint-Nazaire, para combater junto com o exército francês no oeste.

Durante aqueles dias, a evacuação do porto e das praias prosseguiu, muito atrapalhada pela falta de pequenas embarcações que transportassem tropas até os navios maiores, deficiência que o Almirantado se esforçou em remediar com um apelo público por barcos adequados. A História revestiu a saga de Dunquerque de uma dignidade que, para os militares presentes, era bem menos visível. John Horsfall, comandante de companhia dos Fuzileiros Reais Irlandeses, disse a um colega oficial mais jovem: "Espero que perceba a sua conquista. Você está fazendo parte do maior desastre militar já perpetrado pelo exército britânico."[5] Muitos soldados voltaram da França alimentando um grande ressentimento contra a hierarquia militar que os expusera a uma situação tão adversa. Horsfall notou que, na última fase da marcha para as praias, seus homens mergulharam num silêncio pouco natural: "Havia um limite para o que cada um de nós era capaz de absorver, com aquelas bolas de fogo riscando o céu a intervalos de poucos minutos, e então chegamos a um ponto em que não havia praticamente mais nada a dizer."[6] A eles se juntou, magnífico em seus culotes de montaria da Savile Row e seu quepe dourado e escarlate, um major da artilharia a cavalo, que disse o seguinte: "Estou duplamente deprimido, meu velho. Estive em Mons [em 1914]." Um jovem oficial dos Granadeiros da Guarda, Edward Ford, passou as longas horas de espera pelo navio lendo um exemplar do Homero de Chapman, que achara na areia. Pelo resto de seus dias, Ford nutriu uma curiosidade nunca satisfeita de saber quem teria abandonado seu Chapman entre os detritos da praia.

Apesar de as proezas da Marinha Real em Dunquerque estarem à altura de suas mais altas tradições, muitos homens viram apenas caos. "É incrível que a organização do trabalho na praia tenha sido tão ruim", escreveu o tenente Robert Hichens, do navio-varredor *Niger*, embora ele admirasse a ausência de pânico entre os soldados que embarcavam.

> Disseram-nos que haveria muitos barcos e que o embarque de tropas seria organizado (...) Por isso todos aqueles pequenos barcos costeiros foram trazidos da Inglaterra (...) Só posso concluir que os barcos privados e costeiros deram o dia por encerrado e foram para casa com poucos companheiros, em vez de ficarem ali para fazer o transporte até os grandes navios, que era sua verdadeira função. Quanto à organização na praia, simplesmente não houve (...) Causa até enjoo ouvir os coordenadores daquele espetáculo na praia serem elogiadíssimos no rádio e receberem uma chuva de condecorações, porque nunca vi um estado de caos e uma falta de organização tão lamentáveis (...) Se alguns oficiais tivessem desembarcado com duas centenas de marujos (...), a evacuação da praia teria sido bem diferente (...) Quando os barcos finalmente foram içados, percebi que estava exausto, muito rouco e ensopado. Então tomei um trago e troquei de roupa. Na minha cabine estava um oficial de artilharia muito interessante. Todos ficaram impressionados com os bombardeiros de mergulho, com sua imensa quantidade, e com a eficiência geral das forças alemãs. Os soldados não estão muito animados,

mas a exaustão sempre nos torna pessimistas, e eles ficaram bastante tempo isolados. Esse oficial não sabia nem que Churchill tinha substituído Chamberlain como primeiro-ministro.[7]

Pownall chegou a Londres vindo da França com o propósito de descrever ao Comitê de Defesa, em 30 de maio, os planos de Gort para manter o perímetro em Dunquerque. "Ninguém na sala", escreveu Ian Jacob, do secretariado do Gabinete de Guerra, "imaginava que eles teriam êxito se as divisões blindadas alemãs, apoiadas pela Luftwaffe, intensificassem o ataque."[8] Foi, é claro, uma bênção decisiva que isso não tenha acontecido. Durante a Segunda Guerra Mundial, quando a oportunidade surgia, exércitos alemães vitoriosos demonstravam um empenho muito mais consistente em concluir a destruição dos inimigos do que faziam os Aliados nas mesmas condições. Dunquerque foi uma exceção. A maior parte da Força Expedicionária Britânica escapou não porque Hitler fora indulgente, mas graças a uma combinação de acasos e erros de julgamento. O sucesso, que ia além da imaginação dos alemães, criou imensos problemas por si só. A atenção dos comandantes voltava-se para sacramentar a derrota das forças de Weygand, das quais grandes unidades permaneciam intactas. O terreno desigual ao redor de Dunquerque era bem apropriado para defesa. O I Exército francês, ao sul do porto, travou combate com importantes forças alemãs durante o crítico período da fuga da BEF, um esforço de resistência que gerou menos reconhecimento dos britânicos do que merecia.

Em 24 de maio, Von Rundstedt, comandante do Grupo de Exércitos A, ordenou a seus Panzers, urgentemente necessitados de uma pausa logística, que não atravessassem o rio Aa e se enredassem com os "remanescentes" britânicos, como era visto então o exército de Gort. Hitler acatou a iniciativa. Mostrou-se favorável à vontade de Göring, ansioso por mostrar que seus aviões poderiam completar a destruição da BEF. Todavia, nas palavras da mais confiável narrativa alemã, "a Luftwaffe, seriamente debilitada por operações anteriores, foi incapaz de corresponder às demandas que lhe fizeram".[9] Ao longo de maio, a força de Göring perdeu 1.044 aviões, sendo um quarto de caças. Devido ao bom trabalho do Comando de Caças da RAF em Dunquerque, o diário de guerra do IV Exército alemão registrou no dia 25: "O inimigo teve superioridade aérea. Nesta campanha, isso é novidade para nós." Em 3 de junho, o esforço aéreo alemão foi desviado de Dunquerque e, bombardeando alvos em volta de Paris, dedicou-se a aumentar a pressão sobre os franceses.

Quase toda a Força Avançada de Ataque Aéreo da RAF foi reduzida a destroços carbonizados, espalhados pelo norte da França. Para os alemães, pouco importava que alguns milhares de soldados britânicos escapassem com os uniformes manchados de sal, quando deixavam para trás todas as ferramentas de um exército moderno — tanques, canhões, caminhões, metralhadoras e equipamento. Não ter completado a demolição da BEF foi um erro histórico de Hitler, mas pouco surpreendente em meio à magnitude dos triunfos e dilemas alemães no fim de maio de 1940. Os Aliados, com superioridade bem mais ampla, permitiram-se omissões estratégicas muito mais censuráveis quando retornaram ao continente para as campanhas de 1943-1945.

Em 30 de maio, muitos britânicos, entre eles Ian Jacob, ficaram impressionados com a calma com que Churchill recebeu o relatório de Pownall sobre a situação em Dunquerque. Depois disso, o Gabinete de Guerra tratou de outra lista de pedidos franceses: tropas para apoiá-los no front do Somme; mais aviões; concessões à Itália; um apelo conjunto a Washington. Na interpretação de Churchill, essas demandas criavam um contexto para a rendição francesa após a recusa da Grã-Bretanha. Foi tomada a decisão de retirar forças residuais britânicas do norte da Noruega. O primeiro-ministro resolveu viajar novamente a Paris e pressionar a França a permanecer na guerra, deixando claro que a Grã-Bretanha se dissociaria de qualquer negociação com a Alemanha mediada pelos italianos. Na manhã seguinte, quando o Flamingo de Churchill decolava de Northolt, ele já sabia que 133.878 soldados britânicos e 11.666 aliados tinham sido evacuados de Dunquerque.

Sir Edward Spears, um velho amigo do primeiro-ministro considerado charlatão por outros generais, servia mais uma vez como oficial de ligação com os franceses, função que desempenhara na Primeira Guerra Mundial. Spears, que aguardava no aeródromo de Villacoubray para se juntar ao grupo, ficou impressionado com a fingida jovialidade do primeiro-ministro. Churchill cutucou jocosamente o oficial no estômago com a bengala e, como sempre, parecia muito animado por estar no palco de grandes acontecimentos. Sorriu, radiante, para os pilotos dos Hurricanes de escolta, seguiu de carro a Paris para um almoço na embaixada britânica e foi ao encontro de Reynaud no Ministério da Guerra.

Em meio ao clima de tristeza que se abateu sobre os líderes da França, reunidos com seu primeiro-ministro, Pétain e o almirante François Darlan eram os que se mostravam mais desesperados. Como descreveu Ismay: "Um homem de idade, muito descoroçoado, trajando roupas comuns, aproximou-se de mim lentamente, estendeu-me a mão e disse: 'Pétain.' Foi difícil acreditar que aquele era o grande Marechal da França."[10] Os racionalistas, que era como viam a si mesmos, ouviram sem se abalar a efusão retórica de Churchill. Ele falou das duas divisões britânicas já no noroeste da França, dizendo que tinha esperanças de que fossem reforçadas em breve para ajudar na defesa de Paris. Descreveu em termos dramáticos os acontecimentos em

Dunquerque. Declarou, em seu extraordinário "francês da Inglaterra", apoiado por gestos, que soldados franceses e britânicos sairiam de braços dados: "*partage — brass dessous, brass dessous*". Por ordem do gabinete, Gort deveria deixar Dunquerque naquela noite. Se, como era esperado, a Itália entrasse na guerra, esquadrões de bombardeiros britânicos atacariam imediatamente suas indústrias. Churchill mais uma vez abriu um sorriso radiante. Se a França conseguisse pelo menos resistir durante todo o verão, disse ele, tudo seria possível. Num acesso final de emoção, declarou-se convencido de que a ajuda americana viria. E assim a 13ª reunião do Supremo Conselho de Guerra dos Aliados concluiu sua agenda de debate.

Reynaud e outros dois ministros foram convidados para jantar aquela noite na palaciana embaixada britânica, na rue Saint-Honoré. Churchill falou com entusiasmo sobre a possibilidade de atacar colunas alemães de Panzers. Deixou Paris na manhã seguinte, sabendo que tinha feito tudo que estava ao alcance para inspirar homens incumbidos de salvar a França. A maioria, porém, não acreditava em uma palavra do que foi dito. A terrível situação militar dos Aliados era irremediável. Diante do colapso da aspiração nacional francesa, era impossível imaginar uma hipótese plausível na qual os exércitos de Hitler fossem repelidos.

Paul Reynaud foi um dos poucos franceses que, pelo menos momentaneamente, continuavam suscetíveis à verbosidade de Churchill. Para mentes racionais, havia qualquer coisa de absurdo em quase tudo que o inglês disse aos ministros e comandantes em Paris. O primeiro-ministro desfilou diante dos Aliados seu próprio e extravagante senso de honra. Prometeu ações militares que poderiam enfraquecer ainda mais o próprio país, mas não seriam capazes de salvar a França. Fez promessas descabidas de uma ajuda militar adicional, cujo impacto seria, de todo modo, insignificante. As duas divisões da Grã-Bretanha no noroeste eram irrelevantes para o desfecho da batalha, além de serem extremamente necessárias para a defesa da própria ilha. Churchill, contudo, disse ao Gabinete de Guerra em Londres, em 1º de junho, que mais tropas precisavam ser despachadas para o outro lado do canal da Mancha, com um componente aéreo adequado. Mesmo enquanto o milagre de Dunquerque se desenrolava, ele ainda hesitava se seria o caso de despachar mais caças para o continente. Alardeou o êxito da RAF em impedir que a Luftwaffe frustrasse a evacuação, o que, segundo declarou, era um esplêndido presságio do futuro.

Chamberlain e Halifax manifestaram-se contra o envio de mais soldados para a França, mas Churchill discordou. Sentia-se obrigado a responder aos novos apelos de Reynaud. Visualizava um enclave britânico na Bretanha, uma base a partir da qual os franceses receberiam apoio e inspiração para manter uma "gigantesca guerrilha (...) A BEF na França precisa ser reconstituída imediatamente, do contrário os franceses não continuarão na guerra". Em meio à terrível escassez de tropas, ele destacou para a França a 1ª Divisão Canadense, que tinha chegado à Grã-Bretanha praticamente sem treinamento ou equipamento. O primeiro-ministro informou a um dos generais britânicos responsáveis pela defesa do noroeste francês que ele "não podia contar com artilharia nenhuma".[11] Uma nova "divisão" foi criada de improviso em torno de Rouen, formada por um grupo das linhas de comunicação equipado com poucas metralhadoras Bren, armas anticarro, que ninguém ali jamais disparara, e uma única bateria de artilharia de campanha sem aparelhos de pontaria para seus canhões. Até o tenente-general Alan Brooke, recém-desembarcado de Dunquerque, retornar à França em 12 de junho, as forças britânicas ficaram sob comando francês, sem um comandante em chefe britânico presente.

Insistir na retomada de uma campanha condenada ao fracasso foi o pior erro de Churchill em 1940. Não surpreende que seus críticos dentro do círculo de poder tenham ficado alarmados. A força das emoções de Churchill era um espetáculo à parte. Entretanto, quando o sentimento o levava a realizar desdobramentos sem a menor possibilidade de êxito, ele chocava seus generais, assim como os velhos "homens do guarda-chuva" de Chamberlain. Quase todos os civis importantes e todas as figuras fardadas de Whitehall reconheciam que a Batalha da França estava perdida. O emprego de mais unidades britânicas ameaçava invalidar a extraordinária operação de resgate de Dunquerque. O estado-maior do Ar cerrou fileiras com Halifax, Chamberlain e os demais na resistência às demandas de Churchill para o envio de mais caças à França, em acréscimo aos três esquadrões britânicos que ainda operavam lá. Na questão aérea, o próprio Churchill hesitou e relutantemente cedeu. Foi a primeira de muitas ocasiões em que ele felizmente subordinou seus instintos ao conselho de chefes militares e colegas. Chamberlain e Halifax não estavam sempre errados. A grandeza moral dos gestos de Churchill para com seu aliado foi inteiramente eclipsada, nos primeiros dias de junho, pela magnitude da tragédia na França e do perigo que a Grã-Bretanha corria.

A evacuação de Dunquerque aproximava-se de uma conclusão em 4 de junho, quando 224.328 soldados britânicos já haviam sido retirados, juntamente com 111.772 aliados, que, em sua maioria, preferiram retornar à França em vez de continuar lutando como exilados. Naquela tarde, durante 35 minutos, Churchill descreveu a operação para a Câmara dos Comuns, encerrando com algumas de suas melhores frases: "Lutaremos nas praias, lutaremos nas pistas de pouso, lutaremos nos campos e nas ruas, lutaremos nos montes, não nos renderemos jamais."

Naquela tarde, ele encontrou tempo para despachar pequenas notas, agradecendo ao rei por retirar as objeções que, por motivos de caráter, fizera à nomeação de Brendan Bracken para o Conselho Privado, e ao antigo primeiro-ministro Stanley Baldwin, dizendo-se satisfeito por uma carta com votos de sucesso. Churchill pediu desculpas por ter levado duas semanas para responder. "Estamos passando por tempos muito difíceis, e imagino que o pior ainda está por vir", escreveu, "mas tenho certeza de que melhores dias virão; embora não seja tão certo que estaremos vivos para ver. Não acho que o fardo seja muito pesado, mas não posso dizer que até agora tenha gostado muito de ser primeiro-ministro".

O violento avanço alemão rumo a Paris começou em 5 de junho. As conversas anglo-francesas nos dias seguintes foram dominadas por apelos cada vez mais veementes de Reynaud por caças. Cinco esquadrões da RAF já estavam baseados na França e mais quatro operavam a partir de bases britânicas. O Gabinete de Guerra e os chefes de estado-maior se uniram na determinação de não enfraquecer mais ainda a defesa interna da Grã-Bretanha. Em 9 de junho, Churchill telegrafou para o primeiro-ministro sul-africano, Jan Smuts, que recomendara o envio de mais aviões, dizendo o seguinte: "Só vejo uma saída agora, isto é, que Hitler deve atacar este país e assim destruirá suas armas aéreas. Se isso acontecer, terá de enfrentar o inverno com a Europa em seus calcanhares, e provavelmente com a oposição dos Estados Unidos após a eleição presidencial." A Marinha Real ocupava-se com temores sobre o futuro da frota francesa. O almirante Sir Dudley Pound, Primeiro Lorde do Mar, declarou que só o naufrágio poderia garantir que esquadras francesas não fossem usadas pelos alemães.

No entanto, de modo perverso e até mesmo indefensável, Churchill continuava a despachar tropas para a França. O projeto da ordem de operação para a 1ª Divisão Canadense, redigido quando ela embarcava em 11 de junho, dizia: "O objetivo político da reconstituída BEF é dar apoio moral ao governo francês, mostrando a determinação do Império Britânico em ajudar sua aliada com todas as forças disponíveis (...) A intenção é (...) concentrar-se (...) na área ao norte e ao sul de Rennes (...) Uma divisão talvez tenha que sustentar oitenta quilômetros de frente."[12] Numa reunião de ministros em Londres no mesmo dia, Dill foi informado de que estava em andamento um estudo para a manutenção de uma cabeça de ponte na Bretanha, "o reduto bretão".[13] Em 13 de junho, os Engenheiros Reais ainda preparavam áreas de recepção e campos de trânsito na costa bretã francesa, organizando-se para receber mais reforços da Grã-Bretanha.

Churchill reconhecia a esmagadora probabilidade da rendição francesa, mas ainda alimentava esperanças de manter uma base no outro lado do canal.

Parecia-lhe preferível enfrentar as dificuldades de resistir na França a montar, na Grã-Bretanha, o retorno para uma costa defendida pelos alemães. Procurou manter a fé francesa na aliança enviando apenas três divisões britânicas. Em 10 de junho, pareceu não se abalar com a longamente aguardada declaração de guerra de Mussolini, limitando-se a comentar com Jock Colville: "As pessoas que vão à Itália para ver ruínas não precisam mais ir a Nápoles ou Pompeia."[14] O secretário particular percebeu o humor amargo do chefe naquele dia. Na tarde de 11 de junho, Churchill voou com Eden, Dill, Ismay e Spears para o novo quartel-general francês em Briare, na margem do rio Loire, a 110 quilômetros de Paris, para se encontrar mais uma vez com o governo francês. O coronel que foi receber o avião, segundo escreveu Spears, poderia muito bem estar cumprimentando parentes num funeral. Em seu destino, o Château du Muguet, não havia clima de boas-vindas. Na reunião do Supremo Conselho de Guerra no começo da noite, depois que os franceses apresentaram um relato desesperançoso, Churchill convocou todos os seus poderes. Falou com paixão e eloquência sobre as forças que a Grã-Bretanha desdobraria na França em 1941 — vinte, até 25 divisões. Weygand disse, com desdém, que o resultado da guerra seria determinado dentro de horas, e não dias ou semanas. Dill, pateticamente, convidou o comandante supremo a usar as improvisadas forças britânicas na França quando e como julgasse necessário.

Com os alemães às portas de Paris, não se poderia culpar os franceses por se sentirem ridicularizados. Eden escreveu: "Reynaud estava inescrutável e Weygand, polido, escondendo com dificuldade o ceticismo. O marechal Pétain demonstrava abertamente sua incredulidade. Embora não dissesse nada, sua atitude significava obviamente '*C'est la blague*' — 'Isso é uma piada.'"[15] O confronto mais severo veio quando Weygand afirmou que chegaram ao ponto decisivo, que os britânicos deveriam empregar todos os seus caças na batalha. Churchill respondeu: "Este não é o ponto decisivo. Este não é o momento decisivo. O momento decisivo virá quando Hitler lançar sua Luftwaffe contra a Grã-Bretanha. Se pudermos manter o domínio aéreo em nossa ilha — é só o que peço —, conquistaremos tudo de volta para os senhores." A Grã-Bretanha continuaria lutando, "para sempre, sempre, sempre".

Reynaud parecia comovido. O recém-designado ministro do Exército, general-brigadeiro Charles de Gaulle, ficou muito mais impressionado com a representação que o primeiro-ministro fez de si mesmo como cidadão inglês do que como aliado: "O sr. Churchill ofereceu uma imagem imperturbável, transbortante de alegria e otimismo. No íntimo, porém, parecia limitar-se a uma reserva cordial com os franceses acuados, já acometido — não, talvez, sem uma obscura satisfação — pela enorme e magnífica possibilidade de uma Inglaterra deixada em paz em sua ilha, tendo ele para comandar a luta pela salvação."[16] Os outros franceses presentes não se importaram tanto com as palavras do primeiro-ministro. Embora o clima de cortesia fosse preservado durante um difícil jantar naquela noite, Reynaud disse ao líder da Grã-Bretanha, quando o conhaque foi servido, que Pétain julgava essencial tentar um armistício.

Para sua equipe, Churchill esbravejou contra a influência exercida sobre Reynaud pela amante, a condessa de Portes, apaixonada defensora da rendição: "Essa mulher (...) desfará de noite tudo que fiz de dia. Mas é claro que ela pode conceder agrados que estão fora do meu alcance. Posso argumentar com ele, mas não dormir com ele."[17] Apesar de toda a esperança que Churchill depositava em Reynaud, mesmo em seus melhores momentos o primeiro-ministro francês nunca compartilhou o entusiasmo do inglês pela guerra *à l'outrance*. O subsecretário de Estado americano, Sumner Welles, relatou uma conversa que teve com o líder francês no início daquele verão: "M. Reynaud acha que, apesar de o sr. C[hurchill] ser um homem brilhante e muito divertido, com grande capacidade de organização, faltava-lhe um pouco de flexibilidade. Para ele, o sr. C não conseguia imaginar outro cenário que não fosse a guerra até o fim — mesmo que resultasse em caos e destruição. O francês tinha certeza de que isso não era coisa de estadista."[18] Esse relato parece refletir de modo convincente o ponto de vista de Reynaud em junho de 1940. Assim como pensava um número significativo de políticos britânicos com relação à respectiva sociedade, o primeiro-ministro francês percebia, ao contrário de Churchill, um limite de danos aceitável para o tecido social e o povo da França na causa da luta contra o nazismo.

Na manhã seguinte, 12 de junho, Churchill disse a Spears que ficasse com os franceses e fizesse o possível para lhes injetar ânimo: "Carregaremos aqueles que se deixarem carregar." A Grã-Bretanha, no entanto, não tinha poder para "carregar" a França. Pétain ausentou-se da reunião seguinte do Supremo Conselho de Guerra. Tomara uma decisão. Churchill se enfureceu com a notícia de que, na noite anterior, uma planejada missão de bombardeio da RAF à Itália foi frustrada por carroças de agricultores colocadas na pista por aviadores franceses. Reynaud disse que quaisquer missões futuras dessa natureza deveriam ser lançadas da Inglaterra. No aeródromo de Briare, Ismay comentou alentadoramente que sem mais aliados com que se preocupar "venceremos a Batalha da Inglaterra". Churchill fitou-o com firmeza e disse: "Você e eu estaremos mortos daqui a três meses." Não há razão para duvidar desse diálogo brusco. Churchill diria depois que sempre acreditou no sucesso da Grã-Bretanha. Sem dúvida tinha uma fé mística no destino, por mais vago que fosse o apego que tivesse a qualquer divindade. Contudo, é evidente que, no verão de 1940, ele padeceu momentos cruéis de racionalidade, quando a derrota parecia muito mais plausível do que a vitória, quando o imenso esforço de vontade necessário para aguentar a luta era quase demais para ele.

Seis meses depois, durante o verão, Eden confessou ao primeiro-ministro que ele e Pound, Primeiro Lorde do Mar, tinham admitido um para o outro que estavam desesperados. Churchill respondeu: "Normalmente acordo cheio de entusiasmo para enfrentar o dia. Naqueles tempos, acordava com medo no coração."[19] Na febril atmosfera da época, alguns parlamentares entraram em pânico. Harold Macmillan foi um dos principais instigadores da chamada "revolta dos subsecretários" comandada pelos *tories*, exigindo que os "velhos de Munique" fossem sumariamente expulsos do governo. "Tudo isso", segundo Leo Amery, "na suposição de que a França entrará em colapso completamente e que seremos derrotados."[20] Os jovens turcos foram esmagados.

Quando tantos morriam, Churchill não tinha razão para achar que a sobrevivência dele próprio estivesse garantida. Uma bomba alemã, um paraquedista descendo em Whitehall, um acidente em terra, no mar ou no ar, como os que vitimaram muitas figuras de destaque durante a guerra, poderiam acabar com ele a qualquer momento. A coragem que comprovara ter, juntamente com a dos que o seguiam e serviam, consistia em desafiar as probabilidades, deixando de lado qualquer pensamento sobre o desfecho mais plausível da luta, e tratar das batalhas de cada dia com um espírito que não se deixasse abater pelos infortúnios das anteriores. Naquela manhã de quarta-feira, 12 de junho, o Flamingo do primeiro-ministro saiu voando baixo sobre os adoráveis campos da Bretanha. Perto das docas fumegantes de Le Havre, o piloto mergulhou subitamente para evitar a atenção de dois aviões alemães que metralhavam barcos de pesca. O Flamingo escapou sem ser visto, pousando a salvo em Hendon, porém essa foi uma das vezes em que Churchill esteve mais perto do perigo. No fim da tarde, disse ao Gabinete de Guerra que a resistência francesa obviamente estava chegando ao fim. Falou com admiração de De Gaulle, cuja determinação muito o impressionara.

Churchill estava de volta a Londres há menos de 36 horas quando Reynaud lhe telefonou, pouco depois da meia-noite, exigindo um novo e urgente encontro em Tours, para onde se retirara. O primeiro-ministro partiu de manhã, acompanhado de Halifax e Beaverbrook, passando de carro pela absurda multidão londrina fazendo compras no verão. Foi recebido em Hendon com a notícia de que o mau tempo exigia um adiamento da decolagem. "Dane-se", resmungou ele. "Estou indo, aconteça o que acontecer. A situação é séria demais para eu me preocupar com o tempo!" Aterrissaram em Tours em meio a uma tempestade, numa pista que tinha sido violentamente bombardeada na noite anterior, e pediram transporte a uma exausta turba de aviadores. Churchill, Beaverbrook e Halifax se enfiaram com dificuldade num pequeno carro que os conduziu à prefeitura local, onde percorreram os corredores sem que ninguém os reconhecesse. Por fim, um oficial de estado-maior os escoltou até um restaurante próximo para uma refeição de frango frio e queijo. Aquilo era uma piada de mau gosto. Não é difícil imaginar o desdém de Halifax pela provação a que Churchill o submetera.

De volta à prefeitura, os britânicos esperaram Reynaud com impaciência. Era essencial que partissem ainda com claridade, pois a pista esburacada por bombas e sem iluminação era inadequada para operações noturnas. Finalmente o primeiro-ministro francês apareceu com Spears. Informou ao grupo de ingleses que, apesar de Weygand estar pronto para se render, talvez ainda pudesse ser persuadido pelos colegas a continuar lutando — se recebesse uma firme garantia de que os americanos entrariam na batalha. Caso contrário, a Grã-Bretanha estaria pronta para admitir a impossibilidade de a França seguir na guerra? Churchill respondeu com manifestações solidárias pela agonia da França. A única coisa que admitiu, porém, foi que a Grã-Bretanha simplesmente resistiria: nada de termos, nada de rendição. Reynaud disse que o primeiro-ministro não tinha respondido à pergunta. Churchill respondeu que não poderia consentir numa capitulação francesa. Recomendou que o governo de Reynaud fizesse um apelo direto ao presidente Roosevelt antes de tomar qualquer outra providência. Nada se falou sobre a chance de novas investidas a partir do império francês no Norte da África, o que alarmou alguns membros do grupo britânico. Temiam que o país de Reynaud não só deixasse de ser aliado, mas também se juntasse à Alemanha como inimigo. Tinham aguda consciência de que, embora o líder francês ainda demonstrasse algum ânimo, seus generais, com a única exceção de De Gaulle, não demonstravam nenhum.

No pátio embaixo, uma multidão de políticos e funcionários franceses, tomados pela emoção e pelo desespero, rodeou Churchill quando ele saiu. Mãos foram apertadas e lágrimas, derramadas. O primeiro-ministro murmurou para De Gaulle: "*L'homme du destin*." Ignorou uma intervenção apaixonada da condessa de Portes, que abriu caminho gritando que o país dela estava ferido de morte e que ela precisava ser ouvida. Funcionários franceses disseram aos políticos presentes que Churchill, em sua última reunião com o Supremo Conselho de Guerra, demonstrara pleno entendimento da posição da França e resignara-se à capitulação desse país. Reynaud não convidou Churchill para um encontro com seus ministros, como eles queriam. E, consequentemente, os ministros se sentiram esnobados, embora a omissão não mudasse nada.

Churchill pousou de volta em Hendon após duas horas e meia de voo. Em Downing Street, foi informado de que o presidente Roosevelt respondera a um apelo anterior da França com promessas particulares de mais ajuda material, dizendo-se impressionado com a decisão de Reynaud de continuar lutando. Churchill disse ao Gabinete de Guerra que aquela mensagem chegava o mais perto possível de uma declaração de guerra sem o Congresso americano. Era, obviamente, uma distorção motivada pelo desejo dele de que fosse assim. Roosevelt, a conselho do secretário de Estado Cordell Hull, rejeitou o pedido de Churchill para que o telegrama fosse publicado.

Em 12 de junho, a 51ª Divisão (Highland) em Saint-Valery foi obrigada a participar de uma capitulação local das tropas do X Exército francês, ao qual a formação britânica estava adida. Tivesse a ordem sido dada poucos dias antes, talvez as tropas pudessem ser evacuadas para a Grã-Bretanha através de Le Havre. Em vez disso, converteram-se num sacrifício à determinação de Churchill em ser visto sustentando a campanha. Naquele mesmo dia, o general Sir Alan Brooke chegou com ordens de liderar forças britânicas para ajudar as francesas. Reforços ainda desembarcavam nos portos da Bretanha no dia 13.

Quando Ismay sugeriu que unidades britânicas a caminho da França se deslocassem com seriedade, mas sem pressa, Churchill disse: "Claro que não. Se fizermos isso, deixaremos uma péssima imagem para a história." Era uma resposta compatível com a que dera poucas semanas antes ao ministro da Fazenda, Kingsley Wood, quando sugeriu que, como a Grã-Bretanha estava apoiando financeiramente o governo holandês no exílio, em troca deveriam exigir uma participação maior na empresa petrolífera Royal Dutch Shell. "Churchill, que era contra tirar vantagem dos infortúnios de outros países, disse que nunca mais queria ouvir uma sugestão daquelas."[21] A cada momento ele percebia suas palavras e ações pelo prisma da posteridade. Tinha resolvido que os historiadores deveriam dizer: "Nada de comum ou vil fez ou impôs àquela cena memorável." De fato, naqueles dias, Churchill estava sempre pensando nos versos de Andrew Marvell sobre a execução do rei Charles I. Recitava-os com frequência para a equipe e depois para a Câmara dos Comuns. Raramente um grande ator no palco da ação humana se preocupou tanto com o veredicto futuro, mesmo no momento em que desempenhava o papel e recitava as falas.

Em 14 de junho, os alemães entraram em Paris sem encontrar resistência. Apesar disso, persistiam ilusões em Londres de que uma base poderia, mesmo então, ser mantida no continente. Jock Colville escreveu de Downing Street naquele dia: "Se os franceses continuarão lutando, precisamos agora recuar para o Atlântico, criando Linhas de Torres Vedras atrás das quais divisões britânicas e suprimentos americanos possam se concentrar. Paris não é a França (...) não há razão para supor que os alemães serão capazes de subjugar todo o país."[22] Colville era um funcionário sem influência, mas tinha as fantasias alimentadas por pessoas mais importantes. No início daquela noite,

Churchill falou por telefone com Brooke na França. O primeiro-ministro lamentou o fato de que as formações britânicas remanescentes estivessem batendo em retirada. Queria que os franceses sentissem que estavam recebendo apoio. Brooke, com uma franqueza ulsteriana que Churchill ouviria bastante ao longo da guerra, retorquiu que "era impossível fazer um cadáver sentir".[23] Depois de uma altercação que para o soldado pareceu interminável e absurda, Churchill disse: "Está bem, concordo com você."

Com essa conversa, Brooke salvou quase 200 mil homens da morte ou do cativeiro. Por pura força de caráter, não muito em evidência entre os generais britânicos, convenceu Churchill a permitir que suas forças fossem retiradas do comando francês e evacuadas. No dia 15, ordens foram repassadas às pressas aos canadenses, que seguiam de trem da costa da Normandia para o que era encarado como a frente de batalha. Houve um redirecionamento das locomotivas, que mais uma vez partiram para os portos. Em Brest, tropas que embarcavam receberam ordens para destruir todos os veículos e equipamentos. No entanto, alguns oficiais criativos e determinados labutaram desafiadoramente e com êxito para evacuar preciosas peças de artilharia. Pelos franceses, Weygand ficou ainda mais ressentido com a notícia de outra retirada britânica. Parece incrível que seus compatriotas não tenham feito nada para impedir a operação e tenham até, de alguma forma, ajudado.

Muito se escreveu sobre a prudência de Churchill ao decidir não reforçar a derrota, despachando, em 1940, mais esquadrões de caça para a França. O erro de julgamento contrário costuma ser ignorado. Alan Brooke entendia a motivação do primeiro-ministro: demonstrar aos franceses que o exército britânico ainda estava comprometido com a luta. De forma correta, porém, lamentou a futilidade da ideia. Se Dunquerque representou um milagre, foi igualmente milagroso ter sido possível, duas semanas depois, evacuar quase toda a força de Brooke para a Grã-Bretanha pelos portos franceses do noroeste. Houve, na verdade, duas Dunquerques, embora a última seja muito menos notada pela história. Churchill conseguiu escapar das consequências potencialmente brutais do seu último gesto imprudente a Reynaud, graças à determinação de Brooke e à preocupação alemã de sacramentar o fim do exército francês. Se a Providência não fosse misericordiosa, todos os soldados de Brooke poderiam ter se perdido, um golpe esmagador para a perspectiva de reconstituição do exército britânico.

Em 15 de junho, por ordem de Churchill, Dill telefonou para Brooke usando uma linha de comunicação fraca e cheia de estalos e lhe disse para retardar a evacuação da 52ª Divisão de Cherburgo. Em Londres, renovaram-se as esperanças de manter uma base na França, embora não houvesse fundamento visível na realidade. Fosse como fosse, os franceses não levaram em conta nenhuma dessas aspirações britânicas. Brooke ficou exasperado. Disse ao chefe do estado-maior imperial: "É desesperador estar diante de mais de 150 mil homens e um grande volume de material, munição, combustível, provisões etc., para tentar evacuá-los ou descartá-los, e não haver ninguém para proteger a operação exceto o deteriorado exército francês (...) Estamos desperdiçando transporte marítimo e perdendo horas preciosas."[24] No dia seguinte, Londres relutantemente aceitou que a 52ª Divisão continuasse a volta para a Grã-Bretanha. A confusão administrativa, no entanto, persistiu. Alguns soldados embarcaram em Le Havre com destino a Portsmouth, mas foram deixados em Cherburgo e levados de trem para Rennes. Um navio chegou a Brest na manhã do dia 18, carregado de peças de artilharia e munição da Inglaterra. Numa dúzia de portos franceses do noroeste, dezenas de milhares de soldados britânicos moviam-se caoticamente, muitos deles sem instruções e sem oficiais.

Em meio ao caos e à má administração, apenas a preocupação alemã com o exército francês tornou possível retirar os soldados e algumas armas pesadas. Houve escaramuças entre forças britânicas e inimigas, mas nenhum choque fatal. Entre 14 e 25 de junho, em Brest e Saint-Nazaire, Cherburgo e portos menores do oeste da França, 144.171 soldados britânicos foram resgatados e levados para casa, além de 24.352 poloneses e cerca de 42 mil combatentes aliados de outras nacionalidades. Houve perdas, destacando-se o afundamento do transatlântico *Lancastria* ao custo de pelo menos 3 mil vidas;* mas o número era insignificante se comparado à quantidade de militares em risco — dois terços do efetivo resgatado em Dunquerque.

Nas últimas três semanas da campanha, era impressionante o caos nos arranjos de comando britânico na França, mesmo em áreas onde formações não eram muito ameaçadas pelos alemães. Valiosíssimos e intactos tanques britânicos, num volume equivalente a dois carregamentos de trem, foram simplesmente abandonados na Normandia. "Muito equipamento foi desnecessariamente destruído",[25] foram as raivosas palavras do major-general Andrew McNaughton, comandante da 1ª Divisão Canadense. Apesar de a guerra ter começado quase nove meses antes, o tenente-general Sir Henry Karslake, comandante em Le Mans até a chegada de Brooke, escreveu num relatório: "O despreparo de nossas formações ficou explícito de várias maneiras."[26] Soldados da 52ª Divisão chegaram à França em junho com equipamento distribuído dois dias antes, nunca tendo disparado uma arma anticarro, ou até visto um tanque. Karslake ficou horrorizado com a indisciplina de algumas unidades regulares, mesmo antes de travarem combate: "Seu com-

* Estimativas de que 8 mil pessoas teriam perecido no *Lancastria* se mostram implausíveis diante da contagem total de baixas na França, que mostra um total de apenas 11 mil vidas britânicas perdidas.

portamento era terrível!"[27] Um número bem maior de veículos, provisões e equipamentos poderia ter sido evacuado, não fosse a desordem administrativa que prevalecia nos portos, onde alguns navios da Inglaterra ainda estavam sendo descarregados enquanto, em cais vizinhos, unidades embarcavam para casa. O emprego de unidades no noroeste da França representou um sério erro estratégico de Churchill, que não conquistou a gratidão dos franceses e poderia ter custado aos Aliados um número de soldados equivalente à soma das perdas posteriores na Grécia, em Creta, Singapura e Tobruk.

Embora a situação dramática da Grã-Bretanha já estivesse clara, naquele momento, para todos os ocupantes de altos cargos e para muitos de cargos inferiores, Churchill estava visivelmente entusiasmado. Em Chequers, na quente noite de verão de 15 de junho, Jock Colville escreveu que as notícias tristes chegavam constantemente por telefone, enquanto sentinelas com capacetes de aço e baionetas cercavam a casa. O primeiro-ministro, no entanto, exibia o mais alto-astral, "repetindo poemas, discorrendo sobre o drama da situação atual (...) oferecendo charutos para todos e cantarolando espasmodicamente: '*Bang, bang, bang, goes the farmer's gun, run rabbit, run rabbit, run, run, run.*'"[28] Nas primeiras horas da manhã, quando o embaixador americano Joseph Kennedy telefonou, o primeiro-ministro descarregou sobre ele uma torrente de retórica a respeito da oportunidade de os Estados Unidos salvarem a civilização. Depois, fez um longo discurso para a equipe sobre a crescente força de combate britânica, "contou uma ou duas histórias indecentes" e partiu para a cama à uma e meia enquanto dizia "Boa noite, meus filhos".[29] Pelo menos parte disso devia ser simulação, mas era simulação de assombrosa nobreza. O secretário particular de Churchill, Eric Seal, achava-o muito mudado desde 10 de maio, mais sóbrio, "menos violento, menos feroz, menos impetuoso".[30] Mesmo que a avaliação seja exagerada, certamente houve um extraordinário aumento de autocontrole.

Em 16 de junho, o Gabinete de Guerra despachou uma mensagem para Reynaud, que estava em Bordeaux, oferecendo-se para liberar a França da obrigação de recusar negociações com a Alemanha, solicitando, em troca, que a frota francesa fosse mandada para portos britânicos. De Gaulle, chegando a Londres, foi convidado a almoçar com Churchill e Eden no Carlton Club. Ele informou ao primeiro-ministro que somente uma iniciativa dramática dos britânicos poderia protelar a rendição francesa. Recomendou que fosse formalizada uma proposta de união política entre a França e a Grã-Bretanha, pela qual o gabinete vinha há dias demonstrando interesse. No meio da crise, aqueles homens desesperados abraçaram essa ideia fantasiosa. Uma mensagem apropriada, enunciando a proposta em termos graves, foi enviada a

Reynaud. Churchill se preparou para partir mais uma vez rumo à França, dessa vez por mar, para discutir um rascunho da "Proclamação de União". Já estava a bordo de um trem em Waterloo com Clement Attlee, Archibald Sinclair e os chefes de estado-maior, a caminho de um contratorpedeiro, quando veio a informação de que Reynaud não poderia recebê-los. Deprimido, o primeiro-ministro voltou para Downing Street. Foi melhor assim. A proposta de união era totalmente irrealista e não mudaria nada. A Batalha da França tinha acabado. O governo de Reynaud prestou um último serviço ao aliado: naquele dia em Washington todos os contratos de armamentos americanos com a nação francesa foram formalmente transferidos para a Grã-Bretanha.

Durante a noite, soube-se em Downing Street que Reynaud tinha renunciado como primeiro-ministro, sendo substituído pelo marechal Pétain, que buscava um armistício. O prestígio de Pétain com o povo francês baseava-se na defesa de Verdun em 1916, mas também na crença infundada de que tinha um senso de humanidade único entre os generais, manifestado no jeito compassivo de lidar com o exército francês durante os motins de 1917. Em junho de 1940, praticamente não havia dúvida de que o empenho de Pétain em conseguir a paz a qualquer preço refletia o desejo da maioria dos franceses. Reynaud, porém, talvez tenha cometido um crasso erro histórico ao concordar em sair do cargo. Se ele e os colegas de ministério tivessem aceitado o exílio, como o fizeram os governos norueguês, belga e holandês, ele poderia ter impedido que a França abrisse mão da legitimidade democrática, estabelecendo resistência francesa à tirania sobre fortes alicerces em Londres. Em vez disso, deixou-se dominar pelos derrotistas militares, encabeçados por Pétain e Weygand, negando a si mesmo um afamado martírio político.

Um sargento britânico chamado George Starr, que escapou do continente por Dunquerque, chegou atrasado em casa, em Yorkshire, em 18 de junho. Encontrou o pai ouvindo no rádio o anúncio da rendição francesa. A família Starr, durante muitos anos, dirigira um circo itinerante no continente. O pai de George desligou o aparelho, sacudiu a cabeça e disse: "Os franceses nunca nos perdoarão por isso."[31] Naquele momento, o filho não compreendeu o que ele quis dizer. Numa fase mais adiantada da guerra, porém, George Starr passou três anos como agente britânico na Resistência Francesa. Teve muitas oportunidades de explorar o sentimento de traição que muitos franceses alimentavam contra a Grã-Bretanha, algo que nunca desapareceu inteiramente.

De Gaulle, ministro do Exército de Reynaud, foi um dos únicos franceses importantes a escolher armar acampamento em Londres, e garantiu a evacuação da esposa. O Gabinete de Guerra se opôs ao pedido que ele fizera para falar aos franceses pela BBC. Churchill, entretanto, pressionado por Spears, insistiu em que o renegado — pois assim De Gaulle era visto por muitos franceses — tivesse acesso ao microfone. O assessor jurídico do general, professor Cassin, perguntou ao novo chefe qual era a situação do seu embrionário movimento na Grã-Bretanha. De Gaulle deu uma resposta magnífica: "Somos a França! (...) Os derrotados são aqueles que aceitam a derrota." O general tinha uma resposta, também, para o problema de estabelecer sua reputação: "Churchill me lançará como uma nova marca de sabonete." O governo britânico de fato contratou uma agência de publicidade, a Richmond Temple, para promover a França Livre. De Gaulle precisaria de toda a ajuda possível. Poucos franceses, mesmo os que tinham sido evacuados do campo de batalha para a Grã-Bretanha, estavam dispostos a seguir lutando se seu governo desistira. De Gaulle perguntou ao comandante de um contratorpedeiro francês, o *Milan*, que o transportava pelo canal da Mancha, se ele serviria sob as cores britânicas. O oficial naval respondeu que não. A maioria de seus compatriotas pensava da mesma forma. "O sr. Churchill acha que não há corpos franceses e alemães suficientes para o seu gosto", declarou um irado editorial na primeira página do jornal parisiense *Le Matin*, numa das primeiras edições após a rendição. "Queremos saber se o primeiro-ministro britânico perdeu a cabeça. Se perdeu, que pena que nossos ministros não perceberam antes."[32] Além disso, o jornal denunciou De Gaulle e acusou os britânicos de incentivarem uma revolta no império francês de além-mar.

Em 1941 e 1942, o primeiro-ministro seria obrigado a testemunhar muitas derrotas britânicas, e até mesmo humilhações. Nenhum trauma, contudo, foi tão profundo, nenhum choque mais extenso, do que o vivido em suas primeiras semanas no cargo, quando o exército alemão destruiu a França como potência militar e expulsou os britânicos do continente. A partir de então, o caráter da guerra tornou-se fundamentalmente diferente daquele visto em 1914-1918. Todas as suposições em que se baseavam a política de guerra aliada e a resistência pessoal de Churchill a Hitler caíram por terra. Fossem quais fossem as aptidões britânicas no mar e no ar, depois de setembro de 1939 não se punha em dúvida que o exército britânico confrontaria as legiões nazistas ao lado dos franceses, em um papel francamente subordinado exposto por sua inferioridade numérica — apenas dez divisões, em comparação com as 94 francesas no front ocidental. O exército britânico jamais teria a aspiração de disputar sozinho um campo de batalha com a Wehrmacht, e essa consciência determinou a estratégia inglesa.

Para muitos, mesmo para as figuras mais importantes do país, era difícil absorver a escala do desastre que acometera o poderio bélico dos Aliados, e que agora ameaçava devastar a Grã-Bretanha. Alan Brooke ficou impressionado com uma observação churchilliana sobre a natureza humana. O primeiro-ministro disse que a capacidade receptiva da mente humana era como um cano de três polegadas passando por baixo de um bueiro tubular. "Quando vem a cheia, a água transborda sobre o bueiro e o cano segue em frente, sustentando suas três polegadas. De forma parecida, o cérebro humano registrará emoções até o 'limite de três polegadas', e as emoções subsequentes escoarão sem serem registradas."[33] Era assim que parecia agora ao próprio Brooke e a muitos outros. Eles percebiam que uma catástrofe se aproximava, mas o coração não acompanhava o ritmo do cérebro sobre o seu significado. Harold Nicolson escreveu em seu diário, em 15 de junho: "Minha razão me diz que agora será quase impossível vencer os alemães, que a probabilidade é a rendição da França e que nós seremos bombardeados e invadidos. (...) No entanto, essas probabilidades não me enchem de desespero. Parece que sou imune ao prazer e à dor. Por ora estamos todos anestesiados."[34]

Outra testemunha ocular, o escritor Peter Fleming, então servindo como oficial de estado-maior, identificou a mesma confusão emocional: "Este período foi de improvisação despreocupada para a maioria dos civis. Era como se o país tivesse sido convidado a um baile de máscaras e todo mundo perguntasse a todo mundo: 'Você vai de quê?' Uma incredulidade latente, além do fato de quase todo mundo já ter inúmeras obrigações, se uniram para dar aos problemas relativos à invasão o status de digressões fascinantes dos afazeres da vida (...) Os britânicos, quando seus aliados foram surpreendidos na soleira da porta, tornaram-se mais alegres e mais serenos do que em qualquer época desde que o prelúdio de Munique teve início em 1937."[35]

As baixas britânicas na França foram grandes em relação ao tamanho da BEF, mas triviais em comparação com as francesas e as lutas infinitamente mais intensas que ainda viriam, mais adiante, na guerra. O exército perdeu apenas 11 mil, entre mortos e desaparecidos, contra pelo menos 50 mil militares franceses mortos. Além disso, 14.070 britânicos feridos foram evacuados e 41.030 prisioneiros da BEF caíram nas mãos da Alemanha. A perda de tanques, peças de artilharia e armas de todos os tipos foi, é claro, calamitosa. É um lugar-comum conhecido e infundado afirmar que a Força Expedicionária Britânica de 1940 era mal equipada. Na realidade, era muito mais bem suprida de veículos do que os alemães, e os tanques seriam bons se tivessem sido usados com inteligência. Quando Fedor von Bock, o marechal de campo de Hitler, viu os destroços em Dunquerque, escreveu, perplexo: "Aqui jaz o material de um exército inteiro, tão incrivelmente bem equipado que nós, pobres-diabos, nada podemos fazer senão olhar cheios de inveja e espanto."[36] A BEF foi expulsa de Dunquerque depois de combates relativamente leves e de uma pesada retirada porque, após o rompimento do front francês, não teria volume para alterar o resultado da campanha, e foi derrotada por formações alemãs mais bem lideradas, motivadas e com apoio aéreo mais consistente. O exército britânico estava agora, para todos os fins práticos, desarmado. Quase mil aviões da RAF foram perdidos, sendo que metade eram caças.

A Grã-Bretanha, todavia, tinha material humano para forjar um novo exército — embora não um exército que sozinho pudesse enfrentar os alemães numa guerra continental —, só não havia tempo hábil para sua formação. Um correspondente americano informou a seus leitores nos Estados Unidos que os londrinos receberam a notícia da rendição francesa em austero silêncio, em vez de reagirem com piadas e manifestações de desafio.[37] A Batalha da França tinha terminado, disse Churchill ao povo britânico na noite seguinte. A Batalha da Inglaterra estava prestes a começar. A posição do país de Churchill em 17 de junho não era nada invejável, mas era muito melhor do que parecia possível um mês antes, quando a Força Expedicionária Britânica correu sério risco de aniquilação.

3
A febre pré-invasão

Nos meses seguintes a setembro de 1939, a Grã-Bretanha se viu na desalentadora — para alguns até mesmo absurda — posição de ter declarado guerra à Alemanha sem dispor de meios para empreender uma iniciativa militar substancial, e menos ainda para salvar a Polônia. A passividade da "Guerra de Mentira" corroía profundamente o moral do povo britânico. Em contraste, os acontecimentos de maio e junho de 1940 pelo menos tiveram o mérito, brilhantemente explorado por Churchill, de expor ao país um objetivo claro e imediatamente compreendido: defender-se do ataque de um inimigo irresistivelmente poderoso. Os Fuzileiros Reais Irlandeses, de volta de Dunquerque, fizeram uma festa para comemorar a notícia da rendição francesa. "Graças a Deus", celebrou alegremente um oficial. "Agora pelo menos podemos continuar a guerra."[1] George King, um taquígrafo de tribunal de meia-idade e morador de Surrey, escreveu numa carta-diário destinada ao filho artilheiro, que ficara para trás na França e estava a caminho do cativeiro na Alemanha: "Winston Churchill nos disse exatamente qual é a nossa posição. Estamos por nossa conta e precisamos levar isso a cabo; temos condição de conseguir, desde que devidamente liderados. Deus sabe o que os miseráveis vão tentar, mas temos que dar um jeito."[2]

O oficial naval Robert Hichens escreveu em 17 de junho: "Agora está claro que só podemos contar conosco, e tenho a sensação de que a Inglaterra reagirá esplendidamente a esse revés. Ela sempre se conduz melhor diante dos contratempos."[3] Depois que Churchill falou na Câmara dos Comuns no dia 18, um trabalhista da bancada, o dr. Hastings Lees-Smith, de Keighley, se levantou: "Os honoráveis amigos a meu lado pediram que eu dissesse uma ou duas frases em seu nome. Desejam dizer ao primeiro-ministro que, em sua experiência com as vastas multidões do povo deste país, nunca, durante sua vida, o país lhes pareceu mais unido do que hoje no apoio à determinação do primeiro-ministro em lutar até o fim. Uma frase pode resumir o que sentimos. Seja o que for que se exija do país nos próximos meses, ou anos, se necessário, o primeiro-ministro pode ter certeza de que o povo estará à altura de suas responsabilidades."

Apesar disso, se a resolução demonstrada por King, Hichens e Lees-Smith era verdadeira, seria um erro supor que fosse universal. Nem todos os descrentes quanto à sobrevivência da Grã-Bretanha eram políticos ou empresários idosos. Um piloto de Hurricane da RAF, Paul Mayhew, escreveu numa carta para a família: "Acho que chegou a nossa vez, e, embora meu moral esteja muito bem (...), não acredito que haja muita esperança para nós na Europa. Contra um ataque feroz e inexorável, o canal da Mancha não é um grande obstáculo, e com o exército aparentemente desequipado, não acredito em nossas chances. Pessoalmente só tenho duas esperanças: a primeira é que Churchill é mais confiável do que Reynaud, assim continuaremos lutando se a Inglaterra for conquistada, e a segunda é que a Rússia, apesar dos nossos equívocos, ficará agora alarmada demais para encenar uma distração no leste. Minha fé nos Estados Unidos é pequena; imagino que na hora determinada por Deus o país de Deus lutará. Mas por ora seu exército é menor do que o da Suíça, sua Força Aérea é insignificante e um tanto 'playboy' e duvido que precisemos de sua Marinha."[4] Uma semana depois, Mayhew pediu desculpas à família por ter sido "ridiculamente derrotista". No entanto, ali estava um jovem aviador manifestando temores amplamente compartilhados pelos mais velhos.

O verão e o outono de 1940 foram estações ruins para a expressão da verdade na Grã-Bretanha. Em outras palavras, mesmo para os bons, os bravos e os honrados era difícil saber se serviriam melhor ao país manifestando os próprios pensamentos, deixando o cérebro funcionar, ou se resguardando em silêncio. Decretava a lógica que a Grã-Bretanha não tinha a menor chance de vencer a guerra sem a participação americana, algo que continuava implausível. Churchill sabia disso tanto quanto qualquer outra pessoa. Entretanto, ele e seus seguidores acreditavam que a causa da liberdade e a contestação da tirania exigiam a continuidade da batalha a qualquer custo, relegando a segundo plano todos os cálculos sobre forças relativas e deficiências estratégicas. A posteridade tem muita admiração pela grandeza desse compromisso, mas, na época, ela cobrava de homens e mulheres inteligentes uma suspensão da racionalidade que alguns não toleravam. Por exemplo, o comandante Ralph Edwards, diretor de operações navais do Almirantado, era um cético quase intransigente. Em 17 de junho, anotou em seu diário: "[Comandante] Bill Tennant veio dizer que tinha falado com Sir Walter Monckton sobre nossas apreensões quanto à direção superior da guerra." E novamente no dia 23: "Nosso Gabinete, com esse idiota do Winston no comando, muda de ideia a cada 24 horas (...) Estou chegando à conclusão de que somos tão ineptos que não merecemos ganhar e, de fato, é quase certo que seremos derrotados. Nunca fazemos nada certo."[5] Ao longo dos dezoito solitários meses seguintes, Churchill se irritou com críticos, como o parlamentar Aneurin Bevan, que o sobrecarregavam na Câmara dos Comuns com fatos desagradáveis amplamente percebidos, penosas realidades que enfrentava a cada momento. Desde o início, embora sempre insistisse na certeza da vitória, seu prestígio pessoal repousava na honestidade com que admitia para o povo britânico a gravidade da situação.

Churchill disse aos parlamentares em 4 de junho: "O alívio pela fuga de nosso Exército e de tantos soldados, cujos entes queridos viveram uma semana de agonia, não nos deve impedir de ver que o que acontece na França e na Bélgica é um desastre militar colossal. Se todos cumprirem o seu dever, se nada for negligenciado e se os melhores arranjos continuarem a ser feitos, não tenho dúvida de que, mais uma vez, seremos capazes de defender nossa ilha, de superar a tempestade da guerra e de sobreviver à ameaça da tirania, se necessário durante anos, se necessário sozinhos. Essa é a determinação do governo de Vossa Majestade." Quando o primeiro-ministro se sentou, como sempre as trocas de palavras entre os parlamentares degeneraram em lugares-comuns. O dr. Lees-Smith fez manifestações de apreço. O inconformista Jimmy Maxton, de Glasgow, do Partido Trabalhista Independente, levantou uma questão de ordem, que levou a discussões ásperas e fúteis. O capitão Bellenger, de Bassetlaw, repreendeu o sr. Thorne, de Plaistow, que teria duvidado de sua coragem: "O senhor não tem o direito de fazer esse tipo de comentário."

Clausewitz escreveu em 1811: "Um governo nunca deve supor que o destino do seu país, que toda a sua existência, depende do resultado de uma única batalha, por mais decisiva que seja."[6] A conduta de Churchill após a queda da França exasperou alguns céticos que se julgavam pensadores lúcidos, mas estava perfeitamente de acordo com a máxima prussiana. A proeza suprema do primeiro-ministro em 1940 foi mobilizar os guerreiros da Grã-Bretanha, forçar seus críticos a um silêncio constrangido e agitar as paixões do país, de modo que, por uma estação, o povo britânico enfrentou o mundo com união e entusiasmo. O "espírito de Dunquerque" não foi espontâneo. Foi criado pela retórica e pela conduta de um homem, demonstrando poderes que definiriam o significado de liderança política para sempre. Sob o comando de outro primeiro-ministro, o povo britânico, chocado e perplexo, poderia muito bem ter sido levado em outra direção. No entanto, esse estado de ânimo não durou muito. Persistiu apenas até o inverno, quando foi substituído por um espírito nacional mais tenaz, irresoluto e menos exuberante. Aquele primeiro período, porém, foi decisivo: "Se pudermos sobreviver pelos próximos três meses, poderemos sobreviver pelos próximos três anos", disse Churchill na Câmara dos Comuns em 20 de junho.

Kingsley Martin afirmou, no *New Statesman* daquela semana, que o discurso à nação em 18 de junho, no qual Churchill se referiu "à sua hora mais bela", foi muito simplista: "Ele compreendeu mal os sentimentos [do povo britânico] quando disse que este era o momento mais belo de sua história. Nossos sentimentos são bem mais complexos. Conversar com a gente comum, de farda ou sem farda, é descobrir que a determinação de defender esta ilha acompanha uma amargura profunda e quase universal por estarmos em um beco sem saída." O primeiro-ministro, entretanto, avaliou o estado de espírito predominante com muito mais argúcia do que o veterano socialista. Em 1938, os britânicos não corresponderam às expectativas de Churchill. Em 1941 e nos anos seguintes, com frequência o desapontariam. Contudo, em 1940, ele conseguiu extraordinariamente moldar e elevar o país a ponto de realizar suas aspirações.

Mollie Panter-Downes escreveu na *New Yorker* de 29 de junho:

> Seria difícil, para o observador imparcial, decidir hoje se os britânicos são o povo mais corajoso ou mais estúpido do mundo. O modo como age na presente situação poderia ser usado para sustentar qualquer das duas hipóteses. O inglês, como indivíduo, parece pouquíssimo impressionado com o fato de que não existe agora nada entre ele e a mira da máquina de guerra mais impressionante que o mundo já viu. Possivelmente, é falta de imaginação; mas possivelmente é a mesma espécie de resolução obstinada que, de vez em quando, produz uma epopeia como Dunquerque. Milhões de famílias britânicas, sentadas diante das suas fartas mesas no café da manhã, comendo excelentes ovos e bacons britânicos, ainda podem conversar calmamente sobre os horrores do outro lado do canal, talvez sem compreender por completo, mesmo agora, que uma coisa como aquela pode um dia acontecer no solo verde e agradável da Inglaterra.

Muitos americanos, em compensação, achavam improvável que a Grã-Bretanha sobrevivesse. Em Nova York, "o que me impressiona é a quantidade de conversas derrotistas", escreveu o general americano Raymond Lee, "a suposição quase patológica de que é praticamente certo (...), de que é tarde demais para os Estados Unidos fazerem alguma coisa".[7] Key Pittman, presidente da Comissão de Relações Exteriores do Senado, pediu a Churchill que mandasse a frota britânica para o Novo Mundo: "Não é segredo que a Grã-Bretanha está totalmente despreparada para a defesa, e que nada que os Estados Unidos têm a oferecer servirá para algo além de adiar o desfecho inevitável. [...] Espero que este plano não seja retardado por inúteis incentivos à continuidade da batalha. É óbvio e definitivo que o Congresso não autorizará a intervenção na guerra europeia."[8] A revista *Time* informou em 1º de julho: "Muitos cidadãos americanos estavam tão apavorados na semana passada que queriam cortar a ajuda à Grã-Bretanha, temendo que os Estados Unidos enfraquecessem suas próprias defesas, e queriam que os Estados Unidos lavassem as mãos, por medo de entrarem no lado perdedor."

Segundo uma pesquisa de opinião da *Fortune*, mesmo antes do colapso francês a maioria dos americanos achava que a Alemanha ganharia a guerra.

Só 30,3% viam alguma esperança para os Aliados. Um correspondente chamado Herbert Jones escreveu uma carta para o *Philadelphia Inquirer* que refletia a opinião geral: "A grande maioria dos americanos não é pacifista nem isolacionista, mas, depois da experiência na última guerra e em Versalhes, não tem a menor vontade de se jogar no fogo pela Grã-Bretanha, sob o slogan de 'Salvemos o Mundo pela Democracia'. Acha, corretamente, que há pouco a ganhar desperdiçando nosso dinheiro e a vida de nossos jovens, seja pela causa do opressor dos judeus e tchecos, seja pela do opressor dos irlandeses e da Índia..."[9] Richard E. Taylor, de Apponaugh, Rhode Island, escreveu para um amigo na Inglaterra indicando o perigo de os alemães cavarem um túnel por baixo do canal da Mancha e pedindo que alertasse as autoridades.[10]

Outros americanos, porém, não se desesperaram. Um comitê de "ajuda à Grã-Bretanha" coletou 3 milhões de assinaturas em petições para a Casa Branca. A organização deu origem a um Comitê de Historiadores, com Charles Seymour, de Yale, na direção; um Comitê de Cientistas, com Harold Urey, ganhador do prêmio Nobel; um Comitê de Teatro, com Robert Sherwood, dramaturgo e redator de discursos de Roosevelt. Os americanos foram convidados a superar sua visão caricata da Grã-Bretanha como um país de sonolentos reacionários e a enxergar, em vez disso, grandes defensores da liberdade. O romancista Somerset Maugham, chegando a Nova York, previu uma Grã-Bretanha vastamente diferente depois da guerra, e indicou a formação de um país mais simpático à visão social americana: "Tenho a impressão (...) de que na Inglaterra do futuro os trajes de jantar serão menos importantes do que foram no passado."[11] Os Estados Unidos ainda estavam muito longe do sentimento pró-guerra, mas forças a favor da intervenção já se agitavam.

Em 1941, Churchill gastou imensa energia cortejando os Estados Unidos. Em 1940, contudo, após o fracasso dos apelos que fez a Roosevelt em junho, não escreveu nada ao presidente por semanas e ignorou sugestões de uma ofensiva propagandista. "Não há problema algum com a propaganda", disse ele, "mas o mundo é feito de acontecimentos. Se destruirmos os hunos aqui, não precisaremos de propaganda nos Estados Unidos (...) Agora precisamos sobreviver. No ano que vem, estaremos progredindo. No ano seguinte, triunfaremos. Mas se conseguirmos segurar os alemães no próximo mês de julho (...) nossa posição será bem diferente."[12]

Contudo, "segurá-los" como? O general anglófilo Raymond Lee, adido militar à embaixada em Londres, escreveu: "Uma coisa estranha desta situação é que ela nunca foi estudada na Escola de Estado-Maior. Durante anos, [oficiais britânicos] estudaram nossa campanha do Vale [da Guerra Civil Americana], operações na Índia, no Afeganistão, no Egito e na Europa, fizeram desembarques em praias hostis, mas nunca lhes ocorreu que um dia precisassem defender os não combatentes de um país em guerra."[13] Um parlamentar britânico recordou uma brincadeira de Churchill naquela época: "Não sei com o que nós lutaremos — talvez tenhamos que golpeá-los com garrafas, vazias, é claro."[14] A piada é quase certamente apócrifa, mas, como o próprio primeiro-ministro observou sobre o acúmulo de histórias churchillianas espúrias, ele se tornou um "ímã para limalhas de ferro".

Em 8 de junho, as forças metropolitanas da Grã-Bretanha possuíam um arsenal de apenas 54 canhões anticarro 2-Pounder, 420 peças de artilharia de campanha com duzentas granadas cada uma, 613 canhões médios e pesados com 150 granadas por tubo; 105 tanques médios e pesados e 395 tanques leves. Havia apenas 2.300 metralhadoras leves Bren e 70 mil fuzis. Em visita às defesas de praia na baía de St. Margaret, em Kent, no dia 26 de junho, o general-brigadeiro local informou a Churchill que tinha três canhões anticarro, com seis granadas cada um. Não desperdice nenhum tiro com treinamento, disse o primeiro-ministro. Ele descartou a sugestão de que Londres, assim como Paris, poderia ser declarada cidade aberta. Em sua visão, as densas ruas da capital britânica ofereciam oportunidades inigualáveis de defesa urbana. Tão terrível era a escassez de armas portáteis que, quando uma remessa de fuzis da Primeira Guerra Mundial chegou dos Estados Unidos em 10 de julho, Churchill decretou que fosse distribuída em 48 horas. Rejeitou uma proposta de que, por meio de promessas para negociar a disputada soberania de Gibraltar após a paz, a Grã-Bretanha tentasse impedir a entrada da Espanha na guerra. Os espanhóis saberiam, disse ele, que se a Grã-Bretanha vencesse não haveria acordo.

Seu humor nunca fraquejava. Quando soube que seis pessoas sofreram insuficiência cardíaca ao ouvir o alerta de um ataque aéreo, disse que, se ele mesmo morresse, provavelmente seria por comer demais. E acrescentou que não queria morrer ainda, "quando tantas coisas interessantes estão acontecendo".[15] Informado de que a Luftwaffe bombardeara fundições pertencentes à família de Stanley Baldwin, primeiro-ministro arquiapaziguador dos anos 1930, murmurou: "Muito ingrato da parte deles." Quando sua mulher, Clementine, descreveu como abandonara, indignada, uma cerimônia religiosa em Saint Martin-in-the-Fields ao ouvir o pregador fazer um sermão pacifista, Churchill respondeu: "Você devia ter gritado 'Que vergonha, profanando a Casa de Deus com mentiras'." Depois se virou para Jock Colville: "Conte essa ao ministro da Informação, para que o homem seja condenado ao pelourinho." O general Sir Bernard Paget exclamou para Colville: "Ele é um tônico maravilhoso!"[16]

Entre junho e setembro de 1940, e em menor grau nos dezoito meses seguintes, o governo e o povo britânicos direcionaram a atenção para a ameaça de

Hitler despachar um exército para invadir a ilha. É sempre fascinante imaginar até que ponto esse perigo era real — ou se assim foi percebido por Churchill. O colapso da França e a expulsão do exército britânico do continente representaram a destruição dos fundamentos estratégicos em que a política britânica se baseava. Apesar disso, se a vitória alemã na França tivesse sido menos rápida, se os Aliados tivessem travado batalhas mais prolongadas, o custo em sangue britânico e francês teria sido vastamente maior, embora seja difícil imaginar um desfecho diferente. John Kennedy foi um dos soldados graduados britânicos a perceber isso: "Se aguentássemos por mais tempo, disporíamos de um exército enorme na França, mas todo o equipamento se perderia do mesmo jeito."[17] Sir Hugh Dowding, comandante em chefe do Comando de Caças, disse, ao receber a notícia da rendição francesa, que "caí de joelhos e agradeci a Deus"[18] porque mais caças britânicos não seriam inutilmente destruídos no continente. A percepção alemã do papel marginal da BEF permitiu, por si só, que tantos soldados britânicos fugissem pelo mar não uma, mas duas vezes em junho de 1940. Em nenhum jogo de guerra, em qualquer escola de estado-maior, seria plausível um resultado tão generoso. Embora na época fosse difícil ver as coisas nesses termos, se a derrota francesa era inevitável, a Grã-Bretanha escapou das consequências com prejuízos espantosamente pequenos.

Em junho de 1940, os britânicos se julgavam ameaçados por uma invasão iminente, seguida de provável aniquilação. Previsivelmente, viam-se como o ponto central das ambições de Hitler. Poucos compreendiam a obsessão da Alemanha com o Leste. Não tinham como saber que o país não estava preparado militarmente, nem comprometido psicologicamente, para lançar uma vasta operação anfíbia através do canal da Mancha. A Wehrmacht precisou de meses para digerir a conquista da França e dos Países Baixos. A percepção nazista da Grã-Bretanha e de sua classe dominante foi distorcida pelo contato pré-guerra com tantos apaziguadores aristocráticos. Agora, os alemães aguardavam confiantemente a substituição do governo de Churchill por outro que reconhecesse a realidade. "Os ingleses estão cedendo? Nenhum sinal visível ainda", escreveu Goebbels em seu diário em 26 de junho. "Churchill ainda faz declarações grandiosas. Mas ele não é a Inglaterra." Alguns historiadores se surpreendem com o fato de Hitler ter tergiversado sobre uma invasão. Contudo, esse equívoco foi igualado pelos Aliados mais adiante na guerra. Apesar da agressiva retórica de Churchill e de Roosevelt, durante anos os britânicos alimentaram esperanças de que a Alemanha desmoronasse sem a necessidade de um desembarque aliado na França. Os americanos sentiram um grande alívio quando o Japão se rendeu sem precisar ser invadido. Nenhum país beligerante se arrisca a lançar uma gigantesca operação anfíbia numa costa hostil antes de esgotar todas as demais opções. Em 1940, a Alemanha mostrou que não era uma exceção a essa regra.

Os compatriotas de Churchill talvez dormissem um sono um pouco mais leve durante o verão se percebessem que estavam mais bem preparados para resistir ao cerco e ao bombardeio de sua ilha do que em qualquer outro cenário estratégico. Seu exército não tinha mais a obrigação de enfrentar a Wehrmacht no campo de batalha e, de fato, não voltaria a realizar grandes operações no continente por mais de três anos. A Marinha Real, apesar das perdas na Noruega e em Dunquerque, ainda era uma força imensamente poderosa. Caso uma frota alemã de barcaças com rebocadores atravessasse o canal à velocidade de apenas três ou quatro nós, ficaria, necessariamente, na mira dos canhões de navios britânicos durante muitas horas. Em 1º de julho, a marinha alemã possuía apenas um cruzador pesado e dois ligeiros, além de quatro contratorpedeiros e alguns E-boats (ou lanchas-torpedeiras), disponíveis para missões de escolta. A Força Aérea Real estava mais bem organizada e equipada para resistir a ataques de bombardeiros do que para qualquer outra operação de guerra. Se um exército alemão conquistasse uma cabeça de praia, as forças terrestres de Churchill não seriam capazes de expulsá-lo. Contudo, no verão de 1940, o fosso que protegia a Inglaterra, aqueles 33 quilômetros e meio de mar agitado entre penhascos de rocha calcária, representava um obstáculo formidável e decisivo para o exército alemão pouco familiarizado com o mar.

Uma das primeiras preocupações do governo foi assegurar que a esquadra pertencente à França de Vichy não caísse nas mãos de Hitler. Durante os dias em que o gabinete discutiu o assunto, Churchill, a certa altura, aventou a possibilidade de os americanos comprarem os navios de guerra. No entanto, a ação que veio a ser adotada foi mais direta e brutal. Horace Walpole escreveu dois séculos antes: "Nenhum grande país até hoje foi salvo por homens bons, pois os homens bons não tomam as medidas drásticas que às vezes são necessárias." Em Mers-el-Kébir, Orã, em 3 de julho, comandantes franceses rejeitaram o ultimato do almirante Sir James Somerville, comandante da Força H da Marinha Real na costa, para que afundassem a própria esquadra ou a levassem para junto da britânica. O subsequente bombardeio aos navios de guerra franceses entrou para os anais da guerra como um dos atos mais implacáveis cometidos por uma democracia. Resultou de uma decisão que provavelmente só Churchill tomaria. Merece, no entanto, o respeito da posteridade, como mereceu a admiração de Franklin Roosevelt, por ser um símbolo da férrea determinação britânica de continuar a luta. Churchill disse na Câmara dos Comuns no dia seguinte: "Esperamos até o início da tarde que nossas condições fossem aceitas sem derramamento de sangue." Disse que deixava a tarefa de julgar a ação "com confiança para o Parlamento. Deixo-a também para o país e deixo-a para os Estados Unidos. Deixo-a para o mundo e para a história".

Enquanto parlamentares aplaudiam e acenavam com as pautas de trabalho, demonstrando com curioso mau gosto entusiasmo por uma ação que, embora necessária, tinha custado 1.250 vidas francesas, Churchill voltou para o lugar com lágrimas escorrendo pelo rosto. Ele, o francófilo, sabia quanto lhe custara a ação em Orã. Posteriormente, confidenciou: "Foi uma decisão terrível, como tirar a vida dos próprios filhos para salvar o Estado."[19] Temia que a consequência imediata fosse fazer Vichy juntar-se aos alemães no combate à Grã-Bretanha. Todavia, num momento em que o Comitê Conjunto de Inteligência advertia sobre a aparente iminência de uma invasão, ele se recusou a acreditar que os grandes navios franceses protegeriam uma armada alemã.

O regime de Pétain não declarou guerra, embora o ressentimento francês por Orã tenha persistido durante anos. O bombardeio foi menos decisivo em seus resultados estratégicos do que alegava Churchill, pois um cruzador de batalha francês escapou e uma poderosa esquadra ainda permanecia em Toulon, à disposição de Vichy. Contudo, as ações por vezes têm consequências que só se revelam muitos anos depois. Foi esse o caso do ataque a Mers-el-Kébir, seguido pelo fracasso, dois meses depois, de uma tentativa da França Livre de tomar Dacar, capital da colônia francesa do Senegal. Quando o general Francisco Franco, ditador da Espanha, submeteu a Hitler sua "lista de compras" para aderir ao Eixo, a principal delas era que Hitler lhe transferisse colônias francesas na África. Todavia, como a França de Vichy rejeitara tanto as ofertas diplomáticas quanto as ameaças militares britânicas, e como a maioria das colônias na África se recusaram a "apoiar" De Gaulle, Hitler concluiu que o país de Pétain logo se tornaria um aliado. Assim, decidiu não agradar a Franco à custa da França. O ataque a Orã, uma dolorosa necessidade,[20] e a Dacar, um aparente fiasco, contribuíram significativamente para manter a Espanha fora da guerra.

Uma parte da Commonwealth britânica não ofereceu nenhum socorro à "pátria-mãe": o Estado Livre Irlandês, violentamente hostil à Grã-Bretanha desde que conquistou a independência, em 1922, manteve lealdade nominal graças a uma idiossincrasia constitucional no tratado de partição da ilha. À época, Churchill criticou severamente a ação de Chamberlain, que em 1938 entregara os "Portos de Tratado" da Grã-Bretanha ao governo de Dublin. Como Primeiro Lorde do Almirantado, em 1939, chegou a pensar numa ação militar contra o Eire, nome pelo qual era conhecido o domínio meridional irlandês. Nas desesperadas circunstâncias de junho de 1940, porém, respondeu cautelosamente a uma sugestão de Chamberlain — logo ele — de forçar a Irlanda a ceder seus portos, que poderiam ser cruciais para manter aberta a rota atlântica de abastecimento. Churchill se opôs, com medo de uma reação hostil dos Estados Unidos. Em vez disso, o governo britânico sugeriu a lorde Craigavon, primeiro-ministro do norte protestante, ainda parte do Reino Unido, que marcasse um encontro com o primeiro-ministro da Irlanda, Éamon de Valera, para discutir a defesa da ilha que compartilhavam. Craigavon, como a maioria dos habitantes do Ulster, desprezava os católicos do sul e rejeitou a ideia no ato.

Entretanto, no fim de junho, Londres apresentou em segredo uma notável e radical proposta a Dublin: a Grã-Bretanha assumiria o compromisso de manter a Irlanda unida após a guerra em troca do acesso imediato a portos e bases irlandeses. O embaixador da Grã-Bretanha em Dublin relatou a resposta impassível de De Valera. O *Taoiseach* só prometeria neutralidade, apesar de dizer, de forma pouco convincente, que "poderia" entrar na guerra depois que o governo britânico fizesse uma declaração pública de compromisso com a união.

Mesmo assim, o governo britânico pediu a Dublin que discutisse com o regime de Belfast sobre uma possível união endossada pela Grã-Bretanha, em troca da entrada do Eire na guerra. Chamberlain disse ao Gabinete: "Não acredito que o governo do Ulster se recuse a fazer sua parte para promover um avanço tão favorável." Mais uma vez, De Valera se recusou a aceitar pagamento futuro. MacDonald telegrafou a Londres e insistiu que Churchill oferecesse garantias pessoais. O primeiro-ministro escreveu à margem dessa mensagem: "Mas tudo isso dependendo de o Ulster aceitar e a Irlanda do Sul entrar na guerra."[21]

Em 26 de junho, Chamberlain relatou tardiamente esse diálogo a Craigavon, e disse: "O documento tem a forma de uma simples consulta, porque não julgamos correto solicitar oficialmente o seu consentimento sem antes ter do Eire a garantia de que, se o consentimento fosse dado, eles entrariam na guerra (...) Desse modo, caso recusem o plano, o senhor não fica de forma alguma comprometido, e, caso aceitem, ainda terá a liberdade de fazer os comentários ou as objeções que julgar adequados."[22] O homem do Ulster telegrafou de volta: "Estou profundamente chocado e desgostoso com sua carta, que sugere vastas consequências pelas minhas costas e sem uma consulta prévia a mim. Jamais tomarei parte nessa traição ao leal Ulster."[23] Chamberlain, por sua vez, mandou uma resposta igualmente furiosa ao que lhe pareceu uma insuportável estreiteza de espírito. E concluiu: "Por favor tenha em mente a grave natureza da situação, que exige o emprego de todos os esforços para enfrentá-la."[24]

O Gabinete de Guerra, que evidentemente não se deixou impressionar pela raiva de Craigavon, reforçou a proposta a Dublin: "Esta declaração é uma promessa solene de que a União se tornará, em data próxima, um fato consumado, e não haverá como revertê-lo."[25] Quando Craigavon foi informado, respondeu: "Seu telegrama apenas confirma minhas informações confidenciais e minha convicção de que De Valera está sob ordens alemãs e não adianta mais tentar convencê-lo. Ele talvez protele deliberadamente as negociações até o inimigo desembarcar. Defendo vigorosamente a ocupação naval imediata de portos e um avanço militar ao sul."

Craigavon garantiu, em carta pessoal a Churchill, que o Ulster só participaria de uma Força de Defesa de Toda a Irlanda "se a lei marcial britânica for imposta em toda a ilha". Os dois homens se encontraram em Londres, em 7 de julho. Não há registro da conversa. É razoável supor que foi gélida, mas, àquela altura, Churchill já podia aplacar os temores do ulsteriano. Dois dias antes, De Valera finalmente rejeitara o plano britânico. Como muitos irlandeses, tinha certeza que a Grã-Bretanha perderia a guerra. Duvidava que Churchill estivesse realmente disposto a coagir Craigavon. Se chegou a pensar seriamente em aceitar os termos de Londres, provavelmente também temeu que, uma vez envolvida na guerra, a Irlanda se tornasse um fantoche britânico.

Churchill não menciona as negociações com os irlandeses em suas memórias de guerra. Como a oferta britânica a Dublin era muito boa, deduz-se que recordá-la não dava nenhum prazer ao primeiro-ministro. Levando em conta a implacável hostilidade de De Valera, o menosprezo irlandês era inevitável. Contudo, foi um enorme erro de cálculo do líder irlandês. Ernest Bevin escreveu, em confidência, a um amigo acadêmico que insistia em um acordo para a união da Irlanda: "Há dificuldades que no momento parecem quase insuperáveis. Segundo a política de De Valera, mesmo que conseguíssemos uma Irlanda unida, ele permaneceria neutro. Nesse ponto, está inflexível. Não fosse essa sua atitude, acredito que uma solução seria fácil (...) Pode ter certeza de que estamos atentos a todas as oportunidades possíveis."[26] Se, em algum momento, a Irlanda tivesse aderido à guerra ao lado dos Aliados, mesmo depois da entrada dos Estados Unidos, em dezembro de 1941, e com a vitória já garantida, o dinheiro americano teria inundado o país, talvez antecipando a prosperidade econômica da Irlanda em duas gerações.

As conversas de julho não encerraram completamente o assunto. Em dezembro de 1940, Churchill sugeriu, numa carta ao presidente Roosevelt: "Se o governo do Eire demonstrasse solidariedade às democracias do mundo anglófono (...) um Conselho de Defesa de toda a Irlanda poderia ser estabelecido, do qual a unidade da ilha provavelmente emergiria, de uma forma ou de outra, após a guerra."[27] Era uma sugestão bem menos explícita do que aquela do verão, obviamente modificada pela diminuição do perigo britânico. Tivesse De Valera concordado com a proposta britânica em junho de 1940, é impossível saber se Churchill teria, de fato, obrigado os tenazes protestantes do Ulster a aceitar a união com o sul. Considerando o despótico tratamento que dispensou a outros domínios e colônias durante a guerra — como a cessão das bases britânicas no exterior aos Estados Unidos —, não parece, de forma alguma, impossível. A situação da Grã-Bretanha era tão dramática, e os portos e campos de aviação irlandeses eram tão vitais na guerra contra os U-boats, que parecia valer a pena pagar qualquer preço para assegurá-los.

Churchill lançou-se ao esforço de preparar sua ilha para uma possível invasão. Decretou que, caso os alemães desembarcassem, todas as medidas, incluídos gases venenosos, deveriam ser empregadas. Em 6 de julho, inspecionou um exercício em Kent. "Winston estava em grande forma", escreveu Ironside em seu diário, "e nos ofereceu almoço em seu chalé de Chartwell. O tempo estava chuvoso, mas ninguém se importou".[28] Uma remessa de 250 mil fuzis e trezentos velhos canhões de campanha de 75 milímetros chegou dos Estados Unidos — armas ruins, mas recebidas com alívio. Ironside esperava a invasão alemã em 9 de julho, e ficou surpreso quando ela não veio. Só em 10 de julho a Luftwaffe lançou seu primeiro grande ataque à Grã-Bretanha, executado por setenta aviões contra os estaleiros do sul do País de Gales. Churchill sabia que era o início de um pesado e prolongado assalto aéreo. Dois dias depois, visitou os esquadrões de Hurricanes da RAF em Kenley, ao sul de Londres. Na tentativa de fortalecer o moral público, exigiu que bandas militares tocassem nas ruas. Recomendou a obtenção de máscaras antigás, pois temia que Hitler lançasse armas químicas. Resistiu à evacuação de crianças das cidades e criticou o envio das proles dos ricos a um refúgio seguro nos Estados Unidos. Opôs-se com vigor ao racionamento excessivamente severo e rechaçou o pessimismo sempre que o detectava. Dill, menos de dois meses na chefia do exército, já lhe despertava desconfianças: o chefe do estado-maior imperial "me parece cansado, abatido e impressionado demais com o poderio da Alemanha",[29] escreveu o primeiro-ministro a Eden. Aos olhos de Churchill, durante os longos meses que se seguiram, o derrotismo era o único crime imperdoável.

Em 19 de julho, Ironside foi dispensado do cargo de comandante em chefe das forças metropolitanas, sendo substituído por Sir Alan Brooke. Ironside queria enfrentar a invasão com uma fina camada de defesas costeiras, dependendo basicamente da criação de fortes linhas no interior. Já Brooke propunha contra-ataques rápidos com forças móveis. Brooke e Churchill certamente estavam corretos ao prever que, se os alemães conquistassem terreno e campos de aviação no sudeste inglês, a batalha pela Grã-Bretanha estaria irremediavelmente perdida. Defesas no interior eram inúteis, salvo para dar algum senso de propósito aos responsáveis pela construção.

Peter Fleming afirmou, em sua mais recente narrativa desse período, que embora os britânicos se mobilizassem para a invasão, no fundo não acreditavam nessa possibilidade por não terem experiência histórica no assunto: "Fizeram de conta que reconheciam a realidade. Tomaram as precauções que o governo aconselhou, submeteram-se aos sacrifícios que lhes foram exigidos e trabalharam sem parar (...) No entanto (...) achavam impossível, por mais que tentassem olhar para o futuro, visualizar com foco satisfatório as terríveis contingências que a invasão certamente produziria."[30] Fleming acrescentou uma observação aguda: "A ameaça de invasão era, ao mesmo tempo, um tônico e uma droga (...) A extrema e sombria desesperança de suas perspectivas de longo prazo era obscurecida pela natureza melodramática das provações às quais (...) as incertezas da guerra os submetiam."[31]

Churchill entendeu a necessidade de mobilizar o povo britânico para a ação, em vez de lhe dar tempo para mergulhar em preocupações ou contemplar a tenebrosa realidade. Ele mesmo pensava furiosamente sobre o médio prazo. "Quando olho em torno para ver como podemos ganhar a guerra", escreveu ele para Beaverbrook em 10 de julho, "só vejo um caminho possível. Não dispomos de um exército continental que possa derrotar o poderio militar alemão. O bloqueio está rompido e Hitler pode recorrer à Ásia e provavelmente à África. Se ele for repelido aqui e não tentar a invasão, recuará para o leste e não temos como detê-lo. Mas há uma coisa capaz de trazê-lo de volta e derrubá-lo: o uso de pesados bombardeiros para um ataque absolutamente devastador e exterminador deste país contra a pátria nazista". Também em Chequers, em 14 de julho: "Hitler irá invadir ou fracassar. Se fracassar, será obrigado a ir para o leste, e vai fracassar."[32] Churchill não se baseava em dados de inteligência para afirmar que os alemães talvez avançassem em direção à Rússia. Àquela altura, o que o guiava era apenas um admirável instinto, compartilhado por poucos outros à exceção do notoriamente errático Sir Stafford Cripps, embaixador da Grã-Bretanha em Moscou e parlamentar pelo Partido Trabalhista Independente. Só em março de 1941, três meses antes do fato, a inteligência britânica decidiu que uma invasão alemã à União Soviética era provável.[33]

Quanto à produção de aviões, embora caças fossem de necessidade imediata, o primeiro-ministro recomendou a criação da maior força possível de bombardeiros. Essa política desesperada, motivada por circunstâncias desesperadas e uma total falta de alternativas plausíveis, só alcançaria a maturidade destrutiva anos depois, quando a vitória estava assegurada por outros meios. Churchill designou o almirante Sir Roger Keyes, o velho e inepto herói da incursão de Zeebrugge em 1918, para a função de diretor de operações combinadas, com instruções para preparar o lançamento de raides no continente europeu. Não queria tentativas inúteis, disse, mas ataques realizados por 5 a 10 mil homens. Decretou o estabelecimento de uma Agência de Operações Especiais, SOE, sob a direção de Hugh Dalton, ministro da Economia de Guerra, com ordem para "tocar fogo na Europa". Endossou De Gaulle como a voz e a liderança da França Livre. Em 17 de junho, Brooke, com Churchill em Gosport, achou-o "em maravilhoso estado de espírito e repleto de planos ofensivos para o próximo verão".[34] A maioria dos compromissos assumidos naquele momento passou anos sem sair do papel. Entretanto, por representar a promessa de um futuro, inspirou os colegas de Churchill, e isso era, obviamente, sua grande intenção.

E acima de tudo, naqueles dias, havia suas palavras: "A fé nos é dada para oferecer ajuda e conforto quando, assombrados, abrimos o livro do destino humano", disse ao povo britânico em 14 de julho, dia da Tomada da Bastilha, numa fala pelo rádio na qual mencionou um esplêndido desfile militar que presenciara em Paris apenas um ano antes. "E proclamo a minha fé em que alguns de nós viveremos para ver um Quatorze de Julho em que uma França libertada mais uma vez exultará em sua grandeza e em sua glória." E prosseguiu:

> Aqui, nesta forte Cidade de Refúgio, que abriga o direito incontestável ao progresso humano e tem profunda importância para a civilização cristã; aqui, cingidos pelos mares e oceanos onde reina a Marinha; protegidos no alto pela coragem e devoção de nossos aviadores — aguardamos impávidos o ataque iminente. Talvez venha esta noite. Talvez venha semana que vem. Talvez nunca venha. Precisamos mostrar que somos igualmente capazes de enfrentar um súbito choque violento ou — o que talvez seja um desafio mais difícil — uma prolongada vigília. Mas, seja nossa provação repentina ou estendida, ou até mesmo as duas coisas, não buscaremos termos, não toleraremos negociações; podemos demonstrar clemência — mas jamais a pediremos.

Um dos ouvintes do primeiro-ministro escreveu: "Os aparelhos de rádio não eram muito possantes, e havia sempre estática. As famílias precisavam sentar perto do aparelho, alguém sempre mexendo nos botões. Era como se sentar em volta de uma lareira, alguém sempre atiçando o fogo; e para essa lareira vinha a voz crepitante de Winston Churchill."[35] Vere Hodgson, uma londrina de 39 anos, escreveu: "Aos poucos nos submetemos ao feitiço dessa voz e dessa inspiração maravilhosa. Sua estatura crescia, crescia, até tomar conta de todo o nosso céu."[36] Vita Sackville-West escreveu para o marido, Harold Nicolson, para dizer que um dos discursos de Churchill "me causou arrepios (não de medo) na pele. Acho que, entre outras razões, nos sentimos estimulados por aquelas frases elisabetanas por percebermos a imensa carga de poder e determinação que as sustenta, como uma grande fortaleza; não se trata nunca de palavras vazias jogadas ao vento".[37] Mollie Panter-Downes disse aos leitores da *New Yorker:* "O sr. Churchill é hoje o único homem na Inglaterra que interpreta, de forma consistente, o calmo porém firme estado de espírito nacional."[38]

Isaiah Berlin escreveu: "Como um grande ator — talvez o último de sua classe — no palco da história, ele apresenta suas falas memoráveis com uma voz ampla, calma, imponente, num fulgor de luz, como convém a um homem com a consciência de que sua obra e sua pessoa serão objetos de análise e julgamento para muitas gerações."[39] O parlamentar *tory* Cuthbert Headlam escreveu em 16 de julho: "É certamente o seu momento — e a confiança nele aumenta em todos os lados."[40] A sublime proeza de Churchill foi despertar as pessoas mais despretensiosas para percepções extraordinárias do próprio destino. Eleanor Silsby, idosa conferencista de psicologia que vivia no sul de Londres, escreveu para um amigo nos Estados Unidos em 23 de julho de 1940: "Não vou me estender sobre a guerra. Só quero falar que estamos orgulhosos da honra que nos coube de lutar sozinhos por coisas mais importantes que a vida e a morte. Ando de cabeça erguida quando penso não apenas que sou inglesa, mas que fui escolhida para me apresentar nesta hora com o objetivo manifesto de salvar o mundo (...) Nunca imaginei que pudesse aprovar a guerra (...) Surpreendentemente, quase não há raiva ou ódio nisso — é apenas um trabalho que precisa ser feito (...) Estamos vivendo o Armagedom."[41] Churchill comoveu-se ao receber, pelo correio, uma caixa de charutos de uma operária que disse ter economizado para comprá-los.[42] Certa manhã, em Downing Street, John Martin recebeu uma mulher que oferecia um colar de pérolas de 60 mil libras esterlinas para o serviço do Estado. Quando soube disso, Churchill citou Macaulay:

> Romanos em brigas por Roma,
> Não poupavam terra nem ouro.[43]

Boa parte da imprensa alemã fez editoriais sobre o discurso de Churchill em 14 de julho, descrevendo-o como "Supremo Chefe Militar da Plutocracia". O *Deutsche Allgemeine Zeitung* foi um dos que sugeriram que sua insensata determinação de lutar até o fim submeteria Londres ao mesmo destino que se abatera sobre outras cidades conquistadas: "Os inescrupulosos governantes de Varsóvia só perceberam as consequências de sua obstinação quando a cidade já estava reduzida a um amontoado de ruínas e cinzas. Da mesma forma, Roterdã pagou caro por não tomar uma decisão racional, como a que salvou outras cidades holandesas e — na última hora — também Paris." As forças alemãs, segundo se dizia no círculo de Hitler, estavam bem descansadas depois da campanha francesa, prontas para lançar uma investida contra a Grã-Bretanha tão logo o Führer ordenasse. Enquanto isso, os ataques da Luftwaffe à terra de Churchill, até então em pequena escala, se intensificariam drasticamente. Previa-se uma rápida vitória contra a Grã-Bretanha. A propaganda transmitida em inglês pela rádio alemã divulgava a mesma mensagem de desgraça iminente.

Em 19 de julho, Hitler falou para o Reichstag e para o mundo, oferecendo publicamente à Grã-Bretanha uma opção entre paz ou "infinito sofrimento e pesar". Churchill respondeu: "Não me proponho a dizer nada em resposta ao discurso de Herr Hitler, pois simplesmente não falo com ele." Solicitou a lorde Lothian, embaixador da Grã-Bretanha em Washington, que pressionasse os americanos a atenderem ao seu pedido de "empréstimo" de velhos contratorpedeiros. Em 1º de agosto, proferiu uma repreensão imperiosa ao Foreign Office pela elaborada redação de uma minuta em resposta ao rei da Suécia, que se oferecia para mediar termos entre a Inglaterra e a Alemanha. "Esse rascunho erra", escreveu ele, "ao tentar ser hábil demais, entrando em requintes de política inadequados para a trágica simplicidade, para a grandeza do momento e para as questões em jogo". Naquele dia, Hitler baixou a Diretriz nº 17, deflagrando a maciça campanha aérea da Luftwaffe contra a Grã-Bretanha.

4
A Batalha da Inglaterra

Assim, no verão de 1940, começaram os acontecimentos que definiriam para sempre a imagem da Grã-Bretanha. Com suas escoltas de caças, formações de bombardeiros alemães atravessavam zunindo o céu azul rumo a Kent e Sussex e eram interceptadas por Hurricanes e Spitfires, deixando rastros de condensação no ar fino. As aeronaves mais belas que o mundo já viu, com uma graça acentuada aos olhos da posteridade pelo papel de salvadoras da liberdade, rompiam as formações de bombardeiros, mergulhando, executando torções, inclinando-se sobre as asas e metralhando. No chão, as pessoas erguiam o rosto, fascinadas com o espetáculo. Comerciantes, donas de casa, bancários e estudantes ouviam o estrépito de metralhadoras; encontravam fragmentos de aviões e cartuchos vazios tilintando nas ruas e entulhando jardins de áreas residenciais; às vezes até deparavam com aviadores caídos, de ambos os lados, que chegavam cambaleando à porta das casas.

Aviões atingidos e vomitando fumaça mergulhavam no chão em cascatas de terra quando tinham a sorte de fazer um pouso forçado, ou então simplesmente explodiam em fragmentos ardentes. Essa foi uma peleja diferente de qualquer outra experiência humana, testemunhada por milhões de pessoas que desempenhavam seus tediosos afazeres diários, maravilhadas com o fato de que chaleiras ferviam na cozinha, flores brotavam no jardim, jornais eram entregues e mel adoçava o chá a poucas centenas de metros de uma das batalhas mais decisivas da história. À noite, se sobrevivessem, pilotos que passavam o dia enfrentando o perigo da aniquilação iam cantar em seus "refúgios". As gírias dos jovens — "*wizard prang*" [bombardeio aéreo] e "*gone for a Burton*" [morto, avariado] — entraram para a língua corrente, confirmando a observação de um escritor francês citado por dr. Johnson: "*Il y a beaucoup de puérilités dans la guerre*"[1] [Há muita infantilidade na guerra].

Quando as bombas começaram a cair nas cidades britânicas, em agosto, as explosões lançaram uma camada de pó sobre todas as superfícies, espalhando pelo tecido urbano do país um cinza embotado que persistiu durante toda a blitz. Apesar disso, oásis de beleza sazonal sobreviveram. John Colville ficou impressionado com as borboletas-monarcas que adejavam vivamente sobre o gramado atrás de Downing Street: "Vou sempre associar aquele jardim no verão, a lateral da Tesouraria destacando-se contra um céu de azul-porcelana, com o ano de 1940."[2] Churchill, intensamente vulnerável às emoções, viu muitas cenas que o fizeram desabar. Um dia, viajando de carro para Chequers, avistou pessoas numa fila. Fez sinal para que o chofer parasse e pediu a seu detetive que investigasse o motivo. Segundo observou John Martin, secretário particular de Churchill, ao saber que as pessoas tentavam comprar alpiste, "Winston chorou".[3]

Dez de julho foi oficialmente considerado o primeiro dia da Batalha da Inglaterra, embora, para os aviadores de ambos os lados, ele não parecesse muito diferente dos dias anteriores ou posteriores. O mês seguinte foi caracterizado por conflitos acima do canal da Mancha e da costa meridional, nos quais a Luftwaffe nunca perdeu mais de dezesseis aeronaves por dia — o que ocorreu em 25 de julho — e o Comando de Caças nunca perdeu mais de quinze. Churchill insistiu que comboios costeiros continuassem a navegar por estreitos britânicos, em parte para reafirmar seus direitos de navegação, em parte para provocar a Luftwaffe a combater em condições vistas como favoráveis à RAF. Em 11 de agosto, o número de baixas disparou: trinta aviões britânicos e 35 alemães foram derrubados. No mês seguinte, Göring lançou o maior ataque ao Comando de Caças e seus aeródromos, centros de controle e estações de radar. De 12 a 23 de agosto, a RAF perdeu 133 caças em combate, mais 42 em acidentes, enquanto a Luftwaffe perdeu 299 no total.

No começo do outono, as baixas e os danos a instalações tinham atingido níveis críticos para a Grã-Bretanha. Entre os comandantes de esquadrão de Dowding, onze dos 46 foram mortos ou feridos em julho e agosto, além de 39 dos 97 comandantes de esquadrilha. Um piloto do 249º Esquadrão do Comando de Caças, George Barclay, que tinha 21 anos e era filho de um pároco de Norfolk, escreveu depois das acirradas batalhas de 7 de setembro: "Os riscos hoje foram inacreditáveis (e estamos todos muito abalados!) (...) Há bombas e coisas caindo por todo lado esta noite e uma terrível barragem de metralhadoras. Começou uma blitz? A frieza do comandante de esquadrilha é incrível, e ele faz o máximo para manter nosso moral — o que foi muito necessário esta noite."[4] Como em qualquer batalha, nem todos os participantes demonstraram heroísmo. Após sucessivos bombardeios alemães contra a base avançada da RAF em Manston, equipes de terra correram para os abrigos antiaéreos e ignoraram apelos para sair e fazer a manutenção dos Hurricanes. O trabalho foi desempenhado por tripulantes de caças Blenheim, que estavam descansando para operações noturnas.

O primeiro-ministro acompanhava atentamente o progresso dos choques diários. O Serviço Secreto de Inteligência advertiu que um desembarque alemão na Grã-Bretanha era iminente. Contudo, não era fácil manter o povo em alto grau de expectativa. Em 3 de agosto, Churchill sentiu a necessidade de emitir uma nota: "O primeiro-ministro deseja informar que a possibilidade de invasão alemã não ficou, de forma alguma, para trás." Ele levava esse mesmo espírito para casa. A residência em Downing Street e as salas subterrâneas do Gabinete de Guerra eram guardadas por Fuzileiros Navais Reais reservistas, enquanto Chequers era protegida por uma companhia do Regimento de Guardas. O primeiro-ministro se incumbia pessoalmente de simulações de alerta para o caso de paraquedistas alemães aterrarem em St. James's Park. "Hoje isso parece estranho, mas era levado muito a sério por todos nós no verão de 1940", disse um oficial da secretaria do Gabinete de Guerra.[5]

Churchill praticava com um revólver e com seu próprio fuzil Mannlicher num estande de tiro em Chequers, dedicando-se seriamente ao treino e nutrindo um prazeroso senso de antecipação. Era curioso que os alemães, tendo usado forças especiais com eficácia na *Blitzkrieg* de maio no continente, nunca mais tenham demonstrado interesse em suas possibilidades. Uma incursão direta contra Churchill em 1940, mais plausivelmente com uma aterragem de paraquedistas em Chequers, poderia ter rendido generosos dividendos. Foi sorte da Inglaterra que tais atividades piráticas ocupassem lugar menos prioritário na cabeça de Hitler e na doutrina da Wehrmacht do que na imaginação de Churchill. No verão de 1940, os alemães ainda não tinham compreendido quão crucial era o primeiro-ministro para o esforço de guerra britânico.

O suprimento de aeronaves para o Comando de Caças era um fator crítico. Enquanto a propaganda louvava as proezas do Ministério da Produção de Aeronaves, o desempenho sob a direção de lorde Beaverbrook provocava duras críticas em Whitehall. Durante algumas semanas, ele regeu o departamento a partir de Stornoway House, sua residência privada em Cleveland Row, atrás do hotel Ritz. É fácil entender por que muitas pessoas, sobretudo Clementine Churchill, condenavam com veemência o barão da imprensa, então com 61 anos. Ele era um ex-apaziguador que subsidiara em segredo a carreira política pré-guerra de Sir Samuel Hoare, o pior dos ministros de Chamberlain. Em janeiro de 1940, Beaverbrook sondou o duque de Windsor, anteriormente rei Eduardo VIII, sobre uma possível oferta de paz à Alemanha. Em 6 de maio, afirmou em seu *Daily Express* que Londres não seria bombardeada e que os alemães não atacariam a Linha Maginot. O vice-Führer, Rudolf Hess, diria mais tarde a Beaverbrook: "Hitler gosta muito do senhor." O historiador G. M. Young sugeriu que Beaverbrook parecia um médico cassado pelo conselho por fazer uma operação ilegal. Dizia-se que seus jornais nunca defenderam uma causa que fosse ao mesmo tempo honrada e bem-sucedida. O rei se opôs à sua inclusão no Gabinete, porém em 10 de maio de 1940, entre todos os nomes possíveis, Churchill escolheu esse velho colega do governo de 1917-1918 de Lloyd George como companheiro de almoço.

Beaverbrook exercia uma grande influência sobre Churchill, que permaneceu intacta pela petulância, deslealdade e inclinação à rebeldia do velho amigo. O magnata natural do Canadá tinha um comando sobre a própria riqueza que o primeiro-ministro sempre desejou ter e que o impressionava. Churchill reconhecia no "caro Max" um sujeito original, cheio de uma graça endiabrada muito rara em Downing Street naquele verão. Costuma-se dizer que Churchill possuía assistentes, mas poucos amigos íntimos. Mais do que qualquer outra pessoa, salvo a mulher, Beaverbrook aliviava a solidão que envolvia as provações e responsabilidades do primeiro-ministro. A crença de Churchill na adequação do velho camarada a uma participação no governo era excessiva. No entanto, entre os colegas de Gabinete de Beaverbrook, quem era mais dotado de dinamismo e capacidade de decisão, que pareciam tão indispensáveis para enfrentar os desafios de 1940?

Como ministro, Beaverbrook passava por cima de marechais do Ar, intimidava donos de indústria, desprezava conselhos e ignorava procedimentos em favor do simples objetivo de aumentar a produção de caças. Governava pela combatividade. Jock Colville certa vez sugeriu que Beaverbrook tomava mais tempo de Churchill do que Hitler. O próprio primeiro-ministro notou certa semelhança entre Beaverbrook e o astro de cinema Edward G. Robinson, mais conhecido por interpretar gângsteres. É difícil discordar do fato de que Beaverbrook era um monstro. A RAF o detestava. Boa parte do êxito no aumento da produção de aeronaves alcançado deveu-se a decisões tomadas e a compromissos assumidos antes de ele ter chegado. No entanto, por um breve período de tempo, ele mereceu gratidão por injetar em um elemento-chave da guerra, a fabricação de armas, uma urgência compatível com as necessidades do momento. Contava com o apoio de três grandes servidores públicos — Eaton Griffiths, Edmund Compton e Archibald Rowlands — além de Sir Charles Craven, antigo diretor-executivo da Vickers Armstrong, e de Patrick Hennessy, de 41 anos, chefe da Ford em Dagenham. Outro suporte importante, e por vezes adversário, era o marechal do Ar Sir Wilfred Freeman, que desprezava Beaverbrook como homem, mas relutantemente reconhecia que ele fora útil naquele verão.

As pressões diárias não davam folga ao primeiro-ministro. O Gabinete de Guerra se reuniu 108 vezes nos 92 dias entre 10 de maio e 31 de julho. Sua caixa preta de despachos continha uma pilha de papéis que nunca parecia diminuir, "uma miscelânea de questões operacionais, civis, políticas e científicas".[6] A despeito das objeções do Departamento de Guerra, promoveu o major-general Millis Jefferis, hábil soldado envolvido no trabalho experimental com armas, e ordenou que ele prestasse contas diariamente a Lindemann no Gabinete. Insistiu para que dessem uma função adequada ao major-general Percy Hobart, homem de ideias próprias e entusiasmado por blindados, derrubando as objeções de Dill com a afirmação de que não só os bons meninos ajudam a ganhar guerras: "Os matreiros e os desprezíveis também."[7] Atormentou os chefes militares no apoio a uma das iniciativas pessoais mais néscias do "Prof", o uso de foguetes contra aeronaves inimigas. Sir Hugh Dowding, do Comando de Caças, queria que seus pilotos matassem os aviadores alemães que se lançassem de paraquedas. Churchill, rechaçando o que lhe parecia uma conduta desonrosa, não queria saber de nada disso. Durante uma viagem com Roger Keyes no fim de julho, disse que o almirante tinha "muitos detratores" como diretor de operações combinadas. Keyes respondeu causticamente: "Você também, mas está aí mesmo assim." Churchill retrucou: "No momento ninguém mais disputa o meu emprego — só o consegui quando eles próprios se afundaram."

Além de insistir na urgência da produção de caças, Churchill fez algumas intervenções táticas na Batalha da Inglaterra, mas uma das mais corretamente aplaudidas ocorreu no Gabinete de Downing Street em 21 de junho. Havia uma feroz controvérsia entre Lindemann e Sir Henry Tizard, presidente do Comitê de Pesquisa Aeronáutica, sobre uma análise da inteligência aérea, segundo a qual a Luftwaffe pretendia usar feixes eletrônicos para guiar seus invasores noturnos até alvos britânicos. Tizard considerava a técnica inviável. Churchill convocou-o, juntamente com Lindemann e aviadores de alta patente, para uma reunião com o oficial de inteligência científica R. V. Jones, de 28 anos. Logo ficou claro que só Jones entendia do assunto. Apesar de intimidado pela ilustre companhia, ele perguntou ao primeiro-ministro: "O senhor acha que ajudaria se eu contasse tudo desde o início?" Churchill ficou surpreso, mas respondeu "Sim, ajudaria!". Jones passou vinte minutos explicando que as pesquisas que fizera, auxiliadas por mensagens "Ultra" decifradas pelos decodificadores em Bletchley Park — ainda fragmentárias nessa fase da guerra —, levaram-no ao entendimento dos equipamentos de navegação da Luftwaffe.[8] Churchill, caracteristicamente, pôs-se a parafrasear de cabeça versos da coletânea folclórica *The Ingoldsby Legends*, do século XIX: "Mas um certo sr. Jones/ Se apresenta e depõe/ Dizendo que quinze anos atrás, ouviu certos gemidos."

Quando Jones terminou, Tizard continuava descrente. Contrariando-o, Churchill ordenou que o jovem cientista recebesse todas as facilidades possíveis para explorar os feixes alemães. Inicialmente, espantado com as revelações de Jones, vibrou quando o jovem "cérebro" lhe disse que, uma vez identificados os comprimentos de ondas, seria possível causar interferência nas transmissões. Jones, é claro, encantou-se com a receptividade do primeiro-ministro: "Ali havia força, determinação, humor, disposição para ouvir, para fazer a pergunta investigativa e, uma vez convencido, para agir."[9] Os feixes sofreram, de fato, interferência. Jones se tornou um dos mais notáveis oficiais da inteligência britânica durante a guerra. A carreira de Tizard foi praticamente destruída por seu erro de julgamento. Era velho inimigo de Lindemann, que agora tinha munição para desacreditá-lo. Apesar de ser homem de capacidade excepcional, que contribuiu decisivamente para a criação das defesas de radar, Tizard nunca mais voltou a exercer grande influência. O episódio dos "feixes", porém, mostrou Churchill num dos seus melhores momentos: acessível, criativo, penetrante, decisivo e sempre sugestionável em questões de inovação tecnológica.

Do verão de 1940 em diante, a decifração de mensagens alemãs adquiriu importância crescente para o esforço de guerra britânico. Amostras selecionadas sob o codinome *Boniface* eram entregues a Churchill, diariamente, numa caixa especial da qual nem mesmo os secretários particulares tinham a chave. Os chefes de estado-maior criticavam esse acesso direto a informações Ultra, alegando que, com frequência, ele formava falsas impressões a partir dos dados brutos de inteligência, levando a interpretações equivocadas de conversas inimigas. Contudo, o projeto Ultra permitiu ao primeiro-ministro dirigir a guerra de uma forma desconhecida por qualquer outro líder nacional na história. Foi fundamental para moldar sua percepção estratégica, tanto para o bem como para o mal, dando-lhe mais confiança para passar por cima de comandantes.

A operação para decifrar códigos em Bletchley Park, que ainda engatinhava em 1940, foi a maior conquista britânica na guerra, e, a partir de 1941, serviu como pedra angular das operações de inteligência. O Serviço Secreto de Inteligência (SIS, na sigla em inglês) era dirigido pelo general-brigadeiro Sir Stewart Menzies, "C", arquetípico oficial e cavalheiro, ex-presidente da sociedade acadêmica "Pop", capitão do time de críquete em Eton, integrante do regimento Life Guards e membro do clube White's. Menzies devia sua nomeação a Halifax. Sua folha de serviços como maquinador de Whitehall impressiona mais do que como chefe de espionagem. O SIS nunca obteve "humint" — inteligência coletada por agentes — sobre o alto comando do Eixo. Antes de o projeto Ultra acertar o passo, a maioria das avaliações de Menzies sobre — por exemplo — as intenções alemãs em 1940-1941 foram totalmente equivocadas. Ele exerceu pouca influência sobre o desenvolvimento pré-guerra de Bletchley Park, mas, graças a um golpe habilidoso, conseguiu assumir o controle administrativo de suas operações. Fazia questão de entregar pessoalmente ao primeiro-ministro as mais deliciosas iguarias obtidas pelos decifradores, de modo que era um visitante sempre bem-vindo em Downing Street. Todos os líderes nacionais sentem arrepios de entusiasmo quando têm acesso a informações secretas de inteligência. Isso era especialmente verdade no caso de Churchill, o que era bastante compreensível. Menzies, vendedor dos ovos de ouro de Bletchley, recebia crédito exagerado como dono da galinha.

Um dos grandes problemas de defesa nacional eram as responsabilidades constitucionais, incluídos os encontros regulares com o monarca. O rei e a rainha estavam "um pouco agastados", como Jock Colville descobriu, "pela maneira informal com que ele os tratava — diz que vai às seis, adia para as 6h30 por telefone e chega às sete".[10] Só mesmo um rei ousaria se indignar com os atrasos do primeiro-ministro quando Churchill precisava supervisionar a criação da rota que transportaria aeronaves de Takoradi para o Egito, visitar aeródromos bombardeados, pressionar o Tesouro a pagar indenizações por casas destruídas por bombas e escrever longamente, de próprio punho, para Neville Chamberlain, já acometido pelo câncer que o mataria em três meses. Sem dúvida havia dificuldades, como o primeiro-ministro admitiu para o antecessor numa carta de 31 de agosto: "no entanto, no fim das contas, devo dizer que me sinto muito bem quanto a esta guerra". Churchill, porém, ficou exasperado em 10 de agosto, quando Sir Stafford Cripps, o embaixador em Moscou, submeteu-lhe uma dissertação em que expunha, minuciosamente, propostas para a reconstrução depois da guerra. A hora de tratar dessas questões chegaria, mas não no verão de 1940. Só um tolo pensaria de outra forma.

Enquanto isso, a Grã-Bretanha ficava sem dinheiro. A guerra custava 55 milhões de libras esterlinas por semana, e Washington era implacável em cobrar um pagamento imediato, em espécie, para cada tonelada de armas e suprimentos despachada pelo Atlântico. Kingsley Wood, ministro da Fazenda, sugeriu que se derretessem as alianças de ouro do país, o que levantaria 20 milhões de libras. O primeiro-ministro disse que o Tesouro deveria evitar uma medida tão drástica, a não ser que as circunstâncias pedissem uma ação sensacionalista para constranger os Estados Unidos. Em 16 de agosto, ele visitou a sala de operações do 11º Grupo do Comando de Caças e acompanhou atentamente o avanço dos combates na imensa prancheta de tiro. No caminho de volta para Chequers, "Pug" Ismay, seu chefe de estado-maior, fez um comentário. Churchill replicou: "Não fale comigo. Nunca fiquei tão comovido." Depois de alguns minutos de silêncio, inclinou-se para a frente e disse: "Nunca, no vasto campo do conflito humano, tantos deveram tanto a tão poucos." Ismay escreveu: "As palavras ficaram gravadas no meu cérebro."[11] Naquele dia, o Centro Combinado de Inteligência informou que, segundo sua análise, Hitler não se decidiria sobre uma invasão até que o resultado da batalha aérea estivesse claro. Em 24 de agosto, as primeiras bombas alemãs caíram nos arredores de Londres, e os aeródromos do Comando de Caças foram mais uma vez seriamente atingidos.

Domingo, 1º de setembro, outro dia em que a inteligência indicou possibilidade de invasão, passou sem incidentes. No dia 3, pela segunda vez o Gabinete de Guerra se reuniu em sua nova e subterrânea Sala Central de Guerra. Churchill declarou que era "lamentável" o fato de que apenas 500 mil fuzis seriam produzidos por fabricantes britânicos até o fim de 1941. Em 5 de setembro, empregou o mesmo adjetivo para criticar a "passividade" a que a Marinha Real parecia reduzida, quando se negou a bombardear novas baterias alemãs no cabo Gris-Nez, a apenas 32 quilômetros da costa meridional da Inglaterra. Disse a Cunningham, comandante em chefe no Mediterrâneo, que a suposta vulnerabilidade de sua esquadra a aeronaves italianas era "exagerada". Recomendou a rápida construção de barcaças de desembarque, buscando facilitar as incursões em praias inimigas que tanto ansiava por lançar.

Um membro bem-humorado do Departamento de Guerra descobriu no Livro de Jó a descrição de um cavalo de batalha que, para os generais, era inteiramente adequada ao seu chefe político: "Escarva no vale, folga na sua força e sai ao encontro dos armados. Ri do temor e não se assusta; e não torna atrás por causa da espada. Sobre ele rangem a aljava, a lança cintilante e o dardo. De fúria e ira devora a terra (...) Toda vez que soa a trombeta, diz: eia; e de longe sente o cheiro da guerra, o trovejar dos capitães e o alarido."[12] Entretanto, embora nunca desdenhasse os gestos e símbolos dos guerreiros, Churchill também queria substância. Toda noite, dizia a Colville: "Eu me julgo perante uma corte marcial para ver se fiz algo efetivo durante o dia. Não quero dizer apenas escarvar o chão — o movimento qualquer um pode simular —, mas alguma coisa realmente efetiva."[13]

É difícil para o historiador, como foi para os contemporâneos de Churchill, imaginar o que era para um homem assumir, sozinho, a responsabilidade de preservar a civilização europeia. Harold Nicolson escreveu sobre o afastamento do primeiro-ministro dos mortais comuns. Seus olhos eram "glaucos, vigilantes, ferozes, combativos, visionários e trágicos (...), os olhos de um homem com muitas preocupações e incapaz de fixar a atenção em coisas menores (...) Mas, noutro sentido, são os olhos de um homem diante de uma provação ou de uma tragédia, e combinam visão, truculência, resolução e grande infelicidade".[14] Ao longo da guerra, houve momentos em que Churchill foi oprimido pela solidão, que só a companhia de Beaverbrook parecia capaz de aliviar. Foi por opção pessoal, na verdade por inquebrantável insistência, que delegou a outros algumas poucas responsabilidades do comando supremo. No entanto, por vezes a emoção e exaltação de desempenhar seu papel davam lugar a um desalento que lhe exigia todos os poderes de superação. Em 1940, manteve o ânimo admiravelmente, mas nos últimos anos da guerra tornou-se sujeito a acessos de autopiedade, geralmente acompanhados de lágrimas.

A consciência que os assessores pessoais tinham do fardo do primeiro-ministro levava-os a perdoar seus rompantes de descortesia e imoderação. Ministros e comandantes eram menos compreensivos. As críticas que faziam ao comportamento de Churchill eram bem humanas e, objetivamente, justas. Todavia, refletiam lapsos de imaginação. Poucos homens na história humana tinham assumido uma carga tão pesada, que sempre ocupava de forma proeminente sua consciência, e até seu subconsciente. Sonhos lhe atravessavam o sono, embora ele raramente revelasse detalhes a outras pessoas. Impressiona que, durante o dia, ele preservasse tão boa disposição. Apesar de muito sério, exibia uma capacidade de se divertir tão notável quanto seus poderes de concentração e memória, ou sua ininterrupta dedicação ao trabalho árduo. Poucas vezes, se é que houve outro exemplo, um grande líder nacional demonstrou uma habilidade tão grande de entreter sua gente, arrancando-lhe risos mesmo em meio às lágrimas da guerra.

Churchill nunca teve dúvidas sobre o próprio gênio — às vezes, os subordinados desejavam que tivesse. Contudo, em muitos momentos, a confiança num resultado positivo vacilou diante das más notícias do campo de batalha. Acreditava que o destino o escolhera para entrar na história como o salvador da civilização ocidental, e essa convicção dava cor especial às suas palavras e aos seus atos mais triviais. Quando um operário em Dover comentou com o colega ao ver Churchill passar "Lá vai o Império Britânico", o primeiro-ministro ficou encantado: "*Muito* bom", balbuciou para Jock Colville, o rosto emoldurado num sorriso.[15] Todavia, em profundo contraste com Hitler e Mussolini, conservou uma humanidade, uma consciência de si como matéria mortal, que raras vezes deixava de tocar o coração de quem o servia, do mesmo jeito que o brilho de sua conversa lhes conquistava a veneração.

Não tinha medo de nada, a não ser da possibilidade de derrota. Certo dia, andando às pressas de Downing Street para o Anexo com Colville, no costumeiro uniforme de casaco preto curto, calças listradas e gravata-borboleta azul de bolinhas brancas, os dois homens ouviram o zunir de bombas. O jovem funcionário procurou abrigo enquanto duas explosões ressoaram nas proximidades. Quando se ergueu, viu o primeiro-ministro ainda a passos largos pela King Charles Street, bengala de castão dourado em punho.

Disraeli disse: "Os homens devem ser sempre difíceis. Não tolero homens que aparecem para jantar conosco quando queremos." Churchill, com seus humores tempestuosos, e seus momentos antissociais, certamente preenchia esse requisito. Ele esperava que seus datilógrafos compreendessem imediatamente o significado de uma ordem resmungada, como "Me dê 'Pug'!".[16] Quando ditava alguma coisa, exigia que respeitassem todas as nuances de suas expressões. Alan Brooke um dia ficou indignado quando Churchill lhe gritou pelo telefone: "Cai fora, idiota!" Os assessores precisaram intervir para acalmar o general, explicando-lhe que o primeiro-ministro, na cama quando ligou para Brooke, estava mandando Smokey, o gato preto, parar de morder-lhe os dedos do pé. Jock Colville e o secretário particular assistente do rei, Tommy Lascelles, almoçando juntos um dia, debateram "se os grandes homens geralmente tinham um quê de charlatanismo",[17] e, é claro, estavam pensando no primeiro-ministro. Algumas almas melindrosas se horrorizavam com o que lhes parecia crueldade de Churchill, embora Raymond Lee, o adido militar dos Estados Unidos, o exaltasse como "um lutador inescrupulosamente turbulento (...), perfeitamente à vontade em suas abordagens a Hitler e Mussolini".[18]

Churchill era obcecado consigo mesmo, mas tinha espasmos de preocupação com os amigos íntimos, pelo menos com frequência suficiente para que não se aborrecessem com seu egoísmo. Depois de um de seus rompantes, de repente pôs a mão no ombro do secretário particular John Martin e disse: "Sabe que às vezes pareço violento, mas só sou violento com um homem — Hitler."[19] Lamentou não ter tido tempo de conhecer Martin mais a fundo no começo de suas relações, ainda em maio.

Ficava sempre muito feliz ao recordar velhas histórias de si mesmo, porém não era de conversa fiada, e assim não manifestava um interesse polido em assuntos alheios, a não ser que importassem ao Estado. Relutava até mesmo em fingir dar atenção a pessoas que não lhe cativassem. Leo Amery comparou-o ao líder da Grã-Bretanha durante a Primeira Guerra Mundial: "Ll[oyd] G[eorge] era puramente externo e receptivo, resultado do trato com outros seres humanos, e não existia em sua ausência, enquanto Winston é literário, dá expressão a si mesmo e praticamente não tem contato com outras mentes."[20] "Pug" Ismay sacudiu a cabeça, consternado, quando, certa vez, o primeiro-ministro deliberadamente fez a tripulação de um navio esperar meia hora para ouvi-lo: "É muita maldade do primeiro-ministro. É culpa de seu poder ilimitado."[21]

O médico de Churchill, Sir Charles Wilson, escreveu sobre "os formidáveis baluartes de indiferença que ele apresenta às mulheres",[22] os quais só a esposa Clementine e as filhas às vezes eram capazes de escalar. Clementine — de temperamento tenso, altamente moral e sensível à falta de educação — com frequência era ignorada, maltratada, subvalorizada. Contudo, apesar de sua ardente lealdade ao marido, ela se manteve notavelmente empenhada em lhe repreender os excessos, em reparar as cisões nos relacionamentos de Churchill. Em 27 de julho, escreveu uma carta que ficou merecidamente famosa:

> Querido Winston,
> Um dos homens do seu *entourage* (um amigo dedicado) me procurou para dizer que você corre o risco de ganhar a antipatia de seus colegas e subordinados

> devido a seus modos sarcásticos e autoritários (...) Meu querido Winston — confesso que tenho notado uma deterioração em sua atitude; e você não é mais tão amável como era. É você quem dá as Ordens, e se elas forem mal executadas —, tirando o rei, o arcebispo de Canterbury e o presidente da Câmara, você pode demitir qualquer um. Portanto, a esse poder imenso você precisa combinar urbanidade, bondade e, se possível, uma calma olímpica (...) Não suporto a ideia de que as pessoas servindo ao país e a você não o amem tanto quanto o admiram e respeitam. Além disso, você não conseguirá os melhores resultados com irascibilidade e rudeza. Elas produzem apenas aversão ou uma mentalidade escrava — "Rebeliões em Tempo de Guerra, nem pensar!"
> Perdoe por favor sua amorosamente dedicada e vigilante
> Clemmie[23]

Esse bilhete, cuja assinatura foi enfeitada com o desenho de um gato, ela logo rasgou. Entretanto, quatro dias depois juntou os pedaços e entregou ao marido — ao que se sabe, a única carta que ela lhe escreveu em 1940. A Grã-Bretanha, tanto quanto ele, tem uma dívida com essa mulher. Mais do que qualquer outro ser humano, Clementine impediu que Churchill sucumbisse à tentação de exercer uma autoridade quase absoluta sobre o seu país.

Churchill quase não achou tempo para abrir um livro em 1940, mas lia com muita atenção os jornais de cada dia, janelas para a mente do povo britânico. Sua sede de informação era insaciável. Não era raro que, à meia-noite, telefonasse pessoalmente para o *Daily Telegraph* ou o *Daily Express* para indagar sobre a matéria de capa do dia seguinte. Certa noite em Chequers, fez Colville ligar para o Almirantado três vezes em busca de notícias. No terceiro telefonema, o exasperado capitão em serviço apelou para os insultos. O primeiro-ministro, ouvindo as palavras exaltadas do outro lado da linha, imaginou que pelo menos um cruzador tinha afundado. Tomou o aparelho da mão de Colville "para se submeter a uma torrente de expressões nada lisonjeiras que claramente o fascinaram. Depois de escutar por um ou dois minutos, explicou, com grande humildade, que era apenas o primeiro-ministro e queria saber se havia alguma notícia naval".[24]

Ele detestava a atividade física injustificada, preferindo sempre a motivação de um propósito, e adorava relaxar com besigue ou gamão, que podiam ser jogados sem prejuízo da conversa. Os companheiros comentavam sua falta de destreza manual, evidente quando os dedos rechonchudos embaralhavam as cartas. "Ele tem mais chiste do que humor",[25] sugeriu Charles Wilson. Colville notou que, embora Churchill sorrisse e risse entre dentes, nunca soltava gargalhadas, talvez por achar de mau gosto. A devoção que inspirava na maioria dos que trabalhavam para ele nascia de uma conduta ao mesmo tempo magnífica e nada pomposa. No seu quarto em Chequers, nas primeiras horas de uma manhã de domingo, disse Colville que Churchill "desabou entre a cadeira e o tamborete e acabou estendido no chão na mais absurda das posições, com os pés para cima. Destituído de falsa dignidade, tratou aquilo como uma piada e repetiu várias vezes, 'um verdadeiro Charles Chaplin!'".[26] Não demonstrava constrangimento algum com a própria nudez, o que era uma característica dos estudantes de elite, dos soldados e dos aristocratas ingleses, acostumados a ver os empregados como meras extensões da mobília.

Os sentimentos que inspirava nos ministros e chefes militares eram mais ambíguos. Eles aguentavam seus monólogos, às vezes suas prolixas recordações pessoais, quando teria sido mais proveitoso para Churchill prestar atenção em seus relatórios e — assim pensavam — em suas opiniões. "Winston se regala com o som dos próprios adjetivos", escreveu Charles Wilson, "gosta de usar quatro ou cinco palavras, todas com o mesmo significado, como um velho que mostra suas orquídeas; não para ostentá-las, mas porque as ama. Em suas histórias, as pessoas não ganham vida; são enterradas num grande sepulcro de palavras (...) E o que acontece é que a plateia, cansada após um longo dia de trabalho, fica só esperando uma oportunidade de fugir para a cama, enquanto Winston continua falando para os que não tiveram coragem de se levantar e ir embora".[27]

Sua natureza volúvel, às vezes em questões da maior gravidade, exasperava aqueles que também tinham grandes responsabilidades. Ian Jacob observou: "Ninguém é capaz de prever o que ele vai achar de um problema."[28] Era irritante para um exausto general ou administrador, incapaz de escolher horários como o primeiro-ministro, saber que Churchill não poderia discutir assuntos de importância vital porque uma nota com a sacrossanta palavra "Repousando" estava pregada na porta do quarto dele. Depois o infeliz oficial ou ministro era convocado para tratar de trabalho à meia-noite ou mais tarde.

A crítica mais danosa feita a Churchill por pessoas importantes foi a de que ele não tolerava qualquer tipo de prova, a não ser que confirmasse seus próprios instintos, e às vezes agia com deliberada irracionalidade. Manifestações de suprema sabedoria eram intercaladas com rompantes de petulância infantil. No entanto, quando as discussões e a gritaria passavam, em questões importantes ele geralmente ouvia a razão. De maneira análoga, subordinados que se exasperavam com seus excessos em tempos "normais" — se é que a guerra permitia algum — ficavam maravilhados com a reação do primeiro-ministro diante de uma crise. As más notícias despertavam nele as melhores qualidades. Desastres inspiravam atitudes que exigiam o reconhecimento de sua grandeza. Poucos colegas duvidavam de seu gênio e todos admiravam seu inabalável compromisso com a guerra. John Martin escreveu sobre o "fermento de ideias, a persistência em recusar propostas, a pressão a comandantes para o ataque — eram expressões de ardente, explosiva energia, sem a qual a vasta máquina civil e militar não seguiria em frente com a mesma firmeza nem superaria tantos reveses e dificuldades".[29] Churchill conduzia os assuntos nacionais com uma fé em si mesmo por vezes inapropriada, mas que oferecia um elixir de esperança a pessoas cronicamente afligidas por temores racionais. No mar de problemas da Grã-Bretanha, ele representava um farol de fervor e humanidade, assim como de força de vontade e coragem suprema, pelo que até o mais exaltado e cético de seus compatriotas manifestava gratidão.

Persiste até hoje a ilusão generalizada de que, em 1940, Churchill falava constantemente pelo rádio ao povo britânico. Na realidade, ele só fez sete discursos pela BBC entre maio e dezembro, cerca de um por mês. Contudo, o impacto dessas falas foi enorme num país que, naqueles dias, agarrava-se aos aparelhos de rádio como marujos amarravam-se aos mastros antes de uma tempestade. Não havia avanços de exércitos britânicos para acompanhar no mapa, nenhuma esquadra comunicando vitórias. Em vez disso, as retumbantes frases do primeiro-ministro, suas invencíveis certezas num mundo de tiranos delirantes, serviam de âncora para seu povo e sua ilha.

Poucas intervenções dele naquele verão foram mais significativas do que a de 23 de agosto, quando o temor de uma invasão alemã chegou ao auge. As já desgastadas defesas da Grã-Bretanha ficaram ainda mais fracas com o envio de 154 preciosos tanques para o Comando do Oriente Médio, do general Sir Archibald Wavell, a fim de resistir ao esperado ataque italiano contra o Egito. Além de blindados, 48 canhões de 25 libras, vinte canhões Bofors, quinhentas metralhadoras Bren e 250 fuzis anticarro foram despachados. Foi uma das decisões mais difíceis que Churchill precisou tomar na guerra. Eden e Drill merecem crédito por insistirem, em face das dúvidas iniciais do primeiro-ministro. É impossível que tenham seguido esse caminho sem uma crença profunda, quase irracional, em que Hitler não arriscaria uma invasão — e talvez também pelo reconhecimento de que a defesa da Grã-Bretanha dependia quase totalmente da Marinha Real e da RAF, e não do exército.

Não é de surpreender que um civil ignorante como "Chips" Channon escrevesse, em 16 de setembro, que esperava "uma invasão quase certa".[30] Mais notável é que comandantes militares e chefes da inteligência da Grã-Bretanha compartilhavam esse medo, achando que um súbito ataque alemão pudesse ocorrer sem aviso. Operações anfíbias, desembarques com oposição onde não há instalações portuárias, não se limitam à simples transferência mecânica de tropas do mar para a terra. Estão entre as operações de guerra mais difíceis e complexas. Dois anos de planejamento e preparação foram necessários para os exércitos aliados retornarem à França em junho de 1944. É verdade que, no verão de 1940, a Grã-Bretanha estava quase nua e que, quatro anos depois, a Muralha do Atlântico de Hitler estava formidavelmente fortificada e guarnecida. Em 1940, a Grã-Bretanha não dispunha do grande acesso ao tráfego de mensagens alemãs que seria conquistado mais tarde, portanto os chefes de estado-maior contavam apenas com uma vaga ideia dos movimentos da Wehrmacht no continente.

Apesar disso, é extraordinário que até o fim do outono, sempre que a maré era propícia, comandantes da Grã-Bretanha temessem a chegada de um exército alemão à costa sul ou leste. A marinha alertou — embora o primeiro-ministro não acreditasse — que os alemães poderiam realizar um desembarque-surpresa de 100 mil soldados. A mais significativa preparação inimiga para a invasão foi o agrupamento de 1.918 batelões e balsas na costa holandesa. Os planejadores militares de Hitler pensavam em colocar nas praias britânicas uma primeira leva de três regimentos aerotransportados, nove divisões — e 125 mil cavalos — entre Ramsgate e Lyme Bay, mas os meios de transporte naval disponíveis eram totalmente inadequados. Outro problema sério, nunca resolvido, era que o desembarque inicial ao amanhecer, como pretendia a Wehrmacht, pressupunha a travessia noturna do canal da Mancha. Seria praticamente impossível embarcar tropas e concentrar batelões e balsas sem despertar a atenção dos britânicos. A armada alemã, que nunca foi muito forte, estava gravemente debilitada por perdas na campanha da Noruega. Os defensores disporiam de pelo menos seis horas de escuridão para enfrentar os comboios da invasão alemã, livres de intervenção da Luftwaffe. A Marinha Real posicionou cerca de vinte contratorpedeiros em volta de Harwich e uma força similar em Portsmouth, além de poderosos elementos cruzadores. Comboios de invasão no canal teriam sofrido perdas chocantes, talvez fatais. Mas, na luz do dia, pilotos alemães já haviam demonstrado muito mais habilidade do que os da RAF e a Aviação Naval Britânica para atacar navios. Os navios de guerra defensores seriam gravemente bombardeados. Contudo, para uma armada anfíbia alemã, o risco de destruição era enorme. A Marinha Real, numericamente superior à frota alemã na proporção de dez para um, garantia o decisivo elemento dissuasório para a operação Leão-Marinho.

Os britânicos, porém, com a quase única exceção do primeiro-ministro, viam perigos só do seu lado. Dill, o chefe do estado-maior imperial, parecia, "como todos os demais militares, [...] muito preocupado e ansioso com a invasão, achando que as tropas não estavam treinadas e talvez não fossem firmes".[31] Brooke, como comandante em chefe das Forças Territoriais, escreveu em 2 de julho sobre o "desamparo das nossas defesas".[32] A Marinha Real estava apreensiva com a possibilidade de não contar com um apoio adequado da

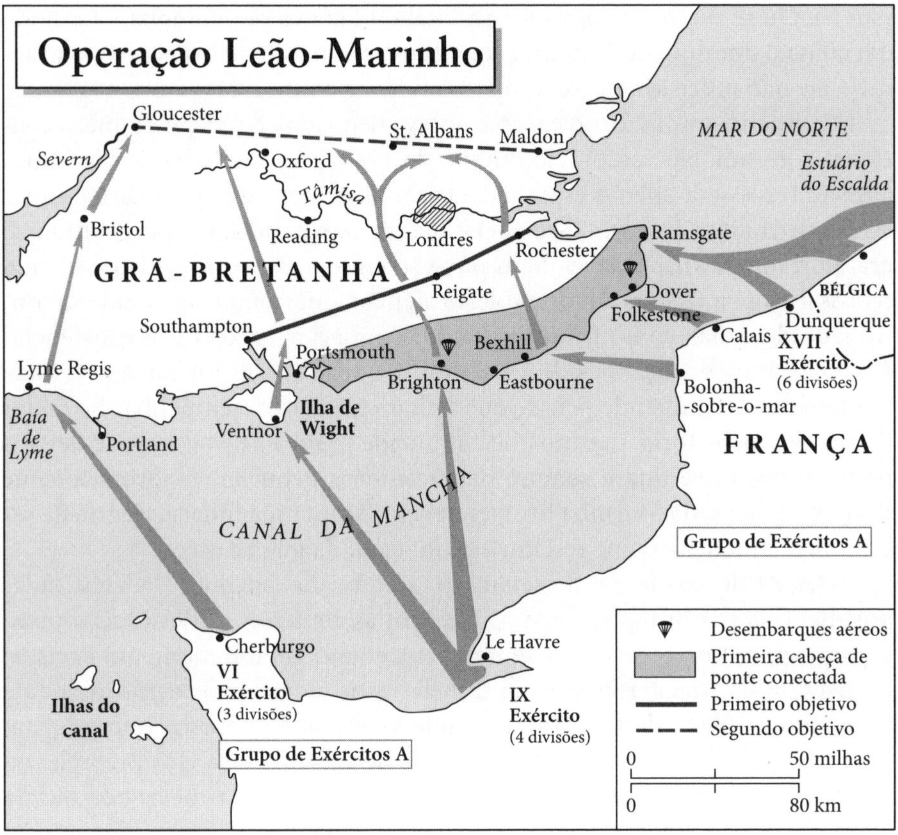

RAF se os alemães começassem a desembarcar. O almirante Sir Ernle Drax, comandante em chefe em Nore, disse que "não estava convencido de que (...) a cooperação de nossos caças esteja garantida".[33]

Caso as forças alemãs assegurassem uma cabeça de praia, chefes militares teriam bons motivos para temer o final da história. Alan Brooke acreditava, provavelmente com razão, que se os invasores alcançassem terra firme, Churchill tentaria assumir o comando pessoal da batalha terrestre — com consequências desastrosas. Na ausência de desembarque, é claro, o primeiro-ministro conseguiu desempenhar sua extraordinária função moral. Os temores dos generais britânicos por um assalto-surpresa refletiam o trauma que a derrota na França lhes infligira. Distorciam sua percepção dos limites do possível, mesmo para a Wehrmacht de Hitler. Já Churchill, diferentemente, sempre duvidou de que o inimigo viesse. Compreendeu a questão central: que a invasão seria uma cartada muito mais incerta do que o ataque alemão de 10 de maio no oeste. A operação Leão-Marinho não poderia ter êxito parcial. Ou se realizava com sucesso total ou falhava por completo. Levando em conta o domínio de Hitler no continente e a impotência do exército britânico, ele não precisava arriscar tudo num lance como esse.

O primeiro-ministro, no entanto, estava dedicado, de corpo e alma, a continuar a guerra. No verão e no outono de 1940, preparar uma defesa contra a invasão não era apenas essencial, ela também representava quase a única atividade militar de que a Grã-Bretanha era capaz. Incitar o povo britânico era, portanto, indispensável. Se o povo se entregasse à passividade, fitando receosamente a ostentação do poderio alemão, que conquistava tudo do outro lado do canal, como garantir sua determinação em oferecer resistência? Uma das grandes façanhas de Churchill naqueles meses foi convencer cada homem e cada mulher do país de que tinham papéis a desempenhar no maior drama de sua história, mesmo que a utilidade prática de suas ações e de seus preparativos fosse quase sempre pateticamente pequena. O jovem tenente Robert Hichens, da Marinha Real, escreveu: "Sinto uma imensa alegria de ser britânico, único povo que resistiu à chantagem da guerra aérea."[34]

Entre 24 de agosto e 6 de setembro, a Luftwaffe lançou seiscentas saídas por dia. Os civis britânicos agora morriam às centenas. A devastação prosseguia sem remorso. Sete de setembro, entretanto, foi um momento decisivo da Batalha da Inglaterra. Göring transferiu os ataques aos aeródromos da RAF para a cidade de Londres. Até hoje se discute, de forma improdutiva, qual foi o primeiro país a atacar as cidades do inimigo, se a Grã-Bretanha ou a Alemanha. Em 25 de agosto, depois das baixas causadas pelas bombas da Luftwaffe em Croydon, Churchill ordenou pessoalmente que o Comando de Bombardeiros da RAF retaliasse contra Berlim.[35] Alguns oficiais superiores da RAF resistiram, argumentando que um ataque dessa natureza, utilizando as forças disponíveis, poderia ter pouco impacto e provavelmente levaria os alemães a ações muito mais danosas contra áreas urbanas britânicas. Churchill descartou essas observações e disse: "Eles bombardearam Londres, de propósito ou não, e o povo britânico, sobretudo Londres, precisa saber que podemos revidar. Será bom para o moral de todos nós." Cerca de cinquenta aeronaves foram despachadas para Berlim, e algumas bombas caíram sobre a cidade. Ainda que os danos materiais fossem desprezíveis, os líderes nazistas de fato ordenaram uma resposta arrasadora contra Londres, embora isso certamente fosse acontecer de qualquer maneira.

Na noite de 7 de setembro, duzentas aeronaves da Luftwaffe atacaram de surpresa a capital. O vice-marechal do Ar Keith Park, comandante do 11º Grupo, escreveu em 8 de setembro: "Estava tudo em chamas à beira do rio. Uma cena horrível. Mas olhei para baixo e disse: 'Devemos dar graças a Deus por isto.'" No dia seguinte, Churchill visitou East End, a área atingida da capital. Viu miséria e destruição, mas sabia que era preferível o impacto ter ocorrido em Bethnal Green e Hackney e não no aeródromo de Biggin Hill ou nas posições de radar da costa sul. Os alemães haviam cometido um erro estratégico decisivo. Em seguida, os centros urbanos da Grã-Bretanha pagaram um alto preço pelas incursões aéreas da Luftwaffe, primeiro durante o dia e depois à noite. Os combates à luz do dia continuaram no sul da Inglaterra até o fim de outubro, mas nunca mais a sobrevivência do Comando de Caças foi posta em dúvida. Numa transmissão radiofônica de 11 de setembro, Churchill disse ao povo britânico que a força aérea alemã "fracassou visivelmente" em conquistar o domínio aéreo no sul da Inglaterra. Quanto à invasão, "não temos como saber se vão sequer tentar". O perigo, no entanto, persistia, e era preciso tomar todas as precauções.

Em 12 de setembro, quando o primeiro-ministro visitou Dungeness e North Foreland, na costa do Kent, com o comandante em chefe das forças metropolitanas, Alan Brooke escreveu: "Sua popularidade é impressionante, em toda parte as multidões correm para aplaudi-lo em delírio." O general americano Raymond Lee notou uma melhora no estado de ânimo geral, mesmo na classe dominante, anteriormente tão cética quanto às chances da Grã-Bretanha. Em 15 de setembro, anotou em seu diário: "Graças a Deus (...) as opiniões derrotistas manifestadas depois de Dunquerque já não prevalecem mais."[36] Em 17 de setembro, Churchill disse à Câmara dos Comuns que, no futuro, as sessões da casa não deveriam mais ser anunciadas com antecedência: "Não devemos nos lisonjear imaginando que somos insubstituíveis", argumentou, falando a seus colegas parlamentares numa linguagem hábil que sugeria uma confidência a um círculo de irmãos, "mas ao mesmo tempo não se pode negar que duzentas ou trezentas eleições suplementares seriam uma complicação desnecessária neste momento específico".

Mais uma vez, reafirmou uma confiança serena: "Sei, com a mesma certeza de que o sol nascerá amanhã, que seremos vitoriosos." Dirigiu-se agressivamente a Dalton, ministro da Economia de Guerra, com o que esse assíduo escritor de diários descreveu como seu "vigoroso bom senso retórico de sempre", enquanto andava de um lado para outro da sala: "Esta é uma guerra de operários (...) O país não está achando a guerra tão desagradável como supunha (...) Os ataques aéreos fazem bem menos estragos do que se esperava antes de o combate começar (...) Não seja como o cavaleiro da história, tão lento para vestir sua armadura que o torneio acabou antes de ele entrar na arena."[37]

As bombas que caíam nas ruas da cidade, assim como nas fábricas de aviões e nos estaleiros, inicialmente deixaram o governo um tanto alarmado. Cockneys davam gritos de encorajamento — "Dá-lhe, Winnie!" e "A gente aguenta!" — quando o primeiro-ministro visitava áreas atingidas pela blitz.

Isso seria verdade? Dezenas de milhares de fugitivos das cidades se tornaram "andarilhos", arrastando-se penosamente para o interior quando anoitecia para escapar dos ataques noturnos. Houve indícios de um quase colapso social em áreas bombardeadas. O Comando de Caças, com seu primitivo radar de interceptação aérea, não dispunha de meios para neutralizar efetivamente os assaltos da Luftwaffe no escuro. A produção industrial padeceu severamente. A destruição de casas e propriedades, o incessante medo dos bombardeios corroíam profundamente o ânimo do povo.

Todavia, à medida que a blitz prosseguia, o país aprendia a viver e trabalhar com seus terrores e inconveniências. Os receios dos ministros sobre o moral diminuíram. Churchill ligou para o Comando de Caças numa noite de setembro para se queixar, irritado, ao oficial de serviço: "Estou no telhado do Gabinete em Whitehall e não vejo nem ouço um ataque sequer. Por que vocês não tiram Londres do alerta vermelho? Estamos parados há muito tempo."[38] Os relatórios diários da RAF sobre perdas infligidas ao inimigo animavam Churchill e seu povo, mas eram bastante exagerados. Em 12 de agosto, por exemplo, Churchill foi informado de que 62 aeronaves alemãs foram derrubadas por 25 britânicas. Na realidade, a Luftwaffe tinha perdido apenas 27 aviões. Da mesma forma, dois dias depois, o Comando de Caças informou 78, contra três baixas britânicas, quando na verdade Göring tinha perdido 34 e derrubado treze caças da RAF. A Esquadrilha de Duxford certa vez alegou ter destruído 57 aviões da Luftwaffe, quando na verdade derrubou oito.

Essa divergência entre o que se dizia ter feito e o que efetivamente se fazia persistiu durante a batalha, a rigor durante toda a guerra. Atingiu o clímax depois dos choques de 11 de setembro, quando a RAF sugeriu que o inimigo tinha perdido 89 aeronaves contra 28 suas. Na realidade, 22 aviões alemães foram derrubados, para 31 britânicos. Apesar disso, esses números inflacionados mostraram-se muito úteis para o ânimo britânico, e uma realidade momentosa persistia: os grupos aéreos de Göring vinham sofrendo perdas insustentáveis, de dois para um na comparação com os esquadrões de Dowding. Isso acontecia em parte porque quase todos os tripulantes de aviões alemães abatidos se tornavam prisioneiros, enquanto os pilotos da RAF que saltavam de paraquedas podiam voltar à luta. E, o que era ainda mais importante, as fábricas de aeronaves britânicas passaram a produzir mais do que as alemãs. Em 1940, a Luftwaffe recebeu 3.382 novas aeronaves de um e dois motores, enquanto 4.283 monomotores foram entregues à RAF. A direção da indústria britânica durante a guerra foi prejudicada por muitos erros de julgamento e muitas falhas. Neste caso, porém, o resultado foi brilhante e decisivo.

O marechal do Ar Sir Hugh Dowding, comandante em chefe do Comando de Caças, era um homem difícil, não sem motivo apelidado de "Stuffy" [Pomposo]. Cometeu sua quota de erros na Batalha da Inglaterra, como, por exemplo, a demora em reforçar o 11º Grupo quando ficou claro que o esforço alemão se concentrava quase inteiramente em atacar o sudeste inglês. A maior parte da doutrina tática inicial do Comando de Caças se provou equivocada. Dowding, porém, enxergou mais longe do que o Ministério do Ar ao insistir, no começo da guerra, na necessidade de caças noturnos equipados com radar e escoltas de grande alcance. Demonstrou notável tenacidade de propósito e cometeu menos erros do que o outro lado, e é isso que assegura a vitória nas batalhas.

Sua contribuição mais significativa foi entender que o objetivo era manter o Comando de Caças posicionado, não arriscar tudo na destruição de aeronaves inimigas. A cada dia, economizava reservas para o próximo. Churchill jamais reconheceu esse refinamento. A política de Dowding ofendia o instinto do primeiro-ministro de lançar todas as armas contra o inimigo. O aviador, um espiritualista austero, seria incapaz de oferecer a Churchill a camaradagem desejada. O distanciamento de Dowding tornou-o impopular entre alguns de seus oficiais. Provavelmente foi correto decretar, após o êxito na batalha, a aposentadoria já prevista do marechal. Ainda assim, a reforma brutalmente súbita foi uma ignomínia para os chefes da RAF. A cautela de Dowding na administração dos esquadrões contribuiu, de maneira importante, para a vitória britânica.

Hoje, alguns historiadores afirmam que Hitler nunca pensou seriamente em invadir a Grã-Bretanha. Essa opinião é um tanto equivocada. É verdade que os preparativos das forças armadas alemãs não foram muito convincentes. O medo britânico de um ataque iminente era infundado e refletia a fragilidade da inteligência e dos chefes de defesa. Contudo, Hitler, o oportunista, certamente teria lançado uma armada caso o espaço aéreo sobre o canal e o sul da Inglaterra estivessem sob o controle da Luftwaffe. A experiência mediterrânea logo mostraria que, num ambiente aéreo hostil, a Marinha Real encontraria grandes dificuldades.

A Luftwaffe fracassou, em primeiro lugar, porque o Comando de Caças, juntamente com as instalações de controle e estações de radar, eram magnificamente bem organizados. Em segundo lugar, a RAF quase não dispunha de Hurricanes e Spitfires suficientes e tampouco contava com a quantidade necessária de bons pilotos para lutar contra aeronaves inimigas numericamente superiores — embora a diferença não fosse tão expressiva quanto as lendas da época faziam crer. A Luftwaffe começou a campanha com 760 caças Messerschmitt Bf109 — seus aviões mais importantes — em condições de uso, contra cerca de setecentos Hurricanes e Spitfires da RAF. E o que era quase tão importante: o Bf109 só carregava combustível para sobrevoar a Grã-Bretanha por no máximo trinta minutos. A Luftwaffe tinha tecnologia para equipar seus aviões com tanques de combustível descartáveis, porém não se valeu dela. Se os Bf109 possuíssem maior autonomia de voo, a situação do Comando de Caças teria sido bem mais complicada. No fim, os alemães, além de incapazes de sustentar forças decisivamente superiores no campo de batalha, foram prejudicados por falhas de estratégia e inteligência. Nos primeiros estágios da batalha, os caças da Luftwaffe apresentaram táticas claramente superiores às ditadas pelo Comando de Caças. Contudo, os pilotos de Dowding aprenderam rápido, e em setembro já se igualavam em destreza aos adversários.

A Força Aérea Real, a mais jovem e impetuosa das forças singulares, foi a única a reconhecer o valor da publicidade e a explorou com notável sucesso. A Batalha da Inglaterra pôs o prestígio dos aviadores do país nas alturas, onde permaneceu pelos próximos cinco anos de guerra. A RAF adquiriu um glamour e uma estima pública que jamais arrefeceram. Já os altos comandantes das forças terrestres e navais desprezavam a imprensa. "Publicidade é palavrão para a maioria dos oficiais navais", escreveu, mal-humorado, o almirante Sir Andrew Cunningham, comandante em chefe no Mediterrâneo, "e eu não fui exceção. Não conseguia ver como ela poderia nos ajudar a ganhar a guerra."[39] Apesar de o primeiro-ministro pressioná-los com frequência, a marinha e o exército só se expunham às atenções da imprensa com evidente reserva.

A atitude esnobe de Cunningham, lugar-comum na marinha, foi um erro. Como Churchill sempre reconheceu, a guerra moderna é travada em parte no campo de batalha, em parte nas ondas de rádio, nas primeiras páginas dos jornais e no coração de homens e mulheres. Com poderes tão reduzidos, era vital para a Grã-Bretanha formular uma narrativa inspiradora para si e para o mundo. Nesse sentido, a RAF deu poderosa contribuição em 1940, tanto por seus feitos quanto pelo registro de cada etapa. A RAF foi uma criação inteiramente assimilada ao século XX, que contou com a admiração de Churchill, mas não com a compreensão total. Ele sempre foi muito emotivo no que dizia respeito à coragem e aos sacrifícios dos aviadores. Jamais sujeitou os homens do Comando de Bombardeiros e do Comando de Caças às acusações de pusilanimidade que dirigia regularmente aos soldados e às vezes também aos marinheiros. Como o povo britânico, nunca esqueceu que, até novembro de 1942, a RAF foi responsável pela única vitória visível do país no campo de batalha, contra a Luftwaffe em 1940.

Na noite de 2 de outubro, Churchill passou algumas horas frias, úmidas e ingratas visitando posições de baterias antiaéreas em Surrey, no melancólico negrume do blecaute. No caminho de volta para Downing Street, acompanhado pelo general Sir Frederick Pile, que comandava as defesas antiaéreas, perguntou abruptamente "Você gosta de B*o*vril?", alongando a primeira sílaba. Eram 4h30 da manhã. Pile respondeu que sim. O primeiro-ministro ficou calado por alguns minutos, e então continuou: "Bovril é muito bom com sardinha (...) Vejamos o que o intendente pode fazer por nós quando chegarmos ao Número 10." Pile escreveu: "Logo depois paramos à porta de entrada. O primeiro-ministro tinha uma bengala, com a qual bateu na porta. Quando o mordomo abriu, o primeiro-ministro disse: 'Göring e Goebbels se apresentando', e acrescentou: 'Eu *não* sou Goebbels.'"[40]

Em 11 de outubro, em Chequers, Churchill observou: "As forças desse homem estão esmorecendo."[41] A Luftwaffe de Göring não era, de forma alguma, uma força totalmente desgastada. Os meses seguintes de blitz infligiram muita dor e destruição, e o Comando de Caças, por falta de tecnologia adequada, não tinha como impedi-los. Quando John Martin telefonou, certa noite, de Downing Street para o Reform Club e perguntou se o lugar fora afetado por uma explosão próxima, o porteiro respondeu, serenamente: "O clube está em chamas, senhor."[42] A RAF, porém, impediu que os alemães assumissem o controle do espaço aéreo britânico à luz do dia e infligiu uma porcentagem insustentável de perdas. A Luftwaffe não tinha volume suficiente para causar danos decisivos à Grã-Bretanha. Hitler, privado da possibilidade de uma vitória fácil, não viu razão para assumir novos riscos dando prosseguimento a uma batalha aérea final. O país e o exército de Churchill continuavam incapazes de lhe frustrar os objetivos no continente ou de lhe contestar o domínio sobre seus povos. A atenção alemã, como Churchill suspeitava, voltava-se agora para o leste, já pensando numa investida contra a Rússia.

A Luftwaffe continuou a blitz noturna na Grã-Bretanha durante meses em 1941, mantendo pressão sobre a obstinada ilha a um custo mínimo de aeronaves. Muito tempo se passou, de fato, antes que os britânicos se sentissem protegidos de uma invasão. As defesas internas continuavam a preocupar Churchill e seus comandantes. Ele tinha espasmos de renovada preocupação, que o levavam a telefonar para o Almirantado e indagar sobre as condições do canal nas noites que pareciam favoráveis a um assalto alemão. No entanto, com a chegada do clima de outono e o abandono dos ataques diurnos pela Luftwaffe, os britânicos quase certamente permaneceriam seguros até a primavera. Churchill tinha conduzido o país até o fim de uma estação que, corretamente, considerava crítica para a sobrevivência.

Do outro lado do Atlântico, muita gente se deslumbrou com aquela façanha. Os propagandistas nazistas procuraram explorar uma famosa fotografia de Churchill com uma submetralhadora, sugerindo que o primeiro-ministro da Grã-Bretanha era um gângster. A foto, contudo, projetou uma imagem inteiramente positiva para o país de Roosevelt. Lá, o que contava era o fato de a arma ter fabricação americana. Os americanos viram o líder da Grã-Bretanha portando uma arma enviada por seu país para uso próprio, e adoraram a ideia. Em 30 de setembro, uma pesquisa da Gallup mostrou que 52% dos americanos eram a favor de prestar assistência ao povo de Churchill, mesmo correndo o risco de entrar na guerra. A reportagem de capa da *Time*, "A Batalha da Inglaterra", declarava que "Winston Churchill simboliza, de maneira precisa e diligente, a determinação britânica de não ceder quando acuada. [...] Há um fato extraordinário sobre a democracia inglesa — a saber, que a qualquer momento um líder inglês se torna o perfeito símbolo do seu povo. Na época da abdicação de Eduardo VIII, Stanley Baldwin foi o inglês típico. Na época da crise de Munique, Neville Chamberlain foi pateticamente típico. Entretanto, nesta quarta semana de setembro de 1940, Winston Churchill é a essência de sua terra. Os três homens são tão diferentes como a neblina, a chuva e o granizo, todos derivados da água. Mas o país que governaram mudou. A Inglaterra é outra (...) [Churchill] é um *tory*, um imperialista, e tem sido um exterminador de greves e um ávido anticomunista; apesar disso, quando percorre os bairros pobres de Londres, senhoras de idade lhe dizem: 'Deus o abençoe, Winnie'". Poucas semanas depois, por aclamação dos leitores americanos, Churchill foi escolhido o Homem do Ano da *Time*.

Uma noite em Chequers, numa metáfora irresistivelmente caseira, ele se comparou com "um fazendeiro tangendo porcos numa estrada, que precisa espicaçá-los para que sigam em frente e não se extraviem."[43] Dizia "não entender por que era tão popular". Apesar da indiscutível vaidade, quase tudo que precisava dizer ao povo britânico era sombrio. Essa confiança pública mascarava uma incerteza privada que, em grande parte, explica a cautela com que nomeou e dispensou pessoas no governo em 1940. Durante mais de uma década, fora um proscrito, agarrando-se com um apoio precário ao parapeito do poder. Embora a partir de maio de 1940 tenha desempenhado o papel do primeiro-ministro profundamente convicto, muitos meses se passaram antes que tivesse certeza da própria autoridade. "Por mais ou menos um ano após assumir o poder, Winston não fazia ideia de sua força política entre os eleitores, o que é uma bênção", observou seu ajudante de ordens, major Desmond Morton.[44]

Ivan Maisky, o embaixador soviético em Londres, demonstrava em seus despachos para Moscou um crescente entusiasmo por Churchill: "Pode-se declarar sem medo", disse ele no fim de junho, "que a decisão do governo de continuar a guerra já conta com esmagador apoio popular, especialmente na classe operária. A confusão e o desânimo que relatei nos primeiros dias de guerra já não existem mais. Os discursos de Churchill foram determinantes para isso (...) Ainda que Churchill conte com o apoio da classe operária até agora, as classes dominantes estão divididas (...) [A facção] encabeçada por Chamberlain é terrivelmente temerosa e interessada em fazer as pazes com a Alemanha em quaisquer condições aceitáveis (...) esses elementos são a verdadeira quinta-coluna na Inglaterra (...) O problema é que, apesar da determinação de Churchill de seguir lutando, ele teme rachar o Partido Conservador e depender de uma coalizão de trabalhadores".[45]

A visão de Maisky sobre divisões políticas na Grã-Bretanha não era inteiramente irreal. Ele errou ao atribuir a Chamberlain a liderança de um grupo favorável à paz, mas acertou ao dizer que alguns velhos partidários de Chamberlain, assim como uns poucos socialistas, continuavam ansiosos para negociar com o Eixo. No fim de junho, o parlamentar trabalhista Richard Stokes fazia parte de uma facção que queria firmar um acordo. Em carta a Lloyd George, Stokes dizia falar em nome de um grupo suprapartidário de trinta parlamentares e dez pares. Em 28 de julho, "Chips" Channon lamentou a notícia de que Chamberlain estava com câncer: "Isso liquida a última esperança de paz."[46] Lorde Lothian, embaixador da Grã-Bretanha em Washington, telefonou para Halifax por volta da mesma época, suplicando-lhe para não fazer nenhuma declaração pública que fechasse a porta para uma possível negociação de paz. Harold Nicolson manifestou alívio por Halifax parecer impassível diante do "absurdo" apelo de Lothian.[47] Raymond Lee escreveu, depois de uma conversa com um homem de negócios: "Foi muito interessante no que diz respeito à City (...) ele confirmou a minha crença de que a City está pronta para o apaziguamento a qualquer hora e um pouco irritada por não ter poder algum sobre Churchill."[48] David Kynaston, distinto historiador da City de Londres, nota que Lee não forneceu provas para a afirmação.[49] Entretanto, Montagu Norman, diretor do Banco da Inglaterra, ainda em 1940 nutria esperança de que Neville Chamberlain "voltará a ser reconhecido".[50] Sir Hugo Cunliffe-Owen, figura proeminente da City, manifestou o desejo de que Churchill fosse substituído pelo trabalhista A. V. Alexander.

Reservadamente, o primeiro-ministro manifestava preocupação com a firmeza das elites. Para algumas castas dominantes da Grã-Bretanha, a admiração por sua deslumbrante oratória não garantia a adequação ao cargo de primeiro-ministro. Às mesas de jantar de certas casas importantes, tradicionais árbitros do poder resmungavam, diante da sopa, sobre as supostas grosserias, loucuras e a egomania do gorducho maluco que o destino tão precipitadamente plantara em Downing Street e a quem confiara os rumos da Grã-Bretanha. Pessoas em altas posições — oficiais superiores, políticos — ressentiam-se de sua popularidade com o grande público. Não percebiam que o país precisava, desesperadamente, acreditar que era governado por um super-homem. De que outra forma sua sobrevivência seria garantida?

A Câmara dos Comuns, durante todo o verão, também se deixou levar pela comoção nacional e pelos esplêndidos discursos de Churchill. George Lambert, parlamentar liberal desde 1891, disse à Câmara, numa sessão secreta em 30 de julho, que não ouvia oratória igual desde Gladstone. No entanto, os velhos partidários de Chamberlain continuavam amuados, negando-se a oferecer confiança e cordialidade ao primeiro-ministro. Muitos *tories* esperavam que sua administração tivesse vida curta e desejavam ardentemente identificar um substituto viável. "O sentimento contra ele é forte no Carlton Club",[51] escreveu "Chips" Channon em 26 de setembro. Quando Chamberlain morreu, em novembro, considerou-se inevitável, mas lamentável, que Churchill fosse eleito líder dos *tories*. Só em fase bem mais adiantada da guerra os parlamentares conservadores dedicaram ao primeiro-ministro um pouco da afeição reservada ao seu antecessor.

Clementine o aconselhou, com veemência, a não adotar o papel inevitavelmente político-partidário de líder dos conservadores. Em caso de recusa, sua estatura como comandante militar nacional teria se elevado. No entanto, o cargo representava a ambição de uma vida inteira. Mais importante, ele sabia como o apoio do público e do Parlamento era instável. Estava decidido a não permitir nenhum foco alternativo de influência, menos ainda de poder, que a escolha de outro homem para a liderança dos *tories* — mais plausivelmente Anthony Eden — poderia criar. Havia ainda um pequeno, porém intolerável, risco de Halifax ser o próximo indicado se Churchill recusasse. Para o primeiro-ministro, parecia essencial assegurar o controle da maior bancada eleitoral na Câmara dos Comuns. Tivesse se colocado acima dos partidos, nos dias abafados do verão de 1942, poderia ter ficado perigosamente vulnerável a uma revolta no próprio partido.

À medida que o outono cedia lugar ao inverno, a destruição causada pela Luftwaffe aumentava. Apesar disso, aumentava também a confiança do governo no ânimo nacional. Alguns britânicos pareciam sentir uma satisfação quase masoquista naquelas provações. A dona de casa londrina Yolande Green escreveu para a mãe: "Acho bom sofrermos todos os reveses que sofremos este ano, pois eles nos livraram da nossa presunçosa complacência de um jeito mais eficaz do que qualquer discurso motivacional dos nossos políticos (...) No último fim de semana tivemos umas horas de sossego, apesar dos seis alarmes [de ataques aéreos] — a gente se acostuma tanto com eles que hoje praticamente já não incomodam."[52] Em outubro, Churchill, fumando um grande charuto à mesa de jantar em Chequers, com seu típico macacão, comentou serenamente que "quando o povo britânico se acostumar com a guerra, verá que este é o tipo de combate adequado a seu espírito. Os britânicos preferem estar na linha de frente, tomando parte na batalha de Londres, a contemplar, impotentes, massacres coletivos como Passchendaele".[53]

Os bombardeios criaram montanhas de entulho, arrasaram edifícios históricos, mataram milhares de pessoas, danificaram fábricas e reduziram a produção. Não obstante, aos poucos, ficava claro para Churchill e seus colegas que o tecido industrial da Grã-Bretanha espalhava-se por uma área vasta demais para ser vulnerável a destruição aérea. A blitz nunca chegou perto de comprometer a capacidade britânica de seguir na luta. O bombardeio aéreo de cidades, poucos anos antes considerado por muitos estrategistas como arma potencialmente capaz de ganhar a guerra, provou que seus efeitos haviam sido muito exagerados, a menos que fosse conduzido por uma quantidade de bombas inacessível à Luftwaffe — e, por muitos anos, à própria Força Aérea Real.

Milhões de britânicos continuaram levando uma vida com partes iguais de normalidade, dentro de suas casas, e de perigos que podiam, a qualquer momento, destruir tudo que lhes era caro. Quase oitenta anos antes, o romancista Anthony Trollope visitou os Estados Unidos durante a Guerra Civil. Notou as banalidades da vida doméstica em meio à luta e sugeriu, com divertida presciência: "Logo (...) nos adaptamos às circunstâncias que nos cercam. Embora três quartos de Londres estivessem em chamas, eu sem a menor dúvida esperaria que meu jantar fosse servido, caso morasse na quarta parte onde não havia fogo."[54] Em 1940, lady Cynthia Colville fez eco a Trollope, observando no café da manhã, certo dia, que "se a gente visse nossa realidade como uma vida civil comum, realmente foi um inferno, mas se pensarmos num cerco, então sem dúvida foi um dos cercos mais confortáveis da história".[55]

O próprio Churchill às vezes se cansava, especialmente depois de um esforço para arbitrar uma dúzia de questões estratégicas, ou de aguentar o que lhe parecia a petulância de parlamentares na Câmara dos Comuns. "A Malásia [britânica], a intransigência do governo australiano, as importunações na Câmara, tudo isso era mais do que qualquer homem poderia suportar",[56] resmungou certa noite, de mau humor, para Eden. Mas sua generosidade de espírito raramente fraquejava, mesmo com relação ao inimigo. Apesar das frequentes zombarias contra "os horríveis hunos", e num momento em que a própria existência da Grã-Bretanha estava ameaçada, ele não demonstrou espírito de vingança quando discutia um panorama pós-guerra. "Precisamos admitir que a Alemanha deve permanecer na família europeia", observou. "A Alemanha existia antes da Gestapo."[57]

A energia de Churchill parecia inexaurível. Em Chequers, na mesma noite em que se comparou a um guardador de porcos, conferenciou com dois generais sobre ações da Home Guard, organização de defesa formada por voluntários, em caso de uma invasão. Depois estudou gráficos de produção de aeronaves, o que o levou a comentar, com admiração, que Beaverbrook tinha grande talento "e também uma inclemência brutal". Conduziu os convidados para uma caminhada ao luar no jardim, e então se instalou para interrogar um oficial recém-chegado do Egito sobre táticas no Deserto Ocidental. Tanto em Londres como em Buckinghamshire, recebia um infindável fluxo de visitantes. O primeiro-ministro polonês exilado, general Wladyslaw Sikorski, apareceu para pedir câmbio de certa quantia e provocou uma memorável tirada churchilliana em seu "francês da Inglaterra": "*Mon général, devant la vieille dame de Threadneedle Street je suis impotent.*"[58] Sempre tinha tempo para os americanos. Whitelaw Reid, de 28 anos, correspondente em Londres do *New York Herald Tribune*, ficou deslumbrado com o convite para almoçar em Downing Street com o primeiro-ministro. O contra-almirante Robert Ghormley, em missão a Londres pela Marinha dos Estados Unidos, recebeu de presente exemplares com dedicatória de *Life of Marlborough*, livro em quatro volumes escrito por Churchill.

A morte de Neville Chamberlain, em 9 de novembro, elevou Churchill a uma das suas mais notáveis manifestações de grandeza. Via com desdém o antigo primeiro-ministro: "O mais estreito, mais ignorante, menos generoso dos homens."[59] Sentia gratidão pela lealdade de Chamberlain como seu subordinado desde 10 de maio, e também admiração pela coragem com que enfrentou a doença mortal, mas nunca pela atuação como primeiro-ministro. Agora, porém, convocou seus mais elevados poderes de estadista para preparar um tributo. Pediu que tirassem da cama seu secretário particular, Eric Seal, para lhe mostrar suas palavras: "Busque a foca em seu bloco de gelo." No dia seguinte, pronunciou perante a Câmara dos Comuns um panegírico que não perdia nada em poder ou em dignidade por imortalizar um homem tão incompatível com ele:

> Ao prestar tributo de respeito e consideração a um homem eminente que foi tirado de nós, ninguém é obrigado a alterar as opiniões que formou ou manifestou sobre assuntos que se tornaram parte da história; mas, à porta do cemitério, podemos todos submeter nossa conduta e nosso julgamento a um exame minucioso. Não é concedido aos seres humanos — felizmente para eles, pois do contrário a vida seria insuportável — a habilidade de prever ou predizer o desenrolar dos acontecimentos. Num momento, homens parecem estar certos, noutro, parecem estar errados (...) A história, com sua lâmpada bruxuleante, cambaleia pela trilha do passado, tentando reconstruir suas cenas, reviver seus ecos e iluminar com pálidas cintilações a paixão de dias de outrora. De que vale tudo isso? O único guia do homem é sua consciência; a única proteção de sua memória é a retidão e sinceridade dos seus atos. É mui-

> to imprudente andar pela vida sem essa proteção, pois somos, muitas vezes, ridicularizados pelo fracasso de nossas esperanças e pelo desapontamento dos nossos cálculos; mas, com esta proteção, como quer que o destino aja, marchamos sempre nas fileiras da honra.
>
> Coube a Neville Chamberlain, numa das supremas crises do mundo, ser desmentido pelos acontecimentos, ser desapontado em suas esperanças e ser desiludido e enganado por um homem terrível. Mas que altas esperanças eram essas, que foram desapontadas? Que elevados desejos eram esses, que foram frustrados? Que fé era essa, que foi abusada? Certamente estavam entre os mais nobres e benevolentes instintos do coração humano — o amor à paz, a labuta pela paz, a luta pela paz, a busca da paz, mesmo com grande risco pessoal, e certamente com o máximo desdém por popularidade ou clamor.

O modo como demonstrou tamanha classe diante da memória de um homem que não correspondera às expectativas do povo britânico, e que o próprio Churchill, com razão, desprezava, foi um ato político supremo. Contudo, em novembro de 1940, ele podia se dar ao luxo de demonstrar generosidade, uma vez que o comando sobre o país estava garantido. Seu bem-sucedido desafio a Hitler impunha-se à admiração de boa parte do mundo. Ele já revelara dons de autodisciplina e gestão política até então ausentes em sua carreira. Seus discursos estavam reconhecidamente entre os melhores já pronunciados por um estadista, fosse na guerra, fosse na paz. Tudo que restava agora era descobrir um meio de combater um inimigo cujo controle do continente era incontestável e cuja superioridade sobre a Grã-Bretanha seguia esmagadora. Para Winston Churchill, a parte mais difícil começou quando os feitos heroicos "dos Poucos" já eram absolutamente lendários.

5
Fogo grego

1 EM BUSCA DE AÇÃO

No outono de 1940, até mesmo os adversários de Churchill em Westminster e Whitehall reconheciam que, desde que assumiu o cargo, ele havia ganhado muito em sabedoria. Não se tornara diferente do velho Winston, mas se desfizera do manto de dissidente. Tinha a aparência e a fala de um rei, era "rei da cabeça aos pés", porém mostrava uma comovente consciência de estar a serviço da democracia. Em poucos meses, havia conquistado um domínio pessoal sobre o país que reduzia os colegas a ajudantes, quase invisíveis à sombra do seu pedestal. Só Eden e Bevin tinham algum impacto na imaginação popular.

Entre os políticos e chefes militares, no entanto, a incerteza generalizada persistia, ainda que discretamente enunciada. Embora os alemães não tivessem invadido a Grã-Bretanha, o que viria em seguida? Que possibilidade de vitória tinha a Grã-Bretanha? Um conhecido autor militar, o capitão Basil Liddell Hart, não via perspectiva alguma além de um impasse e, por isso, recomendava uma paz negociada.[1] Em setembro, Dalton descreveu Beaverbrook como "muito derrotista", acreditando que a Grã-Bretanha deveria limitar-se "a esperar pacientemente e nos defendermos até que os Estados Unidos entrem na guerra".[2] Será que isso aconteceria? Raymond Lee, adido militar americano em Londres, era um dos muitos americanos que se perguntavam o que o presidente Roosevelt quis dizer quando prometeu que seu país ajudaria os britânicos "de todas as maneiras, exceto nas batalhas". Lee buscou uma resposta entre os diplomatas mais graduados da própria embaixada: "Disseram que ninguém sabe, que depende do que R pensa de um dia para outro. Eu me pergunto se já ocorreu ao pessoal em Washington que eles não têm o direito divino de declarar guerra. Podem acordar um dia e descobrir que a guerra foi subitamente declarada contra os Estados Unidos. É assim que a Alemanha e o Japão agem. Ou será que é justamente isso que Roosevelt busca?"[3]

Vencida a Batalha da Inglaterra, o principal desafio de Churchill era encontrar outro campo para combater. Em julho de 1940, Lee se dizia muito admirado com a firmeza demonstrada pela Grã-Bretanha sob ameaça de invasão. E sugeriu, ironicamente, que se Hitler lançasse seus exércitos para o leste, "dentro de um mês a Inglaterra voltaria a cair no sono".[4] O parlamentar

Harold Nicolson disse algo semelhante: "Se Hitler tivesse adiado a invasão e permanecesse na África e no Mediterrâneo, talvez nosso moral caísse muito."[5] Enquanto a Grã-Bretanha parecia correr o risco de catástrofe iminente, o povo mostrava uma admirável fortaleza de ânimo. Entretanto, seguindo uma notável característica de comportamento durante a guerra, bastava o perigo diminuir uma fraçãozinha para que muitos começassem a alimentar a fantasia de que a provação logo acabaria, e o fantasma da guerra de alguma forma seria afastado. O soldado Edward Stebbing escreveu em 14 de novembro: "Ouvi muitos homens desta unidade dizerem que queriam o fim da guerra, quer ganhássemos, quer perdêssemos (...) quase todos os dias ouço alguma variação dessa ideia, e o motivo é que a maioria de nós não aguenta mais isso aqui (...) O governo é criticado por falta de agressividade."[6]

Um correspondente do sindicato trabalhista escreveu de Portsmouth para Ernest Bevin: "Ontem à noite, em nossa reunião semanal de delegados que representam milhares de operários (...) os membros se mostraram muito desapontados por não receberem a notícia de que o governo pretende continuar a guerra com mais força e tomar a ofensiva, em vez de ficar sempre na defensiva (...) Oficiais reformados nos dizem que não temos líderes. Não ganhamos uma batalha desde que a guerra começou, e é por isso que nenhum país se junta a nós, sabendo muito bem que a Alemanha os atacará e engolirá, enquanto o nosso governo continua debatendo o assunto (...) Nossos clubes operários contêm unionistas, liberais e trabalhistas, todos unidos para expulsar o governo atual na primeira oportunidade, e, se alguma coisa não acontecer logo, os líderes serão incapazes de conter os operários."[7]

No entanto, como a Grã-Bretanha poderia demonstrar agressividade, capacidade de fazer mais do que simplesmente resistir aos violentos ataques do Eixo por bombardeiros e U-boats? Clementine Churchill perguntou durante o almoço, certo dia: "Winston, por que não desembarcamos 1 milhão de soldados no continente europeu? Tenho certeza de que os franceses se erguerão e virão nos ajudar."[8] O primeiro-ministro respondeu, com inusitada paciência, que seria impossível desembarcar 1 milhão de soldados de uma vez e que as vanguardas seriam aniquiladas. Em 1915, quando se preparava para levar um batalhão dos Fuzileiros Reais Escoceses às trincheiras, o então tenente-coronel Winston Churchill disse aos seus oficiais: "Vamos começar lentamente; cavando um pouco, sentindo as condições, e então, talvez, mais adiante, possamos *tentar uma façanha*."[9] Essa última proposta foi recebida, naquele momento, com pouco entusiasmo por seus camaradas, e menos ainda por seus generais uma geração depois. Não obstante, no inverno de 1940, Churchill sabia que uma "façanha" tinha de ser buscada para manter uma aparência de ímpeto no esforço de guerra britânico.

Na Grã-Bretanha, não poderia haver invasão alemã antes da primavera. Os moradores das áreas urbanas do país precisavam aguentar a blitz, enquanto a Marinha Real protegia a linha atlântica de suprimentos contra a ação de U-boats e de corsários que atacavam o comércio na superfície. A marinha já tinha sofrido um grande revés, perdendo desde 1939 um encouraçado, dois porta-aviões, dois cruzadores, 22 submarinos e 37 contratorpedeiros. Mais navios foram construídos, mas as perdas de 1941 seriam mais graves. Churchill depositava grandes esperanças na ofensiva da RAF contra a Alemanha, mas, como ele mesmo observou em 1º de novembro de 1940, "a descarga de bombas é lamentavelmente pequena".[10] E assim continuaria por muito tempo. O chefe do estado-maior imperial, Sir John Dill, instruiu seu diretor de operações militares, o major-general John Kennedy, a preparar um documento de estratégia sobre como ganhar a guerra. Kennedy disse que o melhor que tinha a oferecer era um plano para evitar a derrota. Para tornar possível a vitória, a entrada dos Estados Unidos era indispensável.

O tenente-general Henry Pownall participou, em novembro de 1940, de uma conferência do exército apresentada pelo primeiro-ministro e ficou impressionado com seu robusto bom senso: "Assim como todas as outras pessoas, ele não sabia como a guerra seria vencida e nos lembrou que por quatro anos, entre 1914 e 1918, ninguém foi capaz de prever o colapso da Alemanha, que veio tão inesperadamente (...) Tudo que poderíamos fazer no momento, como fizemos durante a Grande Guerra, era seguir em frente e ver o que acontecia (...) Falou bem como sempre, e fiquei muito impressionado com sua ampla e paciente visão geral da guerra."[11] Churchill expressou o mesmo pensamento para altos oficiais da RAF reunidos em Downing Street: "Quando deu boa-noite aos marechais do Ar, o primeiro-ministro mostrou-se certo de que ganharíamos a guerra, mas confessou que não via com clareza como isso poderia ser feito."[12]

Um documento dos chefes de estado-maior sobre Estratégia Futura, com data de 4 de setembro de 1940, sugeria que a Grã-Bretanha adotasse como objetivo "passar para a ofensiva geral em todas as esferas e em todos os teatros com força máxima na primavera de 1942". Se mesmo essa remota possibilidade parecia irreal, o que o exército deveria fazer nesse meio-tempo? Churchill, com seu grande entendimento intuitivo do povo britânico, reconhecia a importância do teatro militar, o que muitas vezes contrariava a visão dos chefes das forças singulares. A cautela dos soldados talvez fosse prudente, mas boa parte do público, como o nada heroico Edward Stebbing e seus camaradas, ansiava pela ação, por um desfecho, por qualquer perspectiva que não fosse a de vítima. Uma triste piada que circulava então no Departamento de Guerra, provocada pela blitz, dizia que a tarefa dos soldados da Grã-Bretanha nas trincheiras era tricotar meias para os civis.

Paixão e desprezo: Winston Churchill em Whitehall com lorde Halifax em março de 1938, quando o eminente colega já era secretário do Exterior e sua companhia ainda estava no deserto.

Em Downing Street, em maio de 1940.

Blitzkrieg: colunas alemãs avançando pela França em maio de 1940.

Em Paris, em 31 de maio de 1940, com Dill, Attlee e Reynaud.

Desastre e libertação: Dunquerque.

Febre da invasão. (Esq.) Inspecionando um bloqueio de estrada pouco convincente. (Abaixo) Patrulhando Dartmoor, a caçada em Mid-Devon combina lazer e negócios.

Navios de guerra franceses em chamas em Mers-el-Kébir, sob bombardeio britânico, em 3 de julho de 1940.

A Batalha da Inglaterra: pilotos de Hurricanes correm.

A cabine de comando da guerra em 1940: sala de situação no Comando de Guerra da RAF, Bentley Priory.

Uma imagem clássica, às vezes estigmatizada como tendo sido falsificada em benefício da propaganda alemã, mas ainda assim simbólica: um Heinkel da Luftwaffe sobre os cais de Londres em setembro de 1940.

A blitz: uma cena de rua repetida mil vezes pelas cidades da Inglaterra.

Um Gabinete desafiado: Churchill retratado por Cecil Beaton na sala do Gabinete no nº 10 de Downing Street, em 20 de novembro de 1940.

Nesse contexto, revela-se um dos grandes princípios de liderança em tempos de guerra que Churchill compreendeu com profundo acerto, apesar de às vezes pecar em sua implementação. Percebeu que era preciso haver combates, mesmo que nem sempre úteis; era preciso haver êxito, mesmo que exagerado ou até imaginado; era preciso haver glória, mesmo que imerecida. Attlee disse, posteriormente, com grande agudeza: "Na verdade ele não parava nunca de se perguntar (...) 'O que a Grã-Bretanha precisa fazer agora para que receba um veredicto favorável da história?' (...) Estava sempre em busca de 'horas mais belas', e, se não havia nada disponível de imediato, seu impulso era fabricá-las."[13]

Churchill cuidava da condução da estratégia com uma confiança que assombrava muitos comandantes, mas que evoluiu durante toda uma vida. Já em 1909, escreveu para Clementine sobre os generais da Grã-Bretanha: "Esses militares com grande frequência não conseguem ver as verdades mais simples por trás das relações de todas as forças armadas (...) Você sabe que eu gostaria muito de ter alguma prática no comando de grandes forças. Tenho muita confiança em meu julgamento das coisas quando as vejo com clareza, mas não há nada em que eu sinta perceber mais a verdade do que em combinações táticas."[14] Enquanto Churchill viajava para os Estados Unidos em 1932, Clementine lia a famosa biografia de Stonewall Jackson, assinada por G. F. R. Henderson. E escreveu para o marido: "O livro está cheio de insultos aos políticos que tentam interferir com os generais em campanha — (Ahem!)"[15] A exclamação foi provocada, é claro, por lembranças das altercações do marido com chefes militares durante a Primeira Guerra Mundial.

Churchill se considerava excepcionalmente apto para a direção de exércitos, marinhas e forças aéreas. Não via como limitação nesse papel o fato de não possuir treinamento militar superior nem experiência de alto comando em campanha. Em sua história da Primeira Guerra Mundial, escreveu o seguinte:

> Convenções absurdas se estabeleceram, talvez inevitavelmente, na cabeça do público. A primeira e mais monstruosa era a de que os generais e almirantes tinham mais competência para tratar das vastas questões da guerra do que homens mais capazes em outras esferas da vida. O general, sem dúvida, era um especialista em movimentar tropas, o almirante em combater com navios (...) Mas, fora esse aspecto técnico, eram impotentes e falhos como árbitros de problemas para cuja solução a ajuda do estadista, do financista, do fabricante, do inventor, do psicólogo, era igualmente necessária (...) Liderança clara, ação violenta, decisão rígida de uma forma ou de outra são o único caminho não

apenas para a vitória, mas também para a segurança e até mesmo para a misericórdia. O Estado não pode tolerar divisão ou hesitação no centro executivo.[16]

A tensão entre seus instintos e o discernimento dos comandantes profissionais britânicos caracterizaria a liderança de Churchill. Um oficial polonês, que assistiu a uma palestra na escola de estado-maior britânica sobre princípios da guerra, ergueu-se ao final para sugerir que o orador tinha omitido o mais importante: "Ser mais forte." Como, entretanto, a Grã-Bretanha poderia conseguir isso? Na qualidade de ministro da Defesa, Churchill baixou uma importante instrução. As limitações numéricas, disse ele, "tornam impossível para o Exército, a não ser quando resistindo a uma invasão, desempenhar papel decisivo na derrota do inimigo. Essa tarefa só pode ser executada pelo poder de resistência da Marinha e, acima de tudo, pelo efeito do predomínio aéreo. Serviços muito valiosos e importantes podem ser prestados além-mar pelo Exército em operações secundárias, e é para realizar essas operações especiais que sua organização e seu caráter devem ser adaptados". Depois de uma incursão de forças especiais britânicas nas Ilhas Lofoten, Churchill escreveu para o comandante em chefe da Home Fleet (frota da Marinha Real destinada a operar em águas territoriais britânicas): "Fico muito feliz por você ter encontrado meios para executar a 'Claymore'. Esse admirável ataque causou sérios danos ao inimigo e um imenso prazer inocente ao país."[17] A última afirmação era mais plausível do que a primeira.

Churchill e seus chefes militares renunciaram a qualquer possibilidade de travar combate com o principal exército de Hitler. Concentraram-se numa estratégia baseada em operações menores, que persistiu, de modo substancial, até 1944. Pantelária, a minúscula ilha italiana entre Túnis e a Sicília, exerceu pernicioso fascínio sobre o Gabinete de Guerra. Depois de um jantar em Chequers em novembro de 1940, Churchill divagou sobre uma incursão "de trezentos homens determinados, com faces enegrecidas, facas entre os dentes e revólveres escondidos".[18] Eden, em 1940-1941, nutriu a noção absurda de capturar a Sicília: "Os sicilianos sempre foram antifascistas", disse ele, entusiasmado. Um plano do Departamento de Guerra, datado de 28 de dezembro, previa um ataque súbito à ilha por duas brigadas de infantaria. Chegou-se a falar na Sardenha e nas ilhas do Dodecaneso controladas pelos italianos. Os chefes de estado-maior aprenderam a recear menções ao norte da Noruega nos voos fantasiosos do primeiro-ministro.

Nenhum desses planos foi executado, exceto uma breve e constrangedoramente malograda investida no Dodecaneso, pois as dificuldades encontradas foram esmagadoras. Até mesmo a operação mais modesta exigia um parco transporte marítimo, que não poderia ser sensatamente posto ao alcance da Luftwaffe a não ser que houvesse cobertura aérea disponível, o que quase nunca ocorria. Era difícil identificar objetivos convincentes para incursões punitivas e reunir informações de inteligência suficientes para haver uma razoável possibilidade de êxito. Por mais vigorosa que fosse a pressão do primeiro-ministro por mostras de iniciativa e agressividade, os chefes de estado-maior se opunham resolutamente a operações que envolvessem risco substancial de perdas apenas para gerar manchetes passageiras.

No outono de 1940, a África oferecia as únicas oportunidades realistas para combates britânicos em terra. A Líbia era colônia italiana desde 1911 e a Abissínia, desde 1936. Churchill tinha uma perversa dívida de gratidão com Mussolini. Se a Itália tivesse ficado neutra, se seu ditador não optasse por travar batalha, de que outra forma o exército britânico se manteria ocupado após ser expulso da França? No fim das contas, a Grã-Bretanha pôde lançar campanhas africanas espetaculares contra um dos poucos grandes exércitos do mundo que era capaz de derrotar. Nem todos os generais italianos eram incompetentes, nem todas as formações italianas lutavam debilmente. E nunca, nem por um momento, os guerreiros de Mussolini pertenceram à mesma categoria dos de Hitler. O Norte da África e a pose do Duce, de peito estufado como um comandante militar do Eixo, deram aos soldados da Grã-Bretanha uma oportunidade de mostrar coragem. Se o exército britânico era incapaz de exibir-se num grande estádio contra um adversário de primeira classe, podia, pelo menos, animar o país e impressionar o mundo fazendo uma demonstração numa liga de menor nível.

Os chefes do estado-maior britânico, porém, ainda questionavam o valor estratégico de qualquer grande emprego de unidades no Oriente Médio, fosse para ganhar, fosse para perder. A rota do canal de Suez para o leste não era utilizável, pois o Mediterrâneo se tornara perigoso demais para a marinha mercante, e assim permaneceu até 1943. Os campos petrolíferos persas supriam com combustível as operações militares britânicas no Oriente Médio, como o teatro de operações do comandante em chefe Sir Archibald Wavell, mas, em seu posto na rota do Cabo, ficavam longe demais para fornecer gasolina à Grã-Bretanha, que em vez disso recorria a suprimentos americanos. Costuma-se esquecer que, naquele tempo, os Estados Unidos eram de longe o maior produtor de petróleo do mundo. Dill defendia o reforço do Extremo Oriente contra uma provável agressão japonesa, e, no fundo, continuou contrário ao emprego de unidades no Oriente Médio durante toda a gestão como chefe do exército. O chefe do estado-maior imperial compreendeu os imperativos políticos que Churchill enfrentava, mas temia que a aceitação de novos riscos desnecessários precipitasse outros desastres gratuitos. O primeiro-ministro impôs sua vontade. Achava que o constrangimento pela inércia no Oriente Médio teria muito mais peso do que os perigos de tomar a iniciativa. No meio de uma guerra, o que o mundo diria de um país que despachava grandes forças para guarnecer suas posses do outro lado do globo contra um possível inimigo futuro, em vez de travar combate com um inimigo verdadeiro muito mais próximo?

Em setembro de 1940, um exército italiano chefiado pelo marechal Graziani, com 200 mil soldados e uma superioridade numérica de quatro para um em relação às forças britânicas locais, atravessou a fronteira leste da Líbia, avançando oitenta quilômetros em direção leste para o Egito antes de ser contido. Enquanto isso, na África Oriental, tropas de Mussolini capturaram a pequena colônia da Somalilândia Britânica e seguiram para o Quênia e o Sudão a partir de suas bases na Abissínia. Depois de oferecer apenas uma breve resistência, Wavell ordenou a evacuação da Somalilândia. Permaneceu impassível diante da ira de Churchill por mais uma retirada.

Esse primeiro dos "generais do deserto" era muito amado no exército. Na Primeira Guerra Mundial, Wavell ganhou uma Military Cross e perdeu um olho em Ypres, depois passou o período de 1917-1918 como oficial de estado-maior na Palestina sob o comando de Allenby, cuja biografia escreveu posteriormente. Leitor de poesia e dado à introspecção, Wavell passava por intelectual entre os soldados. Sua mais óbvia limitação era a taciturnidade, o que prejudicou as relações com Churchill. Muitos que o conheceram, talvez impressionados demais com sua personalidade enigmática, sentiam-se na presença da grandeza. A dúvida era se aquilo se estendia à mestria no campo de batalha, onde a força de vontade é mais importante do que as conquistas culturais.

Em 28 de outubro, os italianos invadiram o noroeste da Grécia. Contrariando as expectativas, depois de acirrados combates eles foram expulsos pelo exército grego e forçados a recuar para a Albânia, onde as forças rivais definharam em condições precárias durante os cinco meses seguintes. A estratégia britânica nesse período foi dominada por dilemas mediterrâneos, entre os quais se destacavam a ajuda à Grécia e uma ação ofensiva na Líbia. Churchill incitava constantemente o comandante em chefe a tomar a ofensiva contra os italianos no Deserto Ocidental, usando os tanques que lhe foram enviados à custa de grande risco durante o verão. Wavell dizia que precisava de mais tempo. Agora, porém, somava-se a essa questão a da Grécia, sobre a qual Churchill mudou de ideia repetidas vezes. Em 27 de outubro, no dia anterior à invasão da Itália, ele respondeu bruscamente à proposta de Leo Amery e lorde Lloyd, respectivamente secretários da Índia e Colonial, de que deveriam despachar mais ajuda: "Não concordo com sua sugestão de que no momento devemos fazer mais promessas à Grécia e à Turquia. É muito fácil escrever de forma indiscriminada quando não se precisa levar em conta recursos, transporte, tempo e distância."

No entanto, logo que a Itália atacou a Grécia, o primeiro-ministro orientou Dill a mandar o "máximo possível" de ajuda. Neville Chamberlain, em março de 1939, tinha garantido aos gregos o apoio britânico em caso de ataque. Agora, Churchill se dava conta de que não agir poderia causar uma péssima impressão aos Estados Unidos, onde muitos duvidavam da capacidade britânica de travar uma guerra com eficácia. De início, propôs o envio de aeronaves e armas para a Grécia em vez de tropas. Dill, Wavell e Eden — então em visita ao Cairo — questionaram até isso. Churchill mandou a Eden uma cortante mensagem cobrando ousadia, ditada para sua datilógrafa sob o olhar de Jock Colville.

> Ele estava deitado na cama de quatro colunas com cortinas florais, a mesinha de cabeceira do lado. A sra. Hill [sua secretária] estava pacientemente sentada em frente enquanto ele mastigava o charuto, tomava goles de água gasosa, mexendo os dedos dos pés debaixo das cobertas e resmungando baixinho o que pretendia dizer. Vê-lo redigir um telegrama ou uma minuta para ditar é sentir-se testemunha do nascimento de um bebê, tão tensa é a expressão, tão inquieto é o virar-se de um lado para outro, tão curiosos os ruídos que ele emite bem baixinho. Então surge uma frase de mestre e finalmente, com um "me dê aqui", pega o papel datilografado e o rubrica ou faz alterações com sua caneta-tinteiro, que segura no meio com certa falta de jeito.[19]

Em 5 de novembro, Churchill falou para os membros do Parlamento, relatando graves perdas de navios no Atlântico e descrevendo uma conversa que teve a caminho da Câmara dos Comuns com os guardas armados que ficavam à porta. Um soldado ofereceu um eterno clichê britânico ao primeiro-ministro: "É uma bela vida, se você não enfraquece." Esta, disse Churchill aos parlamentares, era a palavra de ordem na Grã-Bretanha para o inverno de 1940: "Pensaremos em algo melhor até o inverno de 1941." Então passou para a sala dos fumantes, concentrando-se no estudo do *Evening News*, "como se fosse a única fonte de informações que estivesse à disposição".[20] Esqueçamos por um momento a arte de sua performance na Câmara. Que estratégia cênica mais brilhante poderia o líder de uma democracia exibir do que ler um jornal numa sala comum aos parlamentares de todos os partidos, no meio de uma guerra e uma blitz? "'Como vai?' pergunta ele jovialmente ao mais desconhecido parlamentar. (...) A simples presença dele nos traz alegria e infunde coragem", escreveu um dos membros. "As pessoas se juntam em volta da mesa dele completamente à vontade."

Apesar dos protestos de Wavell, Churchill insistia em mandar uma força britânica para substituir tropas gregas que guarneciam a ilha de Creta, liberando-as para combates no continente. A primeira remessa de material para a Grécia consistiu de oito canhões anticarro, doze Bofors e 20 mil fuzis americanos. Graças a reiteradas recomendações de Churchill, ainda foram despachados mais 24 peças de artilharia de campanha, vinte canhões anticarro e dez tanques leves. Esse pobre material refletia a desesperada escassez de armas dos soldados britânicos, sem falar na de outros países. Alguns caças Gladiator, capazes de enfrentar a força aérea italiana, mas nunca a Luftwaffe, também foram enviados. Churchill ficou furioso com um telegrama de Sir Miles Lampson, embaixador britânico no Egito, que descartava qualquer ajuda à Grécia como "maluquice total". O primeiro-ministro disse ao Foreign Office: "Espero ser poupado desse tipo de insolência." E respondeu a Lampson de forma contundente: "O senhor não deve usar num telegrama, à custa do Governo, expressões como 'maluquice total' ao se referir a graves decisões políticas tomadas pelo Comitê de Defesa e pelo Departamento de Guerra após a análise de um conjunto de requisitos e recursos mais vasto do que o senhor jamais poderia conhecer."[21]

Ao anoitecer de 8 de novembro, porém, o panorama mudou novamente. Eden voltou do Cairo para confidenciar ao primeiro-ministro as primeiras notícias de uma ofensiva que, no mês seguinte, Wavell se propunha a lançar no Deserto Ocidental. Era o que Churchill queria ouvir: "Ronronei como seis gatos."[22] Ismay o encontrou "arrebatadoramente feliz". O primeiro-ministro estava eufórico: "Até que enfim vamos nos livrar dos intoleráveis grilhões da defensiva. Guerras se vencem com força de vontade superior. Agora vamos tirar a iniciativa do inimigo e impor-lhe a nossa."[23] Três dias depois, telegrafou para Wavell: "Pode ter certeza de que contará sempre com meu apoio total em qualquer ação ofensiva que venha a adotar contra o inimigo." Naquela mesma noite de 11 de novembro, 21 bombardeiros-torpedeiros bimotores Swordfish, que decolaram do porta-aviões *Illustrious*, realizaram um brilhante ataque à esquadra italiana em Taranto, afundando ou danificando três encouraçados. A Grã-Bretanha partia para o ataque.

Churchill aceitou o fato de que a ofensiva norte-africana deveria ter prioridade sobre o resto, e assim não poderiam ceder tropas à Grécia. Uma vitória no deserto talvez convencesse a Turquia a entrar na guerra. Seu maior medo era que Wavell, cujas palavras sucintas e cujo jeito discreto de falar não despertavam sua confiança, não entrasse com agressividade máxima. Decepcionou-se tanto ao saber que a operação Compasso fora planejada como uma "incursão" limitada que escreveu para Dill em 7 de dezembro: "Se, com a situação no pé em que está, o general Wavell for tímido e não arremessar todas as forças disponíveis com furiosa energia, não estará à altura das circunstâncias (...) Nunca 'me preocupo' com ação, apenas com inação."[24] Manifestou a ideia insensata de que Eden deveria substituir Wavell como comandante em chefe no Oriente Médio, citando o precedente de lorde Wellesley na Índia durante as guerras napoleônicas.[25] Eden se recusou terminantemente a pensar nessa possibilidade.

Em 9 de dezembro, finalmente chegou a hora de o "Exército do Nilo", como Churchill o batizara, lançar sua investida. A 4ª Divisão Indiana e a 1ª Divisão Blindada de Wavell, comandadas pelo tenente-general Sir Richard O'Connor, atacaram os italianos no Deserto Ocidental. A operação Compasso foi um êxito retumbante. Os generais de Mussolini se revelaram épicos trapalhões. Cerca de 38 mil soldados foram aprisionados nos três primeiros dias, ao custo de apenas 624 baixas indianas e britânicas. "Parece bom demais para ser verdade", escreveu Eden em 11 de dezembro. Wavell decidiu tirar proveito desse êxito e deu liberdade a O'Connor. O pequeno exército britânico, reforçado pela 6ª Divisão Australiana, atacou pelo litoral até a Líbia, tomando Bardia em 5 de janeiro. Às 5h40 da manhã de 21 de janeiro de 1941, intensos sinalizadores Verey vermelhos descreveram arcos no céu para indicar o início do ataque de

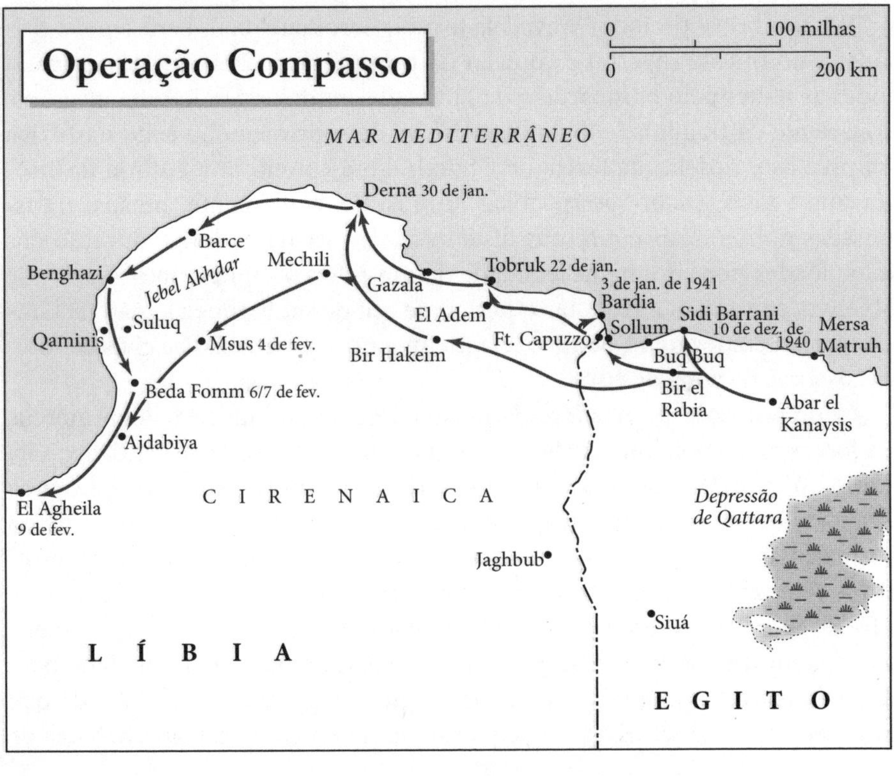

O'Connor ao porto de Tobruk. Torpedos bangalore abriram brechas no arame farpado italiano. Uma voz australiana gritou: "Avancem, seus cretinos!"

Às 6h45, os tanques britânicos moveram-se pesadamente para a frente. Os italianos resistiram com ferocidade, mas, ao amanhecer do dia seguinte, o céu se iluminava com as chamas de seus queimados depósitos de suprimentos, enquanto milhares de prisioneiros eram conduzidos a celas britânicas e os defensores estavam prontos para se render. O'Connor despachou seus tanques numa arrancada pelo deserto para capturar os italianos em retirada. O exército do deserto vivia um clima de irrefreável euforia. "E lá fomos nós pelo território desconhecido atrás deles",[26] escreveu Michael Creagh, um dos comandantes de divisão de O'Connor. Numa rara demonstração de emoção, O'Connor perguntou ao chefe do seu estado-maior: "Minha nossa, você acha que vai dar certo?" De fato, deu certo. Os britânicos chegaram a Beda Fomm na frente dos italianos, que se renderam. Em dois meses, o exército do deserto tinha avançado 640 quilômetros e feito 130 mil prisioneiros. Em 11 de fevereiro, outros contingentes de Wavell seguiram do Quênia para a Abissínia e a Somalilândia. Depois de acirrados combates — muito mais acirrados do que na Líbia — ali também os italianos foram forçados à rendição inexorável.

Por um breve período, Wavell se tornou herói nacional. Para o povo britânico, no fim do inverno e começo da primavera de 1940-1941, castigado todas as noites pelo bombardeio da Luftwaffe, ainda temendo uma invasão e consciente da fragilidade da linha atlântica de suprimento, o êxito na África foi precioso. A delicada tarefa de Churchill era equilibrar a euforia da vitória com a cautela sobre perspectivas futuras. Reiteradamente, em suas transmissões radiofônicas e em seus discursos, ele insistia na longa duração das dificuldades por vir e na necessidade de um esforço ininterrupto. Com esse objetivo, continuou a ressaltar o perigo de um desembarque alemão na Grã-Bretanha: em fevereiro de 1941, exigiu uma nova evacuação de civis das áreas costeiras na zona de risco.

Churchill sabia que o país poderia rapidamente cair num estado de inércia. As forças metropolitanas dedicaram muita energia a exercícios anti-invasão, como o Victor, em março de 1941. O exercício Victor pressupunha que cinco divisões alemãs, duas blindadas e uma motorizada, tinham desembarcado na costa de East Anglia. Em 30 de março, ao receber um relatório sobre os resultados, Churchill respondeu com certa malícia, embora a intenção fosse séria: "Todos esses dados serão muito valiosos para nossas futuras operações ofensivas. Eu ficaria muito feliz se os mesmos oficiais preparassem um plano para desembarcarmos uma força exatamente igual na costa francesa." Ainda que uma invasão à França não fosse sequer remotamente viável, Churchill agia de forma característica ao pressionar os generais britânicos reiteradamente para que repudiassem a mentalidade vitimista.

Todavia, o medo e a impaciência do povo continuaram constantes. "Pela primeira vez, a possibilidade de sermos derrotados ocorreu a muita gente — a mim inclusive",[27] escreveu Oliver Harvey, secretário particular de Eden, em 22 de fevereiro de 1941. "O discurso do sr. Churchill me trouxe à realidade", escreveu a assistente social Vere Hodgson depois de uma transmissão radiofônica do primeiro-ministro naquele mês. "Eu estava ficando um pouco otimista. Até achei que talvez nem houvesse Invasão (...) mas ele parece pensar que haverá. Também tinha a sensação de que o fim talvez logo estivesse à vista; ele parece pensar em alguns anos pela frente! Por isso não sei o que vai acontecer conosco. Parece que estamos esperando — esperando não sabemos o quê."[28]

Churchill tinha respostas para a pergunta da srta. Hodgson. "Aqui está a mão que vai ganhar a guerra", disse ele, certa noite de fevereiro, para seus convidados em Chequers, entre eles Duff Cooper e o general Sikorski. Estendeu os dedos como se mostrasse a mão de pôquer: "Um *Royal Straight Flush* — a Grã-Bretanha, o Mar, o Ar, o Oriente Médio, a ajuda americana."[29] Era um disparate. Os êxitos britânicos na África alimentaram ilusões rapidamente desfeitas. A fraqueza e a incompetência dos italianos, mais do que a força e o gênio dos britânicos, haviam levado a pequena força de O'Connor a Tobruk e mais além. Depois disso, as tropas de Wavell mais uma vez precisaram reconhecer as próprias limitações, em face de enérgica intervenção alemã.

No outono de 1940, Hitler declarara que "nenhum homem e nenhum centavo" seriam desperdiçados na África. A atenção estratégica estava focada no leste. Mussolini, com sua ambição de transformar o Mediterrâneo em um "lago italiano", estava ansioso para obter suas conquistas sem a ajuda alemã. Contudo, quando os italianos foram humilhados, Hitler se recusou a ver seus aliados derrotados e a correr o risco de perder o controle do Eixo nos Bálcãs. Em abril, lançou a Wehrmacht na Iugoslávia e na Grécia. Um Afrika Korps com duas divisões, sob as ordens de Erwin Rommel, foi despachado para a Líbia. Um novo capítulo de infortúnios britânicos tinha início.

O envio de um exército britânico para a Grécia na primavera de 1941 é, ainda hoje, uma das decisões mais controversas de Churchill em seu mandato durante a guerra. Quando o emprego de unidades foi discutido pela primeira vez em outubro, quase todos os militares se opuseram. Em 1º de novembro, Eden, o secretário de Guerra, telegrafou do Cairo: "Não podemos, com os recursos do Oriente Médio, mandar reforços aéreos ou terrestres suficientes para alterar o rumo do combate (...) Despachar essas forças (...) poria em risco toda a nossa posição no Oriente Médio e prejudicaria planos de operações ofensivas."[30] Tais comentários provocaram uma reprimenda do primeiro-ministro, que, dois dias depois, levou Eden a escrever em seu diário: "A fraqueza da nossa política é nunca executarmos os planos que elaboramos."[31]

Parecia extremamente improvável que apenas quatro divisões — tudo que poderia ser utilizado dos recursos de Wavell — significassem a diferença entre a vitória e a derrota dos gregos. Faltavam aeronaves. Com a intervenção alemã iminente no Norte da África, esse desvio de forças ameaçava a campanha britânica no deserto. Kennedy disse a Dill, em 26 de janeiro, que gostaria de ver os chefes de estado-maior resistirem com mais firmeza à proposta grega — "Estávamos quase à beira do precipício (...) O chefe do estado-maior imperial me disse que não discordava em sua visão, limitar os primeiros reforços aos gregos já era uma salvaguarda suficiente. Isso me pareceu assustadoramente perigoso (...) Se os alemães chegarem a Salonica, toda a operação estará fadada ao fracasso, e nada menos do que vinte divisões aliadas a uma grande força aérea, mantida por remessas de que não podemos dispor, seriam capazes de nos sustentar (...) O que devemos fazer é manter a água diante de nós. Tudo que enviarmos à Grécia se perderá com a chegada dos alemães".[32] Como tantas vezes acontecia com os conselhos dos generais de Churchill, essa opinião representava prudência. Entretanto, o que diria o povo britânico, sem falar em Goebbels, se o leão britânico se escondesse, receoso, junto ao Nilo?

Churchill mudou de ideia várias vezes sobre a Grécia. Provavelmente, o sinal mais significativo de suas crenças mais íntimas se manifeste em seus comentários ao enviado de Roosevelt, Harry Hopkins, no começo de janeiro. Hopkins informou a Washington no dia 10: "Ele acha que a Grécia é caso perdido — embora esteja reforçando os gregos e enfraquecendo seu exército africano."[33] Assim como o coração do primeiro-ministro o levara a despachar mais tropas para a França em junho de 1940, contrariando a lógica militar, o mesmo coração agora o fazia crer que os gregos não podiam ser abandonados à própria sorte. Um imperativo moral preponderante, sua conhecida determinação de não fazer nada comum ou vil, impulsionou o debate britânico nos primeiros meses de 1941. Ele nutria uma débil esperança de que, após o êxito da operação Compasso, a Turquia se juntaria aos Aliados caso a Grã-Bretanha demonstrasse firmeza nos Bálcãs.

É provável que Churchill tivesse seguido seu instinto de auxiliar a Grécia mesmo que Wavell, no Oriente Médio, mantivesse sua oposição. No fim, porém, o comandante em chefe surpreendeu todos os militares mais graduados ao mudar de ideia. Quando Dill e Eden chegaram ao Cairo em meados de fevereiro para uma segunda visita, Wavell estava pronto para apoiar um emprego de unidades na Grécia. No dia 19, o general disse: "Temos uma escolha difícil, mas acho que faríamos mais o jogo do inimigo permanecendo inativos do que agindo nos Bálcãs." Foi a vez de Churchill vacilar. "Não se sintam comprometidos com uma iniciativa grega se acham, no fundo do coração, que será apenas outro fiasco norueguês", escreveu em mensagem a Eden em 20 de fevereiro. Não obstante, segundo Dill, eles acreditavam haver "uma chance razoável de resistir a um avanço alemão". Eden disse a Wavell: "É assunto militar. A decisão é sua." Wavell respondeu: "A guerra é uma escolha de dificuldades. Nós vamos." No dia 24, Churchill falou a seus homens no Cairo: "Embora não tenhamos ilusões, a ordem que lhes mandamos é 'Sigam em frente com tudo!'."

O emprego de unidades na Grécia representou um dos primeiros testes para Anthony Eden como secretário do Exterior, função para a qual fora nomeado em dezembro, quando lorde Halifax se tornou embaixador britânico em Washington. Aos olhos de muitos contemporâneos, Eden tinha um temperamento nervoso, uma petulância e uma falta de firmeza que inspiravam pouca confiança. Oficial de infantaria na Primeira Guerra Mundial, dotado de famoso charme e bom porte físico, ele estabeleceu suas credenciais como antiapaziguador quando se demitiu do governo Chamberlain em 1938. Durante toda a guerra, e depois, alimentou uma apaixonada ambição de suceder Churchill no cargo, algo que o próprio primeiro-ministro incentivava. Churchill estimava a inteligência e a lealdade de Eden, mas os soldados o achavam incorrigivelmente "débil", com maneiras afetadas que relacionavam com as de um homossexual. Sir James Grigg, subsecretário permanente no Departamento de Guerra, futuro secretário de Guerra, repudiava Eden como "um pobre e fraco afeminado", embora se deva levar em conta que Grigg raramente pensava bem de quem quer que fosse. Num mundo em que o talento raras vezes, se é que alguma vez, basta para corresponder aos desafios do governo, ainda é difícil identificar melhor candidato ao cargo de secretário do Exterior durante a guerra. Eden com frequência confrontava Churchill de uma forma que merece respeito, mas seus relatos do Mediterrâneo para Downing Street, em 1940-1941, refletiam um julgamento errático e uma tendência à hesitação.

Dill, chefe do exército, continuava profundamente insatisfeito com a ideia de mandar tropas para a Grécia. No entanto, no teatro de operações do Oriente Médio, a voz decisiva era a de Wavell. Muitos historiadores manifestaram espanto pelo fato de esse soldado inteligente ter se dedicado a uma política que prometia desastre. Todavia, não é difícil explicar o comportamento de Wavell. Durante meses, o comandante em chefe no Oriente Médio fora acossado e espicaçado pelo primeiro-ministro, que criticava sua suposta covardia. Já em agosto de 1940, quando Wavell esteve em Londres, Eden descreveu o constrangimento do general pela impaciência de Churchill: "Encontrei Wavell me esperando às 9 da manhã. Estava claramente descontente com os acontecimentos da noite passada e disse que deveria ter deixado claro que, se o primeiro-ministro não aprovasse suas determinações e não tivesse confiança nele, deveria nomear outra pessoa."[34] Embora esses primeiros desentendimentos fossem remediados, os dois homens nunca estabeleceram um bom relacionamento. Churchill reduzia Wavell a "um coronel mediano (...) que daria um bom presidente de uma associação *tory*".[35] O general demonstrava notável falta de traquejo social, como por exemplo ao se alojar, durante visitas a Londres em fase mais adiantada da guerra, na casa de "Chips" Channon, um dos mais tolos, embora um dos mais ricos, membros do Parlamento. Ao longo de todo o outono de 1940, mensagens mal-humoradas foram trocadas entre Downing Street e o Cairo, provocadas pela impaciência do primeiro-ministro com a cautela de Wavell, bem como pela exasperação do comandante em chefe com a indiferença de Churchill às realidades militares que percebia.

Repetidas vezes Churchill pressionou Wavell e, a rigor, todos os generais, para superar o medo do inimigo e mostrar o espírito de luta que prezava acima de tudo, única virtude que, na visão dele, garantiria a sobrevivência da Grã-Bretanha. É preciso reconhecer o isolamento dos comandantes em tempo de guerra, empurrados para o centro do palco num ofuscante clarão de holofotes. Diferentemente dos ministros, muitos dos quais colecionavam anos de fama pela condução de negócios, até mesmo os mais graduados soldados, marinheiros e aviadores britânicos haviam passado a carreira na obscuridade, desconhecidos fora de suas forças singulares. Agora, de repente, homens como Wavell se viam no centro das esperanças do país. Mesmo após o êxito dos últimos meses na Líbia, o comandante em chefe no Cairo teria se mostrado inumano se não tivesse cedido às provocações de Churchill. Em 1939, a Polônia foi abandonada à própria sorte em sua derrota, pois ficara fora do alcance de um exército britânico ou francês. Em 1940, muitos franceses e belgas se sentiam traídos pelo aliado anglo-saxão. Em 1941, o primeiro-ministro exortava, quase diariamente, os povos do mundo livre a se unirem para disputar a supremacia com os nazistas. Poderia um exército britânico permanecer ingloriamente ocioso e ver a Grécia sucumbir?

No começo de março, Eden e Dill tomaram um avião para conversar com o governo de Atenas. Do primeiro-ministro receberam instruções para acelerar a ajuda à Grécia, onde tropas britânicas começaram a desembarcar no dia 4, e para incentivar os turcos a entrar na guerra. Churchill tinha poucas ilusões quanto aos riscos: "Tomamos uma grave e perigosa decisão de apoiar os gregos e tentar formar uma frente balcânica", escreveu para Smuts em 28 de fevereiro. A Bulgária aderiu ao Eixo em 1º de março. A Iugoslávia estava ameaçada. Os turcos continuavam resolutamente neutros, mas os chefes de estado-maior temiam, de todo modo, que ter a Turquia como aliada pudesse trazer mais problemas do que benefícios. Ainda assim, agora que os britânicos estavam envolvidos, e em meio a sérias dificuldades políticas e diplomáticas, Eden e Dill se esforçavam para honrar declarações anteriores de boa vontade. Seus relatórios para Londres permaneciam infalivelmente tenebrosos. O marechal do Ar Sir Arthur Tedder, comandante da Força Aérea do Deserto, reagia com desdém aos disparates de quase todos os políticos e oficiais-generais que tomavam decisões no Oriente Médio. "Wavell, acho eu, é um bom sujeito", escreveu, "mas o resto?!!! Todos os dias mudam do otimismo fácil ao derrotismo desesperado e vice-versa".[36]

Em 7 de março, numa reunião do Gabinete de Guerra com a presença do primeiro-ministro australiano, Robert Menzies, o ânimo de Churchill pela iniciativa grega o levou, como tantas vezes, a passar por cima de realidades materiais inconvenientes. Afirmou, por exemplo: "Logo teremos robustas forças aéreas na Grécia." Pelo contrário, o fraco contingente da RAF — que mal chegava a cem aeronaves — era drasticamente superado em número pelos 1.350 aviões do Eixo. A campanha que veio em seguida foi dominada por gestos e esforços simbólicos. Numa tentativa de impedir o envio de suprimentos alemães à Iugoslávia, os britânicos bombardearam pátios ferroviários em Sófia. Esse ataque noturno, porém, foi executado apenas por seis Wellingtons, força insuficiente para perturbar sequer um exercício militar em Aldershot. Os nove esquadrões empregados pela RAF compreendiam, basicamente, aeronaves obsoletas e criticadas, caças bimotores Gladiator e bombardeiros leves Blenheim. Depois de obter algum êxito inicial contra os italianos, não puderam resistir aos modernos caças alemães. Sua destruição também implicou a perda de preciosos pilotos. De janeiro em diante, quando a Luftwaffe se impunha cada vez mais no Mediterrâneo, a Marinha Real foi obrigada a operar quase sem cobertura aérea — e pagou caro por isso. Em 14 de abril, a RAF contava com apenas 46 aviões operacionais na Grécia.

Não há critérios objetivos para avaliar os benefícios morais da ajuda à Grécia diante do custo de expor mais um exército britânico à derrota. Os historiadores oficiais dos serviços de inteligência na guerra ressaltaram um erro de cálculo na primavera de 1941: Churchill e seus generais não perceberam, pois o sistema Ultra de interceptação de mensagens não indicou, que o objetivo fundamental de Hitler nos Bálcãs não era ofensivo, mas defensivo.[37] Ele queria proteger os campos petrolíferos romenos e garantir o flanco meridional antes de atacar a Rússia. É improvável, porém, que mesmo com esse conhecimento Churchill optasse pela inação. Ao longo de sua história, a Grã-Bretanha procurou reiteradamente ignorar a importância da massa no campo de batalha, despachando forças inadequadas para reafirmar princípios morais ou estratégicos. Foi a linha de ação adotada por Churchill em março de 1941. Questiona-se por que Wavell não deixou o cargo em vez de mandar tropas para a Grécia. Ocorre que não se esperam gestos desse tipo de comandantes. Wavell fez o possível para apoiar os objetivos nacionais, apesar de saber, como comandante em chefe, que seria responsabilizado pelo que acontecesse. Em 7 de abril, ao despedir-se de Dill quando o chefe de estado-maior imperial partiu do Cairo para Londres com Eden, ele disse: "Espero, Jack, que você presida a corte marcial que me julgará."[38]

O desfecho foi tão rápido quanto inevitável. Os alemães esmagaram a resistência iugoslava durante dois dias de combates na Macedônia, em 6 e 7 de abril, iniciando em seguida uma série de dramáticas operações de desbordamento contra os gregos. O exército grego estava exausto e desmoralizado após a campanha de inverno contra os italianos. As conquistas iniciais quando avançou para a Albânia, que tanto impressionaram os britânicos, foram o único esforço de que era capaz. Em poucos dias, 62 mil soldados britânicos, australianos e neozelandeses na Grécia batiam desordenadamente em retirada, acossados a cada instante pela Luftwaffe. Uma incursão aérea em 6 de abril no Pireu explodiu um navio britânico de munições, destroçando o porto. A pequena força de caças da RAF foi impiedosamente destruída.

Antes mesmo de os alemães ocuparem a Grécia, o Afrika Korps atacou na Líbia. Em 3 de abril, os britânicos desocuparam Benghazi e se retiraram, em meio a muita confusão, pela estrada costeira do leste onde dois meses antes haviam avançado em triunfo. Em 11 de abril, quando Rommel chegou ao limite de sua linha de suprimentos, os britânicos já tinham sido empurrados quase ao ponto de partida da operação Compasso. Por sorte Hitler despachara uma força pequena demais, além de um apoio logístico inadequado, para converter a retirada britânica num desastre completo. Havia tantos problemas com a liderança, o treinamento, as armas e as táticas do exército do deserto comandado por Wavell, que talvez não conseguisse repelir o Afrika Korps mesmo sem a distração grega. Inevitavelmente, porém, a Grécia foi responsabilizada pela derrota na Líbia.

O fiasco no deserto trouxe à tona o que havia de pior e melhor em Churchill. Ele apresentou sugestões táticas absurdas. Irritou-se com a marinha por não bombardear Trípoli, a base de suprimentos de Rommel — um risco intolerável sob a ameaça aérea alemã. Em terra, recomendou insensatamente: "O general Wavell deve recuperar o controle sobre o inimigo e destruir seus pequenos destacamentos de incursão em vez de permitir que nos acossem e persigam. As patrulhas inimigas devem ser atacadas em todas as ocasiões, e nossas patrulhas devem ser usadas com audácia. Pequenos destacamentos britânicos em carros blindados, em motocicletas ou ainda a infantaria, se a ocasião permitir, não devem hesitar em atacar tanques individuais com granadas e canhões anticarro, como está previsto para a defesa da Grã-Bretanha."[39] Em contraste, o primeiro-ministro exibiu suas características mais positivas ao ignorar uma objeção dos chefes de estado-maior, aceitando o imenso risco de despachar para o Egito um comboio com reforços de tanques, de codinome *Tiger*, através do Mediterrâneo e não pela muito mais segura, porém mais longa, rota do Cabo.

Dill voltou do Cairo notadamente abatido. John Kennedy, o diretor de operações militares (DMO, na sigla em inglês), procurou reanimá-lo, mas o chefe de estado-maior imperial não quis ouvir palavras tranquilizadoras sobre o futuro. "Tenho poucas esperanças. Estou muito cansado."[40] No dia seguinte, Kennedy anotou: "O chefe de estado-maior imperial está arrasado e acha que arruinou o Império."[41] Naquela noite, Kennedy, num jantar com um amigo, discutiu a possível evacuação de todo o Oriente Médio. "Levando tudo em conta, era difícil saber se ficar ali nos traria mais benefícios ou danos. Prestígio e o efeito sobre os americanos são, talvez, os melhores argumentos para a permanência." Como a maioria dos militares de alta patente, Kennedy ficou horrorizado com os acontecimentos na Grécia e o papel da Grã-Bretanha na debacle: "Chefes de estado-maior intimidados e influenciados excessivamente pela personalidade imperiosa de Winston (...) Odeio meu título agora, pois quem está de fora deve achar que de fato 'dirijo' operações e sou, em parte, responsável pela néscia e desastrosa estratégia adotada por nossos exércitos."[42] A autoconfiança dos mais altos escalões militares foi drenada por sucessivas derrotas no campo de batalha. Sentiam-se ao mesmo tempo incapazes de contrariar Churchill e de apoiar com convicção muitas de suas decisões. Viam-se responsabilizados por perder a guerra, sem oferecer propostas alternativas para ganhá-la. Se pudessem decidir, os generais só teriam combatido nas condições mais favoráveis. Churchill, porém, achava que a passividade operacional destruiria não apenas as esperanças de impedir que o povo britânico sucumbisse à inércia, como também as chances de convencer os americanos a lutar.

Depois do suicídio do primeiro-ministro grego, Alexander Koryzis, em 18 de abril, a determinação da cúpula dirigente do país desmoronou. Em Londres, Robert Menzies escreveu após uma reunião do Gabinete de Guerra em 24 de abril de 1941: "Tenho medo de um desastre, e entendo cada vez menos as razões que levaram Dill e Wavell a destacar méritos militares na aventura grega. Dos méritos morais não tenho dúvida. Melhor Dunquerque do que a Polônia ou a Tchecoslováquia." Dois dias depois, Menzies acrescentou: "Gabinete de Guerra. Winston diz: 'Perderemos apenas cinco mil homens na Grécia.' Na verdade, perderemos quinze mil. W é um grande homem, mas cada dia que passa perde mais o senso de realidade."[43]

No final de abril, um jovem soldado de licença em Lancashire, que visitava a dona de casa Nella Last, se levantou e saiu da sala quando a família sintonizou no rádio uma fala do primeiro-ministro. A sra. Last disse: "Não vai ouvir Winston Churchill?" O visitante recusou, e ela anotou em um diário: "Ele contorceu o rosto numa feia expressão e respondeu: 'Não, deixo isso para quem gosta de se dopar.' Eu disse: 'Jack, você está de mau humor, recomponha-se. Acreditamos em Churchill — é preciso acreditar em alguém.' Ele disse, sombrio: 'Nem todo mundo é tão impressionável.'" A sra. Last, como a esmagadora maioria dos britânicos, ansiava por manter a fé no primeiro-ministro. Contudo, numa noite como aquela, isso parecia difícil: "No discurso de Winston havia uma fadiga e (...) uma nebulosa perplexidade sobre o futuro — ou será que foi coisa da minha cabeça cansada? De qualquer forma, não fiquei inspirada, não levantei nenhuma bandeirinha. Em vez disso, tive a impressão de vislumbrar uma carnificina, um cenário de horror diferente de tudo que havíamos imaginado (...) Cada vez mais acho que é o 'fim do mundo' — ou pelo menos do velho mundo." A pobre mulher admitia que estava infeliz e assustada. "É engraçado como a gente pode ficar doente e nem conseguir comer — só de medo."[44] Harold Nicolson, subsecretário parlamentar do Ministério da Informação, escreveu: "Tudo que o país quer realmente é uma garantia de que a vitória pode ser alcançada. As pessoas estão cansadas de ouvir falar na retidão da nossa causa e em nosso triunfo final. O que querem são fatos que indiquem como venceremos os alemães. Não faço ideia de como podemos fornecê-los."[45]

Na Grécia, o exército em retirada ficou muito comovido com a despedida do povo atingido: "Somos praticamente os últimos soldados britânicos que eles viram, e os alemães estão nos nossos calcanhares", escreveu o tenente-coronel R. P. Waller, quando sua unidade de artilharia passava por Atenas, "apesar disso, multidões enchiam as ruas e se aproximavam dos nossos carros, batendo palmas e festejando. Meninas e homens pulavam nos estribos para beijar ou apertar a mão de artilheiros sorridentes e fatigados. Jogavam flores para nós e corriam ao lado gritando 'Voltem — Vocês precisam vir novamente — Adeus — Boa sorte". Os alemães tomaram a capital grega em 27 de abril. Controlaram o país com apenas 5 mil baixas. Os britânicos perderam 12 mil soldados, dos quais 9 mil viraram prisioneiros. O restante da força expedicionária de Wavell teve sorte ao escapar para Creta pelos portos do Peloponeso.

Dill também anunciou seu abatimento fora do Departamento de Guerra. "Ele adotou uma visão negativa de nossas possibilidades na Líbia, na Síria e até no Iraque",[46] registrou lorde Hankey depois de uma conversa com o chefe do estado-maior imperial, "e disse que as forças blindadas alemãs são superiores às nossas tanto em efetivos quanto em eficiência — mesmo nos próprios carros de combate. Ele estava, evidentemente, muito ansioso quanto a uma invasão e parecia temer que Winston insistisse em desnudar o país de suas forças defensivas essenciais. Perguntou o que um chefe de estado-maior imperial poderia fazer se achasse que o primeiro-ministro colocava em risco a segurança do país." Nesse caso, deveria renunciar, disse Hankey, detrator cada vez mais maldoso do primeiro-ministro. Dill ponderou: "Mas alguém pode renunciar no meio de uma guerra?" É extraordinário que o chefe do exército britânico se permitisse manifestar sentimentos tão derrotistas num momento como aquele, mesmo que fosse para alguém do governo como Hankey. No entanto, seis meses ainda se passariam até Churchill demitir Dill. As limitações do general refletiam uma crônica escassez de chefes guerreiros adequados na cúpula das forças armadas. Não que Dill fosse estúpido — longe disso. Ele demonstrava um excesso de racionalidade, somado a uma ausência de fervor, que aborreciam profundamente o primeiro-ministro.

Em 20 de maio, três semanas depois que a Grécia foi ocupada, os paraquedistas da Luftwaffe começaram a aterrar em Creta sob as ordens do general Kurt Student — para sofrer uma chacina nas mãos dos 40 mil defensores britânicos comandados pelo major-general Bernard Freyberg. Graças ao Ultra, todo o plano alemão, até seus horários, eram conhecidos pelos britânicos. No primeiro dia, a batalha pareceu um desastre para os alemães. A 14ª Brigada britânica os derrotou em Heraklion, e os australianos também foram vitoriosos em Rethymnon. Os infantes neozelandeses, talvez os melhores combatentes aliados da Segunda Guerra Mundial, assumiram o controle do aeródromo de Maleme. Contudo, naquela noite, os comandantes dos neozelandeses cometeram um erro fatal, retirando-se de Maleme para preparar um contra-ataque no dia seguinte. Na tarde de 21 de maio, um novo batalhão alemão de tropa de montanha aterrissou bruscamente em aviões de transporte Junkers. Com o campo de aviação sob controle, reforços começaram a chegar. A força de Freyberg iniciou uma retirada para leste. A Marinha Real infligiu pesadas perdas ao comboio de reforço marítimo alemão, mas também sofreu graves danos. "Estamos esperando ansiosamente para ver o que acontece em Creta", escreveu Vere Hodgson em 25 de maio. "Acho que Churchill está fazendo a mesma coisa. Não parece ter se importado com a evacuação da Grécia, mas vai sentir muito se perder Creta."[47]

Enquanto os alemães asseguravam o domínio da ilha e Freyberg recebia o consentimento de Wavell para evacuar, a Luftwaffe bombardeava a esquadra britânica. Dois encouraçados, um porta-aviões e inúmeras embarcações menores foram danificados, quatro cruzadores e seis contratorpedeiros foram a pique. Creta se tornou a campanha naval britânica com o maior número de perdas da Segunda Guerra Mundial. Em terra, 2 mil soldados morreram e 12 mil foram aprisionados. Dezoito mil foram resgatados e levados para o Egito pela marinha. Freyberg convenceu Churchill a afirmar, em suas memórias no pós-guerra, que a campanha custara 15 mil baixas alemãs. O número real, bem conhecido naquela época, era de 6 mil, incluídos 2 mil mortos. Cerca de 17.500 invasores alemães tinham derrotado uma força da Grã-Bretanha e da Commonwealth que, em termos numéricos, era mais de duas vezes superior. Em 1º de junho, tudo estava acabado.

Estrategicamente, a queda de Creta foi uma questão muito menos séria para os britânicos do que teria sido a perda de Malta. O almirante Cunnigham achava que, se a ilha fosse mantida, o preço necessário para abastecê-la seria alto demais, em face da esmagadora superioridade aérea alemã. Foi um equívoco de Hitler permitir que Student lançasse sua divisão de paraquedistas contra a guarnição de Freyberg em vez de empenhar os *Fallschirmjäger* contra Malta, a principal ilha mediterrânea da Grã-Bretanha, território que os alemães provavelmente conseguiriam dominar. Churchill, entretanto, prometera ao povo britânico — e ao mundo — que Creta seria aguerridamente defendida. A perda foi um duro golpe para sua autoridade e mais ainda para a sua fé no poder de luta do exército britânico. Civis atentos também percebiam as limitações de suas forças armadas. "A diferença entre a capacidade do exército b[ritânico] de lidar com os italianos e de lidar com os alemães é óbvia demais para ser ignorada." Elizabeth Belsey, uma comunista de Huntingdon profundamente descrente dos governantes nacionais, escreveu para o marido soldado. "Aqui e ali se notam, sobretudo nos discursos de Churchill, sinais de que a Grã-Bretanha percebe a gravidade de sua situação."[48]

O primeiro-ministro foi forçado a dar explicações esfarrapadas pelo desastre mediterrâneo, quando disse à Câmara dos Comuns em 10 de junho: "Um grande número de canhões que teria se provado útil em Creta foi, e está sendo, montado em navios mercantes para repelir os ataques de aviões Focke Wulf e Heinkel, cujos estragos, com isso, reduziram-se notavelmente." E então se cansou das próprias evasivas e disse: "A derrota é amarga. Não adianta tentar explicá-la. As pessoas não gostam de derrota, não gostam das explicações que lhes são dadas, mesmo as mais elaboradas e plausíveis. Para a derrota só existe uma resposta. A única resposta para a derrota é a vitória. Se um governo em tempos de guerra dá a impressão de que não pode, a longo prazo, alcançar a vitória, quem quer saber de explicações? Elas simplesmente não têm lugar."

Churchill acreditava, com razão, que Creta poderia ter sido preservada. Freyberg, porém, fora sua escolha pessoal para comandar a defesa. O neozelandês, que como Gort recebera a Victoria Cross na Primeira Guerra Mundial, era o tipo de herói que ele amava. Freyberg era um homem competente e corajoso, mas em Creta se mostrou inapto para as responsabilidades do comando. Muitos de seus soldados eram fugitivos da Grécia. O exército britânico nunca teve a habilidade que os alemães mostraram posteriormente para transformar peças indistintas em destacamentos improvisados e eficazes. Uma escassez de equipamentos-rádio prejudicou as comunicações britânicas, e consequentemente a compreensão de Freyberg quanto à batalha. Havia pouco transporte para movimentar as tropas, e a Luftwaffe causou grande estrago nas estradas existentes. Era possível afirmar que as unidades de combate britânicas, australianas e neozelandesas em Creta — ao contrário da grande cauda logística, reduzida a uma caótica turba durante a evacuação — lutaram bem. Ficaram perplexas e irritadas quando, após trucidar os paraquedistas de Student, receberam ordem para recuar. A culpa pelo fracasso em Creta foi dos altos comandantes britânicos — e neozelandeses. O veredicto definitivo, no entanto, continuava inescapável: mais uma vez um exército imperial fora vencido, embora as condições de batalha favorecessem os defensores.

Poucos meses depois, Churchill admitiu ter se arrependido do envolvimento na Grécia, que descreveu para Colville como o único erro de julgamento cometido por seu governo.[49] Wavell deveria ter guarnecido Creta, disse ele, e aconselhado o governo de Atenas a obter os melhores termos possíveis da Alemanha. Essa opinião, no entanto, foi expressa quando a Grã-Bretanha ainda lutava pela sobrevivência. No longo percurso da história, a nobreza de seus propósitos na Grécia exige respeito. Como Robert Menzies e outros perceberam, a passividade britânica em face da destruição da liberdade grega teria projetado uma triste imagem para o mundo, especialmente para os Estados Unidos. Ainda assim, os acontecimentos no Mediterrâneo desanimaram todos os inimigos do nazismo. Um judeu de Bucareste, Mikhail Sebastian, escreveu: "Mais uma vez a Alemanha dá a impressão de ser uma força invencível, demoníaca, esmagadora. O sentimento geral é de perplexidade e impotência."[50] Um correspondente de guerra alemão, Kurt Pauli, abordou prisioneiros de guerra perto de Corinto e adotou uma pose de cavalheiresca condescendência. "Os senhores perderam o jogo", disse ele. Nem tanto, responderam os prisioneiros de guerra em tom de desafio. "Ainda temos Winston Churchill."[51]

Isso seria o suficiente? Alan Brooke escreveria depois sobre "a total escuridão daqueles primeiros dias de calamidade, quando nenhum raio de esperança era capaz de penetrar a profundidade da melancolia".[52] Era espantoso que o primeiro-ministro mantivesse a exuberância. Robert Menzies escreveu: "Em conversas, o primeiro-ministro mergulha (e também nos envolve) em melancolia quanto a um aspecto terrível da guerra (...) mas logo luta para achar uma saída enquanto anda de um lado para outro, com a luz da batalha nos olhos. Em todas as conversas, inevitavelmente chega a um ponto em que sente prazer na guerra: 'Foi uma bênção estar vivo nessa época.' (Diz ele) 'Por que as pessoas acham que um período como este significa anos de vida desperdiçados, quando sem dúvida é o período mais interessante? Por que achamos que a história pertence ao passado e esquecemos que nós também a construímos?"[53]

As proximidades do Oriente Médio eram apenas alguns dos muitos teatros de operações onde notícias ruins desabavam sobre o primeiro-ministro. Em 30 de abril, tropas iraquianas atacaram a base aérea de Habbaniya, da RAF, nos arredores de Bagdá, levando Churchill e Eden a concluir que deveriam assumir o controle do Iraque antes que os alemães tomassem o país. A blitz da Luftwaffe sobre a Grã-Bretanha continuou implacável, e àquela altura já havia matado mais de 30 mil civis. Em 10 de maio, o insano vice-Führer, Rudolf Hess, desceu de paraquedas na Escócia numa missão pessoal de paz, que perversamente serviu mais aos interesses de propaganda nazistas do que aos britânicos. Muitas pessoas confusas, sobretudo em Moscou e Washington, acharam que algum tipo de negociação entre a Grã-Bretanha e a Alemanha era iminente. Persistiam os temores de que a Espanha se juntasse ao Eixo. Embora moedas estrangeiras fossem extremamente escassas, o governo conseguiu, de alguma forma, a imensa soma de 10 milhões de dólares e subornou generais espanhóis para que a Espanha ficasse fora da guerra. Os pagamentos, arranjados por intermédio do banqueiro de Franco, Juan March, foram feitos em contas bancárias suíças. Não há provas de que esse donativo tenha influenciado a política espanhola, mas refletia uma grave ansiedade britânica a respeito da neutralidade de Franco.

Em 20 de maio, alemães começaram a aparecer na Síria francesa de Vichy, e assim Churchill decretou, mais uma vez contrariando Wavell: "Precisamos invadir." Tropas britânicas, australianas e dos Franceses Livres logo se engajaram numa pequena e acirrada campanha contra as forças de Vichy, que resistiram. Churchill observou, secamente, que era uma pena que não tivessem mostrado a mesma determinação contra os alemães em 1940.[54] As tropas de Pétain finalmente foram vencidas. A captura do Iraque e da Síria pela Grã-Bretanha despertou pouco entusiasmo popular na época, e nunca provocou muito interesse ou aplauso dos historiadores. Contudo, essas duas iniciativas refletiam o que Churchill tinha de mais audacioso. A ação britânica removeu uma perigosa instabilidade no flanco oriental de Wavell. Apesar da tensão que gerou no Cairo, o desvio de tropas foi uma mostra de sabedoria estratégica. Se os alemães tivessem conseguido voltar o mundo árabe contra a Grã-Bretanha, suas dificuldades no Oriente Médio se agravariam dramaticamente. Os mais reconhecidos historiadores modernos alemães da guerra, autores da monumental série do Instituto Potsdam, consideram o êxito da Grã-Bretanha na Síria, no Iraque e na Abissínia mais importante para o padrão estratégico de

1941 do que a derrota em Creta. Churchill, dizem eles, "acertava ao afirmar que, no geral, a situação no Mediterrâneo e no Oriente Médio estava muito mais favorável para a Grã-Bretanha do que estivera um ano antes".[55] Na época, porém, não era o que via o extremamente abalado povo britânico.

Em 23 de maio, uma sexta-feira, o cruzador de batalha *Hood* explodiu durante um breve combate com o *Bismarck*. Os dias que se seguiram, com o encouraçado alemão solto no Atlântico Norte, foram terríveis para o primeiro-ministro. O ânimo dele só melhorou no dia 27, quando, ao falar para a Câmara dos Comuns, recebeu a notícia de que o *Bismarck* fora posto a pique. As perdas de comboios atlânticos continuaram assustadoras. A assistência americana foi bem menor do que os britânicos esperavam, e Churchill com frequência criticava as cruéis condições financeiras impostas por Washington. "Pelo que vejo", escreveu ele para o ministro da Fazenda, Kingsley Wood, "não seremos apenas destruídos, mas também esfolados até os ossos".[56]

O Oriente Médio continuava sendo o principal campo de batalha britânico. Apesar do êxito em assegurar o flanco oriental na Síria e assumir o controle do Iraque, a confiança de Churchill em seu comandante em chefe, que nunca foi grande, diminuía rapidamente. "Ele disse coisas muito duras sobre Wavell, cuja excessiva cautela e tendência ao pessimismo considera detestáveis."[57] Por algumas semanas, a confiança tremulou quanto à nova ofensiva Battleaxe. O almirante Cunningham foi informado de que, se a operação fosse bem-sucedida e se as forças de Wavell chegassem a Trípoli, o próximo passo seria um desembarque na Sicília. Tais fantasias foram rapidamente esmagadas. Em 17 de junho, soube-se em Londres que a Battleaxe fracassara, provocando a perda de cem valiosíssimos tanques. Churchill exasperou-se ao ouvir que Wavell queria desocupar Tobruk. Fazia sentido do ponto de vista militar, pois o valor logístico do porto era pequeno, embora politicamente parecesse intolerável. Em abril, Churchill tinha descrito Wavell, numa transmissão radiofônica, como "aquele comandante que nós aplaudimos nos dias bons e a quem vamos apoiar nos dias difíceis".[58] Em 20 de junho, porém, demitiu o comandante em chefe no Oriente Médio e o substituiu por Sir Claude Auchinleck, comandante em chefe na Índia, que controlara o Iraque com impressionante eficiência. Churchill deu a Wavell o comando de Déli apenas por temer que relegá-lo ao esquecimento causaria má impressão perante o público, para quem o general fora descrito como herói.

Clementine Churchill certa vez escreveu ao marido, em tom de desdém, sobre o comandante em chefe deposto: "Entendo que ele possui uma grande dose de encanto pessoal. Isso é agradável em tempos civilizados, mas não tem muita utilidade numa Guerra total."[59] Muitos altos oficiais britânicos eram homens agradáveis que careciam do instinto assassino indispensável à vitória.

O melhor biógrafo de Wavell, Ronald Lewin, observou que ele parecia destinado à grandeza em qualquer área, desde que não fosse o alto comando de batalha.[60] Pode se sugerir, mais brutalmente, que Wavell não era tão grandioso quanto sua enigmática personalidade fazia supor. Certa vez, disse a Pownall: "Meu problema é que, no fundo, guerra não é coisa que me interesse."[61] Essa era uma limitação comum e surpreendente entre os militares britânicos de alta patente. E ajuda muito a explicar por que Winston Churchill estava bem mais apto para desempenhar seu papel do que alguns de seus generais.

2 A MÁQUINA DE GUERRA

Costuma-se sugerir que, na Segunda Guerra Mundial, não havia a desconfiança e a hostilidade entre generais e políticos — ou "*brass*" e "*frocks*" — que caracterizou o alto comando britânico no conflito de 1914-1918. Não é verdade. Ironside, quando era chefe de estado-maior imperial em 1939, comentou desdenhosamente para um oficial do estado-maior, enquanto saía para uma reunião do Gabinete de Guerra: "Agora vou perder uma manhã ensinando aqueles velhos senhores a fazer seu trabalho."[62] Embora Churchill não fosse primeiro-ministro na época, foi incluído na categoria dos menosprezados "velhos senhores".

O tenente-general Henry Pownall escreveu a respeito do gabinete de Churchill: "São um bando de gângsteres, alguns deles — Bevin, Morrison e sobretudo Beaverbrook, que tem um dos rostos mais sórdidos que já vi num homem."[63] John Kennedy escreveu, em fase mais avançada da guerra: "Uma característica muito negativa da situação atual é que existe um racha entre os políticos e as forças armadas. É certo que Winston não mantém sua equipe trabalhando harmonicamente em conjunto. É um erro dele viver insultando as forças singulares — o grito é repetido por outros políticos e é ruim que os conselheiros militares sintam vergonha de seus uniformes."[64]

No entanto, os indícios sugerem que as críticas do primeiro-ministro aos seus militares eram merecidas. As limitações do exército britânico durante a guerra são o tema de um capítulo posterior. Por notável ironia, a maquinaria de Churchill para dirigir o esforço de guerra era mais digna de admiração do que os meios de executar suas decisões em campanha. O Gabinete de Guerra era o principal órgão decisório da Grã-Bretanha, contando regularmente com a presença dos chefes de estado-maior, bem como a dos oito membros constitutivos — em 1941, Churchill, Attlee, Eden, Bevin, Wood, Beaverbrook, Greenwood e Sir John Anderson. Cerca de quatrocentos comitês e subcomitês, de variada composição e importância, derivaram desse órgão. Questões militares eram tratadas pelos chefes do estado-maior em suas próprias reuniões, geralmente sem a presença de Churchill. Das 391 reuniões dos chefes de estado-maior em 1941, Churchill só presidiu 23, ao passo que comandou 97 das 111 reuniões do Gabinete de Guerra. Também conduziu sessenta das 69 reuniões do grupo operacional do Comitê de Defesa e doze das treze do grupo de suprimentos.

As formalidades geralmente eram mantidas, com o primeiro-ministro se dirigindo a ministros e comandantes pelos títulos e não por nomes. Nos piores dias de Churchill, seus subordinados se horrorizavam com sua intemperança e irracionalidade. E nos melhores — e como esses dias eram numerosos! —, sua postura contribuía muito para tornar a guerra de sobrevivência nacional tolerável para os que a conduziam. "Quando está de bom humor, nenhum espetáculo pode superar uma reunião com ele", escreveu um general. "Outro dia ele presidiu uma reunião sobre suprimento de equipamento para aliados e possíveis aliados. A certa altura, disse cheio de energia: 'Acho que é a velha história — leitõezinhos de mais para tetas de menos na velha porca.'"[65]

Os chefes de estado-maior se reuniam todos os dias, exceto aos domingos, às 10h30, numa sala no subsolo do Departamento do Interior conectada às repartições do Gabinete de Guerra. As sessões costumavam ir até as 13h. À tarde, os chefes trabalhavam nos próprios escritórios, para onde voltavam depois do jantar a não ser que mais reuniões noturnas fossem convocadas — como acontecia em momentos de crise, muito frequentes na época. Nas noites de segunda-feira, os chefes de estado-maior participavam do Gabinete de Guerra. O conflito de 1914-1918 precipitou uma histórica mudança no equilíbrio de forças do processo decisório, que passou dos comandantes no campo de batalha ao primeiro-ministro e seus chefes militares em Londres. Na Segunda Guerra Mundial, essa tendência ficou bem mais pronunciada. Generais à frente de exércitos e almirantes no mar continuavam responsáveis pela vitória nas batalhas. Contudo, recursos modernos de comunicação deram aos líderes de negócios nacionais o poder inédito de interferir nas operações em teatros remotos, fosse para o bem, fosse para o mal, de uma forma que teria sido impossível em épocas anteriores. Alan Brooke escreveria posteriormente: "É muito estranho que o COS [comitê de chefes de estado-maior, na sigla em inglês] desempenhe um grande papel na condução da guerra e seja tão pouco conhecido ou tenha suas funções tão pouco apreciadas! O homem comum nas ruas jamais ouviu falar nele."[66]

Para influenciar o primeiro-ministro, era essencial que os ministros ou chefes militares fossem capazes de sustentar uma boa discussão. Churchill achava que, se os comandantes não tivessem estômago para lutar contra ele, dificilmente teriam para lutar contra o inimigo. Poucos achavam isso fácil. O almirante Sir Dudley Pound, Primeiro Lorde do Mar, era um dos muitos oficiais de alta patente que viam Churchill com ambiguidade: "Às vezes dá vontade de beijar-lhe os pés, às vezes dá vontade de matá-lo."[67] Pound era um hábil organizador, cuja gestão como presidente dos chefes de estado-maior, que durou até março de 1942, foi prejudicada pela relutância em se impor diante do primeiro-ministro e então pela deterioração de sua saúde. O capitão Stephen Roskill, historiador oficial da Marinha Real na guerra, achava que Pound nunca esteve à altura da função. O próprio almirante duvidava de sua capacidade, e certa vez perguntou a Cunningham se deveria renunciar ao cargo.[68] Churchill é, em grande parte, responsável por permitir que Pound mantivesse o emprego quando seu corpo debilitado, bem como sua fibra insuficiente fizeram-se notar. Felizmente, para a Marinha Real, o almirante contava com subordinados competentes e enérgicos.

O almirante Sir Andrew Cunningham, que se tornou comandante em chefe no Mediterrâneo após Pound ser acometido por uma doença fatal, sentia-se frustrado pela própria falta de articulação: "Admito que tenho uma dificuldade inata para me expressar numa discussão verbal, que nunca superei a não ser em ocasiões nas quais sou realmente provocado. [...] Sentia-me como uma aranha parada no meio de uma teia vibrando de atividade."[69] Numa tarde de sábado, logo depois de Cunningham assumir o cargo no Almirantado, o telefone tocou em sua casa em Hampshire. O primeiro-ministro queria falar através de um misturador de frequência. Cunningham explicou que não o possuía. Churchill respondeu, com impaciência, que tal aparelho seria instalado imediatamente. O almirante e a mulher ficaram acordados até os engenheiros de comunicações concluírem a instalação à uma da manhã, quando uma ligação foi devidamente feita para Downing Street. O primeiro-ministro, a essa altura, já estava dormindo. Cunningham, furioso, foi informado de que não havia mais urgência.

O marechal chefe do Ar Sir Charles Portal, que assumiu a direção da RAF em outubro de 1940, era amplamente considerado o mais inteligente dos chefes de estado-maior. "Peter" Portal demonstrou notáveis talentos diplomáticos, especialmente mais tarde, ao lidar com os americanos. Como muitos aviadores de alta patente, sua maior preocupação era com os interesses de sua força singular, sobretudo com a ofensiva de bombardeiros. Sua personalidade carecia de efusividade e seu forte não era contar piadas, desvantagens que impediam um homem de brilhar à mesa de jantar ou na historiografia da guerra, mas o principal subordinado de Ismay, o brigadeiro Leslie Hollis, prestou tributo à mente incisiva e à calma contagiante de Portal: "Nunca o vi arreliado", disse Hollis, "mesmo sob ataques perversos e mal-informados à Força Aérea. Ele inspecionava o crítico friamente com seus olhos de pálpebras grossas, jamais erguendo a voz ou perdendo a paciência, mas respondendo à retórica com fatos".[70] O exército invejava a habilidade com que Portal exercia influência sobre o primeiro-ministro, quase sempre com mais êxito do que o chefe do estado-maior imperial. O general Sir John Dill contava com a simpatia e o respeito dos colegas, mas, no verão de 1941, estava profundamente afetado pelos fracassos de sua força terrestre; seu ímpeto vacilava, sua autoconfiança diminuíra. Ao longo de 1941 e 1942, reuniões entre chefes de estado-maior foram marcadas em razão da consciência da incapacidade do exército de obter vitórias e da consequente insatisfação do primeiro-ministro com seus líderes.

O major-general Hastings "Pug" Ismay, que durante toda a gestão de Churchill como primeiro-ministro foi seu chefe de estado-maior na qualidade de ministro da Defesa e representante pessoal nos comitês de chefes de estado-maior, era por vezes acusado de adulador, de ser aquiescente demais aos caprichos de seu mestre. John Kennedy, por exemplo, não gostava de Ismay: "Fico feliz por não ter de lidar muito com ele.[71] (...) Ismay é tão devotado ao primeiro-ministro que representa um perigo. Uma noite dessas, falou no clube que 'se o primeiro-ministro dissesse que gostaria de limpar suas botas em mim, eu me deitaria e deixaria. Ele é um grande homem, e nós devemos fazer tudo por ele'. Esse é um atributo perigoso para um homem que tem tanta influência como conselheiro militar."[72]

Essa, porém, era a visão de uma minoria. A maioria — ministros, comandantes e funcionários — respeitava o tato e a discrição de Ismay. Ele entendia que seu papel era comunicar os desejos do primeiro-ministro aos chefes militares e vice-versa, em vez de ele mesmo propor planos ou projetos. Nunca dava conselhos estratégicos, pois achava, com razão, que assim usurparia as funções dos chefes de estado-maior. Era um magnífico diplomata e dirigia uma pequena equipe integrada principalmente por Hollis, que, na batalha da Jutlândia, em 1916, servira como oficial dos Fuzileiros Navais Reais a bordo de um cruzador, e o coronel Ian Jacob, filho de um marechal de campo, com seus óculos, sua austeridade e seu brilhantismo. Ismay quase sempre estava na sala de espera do primeiro-ministro, enquanto o secretariado tinha sua base em Richmond Terrace, próximo a Downing Street. Ali, Jacob criou o Registro de Defesa, que listava todas as mensagens dos comandantes no campo de batalha, inclusive as endereçadas aos chefes de estado-maior. Fossem quais fossem os erros cometidos pelo alto comando britânico, e por mais forte que se tornasse a tensão pessoal entre o primeiro-ministro e seus generais, almirantes e marechais do Ar, durante toda a gestão de Churchill os mais elevados padrões de coordenação, disciplina funcional e troca de informações foram mantidos entre Downing Street e os ministérios militares.

Do lado civil, o primeiro-ministro contava com um notável grupo de funcionários. O secretário de gabinete Sir Edward Bridges preservava o entusiasmo por distrações cerebrais, mesmo durante a blitz. À hora do jantar, presidia debates puramente intelectuais no refeitório dos funcionários em Downing Street, como um sobre o tema "Existe mal a não ser na intenção?".[73] Bridges tinha o mérito adicional de estar tão dedicado à vitória quanto o primeiro-ministro, e, em junho de 1940, rejeitou sem hesitação propostas para estabelecer pequenos departamentos de Whitehall no Canadá, para o caso de haver uma ocupação alemã na Grã-Bretanha.

O pessoal de Downing Street compreendia, ao contrário de algumas pessoas de fora, que, apesar de incomum, o regime do primeiro-ministro era notavelmente disciplinado. Minutas eram datilografadas e circulavam uma ou duas horas depois das reuniões, mesmo que já passasse da meia-noite. Os secretários particulares — durante quase toda a guerra Leslie Rowan, John Martin, Tony Bevir e John Colville — trabalhavam em turnos durante o dia e boa parte da noite. "A maior dificuldade é compreender o que ele diz", escreveu Martin em seus primeiros dias de serviço, "e é preciso ter grande habilidade para interpretar grunhidos mal pronunciados, ou palavras soltas lançadas sem explicação. Acho que ele é deliberadamente excêntrico nesse sentido."[74] Colville, como um jovem aristocrata — era neto de lorde Crewe — que também tinha estudado em Harrow, velha escola de Churchill, deleitava-se com a leniência paternalista do patrão. Sua autoconfiança social, ou sua arrogância, a bem da verdade, permitiam-lhe conversar com potentados à mesa de jantar do primeiro-ministro sem muita reverência, embora sua função fosse a de um humilde funcionário. Na qualidade de escritor de diários, Colville desempenhou inestimável função histórica como cronista da rotina doméstica do primeiro-ministro.

Os sequazes pessoais de Churchill inspiravam desconfiança fora do "círculo secreto", e por vezes até dentro. Havia frequentes críticas à inclinação que ele tinha de colocar velhos amigos e familiares em cargos importantes. Mais tarde na guerra, o genro Duncan Sandys tornou-se muito impopular como subministro do Exército. Alan Brooke jurou que renunciaria se os boatos se concretizassem e Sandys fosse promovido a secretário de Guerra, o que acabou não ocorrendo. Costumava-se dizer que Beaverbrook, Cherwell e Brendan Bracken eram companhias perniciosas para o primeiro-ministro, da mesma forma que importantes americanos se ressentiam das relações de Harry Hopkins com Roosevelt. Contudo, para julgar os assessores de Churchill, a única questão relevante é saber se os acólitos — os chamados "amigos íntimos" — influenciavam, indevidamente, suas decisões.

Beaverbrook era o mais voluntarioso e inconveniente. Ocupando ou não um cargo, tomava uma espantosa parcela do tempo e das atenções do primeiro-ministro. Churchill parece nunca ter notado a covardia de Beaverbrook, inusitada em qualquer pessoa do seu círculo e muito comentada por seus companheiros durante a blitz, quando, sempre que possível, refugiava-se no interior ou em longas viagens internacionais em tempos de guerra. O barão da imprensa exerceu notável poder como ministro da Produção Aeronáutica em 1940, e então como ministro do Abastecimento em 1941. Depois disso, continuou a ser um dos poucos civis cujas opiniões Churchill ouvia. Beaverbrook direcionava comentários maliciosos a inúmeras personalidades. Desprezava toda a Câmara dos Comuns da época da guerra. "A rigor, não passa de um simulacro de Parlamento", escreveu para Hoare em Madri, em maio de 1941. "Os líderes são parte do teatro. Ali Attlee e Creenwood, um pardal e uma gralha, estão empoleirados em cada lado da resplandecente ave-do-paraíso."[75] É fácil identificar momentos em que Beaverbrook levou o primeiro-ministro a más decisões, e mais será dito sobre isso. É bem mais difícil descobrir um caso em que suas imprecações tiveram êxito.

Brendan Bracken, íntimo de Churchill por uma década antes da guerra, desfrutava acesso imediato e gerava ressentimento nos rivais. Todavia, imaginava-se que sua influência era maior do que realmente foi, pois o tagarela Bracken se gabava em excesso. Colegas ministros e funcionários às vezes se chocavam com a informalidade no trato ao primeiro-ministro, a quem chamava de "Winston". Ele e Beaverbrook foram apelidados de "cavaleiros do banho", em referência aos implausíveis encontros que de vez em quando partilhavam com Churchill. Apesar disso, esse irlandês esperto e esquivo, os óculos sob o que parecia ser uma peruca vermelha de palha de aço, era para Churchill uma proveitosa fonte de inteligência e fofoca sobre questões domésticas, e serviu como bem-sucedido ministro da Informação de julho de 1941 a 1945. Com 40 anos em 1941, Bracken tinha elevado nível de inteligência e notável capacidade para gentilezas direcionadas. Como uma espécie de barão da imprensa, dono da *Economist* e presidente do *Financial News*, entendia totalmente as demandas da mídia. Frequentemente intervinha para melhorar o acesso de jornalistas às forças armadas, bem como para conter a raiva do primeiro-ministro quando ele julgava que os jornais haviam ultrapassado os limites razoáveis da crítica. Não exercia nenhuma influência nas estratégias, e raramente estava presente quando o assunto era discutido.

O professor Frederick Lindemann, conselheiro científico do primeiro-ministro que se tornou lorde Cherwell em junho de 1941, era o menos popular dos amigos íntimos de Churchill. Ninguém duvidava de sua inteligência, mas a arrogância intelectual e o gosto por vinganças lhe valeram muitas inimizades. Com 55 anos em 1941, Cherwell herdara uma fortuna oriunda de estações de tratamento de água na Alemanha. Gostava de ostentar riqueza perante colegas cientistas menos favorecidos, chegando para as reuniões em

Oxford num Rolls-Royce com chofer. O hábito de atravessar a rua olhando para a frente, sem dar atenção ao tráfego, refletia sua abordagem aos assuntos de Estado e de guerra. Celibatário e vegetariano, de convicções fortemente direitistas e racistas, era um excêntrico que não se envergonhava de suas excentricidades. Quando três funcionários de sua equipe no gabinete pediram transferência para a marinha mercante, buscando participar mais ativamente da guerra, ele ficou apavorado com os segredos que levariam para o mar. E disse-lhes: "Se perceberem que vão ser capturados, devem se matar imediatamente!"[76]

Quando o cientista cometia um erro de julgamento, sua obstinação provocava estragos consideráveis. Ele fez campanha massiva para que minas aéreas servissem de defesa contra ataques aéreos, desperdiçando significativos esforços de projeto e produção. Seu apoio ao "bombardeio de área" baseava-se numa interpretação errada de dados, que o levou a prejudicar a causa da Marinha Real na Batalha do Atlântico. Como Churchill confiava em Cherwell, os erros do "Prof" eram desproporcionalmente danosos. O primeiro-ministro às vezes abusava das estatísticas de Cherwell para promover teses temerárias de sua própria lavra. Ian Jacob o descreveu como um "inconveniente autorizado". No geral, porém, a contribuição de Cherwell para o governo de Churchill foi positiva. Ela lhe permitiu respaldar com provas argumentos sobre as mais variadas questões.

Entre as figuras menores, o major Desmond Morton era um competente oficial de inteligência que forneceu importantes informações para Churchill nos anos de ostracismo político pré-guerra, e exerceu considerável influência em Downing Street em 1940. Depois disso, porém, Morton foi marginalizado, ouvido apenas em assuntos franceses. Charles Wilson, o médico do primeiro-ministro que se tornou lorde Moran em 1943, inspirou a ira da equipe de Churchill depois da guerra ao publicar diários íntimos de suas experiências. Jock Colville dirigiu palavras de desprezo ao médico egocêntrico: "Moran raramente, ou nunca, era visto quando a história estava sendo escrita; mas, ao fim do dia, com frequência era convidado para o jantar."[77] Isso equivalia a caçar um rato com arma para elefante. Formular políticas nunca foi incumbência de Moran, que nem sequer exercia influência. Parece suficiente que tenha servido bem a Churchill na condição de médico, mostrando-se um companheiro aceitável na jornada histórica do primeiro-ministro.

Os "amigos íntimos" eram vistos como charlatães pelos detratores de Churchill. Apesar disso, cada um tinha méritos, destacando-se a inteligência. Não havia idiotas no *entourage* do primeiro-ministro, embora firmeza na tomada de decisões fosse algo menos garantido. Nenhum dos companheiros mais próximos era conformista. Todos eram homens solitários capazes de andar com as próprias pernas, por mais que usassem o trato social como ferramenta de influência. Em Whitehall e Westminster, homens de menos talento, com farda ou sem farda, denunciavam os falsos profetas que supostamente conduziam o primeiro-ministro a maus caminhos. Na verdade, os planos mais loucos de Churchill nasciam da própria imaginação altamente fértil dele, e não dos criadores de caso que formavam seu círculo íntimo. "Ele sempre preservou inabalável independência de pensamento", escreveu Jock Colville. "Atacava um problema da forma que o percebia e, de todos os homens que conheci, era o menos sujeito a influência alheia, mesmo que fosse a opinião dos conselheiros mais próximos."[78] Da mesma maneira, Churchill formava seu próprio julgamento sobre as pessoas, favorável ou não, e resistia profundamente às tentativas alheias para alterá-lo.

Na época, muitos mal-entendidos sobre o modo como Churchill conduzia o governo, que confundiam até pessoas próximas à sede do poder, vinham da qualidade promíscua de suas falas. Todos os dias, fosse na companhia de generais, ministros, visitantes, fosse na dos funcionários da equipe, ele externava juízos impulsivos e imoderados sobre pessoas e sobre planos. Isso às vezes os divertia, mas com frequência inquietava e assustava mesmo aqueles que o conheciam há mais tempo. No entanto, seus amigos íntimos, principalmente os oficiais do secretariado do Gabinete de Guerra, sabiam que nenhuma frase de Churchill devia ser tomada como base para a ação a não ser que fosse confirmada por escrito. Sabiam que às vezes falava apenas para formular ideias. Já foi observado que Churchill tinha uma mente indisciplinada, uma fonte abundante de ideias ora brilhantes, ora absurdas. Ismay o chamava de "filho da natureza". Entretanto, o aspecto mais notável da máquina britânica de dirigir a guerra é que ela se mostrava mais organizada do que a de qualquer um dos países beligerantes, incluídas a da Alemanha e, depois, a dos Estados Unidos. Um cínico poderia sugerir que Churchill criou um sistema para se proteger dos próprios excessos. Em grande medida, foi bem-sucedido.

No fim da primavera de 1941, os britânicos não estavam mais perto de encontrar um caminho para a vitória do que seis meses antes. O general Raymond Lee, de volta a Londres após uma viagem a Washington em abril, escreveu: "O povo me parece (...) muito mais solene do que em janeiro."[79] O entusiasmo de Churchill por forças especiais e incursões provinha de sua consciência de que, para sustentar a imagem do ímpeto britânico, era necessário um empenho constante. Uma história contada a um general por seu irmão circulava no Departamento de Guerra. Quando menino, o narrador fora convidado a uma caçada em Blenheim Palace, onde Churchill tentou atirar numa lebre a uma distância enorme. O menino lhe perguntou por que desperdiçara uma bala. "Meu jovem", respondeu Churchill casualmente, "eu queria que aquela lebre compreendesse que fazia parte destas atividades".[80] O mesmo espírito, aplicado a questões muito mais importantes, moveu Churchill na primavera e no verão de 1941. Para o Departamento de Guerra, era inútil manter Tobruk depois que Rommel a contornou em abril. No entanto, graças à insistência de Churchill, uma guarnição australiana foi enviada e não tardou a superar numericamente a força alemã que a cercava. Naquela temporada de derrotas, a saga dos infantes da Austrália — os "*diggers*" — resistindo ao "cerco de Tobruk" foi convertida pela propaganda britânica numa lenda de decisiva importância.

Contudo, o palco militar tinha suas limitações. Churchill alimentava uma crença exagerada no poder da ousadia para superar deficiências materiais e numéricas. "A guerra", escreveu ele, "consiste em lutar, corroer e dilacerar, e (...) o mais fraco e frágil vê a vida lhe ser arrancada por esse método. Manobrar é apenas enfeite, muito agradável quando dá certo (...) Combater é a chave da vitória".[81] Apesar disso, como os acontecimentos de 1940-1941 mostraram e como experiências subsequentes confirmaram, as forças britânicas só conseguiam derrotar as da Wehrmacht quando estavam substancialmente mais fortes. Se Hitler tivesse despachado para o Norte da África mais duas ou três divisões de sua vasta ordem de batalha, provavelmente a Grã-Bretanha teria sido expulsa do Egito em 1941. Muitos soldados graduados julgavam esse desfecho possível, embora subestimassem os problemas logísticos de Rommel. "Você deve saber que vamos perder o Oriente Médio",[82] disse Dill a Kennedy em 21 de junho, comentário que ressaltava sua inaptidão para o cargo que ocupava. Kennedy, por sua vez, incorreu na ira de Churchill simplesmente por mencionar essa possibilidade em sua presença. Em 1941, os britânicos foram poupados de um desastre no Mediterrâneo porque Hitler tinha outras prioridades estratégicas. Em 22 de junho, a Alemanha invadiu a Rússia.

6
Camaradas

A invasão alemã à Rússia, realizada em 22 de junho de 1941, transformou a Segunda Guerra Mundial. Os britânicos, graças a interceptações do sistema de inteligência Ultra, estavam cientes, havia tempos, do ataque iminente de Hitler. Convenceram-se de que a intervenção na Grécia tinha determinado um atraso na operação Barbarossa. Na realidade, um degelo tardio e a escassez de equipamento alemão foram fatores decisivos para que o ataque ocorresse mais tarde do que Hitler desejava. Até hoje, os povos britânico e americano destacam sua contribuição para a guerra oriental na forma de comboios marítimos, que foram heroicamente transportados pelo Ártico para Murmansk e ofereceram maciça ajuda ocidental. A realidade foi menos simples. Em 1941 e 1942, tanto a Grã-Bretanha quanto os Estados Unidos careciam desesperadamente de material bélico para suas forças armadas, dispondo de pouco para compartilhar com Stalin. Durante os dezoito meses depois da invasão à Rússia, período em que a sobrevivência desse país esteve por um fio, a ajuda do Ocidente foi muito mais marginal do que a retórica de Winston Churchill e Franklin Roosevelt sugeria, menos decisiva do que os cidadãos ocidentais foram levados a crer.

Em junho de 1941, o impacto imediato da Barbarossa na Grã-Bretanha foi surpreendentemente atenuado. Os choques do ano anterior haviam provocado um efeito anestesiante. Gratas cada manhã por estarem vivas, sua ilha poupada da pilhagem nazista, muitas pessoas receberam a notícia desse divisor de águas com inesperada despreocupação. Edward Stebbing, soldado de 21 anos cuja impaciência em relação à luta já foi citada, sentiu-se desnorteado: "Não há nada que seja direto e franco nesta guerra. No labirinto de mentiras e traições, é quase impossível encontrar a verdade."[1] Em 23 de junho, o colunista Lex, do *Financial Times*, escreveu: "Os mercados de ações passaram a manhã tentando decidir se a investida alemã contra a Rússia significava tendência de alta ou de baixa (...) A maioria concluiu que, independente do que tivesse acontecido, dificilmente estaríamos em pior situação após a mais recente manobra de Hitler." Ali estava uma nova manifestação da teoria churchilliana do "cano de três polegadas" sobre as emoções humanas. Em meio à avalanche de drama e perigo, muitos se refugiavam nos afazeres da vida cotidiana, deixando que a torrente de notícias do mundo, boas e más, passasse por eles em direção ao mar.

A maior parte da classe dominante britânica, do primeiro-ministro para baixo, via a União Soviética com aversão. Os russos haviam repelido todas as tentativas britânicas de aproximação diplomática desde o início da guerra, bem como as advertências de Londres sobre as intenções nazistas. Até o dia do violento ataque alemão, seguindo os termos do pacto nazi-soviético de 1939, Stalin forneceu a Hitler imensa assistência material. Poucos meses antes, inclusive, Vyacheslav Molotov, ministro do Exterior de Stalin, tentava sem êxito negociar com os nazistas uma parte dos espólios da derrota britânica. A extravagância das exigências soviéticas deu a Hitler o pretexto final para executar a Barbarossa.

Ao abordar a história da Segunda Guerra Mundial, é preciso reconhecer as imensas concessões morais impostas aos países que combatiam sob a bandeira da democracia e da liberdade. A Grã-Bretanha, e posteriormente os Estados Unidos, lutou pelo triunfo desses admiráveis princípios onde quer que pudessem ser assegurados — com as exceções por vezes constrangedoras dos impérios ultramarinos europeus. No entanto, repetidas vezes, decisões difíceis tiveram de ser tomadas, traindo qualquer definição de bem absoluto. Se isso é verdade a respeito da atividade política em qualquer época, foi ainda mais evidente entre os anos de 1939 a 1945. Fosse lidando com a França, a Grécia, o Iraque, a Pérsia, a Iugoslávia, fosse com outros países, os Aliados adotaram atitudes e meios que nenhum filósofo da moralidade poderia considerar impecáveis. A relação britânica com suas colônias durante a guerra — o Egito e sobretudo a Índia —, foi decididamente rudimentar. Contudo, se a nobreza de propósitos de Churchill for levada em conta, a maioria de suas decisões merece simpatia.

Ele governou a partir do pressuposto de que outros interesses e considerações estavam subordinados ao objetivo abrangente de derrotar o Eixo. Quem afirma até hoje que Churchill poderia ter "salvado o Império Britânico" se tivesse feito um acordo com Hitler, deixando que a Rússia e a Alemanha destruíssem uma à outra, ignora a dificuldade prática de fazer um acordo sustentável com o regime nazista e ainda revela uma indiferença extremamente cínica por sua torpeza. O preço moral e material de destruir Hitler foi alto, mas a maior parte da humanidade já reconheceu que esse preço precisava ser pago. Ao longo da guerra, o primeiro-ministro foi repetidamente pressionado a escolher não o partido, o país ou a política que representava a virtude, mas qual precisava ser tolerado ou apoiado como o menos ignóbil. Esse imperativo nunca se mostrou mais claro do que nas negociações da Grã-Bretanha com a União Soviética.

De 1917 a 1938, Churchill manteve a reputação de inimigo implacável do bolchevismo. Nos anos anteriores ao seu mandato como primeiro-ministro, porém, ele mudou de atitude, demonstrando surpreendente disposição para se relacionar com os russos. Em outubro de 1938, indo contra as veementes opiniões de Chamberlain, recomendou uma aliança com Moscou e aconselhou os poloneses a buscar uma conciliação com Stalin. Essa conduta tanto o ajudou a ganhar prestígio entre os parlamentares do Partido Trabalhista como a perdê-lo entre os *tories*. Em setembro de 1939, insistiu com Chamberlain para que visse o avanço soviético rumo à Polônia como um acontecimento favorável: "Nada disso vai de encontro ao nosso principal interesse, que é conter o deslocamento alemão para o leste e o sudeste da Europa."[2] Numa transmissão radiofônica duas semanas depois, disse: "Para garantir a segurança da Rússia contra a ameaça nazista, era claramente necessário que os exércitos russos se postassem nessa linha [na Polônia]."[3] Em janeiro de 1940, é verdade, ele se tornou um defensor fervoroso da Finlândia, então acossada pelos russos. Certa vez, indagou sobre a possibilidade de bombardear campos petrolíferos russos em Baku, no Cáucaso, a fim de estancar as remessas de combustível para a Alemanha. A não ser por essa interrupção, porém, Churchill se mostrou disposto a agir em conjunto com os russos, desde que dividissem a incumbência de derrotar Hitler. Provavelmente seguiu esse caminho por não ver outro meio de obter sucesso.

O primeiro-ministro estava em Chequers naquela manhã de domingo, em junho, quando chegou a notícia sobre a operação Barbarossa. Contou imediatamente a Eden, hóspede da casa, que estava decidido a aceitar a União Soviética como parceira no conflito, e passou o restante do dia vagueando sob o sol quente, aprimorando temas e frases para um pronunciamento. Conversou com Beaverbrook e Sir Stafford Cripps, o embaixador em Moscou que por acaso estava na Grã-Bretanha, mas não se deu ao trabalho de convocar o Gabinete. Na mesma noite, quando finalmente se sentou diante do microfone da BBC, a primeira coisa que fez foi reconhecer sua hostilidade anterior em relação aos soviéticos: "O regime nazista é indistinguível das piores características do comunismo. É destituído de qualquer tema ou princípio, exceto voracidade e dominação racial. Ninguém foi um adversário mais consistente do comunismo do que eu nos últimos 25 anos. Não renego nenhuma palavra que disse." E então declarou, em termos ousados e brilhantes, o compromisso britânico de lutar ao lado da Rússia de Stalin:

> O passado, com seus crimes, suas loucuras e suas tragédias, desaparece. Vejo os soldados russos no limiar de sua terra natal, guardando os campos que os pais cultivaram desde tempos imemoriais. Vejo-os protegerem suas casas, onde mães e esposas rezam — ah, sim, pois há momentos em que todos rezam — pela segurança dos entes queridos, pela volta do provedor da família, do

> paladino, do protetor. Vejo milhares de aldeias da Rússia onde a subsistência é arrancada com tanta dificuldade do solo, mas onde ainda existem alegrias humanas primordiais, onde moças riem e crianças brincam.
>
> Vejo avançar sobre tudo isso, num assalto hediondo, a máquina de guerra nazista, com seus oficiais prussianos marchando em seus coturnos, seus agentes astutos e especializados chegando após a intimidação e o tolhimento de uma dezena de países. Vejo também as obtusas, adestradas, submissas, bestiais massas de hunos caminhando pesadamente como uma profusão de gafanhotos rastejantes. Vejo os bombardeiros e os caças alemães no céu, ainda se recuperando de tantas surras britânicas, felizes por encontrar o que lhes parece uma presa mais fácil e garantida.
>
> Devo declarar a decisão do Governo de Sua Majestade (...) Qualquer homem ou Estado que lute contra o nazismo terá nosso apoio (...) Prestaremos toda a ajuda que pudermos à Rússia e ao povo russo (...) A ameaça à Rússia é, portanto, uma ameaça a nós e aos Estados Unidos, assim como a causa de qualquer russo que lute por sua família e por seu lar é a causa dos homens livres e dos povos livres em qualquer quadrante do globo.

Não pela primeira vez durante a guerra, as palavras de Churchill foram aclamadas pela maioria dos britânicos, ao mesmo tempo que suscitavam dúvidas entre parlamentares *tories* e oficiais de altas patentes. Para a elite britânica, a repugnância aos soviéticos manchados de sangue era profunda. Leo Amery, secretário da Índia, tinha aversão à ideia de se unir aos comunistas. O coronel John Moore-Brabazon, ministro da Produção Aeronáutica, foi impulsivo a ponto de declarar, em público, seu desejo de ver alemães e russos se exterminarem. Jock Colville disse que esse era "um sentimento amplamente difundido".[4] O tenente-general Pownall queixou-se da atitude pouco viril que, segundo ele, o secretário do Exterior, Anthony Eden, e os diplomatas de seu departamento apresentavam aos russos. "Acham que estão lidando com pessoas normais. Não estão. Os russos são orientais e precisam ser tratados de um jeito completamente diferente, com mais agressividade. Não são os velhos camaradas etonianos [do Eton College]."[5] O *tory* Cuthbert Headlam observou, com curioso distanciamento: "Não acho que a 'conquista' da Rússia demore muito. Depois disso, ou Hitler fará algum tipo de proposta de paz, baseada na nossa aceitação da 'Nova Ordem', ou tentará a sorte com uma investida, seja aqui, seja no teatro de operações do Oriente [Médio]."[6] Headlam achava a atitude de Churchill taticamente sensata, mas, como muita gente, não conseguia imaginar um final feliz sem os americanos. Começava a alimentar esperanças de uma assistência mais grandiosa: "Sentimos que Deus está do nosso lado — e isso é ótimo."[7]

A esquerda britânica e o público em geral, no entanto, reagiram com total entusiasmo à declaração de apoio à Rússia. O parlamentar Aneurin Bevan, do Partido Trabalhista Independente, incansável crítico da liderança de Churchill, cumprimentou-o por aceitar os russos como companheiros de luta: "Foi uma declaração de extrema inteligência, muito difícil de fazer, mas realizada com grande sabedoria e vigor." George King, taquígrafo do tribunal de Surrey, escreveu: "Sinto muito orgulho disso. Sempre tive um fraco pelos russos, nunca os culpei por não gostarem de nós. Demos a eles bons motivos nos anos seguintes à última guerra (...) Agradeço a Deus pela Rússia. Eles nos salvaram de uma invasão este ano."[8] A londrina Vere Hodgson escreveu em 22 de junho: "Os russos não foram muito gentis conosco no passado, mas agora precisamos ser amigos, ajudarmos uns aos outros (...) Ainda temos um aliado combatente na Europa. Isso melhora meu estado de espírito."[9] No mês seguinte, acrescentou com notável sagacidade: "De alguma maneira, sinto que Stalin é mais páreo para Hitler do que qualquer um de nós (...) Parece um sujeito tão desagradável."[10] Nesse ponto, estava completamente certa. Nunca pareceu plausível que, para derrotar Hitler, os britânicos estivessem dispostos a se devorarem. Mas foi o que os russos fizeram durante o cerco de Leningrado. Na verdade, passaram por coisas bem piores entre 1941 e 1945, poupando os Aliados Ocidentais de fazerem escolhas que o primeiro-ministro britânico jamais hesitaria em fazer, mas o povo britânico, sim.

Os comunistas britânicos, muitos dos quais estavam indiferentes à guerra, mudaram de tom drasticamente. Alguns, como a sra. Elizabeth Belsey, passaram a sentir uma admiração apaixonada pela luta da Mãe Rússia enquanto mantinham o mesmo desprezo pelos líderes da Grã-Bretanha. Eis o que escreveu para o marido soldado:

> Tive uma agradável surpresa (...) quando Churchill aceitou tão prontamente a Rússia no círculo de nossos bravos aliados. Eu pensava que ou ele continuaria sua guerra própria, ignorando a Rússia, ou simplesmente se retiraria, deixando a Rússia se virar sozinha. Pensando melhor, percebo que o rumo que tomou era, para ele, o único realista. O discurso de Churchill me enojou (...) A imagem terrivelmente piegas que traçou dos russos "defendendo seu solo", e a atitude até-ateus-às-vezes-rezam em relação às mulheres soviéticas! E o modo como cada comentarista do assunto deixa claro que, enquanto apoiamos a Grécia pelos gregos, a Noruega pelos noruegueses, a Abissínia pelos abissínios, e assim por diante, agora só apoiamos a Rússia por nossa própria causa (...) E quanto ao histórico pessoal de Churchill? Quem vai lembrá-lo de uma declaração sua, quando afirmou que, caso pre-

cisasse escolher entre comunismo e fascismo, não tinha certeza se escolheria o comunismo?[11]

Churchill sentia, no estilo Wilkins Micawber, satisfação em saber que a investida de Hitler para o leste significava que "alguma coisa tinha acontecido". No entanto, partilhava com seus generais uma profunda descrença na capacidade russa de resistir à Wehrmacht. Um ano antes, a minúscula Finlândia tinha humilhado o Exército Vermelho. O orgulho nacional britânico argumentava que seria bastante implausível a Rússia repelir as legiões de Hitler, quando o poderio combinado dos exércitos francês e britânico não tivera êxito em 1940. Pownall escreveu em 29 de junho: "É impossível dizer quanto tempo vai durar a resistência russa — três semanas ou três meses?"[12] Tudo que os chefes militares britânicos esperavam do novo front oriental, após o início da Barbarossa, era que os russos aguentassem firmes até o inverno. Tropas britânicas continuavam a se preparar contra um súbito ataque alemão à costa do país, em parte porque, naquele momento, não tinham outra ocupação. Pownall estava cético: "Não acredito que, no fundo, Winston acredite numa invasão a este país. É claro que não pode dizer isso, senão todo mundo relaxaria de imediato."[13]

Uma grande parcela do exército britânico — uma parcela substancialmente maior do que a destacada no Oriente Médio — ficou na Grã-Bretanha, onde permaneceria por mais três anos para desgosto dos russos, e depois também dos americanos. Das cerca de 25 divisões de infantaria e quatro divisões de blindados no país, apenas dez talvez fossem capazes de combater. Não havia sentido em despachar formações para o Oriente Médio, ou mesmo para o Império Oriental da Grã-Bretanha, sem dar-lhes tempo de se equipar com tanques, canhões anticarro, armas automáticas e peças de artilharia. Tudo isso continuava escasso. Julgou-se necessário manter a produção de armas e aeronaves sabidamente obsoletas, pois a introdução de novos modelos acarretaria atrasos que pareciam inaceitáveis. Uma tropa de soldados britânicos mal equipados, mal treinados e profundamente entediados permaneceu no próprio país por meses e meses, então por anos e anos, enquanto grupos bem menos numerosos de seus camaradas combatiam no exterior. Alan Brooke, comandante em chefe das forças metropolitanas, queixou-se da dificuldade de deixar unidades em condições de luta sem o estímulo da ação.

Além disso, a maioria esmagadora de caças da RAF continuava posicionada no sul da Inglaterra, conduzindo "varreduras aéreas" no norte da França, consideradas moralmente importantes, mas que custavam à RAF perdas maiores do que à Luftwaffe — 411 pilotos entre junho e setembro, para 103 aeronaves da Luftwaffe derrubadas (embora 731 fosse o número anunciado pela RAF). Generais e almirantes se irritavam com esse emprego de recursos aéreos. Os caças tinham valor incalculável no Oriente Médio e no Mediterrâneo. Quando o almirante Cunningham foi informado de que seria Cavaleiro da Grande Cruz da Ordem do Banho, respondeu sarcasticamente que preferia ser agraciado com três esquadrões de Hurricanes. "O fato de as autoridades aparentemente não verem o perigo de nossa situação no Mediterrâneo, sem apoio aéreo adequado, ultrapassa a minha compreensão",[14] escreveu ele. Havia outra dificuldade, que prejudicaria a RAF pelo restante da guerra: os Spitfires e Hurricanes eram magníficos interceptadores, ideais para a defesa do país, mas tinham autonomia de voo muito limitada. Quanto mais distantes fossem as ações, mais severamente a Grã-Bretanha sofria com a falta de caças de longo alcance. A Marinha Real só dispôs de bons porta-aviões em 1944-1945, quando passou a ter acesso aos modelos americanos. Os chefes de estado-maior justificavam a grande concentração de caças no país com o argumento de que, se Hitler desse início a uma invasão, a RAF desempenharia função crítica na defesa nacional. No entanto, parece um importante equívoco estratégico que, ao longo de 1941-1942, a Grã-Bretanha retivesse forças aéreas extravagantemente robustas em aeródromos domésticos — no fim de 1941, 75 esquadrões de caças de combate diurno, contra 34 em todo o Oriente Médio —, mesmo depois de quase toda a Luftwaffe ter partido para o front oriental. A Grã-Bretanha continuou excessivamente protegida contra invasão até 1942, a um custo alto para suas forças nos campos estrangeiros de batalha.

Se Hitler, em vez de se voltar para o leste, houvesse aumentado a pressão sobre a Grã-Bretanha em 1941, mesmo evitando uma invasão poderia intensificar a blitz noturna, se apoderar de Gibraltar e Malta, fortalecer Rommel e expulsar a Marinha Real do Mediterrâneo. Se essas coisas tivessem acontecido, Churchill de forma alguma continuaria no cargo de primeiro-ministro. Como se viu, a providência afastou do Ocidente o fantasma da catástrofe imediata — desde que a rota atlântica de comboios pudesse ser mantida. Nesse sentido, em meados de 1941, o papel do sistema Ultra tornou-se essencial. Mais e mais mensagens navais alemãs, principalmente as ordens para U-boats no mar, eram decifradas em "tempo real" em Bletchley Park. A partir de julho, alguns comboios foram desviados com êxito de conhecidas concentrações de submarinos, reduzindo substancialmente as perdas.

A decisão crucial para a Grã-Bretanha, depois de 22 de junho de 1941, era até que ponto desfalcar seu inadequado arsenal para ajudar os russos. A experiência em Creta aumentou a paranoia britânica sobre paraquedistas. Temia-se que os desembarques aéreos noturnos dos alemães, no sul da Inglaterra, desmentissem todos os cálculos sobre a capacidade de a Marinha Real e a RAF frustrarem uma esquadra anfíbia. Em 29 de junho, Churchill ofereceu ao Departamento de Guerra uma de suas projeções mais extravagantes: "Precisamos levar em conta o ataque súbito de talvez 250 mil paraquedistas, saltando de planadores ou chegando com tropas aerotransportadas. Todos que usam farda, e todos que se sintam aptos, devem surpreendê-los onde quer que os encontrem e atacá-los com grande entusiasmo — 'Que todo mundo/ Mate um huno.'"

Diante desse panorama, os ministros militares e chefes de estado-maior se opuseram com veemência ao envio de tanques para a Rússia. Eis um debate que espelhava as discussões em Washington sobre a Grã-Bretanha. Os soldados, marinheiros e aviadores de Churchill mostraram a mesma relutância que seus camaradas americanos haviam demonstrado um ano antes em despachar armas preciosas para um país que poderia ser derrotado antes de utilizá-las.

Os russos não ajudavam muito sua própria causa. De um lado, fizeram exigências extravagantes ao governo de Churchill: o envio de 25 divisões britânicas para a Rússia; o desembarque imediato de um exército no continente, para forçar os alemães a combaterem numa "Segunda Frente" — frase que, ao longo da guerra, ainda seria muito ouvida. Em contrapartida, na Rússia, ergueram diante de diplomatas e soldados britânicos uma muralha de silêncio sobre sua própria luta. Um hóspede americano, presente em um almoço em Londres dominado por grandes nomes da política, escreveu posteriormente: "É bastante óbvio que todos os britânicos desconfiam completamente dos russos. Ninguém sabia muito sobre o que de fato estava acontecendo."[15]

Até o fim da guerra, os britânicos descobriram mais sobre o front oriental com interceptações Ultra de mensagens inimigas do que com os supostos aliados em Moscou. Muitos relatórios operacionais alemães rapidamente ficavam disponíveis em Londres. Rigorosas medidas de segurança buscavam ocultar do inimigo o fato de que Bletchley Park estava decifrando seus códigos. Churchill ficou apavorado com um relato que apareceu no *Daily Mirror* sob o título "Espiões perseguem o código nazista". A reportagem começava: "Espiões de rádio na Grã-Bretanha trabalham todas as noites (...) anotando as mensagens em código Morse que se anunciam (...) Nas mãos de especialistas, podem produzir uma mensagem de vital importância para o nosso Serviço de Inteligência."[16] A reportagem do *Mirror* foi escrita na mais absoluta ignorância sobre a existência do sistema Ultra, e apenas descrevia as atividades de radioamadores britânicos. Churchill, porém, escreveu para Duff Cooper, ainda ministro da Informação, e criticou a reportagem. Era morbidamente melindroso ao risco de chamar a atenção dos alemães para a segurança de suas transmissões de rádio.

Ainda assim, houve perigosas indiscrições, como a cometida pelo próprio primeiro-ministro numa transmissão pela BBC em 24 de agosto, na qual se baseou em interceptações Ultra para ressaltar o número de civis assassinados pela SS na Rússia. Os alemães perceberam. O principal general da polícia de Hitler, o SS-Oberstgruppenführer Kurt Daluege, alertou todas as suas unidades em 13 de setembro: "O risco de o inimigo decodificar mensagens pelo rádio é grande. Por esse motivo, somente informações não secretas devem ser transmitidas."[17] Foi uma sorte o alto comando alemão não tirar conclusões mais abrangentes das palavras de Churchill.

Nas primeiras semanas depois que os Panzers atravessaram a fronteira soviética, informações de inteligência revelaram que os russos estavam sofrendo perdas colossais de soldados, tanques, aeronaves e território. Tudo que o Departamento de Guerra conseguiu descobrir confirmava a predisposição dos generais a supor que Stalin seria derrotado. Só duas importantes forças na Grã-Bretanha defendiam com veemência a ajuda à Rússia. A primeira era a opinião pública. Fora do círculo de altos oficiais, aristocratas e homens de negócios, que não gostavam dos soviéticos, a operação Barbarossa provocou uma onda de sentimentalismo a favor do povo russo que persistiu até 1945. Fábricas e estaleiros, onde sindicalistas comunistas até então haviam demonstrado pouco entusiasmo por uma "guerra de patrões", de repente foram tomados de ânimo pela Rússia. O número de pessoas que se filiavam ao Partido Comunista na Grã-Bretanha aumentou — até pelo fato de que as discussões francas sobre a barbárie do regime soviético foram suspensas até segunda ordem. O povo britânico alimentava uma vergonha pelas próprias derrotas, uma sensação de culpa pelo país estar fazendo tão pouco para derrotar Hitler, algo que seria enunciado de modo ainda mais claro nos anos seguintes.

E havia o primeiro-ministro. Na questão russa, assim como em sua oposição a Hitler um ano antes, ele adotou uma política totalmente sincronizada com o estado de espírito do povo: toda a ajuda ao novo camarada de luta da Grã-Bretanha. O adido militar americano Raymond Lee achou curioso ver Ivan Maisky, o embaixador soviético, "quase um pária em Londres por tantos anos",[18] agora conversando constantemente com Churchill, Eden e o embaixador dos Estados Unidos, "Gil" Winant. A grandeza de Churchill nessa questão ressalta a pequenez da maioria dos seus colegas. Ele percebeu que, independentemente das dificuldades, e por menor que fosse a possibilidade de êxito, ninguém poderia dizer que a Rússia sofrera uma derrota porque a Grã-Bretanha não a ajudou. De início, logo depois da Barbarossa, ele insistiu que os chefes de estado-maior realizassem um desembarque no norte da Noruega para estabelecer ligação direta com o Exército Vermelho. Quando a ideia foi derrubada, principalmente porque não havia cobertura aérea baseada em terra ao alcance da Noruega, ele ordenou que todos os tanques e aviões possíveis, incluídos alguns comprados dos americanos pela Grã-Bretanha, fossem enviados para Stalin. Persistiu, porém, uma enorme distância — bem maior do que a maioria dos historiadores reconhece — entre intenção e implementação. Por todo o verão de 1941, enquanto a sobrevivência da Rússia esteve por um fio, uma pífia quantidade de material de guerra foi despachada.

No que diz respeito aos Estados Unidos, o país inicialmente não soube interpretar a nova situação. Roosevelt pareceu despreocupado, quase leviano, numa carta ao almirante William Leahy, embaixador dos Estados Unidos em Vichy, em 26 de agosto: "Agora vem a distração russa. Se for mais do que isso, significará a libertação da Europa da dominação nazista — e ao mesmo tempo acho que não precisamos nos preocupar como uma possibilidade de dominação russa." Contudo, o isolacionista *Chicago Tribune* perguntou por que os americanos deveriam se aliar "a um açougueiro asiático e sua turma de ateus". O *New York Times* ainda hesitava em agosto: "Stalin hoje está do nosso lado. Onde estará amanhã?" O senador Bennett Champ Clark, do Missouri, disse simplesmente: "É cobra atacando cobra." O senador Burton K. Wheeler, arqui-isolacionista, manifestou o mesmo desdém por Stalin, Churchill e Roosevelt.

Os chefes de estado-maior dos Estados Unidos, que já hesitavam em despachar armas para a Grã-Bretanha, relutavam mais ainda em fazê-lo para a Rússia. Embora o presidente manifestasse vigorosamente sua determinação de ajudar o povo de Stalin, meses se passaram antes que enviasse um material expressivo. No começo de agosto, Roosevelt atacou ferozmente os departamentos de Estado e de Guerra por não satisfazerem seus desejos com relação ao auxílio: "Os russos acham que foram enganados pelos Estados Unidos." Pelo fim de setembro, apenas 29 milhões de dólares em suprimentos tinham sido despachados. Havia um agudo contraste no tratamento financeiro dado pelos americanos à Grã-Bretanha e à Rússia. Em 1940-1941, a Grã-Bretanha foi obrigada a vender todos os seus ativos negociáveis para pagar contas americanas antes de receber a ajuda do Lend-Lease; no entanto, quando Washington fez uma proposta semelhante a Moscou, os russos a rejeitaram com raiva. Negavam-se a abrir mão de seus recursos. Roosevelt aquiesceu com uma docilidade que os britânicos apreciariam bastante. Suprimentos americanos para a Rússia eram fornecidos gratuitamente nos termos do Lend-Lease. As providências de implementação, no entanto, se arrastavam. Como no caso da Grã-Bretanha, havia falta de vontade e de meios materiais imediatos.

A ausência de ajuda ocidental tornava ainda mais urgente que a Grã-Bretanha fosse vista combatendo no oeste, que o exército do deserto mais uma vez saísse na ofensiva. Auchinleck, "homem obstinado, de fortes princípios morais",[19] como o descreveu Churchill num rascunho inédito de suas memórias de guerra, disse que não seria possível atacar antes do outono. A operação Crusader, codinome de uma nova arremetida no deserto, foi adiada repetidas vezes. Churchill se irritou, fez duras críticas e até cogitou uma implausível substituição de Auchinleck por lorde Gort. Não obstante, continuava a receber a mesma mensagem do Cairo. O único êxito no Norte da África era a contínua defesa de Tobruk pela 7ª Divisão Australiana. Mais para o fim do ano, Churchill ficou furioso quando o governo australiano em Camberra, então chefiado pelo trabalhista John Curtin após o afastamento de Robert Menzies, insistiu que essa formação fosse evacuada do porto sitiado e substituída por tropas inglesas. Em 25 de agosto, forças britânicas invadiram a Pérsia depois que o xá pró-nazista rejeitou um ultimato de Londres, no qual exigia a expulsão de centenas de alemães do país. Churchill e Eden partilhavam um constrangimento pela incursão, sentimento que aumentou quando forças russas entraram no norte do país. A Pérsia se tornou uma importante rota de suprimento na ajuda a Stalin, mas os britânicos estavam cientes de que sua tomada do poder envolvia métodos semelhantes aos de Hitler.

Em Londres, Churchill instou ao Comando de Bombardeiros da RAF que intensificasse os ataques noturnos à indústria alemã. No entanto, além de ineficazes, eles eram altamente danosos aos britânicos. Entre 1º e 18 de agosto, a Grã-Bretanha perdera 107 bombardeiros na Alemanha e na França. A blitz noturna custava à Luftwaffe perdas de menos de 1% em cada incursão, sendo que grande parte se devia a acidentes. Já a média da RAF era de 4% de bombardeiros durante a guerra. Era uma preocupante estatística para jovens aviadores obrigados a realizar trinta surtidas para completar um turno de operações. Enquanto isso, as heroicas e sangrentas batalhas de comboios mediterrâneos da Marinha Real para defender Malta recebiam muita atenção da mídia, mas nada faziam para desviar o foco alemão no leste.

Embora os russos recuassem, com exércitos inteiros se desintegrando diante da irresistível força alemã, Eden e lorde Moyne, líder do governo na Câmara dos Lordes, enfureceram Stalin ao afastar publicamente qualquer possibilidade de uma Segunda Frente imediata. A intenção dos ministros era acabar com especulações internas, mas em Moscou esses comentários foram considerados estúpidos. Favoreciam Hitler por anunciar, explicitamente, que não haveria qualquer ameaça à sua retaguarda. Stalin telegrafou para Maisky no fim de agosto: "O governo britânico, com sua política passiva e inerte, está ajudando os nazistas. Os nazistas querem derrubar seus inimigos um de cada vez — hoje os russos, amanhã os britânicos (...) Será que os britânicos entendem? Acho que sim. O que querem com isso? Querem que saiamos enfraquecidos. Se essa suspeita for correta, precisamos ser muito severos em nossas negociações com a Grã-Bretanha."[20]

O esforço britânico para negar à sua nova parceira de beligerância acesso a seus segredos era fatalmente comprometido pelo excesso de simpatizantes dos comunistas, encabeçados por Donald Maclean e John Cairncross, que possuíam informações confidenciais. Havia mais documentos, telegramas, minutas de comitê e interceptações Ultra repassados à União Soviética do que o serviço de inteligência russo era capaz de traduzir. Para citar um exemplo, Beria, o chefe de inteligência de Stalin, informou a seu líder em 28 de agosto: "Gostaríamos de informá-lo sobre o conteúdo de um telegrama do Ministério das Relações Exteriores da Inglaterra, datado de 18 de agosto deste ano, endereçado ao embaixador inglês nos Estados Unidos. O conteúdo desse telegrama foi obtido pelo Departamento de Inteligência do NKVD da URSS em Londres, por meio de nossos agentes: 'Em resposta ao Parágrafo 3º do seu telegrama Nº 3.708 de 8 de agosto. Nossa atitude para com os russos será inteiramente determinada pelo princípio de reciprocidade. Precisamos fazê-los abrir as instalações militares e outros objetos de interesse para o nosso povo. Até agora não mostramos quase nada aos russos. No futuro próximo, mostraremos fábricas que produzem armas padrão. Mas eles não serão admitidos nas fábricas experimentais. Os chefes de estado-maior estabeleceram, para todas as instalações, o princípio geral de que os russos só receberão informações e relatórios que seriam inúteis para os alemães (...) Esperamos que as autoridades americanas não ultrapassem os limites aos quais aderimos.'"[21] O conhecimento sobre a atitude britânica definitivamente não convenceu os russos a abandonar o obsessivo sigilo que cercava suas atividades militares e industriais.

Ainda que Churchill manifestasse entusiasmo pelo envio de material de guerra, quase nada acontecia. Dentro do governo dele próprio, essa política só contava com o apoio irrestrito de Eden e Beaverbrook. Lorde Hankey foi um dos que se opuseram abertamente à ajuda a Stalin, recomendando, em vez disso, uma prioridade maior à Batalha do Atlântico. Churchill declarou, numa transmissão pela BBC em 9 de setembro, que "grandes suprimentos estão a caminho" da União Soviética. Três semanas depois, disse à Câmara dos Comuns: "Para que a Rússia permaneça indefinidamente em campanha como potência beligerante de primeira classe, o povo britânico terá de fazer sacrifícios da mais grave espécie e oferecer os mais extremos esforços, e enormes instalações novas ou conversões de fábricas existentes terão de ser preparadas nos Estados Unidos, com todo o trabalho, todo o custo e toda a perturbação da vida cotidiana que tal empenho exige."[22]

Contudo, as objeções dos chefes de estado-maior retardaram até as remessas de duzentos caças Tomahawk de fabricação americana, bem como de duzentos Hurricanes prometidos a Stalin pelo primeiro-ministro. Esses aviões chegaram à Rússia no fim de agosto. Fora isso, a grande contribuição da Grã-Bretanha até o outono foi uma remessa de borracha. O povo de

Churchill estava tão confuso quanto Moscou estava furiosa pelo fato de a Grã-Bretanha não empregar suas forças em alguma clara ação de emergência para distrair os alemães. George King, o taquígrafo de Surrey, escreveu em 16 de setembro: "Hitler está investindo tudo que tem nas batalhas do leste. Acho que todos aqui gostaríamos de atacá-lo em algum ponto do oeste, mas imagino que ainda não estejamos prontos." E, de novo, poucas semanas depois: "Os maravilhosos russos ainda detêm o inimigo."[23]

No fim de setembro, o governo britânico tomou uma iniciativa importante. Lorde Beaverbrook, agora ministro do Abastecimento, seguiu de navio para a Rússia com uma delegação de vinte pessoas, entre elas Ismay, chefe da Casa Militar de Churchill, e acompanhado — de forma surpreendente, já que os Estados Unidos ainda não tinham entrado na guerra — de onze americanos chefiados pelo emissário de Roosevelt, Averell Harriman. "Cuidado para não secarem nossos cofres", recomendou Churchill a Beaverbrook quando se despediram. Beaverbrook, porém, estava disposto a estender a mão a Stalin, a demonstrar mais boa vontade e generosidade do que o governo britânico e os chefes de estado-maior haviam determinado. Em três encontros com Stalin, durante os quais o líder russo demonstrou uma curiosidade insaciável sobre Churchill, Beaverbrook lançou mão de todo o seu charme e entusiasmo. Engoliu os insultos de Stalin: "De que serve um exército que não luta? (...) A exiguidade de suas ofertas mostra que vocês querem ver a derrota da União Soviética." O barão da imprensa tentou divertir e incentivar o comandante. Um funcionário público observou, cinicamente, que Beaverbrook e Stalin se entenderam bem porque ambos eram escroques. O britânico prometeu tanques, aviões e equipamentos — mais especificamente duzentos aviões e 250 tanques por mês — enquanto Harriman, em nome dos americanos, demonstrou igual liberalidade. A proposta britânica representava, em 1941-1942, entre um quarto e um terço da produção interna de caças e mais de um terço da produção de tanques. Era o máximo que qualquer ministro poderia oferecer, mas os russos a consideraram insignificante no contexto da luta titânica em que estavam empenhados.

Beaverbrook voltou a Londres em 10 de outubro, num estado de espírito messiânico. Em público, colocou Stalin e a União Soviética nas alturas. Para o comitê de defesa do Gabinete de Guerra, escreveu: "Hoje só existe um problema militar — como ajudar a Rússia. Mas, nessa questão, os chefes de estado-maior se contentam em dizer que nada pode ser feito." Tão violentamente defendeu a causa russa que Ian Jacob, do secretariado do Gabinete de Guerra, ficou convencido de que pretendia substituir Churchill como primeiro-ministro. Beaverbrook insistia num desembarque imediato na Noruega, enquanto, de Moscou, Cripps telegrafou para propor o envio de tropas britânicas para reforçar o Exército Vermelho. A partir daquele momento, Beaverbrook se tornou o principal defensor de uma Segunda Frente, e usou os próprios jornais para promover a causa. Costuma-se sugerir que ele deu uma única contribuição importante ao esforço de guerra britânico no verão de 1940, atuando como ministro da Produção Aeronáutica. No entanto, sua intervenção no outono de 1941, exigindo suprimentos para a Rússia, teve um impacto ainda maior. Num momento em que muitas pessoas em Londres, tanto comandantes como ministros, simplesmente postergavam, o imoderado fervor do barão da imprensa exerceu influência sobre as atitudes públicas e políticas.

A subsequente campanha de Beaverbrook pela Segunda Frente, sobre a qual mais ainda será dito, foi irresponsável e desleal. Ele demonstrou, no mínimo, ingenuidade em seus extravagantes panegíricos da União Soviética, ignorando e até negando a natureza sanguinária da tirania stalinista, num nível ao qual Churchill jamais se rebaixou. Alan Brooke foi um dos que guardaram perene ressentimento pelas promessas de Beaverbrook em Moscou, irresponsavelmente generosas, em sua visão. Apesar disso, como ministro do Abastecimento, Beaverbrook compreendeu uma questão fundamental, que políticos, generais e funcionários britânicos mais exigentes se recusavam a reconhecer. Fossem quais fossem os defeitos da Rússia como aliada, o desfecho da luta no leste determinaria, de forma decisiva, o destino da Grã-Bretanha. A campanha do Norte da África tem posição de destaque na percepção e na propaganda britânicas, porém o significado foi desprezível em comparação à guerra de Stalin. Se Hitler subjugasse a Rússia, poderia ter se tornado invencível na Europa, mesmo que os Estados Unidos viessem a entrar na guerra.

Até março de 1942, quando os alemães despertaram para a importância de interditar os suprimentos aliados, reforçando vigorosamente suas forças aérea e naval no norte da Noruega, comboios para a Rússia seguiam quase sem transtorno, e a Grã-Bretanha perdeu apenas dois navios. Churchill nomeou Beaverbrook diretor de uma nova Executiva Aliada de Suprimentos para planejar e supervisionar as entregas. Mesmo com esse apoio, contudo, as remessas continuaram modestas. Os britânicos despacharam caças Hurricane obsoletos e mal-acondicionados, muitos dos quais chegavam com avarias; caças Tomahawk de fabricação americana, que os russos não acharam confiáveis e por algum tempo mantiveram em terra; tanques e fuzis anticarro Boyes que o exército britânico classificara como inadequados. O segundo comboio "PQ" para a Rússia só partiu em 18 de outubro de 1941 e o terceiro, em novembro. Em seu desespero, os russos nunca chegaram tão perto de demonstrar gratidão na guerra. Um almirante soviético escreveria depois: "Ainda me lembro da atenção com que acompanhávamos o progresso dos primeiros comboios no fim do outono de 1941, da velocidade e energia com que eram descarregados em Arcangel e Murmansk."[24]

Lorde Hankey, porém, escreveu com maldosa satisfação sobre a suposta falsa alegria de Beaverbrook em armar a Rússia, pois, como ministro do Abastecimento, foi o responsável pela criticada produção britânica de tanques: "Agora devo lembrar que ele não está construindo nada além de tanques de fancaria quando estimula os operários a trabalhar dia e noite para produzir inumeráveis Tanques para a Rússia — todos Tanques fajutos."[25] Os russos apreciavam o Valentine, que atendia às condições do front oriental muito melhor do que o Matilda, o qual também foi despachado em grande quantidade. Rapidamente, porém, perceberam que a maioria das armas despachadas correspondia ao material menos valorizado pela Grã-Bretanha. E não se ajudaram muito ao rejeitar, com desdém, ofertas britânicas de instrução técnica. Muitos equipamentos foram danificados ou destruídos pela falta de familiaridade dos novos usuários. Vários pilotos russos morreram tentando decolar sem soltar os freios dos Tomahawks.

Em 1943 e 1944, quando os suprimentos americanos começaram a chegar à Rússia em larga escala, sua influência na alimentação e no transporte do Exército Vermelho foi dramática. Os russos logo perderam interesse por tanques e aviões, que eles mesmos preferiam construir, buscando em vez disso caminhões, coturnos, equipamento técnico, alumínio e carne enlatada dos Estados Unidos. É possível que as remessas de alimentos tenham, inclusive, evitado a inanição na Rússia no inverno de 1942-1943. As remessas americanas somaram 2,5 bilhões de libras esterlinas, contra os 45,6 milhões de libras esterlinas correspondentes ao auxílio britânico. Supõe-se que a ajuda dos Aliados representou uma contribuição de 10% do esforço de guerra soviético em 1943-1944 — mas só 5% em 1942 e uma quantidade desprezível em 1941. Chris Bellamy, um dos mais bem informados historiadores ocidentais da guerra soviética, sugere que, embora tais contribuições pareçam marginais, podem ter sido decisivas quando a União Soviética esteve a ponto de ser derrotada.[26]

Não se pode, realisticamente, condenar britânicos e americanos por enviarem um material tão escasso para a Rússia em 1941 e 1942, pois tanto a produção como o transporte de armas eram inadequados para atender às necessidades deles próprios. O mais relevante é o fato de que havia um abismo entre a retórica anglo-americana e a verdadeira contribuição ocidental. No primeiro ano após a deflagração da Barbarossa, dos 2.443 tanques prometidos pelas potências ocidentais, apenas 1.442 chegaram no prazo, assim como 1.323 de 1.800 aeronaves anunciadas. Durante esse período, os russos produziram 2 mil tanques por mês — a maioria de qualidade muito superior à dos enviados para Murmansk e Arcangel. Havia momentos em que o Exército Vermelho perdia mil tanques por semana no campo de batalha.

No outono de 1941, a tensão na Grã-Bretanha entre o entusiasmo popular pelo povo de Stalin e a aversão aos russos em partes da máquina de guerra impunham grande pressão sobre o primeiro-ministro. Um colunista do *Observer* sugeriu que a entrada da Rússia na guerra alimentou o instinto britânico de complacência: "O efeito sobre nós, em termos psicológicos, não é saudável. Encontramos um atalho para a vitória (...) Recostamo-nos para acompanhar, com satisfação, como nossa ofensiva aérea contra a Alemanha está ajudando nossa grande aliada soviética. Com a Rússia e os Estados Unidos do nosso lado, agora, sim, ficaremos bem."[27] Edward Stebbing, que fora dispensado do exército e passou a trabalhar como técnico de laboratório, escreveu em outubro: "Meu sentimento agora é de amargura e raiva pela inércia do nosso governo (...), nossa ajuda à Rússia é quase insignificante."[28]

Enquanto Stebbing redigia suas raivosas reflexões, o primeiro-ministro alertava o comando do Oriente Médio sobre "a crescente impaciência do povo britânico com o que considera inatividade de nossa parte".[29] Em 31 de outubro, ele descreveu ao filho Randolph, no Oriente Médio, os ataques verbais de seus críticos no Parlamento e as frequentes ameaças de renúncia de Beaverbrook. "As coisas andam bem difíceis por aqui (...) Os comunistas posam de únicos patriotas do país. Os almirantes, generais e marechais do Ar entoam seu solene hino de 'Segurança em primeiro lugar' (...) No meio disso tudo, preciso refrear minha combatividade natural. Que lástima!"[30] O general John Kennedy escreveu em seu diário em setembro: "A dificuldade fundamental é que, embora queiramos acima de tudo que os alemães sejam derrubados, a maioria de nós sente (...) que não seria de todo ruim se os russos também fossem liquidados como potência militar. (...) O chefe do estado-maior constantemente manifesta sua antipatia pelos russos (...) Os russos, por sua vez, sem dúvida sentem o mesmo por nós."[31]

Pownall, chefe subordinado a Dill, escreveu em outubro: "Gostaria que os dois monstros detestáveis, Alemanha e Rússia, atolassem juntas no lamaçal do inverno."[32] Oliver Harvey, no Foreign Office, surpreendia-se em ver tamanha má vontade contra Moscou dentro do governo: "Os ministros trabalhistas (...) têm tanto preconceito contra os soviéticos quanto o primeiro-ministro por causa do temor e do ódio que alimentam contra os comunistas britânicos." O próprio Churchill, de acordo com o diplomata, tendia a se questionar sobre o grau de ajuda que deveriam oferecer à Rússia: "Depois do entusiasmo inicial, ele agora está se irritando, vendo os russos como um risco, e assim diz que não pode se dar ao luxo de ajudá-los com homens, só com equipamentos."[33]

Churchill reconhecia, ainda assim, que sua nação vinha sendo afortunada por travar uma guerra a custo relativamente baixo de vidas se comparado às perdas de Polônia e França, ainda mais em relação à Rússia. Ele se maravilhava: "Em dois anos de combate com o maior poderio militar, armado com os artefatos mais mortais do mundo, nosso número de mortos mal chega a cem mil, sendo que quase metade é composta por civis."[34] Uma avaliação tão fria que, em outros tempos, seria considerada uma chocante "conta de carniceiro" ajuda a explicar a aptidão de Churchill para liderar o país. Robert Menzies, quando ainda era primeiro-ministro australiano, observou este detalhe: "A atitude de Winston em tempos de guerra é mais realista que a minha. Constantemente me vejo pensando em 'perdas menores' e dizendo 'existem algumas casas em luto'. Mas ele é sábio. A guerra é terrível e não pode ser vencida sem a perda de vidas. Sendo assim, não se deve pensar nelas."[35]

Churchill, mais uma vez desesperado pelo teatro de operações militares, insistiu que o Departamento de Guerra acelerasse planos para ataques no continente. "O Exército precisa fazer alguma coisa (...) É o que o povo quer", disse ele a John Kennedy e ao diretor de inteligência militar durante um almoço em Downing Street. "Certamente está ao nosso alcance (...) O impacto pode ser enorme — os alemães estão combatendo na Rússia — a hora é esta."[36] Kennedy escreveu: "Winston está numa situação difícil. Sofre forte pressão política para agir enquanto os russos lutam tão desesperadamente. Continua dizendo 'não consigo manter a posição'. O problema é que, com um desastre, talvez seja mais difícil manter a posição."[37] As notícias do front oriental eram invariavelmente ruins. As baixas no Exército Vermelho eram assustadoras. Grande parte do império de Stalin já havia caído nas mãos de Hitler. Churchill, após uma reunião com seus generais em 11 de outubro, despediu-se pesarosamente: "Sim, acho que Moscou é caso perdido", disse, andando pelo corredor de Downing Street rumo à sesta.[38]

A União Soviética não podia censurar a Grã-Bretanha. Mesmo que Churchill tivesse desfalcado as forças armadas do país para despachar remessas mais substanciais a Murmansk após o início da Barbarossa, o impacto sobre as primeiras campanhas no leste teria sido pequeno. Mesmo a pequena ajuda à Rússia gerou graves consequências às reservas britânicas de tanques e aviões no Oriente Médio e no Extremo Oriente, que de qualquer forma eram inadequadas, causando o alarme dos chefes de estado-maior. Para piorar, as remessas americanas à Grã-Bretanha precisaram ser reduzidas significativamente para que Roosevelt cumprisse seus compromissos com Stalin. Levando-se em conta a debilidade das armas britânicas em 1941, era irrealista supor que Churchill pudesse ter feito mais pelos russos. Em 1942, porém, abriu-se uma distância cada vez maior entre as promessas anglo-americanas e as quantidades de material entregue. Era, sem dúvida, irônico que os questionáveis soviéticos proclamassem, e até mesmo abrigassem sinceramente, indignação moral contra a Grã-Bretanha e os Estados Unidos. Todavia, a grande realidade das operações militares subsequentes foi que os russos sofreram a maioria das mortes necessárias para destruir o nazismo, enquanto as potências ocidentais avançavam, em seu ritmo comedido, para um longamente adiado confronto com a Wehrmacht.

Por muitos anos após 1945, as democracias achavam gratificante ver a Segunda Guerra Mundial na Europa como uma batalha por sobrevivência travada contra a tirania nazista. No entanto, o combate foi decidido sobretudo pelas forças da tirania soviética e não pelos exércitos anglo-americanos. De maneira perversa, essa realidade foi mais bem compreendida pelos britânicos da época do que por seus descendentes.

7
A Batalha da América

1 SÓ DINHEIRO VIVO

Durante 1941, mesmo quando torrentes de sangue começaram a escorrer pelas planícies da Rússia, a maior prioridade de Churchill continuou sendo o recrutamento dos Estados Unidos. Enquanto acompanhava atentamente as batalhas da Grã-Bretanha no deserto, a perseguição ao *Bismarck*, a luta dos comboios atlânticos, a campanha na Grécia e a vacilante ofensiva de bombardeiros, a imagem americana dominava o horizonte distante. A não ser que, ou até que, os Estados Unidos entrassem na guerra, a Grã-Bretanha talvez conseguisse evitar a derrota, mas não poderia aspirar à vitória. Uma das inestimáveis contribuições de Churchill à salvação britânica foi cortejar os Estados Unidos quando muitos de seus compatriotas, de forma irrefletida, alimentavam um rancor contra aquele que consideravam o país gordo e complacente do outro lado do Atlântico. "Pergunto-me se os americanos percebem como estão retardando perigosamente sua intervenção", escreveu John Kennedy em maio de 1941, "se demorarem muito mais, já estaremos em nosso último suspiro."[1] Num notável ato falho, certa vez um apresentador da BBC se referiu ao temor de que paraquedistas "americanos", e não "inimigos", invadissem a Grã-Bretanha.

Por todo o país, muitos britânicos nutriam um enorme ressentimento pela recusa dos Estados Unidos em aderir à guerra. A retórica de Roosevelt e Churchill criou um duradouro mito de generosidade americana em 1940-1941. Cordell Hull, o secretário de Estado, escreveu sobre "vastas quantidades de armas entregues rapidamente à Grã-Bretanha no verão de 1940".[2] Na verdade, por maior que fosse a importância simbólica das primeiras remessas americanas, seu valor prático foi pequeno. As peças de artilharia e armas leves eram obsoletas, contribuindo muito pouco para o poder de combate britânico. As remessas de aeronaves em 1941 foram modestas, tanto em quantidade como em qualidade. Os cinquenta contratorpedeiros velhos que os Estados Unidos emprestaram em troca do direito de instalar bases em colônias britânicas mal tinham condições de navegar: no fim de 1940, apenas nove estavam operacionais, sendo que o restante exigia inúmeros reparos. Só a partir de 1942, quando a Grã-Bretanha recebeu tanques Grant e Sherman, canhões de 105 milímetros autopropulsados, bombardeiros Liberator e muito mais, o material bélico americano de fato aumentou dramaticamente a capacidade das forças de Churchill.

Além disso, as remessas transatlânticas de canhões, tanques e aviões não só estavam longe de representar a generosidade americana, como também, até o fim de 1941, correspondiam a compras feitas em dinheiro. Nos termos da Lei de Neutralidade imposta pelo Congresso, nenhum país beligerante tinha direito a crédito. Nos primeiros dois anos de guerra, os Estados Unidos colheram imensos lucros com a venda de armas. "O governo dos Estados Unidos está seguindo uma política quase inteiramente americana, e não de auxílio irrestrito à Grã-Bretanha", escreveu Eden a Churchill em 30 de novembro de 1940.[3] Roosevelt previu a bancarrota britânica e, antes que Churchill pedisse, adotou a ideia de "emprestar" suprimentos, noção nascida na Century Association de Nova York. O presidente, porém, ficou furioso quando lorde Lothian, que em outubro de 1940 ainda era o embaixador britânico em Washington, disse a jornalistas americanos: "Bem, meus caros, a Grã-Bretanha está quebrada. O que nós queremos é o dinheiro de vocês." Não se sabe se o embaixador usou exatamente essas palavras, mas o teor do comentário é indiscutível.

Roosevelt disse a Lothian que não poderia haver sugestão de subsídio americano enquanto a Grã-Bretanha ainda pudesse pagar em espécie, pois o Congresso nunca aceitaria. Apesar de ser totalmente fora da realidade, havia, nos Estados Unidos, uma crença generalizada na opulência britânica. Durante a Batalha da Inglaterra, o governo americano indagou se a Grã-Bretanha tinha revelado honestamente os ativos de que ainda dispunha. Washington insistiu numa auditoria das contas, exigência que os ministros britânicos consideraram humilhante. Churchill escreveu para Roosevelt em 7 de dezembro de 1940, quando disse que se a transferência de dinheiro para os Estados Unidos continuasse, o país se veria numa posição em que, "depois de a vitória ser conquistada com nosso sangue e suor, com a civilização salva e tempo ganho para os Estados Unidos se armarem contra qualquer eventualidade, estaremos reduzidos a pele e osso. Esse resultado não seria do interesse moral ou econômico de nenhum dos nossos países".[4]

Em resposta a Churchill, Roosevelt não tocou nesse ponto, e sua evasiva tinha um significado. Ele reconhecia um forte interesse nacional dos Estados Unidos na contínua resistência da Grã-Bretanha — exibindo extraordinária energia e imaginação para comover a opinião pública e congressional —, mas não em sua solvência no pós-guerra. A política americana durante todo o conflito ressaltava a importância de fortalecer sua competitividade comercial diante da Grã-Bretanha, pondo fim à "preferência imperial". Os acossados britânicos só começaram a receber ajuda direta, através do programa Lend-

-Lease, depois de entregar suas últimas reservas de ouro e ativos estrangeiros. Muitas empresas britânicas nos Estados Unidos foram vendidas a preços irrisórios. A fabricante de raiom Viscose, joia da coroa ultramarina da Courtaulds que contava com ativos de 120 milhões de dólares, foi vendida por meros 54 milhões, pois o secretário do Tesouro, Henry Morgenthau, insistiu que a conversão em dinheiro fosse feita em uma semana. Os banqueiros de Nova York embolsaram 4 milhões de dólares desse valor em comissões, numa transação isenta de riscos. Shell, Lever Bros., Dunlop Tyre e seguradoras britânicas foram igualmente obrigadas a vender seus bens nos Estados Unidos pelo preço que os rivais americanos quisessem pagar. O governador do Banco da Inglaterra, Montagu Norman, escreveu em março de 1941: "Eu ainda não tinha percebido com tanta clareza, até agora, como estávamos inteiramente nas mãos dos 'amigos' americanos em investimentos diretos, e como parece que, com palavras e sentimentos gentis, eles vão extraí-los um após outro."[5]

A Grã-Bretanha esgotou todos os expedientes para pagar as faturas americanas. O governo belga no exílio emprestou 60 milhões de libras esterlinas em ouro que foram retirados de Bruxelas, porém os governos holandês e norueguês se recusaram a fazer o mesmo. Um cruzador americano recolheu da Cidade do Cabo os últimos 50 milhões de libras esterlinas em lingotes da Grã-Bretanha. O Lend-Lease impunha implacáveis condições que restringiam o comércio exterior britânico, e se mostraram tão severas que Londres precisou suplicar a Washington algumas concessões mínimas para pagar a carne argentina, vital para alimentar o povo da Grã-Bretanha. A aviação comercial britânica foi severamente prejudicada no pós-guerra pelos termos do Lend-Lease. Se a conduta de Roosevelt tinha por base a avaliação de realidades políticas e a proteção dos interesses nacionais americanos, só os imperativos do momento fariam Churchill declarar sua "magnanimidade". Independentemente do que a política direcionada à Grã-Bretanha tenha representado entre 1939 e 1945, magnânima é o que jamais foi. "Só o desespero de nossa situação poderia justificar tais termos", escreveu Eden sobre a primeira rodada do Lend-Lease.[6]

A maioria dos britânicos não suportava os primos transatlânticos. Havia um acentuado antiamericanismo na aristocracia. Halifax, que Churchill despachou para a embaixada da Grã-Bretanha em Washington em dezembro de 1940, disse a Stanley Baldwin: "Jamais gostei dos americanos, exceto quando desirmanados. Coletivamente sempre os achei terríveis."[7] Lorde Linlithgow, membro da nobreza e vice-rei da Índia, escreveu para se solidarizar com Halifax sobre seu posto: "O duro trabalho de bajular um bando de novos-ricos que parecem dispor de todo o tempo do mundo (...) Que país, e que selvagem a gente que o habita!"[8] Halifax disse a Eden que propusera seu nome como candidato alternativo para a embaixada: "Eu só disse que você talvez odiasse o cargo um pouco menos do que eu!"[9]

Instalado na embaixada, o ex-secretário do Exterior passou por momentos sofridos a serviço da Grã-Bretanha, como, por exemplo, quando foi assistir a uma partida de beisebol do Chicago White Sox em maio de 1941, durante a qual foi convidado para comer um cachorro-quente. Era demais para o melindroso embaixador, que recusou a oferta. Numa viagem a Detroit, foi atacado com uma chuva de ovos e tomates por um grupo chamado "As Mães da América".[10] Oliver Harvey, secretário particular de Eden, descreveu o desempenho frio de Halifax em sua função como "bastante inadequado — o velho problema de ser incapaz de fazer contatos pessoais genuínos (...) Todos os negócios nos Estados Unidos agora são realizados por telefone e por visitas casuais, coisas que H não tolera. Só vai ver o presidente a negócios — e quase sempre, é claro, para pedir coisas —, jamais chegando a ponto de conversar com ele numa base mais íntima".[11] Dalton conta uma história maldosa, segundo a qual Halifax perdeu o controle e chorou ao chegar a Washington, "porque não conseguia lidar com esses americanos".[12]

Muitos parlamentares *tories* partilhavam a antipatia dos fidalgos pelos Estados Unidos. Cuthbert Headlam, que às vezes lembrava, por reconhecimento geral, uma mulher idosa, escreveu sobre os americanos num tom condescendente: "São realmente um povo estranho e desagradável: é um grande incômodo sermos tão dependentes deles."[13] Um relatório da Inteligência Interna revelou que "não havia grande entusiasmo pelos Estados Unidos ou por instituições dos Estados Unidos em qualquer classe do povo britânico. (...) Havia uma irritação subjacente, em grande parte devido à 'apatia' americana".[14] Surpreendentemente, alguns oficiais britânicos duvidavam se seria mesmo de interesse da Grã-Bretanha que os Estados Unidos entrassem na guerra. O marechal do Ar Sir John Slessor, da Missão Britânica em Washington em abril de 1941, observou que, na visão de alguns de seus colegas, "na verdade o envolvimento ativo dos Estados Unidos no combate não nos traria benefícios".[15] O marechal do Ar Sir Arthur Harris, futuro comandante em chefe do Comando de Bombardeiros, escreveu com característica imoderação sobre as dificuldades de representar a RAF em Washington em 1941. Era difícil ter algum sucesso, disse ele amargamente,

> quando se está lidando com um povo tão arrogante em relação à própria capacidade e infalibilidade, comparável apenas aos judeus e aos católicos romanos na convicção inabalável de que são os únicos donos da verdade. E no que se refere à produção geral aqui. Este país está numa encruzilhada. Até agora, a guerra foi ótima para eles. Patrocinados por dólares britânicos.

> Até o último centavo. O resultado é um magnífico *boom* após longos anos de sombria depressão e desespero (...) Não perdem a chance de nos mostrar individualmente como estão lutando magnificamente (*sic*), e como é inepto, ineficiente, estúpido e covarde nosso jeito de conduzir os poucos e miseráveis esforços no campo de batalha e na indústria (...) Toda a produção de materiais de guerra conseguida até hoje tem sido, portanto, lucro para eles, e nunca um trabalho inconveniente (...) Vão entrar quando acharem que já vencemos. Não antes disso. Exatamente como da última vez. Depois vão contar ao mundo de que modo conquistaram a vitória. Exatamente como da última vez.[16]

Apesar de o tom de Harris ser marcadamente ácido, a Grã-Bretanha e a França de fato providenciaram o surto de investimentos que gerou o *boom* americano durante a guerra. Em 1939, a produção bruta dos Estados Unidos ainda estava abaixo do nível de 1929. Encomendas de armas e pagamentos anglo-franceses estimularam a indústria americana, mesmo antes que Roosevelt implementasse seu imenso programa interno de armas. Entre 1938 e o fim de 1942, a renda média familiar em Boston subiu de 2.418 para 3.618 dólares, e em Los Angeles passou de 2.031 para 3.469 dólares, sendo reconhecidamente impulsionada pela inflação e por mais horas de trabalho. Pode se sustentar — e já foi sustentado por pessoas como Harris — que a Grã-Bretanha exauriu suas reservas de ouro e de moeda estrangeira, esgotando seus investimentos para financiar a ressurreição americana pós-Depressão.

Em Londres, a necessidade de receber visitantes americanos com profusas gentilezas causava irritação em ministros e generais. Hugh Dalton participou de uma festa oferecida no Savoy pelo *Sunday Express* para o locutor de rádio americano Raymond Gram Swing, e expressou a insatisfação: "É um tanto humilhante, embora cada vez mais nos acostumaremos com isso, que a maioria dos ministros da Coroa, diplomatas estrangeiros, generais britânicos e todas as pessoas importantes do mundo jornalístico precisem vir para reverenciar este que, sem dúvida, é um admirável e simpático locutor de rádio americano."[17] Dalton se ofendeu quando o convidado de honra lhe perguntou despreocupadamente se havia facções na Grã-Bretanha dispostas a negociar a paz com a Alemanha. Essa impaciência não se limitava aos ministros. Kenneth Clark, do Ministério da Informação, sugeriu que se fizesse uma campanha contra "a crença desfavorável (...) do homem comum de que os Estados Unidos são um país de luxos, ilegalidade, capitalismo desenfreado, greves e atrasos".[18]

Os britânicos ficavam exasperados com os visitantes americanos, que lhes diziam como conduzir a guerra enquanto permaneciam fora da luta. Um oficial britânico escreveu sobre o ostentoso coronel William "Wild Bill" Donovan, amigo de Roosevelt: "Donovan (...) é muito amável conosco, sujeito astuto e agradável, bom conversador. Mas só posso sentir que esse gordo e próspero advogado, cidadão de um país que não está na guerra e nem mesmo apresenta um programa de assistência aceitável, possui grande confiança para ditar tão prontamente o que nós e outros países ameaçados devemos ou não fazer."[19]

É nesse contexto de ressentimento e até hostilidade contra os Estados Unidos que devem ser vistos os esforços de Churchill para conquistar Roosevelt. Seu desafio consistia em identificar aquilo que D. C. Watt chamou de "uma possível América",[20] apta e disposta a ajudar. Isso só aconteceria com os bons ofícios de seu presidente. Churchill, o menos paciente dos homens, demonstrou um autodomínio público quase inabalável com relação aos Estados Unidos, lisonjeando seu presidente e seu povo, tratando com suprema habilidade tanto os princípios quanto o egoísmo americanos. Mostrou-se muito mais compreensivo do que a maioria de seus compatriotas com o utopismo dos Estados Unidos. A caminho de Chequers, certa noite de sexta-feira, no fim de 1940, disse a Colville "que entendia a exasperação de tantos ingleses com a atitude americana, combinando críticas a assistência ineficaz; mas precisamos ser pacientes e esconder a nossa irritação. (Tudo isso pontuado pelas notas de 'Under the Spreading Chestnut Tree'.)"[21]

Churchill conhecia os Estados Unidos bem melhor do que a maioria dos compatriotas, tendo passado um total de cinco meses no país somando suas visitas em 1895, 1900, 1929 e 1931. "Este é um grande país, meu querido Jack", escreveu entusiasmado para o irmão em 1895, quando passou por ali a caminho da guerra espanhola em Cuba. "Que extraordinário povo é o americano!" Ficou chocado com o ambiente espartano da Academia Militar de West Point, porém muito lisonjeado com a recepção que lhe ofereceram: "Eu era apenas um segundo-tenente, mas fui tratado como um general."[22] Durante sua turnê de palestras em dezembro de 1900, foi introduzido em Nova York por Mark Twain e disse a uma plateia em Boston: "Não há ninguém nesta sala que tenha maior respeito por aquela bandeira do que o humilde sujeito a quem os senhores, dessa cidade que deu origem à ideia de uma 'Festa do Chá', estão ouvindo de modo tão amável. Orgulho-me de ser produto natural de uma aliança anglo-americana; não política, porém de fundo mais forte e mais sagrado, uma aliança de coração com coração."

Ele se encontrara com os presidentes Theodore Roosevelt, Woodrow Wilson e Herbert Hoover, com os Vanderbilt e os Rockefeller, além de estrelas hollywoodianas, Henry Morgenthau, William Randolph Hearst e Bernard Baruch. Dera palestras para o público americano em 1931 e 1932 sobre o suposto destino comum dos povos de língua inglesa. Muitos contemporâneos britânicos viam em Churchill traços de comportamento americano, sobretudo o gosto pelo exibicionismo, que eram malvistos por sua própria classe, mas agora provavam-se inestimáveis. A humilde solteirona londrina Vere Hodgson percebeu isso e escreveu em seu diário: "Se ele fosse puramente um aristocrata inglês, não teria a capacidade que tem de liderar. O lado americano lhe dá um complexo de superioridade — num nível que lorde Halifax não consideraria de bom gosto —, mas, neste momento específico, precisamos de mais do que bom gosto para salvar a Grã-Bretanha."[23]

Em 1940-1941, Churchill por vezes demonstrou impaciência, embora reservadamente, com o que lhe parecia pusilanimidade americana. "Eis aqui um telegrama para esses malditos ianques",[24] disse ele a Jock Colville ao entregar uma mensagem ao secretário nos desesperados dias de maio de 1940. Em ofícios para Washington, o malicioso embaixador americano Joseph Kennedy interpretava da pior maneira possível os comentários dessa natureza que interceptava. Traduzia a compreensível antipatia de Churchill por ele como alegações de que o primeiro-ministro era antiamericano. Os ofícios de Kennedy causaram algum dano à causa da Grã-Bretanha em Washington, só cauterizados quando Roosevelt trocou os embaixadores em 1941, substituindo Kennedy por John "Gil" Winant, e quando Churchill iniciou relações pessoais com o presidente, Harry Hopkins e Averell Harriman. Os discursos de Churchill pelo rádio, porém, já tinham grande audiência nos Estados Unidos, impondo sua personalidade no país de Roosevelt em 1940-1941 quase tão efetivamente como no dele próprio. No fim de 1941, Churchill só perdeu para o presidente numa pesquisa nacional sobre a "personalidade favorita" de programas de rádio.[25] "Ouviram o sr. Churchill no domingo?" perguntou, em 3 de maio de 1941, Roscoe Conkling Simmons a seus leitores no *Chicago Defender*. "Vocês podem ser contra a Inglaterra, mas dificilmente contra a Inglaterra que o sr. Churchill descreve (...) Notaram como ele conta com a amizade do Tio Sam?" As grandes frases de Churchill eram repetidas incansavelmente na imprensa americana, com destaque para "sangue, labuta, lágrimas e suor".

Se Churchill não ocupasse o cargo de primeiro-ministro, quem, entre os seus pares, teria cortejado os Estados Unidos com um centésimo de sua cordialidade e convicção? Havia pouca deferência em seu temperamento — nenhuma, na verdade, com relação a qualquer compatriota, exceto o rei e o chefe de sua própria família, o duque de Marlborough. No entanto, em 1940 e 1941, demonstrou tal qualidade sempre que lidava com os americanos, sobretudo com o presidente. Quando havia muito em jogo, ele não sentia desconforto e muito menos constrangimento. Num grau que poucos de seus compatriotas foram capazes de igualar entre 1939 e 1945, subordinou o orgulho à necessidade, aguentou desfeitas sem ressentimento visível e recebeu cada visitante americano como se sua presença fosse uma honra para a Grã-Bretanha.

Naturalmente, o mais importante deles foi Harry Hopkins, que chegou em 8 de janeiro de 1941 como representante pessoal do presidente, levando para o rei George VI uma carta escrita por seu chefe de Estado, dizendo que "o sr. Hopkins é um grande amigo meu, em quem deposito total confiança". Hopkins, de 50 anos, era filho de um talabarteiro e um homem natural de Iowa que dedicara a vida a lutar pela reforma social. Conheceu Roosevelt em 1928, e os dois ficaram amigos íntimos. Hopkins, arquetípico defensor do New Deal, em 1932 se tornou administrador do FERA, programa federal de ajuda de emergência, e uma das mais fortes influências no governo. Roosevelt gostava dele em parte porque jamais lhe pedia coisa alguma. Era o inebriante aroma do poder que Hopkins apreciava, não posição ou riqueza, embora tivesse um grosseiro entusiasmo por casas noturnas e corridas de cavalo e sentisse um estranho orgulho quando a imprensa o chamava de *playboy*. Nutria paixões contrastantes por cogumelos e pela poesia de Keats. Antes da guerra, o ponto alto de sua única visita a Londres, em 1927, foi uma ida à casa de Keats. Figura solitária depois que a segunda mulher morreu de câncer em 1937, foi convidado por Roosevelt para morar na Casa Branca. Hopkins ali se instalou, ganhando o título de secretário de Comércio e a função não declarada de secretário de gabinete, até receber a responsabilidade de implementar o Lend-Lease.

A influência de Hopkins sobre o presidente provocava ressentimento em muitos americanos, e não apenas na ala republicana. Vastamente impopular, era descrito pelos detratores como "o Rasputin de Roosevelt", um "partidário radical do New Deal". No começo da Segunda Guerra, fora isolacionista por instinto, quando escreveu para o irmão: "Acho que podemos mesmo ficar de fora. Felizmente, não há grande comoção neste país para entrarmos na guerra, embora imagine que quase todo mundo queira ver a vitória da Inglaterra e da França."[26] Fisicamente, sua figura desgrenhada não causava uma grande impressão, com o pescoço longo e as feições esqueléticas deformados pelo câncer de estômago que quase o matou. Muitos que o conheciam enxergavam, através da fumaça dos cigarros que fumava compulsivamente, "um cadáver ambulante". Uma fotografia dele na *Time* trazia a legenda: "Ele só pode trabalhar sete horas por dia."[27] Brendan Bracken, enviado para receber Hopkins no hidroavião que o deixou no porto de Poole, ficou assustado ao ver esse importantíssimo visitante afundado no assento, aparentemente moribundo, incapaz até mesmo de desafivelar o cinto. Coordenar a relação com os britânicos seria a última missão importante de sua vida.

Em 10 de janeiro de 1941, Churchill recebeu Hopkins pela primeira vez em Downing Street, na pequena sala de jantar do subsolo — a casa estava um tanto maltratada por um bombardeio — para um almoço *tête-à-tête* que durou três horas. O hóspede iniciou a conversa com a franqueza que o caracterizava: "Eu lhe disse que havia a sensação, em alguns setores, de que ele, Churchill, não gostava dos Estados Unidos, dos americanos e de Roosevelt." Isso era obra de Joseph Kennedy, protestou o primeiro-ministro, e uma distorção dos fatos. Prometeu absoluta sinceridade. Sua expectativa, prosseguiu, era de que Hopkins só voltasse para casa quando conhecesse "o exato estado das necessidades da Inglaterra, bem como a exata assistência material de que a Grã-Bretanha urgentemente precisava para vencer a guerra".[28] Em seguida, lançou mão de todos os poderes de sedução que possuía para agradar ao hóspede, com êxito total.

A inteligência e a cordialidade de Hopkins o fizeram cair imediatamente nas graças de Churchill. Durante toda a sua vida política, o homem do presidente escolhia uma linha de ação e a executava com incansável energia. Se já chegou à Grã-Bretanha com a mente relativamente aberta, em poucos dias abraçou o país, seu líder e sua causa com uma convicção que persistiu por muitos meses, prestando-lhes incalculáveis serviços. Naquela primeira sexta-feira à noite, o americano foi de carro reunir-se com o primeiro-ministro e seu *entourage* em Ditchley, Oxfordshire, a residência de fim de semana de Churchill em noites enluaradas da blitz, quando Chequers era considerada vulnerável aos ataques da Luftwaffe. O texto da Lei de Lend-Lease, que iniciava sua incerta tramitação no Congresso, acabara de ser publicado. A Grã-Bretanha dependia totalmente do resultado. Churchill, no entanto, advertiu o ministro da Fazenda, Kingsley Wood, de que, se o programa não fosse aprovado pela Assembleia Legislativa, não diria coisa alguma a Washington sobre os iminentes atrasos britânicos no pagamento de armas. "Estamos confiando no [presidente]."

Hopkins mostrou-se extraordinariamente aberto a ouvir seus anfitriões, que souberam apreciar seu entusiasmo depois do frio ceticismo de Joseph Kennedy. Naquele primeiro fim de semana, partiram para uma visita ao Blenheim Palace, local de nascimento de Churchill. No caminho, o enviado americano disse a Brendan Bracken que, segundo Roosevelt decidira, "devemos dispor de meios para sobreviver e alcançar a vitória". Em conversa com o grande correspondente da CBS Ed Murrow, que então enviava informações de Londres, Hopkins refletiu: "Acho que você poderia dizer — mas não em voz alta — que vim em busca de um jeito de ser um agente catalisador entre duas prima-donas."[29] Churchill, por sua vez, entreteve Hopkins durante o mês da estada do americano em Londres com uma série de monólogos, espalhando frases como pétalas de rosa no caminho desse importante e receptivo visitante. No jantar em Ditchley, o primeiro-ministro declarou:

> Não buscamos tesouros, não buscamos ganhos territoriais, buscamos apenas o direito do homem à liberdade; buscamos seu direito de rezar para o seu Deus, de viver a vida à sua maneira, protegido de perseguições. Quando o humilde operário volta do trabalho, no fim do dia, e vê fumaça subir da cabana onde mora para o sereno céu do anoitecer, queremos que ele saiba que nenhum rá-tá-tá [nesse ponto, batucou na mesa] da polícia secreta na porta perturbará o seu lazer ou interromperá o seu descanso. Buscamos um governo que tenha o consentimento do povo, a liberdade do homem para dizer o que quer e para lhe assegurar, quando se sentir injustiçado, que é igual aos outros aos olhos da lei. Objetivos de guerra, além desses, não temos nenhum.[30]

Os velhos colegas de Churchill — homens como Balfour, Lloyd George, Chamberlain, Baldwin, Halifax — reagiram, durante anos, com impaciência a esses discursos efusivos. A familiaridade com a retórica de Winston tornava-os facilmente entediados, especialmente quando, no passado, fora empregada em defesa de tantas causas indignas e malsucedidas. Agora, porém, as palavras de Winston e o estado de espírito da época pareciam perfeitamente alinhados. Seu estilo estrondoso tinha excepcional apelo para os americanos. Hopkins jamais vira um jeito de governar tão espontâneo, tão magnífico, à mesa de jantar. Ficou extasiado com o anfitrião: "Deus do céu, que homem!" Impressionava-o a calma com que o primeiro-ministro recebia as notícias, normalmente ruins. Certa noite, durante a costumeira sessão de cinema em Ditchley, chegou a informação de que o cruzador *Southampton* fora afundado no Mediterrâneo. A projeção continuou.

Nas semanas seguintes, Hopkins encontrou-se doze vezes com Churchill à noite, viajou com ele para visitar bases navais na Escócia e cidades da costa meridional vitimadas pela blitz. Maravilhava-se com a popularidade e o absoluto domínio do anfitrião sobre a governança britânica, embora ficasse menos impressionado com o calibre dos subordinados: "Alguns ministros e funcionários são um pouco difíceis de aguentar", disse a Roosevelt. Eden, por exemplo, falava demais para seu gosto. Hopkins teve uma compreensão rápida e arguta da aversão que persistia na casta governante ao primeiro-ministro. "Os políticos e as camadas superiores fingem gostar dele." No entanto, não teve a menor dúvida sobre o ânimo do povo. "Acho que Hopkins ficou muito impressionado com a alegria e o otimismo que encontrou por toda parte", escreveu Eric Seal, secretário particular de Churchill.[31] "Confesso que eu mesmo fiquei surpreso, (...) o primeiro-ministro (...) fez amizade imediatamente com Hopkins, que é um doce de pessoa e universalmente querido." O enviado de Roosevelt disse a Raymond Lee: "Nunca tive momentos tão agradáveis como os que passei com o sr. Churchill."[32]

Em Washington, o presidente se divertia muito com os relatos sobre a popularidade de Hopkins na Grã-Bretanha, como registrou o secretário do Interior, Harold Ickes: "Aparentemente, a primeira coisa que Churchill pede quando acorda é para ver Harry Hopkins, e Harry é o último que vê à noite."[33] Talvez sim, rosnou o cínico Ickes, mas, mesmo que o presidente houvesse mandado um portador da peste bubônica, o primeiro-ministro teria achado oportuno vê-lo com frequência. Uma das mais importantes funções do enviado era instruir Churchill sobre a melhor maneira de se dirigir ao povo americano, bem como ajudar Roosevelt em seus esforços de auxílio à Grã-Bretanha. Acima de tudo, disse ao primeiro-ministro, ele não deveria sugerir que qualquer envio de tropas terrestres americanas seria desejável ou provável. Hopkins concluiu o relatório para o presidente com estas palavras: "As pessoas aqui são incríveis, a começar por Churchill", escreveu ele, "e se coragem basta para vencer — o resultado será inevitável. Mas eles precisam desesperadamente de nossa ajuda".

Quando o enviado aterrissou de volta no aeroporto LaGuardia em Nova York, em fevereiro de 1941, o recém-nomeado embaixador na Grã-Bretanha, "Gil" Winant, perguntou-lhe enquanto descia do avião: "Eles vão aguentar?" Hopkins gritou de volta: "Claro que sim." Foi uma troca de palavras deliberadamente teatral, destinada à multidão de repórteres presentes, mas nem por isso insincera. Em seguida, Hopkins exerceu sua considerável influência sobre o presidente a fim de conseguir o máximo apoio americano para a Grã-Bretanha. A londrina Vere Hodgson ficou comovida com o discurso do enviado de Roosevelt numa transmissão da BBC: "Ele concluiu com palavras gloriosas de conforto: 'Povo da Grã-Bretanha, povo da Comunidade Britânica de Nações, vocês não estão sozinhos nesta luta.' Depois disso, senti que a Guerra estava ganha."[34]

Contudo, por mais bem-sucedida que tenha sido na visão britânica, a visita de Hopkins não alterou os princípios básicos da situação. "Winston não tem dúvida de que receberá ajuda plena dos Estados Unidos", escreveu, incerto, o primeiro-ministro australiano Robert Menzies em visita a Chequers, no fim de fevereiro de 1941. "Estará certo? Não sei dizer."[35] Franklin Roosevelt conduzia a política americana com base na crença de que não podia andar mais depressa do que a opinião pública lhe permitia. E a opinião pública vinha se mostrando favorável à Grã-Bretanha. Em 8 de fevereiro, para imenso alívio do primeiro-ministro, a Lei do Lend-Lease foi aprovada na Câmara dos Representantes por 260 votos a 165, e em 8 de março o Senado a endossou por sessenta votos a treze. Ao longo dos meses seguintes, as últimas reservas da Grã-Bretanha em moeda estrangeira continuaram a ser drenadas para pagar suprimentos — em 1941, apenas 1% do material de guerra usado pelos britânicos foi fruto do Lend-Lease. A nova medida, contudo, assegurava que, mesmo quando os cofres estivessem vazios, ainda assim as remessas seriam enviadas. Importante também era o fato de que Wendell Willkie, candidato republicano à presidência em 1940, apoiava a lei — e apoiava a Grã-Bretanha.

Através do Lend-Lease, o presidente extraiu para os britânicos as mais generosas condições que o legislativo americano permitia. O mecanismo era preferível aos empréstimos diretos da Primeira Guerra Mundial, que levaram a Grã-Bretanha a alienar a opinião pública americana quando deixou de pagá-los. Uma minoria substancial de americanos, inclusive ocupantes de posições de comando na indústria e no comércio, não apenas se opunha às políticas de Roosevelt, como também odiava o homem. Ele sabia que tinha poder limitado, de uma forma que o primeiro-ministro subestimou. Diferentemente de Churchill, Roosevelt nunca esteve à frente de um governo de coalizão, apesar de incluir republicanos importantes, como Henry Stimson, em seu ministério. Sempre enfrentou considerável oposição no Congresso — às vezes só em assuntos menores, mas às vezes também em questões de vulto. Não há dúvida de que desejava sinceramente ver a vitória britânica. Tendo superado as dúvidas iniciais sobre Churchill, em parte graças a Hopkins, em março de 1941 declarou ao povo americano: "Nesta crise histórica, a Grã-Bretanha tem a sorte de contar com um grande e brilhante líder." Roosevelt, porém, não se via com respaldo para despachar soldados americanos à Europa. Até dezembro de 1941, enquanto fornecia ajuda cada vez maior aos britânicos — "Precisamos nos tornar o grande arsenal da democracia", frase que aproveitou do economista francês Jean Monnet, por intermédio do juiz americano Felix Frankfurter —, ele não quis encabeçar uma ofensiva na guerra. Certamente agiu com sabedoria. Se os Estados Unidos tivessem entrado na luta contra a Alemanha antes de Pearl Harbor, e mesmo na improvável hipótese de que conseguisse aprovar no Congresso uma declaração de guerra, Roosevelt passaria a liderar um país dividido.

O historiador britânico Michael Howard, que em 1941 era um estudante de Oxford aguardando convocação do exército, escreveu: "Nunca é fácil os britânicos entenderem que muitos americanos, quando se dão ao trabalho de pensar em nós, fazem-no com variados graus de antipatia e desdém (...) Nos anos de 1940, tinham alguma razão para considerar os britânicos um bando de esnobes desprezíveis que oprimiam metade do mundo e tinham um perverso talento para fazer outras pessoas lutarem em seu lugar."[36] Melville Troy era um americano importador de charutos que vivia em Londres. Embora admirasse a coragem dos britânicos durante a blitz, no fundo desejava, acima de tudo, que o país dele fosse poupado daqueles horrores: "Pessoalmente, fico muito triste de ver os Estados Unidos transformarem suas podadeiras e suas relhas em implementos de guerra, e gostaria que tivéssemos um Woodrow Wilson para nos manter longe disso."[37] Muitos compatriotas de Troy pensavam como ele.

Os britânicos ainda precisavam de muito trabalho de convencimento. As extravagantes atenções dispensadas pelo governo a Harry Hopkins foram superadas quando Winant chegou na qualidade de embaixador. Foi recebido em Bristol por Brendan Bracken e pelo duque de Kent. Um trem especial o levou para Windsor, onde o rei George VI o aguardava na estação. O monarca levou Winant em seu próprio carro para o castelo. Nunca na história um embaixador estrangeiro foi recebido com tanta cerimônia. Enquanto isso, a implementação do programa Lend-Lease recrutava outro importante protagonista americano para a causa da Grã-Bretanha. Averell Harriman, de 50 anos, filho de um milionário das ferrovias, era um produto áureo de Groton e Yale, jogador de polo e esquiador, banqueiro internacional e colecionador de pinturas impressionistas, um cosmopolita de consideráveis talentos. Roosevelt explicou a nova missão de Harriman aos repórteres na Casa Branca: "Logo que o projeto de lei do Lend-Spend ou Lend-Lease — seja lá que nome tenha — for mais ou menos aperfeiçoado, ele fará uma visita — ah, imagino que vão querer saber tudo sobre seu título, por isso achei melhor inventar um, (...) decidimos que era uma ideia muito boa chamá-lo de 'Despachante'. Essa é nova para os senhores. Acho que não está na lista diplomática ou em qualquer outra lista. Portanto, ele fará uma visita na qualidade de 'Despachante da Defesa'."[38]

Na primavera de 1941, Harriman tornou-se um importante defensor americano da ajuda à Grã-Bretanha. Apesar disso, Hopkins e o secretário de Guerra, Henry Stimson, continuavam a ser, em Washington, os únicos membros importantes do governo convictamente devotados a essa política. Outros americanos de destaque permaneciam céticos. No Departamento de Guerra, generais americanos ocultavam, sob um manto de reclamações quanto ao suposto amadorismo da política britânica de aquisições, uma resistência pertinaz à remessa de armas necessárias aos Estados Unidos. Um oficial, desdenhoso da informalidade que cercou a visita de Hopkins, disse a Harriman: "Não podemos levar a sério pedidos feitos no fim da noite, regados por uma garrafa de vinho do Porto."[39]

Entre os principais subordinados de George Marshall, general chefe do exército, havia profundas divisões sobre os méritos de entrar na guerra e ter os britânicos como aliados. Alguns oficiais de altas patentes alimentavam admiração descarada pelos alemães. O major-general Stanley Embick era um antigo chefe da Divisão de Planos de Guerra que, após servir na França durante a Primeira Guerra Mundial, perdera a fé em Churchill e em seu povo. Agora, achava que o esforço de guerra britânico teria melhores resultados se o país trocasse o primeiro-ministro. Era da opinião de que a ajuda americana não deveria nunca significar a entrada na guerra. Como genro, major Albert Wedemeyer, da Divisão de Planos de Guerra, Embick tratava de todas as questões anglo-americanas com a determinação de que seu país não se jogasse no fogo pela Grã-Bretanha. O major-general Charles "Bull" Wesson odiava os britânicos, pois certa vez fora enviado de Washington a Londres com uma mensagem para os chefes de estado-maior e deixaram-no esperando para entregá-la. Raymond Lee escreveu: "Ele ficou tão ressentido que aquilo levou a uma discussão e quase a um ódio contra os britânicos, algo que ele não perdia oportunidade de explorar. Um ato tão pequeno de descortesia, real ou imaginária, ocorrido muitos anos atrás, hoje tem efeitos negativos na relação entre os dois países."[40]

Já o coronel Joseph McNarney — que logo se tornaria tenente-general e figura-chave na equipe de Marshall — visitara a Grã-Bretanha e considerava vital para a segurança nacional americana que a ilha de Churchill não sucumbisse.[41] O próprio Marshall era menos implacavelmente hostil aos britânicos do que Embick, mas, no verão de 1941, nas palavras de seu biógrafo, "'Se', mais do que 'quando', continuava a dominar suas ideias sobre o envolvimento americano".[42] Essa cautela não se limitava aos oficiais dos altos escalões. As revistas *Time* e *Life* entrevistaram recrutas do exército e informaram que seu moral era baixo. Certa noite, durante uma sessão de cinema num acampamento no Mississippi, os soldados vaiaram quando Roosevelt e Marshall apareceram no cinejornal.

Averell Harriman não tinha dúvida de que os Estados Unidos deveriam lutar. Contudo, em 15 de março de 1941, partiu para Londres temendo que Roosevelt ainda não estivesse disposto a liderar o país com o grau de envolvimento e a rapidez necessários para evitar o triunfo nazista: "O fato de que o presidente ainda não contava com uma política, nem sabia até onde poderia ir, me causava grande preocupação (...) O presidente obviamente tinha esperança de não precisar tomar uma decisão desagradável. Parecia relutante em direcionar a opinião pública ou em forçar a questão, mas esperava (...) que nossa ajuda material bastasse à Grã-Bretanha."[43] Poucos duvidavam de que Roosevelt já era um dos grandes presidentes dos Estados Unidos. No entanto, por vezes era também um homem extraordinariamente cauteloso.

Harriman observou, em um memorando de 11 de março: "Preciso convencer o primeiro-ministro da necessidade de transmitir ao nosso povo sua estratégia de guerra, seja através de mim, seja através de outra pessoa, ou ele não tem chance de obter a ajuda máxima."[44] Como Hopkins, ele foi recebido na Grã-Bretanha com o mais vermelho dos tapetes. Em Bristol, aguardava-o o comandante "Tommy" Thompson, auxiliar administrativo de Churchill, que o levou até um avião com destino a Chequers. O presente de hóspede que Harriman levou para Clementine Churchill foi uma caixa de tangerinas, que ela recebeu com sincera gratidão. O enviado foi envolvido num cordial abraço pelo primeiro-ministro. Kathleen Harriman, que acompanhava o pai na missão, escreveu para a irmã: "O primeiro-ministro é bem mais baixo do que eu esperava, e muito menos gordo (...) lembra um bondoso ursinho de pelúcia (...) Eu esperava um homem dominante e aterrador. Ele é o oposto disso: muito gentil, tem um sorriso maravilhoso e conversar com ele não é, de forma alguma, difícil. Tem uns olhos que olham através da gente. A mãe [Clementine] é uma senhora muito doce. Desistiu de tudo pelo marido e fica em segundo plano graciosamente. Todo mundo na família olha para ele como se fosse Deus, e ela é deixada de lado."[45]

Em Londres, Harriman se instalou no segundo andar de um edifício da Grosvenor Square, contíguo à embaixada americana, e também ganhou um escritório no Almirantado. Churchill o convidou a participar das reuniões semanais do Comitê Atlântico do Gabinete. Dos oito primeiros fins de semana de Harriman na Grã-Bretanha, sete foram passados em Chequers, embora, como a maioria dos hóspedes americanos, tivesse o sentimento de privilégio temperado pelo desconforto com a frialdade da casa. Para Churchill, Harriman era, assim como Hopkins, um troféu que exibia em suas viagens pelo país. Ali estava, dizia ao povo britânico, um penhor do compromisso dos Estados Unidos — o representante pessoal do presidente.

Em caráter particular para Harriman, "o primeiro-ministro declarou francamente que não via possibilidade de vitória enquanto os Estados Unidos não entrassem na guerra".[46] Se o Japão atacasse, disse Churchill, a base britânica de Singapura estaria em perigo. Em cada ocasião, o primeiro-ministro procurava equilibrar o desejo de convencer Roosevelt de que a Grã-Bretanha era um potencial vencedor com a necessidade de exercer pressão, enfatizando a ameaça de desastre caso os Estados Unidos hesitassem em agir. Harriman recomendou a Churchill que reforçasse a causa britânica publicando detalhes sobre as assustadoras perdas de navio. Entre fevereiro e abril de 1941, 142 navios afundaram, totalizando 818 mil toneladas, mais que o dobro do índice registrado nos primeiros meses de guerra. Numa reunião do Comitê de Defesa em maio, Eden e Beaverbrook sugeriram que pelo menos a perda de provisões poderia ser revelada, para ressaltar a gravidade da situação alimentar. Churchill, com apoio de vários outros ministros, se opôs, "acreditando que devemos comover os americanos mostrando coragem, audácia e possibilidades de êxito, e não falando negativamente de nós mesmos".[47] Além disso, se revelados, os números que em privado assustavam o governo britânico representariam um severo golpe contra o moral do povo, e certamente seriam um presente para a propaganda hitlerista.

Alguns americanos exibiam um ar de superioridade que irritava os beneficiários de sua ajuda. Kathleen Harriman descreveu a relutância britânica em demonstrar entusiasmo por carne de porco enlatada e queijo americanos: "A grande dificuldade é reeducar o povo", escreveu ela para a irmã. "Eles preferem passar fome a mudar os hábitos alimentares."[48] Um parlamentar *tory* escreveu: "Atuar como nossos fornecedores de armas e suprimentos parece satisfazer aos ianques como a parte que lhes cabe na guerra pela democracia (...) São um grupo curioso — sabem que se perdermos a guerra serão os próximos na lista de Hitler (...) e mesmo assim parecem bem contentes de deixar os combates para nós; são capazes de fazer qualquer coisa, menos lutar."[49] Duff Cooper, como ministro da Informação, disse aos editores de jornais em 21 de março de 1941: "O mais importante é não antagonizar os Estados Unidos (...) Quando oferecemos nossas bases pelos [cinquenta] contratorpedeiros [emprestados], pensamos estar trocando, nas palavras de Winston, 'um ramo de flores por um pedaço de bolo'. Nada disso. Os americanos fizeram um duro acordo comercial."[50] Depois que o Lend-Lease foi posto em prática, Franks, motorista britânico do adido militar dos Estados Unidos Raymond Lee, disse ao patrão que percebia mais boa vontade com os americanos. "Imagino que sim", respondeu Lee ironicamente. "Talvez se possa dizer isso, mas é natural, você não acha, que por sete bilhões de dólares — quase um bilhão de libras esterlinas — tenhamos direito a um pouco de cordialidade!" "Sim, senhor, claro. Foi isso que eu quis dizer. Parece haver mais cordialidade no ar, senhor."[51] Era só uma meia-verdade. A maioria dos britânicos achava que os Estados Unidos lhes forneciam recursos mínimos para fazer um trabalho sujo que também era de sua responsabilidade.

A ameaça de um ataque japonês ao Império Britânico no Extremo Oriente perseguiu Churchill durante todo o verão de 1941. A Alemanha estava inteiramente concentrada na Rússia. As forças terrestres da Grã-Bretanha no Norte da África pareciam ter chances reais de vitória contra os italianos e as tropas alemãs que Hitler poderia destacar do front oriental. Entretanto, se o Japão atacasse, o equilíbrio estratégico mais uma vez seria desfeito. Cadogan, no Foreign Office, escreveu em julho que Churchill "não tem medo de nada, exceto do Japão".[52] O primeiro-ministro mostrou-se confiante em uma intervenção americana caso Tóquio avançasse contra o Império Britânico. Seus ministros, generais e funcionários estavam bem menos convencidos disso.

A ideia de que os britânicos poderiam travar uma guerra no leste enquanto os Estados Unidos permaneciam neutros constituía um cenário de pesadelo. Havia quem achasse provável o Japão juntar-se à Alemanha no ataque à Rússia, em vez de desferir um golpe na Malásia britânica. Eden perguntou a Churchill o que ele faria nesse caso. O primeiro-ministro respondeu firmemente que a Grã-Bretanha jamais iniciaria uma guerra contra o Japão, a não ser que os Estados Unidos o fizessem primeiro. Mês após mês em 1941, ele procurou alimentar a ilusão de que o esforço de guerra britânico era viável e significativo. Em particular, porém, reconhecia sua futilidade primordial, a não ser que o país de Roosevelt entrasse na guerra com ímpeto máximo.

2 Indo embora

Naquele verão, diplomatas e oficiais de estado-maior britânicos, além do próprio primeiro-ministro, gastaram incontáveis horas analisando e debatendo cada sutileza de conduta e opinião dos Estados Unidos. Poucos amantes dedicaram tanta tinta e tanta reflexão à sua correspondência de guerra quanto o primeiro-ministro em suas longas cartas para Roosevelt, enviadas até duas ou três vezes por semana, nas quais descrevia o avanço da Grã-Bretanha. Adotava um tom confiante, partindo do pressuposto de que o presidente compartilhava os seus objetivos, assim como os de seu país. Estendia a corte ao povo americano. Em 16 de junho, a atribuição, *in absentia*, de um título de doutor *honoris causa* pela Universidade de Rochester, em Nova York, inspirou uma das suas melhores transmissões radiofônicas para os americanos:

> Uma história maravilhosa se desenrola diante dos nossos olhos. Como vai terminar, não sabemos. Mas, em ambos os lados do Atlântico, todos nós sentimos — repito, todos nós — que somos parte dela, que nosso futuro e o futuro de muitas gerações estão em jogo. Temos certeza de que o caráter da sociedade humana será determinado pelas decisões que tomarmos e pelas ações que empreendermos. Não devemos lamentar o fato de responsabilidades tão solenes terem recaído sobre nós. Em meio a nossas atribulações, devemos nos orgulhar e até mesmo nos rejubilar por termos nascido neste momento decisivo para uma época tão grandiosa, nesta que é uma oportunidade tão esplêndida de prestarmos um serviço à nossa terra. A malignidade — imperiosa, blindada, pronta para o combate e aparentemente triunfante — projeta sua sombra sobre a Europa e a Ásia. As leis, os costumes e as tradições são violados. A Justiça é derrubada de seu assento. Os direitos dos fracos são destruídos. As grandes liberdades, acerca das quais o presidente dos Estados Unidos falou de modo tão comovente, são escravizadas e rejeitadas com desprezo. Toda a

estatura do homem, seu gênio, sua iniciativa e sua nobreza são esmigalhados sob sistemas de barbárie mecânica e de um terror organizado e programado.[53]

As palavras de Churchill comoveram muitos ouvintes. Em Washington, no entanto, Halifax observou em tom de cansaço que tentar encurralar os americanos era como "atirar desordenadamente durante uma caçada de lebres".[54] Roosevelt ofereceu muita coisa para a Grã-Bretanha — treinamento de pilotos, instalações para consertar navios de guerra, empréstimo de transportes, uma guarnição americana para substituir tropas britânicas na Islândia, conversas secretas em nível de estado-maior ao longo de fevereiro e março, crescente assistência à escolta de comboios no Atlântico. Os Estados Unidos, no entanto, ainda se mantinham longe dos campos de batalha. Em julho, o projeto de lei para a Renovação de Recrutamento foi aprovado na Câmara dos Representantes por apenas um voto. Churchill ansiava desesperadamente por um encontro com o presidente. Estava certo de que, se esse encontro ocorresse, indicaria uma mudança decisiva nas relações anglo-americanas.

Quando, finalmente, Roosevelt marcou uma reunião em Placentia Bay, na costa da Terra Nova, as esperanças do primeiro-ministro eram imensas. Escreveu para a rainha antes de partir no dia 4: "Não acho que nosso amigo me pediria para ir tão longe, a um encontro que será notícia no mundo inteiro, se não pensasse em dar um passo adiante."[55] Na viagem de trem para o norte, ficou eufórico, assim como seu *entourage*, ao ver a pródiga escala do bufê. De Scapa Flow telegrafou para o presidente, numa linguagem que pressupunha uma comunhão de propósitos bem mais estreita do que Roosevelt admitia: "Acabamos de sair. Há exatos 27 anos, os hunos começaram sua última guerra. Precisamos fazer um bom trabalho desta vez. Duas vezes devem bastar." Então, nas palavras de Colville, "com uma comitiva de fazer inveja ao cardeal Wolsey",[56] Churchill partiu no grande encouraçado *Prince of Wales* rumo à Terra Nova. Harry Hopkins, recém-chegado de Moscou e mais uma vez muito adoentado, juntou-se a eles na travessia. Esse homem maravilhosamente corajoso passara a maior parte da viagem de volta da Rússia na torreta de metralhadora de um hidroavião Catalina.

Uma das poucas funções úteis desempenhadas pelos encouraçados britânicos na Segunda Guerra Mundial foi transportar Churchill num estilo condizente com a autoridade suprema de um império em combate. Sua presença a bordo do *Prince of Wales* tinha ares de ironia. Apenas poucas semanas antes, ele exigira o acionamento da corte marcial para oficiais que tivessem demonstrado falta de firmeza na disputa da marinha com o *Bismarck*. Ficara furioso com o *Prince of Wales* por ter parado de lutar após o afundamento do *Hood*, apesar de o encouraçado britânico estar severamente danificado.

A exigência só foi retirada quando Sir John Tovey, comandante em chefe da Home Fleet, disse que, caso o castigo fosse aplicado, ele próprio renunciaria ao cargo e atuaria como advogado dos prisioneiros.

A caminho da reunião no Atlântico, a delegação britânica trabalhou bem menos do que em viagens posteriores. Não havia agenda para preparar, pois não faziam ideia do rumo que o encontro tomaria. Assim, aproveitaram para descansar. Churchill leu com grande satisfação três romances da série *Hornblower*, de C. S. Forester, histórias de arrojo da Marinha Real nas guerras napoleônicas. Fantasiou, animadamente, sobre uma possível saída do *Tirpitz* do norte da Noruega, o que lhe possibilitaria participar de um grande combate naval. Pílulas Mothersill foram muito usadas como remédio contra enjoo marítimo.

Membros modestos da delegação britânica, como um grupo de escriturários, ficaram assombrados com as manifestações de informalidade do primeiro-ministro. "Estava trabalhando no camarote de H[arry] H[opkins] esta manhã", escreveu o cabo Geoffrey Green em seu diário, "e WSC entrou só com casaco de pijama e charuto — sem as calças —, riu para nós e disse 'bom dia' — fiquei espantado demais para responder de forma adequada!"[57] As despensas do navio estavam entupidas de iguarias da Fortum & Mason, além de noventa tetrazes, mortos antes da temporada de caça normal para agradar aos augustos convidados do primeiro-ministro. Do lado americano, Hopkins telegrafou para Washington e sugeriu que presunto, vinhos e frutas, especialmente limões, seriam aceitáveis para o grupo britânico.

Placentia Bay é um rochoso braço de mar na costa meridional da Terra Nova, onde havia uma comunidade de pescadores com cerca de quinhentos habitantes. Os britânicos acharam o lugar parecido com um lago escocês das Hébridas. No amanhecer de 9 de agosto, o *Prince of Wales* começou a se aproximar de terra firme. Os oficiais logo perceberam que seus relógios estavam adiantados em relação ao horário americano. O navio virou e descreveu ao largo da costa um lento trajeto de noventa minutos, antes de se preparar novamente para ancoragem. Às nove em ponto, as âncoras foram lançadas a poucas centenas de metros do cruzador americano *Augusta*, que transportava o presidente. Os britânicos notaram o contraste entre a camuflagem de zigue-zague do navio em que estavam, pronto para o combate, e a pálida tonalidade da pintura americana, própria de tempos de paz.

Ninguém sabe exatamente o que foi dito entre Churchill e Roosevelt nos encontros a bordo do *Augusta*. Hopkins, que estava presente, no entanto descreveu o clima. O presidente adotou sua quase infatigável jovialidade, tão marcante quanto a opacidade que caracterizava suas falas sobre qualquer tópico mais sensível. Já em relação a seu companheiro, nenhum pretendente a casamento poderia igualar o charme e o entusiasmo com os quais o primeiro-ministro tratou o presidente dos Estados Unidos. Churchill e Roosevelt eram os conversadores mais fluentes da época. Mesmo quando o diálogo carecia de substância, não havia risco de silêncios. Tinham em comum os mesmos antecedentes sociais, um grande conhecimento formal, amor a tudo que se relacionasse à marinha, apego ao poder e supremo talento retórico. Ambos eram estrelas no palco mundial. No século XXI, quando muitos líderes nacionais se preocupam com a boa forma física, deve se observar que os dois maiores estadistas do planeta tampouco pareciam diminuídos pelo fato de um ser um deficiente físico de 59 anos e o outro um homem de 66 anos famoso pelo abuso do álcool e dos charutos.

Uma das pessoas próximas a Roosevelt, Marguerite "Missy" LeHand, declarou que ele era "realmente incapaz de uma amizade íntima com qualquer pessoa".[58] Entretanto, apesar de sua solidão essencial, o presidente tinha o dom de tratar todos os novos conhecidos como amigos de infância, uma capacidade de forjar simulacros de intimidade que ele explorava de forma implacável. Churchill, diferentemente, tinha pouco interesse social pelos outros. Depois da morte prematura do grande amigo F. E. Smith, lorde Birkenhead, em 1930, não se dispôs a tentar uma aproximação com outro ser humano, salvo, possivelmente, Beaverbrook e Jan Smuts, para estabelecer uma comunhão social e não política. Chegou a ferir a vaidade do presidente ao esquecer-se de que os dois haviam se encontrado antes — em Londres, em 1918.

Churchill só amava a si mesmo e a Clementine, ao passo que, segundo rumores — provavelmente falsos —, Roosevelt recentemente acrescentara às suas amantes a exilada princesa consorte Marta, da Noruega. Embora por vezes proclamasse grandes verdades, Roosevelt era, por natureza, um dissimulador. Henry Morgenthau se dizia estupefato com as contradições do presidente: "fatigado, mas também vivaz; frívolo, mas também solene; evasivo, mas também franco (...) um homem com desconcertante complexidade de humor e motivação". Roosevelt tinha muito mais imaginação política do que Churchill. Conforme disse a Wendell Willkie na primavera de 1941, achava que a Grã-Bretanha passaria por uma revolução social no pós-guerra. Tinha razão. Já Churchill mal deve ter dedicado um minuto de reflexão ao que poderia vir depois da desesperada luta pela sobrevivência contra o Eixo, e ainda era, além disso, implacável na hostilidade ao socialismo. Roosevelt, como o povo americano, via o futuro sem temor. O otimismo estava no âmago do seu gênio como líder nacional durante a Depressão. Churchill, por sua vez, sentia-se apreensivo pelas ameaças que um novo mundo representaria para a grandeza da Grã-Bretanha.

Em Placentia Bay, o primeiro-ministro esforçou-se para agradar ao presidente, e Roosevelt, fascinado pela personalidade do primeiro-ministro, estava perfeitamente disposto a ser agradado. Contudo, os encontros a bordo entre os chefes militares foram tensos e austeros. Os generais George Marshall e Henry "Hap" Arnold, assim como os almirantes Harold Stark e Ernest King, foram cautelosos. Por razões de segurança, Roosevelt só lhes informara sobre a reunião quando já estavam no *Augusta*. Portanto, não tinham preparado qualquer material e resolveram não dizer nada que comprometesse seu país mais do que a política existente já admitia. Os britânicos — o chefe do estado-maior imperial, Sir John Dill, o Primeiro Lorde do Mar, Sir Dudley Pound, e o vice-chefe do estado-maior do Ar, Sir Wilfred Freeman — ficaram confusos pelo fato de o exército e a marinha americana realizarem reuniões separadas e, assim, delinearem pontos de vista estratégicos inteiramente diversos.

Quando Marshall falou em criar um exército americano de 4 milhões de soldados, os britânicos ficaram espantados. Não parecia possível, disseram eles, que houvesse combates no território continental dos Estados Unidos. Não existiam navios para transportar e aprovisionar um grande exército além-mar. Qual seria o sentido de uma mobilização tão expressiva? Churchill empenhava-se em assegurar às mães americanas que, mesmo entrando na guerra, seus filhos não precisariam derramar sangue nos campos de batalha europeus. Um mês antes de Placentia, repreendeu Auchinleck por dizer a jornalistas que tropas americanas eram necessárias. Esses comentários, observou o primeiro-ministro, fortaleciam a posição dos isolacionistas americanos e iam "de encontro ao que eu falei sobre não precisarmos do exército americano este ano, ou no próximo, ou em qualquer outro ano que eu possa prever". Os cálculos estratégicos britânicos negavam a necessidade de forças terrestres britânicas ou americanas capazes de enfrentar a Wehrmacht no continente, pois Dill e seus colegas não consideravam que isso fosse um objetivo viável.

Em Placentia, Arnold falou pouco em nome da Força Aérea dos Estados Unidos e Marshall discorreu mais sobre equipamento do que estratégia. Segundo os americanos, seria difícil satisfazer as demandas britânicas de armas. Alegaram que os pedidos eram submetidos de maneira profusa e desordenada por uma variedade de canais. Os britânicos descobriram um abismo entre a mentalidade deles próprios, formada e endurecida pela experiência de guerra, e a dos americanos, ainda marcada por inibições de paz. Não era fácil para homens com menos talento diplomático que o primeiro-ministro admitir que os chefes americanos das forças armadas repudiavam o envio de armas que, em sua visão, seriam úteis para os Estados Unidos. Foi difícil para Dill e seus colegas não se irritarem com a cautela desses americanos ricos e protegidos, enquanto eles mesmos sofriam com a responsabilidade de conduzir a luta da civilização ocidental por sobrevivência. Os oficiais da

Marinha Real notaram a falta de curiosidade dos americanos, principalmente do almirante King, sobre suas experiências de batalha, por exemplo contra o *Bismarck*. De forma disfarçada, os marinheiros americanos zombavam de Dudley Pound, chamado de "baleia velha" pelos soldados britânicos. Dill entendeu-se bem com Marshall, mas Ian Jacob escreveu desoladamente em seu diário: "Não houve um único oficial americano que demonstrasse a menor vontade de estar na guerra do nosso lado. Como indivíduos são encantadores, mas parecem viver num mundo diferente do nosso."[59]

Roosevelt irritou-se ao saber que o primeiro-ministro tinha trazido com ele dois conhecidos jornalistas, H. V. Morton e Howard Fast. Embora fossem impedidos de mandar reportagens para o jornal enquanto estivessem fora do solo britânico, a presença deles era um lembrete de que Churchill exploraria ao máximo o potencial propagandístico do encontro. Já Roosevelt estava decidido a deixar todas as opções em aberto e a avançar com extrema cautela. O acesso dos repórteres aos navios americanos foi negado.

É importante reconhecer que tanto os britânicos como os americanos ainda imaginavam que a Rússia seria derrotada, deixando a Grã-Bretanha mais uma vez sozinha para enfrentar o império nazista — e também, quem sabe, o japonês. Churchill pediu a Roosevelt que alertasse Tóquio, nos termos mais firmes possíveis, a não tentar novos ataques. Já houve sugestões de que ele foi ainda mais longe, suplicando que os Estados Unidos realizassem uma ação militar preventiva no Extremo Oriente, mas isso parece implausível. Várias vezes durante a conferência, Churchill perguntou a Averell Harriman se o presidente gostava dele. Era uma admissão do primeiro-ministro da enorme ansiedade e vulnerabilidade que o assolavam.

"Seria exagero dizer que Roosevelt e Churchill se tornaram amigos íntimos nessa conferência ou em qualquer outro momento", escreveu Robert Sherwood, frequentador da Casa Branca e futuro biógrafo de Harry Hopkins. "Estabeleceram uma intimidade espontânea, uma informalidade jocosa, uma fuga da pomposidade e da hipocrisia — e também uma franqueza nas relações que, se não era completa, chegava bem perto de ser. Mas nenhum dos dois perdia de vista, mesmo por um momento, quem era e o que representava, ou quem o outro era e o que representava (...) Eram dois homens no mesmo ramo de negócios — liderança político-militar em escala global (...) Avaliavam-se pelos olhos treinados de profissionais, e dessa avaliação resultava um grau de admiração e compreensão solidária quanto aos problemas profissionais um do outro, algo que artífices menores não conseguiriam alcançar."[60] Enquanto o primeiro-ministro sucumbia facilmente ao sentimento para formar uma opinião sobre seu colega potentado, o presidente não retribuía na mesma moeda. Churchill e Roosevelt estabeleceram uma amizade de Estado. Os povos americano e britânico julgavam entender os respectivos líderes, porém o povo britânico tinha mais razões para pensar assim. Churchill era o que parecia ser. Roosevelt, não.

O primeiro-ministro arranjou cuidadosamente o cenário do encontro em Placentia, escolhendo, ele próprio, hinos para o serviço religioso do domingo à sombra dos imensos canhões do *Prince of Wales*, perante um púlpito adornado com as bandeiras dos dois países — "Onward Christian Soldiers", "O God Our Help in Ages Past" e "Eternal Father Strong to Save". Praticamente todos os presentes se comoveram. "Meu Deus, isso é história!", murmurou um escriturário, "em voz baixa e fascinada", para o cabo Geoffrey Green.[61] Enquanto agitados fotógrafos registravam o momento das torres de tiro e das partes mais altas, um colega disse a Ian Jacob que aquela ocasião certamente correspondia às fantasias de um jornalista sob efeito de haxixe.[62]

Naquela tarde, Churchill tomou uma lancha para uma breve visita à praia, caminhando por algum tempo com Cadogan, o "Prof" e seus secretários, e inesperadamente colhendo flores silvestres.[63] Altos oficiais dos dois países continuaram a passar de um navio a outro, cada chegada e partida formalmente saudada por bandas e guardas de honra, de modo que nunca havia sossego no ponto de ancoragem. No dia seguinte, ocorreram mais conversações, desordenadas como antes, entre os chefes militares. Roosevelt aumentou levemente as apostas na guerra atlântica ao concordar que navios de guerra americanos escoltassem os comboios até a altura da Islândia. Justificou a medida em Washington quando afirmou que havia pouco sentido em fornecer suprimentos à Grã-Bretanha sem garantir que chegassem ao destino.

O resultado mais substancial do encontro entre o presidente e o primeiro-ministro foi a Carta do Atlântico, um estranho documento. Teve origem numa sugestão de Roosevelt de que os dois líderes deveriam divulgar uma declaração de princípios comuns. Na versão publicada, representava uma expressão caracteristicamente americana de elevadas intenções, mas foi preparada por Sir Alexander Cadogan, o mandarim de plantão no Foreign Office. A carta foi transmitida a Londres para aprovação do Gabinete de Guerra, cujos membros precisaram ser arrancados da cama. Nas primeiras horas da manhã seguinte — outro dia de garoa, como quase todos na Terra Nova —, um oficial informou a Churchill, quando o primeiro-ministro se preparava para dormir, que a resposta de Londres tinha chegado. "Vou gostar?" perguntou o primeiro-ministro — nas palavras de Jacob, "como uma criança prestes a tomar um remédio".[64] Sim, disseram-lhe, tudo estava em ordem. Seus ministros endossaram a declaração anglo-americana. Quando publicada, suas nobres frases de apoio a um compromisso comum com a liberdade repercutiram no mundo inteiro, alimentando a esperança dos colonizados de uma forma que certamente não fora a intenção de Churchill. Nos Estados Unidos, porém, a carta despertou pouco entusiasmo popular. Nunca foi assinada, pois, para ratificação como tratado, precisaria ser apresentada ao Senado.

Antes de se separarem, o presidente ofereceu ao primeiro-ministro cordiais palavras de boa vontade e mais 150 mil fuzis velhos, mas nada indicava uma entrada rápida dos Estados Unidos na guerra. Era isso que Churchill fora buscar, e não teve sucesso. Às 14h50 de 12 de agosto, a visita chegava ao fim. Nuvens baixas ocultavam a visão da praia para quem estava no navio. O *Augusta* deslizou na neblina, enquanto marinheiros se enfileiravam num dos lados do *Prince of Wales* para saudar o presidente que partia. Então os britânicos tomaram o rumo de casa. "Era difícil dizer se Churchill voltava da Terra Nova inteiramente satisfeito com a conferência com Roosevelt",[65] escreveu Ian Jacob. O primeiro-ministro disse ao filho Randolph que tivera "um encontro muito interessante e de modo algum infrutífero com o presidente (...), e nos três dias que passamos juntos, sinto que estabelecemos um profundo e íntimo contato de amizade. Ao mesmo tempo, é um grande desafio pensar em como romper o impasse e trazer os Estados Unidos ousada e honradamente para a guerra".[66]

Quando voltou à Grã-Bretanha, Churchill disfarçou seu desapontamento pessoal ao dirigir uma exuberante retórica aos colegas e ao país. Sentia-se obrigado a satisfazer o anseio geral por boas notícias, e assim informou ao Gabinete de Guerra que os comandantes navais americanos estavam ávidos por participar da luta, muito embora outros presentes em Placentia não tivessem detectado nada parecido. Seu relato sobre os comentários privados de Roosevelt parecem ter deliberadamente exagerado as expressões de apoio cuidadosamente ambíguas do presidente. Pownall, então vice-chefe do estado-maior imperial, escreveu em seu diário: "Roosevelt é totalmente a favor de entrar na guerra, e quanto antes (...) Mas disse que jamais declararia guerra, preferindo provocá-la."[67] Ainda não se sabe se Roosevelt de fato usou essas palavras, ou se Churchill as pôs na boca do presidente no retorno a Londres. Mesmo tais colocações eram bem menos significativas do que os britânicos esperavam. Apesar da cordialidade social do presidente, ele nunca foi dado aos arroubos românticos de Churchill. Se não chegava a ser anglófobo, Roosevelt nunca demonstrou muita simpatia pela Grã-Bretanha. Dirigiu-se a Placentia com uma mentalidade e voltou aos Estados Unidos sem alterá-la. Estava inclinado a ajudar os britânicos de todas as formas possíveis para evitar a derrota. No entanto, não tinha a menor intenção de atropelar o juízo congressional e popular liderando uma arrancada rumo à beligerância. A opinião pública americana apoiava muito mais o embargo de petróleo imposto contra o Japão, em resposta ao ataque de Tóquio na Indochina, do que o crescente apoio naval de Roosevelt à Grã-Bretanha na Batalha do Atlântico. Não deixa de ser irônico: foi o embargo que fez os japoneses bombardearem os Estados Unidos, levando o país à guerra.

Churchill, numa conversa informal com editores de jornais britânicos em 22 de agosto, previu que o Japão não atacaria no leste e observou que a Batalha do Atlântico estava indo melhor. Sugerindo que U-boats alemães hesitariam em encontrar navios de guerra americanos, que agora operavam ativamente no Atlântico Ocidental, disse: "Imagino que Hitler não queira se arriscar a um choque com Roosevelt enquanto os russos não forem tirados do caminho." O súbito entusiasmo britânico arrefeceu. A imponente retórica do primeiro-ministro não impediu que uma sensação de anticlímax tomasse conta do país. Na visão de um general britânico, certo funcionário do Departamento de Guerra foi preciso ao descrever a mensagem radiofônica de Churchill sobre o encontro em Placentia como "o nada muito bem vestido".[68]

Vere Hodgson, que trabalhava em uma instituição de caridade em Notting Hill, ouviu a BBC prometer "um importante anúncio do governo" na tarde de 14 de agosto, e esperou uma declaração de união anglo-americana. E quando, em vez disso, ouviu o comunicado sobre a Carta do Atlântico, escreveu, desapontada: "Houve uma declaração de Objetivos de Guerra. Todos muito louváveis — o único problema será executá-los."[69] Churchill telegrafou para Hopkins, demonstrando uma impaciência inusitadamente explícita: "Preciso lhe contar que, por aqui, uma onda de depressão tomou conta do Gabinete e de outros círculos bem informados pelas muitas declarações do presidente sobre não assumir compromissos, não estar mais perto da guerra etc... Se 1942 começar com a Rússia derrotada e a Grã-Bretanha mais uma vez sozinha, estaremos sujeitos a toda sorte de perigos. É certo que Hitler não ajudará de forma alguma (...) Você sabe melhor que ninguém se algo pode ser feito (...) Ficaria muito agradecido se me desse algum tipo de esperança."[70]

Em Downing Street, Churchill observou com irritação que os americanos estavam empenhados em sofrer todos os inconvenientes da guerra, "sem seus estímulos dominantes". No jantar de 29 de agosto com Winant, o embaixador americano, novamente fez um apelo explícito pela beligerância dos Estados Unidos. Colville registrou: "O primeiro-ministro disse que, depois da declaração conjunta [a Carta do Atlântico], os Estados Unidos não podem honradamente ficar de fora (...) Se R declarar guerra agora (...), talvez alcance a vitória já em 1943; caso se abstenha, a guerra pode se arrastar durante anos, com a Grã-Bretanha ainda na luta, mas a civilização em ruínas."[71] Influentes visitantes americanos continuaram a ser cortejados com infalível fervor. O jornalista John Gunther foi recebido em Chequers. Um tedioso democrata da Pensilvânia, o congressista J. Buell Snyder, presidente do Subcomitê Militar de Apropriações da Câmara, foi calorosamente recepcionado em Downing Street. Contudo, no fim de agosto, o ministro da embaixada britânica em Washington, Charles Peake, manifestou profundo pessimismo quanto à possibilidade de os Estados Unidos entrarem na guerra, fosse no futuro imediato, fosse em qualquer outro momento. Até pôs em dúvida — como alguns membros do governo americano — se Roosevelt de fato desejava o combate.[72] Embora os Estados Unidos já não pudessem ser considerados neutros, era plausível que se apegassem indefinidamente à condição de não beligerantes. Até hoje, nada indica que Roosevelt estivesse disposto a arriscar um choque potencialmente desastroso com o Congresso. A não ser que os Estados Unidos se tornassem um aliado no campo de batalha, o programa Lend-Lease seria suficiente apenas para evitar a derrota britânica.

O outono de 1941 é um dos muitos períodos de guerra que precisam ser vistos sem o olhar do futuro. Todas as perspectivas britânicas pareciam desoladoras. Um diplomata americano que passou dez dias na Escócia informou à sua embaixada: "Para as pessoas com quem ele esteve, na maioria grandes industriais de opiniões realistas, os britânicos estão perdendo a guerra, e é absurdo falar em subjugar o exército alemão bombardeando cidades na Alemanha (...) O exército alemão (...) precisa ser vencido em terra, de uma forma ou de outra, ou a guerra estará perdida."[73] Churchill concordava: "Não será possível que o exército britânico em sua totalidade (salvo as unidades no Oriente Médio) permaneça indefinidamente inerte e passivo protegendo esta ilha contra invasão", escreveu Churchill para Ismay em 12 de setembro. "Tal atitude, deixando de lado quaisquer considerações militares, traria descrédito para o exército. Não preciso dizer por quê."[74]

Moscou encarou o encontro entre Churchill e Roosevelt com a paranoia de costume. Um biógrafo soviético de Churchill, escrevendo mais de trinta anos depois, afirmou que, em Placentia Bay, "foram traçados planos para estabelecer o domínio anglo-americano do mundo após a guerra. Os líderes da Grã-Bretanha e dos Estados Unidos discutiam esses planos enquanto a URSS arcava com o ônus da guerra e os Estados Unidos ainda não tinham entrado".[75] Stalin, em situação desesperadora, queria 30 mil toneladas de alumínio, além de quatrocentas aeronaves e quinhentos tanques por mês da Grã-Bretanha. Churchill disse ao embaixador Maisky que Moscou teria de se contentar com metade desse material e tentar obter o restante com os americanos. Em 15 de setembro, Stalin exigiu que 25 divisões britânicas fossem enviadas para o front russo via Irã ou Arcangel. Já tinha pedido a Harry Hopkins que intercedesse junto a Roosevelt para despachar um exército americano para a Rússia. Hopkins, compreensivelmente atônito, respondeu que, mesmo entrando na guerra, era improvável que os Estados Unidos mandassem soldados para combater no Cáucaso.

O fato de concordar, a princípio, em enviar tropas britânicas para a Rússia ilustra a ânsia de Churchill em apaziguar os soviéticos. Contemplou absurdamente que Wavell, por saber falar russo, comandasse essa força. Procurar ajudar os russos sem êxito, declarou ele, era melhor do que não tentar. A verdade é que estava desesperado. Em 23 de outubro, a ideia foi oficialmente abandonada. Stalin reclamou que aeronaves britânicas mal-acondicionadas chegavam "quebradas" a Arcangel. Os britânicos esperavam, contra todas as probabilidades, que as ameaças russas de buscar a paz fossem apenas um blefe, assim como eram blefes seus murmúrios sobre lançar uma Segunda Frente.

Enquanto a frota mercante da Grã-Bretanha sofria implacável pressão no Atlântico, o ministro dos Alimentos, lorde Woolton, indicava ao gabinete a necessidade de racionar produtos enlatados. Churchill murmurou em tom jocosamente pesaroso: "Nunca mais verei uma sardinha!" Na realidade, é claro, ele sofria menos do que os demais cidadãos britânicos com as exigências da guerra, e ocasionalmente dizia, constrangido, que nunca vivera com tanto luxo. Se suas energias diminuíram com a idade, ele nunca precisara se preocupar tão pouco com as necessidades pessoais, atendidas por uma grande equipe de empregados domésticos e funcionários. Nenhum colega de ministério desfrutava privilégios iguais em matéria de dieta, conforto, cuidados domésticos e planos de viagem. Eden, como secretário do Exterior, sentiu-se nas nuvens porque lhe ofereceram uma fatia de presunto frio num almoço no Palácio de Buckingham, assim como laranjas na embaixada do Brasil. Todos os membros do governo britânico que mantinham diários e tiveram a sorte de viajar, até mesmo os mais altos ministros e generais, dedicavam muito espaço em seus registros para aplaudir os alimentos que consumiam no exterior, pois a dieta em casa era penosa.

O primeiro-ministro raramente comia na casa de outras pessoas, mas ocasionalmente desfrutava uma refeição no Buck's Club. Por vezes, frequentava reuniões do Other Club no hotel Savoy, clube de jantar que fundara em 1910 com F. S. Smith. Ali, quase sempre se sentava ao lado de lorde Camrose, proprietário do *Daily Telegraph*, amigo que inutilmente cobiçava um cargo no governo. Uma noite, no outono de 1941, saiu discretamente de Downing Street com Eden e Beaverbrook para jantar no Ritz. Relembrando velhas histórias, disse que gostaria de ter novamente ao lado Balfour e Smith, antigos colegas da Primeira Guerra Mundial. Beaverbrook sugeriu que, com uma estratégia melhor, Churchill poderia ter sido primeiro-ministro em 1916.

Segundo Churchill, o pior momento de sua vida foi quando Lloyd George lhe informou que não havia lugar para ele no novo Gabinete.

As governantas em Downing Street e Chequers contavam com suprimento ilimitado de cupons alimentares para recepções oficiais. Isso permitia a Churchill e seus convidados usufruírem um estilo de vida negado aos cidadãos comuns. Se comparados ao governo de Neville Chamberlain, os custos de Chequers dispararam durante o mandato de Churchill, refletindo a efusão da hospitalidade. Em janeiro de 1942, o advogado do Chequers Trust concordou com Kathleen Hill, secretária de Churchill, quanto ao fato de que "a Conta da Alimentação estava muito alta".[76] A família fazia, em dinheiro, uma contribuição modesta e fixa para indenizar os administradores dos gastos particulares de Churchill, incluído o pagamento de um quarto da conta por um pequeno Ford que Clementine usava.

Por mais que as circunstâncias domésticas da família fossem privilegiadas, a mulher do primeiro-ministro com frequência tinha a mesma dificuldade de seus compatriotas para comprar bons alimentos. Isso horrorizava visitantes insensíveis. Certa vez, no ano seguinte, quando Eleanor Roosevelt e outros visitantes de Washington se hospedaram no Anexo do nº 10, a sra. Churchill pediu desculpas pela comida: "Sinto muito, meus queridos, mas não consegui comprar peixe. Terá de ser macarrão." Henry Morgenthau comentou, sem entusiasmo: "Então nos serviram bolo de carne feito com pequenas sobras." Em contraste, alguns hóspedes de Churchill censuravam sua prodigalidade numa época em que o restante do país comia carne de baleia. Certa noite, quando Churchill levou um grupo ao Savoy, o primeiro-ministro canadense, Mackenzie King, ficou revoltado ao ver que o anfitrião insistia em comer tanto peixe quanto carne, violando as regras de racionamento. O ascético King achou "vergonhoso que Winston se comportasse dessa maneira".

Mais do que a hospitalidade ou as notícias da guerra, a espirituosidade de Churchill ajudava a manter o ânimo dos companheiros. Numa tensa reunião do Comitê de Defesa com o propósito de discutir suprimentos para a Rússia, ele distribuiu charutos cubanos recém-chegados de Havana como presente. "É bem possível que cada um destes contenha um veneno letal", comentou, com bom humor, enquanto alguns riscavam fósforos. "É bem possível que, dentro de alguns dias, eu complete tristemente a longa fila dos seus caixões na nave da Abadia de Westminster — insultado pelas massas como o homem que é mais Bórgia do que os Bórgias!" Eden, chegando para um fim de semana em Chequers, foi conduzido ao andar de cima por Churchill, que pessoalmente acendeu a lareira do quarto de hóspedes. O secretário do Exterior escreveu, com certa dose de malícia: "Não conheço anfitrião mais educado — especialmente quando quer."

Enquanto grandes homens discutiam assuntos de Estado em Downing Street ou Chequers, no andar de baixo os funcionários fofocavam sobre O Patrão, como em qualquer residência nobre. "Ah, a senhora nunca vai adivinhar o que ele fez depois",[77] diria Nellie, empregada de Downing Street, para Elizabeth Layton, uma das três datilógrafas do primeiro-ministro. Sra. Landemore, a cozinheira, era uma fonte de mexericos sobre a aristocracia britânica, enquanto Sawyers, criado de quarto de Churchill, distribuía vinho desviado da sala de jantar para os demais empregados. Toda sexta-feira à tarde, às vezes no sábado de manhã, uma coluna de três grandes carros pretos aguardava diante do portão do jardim de Downing Street, e então conduzia o primeiro-ministro a Chequers numa velocidade vertiginosa, a viagem apressada por batedores da polícia e sirenes. A não ser que levasse algum convidado com quem desejava conversar, passava o trajeto todo ditando para uma datilógrafa. Certo dia, chegando ao destino, disse a Elizabeth Layton: "Agora corra lá para dentro e datilografe como o CÃO."[78] Os empregados do último turno raramente eram liberados antes das três da manhã.

Churchill ficou exultante quando, em 8 de setembro, Roosevelt baixou uma ordem de "atirar primeiro" para os navios de guerra americanos no Atlântico, intensificando drasticamente o confronto com os U-boats alemães. No entanto, duas semanas depois, quando Eden jantava com os Churchill e com Oliver Lyttelton, ministro de Estado para o Oriente Médio que acabara de chegar do Cairo, "Winston estava deprimido no início, disse que teríamos tempos difíceis pela frente".[79] O primeiro-ministro sabia, graças à interceptação de mensagens diplomáticas japonesas, que Tóquio aos poucos reduzia suas missões estrangeiras e evacuava japoneses do território britânico. Sir Stewart Menzies, "C", mostrou-lhe um telegrama de Berlim para Tóquio no qual o estado-maior de Hitler assegurava aos japoneses que, "em caso de colisão entre Japão e Estados Unidos, a Alemanha imediatamente entraria em guerra contra os Estados Unidos".[80] Depois que Churchill foi visto por decifradores de Bletchley num sábado visitando as úmidas instalações da agência, quatro dos mais altos funcionários lhe escreveram para pedir mais recursos. Isso provocou um bilhete "Ação Neste Dia" para "C": "Providencie tudo de que precisam com urgência extrema."[81]

Em 20 de outubro, Churchill disse ao Comitê de Defesa "não acreditar que os japoneses declarem guerra contra os Estados Unidos e contra nós". Depois de muitos meses exagerando deliberadamente a possibilidade de os Estados Unidos se juntarem à batalha, naquele momento as chances de isso ocorrer eram maiores do que ele admitia. Depois de tantos desapontamentos, talvez não ousasse esperar demais. Persistia o terrível e incômodo receio de que Tóquio lançasse um ataque apenas contra domínios britânicos, sem perturbar os Estados Unidos. As expectativas dos governos britânico e americano eram distorcidas pela lógica. Através dos serviços de inteligência, ambos dispunham de sólidos indícios de uma incursão japonesa iminente. Ainda assim, era difícil acreditar que o regime de Tóquio começasse contra os Estados Unidos uma guerra que, racionalmente, não teria como vencer.

O envio de uma divisão naval de combate para o Extremo Oriente, supostamente para conter a agressão japonesa, foi decisão pessoal do primeiro-ministro e refletia sua fé anacrônica em encouraçados e porta-aviões. Da mesma forma, o comandante do esquadrão, almirante Tom Phillips — ironicamente um dos mais severos críticos de Churchill no Almirantado —, foi escolha sua, e uma má escolha, já que toda a experiência de guerra de Phillips transcorrera em terra firme, desempenhando funções de estado-maior. Churchill comparava o possível impacto dos encouraçados britânicos no Extremo Oriente com o provocado pelo *Tirpitz* de Hitler nas águas do Ártico, "uma ameaça em si mesmos". Assim como os americanos superestimaram consideravelmente o poder dissuasor de meros 36 bombardeiros B-17 da USAAF (Força Aérea do Exército dos Estados Unidos) nas Filipinas, o primeiro-ministro não compreendeu que, com ou sem o esquadrão do almirante Phillips, forças britânicas no Extremo Oriente eram lamentavelmente deficientes em contingente e liderança.

O diretor de operações navais, comandante Ralph Edwards, escreveu em seu diário quando os encouraçados foram lançados ao mar: "Outra Prece do primeiro-ministro, que quer que nós formemos uma divisão de 'rápidos e poderosos navios modernos — usando só os melhores' no oceano Índico. Isso, declara ele, terá um efeito paralisante sobre os japoneses — mas só Deus sabe como (...) Isso, aliás, ao mesmo tempo em que deseja estabelecer uma força em Malta, reforçar o Mediterrâneo, ajudar a Rússia e estar pronto para enfrentar uma irrupção do *Tirpitz*. A quantidade de trabalho desnecessário que esse homem joga sobre o estado-maior naval, se fosse removida, equivaleria para nós a um mês de licença (...) Caso o honrado cavalheiro se limitasse a cuidar dos assuntos de Estado e da política e deixasse a estratégia naval a quem trabalha na área, as chances de vencer a guerra cresceriam bastante. Ele é, sem dúvida, um dos piores estrategistas da história."[82] Churchill escreveu para Roosevelt a fim de informar sobre o envio do encouraçado *Prince of Wales*, do cruzador de batalha *Repulse* e do porta-aviões *Indomitable*. "Não há nada como ter algo capaz de capturar e matar qualquer coisa."[83] Era uma afirmação bizarra, uma vez que dois anos de guerra tinham demonstrado tanto a vulnerabilidade dos grandes navios como as deficiências da Aviação Naval Britânica.

Durante a Segunda Guerra Mundial, em quase todos os aspectos a Marinha Real mostrou-se a melhor das três forças singulares da Grã-Bretanha, assim como a Marinha dos Estados Unidos era a melhor das forças americanas. Submarinos e ataques aéreos do Eixo infligiram pesadas perdas, porém, de maneira consistente, os marujos britânicos demonstraram elevado grau de coragem e profissionalismo. A cultura institucional da marinha se revelou mais convincente do que a do exército, e talvez até que a da RAF. Embora a Batalha do Atlântico tenha sido menos dramática e glamorosa do que a Batalha da Inglaterra, a preservação de rotas de comboios foi uma proeza igualmente decisiva. A fraqueza crônica da força marítima, contudo, residia no apoio aéreo e na defesa antiaérea. Do início ao fim da guerra, a Aviação Naval Britânica teve desempenho muito inferior aos esquadrões aéreos da Marinha dos Estados Unidos, em parte por dispor de aeronaves inadequadas, em parte porque os britânicos não as administravam bem, em parte porque nunca havia um número suficiente de porta-aviões. Churchill não tratou adequadamente dos interesses da marinha, deixando de pressionar a RAF a desviar mais aeronaves de grande autonomia para operações de apoio naval, sobretudo para os comboios atlânticos.

Quando o outono deu lugar ao inverno, havia poucos motivos para otimismo no mar, no ar ou em terra. Em 4 de novembro, o velho e sábio marechal de campo Smuts telegrafou da África do Sul para Churchill, em considerável desalento: "Impressionou-me ver como cresce, aqui e noutros lugares, a sensação de que a guerra terminará num impasse e será, portanto, fatal para nós." Muitos americanos achavam que os britânicos estavam postados ociosamente atrás do fosso do canal, esperando que os Estados Unidos fossem socorrê-los. De Washington, Averell Harriman escreveu uma carta pessoal para Churchill: "As pessoas se perguntam por que vocês não tomam alguma atitude ofensiva. Na minha opinião, é importante que se fale mais sobre as ações britânicas."[84] O diplomata recomendou uma enérgica promoção midiática da ofensiva de bombardeiros da RAF, bem como dos comboios da Marinha Real para a Rússia.

Smuts, enquanto isso, acreditava que a Rússia estava sendo derrotada e os Estados Unidos ainda não pretendiam entrar na guerra. Essa opinião era vastamente difundida em Londres. O vice-chefe do estado-maior do exército britânico continuava temendo uma invasão alemã, e mostrava-se confuso sobre o que seu lado poderia fazer para ganhar a guerra: "Independente do que aconteça no front russo, Hitler só vencerá definitivamente a guerra com a invasão bem-sucedida destas ilhas (...) Gostaria que tivéssemos uma ideia igualmente clara de como nós poderemos vencer. No momento, nos agarramos vagamente a uma combinação de populações insatisfeitas, queda do moral entre os alemães e as tropas alemãs, bloqueios e bombardeios noturnos um tanto imprecisos (...) Os Estados Unidos (...) parecem mais distantes de entrar na guerra agora do que em abril passado."[85]

No entanto, havia indícios de uma mudança na opinião pessoal de Churchill, que já considerava provável a beligerância americana. Em 14 de novembro, ele afirmou a lorde Camrose, no Other Club, estar confiante de que os americanos logo participariam do combate. Camrose ficou tão impressionado que escreveu para o filho, repetindo as palavras do primeiro-ministro.[86] No dia 19, Churchill contou a convidados de um almoço em Downing Street que esperava obter o segundo de quatro "prêmios" possíveis. O primeiro seria a entrada dos Estados Unidos na guerra sem envolver o Japão; o segundo seria a adesão simultânea dos Estados Unidos como aliados e do Japão como inimigo; o terceiro seria que nenhum dos dois países entrasse na guerra; e o quarto seria que o Japão se tornasse inimigo, enquanto os Estados Unidos permanecessem neutros.[87] Todavia, para outras pessoas com informações secretas de inteligência sobre a movimentação japonesa, as expectativas do primeiro-ministro pareciam infundadas.

Churchill se esforçava para mudar a impressão dos americanos acerca da suposta passividade britânica. Instruindo o comodoro lorde Louis Mountbatten sobre sua nova função como "principal conselheiro" de operações combinadas, que logo seria transformada em comando geral, o primeiro-ministro disse: "Toda a sua atenção deve estar concentrada na ofensiva." Esse foi mais um dos períodos em que ele se entusiasmou sobre um possível ataque na Noruega, ignorando a realidade inescapável de que a costa norueguesa estava fora do alcance dos caças britânicos. A seu secretário particular, Eden manifestou preocupação e desalento com esse plano: "A. E. está perplexo — acha, como eu, que tantos planos deslumbrantes de W. resultaram em fracasso (...) um passo em falso — um atalho errado — nos faria recuar vários anos."[88]

Em sua intensa busca por comandantes agressivos, Churchill lançou olhares hostis a muitos candidatos. Cultivava uma persistente animosidade contra o general Sir Ronald Adam, ajudante-general e um dos mais competentes oficiais do estado-maior do exército, em parte porque Adam criou um Departamento Militar de Assuntos da Atualidade (ABCA, na sigla em inglês), visto como instrumento de propaganda socialista. Churchill falou em demitir Tedder, comandante da Força Aérea do Deserto, que logo mais seria reconhecido como um dos mais extraordinários aviadores da guerra. Sir Wilfred Freeman, vice-chefe do estado-maior do Ar, procurou o cronicamente indócil Hankey para perguntar o que Portal, seu chefe, deveria fazer se Churchill insistisse em afastar Tedder. Hankey deu a resposta de hábito:

renunciar. Freeman adiantou que, nesse caso, também se demitiria: "Ele disse que não tinha utilidade alguma para Churchill."[89]

O primeiro-ministro costumava sentir-se oprimido com o que lhe parecia mesquinhez e petulância do Parlamento. Na Câmara, em 11 de novembro de 1941, enfrentou uma enxurrada de perguntas e indagações suplementares: primeiro sobre supostas atrocidades italianas em Montenegro, depois sobre a aparente relutância do governo em permitir que a RAF bombardeasse Roma. Quando respondeu evasivamente, Sir Thomas Moore, representante do distrito eleitoral de Ayr, insistiu: "Meu honorável amigo realmente acha sensato oferecer um esconderijo para esse rato do Mussolini?" Churchill respondeu: "Acho que seria bom ter confiança nas decisões do governo, cujo único desejo é infligir o máximo de dano ao inimigo." Outro parlamentar chamou atenção para a escassez de equipamento, descrita num despacho recentemente publicado de lorde Gort sobre a campanha de 1940 na França. Churchill rejeitou bruscamente pedidos de sindicância. Decerto sugeriu que esses assuntos diziam respeito à arqueologia e não à condução da guerra.

Outro parlamentar exigiu informações sobre a exata composição da comitiva britânica em Placentia Bay, e perguntou "se, diante do fato de que estamos lutando por nossa existência, ele consideraria a possibilidade de afastar do serviço todas as pessoas de educação e origem alemãs". Churchill pediu que o inquisidor fosse mais explícito. O parlamentar não aceitou, mas a Câmara entendeu imediatamente que era um ataque a lorde Cherwell. Em seguida, outros membros do Parlamento fizeram perguntas nas quais Cherwell foi mencionado. O "Prof" era amplamente tido como influência perniciosa sobre o primeiro-ministro. Os parlamentares que não ousavam atacar Churchill direcionavam diretamente suas frustrações aos companheiros dele. O primeiro-ministro defendeu Cherwell, mas se ressentia amargamente de ser obrigado a fazê-lo.

Na mesma sessão, um parlamentar recomendou a proibição de corridas de galgos em dias de semana, visando a reduzir o absenteísmo nas fábricas e nas minas de carvão. Outros pediram análise e modificação do Regulamento 18B, que permitia a prisão de estrangeiros sem julgamento. Esses debates ocuparam doze colunas das atas Hansard e fizeram Churchill voltar furioso para Downing Street. Quem poderia culpá-lo? Como pareciam banais as questões levantadas pelos parlamentares, como pareciam mesquinhas as alfinetadas, diante dos grandes problemas que ele enfrentava diariamente. Se lamentar as intromissões da democracia é, de certa forma, uma atitude comum a todos os primeiros-ministros, seja na guerra, seja na paz, reclamações como aquelas se tornavam infinitamente irritantes para o líder de um país que lutava, contra todas as probabilidades, para sobreviver.

A melhor notícia em novembro foi a ofensiva de Auchinleck no deserto, a operação Crusader, que começou em 18 de novembro após ser tantas vezes adiada. Churchill alardeou o avanço da operação: "Pela primeira vez, os alemães estão provando do seu amargo veneno." No dia 20, na Câmara dos Comuns, ele descreveu o ataque norte-africano nos termos mais dramáticos: "Uma coisa é certa: todas as tropas do Império Britânico estão movidas por um desejo ardente e longamente reprimido de travar combate com o inimigo (...) É a primeira vez que enfrentamos os alemães no mínimo tão bem armados e equipados quanto eles." O primeiro-ministro sabia, graças às interceptações do sistema Ultra, que Auchinleck lançara 658 tanques contra 168 de Rommel e que a RAF empregara 660 aeronaves contra 642 da Luftwaffe. Contudo, nos primeiros dias da Crusader, os britânicos sofreram baixas muito mais pesadas do que os alemães. Churchill continuava apostando na confusa luta no deserto, mas não havia sinal de avanço. Em 23 de novembro, Auchinleck demitiu Alan Cunningham, comandante do recém-batizado VIII Exército, substituindo-o pelo chefe do seu próprio estado-maior, Neil Ritchie. Rommel tinha destruído a carreira de mais um general britânico. Os alemães novamente lutavam com mais empenho, rapidez e eficiência do que os britânicos.

Foi nessa época que a paciência de Churchill com seu principal soldado, Sir John Dill, chefe do estado-maior imperial desde maio de 1940, finalmente acabou. A dificuldade de Dill era que, assim como seu antecessor "Tiny" Ironside, ele padecia de excesso de realismo. Isso inspirou nos dois homens, sucessivamente, um pessimismo sobre as chances britânicas que trazia extrema irritação ao primeiro-ministro. Dill estava cansado da insistência de Churchill em decidir todas as questões estratégicas na queda de braço, pondo cada argumento à prova até destruí-los em intermináveis reuniões em Downing Street. "Os métodos de Winston geralmente lhe eram repulsivos",[90] escreveu Alan Brooke. Dill não via a menor necessidade de trabalhar com os russos, a quem abominava, e acreditava que, quando Hitler decidisse aumentar as forças de Rommel, o Oriente Médio estaria perdido. Além disso, temia que um descuido com as defesas da Grã-Bretanha no Extremo Oriente levaria ao desastre em caso de ataque japonês. Dill jamais duvidou da grandeza de Churchill como líder nacional, mas o considerava completamente inadequado para comandar a estratégia.

Churchill, por sua vez, dissera meses antes a John Kennedy que achava Dill "impressionado demais com a força do inimigo".[91] O chefe do estado-maior imperial era um homem inteligente, famoso pelo charme. Contudo, como no caso de tantos outros oficiais britânicos, faltava-lhe a firmeza para suportar as grandes responsabilidades de uma guerra pela sobrevivência nacional. Em 16 de novembro de 1941, Churchill demitiu Dill e designou para substituí-lo Sir Alan Brooke, comandante em chefe das forças metropolitanas. A mudança provocou consternação nos altos escalões. Em parte, isso se devia ao fato de que, pessoalmente, Dill era muito benquisto. Colegas e amigos cediam à fatal solidariedade britânica por cavalheiros agradáveis, por mais inadequados que fossem para seus cargos. Dill era visto como vítima da determinação de Churchill em eliminar qualquer discordância quanto à maneira de o primeiro-ministro conduzir a guerra. Não há dúvida, porém, que o afastamento foi correto. Dill, que nunca fora uma força motriz, agora era uma força desgastada.

Seu sucessor se revelou a maior nomeação para o comando britânico durante a Segunda Guerra Mundial. Brooke — como Dill, Montgomery e Alexander — era norte-irlandês. Tinha 58 anos e características geralmente identificadas como próprias do Ulster protestante: firmeza, diligência, intolerância, dedicação cristã e uma brusquidão que por vezes degenerava em mau humor. Sua argúcia mental era acompanhada por um extraordinário senso de propósito. Apaixonado observador de pássaros, Brooke reservava seu lado mais suave aos amigos de penas, à sua adorada segunda esposa, Benita, e aos dois filhos pequenos do casal. Tinha uma opinião negativa de seus homens, de outros soldados e dos aliados, apresentada em seus diários de guerra com o auxílio constante de pontos de exclamação. A voz sonora e os óculos de aro grosso intimidavam estranhos. Intensamente ativo e inquieto, Brooke aparecia tão raramente no Departamento de Guerra que, segundo o folclore local, só sabia chegar a dois cômodos — à sala dele e ao banheiro.

Embora o novo chefe do estado-maior imperial fosse, com frequência, seduzido pela espirituosidade do primeiro-ministro e não duvidasse de sua grandeza, ele e Churchill nunca estabeleceram uma relação de pleno entendimento. Brooke tinha aversão ao egoísmo de Churchill em seus hábitos de trabalho, suas longas horas e suas fantasias estratégicas. Como Dill e Wavell, ele detestava a guerra tanto quanto o primeiro-ministro a apreciava. No entanto, demonstrou uma tenacidade e uma determinação diante das dificuldades e das sandices churchillianas que Dill não possuía. David Margesson, o secretário de Guerra, disse que Brooke se manteve no cargo graças "a sua capacidade de se sacudir como um cão saindo da água depois de entrevistas desagradáveis com Winston, e (...) seu poder de debate (e sua voz áspera)".[92] O novo chefe do estado-maior imperial era um homem severo e implacável. Essas qualidades lhe permitiram desempenhar as funções com muito mais eficácia do que o polido Dill.

Brooke se revelou um magnífico planejador e organizador. Nunca teve a fama de Montgomery e Alexander. Não era exatamente um amigo íntimo do primeiro-ministro, mas ambos forjaram uma parceria quanto à estratégia britânica que, por mais tempestuosa que fosse, serviu maravilhosamente bem ao país. Churchill, com frequência acusado de cercar-se de acólitos e homens que só diziam "sim", merece grande reconhecimento por nomear Brooke e mantê-lo no cargo, um oficial que, quando as opiniões de ambos divergiam, opunha-se a ele até o fim. A ascensão de Brooke, às vésperas de outro momento decisivo da guerra, foi um grande dia para as forças britânicas.

Nos primeiros dias de dezembro, informações de inteligência revelaram que forças japonesas estavam sendo redistribuídas no Sudeste da Ásia. Enquanto os britânicos esperavam Tóquio revelar seus objetivos, um enorme suspense rondava o país. Até o fim, havia um receio de que o tufão nipônico desviasse dos Estados Unidos e de seus domínios. No domingo, 7 de dezembro, Churchill soube que Roosevelt se propusera a anunciar, no prazo de três dias, que um ataque aos territórios britânicos e holandeses no Extremo Oriente seria visto como um ataque aos Estados Unidos. Naquele dia, o embaixador americano "Gil" Winant estava entre os convidados para o almoço em Chequers. Churchill afirmou vigorosamente que, se os japoneses atacassem os Estados Unidos, a Grã-Bretanha declararia guerra ao Japão. Winant disse que sabia, pois o primeiro-ministro anunciara essa intenção publicamente. Então Churchill perguntou: "Se eles declararem guerra a nós, vocês declararão guerra a eles?" Winant explicou: "Não posso responder, primeiro-ministro. Só o Congresso tem o direito de declarar guerra, segundo a Constituição dos Estados Unidos." Churchill calou-se. Aquele terrível temor de enfrentar os japoneses sozinhos persistia. Logo encerrou, com todo o seu charme: "Estamos atrasados, você sabe. Lave as mãos e vamos almoçar."[93]

Harriman, convidado para jantar naquela noite, achou Churchill "cansado e deprimido. Não falou muita coisa durante o jantar, mergulhado em seus pensamentos, parte do tempo apoiando a cabeça nas mãos."[94] Então ouviram pelo rádio a notícia do ataque japonês a Pearl Harbor e trocaram olhares de incredulidade. Churchill deu um pulo e saiu apressado rumo à porta, enquanto dizia: "Vamos declarar guerra ao Japão." Dentro de poucos minutos, ele e Winant conversavam por telefone com Roosevelt. Pouco depois o Almirantado ligou e relatou ataques japoneses na Malásia britânica.

Churchill não podia dizer que sua longa campanha de sedução levou à entrada dos Estados Unidos na guerra. Isso só ocorreu após a agressão japonesa. A política americana de bloqueio no leste, fortalecida por sanções, instigara Tóquio à luta. Embora o "dia da infâmia" resolvesse muitos dilemas e incertezas, é improvável que Roosevelt visse Pearl Harbor com o entusiasmo do primeiro-ministro. Os acontecimentos produziram um resultado que, por conta própria, o presidente talvez não fosse desejar ou conquistar por muitos meses — se é que o faria um dia. O certo é que Churchill plantou sementes de uma fertilidade tal que só ele seria capaz de cultivar, gerando uma safra que agora colhia. Entre os americanos, tinha uma estatura e desfrutava uma afeição incomparavelmente maior do que qualquer produto da vacilante máquina de guerra britânica. Nos anos que se seguiram, sua personalidade lhe permitiria exercer uma influência sobre a política americana que, apesar de todas as limitações, nenhum outro líder britânico conseguiria alcançar.

Quando o embaixador da Grã-Bretanha em Tóquio, Sir Robert Craigie, posteriormente submeteu um ofício derradeiro, sofreu duras críticas do primeiro-ministro por descrever o assalto do Japão no leste como "um desastre para a Grã-Bretanha". Pelo contrário, disse Churchill, foi "uma bênção (...) Sorte maior nunca teve o Império Britânico". Naquela noite de 7 de dezembro de 1941, Churchill escreveu num rascunho de suas memórias: "Saturado e saciado de emoções e sensações, fui para a cama dormir o sono dos salvos e agradecidos. Espero que o sono eterno seja assim."[95]

8
Um vislumbre da *Arcadia*

De Gaulle declarou após Pearl Harbor: "Esta guerra acabou. Claro, há mais operações, batalhas e lutas pela frente; mas (...) já não há dúvida sobre o desfecho. Nesta guerra industrial, nada resiste ao poder da indústria americana. De agora em diante, os britânicos não farão mais coisa alguma sem o consentimento de Roosevelt."[1] O presidente americano disse a Churchill: "Hoje todos estamos no mesmo barco, com você e com o povo do Império, e o nosso é um navio que não pode ser nem será posto a pique." Diferentemente das afirmações churchillianas no começo da guerra, inspiradas na fé cega, as palavras de Roosevelt baseavam-se nas realidades do poder.

Harold Nicolson escreveu em 11 de dezembro: "Não há possibilidade de sermos derrotados com os Estados Unidos na guerra. Mas que estranho este grande acontecimento ser registrado e recebido aqui sem exaltação. Teríamos enlouquecido de alegria se acontecesse um ano atrás (...) Nenhuma bandeira americana hasteada em Londres. Como somos esquisitos!"[2] Parte da explicação foi dada pela londrina Vere Hodgson. Como muitos de seus compatriotas, ela achava que os americanos mereceram o castigo de Pearl Harbor: "Embora eu não deseje que ninguém seja bombardeado, uma boa sacudida faz bem a pessoas que contemplam o sofrimento alheio com tranquilidade de espírito (...) Pobre gente daquelas ilhas de bem-aventurança, sol e sucos de fruta. Deve ter sido uma tarde de domingo bem desagradável (...) Imagino que o coronel Lindbergh se recolheu num quarto com venezianas escuras — e não ousou sair por muitos e longos dias."[3]

Um relatório da Inteligência Interna dizia: "Enquanto o povo está preparado para fazer qualquer sacrifício para ajudar a Rússia (...) não tem a mesma boa vontade com os Estados Unidos (...) Os Estados Unidos são 'ricos demais' (...) Os americanos são mercenários demais, e (...) as dificuldades e os sofrimentos da guerra 'farão muito bem a eles.'"[4] Poucos britânicos se sentiam inclinados a agradecer aos americanos pela beligerância tardia, motivada não por escolha ou princípio, mas por necessidade. Alguns temiam que a entrada dos Estados Unidos na guerra restringisse o fluxo de suprimentos para a Grã-Bretanha e a Rússia. Coube ao primeiro-ministro oferecer um abraço transatlântico, que muitos de seus compatriotas foram tolos o suficiente para criticar.

Nos dias que se seguiram a Pearl Harbor, exceto com relação à Malásia britânica, as notícias da guerra que chegavam a Churchill melhoraram por um breve período. A Marinha Real tinha mais sucesso contra os U-boats de Hitler. Auchinleck continuava a mandar mensagens otimistas sobre o progresso da Crusader no deserto. "Considere a maré virada", informou ele do Cairo em 9 de dezembro, e então completou dois dias depois: "Estamos ditando uma poderosa perseguição." Os russos ainda controlavam Moscou, Leningrado e os campos petrolíferos de Baku. Churchill disse à Câmara dos Comuns em 8 de dezembro: "Pelo menos quatro quintos da população mundial está do nosso lado. Somos responsáveis por sua segurança e por seu futuro. No passado tivemos uma luz que tremula, no presente temos uma luz que queima e no futuro teremos uma luz que brilha sobre todas as terras e todos os mares."

Em 10 de dezembro, veio a terrível notícia da destruição dos navios *Prince of Wales* e *Repulse*, provocada por um ataque aéreo japonês na costa da Malásia. Churchill ficou atordoado. Seu emprego se deveu a uma decisão pessoal do primeiro-ministro, e sua perda representava uma contestação da fé equivocada em "castelos de aço" nos oceanos agora dominados pelo poderio aéreo e submarino. É costume se dizer que o destino dos dois grandes navios foi selado pela ausência do porta-aviões *Indomitable*, impedido por danos acidentais de juntar-se à divisão naval de combate. Considerando as deficiências da Aviação Naval Britânica e de seus caças, é mais plausível que, se estivesse na costa malaia, como Churchill e o Almirantado queriam, o *Indomitable* teria sofrido um fim semelhante ao de *Prince of Wales* e *Repulse*.

Entretanto, até esse golpe era suportável no contexto da beligerância americana. Em 11 de dezembro, a Alemanha e a Itália removeram uma dúvida persistente e vital declarando guerra aos Estados Unidos. No dia seguinte, Churchill telegrafou a Eden, que estava a caminho de Moscou: "A adesão dos Estados Unidos compensa tudo o que aconteceu e, com tempo e paciência, certamente trará a vitória." Havia riscos de curto prazo. Washington suspenderia as remessas de armas para além-mar a fim de atender às necessidades de suas forças armadas. Dez esquadrões da RAF seguiam rumo à Pérsia para dar apoio ao front meridional de Stalin e, com isso, foram desviados para o Extremo Oriente. No entanto, eram meros inconvenientes diante da brilhante perspectiva aberta pelo poderio americano.

A mais alta prioridade do primeiro-ministro era encontrar-se com Roosevelt e seus chefes militares para consolidar a aliança que foi criada pelos fatos, embora nunca tenha sido ratificada por um tratado formal. A partir de então, as negociações anglo-americanas seriam influenciadas por tais tratados em questões materiais, acima de tudo o Lend-Lease, mas a condução dependeria basicamente de entendimentos — ou desavenças — entre os líderes dos dois países e seus chefes de estado-maior. Quando Churchill propôs uma viagem imediata a Washington, o presidente criou empecilhos. Por razões de segurança, sugeriu um encontro nas Bermudas que não poderia ser marcado antes de 7 de janeiro de 1942. Na verdade, Roosevelt hesitava em conceder espaço na Casa Branca para a imperiosa personalidade do primeiro-ministro e a torrente de retórica com a qual, sem a menor dúvida, brindaria o povo americano. Apesar disso, diante da impaciência de Churchill, o presidente aceitou que ele fosse a Washington antes do Natal.

Enquanto o primeiro-ministro se preparava para a viagem de navio, acumularam-se inúmeras providências de última hora. Ele telegrafou para Eden e indicou que, embora fosse desejável a Rússia declarar guerra ao Japão, Stalin não deveria ser pressionado demais, "levando em conta o pouco que contribuímos" para o esforço de guerra soviético. Contudo, o secretário do Exterior recebeu instruções para não reconhecer a absorção russa da Polônia oriental e dos países bálticos, acordada em negociações com Hitler. Uma ação dessa natureza não apenas seria amoral, como também frustraria os americanos, àquela altura ainda mais hostis às ambições territoriais de Stalin do que os britânicos. Enquanto isso, Attlee foi orientado a não realizar o possível corte nas rações do povo britânico. "Estamos todos juntos nisso, e [os americanos] têm refeições melhores do que as nossas." Reduzir suprimentos sugeriria pânico, disse o primeiro-ministro. De Gourock, no Clyde, na manhã de 13 de dezembro, falou com Ismay por telefone para recomendar que "todos os recursos prontos para batalha" fossem despachados para o Extremo Oriente. Então, com uma comitiva de oitenta pessoas, que incluía Beaverbrook e os chefes de estado-maior — Dill ainda representando o exército, enquanto Brooke assumiu o Departamento de Guerra —, Churchill subiu a bordo do grande encouraçado *Duke of York*, navio irmão do perdido *Prince of Wales*.

A travessia foi horrível. Dia após dia, o *Duke of York* sulcou mares revoltos, que o atiravam de um lado para outro. Max Beaverbrook, que fora convidado em parte para fazer companhia ao "velho" e em parte porque supostamente era popular entre os americanos, declarou, ofegando, que cruzava o oceano Atlântico num "submarino vestido de encouraçado". Churchill foi praticamente o único a não ser incomodado por enjoos. Já o taquígrafo Patrick Kinna teve sua miserável situação agravada pela fumaça de charuto que sufocava a cabine do primeiro-ministro, localizada acima do convés. Uma torrente de más notícias alcançou o grupo em alto-mar: os japoneses tinham desembarcado em Bornéu do Norte em 17 de dezembro e na ilha de Hong Kong no dia seguinte. Churchill redigiu uma minuta para os chefes de estado-maior no dia 15, quando destacou a necessidade vital de garantir a manutenção de Singapura: "Em termos de importância, nada se compara à fortaleza." Indiferente ao balanço do navio em meio à tempestade, ditou uma série de longos memorandos, nos quais apresentou detalhadamente suas opiniões sobre o caminho a seguir.

Era preciso continuar enviando suprimentos para a Rússia, tanto da Grã-Bretanha como dos Estados Unidos, disse ele, pois só assim "poderemos manter nossa influência sobre Stalin e costurar o poderoso esforço russo no tecido geral da guerra". Propôs que as tropas americanas fossem despachadas para a Irlanda do Norte, a fim de oferecer um obstáculo adicional a desembarques alemães. Em 1943, prosseguiu Churchill, a Grã-Bretanha estaria "mais bem preparada contra uma invasão do que em qualquer época anterior". A possibilidade de um violento ataque alemão à Inglaterra permanecia presente em seus cálculos. Se a Rússia fosse derrotada, como ainda parecia provável, os nazistas poderiam voltar-se novamente para o oeste. Hitler sem dúvida reconhecia a necessidade de completar a conquista da Europa antes que os Estados Unidos se mobilizassem totalmente. Churchill sugeriu que bombardeiros americanos fossem enviados à Grã-Bretanha para se juntar à crescente ofensiva aérea contra a Alemanha. Esperava que Singapura estivesse a salvo por pelo menos mais seis meses.

Então interrompeu seu ditado ao taquígrafo, mandando Kinna silenciar os assobios de marinheiros perto da cabine. Era uma distração e uma vulgaridade que não tolerava — certa vez, disse que a aversão a assobios era o único traço que partilhava com Hitler. Kinna se retirou, obedecendo ao comando, mas estava nervoso demais com uma possível reação negativa para dirigir qualquer palavra aos marujos desordeiros, que fizeram silêncio espontaneamente. Indiferente aos encrespados mares e ao sacolejo do imenso navio, Churchill retomou a composição de seu *tour d'horizon*. Queria que os americanos desembarcassem na parte francesa do Norte da África em 1942. Para o ano seguinte, previu ataques contra regiões como Sicília, Itália, Noruega, Dinamarca, Holanda, Bélgica, canal da Mancha ou costa atlântica, possivelmente os Bálcãs. Em seus memorandos, fez algumas avaliações descabidas, como, por exemplo, a de que na hora de invadir o continente "a revolta das populações locais, para as quais é preciso oferecer armas, constituirá a parte central da ofensiva libertadora". Em compensação, planejou com imaginosa previdência a criação de porta-aviões improvisados, que posteriormente viriam a desempenhar função essencial na guerra, e com esse novo recurso recomendou um assalto aéreo ao Japão.

Em 21 de dezembro, escreveu uma longa carta a Clementine: "Não sei quando ou como vou voltar. Com certeza ficarei o tempo necessário para fazer tudo que precisa ser feito, tendo viajado para tão longe com tanta dificuldade e despesa." Disse que não tinha paciência com as pessoas que denunciavam o despreparo da Grã-Bretanha no Extremo Oriente. "Não faz sentido os críticos perguntarem 'Por que não estamos preparados?', quando tudo que tínhamos já estava em uso."[5] Nesse ponto, sem dúvida tinha razão. Aqueles que, como Dill, defenderam o reforço da Malásia à custa do Oriente Médio estavam errados. Teria sido absurdo despachar aeronaves, tanques e tropas absolutamente vitais à campanha para fazer face a uma suposta ameaça no Extremo Oriente, quando era enorme o risco de perder o Egito para um inimigo que já se achava diante dos portões. Naquele outono de 1941, é difícil imaginar qualquer redistribuição dos recursos britânicos disponíveis que pudesse impedir o desastre. Tão vasta era a fraqueza britânica em termos de liderança, treinamento, tática, apoio aéreo e força de vontade, tanto na Malásia quanto na Birmânia, que os japoneses quase certamente sairiam vencedores.

Os mares revoltos provocaram atrasos que fizeram a travessia do *Duke of York* parecer interminável para os passageiros. Churchill esbravejava pela perda de tempo, mas foi obrigado a admitir sua incapacidade de subjugar as condições climáticas. Uma travessia de cinco dias estendeu-se para nove, depois para dez. Os chefes de estado-maior ofereceram comentários aos longos memorandos de Churchill sobre estratégia, que foram discutidos numa série de reuniões presididas por ele. Eram contrários ao compromisso de abrir uma grande "Segunda Frente" na Europa em 1943. Acreditavam que antes deviam enfraquecer a Alemanha com bombardeios intensos e prolongados. Segundo insistiam, era preciso reconhecer o fato de que "os japoneses vão correr soltos no Pacífico Ocidental" até a Alemanha e a Itália serem destruídas. Churchill, que passava por um dos seus periódicos acessos de ceticismo sobre os bombardeios, resistia a qualquer declaração de fé excessiva em seu potencial. Advertiu que não se devia esperar que os americanos encarassem os avanços japoneses no Pacífico com a indiferença proposta pelos chefes de estado-maior. Afirmou que era essencial promover uma visão ofensiva, em vez de simplesmente reagir às arremetidas do Eixo. Tudo isso era muito sensato.

Em 22 de dezembro, o *Duke of York* finalmente ancorou em Hampton Roads. A comitiva britânica desembarcou e Churchill e seus auxiliares imediatos tomaram um avião para o breve voo até Washington. Pela janela, ele espiou através da crescente escuridão, fascinado pelas luzes brilhantes da capital americana em comparação com a sombria Londres sob blecaute. O primeiro-ministro foi recebido no aeroporto por Franklin Roosevelt, de quem seria hóspede pelas três semanas seguintes. Se o período foi tenso para a delegação britânica, foi também de intensa felicidade para Churchill. Quem poderia negar que ele merecia, depois de tudo que aguentara nos últimos dezoito meses? Aquele primeiro encontro de cúpula anglo-americano recebeu o codinome de *Arcadia* em referência ao paraíso grego da vida pastoril. Para o primeiro-ministro, Washington parecia mesmo paradisíaca. Instalado na Casa Branca, falou com entusiasmo a Clementine: "Tudo é mesmo muito bom; e meus planos são sancionados. Os americanos são magníficos em sua amplitude de visão."[6]

Desde o primeiro encontro com Roosevelt, ele ressaltou o risco de Hitler tomar o Marrocos e a necessidade urgente de as forças aliadas impedirem uma investida. De forma menos convincente, citou os encouraçados franceses *Jean-Bart* e *Richelieu*, abrigados no Norte da África, como "um verdadeiro prêmio". Ficou irritado quando Dill sugeriu que a escassez de transporte poderia impossibilitar a transferência de um exército americano para o outro lado do Atlântico em 1942, pondo esse argumento de lado. Os dois líderes nacionais e seus chefes de estado-maior discutiram, e logo descartaram, argumentos quanto à criação de um conselho de guerra no qual todos os aliados e domínios britânicos fossem representados. Concluíram que, embora devessem consultar os domínios, a política seria decidida pelos Três Grandes. Esse desfecho era inevitável, mas lançou as sementes de um futuro descontentamento em todo o Império, especialmente na Austrália.

Durante a estada em Washington, Churchill recebeu a informação de que os encouraçados *Valiant* e *Queen Elizabeth* foram avariados por torpedos humanos italianos no porto de Alexandria, e também que dois cruzadores foram destruídos no mar. Ficou furioso ao saber que seu vice-primeiro-ministro informara os australianos e canadenses sobre o drástico enfraquecimento da frota mediterrânea. "Lamento muito que este segredo vital tenha sido divulgado para o mundo dessa maneira", disse ele a Attlee, por telegrama. "Não passamos nossas informações mais secretas aos domínios."

Os chefes de estado-maior britânicos e americanos realizaram doze reuniões conjuntas. Para alívio de Churchill e sua delegação, os líderes americanos confirmaram imediatamente a conclusão de outras conversas anglo-americanas "ABC", recomendando que os Aliados adotassem uma política de "Alemanha em primeiro lugar". Nem sempre se reconhece quanto, em 1942, as decisões dos Aliados foram influenciadas por imperativos de transporte. Nas primeiras semanas depois de Pearl Harbor, os britânicos ficaram chocados ao descobrir como seriam poucos os navios disponíveis no ano seguinte, ao menos até que o Liberty, imenso programa americano de construção de navios de carga, alcançasse a maturidade. A Grã-Bretanha precisava importar 30 milhões de toneladas por ano para se manter, as quais precisavam ser transportadas através do Atlântico por frotas mercantes muito desfalcadas por afundamentos.

Com a limitada capacidade disponível, os Estados Unidos tinham muito mais oportunidade de ação contra os alemães, suprindo a Rússia e posicionando tropas americanas no oeste, do que contra os japoneses no Pacífico. A guerra asiática exigia um transporte de carga três ou quatro vezes maior do que a guerra europeia, em razão das distâncias envolvidas. Um navio mercante só conseguia fazer três viagens de ida e volta por ano no teatro do Pacífico. A estratégia de "Alemanha em primeiro lugar" representava, portanto, não apenas bom senso estratégico, mas também necessidade logística. Apesar disso, a animosidade do povo americano era muito mais forte contra o Japão, de modo que o plano não poderia ser visto como fato consumado. Harold Macmillan fez, posteriormente, a seguinte observação sobre o primeiro-ministro: "Ninguém, a não ser ele (e isso apenas com paciência e habilidade extraordinárias) seria capaz de induzir os Estados Unidos a entrar na guerra europeia."[7] Exagero, sem dúvida, mas o envolvimento dos Estados Unidos no conflito ocidental representou, indubitavelmente, um triunfo diplomático da Grã-Bretanha.

Quando Roosevelt apresentou o primeiro-ministro a uma multidão de jornalistas americanos, Churchill arrancou vivas e aplausos ao subir numa cadeira para que o vissem melhor. Quando lhe perguntaram se Singapura era a chave para a guerra do Extremo Oriente, ele rebateu habilmente: "A chave para toda a situação é a forma resoluta com que as democracias britânica e americana vão mergulhar no conflito." Quanto tempo duraria? "Se fizermos um bom trabalho, apenas metade do tempo que gastaríamos com um trabalho medíocre." Sua exuberância foi acentuada por novas mensagens otimistas de Auchinleck sobre o progresso da Crusader no Norte da África.

Na véspera do Natal, acompanhando Roosevelt na sacada quando a árvore da Casa Branca foi acesa perante uma imensa multidão, ele disse: "Não posso me sentir estrangeiro aqui no centro e no topo dos Estados Unidos. Uma sensação de unidade e fraterna associação, somada à sua generosa acolhida, me convence de que tenho o direito de compartilhar suas alegrias natalinas (...) Que as crianças tenham uma noite de diversão e riso. Que os presentes do Papai Noel alegrem cada brincadeira. Que nós, adultos, participemos plenamente de seus prazeres irrestritos, antes de encararmos a grave tarefa e os formidáveis anos que temos pela frente, determinados, com nosso sacrifício e ousadia, a garantir que essas crianças não tenham roubada a herança nem negado o direito que elas têm de viver num mundo livre e decente." Ele sentiu o pulso acelerado depois da aparição na sacada, de onde suas palavras foram transmitidas: "A experiência toda tem sido muito comovente." Naquela noite, também lutou para vencer um desalento particular: recebeu a notícia da queda de Hong Kong.

Roosevelt, retribuindo à altura a cortesia e as brincadeiras do primeiro-ministro, provocou-o durante o jantar por ter lutado do lado errado na Guerra dos Bôeres. Quando lhe perguntaram sobre a qualidade dos alimentos americanos fornecidos à Grã-Bretanha, Churchill reclamou: "É ovo em pó demais." Telegrafou para Auchinleck, e, como a campanha no deserto parecia estar indo bem, recomendou que liberasse uma brigada blindada e quatro esquadrões da RAF para o Extremo Oriente. Na noite de Natal, deixou o restante do grupo presidencial assistindo a um filme e subiu as escadas murmurando sobre seu "dever de casa". Estava redigindo o discurso que pronunciaria no dia seguinte perante o Congresso dos Estados Unidos.

O repórter do *Washington Post* Hope Ridings Miller escreveu: "Os senadores (...) recebiam, em seus gabinetes, ligação após ligação de amigos — perguntando se de algum modo, de algum jeito, poderiam conseguir ingressos para o maior espetáculo da temporada."[8] A manhã já chegava ao fim quando Churchill, usando gravata-borboleta azul de bolinhas, levantou-se no plenário do Capitólio. Sorriu, pôs os óculos, tentou conter as lágrimas que com frequência lhe enchiam os olhos em momentos dramáticos. O congressista Frank McNaughton viu "um homenzinho atarracado, firme (...) de ombros largos e fortes mandíbulas, com uma sólida calva pontuada com tufos irregulares de cabelos grisalhos". Com as mãos nos quadris, Churchill começou a falar para a plateia através da densa barreira de microfones. "Rindo, fazendo saudações e muito à vontade", escreveu Miller, "o primeiro-ministro corou levemente quando a ovação aumentou em volume e irrompeu num crescendo ensurdecedor. Comparado com essa demonstração, o tom de voz com que começou o discurso foi tão baixo que quem estava no setor de imprensa teve dificuldade para captar suas primeiras frases (...) Ator consumado, que cronometra seu discurso para que cada palavra e cada sílaba recebam a devida ênfase, o sr. Churchill também pausa na hora certa para ouvir os aplausos".

Sabendo que os americanos, em especial seus legisladores, viam a Grã-Bretanha como um país suplicante, nada disse sobre dependência, por mais real que ela fosse. Em vez disso, falou de parceria e fardos compartilhados. Ostentou sua ascendência americana: "Hei de lembrar sempre que, no Quatro de Julho, minha mãe agitava uma bandeira americana diante dos meus olhos." Chegou à peroração: "Por último, se me permitem dizer, para mim a melhor notícia de todas é que os Estados Unidos, unidos como nunca, puxaram a espada em nome da liberdade e descartaram a bainha." Ergueu uma lâmina imaginária e brandiu-a no ar. Depois, sentou-se, suando muito.

O plenário inteiro se pôs de pé, como se fosse uma só pessoa. Os aplausos ecoaram demoradamente, até que por fim, com um pequeno aceno, Churchill deixou a tribuna. Hope Ridings Miller informou: "Nunca vi o Congresso num estado de espírito mais entusiástico, e alguns diplomatas, que em geral ficam quietos em reuniões conjuntas do Congresso, temendo que um aplauso fosse diplomaticamente mal interpretado, bateram palmas com mais força e mais longamente do que os demais." O secretário do Interior, Harold Ickes, chamou-o de "o maior orador do mundo (...) Duvido que qualquer outro britânico conseguisse ocupar aquele espaço e causar a profunda impressão que Churchill causou".[9] Era apenas uma da tarde. O primeiro-ministro, servindo-se de uísque no gabinete da Secretaria do Senado, disse a seu médico Charles Wilson: "É um grande peso que tiro do peito."[10] Num almoço informal após o discurso, declarou a congressistas: "O povo americano jamais saberá como somos gratos pelo milhão de fuzis que nos mandou depois de Dunquerque. Foram a nossa vida e a nossa salvação." Embora fosse um gesto de lisonja, a afirmativa ajudou a promover uma lenda que os americanos estimavam. Aquela noite, Wilson ficou alarmado ao descobrir que Churchill sofrera um ataque de angina pectoris. Mas não havia nada a fazer, nenhuma mudança de programação a ser considerada. Teria sido uma catástrofe se o mundo visse o idoso líder guerreiro da Grã-Bretanha perder as forças.

Churchill usou o trem particular de Roosevelt para ir a Ottawa falar no Parlamento canadense, onde teve outro belo êxito. De volta à Casa Branca, escreveu, muito contente, para Attlee: "Vivemos aqui como uma grande família, na maior intimidade e informalidade." Frases incomparáveis saíam-lhe dos lábios mesmo nas circunstâncias mais triviais. Num almoço de ano-novo na Casa Branca, enquanto se servia de carne moída e ovo poché, o ovo escorregou. Olhando de esguelha para a anfitriã, o primeiro-ministro reconduziu-o à carne "para colocá-lo em seu trono".[11] Por sorte a conversa estava animada, pois a comida na Casa Branca de Roosevelt tinha fama de ser medonha. Depois da refeição, em sua sala de estar, Eleanor Roosevelt conversou sobre os dois líderes com a secretária Malvina Thompson e com outro convidado, o amigo e confidente da primeira-dama Joseph Lash. Para Lash, o primeiro-ministro tinha um temperamento mais exuberante, porém o presidente era mais confiável, mais firme numa crise. "'Tommy' bateu palmas e disse que ela e a sra. Roosevelt tinham a mesma opinião. O presidente era mais prático e realista, achavam elas. Era menos brilhante, contudo mais propenso a tomar a decisão correta. O presidente também dava a impressão de ser mais controlado, de nunca se soltar."[12]

É notável que tanta gente que trabalhava com Roosevelt reconhecesse sua grandeza, mas não gostasse de sua personalidade. O diplomata Charles Bohlen, por exemplo, observou que apesar da pose informal do presidente, "a aura do cargo não o abandonava nunca".[13] Se os rompantes de mau humor de Churchill por vezes irritavam colegas, os companheiros de Roosevelt se incomodavam com sua postura insípida, sua relutância em demonstrar raiva ou qualquer sentimento franco. Enquanto Churchill trabalhava no papel para ter clareza nas decisões, Roosevelt preferia fazer tudo verbalmente. Não havia atas em suas reuniões de gabinete. Esse método provocou muita confusão, tanto em assuntos de guerra como de política interna. O presidente se orgulhava de seus poderes de convencimento, e elevou à forma de arte a capacidade de fazer todos os visitantes que o procuravam irem embora certos de que obtiveram o que queriam. Tanto Churchill como Roosevelt eram frequentemente acusados de trair a própria classe social, mas o presidente era um político muito mais hábil. De Gaulle o descreveu como "um democrata patrício cujo gesto mais simples é cuidadosamente estudado".[14]

Halifax escreveu com condescendência, mas alguma justiça, sobre as sessões noturnas de Churchill com os chefes de estado-maior na Casa Branca. "Os métodos de Winston, como sei muito bem, são exaustivos para qualquer pessoa que não tenha o mesmo estilo de trabalho; discussões digressivas, pulando como um pássaro de galho em galho para onde o vento levar. Sem dúvida todos defeitos que as pessoas veem nele estão relacionados a um egocentrismo esmagador, o qual, apesar de seus dons imaginativos, o torna imune a sentimentos alheios." Alguns amigos íntimos de Roosevelt ficaram impressionados com a obsessão de Churchill pela guerra. Já o residente da Casa Branca, diferentemente, era obrigado a dedicar muito mais energia a questões internas e a lidar com o Congresso. "A diferença entre o presidente e o primeiro-ministro", escreveu seu secretário William Hassett, "é que o primeiro-ministro não tem outra coisa na cabeça senão a guerra: o presidente precisa também controlar a administração dos Estados Unidos".[15]

Churchill sabia mais o que esperar de seu Legislativo do que Roosevelt. Contudo, embora os americanos tivessem a impressão de que o governo da Grã-Bretanha fosse inteiramente dominado por Churchill, os britânicos sentiam um orgulho justificável pela eficácia de sua máquina burocrática. A equipe de Churchill achou confusa a maneira imprevisível como o governo americano era conduzido. Para Ian Jacob, o Salão Oval era "uma das salas mais desarrumadas que já vi. Está repleto de lixo. Pacotes abertos pela metade, suvenires, livros, papéis, bugigangas e os objetos mais variados cobrem tudo, estão por toda parte, em mesas, cadeiras, pelo chão. A escrivaninha tem pilhas de papel e, ao lado da cadeira, há uma espécie de estante também cheia de livros, papéis e coisas inúteis amontoados de qualquer jeito. É de enlouquecer um homem ou mulher de cabeça organizada".[16] O famoso cão de Roosevelt, Fala, precisou ser tirado à força de uma reunião no gabinete porque não parava de latir durante uma arenga churchilliana.

Cadogan perguntou a Halifax com desdém elitista: "De que *maneira* essa gente sobrevive?"[17] Não ficaram nem um pouco impressionados com Roosevelt na qualidade de comandante militar. Jacob escreveu: "Ao lado do primeiro-ministro, ele não passa de uma criança em questões militares, e evidentemente não tem muita ideia do que pode ou não ser feito. (...) A nossos olhos, a máquina americana de governo parece extremamente desorganizada[18] (...) Eles precisam acabar com a distância que separa o exército e a marinha antes de poderem trabalhar conosco como uma equipe."[19] Se um oficial americano do alto escalão tivesse lido essas palavras, responderia que era muito engraçado um soldado britânico tratar com condescendência os Estados Unidos e suas forças armadas, quando desde 1939 o histórico da Grã-Bretanha era de fracassos quase contínuos no campo de batalha e quando sua sobrevivência econômica dependia das doações americanas. As críticas aos métodos de trabalho de Roosevelt tinham fundamento, mas ignoravam a riqueza e as conquistas incalculáveis dos Estados Unidos.

Nos anos seguintes, os britânicos subestimariam de forma persistente a capacidade dos Estados Unidos, alimentando o ressentimento americano ao deixar clara sua insatisfação. Foram incapazes, por exemplo, de reconhecer a potência do compromisso pessoal de Roosevelt para aprovisionar a Rússia. Assim como Churchill e Beaverbrook enfrentaram oposição nesse quesito, o presidente também foi obrigado a suplantar seus críticos no topo das forças armadas, no Congresso e na mídia, que relutavam ferozmente em oferecer a Stalin cheques em branco no Departamento do Tesouro. Roosevelt, como Churchill, estava muito mais determinado a apoiar a guerra da Rússia do que seus conselheiros militares. Se as remessas americanas, como as da Grã-Bretanha, ficaram muito aquém das promessas, sem o exercício da formidável autoridade do presidente a União Soviética teria sido privada de alimentos, mercadorias, veículos e equipamentos vitais para o esforço de guerra.

Em Washington, os Aliados decidiram por um vasto aumento na produção americana de armas — Beaverbrook deu importante contribuição, convencendo Roosevelt de que o plano era viável. Só dois anos depois os efeitos se tornariam evidentes no campo de batalha. Os americanos, incluído George Marshall, demoraram a perceber a extensão do inevitável lapso de tempo entre a decisão de se armar e a capacidade de lançar sobre o inimigo sua nova e vasta máquina de guerra. No entanto, a conferência de *Arcadia* representou um vigoroso início. Em 5 de janeiro de 1942, Churchill tomou o avião para cinco dias de calor, descanso e trabalho na Flórida. Revisou os documentos sobre a estratégia que redigira durante a travessia do Atlântico. Em meio à óbvia determinação dos chefes do estado-maior americano de enfrentar o exército alemão, ele se dedicou a "grandes operações ofensivas" na Europa em 1943. Àquela altura, as notícias que chegavam das frentes de batalha já eram novamente negativas. Rommel conseguira retirar sete divisões alemãs e italianas da batalha no deserto e estava se reagrupando na Tripolitânia. Os japoneses avançavam pela península da Malásia, provocando a primeira pontada de apreensão quanto a Singapura. Grandes reforços estavam a caminho da "fortaleza", como Churchill tão equivocadamente chamava a ilha.

Então houve mais alguns dias com Roosevelt. "Dizem-me que fiz um bom trabalho aqui", disse Churchill a Bernard Baruch. O financista respondeu: "Você fez um trabalho completo. Mas agora deve cair fora daqui."[20] O visitante corria o risco de abusar da hospitalidade. O presidente já se cansara das discussões constantes e imoderadas entre o primeiro-ministro e Beaverbrook. Embora demonstrasse confiança no poderio superior de seu país, Roosevelt descobriu que era entediante conviver com a presença bombástica do inglês. Foi com alegria que viu o hóspede partir. Churchill escreveu em suas memórias: "Chegou a hora de deixar a atmosfera hospitaleira e revigorante da Casa Branca e da nação americana, firme e furioso contra tiranos e agressores. Não era nem um pouco animadora a perspectiva para a qual eu precisava retornar."[21] Sabia com que horror a nação britânica receberia a torrente de más notícias do Extremo Oriente, que ainda não atingira proporções catastróficas.

O presidente disse ao primeiro-ministro quando se despediram: "Confie em mim até o final." Então Churchill decolou num hidroavião Boeing Clipper, uma das três aeronaves desse tipo compradas pelos americanos no ano anterior. O Clipper voava baixa e lentamente, mas oferecia aos passageiros um magnífico padrão de conforto e gastronomia. O jantar, servido entre as Bermudas e Plymouth, consistiu de consomê, coquetel de camarões, filé-mignon com legumes frescos, pudim, sobremesa, café, champanhe e licores. Depois, os passageiros puderam se recolher em beliches, mas Churchill perambulou inquieto a noite toda. Desembarcaram na Grã-Bretanha na manhã de 17 de janeiro, depois de dezoito horas de voo. Naquela noite, o primeiro-ministro fez um resumo da visita ao Gabinete de Guerra. "Uma calma olímpica" predominava na Casa Branca, disse ele. "Talvez as coisas fossem um pouco isoladas. O presidente não dispunha de uma ligação adequada entre a sua vontade e a ação executiva." Os britânicos acharam o Departamento de Estado "apreensivo". O secretário de Estado, Cordell Hull, ficara furioso com a inesperada captura pelos Franceses Livres das minúsculas ilhas de Saint-Pierre e Miquelon, dominadas por Vichy na costa da Terra Nova, cuja resolução obrigara os anglo-americanos a desperdiçarem tempo e boa vontade preciosos. Amery observou ironicamente que, em seu relatório ao gabinete, Churchill não se dignou mencionar a visita ao Canadá.[22]

O primeiro-ministro, porém, estava em estado de espírito exultante, como, aliás, deveria estar. Alcançara um triunfo pessoal nos Estados Unidos que nenhum outro britânico conseguiria igualar. Disse ao rei que, após muitos meses de desencontros, a Grã-Bretanha e os Estados Unidos finalmente se casaram. Se não havia dúvida de que os britânicos seriam parceiros subordinados na aliança do Atlântico, Churchill impôs sua grandeza ao povo americano, de uma maneira que seria extremamente valiosa ao seu país nos anos seguintes.

Houve importantes nuances nessa primeira visita, porém. Numa época em que a maioria dos estrategistas políticos da Grã-Bretanha e dos Estados Unidos ainda considerava a derrota da Rússia um desfecho provável, ninguém percebeu que a guerra contra Hitler seria amplamente dominada pela luta no leste. Na virada de 1941 para 1942, Roosevelt e Churchill, em Washington, imaginavam estar elaborando uma estratégia para a destruição do nazismo. Não tinham ideia de que o país de Stalin se revelaria o elemento mais potente para alcançar esse fim. Embora os Estados Unidos fossem de longe a maior força global na Grande Aliança, a Rússia mobilizou seu poderio militar de forma mais efetiva do que qualquer um de seus parceiros ocidentais se mostraria capaz de fazer.

No que dizia respeito às relações anglo-americanas, Charles Wilson escreveu sobre Churchill: "Ele quis mostrar ao presidente como conduzir a guerra, e as coisas não funcionaram assim."[23] Eden disse ao gabinete: "Certamente haverá dificuldades práticas em harmonizar a cooperação diária anglo-russa com a cooperação anglo-americana. A política soviética é amoral; a política dos Estados Unidos é exageradamente moral, pelo menos no tocante aos interesses não americanos."[24] Embora a visita de Churchill a Washington tenha sido um sucesso, seria um erro supor que todos os americanos sucumbiram à magia de sua personalidade. Sua grande frase no Congresso, "Que tipo de gente eles acham que somos?", provocou editoriais em toda parte. No entanto, nas semanas seguintes, a repercussão nem sempre foi favorável à Grã-Bretanha. O *Denver Post* anunciou rispidamente: "Há uma lição que os Estados Unidos deveriam aprender com a Inglaterra: colocar nossos próprios interesses em primeiro lugar."[25] A atitude do *Chicago Tribune* foi previsivelmente amarga: "É lamentável que, por tanto tempo, o sr. Roosevelt tenha sido exposto ao exemplo do sr. Churchill como um guia. O sr. Churchill é um homem de grande capacidade em muitos aspectos, mas como estrategista militar tem um histórico quase ininterrupto de desapontamentos e fracassos."[26]

Algumas das mais destacadas personalidades em *Arcadia* nutriam uma antipatia recíproca. Henry Morgenthau, o secretário do Tesouro, via em Max Beaverbrook uma arrogância que beirava a impertinência. Sem o recém-nomeado Alan Brooke, os chefes dos estados-maiores britânicos formavam uma equipe fraca. Os americanos gostavam de Charles Portal, mas o oficial raramente sabia se impor. O almirante Dudley Pound parecia um enigma, e sua frágil saúde o desqualificava como participante significativo. Os americanos eram polidos demais para mencionar retumbantes fracassos militares da Grã-Bretanha na presença dos visitantes, mas isso nunca estava longe de seus pensamentos quando percebiam uma assertividade extravagante em Churchill ou em seus companheiros. Respeitavam a Marinha Real e a RAF, mas não enxergavam o exército britânico do mesmo modo. Ao longo de toda a guerra, o ceticismo quanto à competência militar britânica persistiria nas camadas superiores do exército americano, o que influenciaria as atitudes dos chefes em cada debate estratégico.

Com relação ao presidente e ao primeiro-ministro, Hopkins afirmou: "Não há dúvida de que [Roosevelt] desenvolveu uma genuína simpatia por Churchill." Isso parece, na melhor das hipóteses, uma meia-verdade. Suas convicções políticas eram completamente diferentes. Apesar da irreprimível bonomia de Franklin Roosevelt, doses excessivas de Churchill o entediavam. Segundo a piada que circulou em Washington, aparecendo até mesmo na revista *Time*, a primeira pergunta que o presidente fez quando Harry Hopkins voltou da Grã-Bretanha em fevereiro de 1941 foi: "Quem escreve os discursos de Churchill para ele?"[27] O primeiro-ministro tentava demonstrar cortesia todas as noites, empurrando a cadeira de rodas do presidente da sala de estar até o elevador. Entretanto, parece plausível que esse gesto fosse mal interpretado, apenas ressaltando o contraste entre a forçada imobilidade do anfitrião e a exuberante energia do hóspede. Testemunhas britânicas na Casa Branca viam o esforço de Churchill em conter seu irreprimível instinto para falar, tentando, em vez disso, ouvir o presidente. É difícil acreditar que Roosevelt, com sua profunda vaidade, achasse agradável a presença de Churchill em sua casa.

Não havia dúvida sobre o respeito do presidente pelas capacidades do primeiro-ministro, assim como não havia dúvida sobre seu compromisso com a aliança para derrotar a Alemanha e o Japão. Ele, porém, era muito mais frio do que Churchill. "Mesmo as pessoas mais próximas de Roosevelt", escreveu Joseph Lash, que o conhecia bem, "sempre se perguntavam: 'O que será que ele realmente pensa? O que será que realmente sente?'"[28] Em nenhum momento o presidente achou que o acordo com o primeiro-ministro fosse uma parceria balanceada. Ele não era apenas chefe de governo, mas também um chefe de Estado que escrevia para monarcas de igual para igual. Churchill não sentia nenhum profundo senso de obrigação em relação aos Estados Unidos pelos suprimentos que fornecia. Em sua visão, por mais de dois anos a Grã-Bretanha desempenhara o papel mais nobre, derramando sangue e sofrendo bombardeios numa longa e solitária luta pela liberdade. Roosevelt tinha pouca paciência com essas pretensões. Apenas da boca para fora concordava que a Grã-Bretanha reivindicasse a gratidão coletiva das democracias. O país de Churchill agora tinha uma imensa dívida hipotecária com os Estados Unidos. Cedo ou tarde, o presidente exerceria seu poder como credor dos títulos de propriedade do aliado.

Roosevelt fora à Grã-Bretanha várias vezes quando jovem, porém nunca demonstrou muita simpatia pelo país. Como presidente, rejeitou inúmeros convites para uma visita. Via hipocrisia em suas pretensões de ser o bastião da democracia e da liberdade ao mesmo tempo que sustentava um imenso império de povos subjugados que não tinham direito a representação democrática. A cooperação com o país de Churchill era essencial para a derrota de Hitler. Depois disso, nas palavras de Michael Howard, Roosevelt "propunha remodelar o mundo de acordo com os conceitos americanos de moralidade, e não com os conceitos britânicos de *Realpolitik*".[29] Os lugares estrangeiros que Roosevelt conhecia se limitavam às douradas férias europeias com o pai milionário, bem como à turnê por um campo de batalha de 1918. Apesar disso, tinha um infinito apetite por alterar o mundo. Eden ficou horrorizado quando ouviu, mais tarde, o presidente expor uma visão do futuro da Europa: "As opiniões acadêmicas, mas abrangentes, que ele desenvolveu (...) eram alarmantes em sua animada irresponsabilidade. Ao que parece, ele se via decidindo o destino de muitas terras, tanto inimigas quanto aliadas."[30] O presidente mencionou, entre outras coisas, que gostava da ideia de o porto colonial francês de Dacar tornar-se uma base naval americana. Sua presunção chocava não apenas os britânicos, mas também americanos sensatos como Harriman.

Eden afirmou que Churchill nutria por Roosevelt uma admiração quase religiosa. Contudo, o secretário do Exterior provavelmente interpretou como credulidade de Churchill o que, na realidade, era o prudente reconhecimento de uma necessidade. O primeiro-ministro exercitou, nessa relação, uma autodisciplina mais férrea do que em qualquer outro aspecto de sua liderança na guerra. "Meu sistema inteiro se baseia na amizade com Roosevelt", diria a Eden posteriormente.[31] Sabia que, sem sua boa vontade, a Grã-Bretanha era quase impotente. Não poderia se dar ao luxo de não reverenciar, amar e valorizar o presidente dos Estados Unidos, encarnação do poderio americano. Dúvidas e reservas eram relegadas aos mais distantes desvãos da mente. Pelo resto da guerra, procurou ligar-se a Roosevelt com uma intimidade da qual o presidente com frequência se esquivava. Churchill queria um casamento; Roosevelt admitia a necessidade de uma aliança, mas estava determinado a manter camas, amigos e contas bancárias separados. A possibilidade de divórcio, quando a guerra fosse vencida, não o aterrorizava nem um pouco.

O segundo ponto importante dessa primeira conferência aliada foi a atitude dos chefes dos estados-maiores americanos. Eles ficaram horrorizados com o espetáculo protagonizado pelo primeiro-ministro, instalando-se por semanas na Casa Branca e envolvendo-se com o presidente em discussões estratégicas das quais eles quase nunca participavam. Marshall, homem intensamente ético, criticava o entrelaçamento informal de conversas profissionais e sociais — a tal ponto que sempre recusou convites para se hospedar em Hyde Park, a propriedade de Roosevelt à beira do rio Hudson, no norte do estado de Nova York. Tão estrita era sua austeridade pessoal que, quando acrescentou um galinheiro em sua residência de Fort Myer, insistiu em pagar do próprio bolso pelo material de construção. Pouco familiarizado com a vulgaridade conversacional de Churchill, ele se ressentia de cada momento de intimidade entre o visitante e Roosevelt. "Os britânicos", escreveu Henry Stimson, "estão evidentemente tirando vantagem das conhecidas deficiências do presidente em métodos administrativos comuns".[32] Hopkins aconselhou Roosevelt a não concordar com decisões militares na ausência de Marshall. Apesar disso, para fúria do chefe do exército, Roosevelt aceitou a sugestão de Churchill de que, se as Filipinas caíssem, forças americanas residuais fossem mandadas para Singapura.

Marshall era ainda mais hostil do que Roosevelt às pretensões imperiais britânicas. E, apesar de o presidente ter sido cativado desde o início pela noção de um desembarque no Norte da África, Marshall discordava. Ele e seus colegas se irritavam com a suposta presunção britânica de que, naquele momento, podiam utilizar contingentes e armas dos Estados Unidos "como se estivessem num poço comum para campanhas preparadas de acordo com os interesses e conveniências da Grã-Bretanha", nas palavras do biógrafo de Marshall. "Do ponto de vista britânico, era fácil concluir que uma linha de ação favorável ao seu interesse nacional equivalia a bom senso estratégico, e que o fato de os americanos não concordarem mostrava inexperiência, imaturidade e falta de educação."[33] Desde o primeiro dia de guerra, Marshall se empenhou em enfrentar os alemães no noroeste da Europa o mais cedo possível e em evitar um envolvimento nos "espetáculos secundários" da Grã-Bretanha.

O único oficial britânico com quem o chefe do exército estabeleceu amizade foi Dill. Ironicamente, o descartado chefe do estado-maior imperial agora se tornava figura significativa na parceria anglo-americana. Por um golpe de inspiração, ao voltar para casa Churchill deixou em Washington o relutante Dill, que logo depois foi nomeado chefe da missão militar britânica. Somando a embaixada e a missão — sediada no US Public Health Building, na Constitution Avenue —, havia cerca de 9 mil funcionários britânicos militares e civis em Washington. Dill também se tornou representante britânico no recém-criado Comitê Combinado de Chefes de Estado-Maior, quando a entidade se reuniu em Washington na ausência de Pound, Brooke e Portal. Halifax, como embaixador, não desenvolveu nenhuma relação com os americanos, e nunca pareceu possível que um dia essa situação mudaria. Dill, compreensivelmente, não entendeu sua nova nomeação: "É estranho Winston querer que eu o represente aqui, quando claramente ficou feliz por me tirar do cargo de chefe do estado-maior imperial."[34] Apesar disso, se tornou confidente de Marshall, sensível intérprete das aspirações militares dos dois países. Nos anos seguintes, Dill prestou notável contribuição à Grande Aliança, quando acalmou tempestades transatlânticas e explicou pontos de vista conflitantes. Avançou como diplomata enquanto fracassara como diretor de estratégia.

A primeira visita de Churchill a Washington foi, portanto, um triunfo público, mas na esfera particular o êxito não foi tão claro. Ainda assim, ele teve a sabedoria de aproveitar enquanto pôde a euforia que cercava a nova relação com os americanos. De volta à Grã-Bretanha, muitos problemas o aguardavam. A história vê 1940, quando a Grã-Bretanha resistiu sozinha, como o ano crucial para a sobrevivência do país. O ano de 1942, contudo, se revelaria a mais intensa fase do mandato de Churchill. O povo britânico, tão firme diante da ameaça de invasão, dois anos depois estava cansado e refratário. Em meio à realidade de derrotas esmagadoras, cansou-se das promessas de possíveis vitórias. Na paz ou na guerra, a paciência das democracias não costuma ser grande. A da Grã-Bretanha tinha sido progressivamente corroída por bombardeios, privações e humilhações no campo de batalha. Na imprensa, na Câmara dos Comuns e nas ruas, Churchill passou a enfrentar as críticas mais acerbas e persistentes desde que assumiu o cargo.

9
"O Vale da Humilhação"

Ao longo da história, as sociedades aplaudiram os vitoriosos conflitos além-mar e repudiaram os malsucedidos. As declarações de guerra dos Estados Unidos representaram a concretização da esperança alimentada por Churchill desde maio de 1940. Mas 1942 foi, até as últimas semanas, seu ano mais infeliz como primeiro-ministro. E não só por conta da nova série de derrotas sofrida pela Grã-Bretanha, mas também porque a confiança pública em sua liderança despencou de uma forma que era impensável durante a Batalha da Inglaterra. Apesar de seu afastamento do cargo ser improvável, Churchill foi assediado por críticos que punham em dúvida seu discernimento e tentavam restringir seus poderes. Entre a volta dos Estados Unidos no fim de janeiro e a batalha de El-Alamein em novembro, em vez de momentos de glória, houve uma enxurrada de más notícias. O Império Britânico sofreu os mais severos golpes de sua história, que apenas a aliança americana tornava suportáveis.

No trem de volta para Londres, depois que o hidroavião que o trouxera de Washington aterrissou, Churchill se permitiu um último rasgo de autossatisfação. Disse a seu médico: "Fiz um bom trabalho com o presidente (...) Tenho certeza, Charles, de que a Câmara vai gostar muito do que vou lhes contar." Uma olhada nos jornais do dia o desiludiu. Pôs de lado o *Manchester Guardian* sem nenhum entusiasmo. "Parece que só sabem rosnar", comentou.[1] Nos dias seguintes, as más notícias se acumularam. As perdas navais no Mediterrâneo significavam que, por alguns meses, a Grã-Bretanha não poderia desdobrar nenhuma divisão naval de combate a partir de Alexandria. Em meio a informações da Malásia de que o exército britânico estava recuando, em debandada, até Singapura, Churchill indagou se seria o caso de dar "a fortaleza" por perdida e desviar reforços e aeronaves para outros lugares. Sua mensagem foi transmitida por engano para o representante australiano no Gabinete de Guerra, Sir Earle Page — um homem "com mentalidade de quitandeiro",[2] na desdenhosa frase de Brooke —, que, por sua vez, a encaminhou a Camberra. O primeiro-ministro, John Curtin, reagiu com um telegrama indignado a Churchill, afirmando que abandonar Singapura seria "uma traição imperdoável".

As relações entre o governo australiano e Londres, que nunca foram cordiais, entraram numa nova fase de turbulência. Churchill dava muito valor aos combatentes da Austrália, mas desprezava seu fraco governo trabalhista. Comparava desfavoravelmente a pusilanimidade australiana — que hoje seria chamada de "choradeira" — com a firmeza da Nova Zelândia. Durante toda a guerra, ele tratou os domínios autônomos como colônias, meras fontes de contingentes. Em visita a Londres, os políticos dos domínios recebiam cortesia pública, mas a portas fechadas eram tratados com indiferença. Robert Menzies, ex-primeiro-ministro australiano e líder da oposição, impunha respeito, porém mesmo Menzies protestara, em 1940, quando seu governo tomou conhecimento da operação em Dacar somente pelos jornais. A única figura imperial que desfrutava a confiança de Churchill era o marechal de campo Jan Smuts, primeiro-ministro da África do Sul, seu amigo desde o fim da Guerra dos Bôeres. Foi Smith quem disse: "Devemos agradecer a Deus por Hitler. Ele nos fez reconhecer novamente a brutalidade dos fatos (...) Abriu a caixa que encerra o Inferno e todos nós olhamos o conteúdo."[3]

A impaciência de Churchill com os domínios era compreensível. Tais governos — com a notável exceção da Nova Zelândia — costumavam demonstrar um provincianismo irritante para um primeiro-ministro britânico que comandava a luta global pela sobrevivência. Tanto o Canadá como a Austrália, para citar dois exemplos, só adotaram o alistamento universal para servir além-mar nas últimas etapas do conflito. No entanto, o desdém de Churchill por Camberra e Ottawa certamente não agradava a sensíveis governos coloniais, assim como a absoluta rejeição à opinião indiana lhe rendia poucas amizades no subcontinente. "O primeiro-ministro não está interessado em Mackenzie King", escreveu Charles Wilson sobre o primeiro-ministro do Canadá. "Acha que estará sempre ao seu dispor."[4]

O *New Statesman* se queixou: "O sr. Churchill não faz qualquer esforço para conquistar o apoio da Índia ou da Birmânia."[5] A relutância posterior do primeiro-ministro em liberar escassos meios de transporte para aliviar a epidemia de fome em Bengala, que matou 3 milhões de pessoas, estarreceu tanto o vice-rei como Amery, secretário de Estado para a Índia. Quando Amery quis usar o rádio para explicar a política britânica, o primeiro-ministro vetou, alegando que uma ação dessa natureza "daria uma importância exagerada à fome e soaria como pedido de desculpas".[6] Mais do que qualquer outro aspecto de seu comportamento durante a guerra, essa prepotência refletia a visão imperial do século XIX, predominante na juventude de Churchill. Enquanto a situação no Extremo Oriente se deteriorava, por quatro meses pareceu haver uma real possibilidade de invasão à Austrália. O governo de Camberra buscou abertamente a proteção dos Estados Unidos, na ausência de garantias e reforços da maltrapilha "nação-mãe".

Em 27 de janeiro, diante da crescente onda de críticas parlamentares, Churchill enfrentou a Câmara dos Comuns. "É porque as coisas têm ido mal, e ainda vão piorar, que exijo um Voto de Confiança", disse ele. Era um artifício deliberado para obrigar os críticos a revelar suas intenções ou retrocederem. Tendo vencido a votação subsequente por uma maioria de 464 a 1, ele atravessou radiante a multidão concentrada no saguão central, de braço dado com Clementine, que fora lhe dar apoio. Contudo, ele sabia que aquele resultado não representava o fim das tribulações. Não se sentia bem, incomodado por um resfriado do qual não conseguia se livrar. Em 9 de fevereiro, o secretário particular de Eden, Oliver Harvey, disse ao chefe que ele devia estar preparado para assumir o cargo de primeiro-ministro, e escreveu em seu diário: "Acho que ele está."[7] Além dos riscos inerentes às viagens de Churchill durante a guerra, a saúde de um homem de 67 anos, trabalhando sob imensa tensão, poderia vacilar a qualquer momento. Essa possibilidade nunca esteve muito longe do pensamento de seus colegas.

Churchill mandou uma mensagem para Wavell, recém-designado comandante supremo anglo-americano no Extremo Oriente, a qual recomendava que, como os russos no front oriental e os americanos em Luzon, nas Filipinas, lutavam com tanto afinco, era essencial que o exército na Malásia fosse visto dando o máximo de si: "Toda a reputação do nosso país e de nossa raça está em jogo."[8] Dois dias depois, em 11 de fevereiro, em resposta às contínuas críticas internas ao seu governo e ao desejo de Beaverbrook de pedir afastamento, ele ofereceu o Ministério do Abastecimento a Stafford Cripps, por quem tinha desprezo, mas que contava com forte apoio popular. Churchill se queixou da pressão de Cripps, que exigia participar do Gabinete de Guerra: "Muita gente quer. Dá para encher o Albert Hall com pessoas que desejam fazer parte do Gabinete de Guerra."[9] Como a vaga lhe foi negada, Cripps rejeitou o cargo. O primeiro-ministro se exasperou em meio às frustrações. Brooke, que estava no cargo de chefe do estado-maior imperial há menos de dois meses, disse a Dalton durante um jantar em 10 de fevereiro: "Às vezes (...) o primeiro-ministro parece uma criança zangada. É muito penoso, e não é possível avançar no trabalho."[10]

Houve um novo choque em 12 de fevereiro. Os cruzadores de batalha alemães *Scharnhorst* e *Gneisenau* partiram de Brest e seguiram a todo o vapor pelo canal da Mancha, ajudados pelo nevoeiro. Elizabeth Layton, secretária de Churchill, entrou no gabinete às três da tarde para redigir as mensagens do primeiro-ministro e o encontrou "andando de um lado para outro, muito agitado. Ditou quatro telegramas como um furacão e depois telefonou para algumas pessoas. Fiquei em dúvida se deveria sair, cheguei a me retirar uma vez, mas fui chamada de volta. Transcrevi outro telegrama, ele marchando de um lado para outro, falando consigo mesmo, uma massa de energia comprimida. Logo depois se sentou e disse: 'Uma grande batalha está sendo travada lá fora.' Eu perguntei: 'O senhor acha que vamos pegá-los?' Ele disse: 'Não sei. Nós os atingimos, mas ainda não estão mortos". No fim, a marinha não conseguiu "pegá-los".[11] O esquadrão alemão chegou a Wilhelmshaven. O sistema Ultra informou a Churchill que, na última etapa da travessia, os navios foram severamente avariados por minas, porém isso não servia de consolo nem podia ser revelado, para proteger a fonte. O povo britânico viu apenas que a Marinha Real e a RAF foram incapazes de impedir que grandes navios de Hitler passassem impunemente por águas britânicas.

As manchetes bradavam, o público se sentia insultado. O *Daily Mirror* perguntou em 14 de fevereiro: "Será verdade que ainda confiamos no primeiro-ministro, mas não no seu governo?" Assim como o *News Chronicle*: "Será que a personalidade do sr. Churchill nos hipnotizou (...) e nos levou a concordar com uma direção ineficiente na guerra?" O *Daily Mail* escreveu que havia dois Churchills: "1. O Inspirador do País. 2. O Superintendente da Guerra." O povo britânico estava perplexo com o segundo Churchill, que alegava ser "obrigação do parlamento e da imprensa manter o governo, sendo que qualquer enfraquecimento de sua própria posição seria um enfraquecimento da causa." O *Mail* rejeitava essa ideia: "Nenhum homem é indispensável." Sir William Beveridge escreveu um importante artigo para o *Times*, em que recomendava a criação de um Gabinete de Guerra "apropriado" com ministros sem pasta. Uma secretária de Glasgow, Pam Ashford, escreveu em 5 de março: "O derrotismo está no ar, e (...) eu também me sinto assim."[12] Quando o grupo de monitoramento de opinião Mass-Observation promoveu uma pesquisa sobre o primeiro-ministro, viu-se surpreendido pela veemência das críticas à atuação dele como comandante militar. Um escriturário de Londres disse: "Acho que é hora de ele sair. Afinal de contas, a única coisa que Churchill nos faz pensar agora é em alta estratégia, seja lá o que isso signifique. Alta estratégia não vale nada (...) Essa opinião eu confirmei com muita gente. Ninguém mais escuta os discursos dele."[13]

Embora essa atitude fosse atipicamente dura, havia um ardente desejo na sociedade britânica por um comandante de defesa que pudesse ser bem-sucedido nos campos de batalha, algo que o primeiro-ministro parecia incapaz de fazer. Muita gente buscava um novo salvador, aspiração que, por mais irrealista que fosse, era profundamente sentida, mesmo sem um candidato apropriado que lhe desse suporte. Não havia inclinação para mudar os líderes nacionais, mas certamente havia muito entusiasmo para delegar a outra pessoa os poderes militares de Churchill. O primeiro-ministro disse à sua velha amiga Violet Bonham-Carter: "Estou farto disso (...) Fico muito irritado e rancoroso quando as pessoas me atacam."[14] Era constantemente aconselhado a acrescentar novos talentos ao seu gabinete. "Mas onde estão essas estrelas? Não sou eu que não alcanço as vitórias. As vitórias é que são difíceis de ser alcançadas."

Num acesso de raiva causado pelos ferozes ataques da imprensa ao governo, o ministro da Informação, Brendan Bracken, disse a correspondentes políticos no Parlamento que se a Grã-Bretanha perdesse a guerra a culpa seria deles.

Em 15 de fevereiro, Singapura se rendeu. Dessa vez não houve nada parecido com Dunquerque, nenhuma fuga milagrosa da guarnição. O número de soldados imperiais que caíram prisioneiros foi duas vezes maior do que na França em 1940. Jock Colville, temporariamente removido de Downing Street para treinar como piloto de caça na África do Sul, ouviu pelo rádio a fala de Churchill sobre o desastre. Ficou profundamente comovido: "A natureza de suas palavras, assim como a inusitada rapidez e emoção com que falou, me convenceram de que ele estava sendo dolorosamente pressionado por críticos e adversários no próprio país. A majestade de sua oratória estava intacta, mas havia também uma nova nota de apelo, sem a costumeira confiança em um sistema de suporte (...) Algo em sua voz e em seu modo de falar me causou arrepios."[15] A transmissão foi muito menos bem recebida do que a maioria dos pronunciamentos de Churchill. Em particular, o primeiro-ministro estava furioso e deprimido. "Temos tantos soldados em Singapura, tantos soldados", lamentou. "Deveriam ter se saído melhor."[16] Numa reunião do Conselho de Guerra do Pacífico, ele disse sobre os japoneses: "Eles se movimentavam mais depressa e se alimentavam menos do que os nossos soldados."

Churchill sugeriu ao seu ajudante de ordens da marinha, capitão Richard Pim, que talvez fosse o momento de entregar o cargo. Pim disse: "Meu Deus, o senhor não pode fazer isso."[17] É improvável que Churchill tenha pensado seriamente em renunciar, mas seu desespero era verdadeiro. De que adiantava ostentar um espírito de guerra perante o mundo se aqueles que lutavam em nome da Grã-Bretanha eram incapazes de corresponder à sua retórica? Na Noruega, na França, na Grécia, em Creta, na Líbia e agora na Malásia, os britânicos foram repetidamente derrotados. Alan Brooke escreveu em seu diário: "Se o exército não consegue lutar melhor do que agora, merecemos perder o Império."[18]

Alguma culpa coube a Wavell, não por ter sido derrotado, mas por se recusar a reconhecer que a queda de Singapura era inevitável e por não indicar firmemente a suspensão de reforços e a evacuação do maior número possível de soldados. Brooke fizera exatamente isso na França em junho de 1940. Quando a 18ª Divisão britânica desembarcou em Singapura em 29 de janeiro de 1942, já não havia qualquer perspectiva de salvar a campanha. O exército quase todo foi aprisionado duas semanas depois. Ainda é difícil entender por que Churchill acreditou que seria possível defender Singapura. Todos os soldados sabiam que o destino da região seria decidido no sul da península malaia, que a ilha isolada era indefensável, e os chefes de estado-maior deixaram isso bem claro para o primeiro-ministro em 21 de janeiro. Infelizmente, os comandantes em ação não adotaram um tom mais incisivo. Embora as mensagens de Wavell sobre a Malásia fossem invariavelmente pessimistas, elas só reconheceram que a queda de Singapura era inevitável quando já era tarde demais para salvar qualquer segmento da guarnição. É verdade que ele exerceu seu breve comando em meio a ordens draconianas de Churchill, exigindo uma defesa até o último homem e a última bala. Todavia, enquanto a preservação de Creta não era algo impossível, Singapura estava condenada.

As forças britânicas e imperiais na Malásia eram mal treinadas, mal equipadas e mal lideradas em todos os níveis. Enfrentavam um inimigo que dominava o espaço aéreo, porém, dois anos depois, soldados alemães e japoneses demonstrariam uma resiliência extraordinária diante de forças aéreas muito mais potentes do que as utilizadas pela Luftwaffe na Grécia e pelos japoneses na Malásia. O que chocava Churchill era a ausência de qualquer lampejo de esforço heroico, qualquer mostra de sacrifício final, características com as quais, ao longo dos séculos, os exércitos britânicos tantas vezes compensaram a dor das derrotas. Na Malásia, não houve nenhuma lenda comparável à da retirada de Sir John Moore para Corunha nas guerras napoleônicas, a Rorke's Drift na Zululândia, à defesa de Mafeking e Ladysmith na Guerra dos Bôeres. Os americanos forjaram uma epopeia propagandística, por mais espúria que fosse, após a defesa da península de Bataan entre dezembro de 1941 e abril de 1942. Os britânicos não conquistaram nada parecido no Sudeste Asiático. Seus soldados cederam com lamentável facilidade. Em 16 de fevereiro, o *Times* ofereceu aos leitores migalhas de consolo por Singapura: "O sacrifício, o sofrimento e a incomparável galhardia da defesa não foram totalmente em vão." A frase é absurda. Houve apenas uma derrota humilhante, uma rendição a inimigos numericamente inferiores que se revelaram soldados melhores e mais corajosos. Por mais brutal que seja, parece válido sugerir que a Malásia talvez fosse defendida com mais determinação se os soldados britânicos, indianos e australianos soubessem o que os esperava no cativeiro japonês.

Por que seria surpresa se Churchill estivesse desesperado? "Bem lá no fundo, e inconscientemente, acho que o primeiro-ministro tem inveja de Stalin e do êxito de seus exércitos", escreveu, astutamente, Oliver Harvey.[19] Ainda que a ajuda americana permitisse à Grã-Bretanha manter-se viva na guerra, como poderia o país ficar de cabeça erguida diante do mundo, dar uma digna contribuição à vitória, se o exército britânico colecionava momentos vergonhosos sempre que era exposto ao campo de batalha? A falta de transporte continuava sendo uma limitação crítica aos desdobramentos de forças. John Kennedy escreveu: "Dispomos de grandes massas de reforços que não podemos movimentar."[20] Durante 1942, 2 mil navios mercantes britânicos e americanos navegavam na ponte transatlântica, sendo que trezentos ou quatrocentos viam-se vulneráveis a ataques dos U-boats. Em tempos de paz, um navio cargueiro levava em média 39 dias para fazer uma viagem de ida e volta entre a Europa e a América do Norte. Naquele momento, o mesmo trajeto levava 86 dias — 43 gastos em portos, em vez dos quatorze durante a paz, quase sempre aguardando a formação de comboios. Dill telegrafou de Washington para os chefes de estado-maior para dizer que era hora de os Aliados se concentrarem no essencial: garantir a segurança das Ilhas Britânicas e dos Estados Unidos, bem como impedir que forças alemãs e japonesas se juntem no oceano Índico. "Nestes dias difíceis, tais diretrizes simples podem nos ajudar a manter o foco no que realmente importa."[21] Apesar disso, como quase sempre ocorria com visões estratégicas de generais britânicos, essa também era inteiramente negativa.

Churchill disse à Câmara dos Comuns em 24 de fevereiro: "A Câmara precisa encarar o fato claro e brutal de que, se entramos numa guerra despreparados, lutando pela vida contra dois países bem armados, sendo um deles dono da mais poderosa máquina militar do mundo, e se, no meio da batalha, um terceiro grande antagonista com forças militares muito superiores de repente ataca nossas fronteiras comparativamente indefesas, obviamente nossa tarefa será árdua e nossas experiências imediatas serão desagradáveis." Ainda assim, muitos parlamentares expressaram descontentamento. James Griffiths, trabalhista da zona de mineração galesa de Llanelli, disse que, na época de Dunquerque, as pessoas atenderam ao chamado. Em contraste, "acreditamos que agora há um sentimento de inquietação no país. Não devemos ficar ressentidos". O comandante Sir Archibald Southby, de Epsom, mencionou a "arrancada [alemã] pelo canal" e a queda de Singapura como dois acontecimentos que "abalaram não apenas o governo, como também os alicerces do Império Britânico. Mais que isso, seria lícito dizer que influenciaram a opinião pública no mundo inteiro. Produziram repercussões infelizes nos Estados Unidos justamente quando a harmonia e a compreensão entre os dois países eram de suma importância".

Na visão de Sir George Schuster, de Walsall, as pessoas queriam sentir que o governo lhes dizia a verdade, porém começavam a duvidar disso. Ouviram garantias de que, na Líbia, o exército britânico estava lutando em pé de igualdade contra o inimigo, e então, após o dramático regresso de Rommel, descobriram que os alemães dispunham de uma arma anticarro melhor e que nossos canhões eram incapazes de furar a blindagem inimiga. "Foi um choque para a opinião pública. As pessoas se sentiram enganadas." Ele sugeriu, ainda, que o povo queria ver menos civis "se dando bem" — escapando do seu quinhão de sacrifício no esforço de guerra — e mais disciplina nas fábricas.

No mesmo dia, durante o almoço no Palácio de Buckingham, Churchill informou ao rei que a Birmânia, o Ceilão, Calcutá, Madras e partes da Austrália poderiam ser perdidos. A defesa da Birmânia já tinha começado mal. Brooke observou, com o mau humor habitual, que alguns políticos deixavam transparecer as más notícias. "Esse processo não torna os ministros do Gabinete mais atraentes", escreveu para um amigo. "Mas Winston é uma maravilha. Não sei como ele consegue."[22] Clementine Churchill escreveu para Harry Hopkins: "Estamos, de fato, caminhando pelo Vale da Humilhação."[23]

Em consequência dos desastres no campo de batalha, Churchill foi obrigado a fazer mudanças no governo, mais penosas e constrangedoras do que alguns historiadores costumam reconhecer. O único aspecto positivo da reforma foi a demissão de lorde Hankey, cujo rancor se tornara intolerável. Depois disso, Hankey seria um crítico proeminente de Churchill, um suposto conspirador contra a permanência do primeiro-ministro no cargo. Beaverbrook finalmente deixou o cargo. Stafford Cripps foi nomeado para a sua vaga no Gabinete de Guerra, atuando como Lorde do Selo Privado e líder da Câmara dos Comuns. Para o primeiro-ministro, foi uma decisão sofrida. O fato de aceitar Cripps apenas ilustrava a fraqueza de sua posição. Os dois homens, escreveu Eden, admirado, foram "sempre tão distantes um do outro como o leão e o ocapi".[24] Churchill supostamente comentara sobre a Líbia: "Quilômetros e quilômetros de nada exceto uma árida austeridade. Cripps teria adorado!"

Cripps tinha 52 anos, produto de Winchester e do New College, em Oxford, e era sobrinho da intelectual socialista Beatrice Webb. Primeiro se tornou pesquisador em química, depois um bem-sucedido advogado de direito comercial. Pacifista na Primeira Guerra Mundial, foi eleito membro do Parlamento trabalhista em 1931, servindo por um breve período no governo de Ramsay MacDonald antes de se recusar a compor uma coalizão com o primeiro-ministro. Vegetariano e abstêmio, aderiu ao marxismo nos anos 1930, sendo um inocente entusiasta da União Soviética cujo nome era sempre citado junto ao de Aneurin Bevan. Em 1939, foi expulso do Partido Trabalhista por se desentender com Attlee. Quando esteve em Moscou, entre 1940 e 1942, Churchill notou com satisfação que Stalin demonstrou um entusiasmo bem menor pelo embaixador, e por sua companhia, do que seu admirador britânico exibia pelo líder soviético.

Apesar de ser, em muitos sentidos, um homem tolo, Cripps temporariamente se tornou uma figura importante em 1942. Excelente locutor de rádio, sua dedicação tanto à União Soviética quanto a uma Grã-Bretanha socialista no pós-guerra lhe asseguraram grande apoio popular. Falava com paixão, sem qualquer ironia, dos operários russos que "lutavam para que seu país continuasse livre" e da aliança entre "os operários livres da Inglaterra, dos Estados Unidos e da Rússia".[25] Considerando o estado de espírito predominante na época, tais visões encontravam poderoso eco, contrastando com o teimoso conservadorismo de muitos outros membros do Parlamento — incluído o primeiro-ministro. Numa pesquisa de opinião em que os eleitores deveriam escolher um novo primeiro-ministro, caso uma desgraça viesse a acontecer com Churchill, 37% citaram Eden e 36% optaram por Cripps.

Churchill tinha ciência de que seu novo ministro aspirava ao cargo de primeiro-ministro. Pela maior parte de 1942, sentiu-se obrigado a tratar Cripps como uma ameaça potencial à sua autoridade. Em meio a tantos infortúnios, algumas pessoas apoiaram, de maneira surpreendente, as ambições do Lorde do Selo Privado. Conclaves privados de parlamentares, editores, generais e almirantes discutiam Churchill e seu governo nos termos mais brutais. Em 5 de março de 1942, John Kennedy jantou no Claridge's com Sir Archie Rowlands, do Ministério da Produção Aeronáutica, e John Skelton, editor do *Daily Telegraph*. "A conversa girou principalmente em torno de Winston e foi muito crítica. A impressão era de que Winston estava acabado, que dera a última cartada com a reforma do governo. S[kelton] é muito hostil a Winston e acha que Cripps deveria ser posto em seu lugar. Acredita que em breve perderemos todo o Império e esvaziaremos os cofres da G. B. É fácil defender esse ponto de vista."[26] Averell Harriman escreveu para Roosevelt em 6 de março:

> Embora os britânicos mantenham uma postura resoluta, a rendição de suas tropas em Singapura lhes destruiu a confiança — até em si mesmos, mas principalmente em seus líderes. Não pretendem simplesmente aceitar essa situação, e acho que assistiremos ao renascer de uma determinação mais pujante. No momento, porém, não conseguem ver nada além de derrotas. Infelizmente, Singapura abalou o próprio primeiro-ministro, a tal ponto que não enfrenta esta adversidade com o costumeiro vigor. Muitas pessoas astutas, tanto amigas como inimigas, acham que seu governo cairá em questão de meses. É uma opinião que não compartilho. Ele tem sentido muito cansaço, mas melhorou nos últimos dias. Acredito que vá voltar com mais força ainda, particularmente quando a atmosfera da guerra melhorar.[27]

A Batalha do Atlântico tinha dado uma guinada para pior. Em janeiro, a marinha alemã introduzira um quarto rotor em suas máquinas cifradoras Enigma. Durante todo o sangrento ano que se seguiu para os comboios marítimos, esse refinamento mostrou-se um desafio para os decifradores de código britânicos. Charles Wilson, o médico de Churchill, informou que o primeiro-ministro sabia de cabeça todos os pormenores estatísticos dos afundamentos no Atlântico. Apesar disso, Wilson escreveu: "Ele tem sempre o cuidado de lidar com suas dificuldades sozinho; não diz nada que possa desencorajar alguém (...) Queira Deus eu consiga apagar os incêndios que parecem consumi-lo."[28] Mary Churchill anotou em seu diário que o pai estava "entristecido — horrorizado com os acontecimentos (...) Ele está extremamente sobrecarregado."[29] Cadogan escreveu algo semelhante: "Pobre primeiro-ministro amargurado e infeliz."[30]

Em 6 de março, Rangum foi abandonada. No dia seguinte, Churchill escreveu para Roosevelt solicitando que os Aliados Ocidentais aceitassem as demandas russas pelo reconhecimento das suas fronteiras de 1941 — demandas às quais a Grã-Bretanha se opusera firmemente no ano anterior. Os americanos objetaram, mas a mudança de atitude do primeiro-ministro refletia uma aguda consciência da vulnerabilidade dos Aliados. Ele estava disposto a adotar os expedientes mais indesejáveis, contanto que servissem para fortalecer, mesmo marginalmente, a determinação da Rússia. Em meio à alarmante possibilidade de Stalin ser levado a um acordo com Hitler, a Polônia Oriental tornou-se prescindível. No mesmo espírito, Churchill telegrafou para Moscou assegurando que, caso os alemães usassem gás venenoso no front oriental, confirmando temores de sua iminência, os britânicos retaliariam como se eles próprios tivessem sido atingidos. Stalin prontamente pediu informações técnicas sobre armas químicas britânicas e medidas defensivas contra elas. Não se sabe se as informações foram repassadas, mas os britânicos tentaram, de todas as formas, convencer os russos de seu comprometimento com a aliança. O receio ocidental de que Stalin pudesse propor uma paz isolada persistiu por muitos meses.

Além das grandes preocupações de Churchill, ele era obrigado a cuidar de diversos assuntos menores. Alertou para o risco de um possível ataque do comando alemão, partindo de um U-boat para sequestrar o duque de Windsor, na época governador-geral das Bahamas. Os nazistas, disse o primeiro-ministro, talvez conseguissem tirar proveito do antigo rei. Tendo inspirado a criação do Regimento de Paraquedistas, que executou sua primeira operação bem-sucedida contra uma estação de radar alemã em Bruneval, norte da costa francesa, em 28 de fevereiro, Churchill insistia na ampliação de forças aerotransportadas na maior escala possível. Quatro Victoria Crosses foram concedidas pelo ataque da Marinha Real em 28 de março, realizado na doca flutuante de Saint-Nazaire. Essa generosa distribuição de condecorações tinha por objetivo fazer os sobreviventes se sentirem melhor quanto às perdas — quinhentos marinheiros foram mortos, feridos ou capturados. A propaganda exagerou os acontecimentos em Saint-Nazaire. O público foi informado de que os alemães sofreram severamente, embora, na realidade, suas baixas tivessem sido menores do que as dos incursores. Enquanto isso, ministros acossavam Churchill com pedidos de nomeações, honrarias e questões administrativas. Não era fácil resolver esses assuntos irrelevantes quando o Império estava ruindo.

A obsessão de Churchill pelos grandes navios ainda persistiu no terceiro ano de guerra. Afirmava que a destruição do *Tirpitz*, de 42 mil toneladas, navio irmão do *Bismarck* ancorado num fiorde norueguês, onde representava permanente ameaça aos comboios árticos, valeria a perda de uma centena de aeronaves e quinhentos marinheiros. Em 9 de março, doze Fairey Albacores da Aviação Naval atacaram o monstro alemão sem êxito. Churchill perguntou ao Primeiro Lorde do Mar "como era possível que doze das nossas aeronaves não tivessem acertado o alvo, quando o ataque japonês ao *Prince of Wales* e ao *Repulse* foi tão extraordinariamente eficaz?". Como era possível, de fato? Embora a RAF tenha sido importante em 1942, interditando a linha de suprimentos de Rommel no Mediterrâneo, o histórico de êxitos da força aérea e da Aviação Naval em ataques a navios inimigos continuou relativamente pobre até os últimos meses da guerra. Era o que pensava Churchill quando disse, num memorando a Pound no ano seguinte, como parecia "um fato revelador"[31] que, num contingente de 45 mil homens, a Aviação Naval tivesse sofrido apenas trinta baixas nos três meses até o fim de abril. O ataque de 1940 a Taranto e os danos infligidos ao *Bismarck* em 1941 foram as únicas operações aéreas realmente admiráveis da marinha britânica durante a guerra.

No inverno de 1941-1942, Churchill reconheceu tristemente o fracasso dos "bombardeios de precisão" britânicos na Alemanha. Envolveu-se na mudança vital de política que ocorreu como consequência, inspirada em grande parte por seu conselheiro científico. A intervenção de lorde Cherwell nos bombardeios representou a participação mais influente dele na guerra. Foi um integrante de sua equipe no Escritório de Estatísticas do Gabinete, um funcionário chamado David Butt, que produziu um relatório arrasador, o qual analisava fotografias tiradas pelos aparelhos de pontaria dos bombardeiros britânicos. O estudo mostrava que só uma pequena proporção de aeronaves conseguia atingir alvos a quilômetros, em vez de metros, dos seus alvos. Cherwell convenceu o primeiro-ministro, que ficou estarrecido com o relatório de Butt, da necessidade de alterar completamente a tática. Uma vez que, em condições climáticas regulares, os incursores noturnos da RAF eram incapazes de lançar uma proporção aceitável de bombas em objetivos industriais designados, as aeronaves britânicas deveriam, a partir de então, se fixar nos menores alvos que fossem capazes de identificar: cidades. Com isso, alcançariam o duplo propósito de destruir instalações e "desencasar" operários, para usar o engenhoso termo de Cherwell. Ninguém em Whitehall admitiu, de maneira explícita, que a RAF passaria então a matar civis indiscriminadamente, mas tampouco duvidavam de que a consequência seria essa, embora, até o fim da guerra, a propaganda britânica disfarçasse essa feia realidade, escondendo-a até mesmo dos tripulantes que arriscavam a própria vida nas operações de bombardeio.

Churchill sempre se considerou um realista no que dizia respeito aos horrores e imperativos da guerra. Em 1937, porém, durante um debate na Câmara dos Comuns sobre medidas preventivas para incursões aéreas, proclamou sua oposição a ataques aéreos contra não combatentes: "Acredito", disse ele, "que se um lado numa guerra parelha intimida e mata a população civil e o outro ataca firme e constantemente os objetivos militares (...) a vitória virá para o lado (...) que evita o horror de alvejar os desamparados e os fracos".[32] Contudo, após trinta meses combatendo um inimigo que progredia rapidamente de maneira inescrupulosa, Churchill aceitou uma visão diferente. O Comando de Bombardeiros tinha fracassado como arma não letal. Precisava tornar-se um instrumento contundente. Concluiu-se que, devido à necessidade operacional, precisariam deixar de lado inibições morais. Depois disso, durante muitos meses e até anos, o bombardeio representaria para a Grã-Bretanha o único meio de travar guerra com a Alemanha. O primeiro-ministro aprovou a nova política de Cherwell.

Em 22 de fevereiro de 1942, o marechal chefe do Ar Sir Arthur Harris foi nomeado comandante em chefe do Comando de Bombardeiros. Ao contrário do mito popular, Harris não foi o idealizador do "bombardeio de área". Ele, porém, se dedicou a aplicar o conceito com um fervor obsessivo, o que levou seu nome a ser inextricavelmente associado à tática. O primeiro acontecimento significativo na gestão de Harris foi um ataque à fábrica da Renault no subúrbio parisiense de Billancourt. O Gabinete de Guerra esperava que isso elevasse o moral francês, o que pareceu improvável quando a morte de mais de quatrocentos civis foi revelada. Em 28 de março, 134 aeronaves realizaram um grande ataque à velha cidade hanseática alemã de Lübeck. O alvo costeiro foi escolhido basicamente porque as tripulações não teriam dificuldade de localizá-lo. Nas palavras desdenhosas de Harris, o centro medieval densamente apinhado foi "construído mais como material inflamável do que como habitação humana". A investida deixou a maior parte de Lübeck em chamas e foi considerada um êxito retumbante. Quatro sucessivos ataques ao porto de Rostock no fim de abril alcançaram idênticos resultados dramáticos, levando Goebbels a escrever histericamente em seu diário: "A vida comunitária em Rostock praticamente acabou." Em 30 de maio, Harris organizou um extraordinário *coup de théâtre*. Recrutando a ajuda de aeronaves de treinamento e do Comando Costeiro, lançou 1.046 bombardeiros contra a grande cidade de Colônia, causando estragos expressivos.

O principal mérito das "Mil Incursões", juntamente com outras que se seguiram em Essen e Bremen, não se referia ao dano infligido ao Terceiro

Reich — bem menor do que o alcançado em 1944-1945 —, mas à impressão generalizada de que a Grã-Bretanha estava contra-atacando, embora seus meios não agradassem aos mais escrupulosos. Quatrocentos e setenta e quatro alemães morreram nas "Mil Incursões" em Colônia, mas, em 2 de junho, o *New York Times* afirmou que o número de mortos chegava a 20 mil. Churchill telegrafou para Roosevelt: "Espero que esteja impressionado com nosso maciço ataque aéreo a Colônia. Haverá muitos outros."[33]

Ao longo de 1942 e 1943, a propaganda britânica alardeou os resultados da ofensiva de bombardeios. Churchill despachou uma torrente de mensagens para Stalin, com ênfase na devastação provocada pela RAF. O povo britânico não demonstrava, de maneira geral, avidez por se vingar da população civil alemã. Ainda assim, muitos sucumbiam às sensações da londrina Vere Hodgson, que escreveu: "Deitada na cama uma noite dessas, ouvi o profundo zumbido dos nossos bombardeiros a caminho de Hamburgo (...) É um sentimento reconfortante. Eu me virei preguiçosamente na cama, satisfeita, recordando aqueles horríveis meses em que ouvir ruídos no céu era saber que os alemães despejariam morte e destruição sobre nós (...) Não se pode deixar de sentir que é bom os alemães terem essa experiência. Talvez não voltem a agir com tanta leviandade."[34]

Numa fase posterior da guerra, quando grandes exércitos aliados entraram em campanha, o entusiasmo de Churchill pelos bombardeios diminuiu. Entretanto, em 1942, ele exaltou a ofensiva estratégica por não dispor de alternativas. Novamente ao contrário do mito popular, ele nunca tratou Sir Arthur Harris como alma gêmea. O oficial às vezes jantava em Chequers, já que seu quartel-general em High Wycombe ficava convenientemente perto. Desmond Morton, porém, era um dos que acreditavam que, para o primeiro-ministro, Harris era um grande líder das forças aéreas, mas tinha uma personalidade pouco atraente. Eis o que disse Churchill depois da guerra sobre o líder do Comando de Bombardeiros: "um comandante considerável — mas havia nele algo de grosseiro".[35] Nos momentos difíceis, contudo — e 1942 foi um momento muito difícil —, ele reconhecia que Harris era um homem de ferro, numa época em que muitos outros comandantes sucumbiram e vergaram sob o peso das responsabilidades que lhes foram confiadas.

Desde o início, o bombardeio de área provocou críticas tanto estratégicas quanto morais, dentro e fora do Parlamento. Privadamente, Clement Attlee, líder do Partido Trabalhista e vice-primeiro-ministro, era um crítico persistente por razões éticas e pragmáticas. Ele ressaltava o valor dos bombardeiros como apoio a operações terrestres e navais. Na esfera pública, o *New Statesman* afirmou que era uma perversidade cumular de elogios a bravura da população maltesa por aguentar ataques aéreos do Eixo, sem perceber a lição para as próprias forças britânicas que atacavam a Alemanha.[36] "O desastre desta política não se refere apenas à sua inutilidade", disse à Câmara dos Comuns o eminente cientista e professor A. V. Hill, membro do Parlamento pela Universidade de Cambridge, "mas também ao fato de ser um tremendo desperdício, que ficará cada vez mais pronunciado com o passar do tempo".[37] Ainda assim, as palavras de Hill refletiam apenas a opinião de uma modesta minoria.

Havia argumentos poderosos para sustentar a necessidade do bombardeio de área. A Grã-Bretanha assumiu um grande compromisso industrial de criar uma imensa força de aeronaves pesadas. Isso só foi plenamente alcançado em 1944-1945, quando as circunstâncias estratégicas mostraram-se bem diferentes. A crítica mais pertinente à política de bombardeios de 1942 e 1943 era que, em sua avidez por causar um impacto independente e decisivo na guerra, os aviadores resistiam obsessivamente a ordens para desviar aeronaves pesadas rumo a outros objetivos, sobretudo para a Batalha do Atlântico. John Kennedy escreveu, em maio de 1942, que a ofensiva de bombardeiros "só pode ser realizada a um custo muito severo para nosso domínio marítimo e nossas operações militares em terra. Acabei de ler um velho texto de [Winston], escrito em setembro de 1940, que começa dizendo 'a Marinha pode nos levar à derrota, mas só a Força Aérea pode nos levar à vitória...'. Estou convencido de que os acontecimentos irão provar a irrealidade dessa visão".[38]

Cherwell apoiou a recusa de Harris em reforçar o Comando Costeiro, porém ambos estavam indubitavelmente errados. Há fortes indícios de que mesmo alguns esquadrões extras poderiam obter melhores resultados combatendo os U-boats, ameaça mortal até boa parte de 1943, do que voando sobre a Alemanha no mesmo período. A marinha, contudo, defendeu seus argumentos sem muita habilidade ou sutileza. O almirante Sir John Tovey, comandante em chefe da Home Fleet, denunciou a ofensiva de bombardeiros como "um luxo, não uma necessidade". Essas palavras enfureceram o primeiro-ministro, irritado também com a relutância de Tovey em arriscar seus navios no raio de alcance do poderio aéreo alemão, que tinha bases na Noruega. Descreveu Tovey como "homem teimoso e obstinado"[39] e ficou exultante quando, em maio de 1943, ele foi substituído pelo supostamente mais agressivo Sir Bruce Fraser. A dificuldade dos almirantes era que, embora manter abertas as rotas marítimas para os Estados Unidos, a Rússia, Malta, o Egito e a Índia fosse uma função indispensável da marinha, era também uma medida defensiva. Como disse Churchill, a frota impediu que a Grã-Bretanha perdesse a guerra, mas seus navios eram incapazes de vencê-la. O Almirantado não ajudou a própria causa ao insistir que a RAF esbanjasse imensos esforços, à custa de numerosas baixas, bombardeando os inexpugnáveis redutos de U-boats no noroeste da França e patrulhando a baía da Biscaia. Teria sido mais proveitoso os marinheiros enfatizarem a cobertura aérea direta das rotas de comboios atlânticos, que comprometia drasticamente as operações de submarinos alemães.

Churchill tinha mais respeito pela Marinha Real como força singular combatente do que pela maioria de seus comandantes. Eles pareciam inexoravelmente negativos quanto aos projetos que lhe eram mais caros. Com razão, Churchill não aceitava que, apesar de reiterados incentivos, a marinha não conseguisse reabastecer navios de guerra no mar, o que restringia severamente a capacidade de combate dos grandes navios. Mas mesmo após a perda do *Prince of Wales* e do *Repulse*, ele continuou despreocupado com a vulnerabilidade a ataques aéreos. A maioria de seus comandantes navais eram excelentes marujos, com quem a Grã-Bretanha tinha a sorte de contar. Irritava-os ter a coragem implícita ou mesmo explicitamente contestada, quando a justa preocupação desses homens era evitar perdas gratuitas de grandes navios, cuja substituição levaria anos. Apesar disso, como os generais, os almirantes poderiam ter demonstrado maior entendimento sobre o objetivo fundamental do primeiro-ministro: mostrar que a Grã-Bretanha queria — e podia — partir para a luta contra o inimigo; fazer mais do que simplesmente sobreviver a bloqueios e bombardeios aéreos.

Esses seriam os argumentos a favor da ofensiva de bombardeiros. Churchill parece certo ao endossá-la, uma vez que as forças armadas alcançavam êxito tão restrito, mas errado ao permitir que ela adquirisse absoluta prioridade sobre os outros compromissos da RAF pelo mundo. A concentração de força é importante, mas o mesmo valor deve ser conferido à prudente divisão de recursos entre fronts decisivos, dos quais a campanha do Atlântico sem dúvida fazia parte. Por uma ironia característica da guerra, Churchill mostrou mais entusiasmo pelo bombardeio da Alemanha em 1941 e 1942, justamente quando rendeu menos frutos. Depois disso, perdeu o interesse. Em 1943, o Comando de Bombardeiros começou a causar impacto real nas indústrias do Ruhr, e poderia ter obtido importantes resultados se a direção econômica das operações de Harris fosse mais imaginativa. Em 1944 e 1945, o efeito nas cidades da Alemanha tornou-se devastador, mas a política americana de seleção de alvos permitiu à USAAF alcançar as vitórias cruciais da guerra aérea, efetuada contra a Luftwaffe e contra fábricas alemãs de combustível sintético. No último volume de suas memórias de guerra, Churchill só menciona o Comando de Bombardeiros uma vez, de passagem, e criticamente.

Em 1º de abril de 1942, Churchill escreveu para Roosevelt: "É muito difícil superar o que houve em Singapura, mas espero que possamos nos redimir em breve."[40] Em vez disso, porém, o fluxo de más notícias continuava. No dia 4, uma divisão naval japonesa, atravessando o oceano Índico, lançou aviões para bombardear o Ceilão. Nos dias seguintes, aeronaves inimigas afundaram dois cruzadores da Marinha Real e o porta-aviões *Hermes*. Mandalay caiu, e estava claro que os britânicos precisariam bater em retirada da Birmânia para o nordeste da Índia, passando pelo rio Chindwin. Malta vivia situação dramática, sob implacável ataque aéreo do Eixo. Ataques de aeronaves e U-boats alemães provocavam graves perdas em comboios para a Rússia: o PQ13, em abril, perdeu cinco navios de um total de nove. Apenas oito navios, dos 23 despachados no comboio seguinte, chegaram a seu destino, sendo que quatorze tiveram de voltar por conta dos blocos de gelo. Churchill solicitou a Stalin que oferecesse mais cobertura aérea e marítima para a Marinha Real nos últimos estágios da travessia do Ártico, mas a Rússia não tinha recursos nem competência para isso. Ademais, havia pouca boa vontade. Marujos e aviadores britânicos que se aventuraram a desembarcar em Murmansk e Arcangel ficaram indignados com o acolhimento gélido. Parecia que em parte alguma o sol brilhava sobre o esforço britânico. Naquela primavera, Alan Brooke achou muito difícil lidar com o primeiro-ministro: "O chefe do estado-maior imperial diz que Churchill está quase sempre de péssimo humor estes dias", observou John Kennedy em 7 de abril.[41]

Mesmo nesse lúgubre momento, era notável o espaço que os jornais dedicavam às necessidades e perspectivas de reconstrução após a guerra. Isso irritava o primeiro-ministro. Exasperava-o ter de se preocupar com o que chamava de "problemas hipotéticos do pós-guerra no meio da luta, quando o mesmo volume de pensamento voltado para a questão dos tipos de avião poderia ter produzido um resultado muito mais positivo".[42] No entanto, para muitos cidadãos comuns, a guerra era uma experiência menos gratificante, mais desalentadora, do que para Winston Churchill. Só era possível tolerar o presente quando se imaginava um futuro melhor.

Artigos e cartas apareciam constantemente na imprensa, tratando de um ou outro aspecto de um mundo sem guerra. Já em 4 de setembro de 1940, um missivista chamado P. C. Loftus escreveu para o *Times* com o seguinte pedido: que "este país não se veja despreparado para a paz, como nos vimos despreparados para a guerra". Outro, que se identificava como "Marinheiro", escreveu para o *New Statesman* em 21 de fevereiro de 1942: "Os homens se perguntam por que estão lutando. O velho e vazio jingoísmo sobre 'Liberdade' e 'Pátria' já não é suficiente. Existe a suspeita de que nem tudo correrá bem quando vier a paz — de que, afinal, estamos lutando por propriedades e interesses privados." O proeminente intelectual socialista Harold Laski criticou a recusa de Churchill a declarar um compromisso com as mudanças sociais: "Ele não parece ver que os passos que dermos agora moldarão, necessariamente, a sociedade em que entraremos ao fim da guerra."[43] Um editorial do *Statesman* disse: "É difícil encontrar um membro alerta e ativo do Partido Trabalhista que não acredite que, após a guerra, as forças do privilégio estarão mais firmemente entrincheiradas no poder do que nunca."[44]

Esses pensamentos, de desoladora insatisfação com a sociedade britânica, não se restringiam à esquerda política. "Este país ficou muito mole", escreveu John Kennedy com tristeza em seu diário, em 23 de fevereiro de 1942: "As pessoas não querem lutar pelo Império. Acima de tudo, suponho, não se importam se têm ou não um império, desde que possam viver uma vida fácil e sossegada. Não percebem que a dominação alemã será muito desagradável (...) É necessário um algo a mais no lado político. Há uma falta generalizada de senso de urgência. Não sabemos por que lutamos. A Carta do Atlântico não é um ideal à altura contra o fanatismo dos alemães e japoneses."[45] Um investigador do moral das tropas foi informado, por comandantes de dois centros de treinamento do exército, que a grande maioria dos recrutas "não tem entusiasmo nem interesse pela guerra e demonstra ignorância sobre as questões a ela relacionadas".[46]

Em 6 de março de 1942, um editorial do *Spectator* declarou: "Hoje, a fibra nacional é inegavelmente diferente da que vimos naqueles dias de 1940, quando o primeiro-ministro podia falar, em tons impregnados de uma convicção universal, em nossa hora mais bela. Ninguém pode fingir que estejamos vivendo hoje nossa hora mais bela." O autor, como seu equivalente no *New Statesman*, achava que o povo britânico não tinha um núcleo de crenças que o fizesse agir, ao contrário do povo russo: "Por que homens e mulheres na Grã-Bretanha esperam receber inspiração de fora? Por que precisam escutar uma voz? Não temos voz interior? Não sabemos o que é necessário?"

Em maio de 1942, a revista americana *Fortune* dedicou uma edição inteira ao mundo do pós-guerra. Henry Luce, proprietário da *Fortune*, convidou o secretário do Exterior britânico a escrever um artigo sobre a visão de seu país. Eden recusou-se, levando C. R. King, membro do departamento americano do Foreign Office, a manifestar consternação. Parecia-lhe um grave erro esnobar Luce. No entanto, ele reconhecia a dificuldade. Eden não fazia ideia do que dizer: "Não acho que o governo de Sua Majestade tenha formulado (menos ainda anunciado) quaisquer ideias sobre essas questões, além do que foi expresso na Carta do Atlântico." King acrescentou que havia amplo consenso entre os americanos "de que os Estados Unidos emergirão, depois da vitória total, como força suprema em termos militares e econômicos".[47] A *Economist* lançou um desafio a Churchill num editorial: "Quando foi que o primeiro-ministro fez um dos seus grandiosos e convincentes discursos abordando não estratégia mundial, mas as esperanças e os temores do povo britânico? Enquanto guardar silêncio, o conservadorismo, atitude política dominante na Grã-Bretanha, também guardará silêncio, e os americanos inevitavelmente acreditarão que talvez os conservadores não pretendam fazer nada além de conservar tudo como está."[48]

Poucos intelectuais gostavam de Churchill, e ele retribuía essa aversão. Abrigava uma animosidade especial contra o jornalista de esquerda Michael Foot, um dos autores de *Guilty Men*, famoso libelo contra os apaziguadores do pré-guerra. Churchill considerava rematada hipocrisia — o que de fato era — os autores atacarem os "homens de Munique" quando o próprio Partido Trabalhista de Foot se opôs ao rearmamento antes da guerra. A preocupação dos intelectuais com a Grã-Bretanha do pós-guerra exasperava o primeiro-ministro, num momento da história em que ele se esforçava para evitar a destruição da liberdade europeia. Apesar disso, nesse ponto seus instintos estavam fora de sintonia com os do público. Quando *Picture Post* dedicou uma edição inteira "à Grã-Bretanha que esperamos construir após a guerra",[49] a revista recebeu 2 mil cartas de leitores. A indiferença de Churchill ao Relatório Beveridge, que lançava, em dezembro de 1942, os alicerces do Estado do Bem-Estar Social, estava em total descompasso com a recepção entusiasmada do povo. Sir William Beveridge frequentemente criticava, através da imprensa, a maneira como a Grã-Bretanha era governada durante a guerra. Certo dia, antes mesmo que seu relatório fosse escrito, quando o Gabinete debatia "a atitude insatisfatória dos operários em geral (...) Archie Sinclair sugeriu que o que realmente precisávamos para tranquilizar o público era de uma vitória. Winston resumiu a questão dizendo que claramente o que todos desejávamos era uma vitória contra Beveridge".[50]

No começo de abril, a lua de mel entre Churchill e Roosevelt foi rudemente interrompida. O primeiro-ministro tinha planejado ir à Índia para tratar da defesa e do futuro constitucional do país, mas, com crises em outros locais, pareceria impróprio ele se ausentar de Londres para uma viagem tão longa. Stafford Cripps foi mandado em seu lugar, com autoridade para discutir junto a líderes nacionalistas da Índia um possível autogoverno depois da guerra. As conversas logo fracassaram. O Congresso Nacional Indiano, majoritariamente hindu, rejeitava qualquer adiamento e exigia admissão imediata ao poder político. Cripps informou a Londres o que se passara e recebeu ordem para voltar. Churchill não esperava, nem mesmo desejava, outro resultado. Ficou satisfeito por ter realizado a oferta e pelo fato de as consequências do fracasso terem recaído sobre Cripps.

Em 11 de abril, Roosevelt telefonou para Churchill e solicitou que Cripps permanecesse na Índia e presidisse a criação de um governo nacionalista. O presidente afirmou que a opinião pública americana era esmagadoramente hostil à Grã-Bretanha nesse quesito: "É quase unânime a visão de que o impasse foi causado pela relutância britânica em conceder aos indianos o direito ao autogoverno (...) [se] houvesse concessões pequenas de ambos os lados, parece-me que seria possível chegar a um acordo." Muitos americanos comparavam explicitamente a difícil situação contemporânea da Índia com a dos próprios Estados Unidos antes da Revolução de 1776. "You're the top/ You're Mahatma Gandhi!" [Você é o máximo/ Você é o Mahatma Gandhi!] escreveu euforicamente Cole Porter, ilustrando o imenso entusiasmo de seus compatriotas pelo guru do movimento de independência da Índia. Esses pensamentos eram ofensivos para Churchill. Mesmo nos melhores momentos, ele não tinha muita paciência com o povo indiano. Sua opinião não mudou desde que serviu entre os indianos como subalterno de cavalaria nos anos 1890. Leo Amery, secretário para a Índia, achava Churchill "uma estranha combinação de qualidades grandes e mesquinhas (...) A verdade é que não há nada de normal em sua posição quanto à Índia".[51] O primeiro-ministro se opunha, por exemplo, a conceder aos oficiais indianos poderes disciplinares sobre as demais patentes britânicas. Vociferava contra "a humilhação de receber ordens de um homem moreno".[52]

Churchill desconsiderou implacavelmente as aspirações políticas indianas num momento em que o exército japonês estava às portas do país. Ele não esqueceria a oferta do Mahatma para mediar a rendição da Grã-Bretanha a Hitler, que o porta-estandarte da não violência e da liberdade indiana definiu dizendo que "não era má pessoa". Gandhi escreveu em 1940 uma carta aberta ao povo britânico, pedindo-lhe que "depusesse as armas e aceitasse qualquer destino que Hitler decidisse. Convidem Herr Hitler e o Signor Mussolini a levar o que quiserem dos países que os senhores consideram seus domínios. Deixem que tomem posse de sua bela ilha, com seus muitos belos prédios. Os senhores lhes darão tudo isso, mas não a sua alma nem a sua mente".[53]

Muito pior, contudo, foi a tentativa do presidente americano de interferir num assunto que o primeiro-ministro considerava exclusivamente britânico. Jamais ocorreria a Churchill dar conselhos a Roosevelt sobre a governança futura das Filipinas, território dependente dos Estados Unidos. Parecia-lhe hipócrita um país que havia colonizado um continente, esbulhando e quase exterminando sua população indígena, e que ainda praticava a segregação racial, dar sermões sobre o tratamento de povos nativos.

Ali estava uma primeira e totalmente importuna amostra do futuro. Os Estados Unidos, principal parceiro e tesoureiro da aliança para derrotar o fascismo, estavam ansiosos para exercer influência decisiva sobre o arranjo global do pós-guerra. Churchill, que não pensava em nada além da vitória e sabia como ela estava distante em abril de 1942, achou irritante o autoritarismo de Roosevelt. E logo demonstrou tanto sua determinação em resistir às demandas do Congresso Nacional Indiano quanto sua sensibilidade à interferência americana. "Qualquer coisa que represente uma grave diferença entre nós me partiria o coração", escreveu para o presidente no dia 12, "e com certeza seria profundamente prejudicial para os nossos países no auge desta terrível luta".[54] A crença de Roosevelt de que a época dos impérios havia passado seria confirmada após a guerra com uma velocidade que talvez nem ele mesmo esperasse. O exercício do poder britânico sobre o povo indiano de 1939 a 1945 foi feio e desastrado, e Churchill tem parte da culpa. Ainda assim, o primeiro-ministro estava certo ao concluir que uma transferência de poder no meio de uma guerra mundial seria impensável, especialmente quando a atitude do Congresso indiano quanto à causa dos Aliados era dúbia.

A primavera de 1942 trouxe algum estímulo aos Aliados, especialmente depois que a Marinha dos Estados Unidos infligiu sérios danos à japonesa na Batalha do Mar de Coral, em 4 de maio. Churchill mudou de ideia novamente sobre as reivindicações territoriais da Rússia na Polônia e nos países bálticos, decidindo não ceder às demandas por reconhecimento. "Devemos ter em mente que é uma coisa ruim", disse ele ao Gabinete. "Não devemos ceder, e não nos desculparemos por isso."[55] Em 5 de maio, forças britânicas desembarcaram em Madagascar na tentativa de impedir um possível golpe japonês. Churchill escreveu para o filho Randolph: "A depressão pós-Singapura foi substituída por um otimismo indevido que eu, naturalmente, mantenho dentro de limites adequados."[56] Estava consternado pelas críticas que desabavam sobre ele desde janeiro. Antes de falar à nação pelo rádio, rascunhou uma passagem que posteriormente — e sem dúvida sabiamente — resolveu não ler, mas que refletia a dor que sofrera nos últimos meses:

> Todo mundo se sente mais seguro agora, e assim os irmãos mais fracos falam sem pudor. Nossos críticos não hesitam em remoer as adversidades e os reveses que sofremos, e eu certamente não fingirei que não cometemos muitos erros e falhas. Em particular, sou muito criticado por um grupo de ex-ministros pela maneira geral como conduzo a guerra. Eles ficariam muito felizes se reduzissem meu poder de direção e iniciativa.
>
> Embora eu precise lutar contra ditadores, não sou, folgo em dizer, um ditador. Sou apenas vosso criado. Sempre tentei ser vosso leal criado, mas, a qualquer momento, atuando por intermédio da Câmara dos Comuns, podem os senhores me despachar para a vida privada. Há uma coisa, porém, que espero que não façam; espero que jamais me peçam, ou a qualquer sucessor de

> sua escolha, para assumir o fardo da responsabilidade em tempos como estes sem uma razoável dose de autoridade e sem os meios para tomar decisões.[57]

Hugh Dalton escreveu em 12 de maio de 1942: "Jantar com [o parlamentar *tory*] Victor Cazalet, que não acha possível vencermos a guerra com o atual primeiro-ministro. Não há, no entanto, nenhuma boa alternativa." O rei George VI, logo ele, certo dia sugeriu ao seu primeiro-ministro durante o almoço que o fardo de servir também como ministro da Defesa era pesado demais para ele, e perguntou, um tanto sem tato, por qual outro aspecto da vida pública ele tinha interesse. Contudo, a grande dificuldade de Churchill dali em diante foi que o mais formidável desafio à sua autoridade veio não dos críticos britânicos, mas de um parceiro esmagadoramente mais poderoso, os Estados Unidos. Quando Harry Hopkins se dirigiu aos parlamentares na Câmara dos Comuns em 15 de abril, procurou fortalecer a posição de Churchill, afirmando que ele era "o único homem que realmente compreende Roosevelt". O americano, contudo, também declarou sem rodeios, como informou Harold Nicolson, que "muita gente nos Estados Unidos diz que somos medrosos e não sabemos lutar".[58]

Numa carta para Wavell enviada de Washington, Dill ponderou: "Um dos problemas é que queremos tudo que eles têm, de navios a lâminas de barbear, e não temos nada para dar em troca além de serviços — e muitos desses serviços já não têm serventia."[59] Um astuto funcionário britânico, Arthur Salter, escreveu no começo de 1942: "É preciso aceitar que as decisões políticas serão, cada vez mais, tomadas em Washington. Continuar agindo como se pudessem ser tomadas em Londres e 'aprovadas em Washington, ou como se a política britânica pudesse desenvolver-se independentemente e ser apenas 'coordenada' com os Estados Unidos, é dar murro em ponta de faca."[60] O primeiro-ministro liderava um país cuja função na guerra parecia, naqueles dias, confinada à condição de vítima, não só pelas mãos do inimigo, mas também pelas mãos do novo e poderoso aliado. Ele ansiava em silêncio por retomar a iniciativa em algum campo de batalha. Seus generais, porém, não ofereciam qualquer perspectiva de ação ofensiva antes do outono. Em meio à profunda hostilidade pública da primavera e do verão, esse intervalo parecia uma eternidade para Churchill.

10

Soldados, chefes e indolentes

1 UM EXÉRCITO EM APUROS

Churchill aceitou o fato de que as derrotas infligidas pelo Japão à Grã-Bretanha eram irreversíveis até que a maré da guerra virasse. A partir desse momento, reconhecendo o domínio americano no Extremo Oriente, dedicou menos atenção à guerra japonesa do que à luta contra a Alemanha. Continuava estarrecido, porém, com os fracassos das forças de Auchinleck no Deserto Ocidental, quando a comparação teórica entre efetivos mostrava uma significativa superioridade britânica e sugeria que a vitória era possível. Numa reunião com os chefes militares, ele afirmou reiteradamente: "Não sei o que podemos fazer por esse exército — todos os nossos esforços para ajudá-lo parecem inúteis."[1] Ainda em 1941, Cadogan, no Foreign Office, escreveu: "Nossos soldados são amadores patéticos enfrentando profissionais (...) Os alemães são combatentes magníficos e seu Estado-Maior é formado por verdadeiros Mestres da Guerra. Wavell e seus assemelhados não são nada perto deles. É como me escalar para uma partida contra Bobby Jones em 36 buracos. Vamos aprender, mas será um processo demorado e sangrento."[2] Um ano depois, contudo, não havia qualquer sinal de que o exército britânico e seus comandantes estivessem "aprendendo". Cadogan escreveu, após os desastres do Extremo Oriente: "O que acontecerá se os alemães conseguirem uma base aqui? Nosso exército é o escárnio do mundo!"[3]

Os generais britânicos tinham consciência da baixa reputação de suas forças, mas achavam injusto que o próprio primeiro-ministro os tratasse na base de intimidação, crítica e até desprezo. Especialmente de 1940 a 1942, alegavam que eram obrigados a conduzir campanhas com recursos inadequados, em consequência de políticas de defesa impostas no período do entreguerras pelo mesmo Partido Conservador que ainda dominava o governo — e não por Churchill, é claro. Com frequência, os generais tinham de ignorar ataques que o primeiro-ministro lhes lançava no clube United Services em Pall Mall, e patentes mais baixas faziam o mesmo no clube mais próximo, Army & Navy — o "Rag" —, que desempenhava importante função social. Tais lugares não eram feiras de fofoca sobre militares, mas pontos de encontro para sérios conclaves. Na sala de jantar, em meio ao desfile diário de oficiais com divisas vermelhas no colarinho e brilhantes cintos Sam Browne, havia uma plateia menos privilegiada de guerreiros aposentados, com tendência a bisbilhotar conversas e a pedir emprego. Isso acabou levando "Pug" Ismay a se mudar para o clube White's, na Saint James Street. Seus membros eram socialmente distintos, mas estrategicamente insensíveis, o que lhe permitia comer em paz. Seus companheiros de mesa "não tinham nenhuma ideia brilhante para ganhar a guerra e evitavam me constranger com perguntas de difícil resposta".

Até 1943, e em grau menor depois disso, os soldados britânicos tinham muito menos prestígio que os marujos e aviadores. As excessivas aguilhoadas de Churchill provocavam muita raiva e angústia entre os oficiais navais. Ele vivia ameaçando demitir almirantes dissidentes ou supostamente pouco agressivos, como Sir Andrew Cunningham, Sir James Somerville, da Força H, e Sir John Tovey, da Home Fleet. No entanto, mesmo quando a marinha sofria severos reveses e perdas, a honra e a reputação coletiva da instituição permaneciam incontestadas. Não era assim com o exército. Ele ocupava uma posição social mais segura na vida nacional britânica do que o exército americano nos Estados Unidos, e atraía para seus vistosos regimentos sucessivas gerações de filhos da aristocracia. Entretanto, era muito menos eficaz como instituição militar. Para cada oficial inteligente como Brooke, Ismay ou Jacob havia centenas de outros destituídos de talento, energia e imaginação que, apesar disso, cumpriam seus deveres numa nuvem de condescendência cultural. A coragem raramente era posta em dúvida, mas quase todo o resto passava por questionamentos.

Durante a primeira parte da guerra, Churchill procurou, com desespero crescente, comandantes capazes de alcançar vitórias terrestres. Muitos heróis o impressionaram ao longo da vida, mas poucos eram generais britânicos. Em seu livro *Great Contemporaries* [Grandes contemporâneos], de 1932, traçou um perfil pouco lisonjeiro do marechal de campo Sir Douglas Haig, principal condutor dos exércitos nacionais durante o banho de sangue na França e em Flandres na Primeira Guerra Mundial:

> Ele projeta, naqueles anos de sangue, figura igual à de um grande cirurgião antes do advento dos anestésicos, versado em todas as minúcias da ciência que estava a seu alcance: seguro de si, equilibrado, bisturi na mão, concentrado na cirurgia: inteiramente alheio, em sua condição profissional, à agonia do paciente, à angústia dos parentes, ou às doutrinas de escolas rivais, aos artifícios de charlatães e aos primeiros frutos de novos conhecimentos. Operava sem comoção ou ia embora sem ser afrontado; e, se o paciente morresse, não se recriminava.[4]

Churchill decidira que, em "sua" guerra, nenhum exército britânico seria comandado por um oficial desse tipo. Todo general, entre 1939 e 1945, carregava para o campo de batalha uma aguda consciência da animosidade do povo britânico, e também do primeiro-ministro, contra os supostos "carniceiros" de 1914-1918. Nessa bagagem, aliás, pode ser encontrada uma explicação para a cautela que caracterizava suas campanhas. Contudo, as limitações militares da Grã-Bretanha iam muito além do exercício do comando militar. Talvez tivesse sido proveitoso para Churchill se desviasse, do tempo que dedicou ao exame de fisionomias e fichas de comandantes, algumas horas para a cultura institucional do exército britânico. John Kennedy deu voz à perplexidade do Departamento de Guerra: "Conseguimos, graças a esforços tremendos, acumular recursos nos lugares necessários, mas então parece que tudo dá errado, por falta de habilidade no comando militar e de liderança subalterna, e por táticas ruins aliadas à falta de concentração de força nos pontos decisivos."[5]

Clausewitz, com base na experiência obtida nas guerras napoleônicas, formulou princípios ao perceber que todos os exércitos europeus possuíam mais ou menos a mesma qualidade de armas, treinamento e potencial. Nessas condições, o prussiano acreditava que os resultados eram determinados pela massa relativa e pelas respectivas habilidades de comandantes rivais. Se isso era verdade no começo do século XIX, certamente não valia mais na Segunda Guerra Mundial, quando os exércitos dos Aliados e do Eixo apresentavam diferentes níveis de aptidão e empenho. Sistemas superiores de armas utilizados por um lado ou por outro às vezes produziam efeitos decisivos. Clausewitz distinguia três elementos de guerra — política, estratégia e tática. Churchill dirigiu toda a atenção aos dois primeiros, porém negligenciou o terceiro, ou melhor, permitiu que seus comandantes fossem negligentes.

A Grã-Bretanha podia orgulhar-se dessa aversão ao militarismo, mas a incapacidade de desenvolver exércitos eficazes até uma fase avançada da Segunda Guerra Mundial foi uma grave deficiência. Até mesmo competentes oficiais britânicos sofriam para extrair de suas forças um desempenho bom o bastante para vencer os alemães ou os japoneses, que, aos olhos do primeiro-ministro, pareciam se esforçar mais. Inversamente, as tropas do Eixo por vezes tinham mais sucesso, sobretudo na defesa, do que a indiferente aptidão militar de comandantes locais autorizaria Hitler ou Hirohito a esperar. Rommel, que em 1941-1942 se tornou uma obsessão britânica, era um excelente líder e muito versado em tática, porém um descuido logístico contribuiu muito para as dificuldades que enfrentou no Norte da África. Os triunfos sobre os britânicos refletiam a superioridade institucional de sua pequena força alemã, assim como seu inspirado oportunismo. O correspondente de guerra australiano Alan Moorehead, testemunha excepcionalmente perceptiva, escreveu do deserto, em agosto de 1942, uma avaliação que apresentou aos leitores britânicos ainda durante a guerra: "Rommel era um general mais competente do que qualquer um do lado britânico, e por uma única razão: o exército alemão era mais competente do que o exército britânico. Rommel era apenas a expressão desse exército alemão mais preparado."[6]

Isso parece identificar uma dificuldade fundamental dos Aliados. Derrotas do VIII Exército no Norte da África em 1941-1942, quase invariavelmente causadas por tropas alemãs inferiores em combatentes e em contingente blindado, certamente refletiam um comando militar insatisfatório. Contudo, foram também consequência de falhas de método e determinação. O público britânico tinha cada vez mais consciência desses problemas. A secretária Pam Ashford, de Glasgow, escreveu em 24 de junho de 1942: "Todo mundo percebe que há algo de errado com nossas Forças (...) A sra. Muir acha que nossos generais é que não se comparam aos generais alemães, e assim sempre ficam para trás."[7] O jovem técnico de laboratório e ex-soldado Edward Stebbing escreveu: "Há uma crescente sensação de que estamos sofrendo reveses na Líbia e no Extremo Oriente não só pela inferioridade de contingente e equipamento, mas também porque os inimigos são espertos demais para nós, ou então porque nós somos estúpidos demais para nossos inimigos."[8]

Ivan Maisky, o embaixador russo em Londres, certa vez comentou com Hugh Dalton que achava os soldados britânicos invariavelmente rígidos e formais, ao contrário de seus equivalentes nas outras forças. Faltava ao exército, sugeriu ele, a autoconfiança coletiva da Marinha Real e da RAF.[9] Tinha razão. Depois dos desastres no Extremo Oriente, o general Pownall escreveu:

> Nossos [oficiais de carreira] veem [a guerra] como um interlúdio irritante, exaustivo e claramente perigoso aos dias mais felizes, mais confortáveis, mais desejáveis da vida de soldado em tempos de paz (...) Precisamos (...) de um exército mais duro, fundado sobre um país mais duro, um exército que seja visto pelo povo como uma profissão honrada, à qual só os melhores podem ter acesso; um exército que esteja preparado e sinta orgulho de viver uma vida difícil, e não cômoda, em tempos de paz. Cujas tradições não se baseiem só na história de regimentos, mas na história de todo o exército britânico; no qual a competição seja por eficiência, não em jogos ou na execução de gaitas de fole e concertos de bandas (...) O treinamento precisa ser mais severo, com exercícios que não sejam programados de acordo com o horário das refeições. A infantaria não deveria ter permissão para alegar cansaço (...) Precisamos cultivar a mobilidade da mente, assim como a do corpo, ou seja, a imaginação; e cortar a grande e importuna "função de apoio" que retém em vez de ajudar a "função combatente".[10]

O sistema regimental era por vezes uma força inspiradora, mas, como se deduz dos comentários de Pownall, também podia ser uma fonte de provincianismo, um obstáculo à coesão de formações maiores. Soldados profissionais alemães, americanos e russos pensavam em termos de divisão; já os britânicos pensavam em termos de regimento, a amada "família militar". Até o fim da guerra, a influência persistente e indesejável dos métodos de comando centralizados e hierárquicos, juntamente com a ausência de uma doutrina de combate comum a todo o exército, estorvou operações em campanha. As técnicas do VIII Exército para recuperar viaturas avariadas do campo de batalha — habilidade vital para a maximização do poder de combate — estavam bem atrasadas em relação às do Afrika Korps. Unidades blindadas britânicas, imbuídas do espírito da cavalaria, atinham-se infantilmente à ação independente. No deserto, como na Crimeia um século antes, a cavalaria britânica atacou — e foi destruída. E isso apesar de os alemães terem demonstrado quase diariamente, desde 1940, a importância de coordenar tanques, canhões anticarro e infantaria em estreito apoio recíproco.

A unidade britânica, assim como a liderança do exército, deixava muito a desejar. No campo de batalha, elementos locais raramente mostravam iniciativa, sobretudo se tinham o flanco desbordado. Tropas no calor de intensos combates às vezes demonstravam fibra, mas às vezes também entravam em colapso, recuavam ou se rendiam mais rapidamente do que seus comandantes julgavam aceitável. O estilo de vida sibarítico dos muitos quartéis de retaguarda próximos ao Cairo chocava muitos visitantes, especialmente americanos, mas também os ministros britânicos Oliver Lyttelton e Harold Macmillan. Ali, de fato, estava uma nova manifestação do "generalato de castelo", condenado por críticos do exército britânico na Primeira Guerra Mundial, e dessa vez concentrado no hotel Shepheard's e no clube Gezireh.

Indolência e corrupção prosperavam nas oficinas e bases das áreas de retaguarda, onde dezenas de milhares de soldados britânicos, indiferentes ao desenrolar da guerra, tinham permissão para seguir suas preguiçosas rotinas, vendendo provisões, combustível e até veículos para embolsar os lucros. "Gasolina, alimentos, suprimentos das cantinas gerenciadas pelo NAAFI [Instituto da Marinha, do Exército e da Força Aérea, na sigla em inglês], motores de viaturas, ferramentas, pneus, peças de uniforme — todos grandes espólios — surgiam profusamente no Egito para usufruto dos mais ousados", escreveu um indignado coronel responsável por uma rede de depósitos de material bélico, tão chocado com a falta de controle nos altos cargos quanto com a preguiça e a corrupção sistemáticas que percebia nas áreas de retaguarda do Comando do Oriente Médio.[11] Pesava gravemente contra o exército o fato de que essas práticas nunca foram combatidas. Ainda no fim de 1943, Harold Macmillan queixou-se do então comandante em chefe do Oriente Médio, Sir Henry "Jumbo" Maitland-Wilson, porque "os estábulos de Áugias continuam precisando

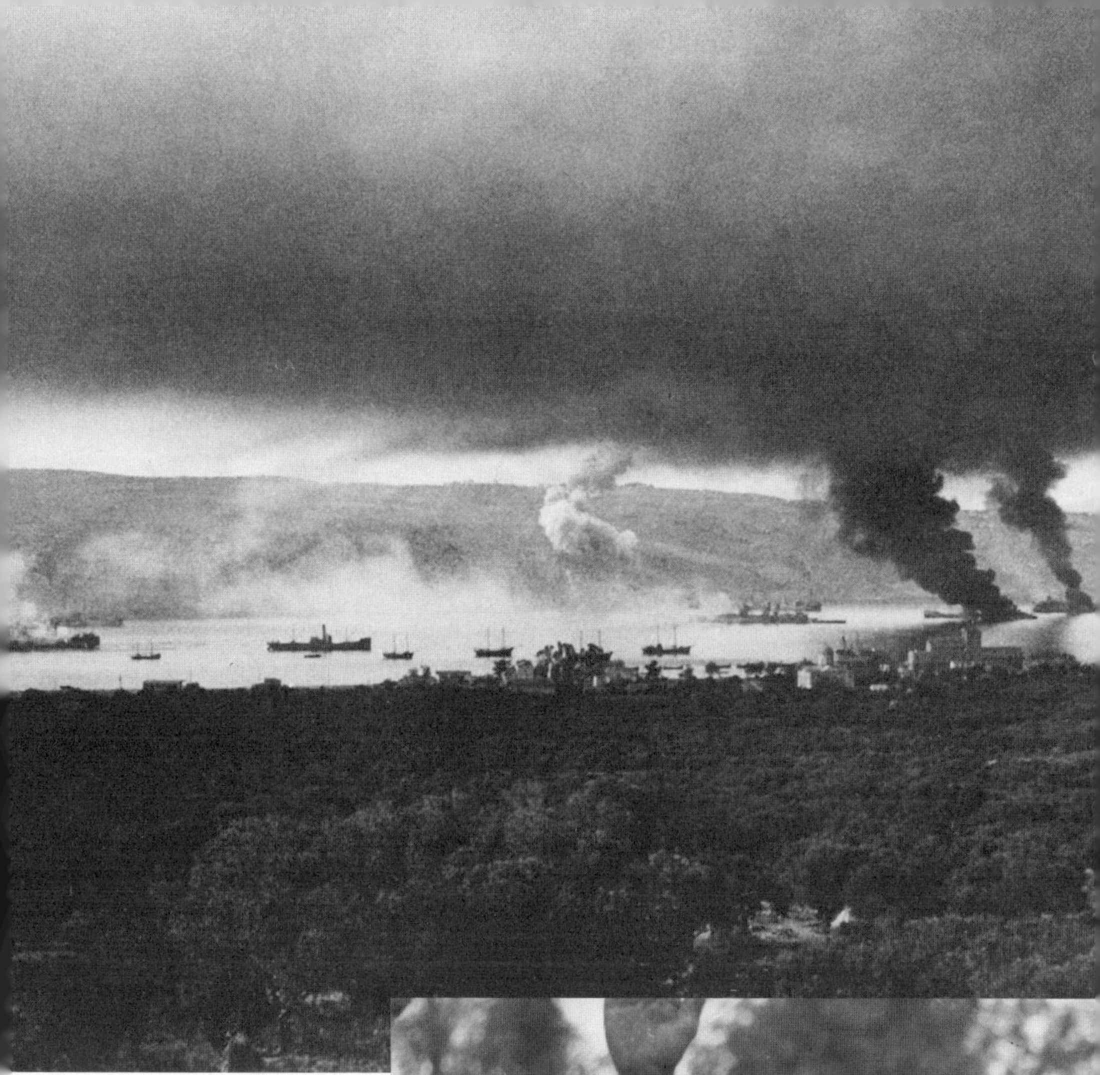

A Alemanha vence tanto no oeste quanto no leste. (Acima) Instalações costeiras em chamas, em Creta, em maio de 1941, e (à dir.) um dos 3 milhões de soldados russos que se renderam à Wehrmacht durante o primeiro ano da operação Barbarossa.

Amizade de Estado. (Acima) Harry Hopkins e seu anfitrião posam no lado de fora de Downing Street no dia 10 de janeiro de 1941, com Brendan Bracken ao fundo; (à esq.) FDR e Churchill em Placentia Bay, em 10 de agosto de 1941, o presidente apoiado no braço do detestável filho Elliot.

Guerra no deserto. (Dir.) Tropas britânicas avançam por um campo minado. (Abaixo) Alguns dos 10 mil prisioneiros italianos que caíram em mãos britânicas durante a operação Compasso, de Wavell.

Cronistas civis da experiência dos tempos de guerra: Vere Hodgson e George King com o uniforme da Guarda Territorial.

Cronistas de Whitehall: Sir John Kennedy; Sir Alexander Cadogan; Harold Nicolson.

Em sentido horário, a partir do alto, à esquerda: lorde Moran; Hugh Dalton; Leo Amery; Cuthbert Headlam; Oliver Harvey; tenente-general Henry Pownall.

Trabalhando em seu trem tendo à mão a "silenciosa" máquina de escrever do secretário para ditados.

Vendo novas aeronaves com (da dir. para a esq.) Lindemann, Portal e Pound.

A despedida de Jock Colville de Downing Street, em setembro de 1941, reuniu, nos degraus do jardim (da esq. para a dir.): Colville, Leslie Rowan, o “mestre”, John Peck, John Martin, Miss Watson, comandante “Tommy” Thompson, Tony Bevir, Charles Barker.

Retorno da *Arcadia*: por um curto tempo Churchill assume o controle do avião britânico que o levou de Washington para casa, em janeiro de 1942.

Um dos muitos ardentes comícios pela Segunda Frente que aconteceram nas cidades inglesas em 1942-1943.

de limpeza".[12] Como a escassez de transporte restringia severamente todas as operações aliadas, o desperdício de material e suprimentos transportados a um custo tão alto para os teatros de operações equivalia a um problema autoimposto. Os Aliados ofereciam a seus soldados confortos e amenidades que os inimigos jamais conheceram. Era um fardo aceitável nos anos de vitória, mas prejudicava imensamente o esforço de guerra nos anos de derrota.

Durante todo o conflito, houve debate na mídia britânica sobre as deficiências de equipamento, as táticas e os comandantes do exército. O governo hesitava sobre até que ponto deveria permitir as críticas. Em dezembro de 1941, Tom Wintringham escreveu um artigo para o *Picture Post* intitulado "O que aconteceu na Líbia?". Criticou a cúpula, os tanques e os canhões do exército. Por causa disso, a circulação do *Picture Post* foi suspensa por um breve período no Oriente Médio e em escritórios do British Council ao redor do mundo. Pouca gente questionava a veracidade do que Wintringham disse. O grande problema era conciliar a expressão de fatos com a necessidade de manter o moral de soldados que arriscavam a vida no campo de batalha, equipados com aquelas mesmas armas inadequadas, e por vezes comandados por oficiais indiferentes.

Em março de 1942, o popular colunista John Gordon desferiu um golpe fulminante contra os chefes militares da Grã-Bretanha no *Sunday Express*, jornal de Beaverbrook. Em sua visão, eram homens que tinham alcançado altas patentes simplesmente porque, após o fim da última guerra, em 1918, permaneceram nas forças armadas em busca de "alojamentos confortáveis" enquanto oficiais melhores ganhavam a vida como civis. "Tudo isso", comentou um general que leu a violenta tirada de Gordon, "tem efeito arrasador sobre o moral do exército. Numa situação difícil, como esperar que soldados lutem, se foram induzidos a acreditar que seus líderes são fracos?".[13]

Brooke, Alexander e outros acreditavam que algumas das dificuldades do exército se deviam ao fato de que seus melhores líderes potenciais, que deveriam ter sido os generais da Segunda Guerra Mundial, acabaram mortos no conflito anterior do Kaiser. O exército alemão cuidava mais da vida de jovens oficiais promissores do que o britânico, pelo menos até as campanhas de 1918, mas, embora tal realidade possa ter uma importância marginal, seria um erro exagerar seu impacto. A questão central é que a cultura militar da Alemanha era mais admirável. A do exército britânico pré-guerra militava contra o recrutamento e a promoção de comandantes inteligentes, criativos e implacáveis, capazes de lidar com vastas forças — ou mesmo de garantir que fossem equipados com armas tão boas quanto as dos inimigos. Um grande contingente de oficiais superiores era constituído por homens que tinham escolhido a carreira militar por falta de talento e energia para triunfar na vida civil. Brooke concordava com boa parte do que John Gordon escreveu. Seus acessos de melancolia eram provocados, com frequência, por reflexões sobre a inaptidão do exército britânico para combater a Wehrmacht: "Vamos perder esta guerra, a não ser que saibamos controlá-la de modo bem diferente e lutemos com mais determinação (...) É tudo desesperadoramente desolador (...) Metade de nossos Comandantes de Corpos e Divisões de Exército é totalmente inadequada para exercer suas funções, mas se eu fosse demiti-los não encontraria coisa melhor! Não têm fibra, imaginação, dinamismo e poder de liderança."[14]

Quando cerca de 1.600 oficiais do exército que ocupavam diferentes postos nas forças metropolitanas foram destituídos em 1942 numa tentativa de injetar sangue novo, os cínicos comentaram que os substitutos pareciam, social e profissionalmente, indistinguíveis dos substituídos. Churchill fez uma investida para alterar o *éthos* social no topo do exército: quando finalmente decidiu afastar Dill da função de chefe do estado-maior imperial, pensou em nomear o general Sir Archibald Nye como sucessor. A virtude de Nye — aos olhos dos políticos, pelo menos — era que, por ser filho de um sargento-mor, não poderia ser denunciado como "*toff*" [rico ou de classe alta]. Churchill, porém, acabou concluindo que faltavam a Nye a experiência e os talentos para ocupar o cargo máximo, e apenas o promoveu a vice de Brooke.

Harold Macmillan viu de perto o exército durante a guerra, e não ficou nem um pouco impressionado com a maioria dos oficiais superiores. Acusou os chefes de estado-maior britânicos e americanos de reunirem acólitos "estúpidos demais para serem empregados em qualquer posição operacional".[15] Observando que um comandante britânico era "um tanto canhestro", Macmillan continuou:

> Esses generais administrativos britânicos, cuja experiência de mundo se restringe a um rancho em Aldershot ou Poona, são um bando curiosamente tacanho. Parecem andar pelo mundo sem prestar atenção em coisa alguma — exceto nos colegas oficiais e em suas esposas (...) e nos vários clubes das Forças Armadas em Londres, no Cairo, em Bombaim etc., porém são honrados, trabalhadores, sóbrios, cuidadosos com a residência e assim por diante. No fim da carreira, só servem para secretários de clube de golfe. A guerra, obviamente, é o seu grande momento. No fundo (se forem honestos consigo mesmos), devem rezar para que se prolongue.[16]

Palavras duras, mas não injustas. Churchill acreditava que a execução do almirante Sir John Byng em 1757, por não ter oferecido socorro a Minorca, teve efeito salutar no subsequente desempenho da Marinha Real. Estava certo. Após o fuzilamento de Byng, das guerras napoleônicas até o século XX, a conduta dos oficiais navais britânicos diante do inimigo refletiu quase invariavelmente o entendimento de que, embora pudessem ser perdoados por perder uma batalha, seriam tratados sem misericórdia se tivessem medo de travá-la.[17] Depois que o general Sir Alan Cunningham foi demitido na Líbia, Churchill mencionou para Dill as virtudes do caso Byng como um precedente. O chefe do estado-maior imperial respondeu, rispidamente, que essa opinião era anacrônica.[18]

Dill podia argumentar, com razão, que tais mostras de paixão leonina valorizadas pelo primeiro-ministro eram inapropriadas para um campo de batalha moderno e frequentemente provocavam desastres. Nem Marlborough nem Wellington venceram seus combates com poses heroicas. Não obstante, o primeiro-ministro estava correto em acreditar que os generais deviam ter medo de cair em desgraça caso fracassassem. A instintiva solidariedade social do exército britânico pelos perdedores era inadequada para uma luta que visava à sobrevivência nacional. Mesmo o implacável Brooke lamentou a dispensa de Ritchie, fiasco incontestável como comandante do VIII Exército na Líbia: "Sou muito afeiçoado a Neil e odeio pensar no desapontamento que isso representará para ele."[19] Oficiais de nível médio que se mostraram notoriamente malsucedidos em batalha continuavam a encontrar emprego: Ritchie mais tarde comandou um corpo de exército no noroeste da Europa — sem conquistas. Teria sido mais apropriado relegar comprovados perdedores ao ostracismo profissional, como os americanos com frequência faziam, mas não era a maneira britânica, nem mesmo a de Brooke.

Uma das principais causas de muitas derrotas no deserto era uma confiança exagerada em manobras e uma atenção insuficiente ao poder de fogo.[20] Até 1944, sucessivos modelos de tanque e canhões anticarro tinham pouca capacidade de penetração em seus disparos. Era impressionante que, mesmo após tantos anos de experiência militar moderna com blindados, os veículos de combate britânicos e americanos continuassem inferiores aos alemães. Em 1917, em sua primeira onda de entusiasmo por tanques, Churchill escreveu para Archie Sinclair, subcomandante de seu antigo batalhão, pedindo-lhe que desistisse da ideia de uma vida com a cavalaria para se tornar um oficial de blindados: "Arme-se, portanto, meu caro, com a vasta coleção da moderna ciência bélica (...) Embarque nas carruagens da guerra e chacine os malfeitores com as armas de precisão."[21] Uma guerra mundial depois, no entanto, Churchill não conseguiu assegurar ao exército britânico blindados capazes de competir com os de seu principal inimigo. De 1941 em diante, quase sempre empregavam mais tanques no deserto do que os alemães, às vezes com uma diferença esmagadora. Contudo, com armas e táticas superiores, o Afrika Korps mesmo assim infligia gravíssimos danos às forças britânicas.

Repetidas vezes, os parlamentares levantaram o assunto na Câmara dos Comuns, mas ficou demonstrado que remediar a situação estava além da criatividade militar e capacidade industrial dos envolvidos. Os tanques americanos eram notavelmente melhores do que os britânicos, mas não se comparavam aos alemães. Até quase o fim da guerra, os dois países adotaram uma política deliberada de compensar com quantidade as reconhecidas deficiências de qualidade dos seus tanques. Essa falha é fundamental para explicar as derrotas aliadas.

O problema de armas inadequadas não estava restrito aos tanques. Em 1941, quando o Departamento de Guerra pôde escolher entre cem canhões anticarro de seis libras e seiscentos canhões de duas libras, optou pelos últimos. Já no inverno daquele ano, Moscou pediu a Londres que não se preocupasse em mandar mais canhões de duas libras para a Rússia, pois o Exército Vermelho os considerava imprestáveis — assim como as unidades de Auchinleck no deserto. Só no fim de 1942, os canhões de seis libras se tornaram disponíveis em números substanciais. O Departamento de Guerra esforçou-se inutilmente para igualar o magnífico canhão anticarro e antiaéreo alemão de 88 milímetros, responsável pela destruição de 40% dos tanques britânicos no Norte da África, contra os 38% que sucumbiram diante dos Panzers de Rommel.

O design e a produção de tanques e veículos militares britânicos não eram padronizados, dispersando-se por uma variedade de fabricantes. Levando em conta que a RAF e a Marinha Real exploraram inovações técnicas com notável êxito, a incapacidade das forças terrestres britânicas de fazerem o mesmo — o que durou até 1944 — deve ser atribuída aos próprios chefes de aquisições do exército. Havia uma escassez crônica de veículos de tração nas quatro rodas. As taxas de manutenção para tornar as viaturas operacionais eram baixas. Oficiais de aquisições pré-guerra, influenciados pela experiência das guerras coloniais, tinham uma antipatia visceral por armas automáticas para pelotão, que desperdiçavam muita munição em seu entendimento. O Departamento de Guerra dos anos 1920 rejeitava as submetralhadoras Thompson, classificando-as como "armas de gângster", mas em 1940 se viu obrigado a importá-las em larga escala dos americanos. Só em 1943-1944 as submetralhadoras britânicas Sten se tornaram amplamente disponíveis. As táticas de infantaria eram desprovidas de imaginação, sobretudo nos movimentos ofensivos. A artilharia, sempre magnífica, foi sua única história de sucesso.

Até o fim de 1942, o VIII Exército no Norte da África recebeu um apoio insuficiente da RAF. Os líderes da força aérea eram institucionalmente hostis a conceder "artilharia voadora" para soldados, e só morosamente desenvolveram técnicas de ligação como as que a Luftwaffe praticava desde 1939. Churchill defendia com vigor o direito da RAF a uma função estratégica independente, afirmando que seria desastroso transformar a força aérea numa "mera criada do exército".[22] No entanto, ficou provado que era um erro dar aos aviadores margem tão generosa na determinação de suas prioridades. O apoio aéreo aproximado a forças terrestres custou a amadurecer.

Um dos erros mais danosos da política de produção de aeronaves era "a tendência a compensar períodos de espera por novos tipos em desenvolvimento com encomendas 'tapa-buraco' de modelos mais velhos", nas palavras de um historiador oficial. "Três aeronaves em especial, Battle, Blenheim e Whitley, continuaram sendo encomendadas por muito tempo depois da data originariamente fixada para a substituição."[23] Havia a crença equivocada de que era melhor equipar a RAF com qualquer aeronave do que com aeronave nenhuma. Todavia, sobretudo os Battles e os Blenheims não acrescentavam nada ao poder de combate britânico, serviam apenas como caixão de defunto para os infelizes aviadores obrigados a tripulá-los em 1940-1941. Os bombardeiros Whitley continuaram em produção até meados de 1943, embora na reta final a RAF tenha deixado de sacrificá-los nos céus da Alemanha. Aviões melhores estavam surgindo. O design de aeronaves foi um êxito real da Grã-Bretanha na segunda metade da guerra. No entanto, em 1942, ainda era pateticamente baixo o número de novos bombardeiros Mosquito e Lancaster, ou de modelos aprimorados do Spitfire e do Hurricane. Praticamente todos os últimos modelos foram desdobrados em aeródromos britânicos, e não em apoio às batalhas do exército no Oriente Médio e no Extremo Oriente.

"Em todas as suas ramificações, a máquina de guerra alemã parecia ter um controle melhor e mais firme do que o nosso exército", escreveu Alan Moorehead. "Um dos mais altos generais britânicos disse aos correspondentes de guerra (...) 'Ainda somos amadores. Os alemães são profissionais.'"[24] Em meados de 1942, isso representava um extraordinário reconhecimento da realidade. O desempenho do exército melhorou na segunda metade daquele ano. Apesar disso, para prevalecer sobre os alemães, as forças britânicas — e americanas — continuavam precisando de uma considerável superioridade de efetivos, tanques e apoio aéreo.

Contudo, ainda restava um grande tópico que ninguém mencionava, nem mesmo os jornais mais críticos ao desempenho militar da Grã-Bretanha: a noção de que, num confronto homem a homem, o soldado britânico talvez fosse um combatente menos resoluto do que o adversário alemão. O "tommy" era visto — às vezes com razão — como a vítima da incompetência de seus superiores, mais do que o portador de qualquer responsabilidade pelo fracasso. Em particular, porém, e entre ministros e oficiais dos altos escalões, o assunto era discutido com frequência. George Marshall lamentava a maneira como Churchill se referia aos oficiais não comissionados do exército, chamando-os de "a massa inerte", frase que refletia a pouca compreensão que o primeiro-ministro tinha do assunto. Houve um momento constrangedor em Downing Street, quando, após uma reunião do gabinete, Randolph Churchill entrou na discussão sobre o exército e berrou: "Pai, o problema é que os seus soldados não lutam."[25] Churchill certa vez observou a respeito do filho: "Amo Randolph, mas não gosto dele."[26] Era surpreendente que, no meio de debates de grandes questões, ele aceitasse a presença do filho e esperasse dos outros a mesma tolerância. Nessa ocasião, entretanto, a intervenção de Randolph pode até ter sido hiperbólica, mas foi certeira. Muitos oficiais britânicos achavam que seus soldados não tinham a força de vontade e o empenho demonstrados diariamente pelos alemães e japoneses. Subjacente à conduta dos comandantes durante a guerra, havia um nervosismo fundamental sobre o que seus soldados fariam, ou não fariam, no campo de batalha.

Churchill entendia que, para as tropas britânicas vencerem as alemãs, era preciso que se tornassem bem mais torpes. Isso representava uma mudança de opinião. Em 1940, ele defendeu a civilidade com os inimigos, repreendendo o ministro da Informação, Duff Cooper, por zombar dos italianos: "É uma conhecida regra da política de guerra elogiar a coragem de nossos oponentes, o que realça nossa vitória quando a conquistamos." Em janeiro de 1942, também declarou a admiração que tinha por Rommel no plenário da Câmara dos Comuns: "um oponente muito audacioso e hábil (...) e, digo até em meio à destruição da guerra, um grande general".[27] Aos poucos, entretanto, o primeiro-ministro chegou à conclusão de que era um erro sugerir que os soldados do Eixo eram adversários honrados. Tais cortesias incentivavam as tropas britânicas a se renderem prontamente. À medida que a guerra amadurecia, Churchill passou a criticar as reportagens da imprensa sobre o comportamento cavalheiresco dos alemães: "Esses hunos bestiais estão assassinando em massa na Europa e cometem as mais aterradoras atrocidades na Rússia, e conviria inteiramente à técnica alemã adquirir a reputação de tratar soldados britânicos e americanos com humanidade em ocasiões excepcionais e muito bem divulgadas."[28]

Na primavera e no verão de 1942, Churchill tinha razões para achar inaceitável o desempenho do exército britânico no Norte da África. Muitos rompantes sobre os fracassos dos soldados, que tanto consternavam Brooke e os colegas, eram justificados. Ainda se discute se havia soluções disponíveis, já que cargos de responsabilidade militar tinham necessariamente de ser preenchidos com as reservas existentes de oficiais regulares. Esses oficiais, na grande maioria, estavam aprisionados à cultura na qual foram criados, cujo principal defeito era exigir esforço, sacrifício e feitos apenas moderados, levando à formação de um número muito pequeno de líderes e unidades comparáveis em habilidade e determinação aos dos inimigos. A fraqueza institucional do exército somente seria remediada quando recursos vastamente superiores dos Aliados se tornassem disponíveis no campo de batalha.

2 O FRONT INTERNO

Certo dia, um secretário do comitê *tory* de 1922, que compunha a base parlamentar do partido, conduziu Leo Amery à sala de fumantes na Câmara dos Comuns. Disse ao secretário para a Índia que havia grande inquietação entre os parlamentares, "pois acham que não há ninguém no Gabinete que defenda o ponto de vista dos conservadores".[29] Em grande medida, isso era verdade. Quase tudo relacionado a políticas nacionais britânicas na época da guerra parecia socialista. A centralização, o planejamento, o racionamento e a regulamentação eram fundamentais para a mobilização dos recursos do país, para a justa distribuição de alimentos, combustíveis e roupa. Todo cidadão britânico criticava a burocracia, a escassez de transporte, as filas, a desalentadora influência dos blecautes, os alimentos e os privilégios ainda disponíveis a quem tivesse dinheiro para pagar. No geral, porém, o país era notavelmente bem administrado. Nessa questão, o primeiro-ministro merece crédito total por ter escolhido os homens certos para a chefia.

Clement Attlee, líder do Partido Trabalhista e vice-primeiro-ministro, não exercia qualquer autoridade sobre a máquina militar, porém tinha ampla influência sobre a política interna. Homem brando, que alguns cometiam o erro de subestimar, Attlee comportava-se com infalível dignidade, discrição e bom senso. Em muitos momentos, teve razão para perder a paciência com Churchill, mas permanecia imperturbável. O primeiro-ministro quase nunca era descortês com os membros trabalhistas do seu governo, no entanto eles raramente eram convidados à mesa ou a fins de semana em Chequers. Para partilhar momentos de privacidade, ele quase invariavelmente escolhia ministros conservadores. Mesmo num governo de coalizão, isso talvez fosse inevitável, e assim Attlee não demonstrou qualquer sinal de ressentimento ou desejo de integrar o círculo de Churchill.

Durante as cada vez mais frequentes viagens do primeiro-ministro para fora do país, seu vice presidia o Gabinete e o Gabinete de Guerra, tomando as decisões que precisavam ser tomadas, mas nunca ultrapassando sua autoridade. Críticos reclamavam que o Gabinete aceitava a função de aprovar sem questionamentos e que Attlee e outros colegas não conseguiam conter os excessos de Churchill. Basta, porém, pensarmos nos danos que seriam causados se o líder trabalhista usasse o cargo para liderar uma oposição ao primeiro-ministro, quebrando a unidade do governo para ostentar sua visão de estadista. Ele achava que Churchill, apesar das imperfeições, era o único homem capaz de liderar a Grã-Bretanha na guerra. Serviu ao primeiro-ministro com lealdade e presidiu diversos comitês importantes.

Ernest Bevin destacava-se entre os colegas socialistas na estima não apenas do público, mas também de Churchill. Hugh Dalton, renegado socialista saído das fileiras de Eton, definiu o ministro do Trabalho como "de longe, o melhor de todos os meus colegas, apesar de seus imensos defeitos de egoísmo, loquacidade e desconfiança provinciana".[30] Bevin, de 62 anos, filho de um trabalhador rural de Somerset, abandonou a escola aos 11. Embora quase sem instrução, exibia a mais alta inteligência e força de personalidade. Até ser cooptado pelo governo em 1940, fora secretário do maior sindicato da Grã-Bretanha, o dos Trabalhadores Gerais e dos Transportes. Tinha tanta antipatia pelos comunistas quanto o primeiro-ministro e gozava do nível mais alto possível de autoridade popular para conter excessos sindicalistas. Merece boa parte do crédito pelo fato de a Grã-Bretanha ter mobilizado sua população, sobretudo as mulheres, com mais eficácia do que qualquer outro país beligerante, exceto, talvez, a Rússia. Era sempre muito direto: Churchill provavelmente não achou ruim quando Bevin, certa vez, disse a Stafford Cripps no Gabinete que "não sabia por que ele não cuidava da própria vida".[31]

Sir John Anderson, como lorde Presidente do Conselho, presidia um equivalente interno do Gabinete de Guerra. Ex-servidor público enfadonho e sem senso de humor, que tinha servido como governador de Bengala, Anderson inspirava pouca afeição, mas muito respeito. Sua memória e compreensão de fatos e números eram tão prodigiosas que um colega certa vez indagou se ele ostentava um elefante no brasão. Embora tivesse assento na Câmara dos Comuns como parlamentar que representava as universidades escocesas, seu biógrafo observou: "Ele jamais compreendeu, de fato, a Câmara. Via naturalmente os homens, em particular os homens que ocupavam cargos públicos (...) como racionais nas palavras e nas ações (...) Quando não lhe parecia ser o caso, isso o incomodava e até ofendia seu senso de decoro. 'Estou chocado com a irresponsabilidade deles', comentou, em dado momento, sobre os parlamentares."[32]

Churchill nunca se afeiçoou a Anderson — ninguém o fazia —, contudo lhe apreciava os talentos: "Não existe melhor cavalo de guerra no governo", disse.[33] Anderson, que atuava como coordenador econômico, responsável por salários e mão de obra, em 1943 se tornou — com menos êxito — ministro da Fazenda. Com seus indefectíveis colarinhos postiços e trajes de Whitehall, tinha o apelido de "Jeová", o que levou Attlee a abrir uma reunião de comitê, certa manhã, com a jocosa saudação: "Aqui estamos nós, testemunhas de Jeová." Churchill designou Anderson como seu sucessor caso ele e Eden fossem mortos em alguma viagem durante a guerra.

Anderson só cometeu um ato pouco característico na vida. Como viúvo solitário de 59 anos, casou-se com uma jovem viúva nada convencional, Ava Wigram, cujo falecido marido, Ralph, transmitira informações secretas de inteligência a Churchill nos anos 1930. Os Anderson compraram um moinho em Sussex, onde um dia ele caiu de uma pequena ponte dentro do rio. O Lorde Presidente nadou em círculos com seu chapéu Pork Pie, o que provocou uma crise de riso em Ava. Anderson perguntou, zangado: "Vai deixar seu marido se afogar?" Ela acabou convencida de que precisava ajudá-lo. No campo, ele uma vez foi visto batendo manteiga com uma das mãos, enquanto fazia o trabalho do ministério com a outra. Esse homem austero e sem imaginação, que se desincumbia das obrigações com a tranquilidade da experiência, administrava inúmeras questões de vital importância, mas que entediavam o primeiro-ministro.

O mais notável colega de Anderson era o ministro dos Alimentos, lorde Woolton, outra figura marcante da Grã-Bretanha nos tempos de guerra. Woolton — Frederick Marquis antes do título de nobreza — chefiara a rede de lojas de departamentos John Lewis. Era não só um administrador inspirado, dirigindo as operações de 40 mil pessoas que cuidavam do sistema nacional de racionamento e distribuição, como também um comunicador nato. À exceção do primeiro-ministro, nenhum outro membro do governo tinha mais facilidade para dar explicações ao país pelos microfones da BBC. A "torta Woolton", preparada com ingredientes baratos, nutritivos e — principalmente — disponíveis, tornou-se uma lembrança duradoura da guerra para milhões de pessoas. Certa vez, Woolton ficou consternado com críticas feitas na Câmara dos Lordes "a um governo em sono profundo". Hugh Dalton observou em tom condescendente, oferecendo o ponto de vista de um político de carreira: "Ele não teve treinamento político que lhe endurecesse a pele e as suscetibilidades."[34]

O próprio Dalton, intelectual socialista, mas um considerável alpinista social que adorava almoçar com anfitriãs como lady Colefax, foi transferido, na reforma ministerial de fevereiro de 1942, do Ministério da Economia de Guerra para a Câmara do Comércio, tendo supostamente se atrapalhado na administração da Agência de Operações Especiais. Dalton lamentou perder o controle da organização de sabotagem, que o entusiasmava, mas depois prestou serviços relevantes ao lidar com a intratável indústria carbonífera. Entre os habituais de Whitehall, foi um dos melhores escritores de diários da guerra, um homem malicioso, egocêntrico e apaixonado por intrigas. Depois de uma apresentação no palanque, escreveu: "Estou em excepcional boa forma e fiz um discurso ótimo, repleto de piadas improvisadas."[35] A admiração por Churchill não era recíproca. Nunca esteve na lista de convidados para

Chequers, e, como a maior parte dos colegas, raramente via o primeiro-ministro em caráter privado.

Herbert Morrison foi um secretário do Interior controverso, não muito estimado pelos colegas, menos ainda por Bevin, com quem se envolveu em contendas. Morrison, objetor de consciência à Primeira Guerra Mundial, construíra a reputação no governo municipal de Londres. Em Whitehall, dizia-se que sua arrogância era maior do que suas habilidades. Por contraste, lorde Leathers, ministro dos Transportes de Guerra e magnata de transportes marítimos em tempos de paz, era tido em alto conceito por todos, exceto por Alan Brooke. Um grupo de servidores civis e acadêmicos notavelmente talentosos apoiava a equipe do Gabinete, com destaque para o economista Maynard Keynes. Beaverbrook queixava-se de que o governo era dirigido por "três professores — Cherwell, Keynes e [o economista Lionel] Robbins".[36]

Churchill foi muito criticado por demonstrar interesse insuficiente por assuntos internos. Ainda assim, merece crédito por assegurar que as pessoas a quem confiava esses assuntos eram, quase sem exceção, homens de extraordinários talentos. O povo britânico exasperava-se com restrições mesquinhas. Algumas fábricas eram prejudicadas por mau gerenciamento, métodos ultrapassados de produção, falta de controle de qualidade e uma força de trabalho recalcitrante — defeitos que estorvaram o progresso econômico nos últimos cinquenta anos. Muitas indústrias, contudo, alcançaram resultados expressivos e colheram os frutos da surpreendente soma de inovações científicas da Grã-Bretanha durante a guerra. O feito geral foi admirável.

A união em tempos de guerra foi uma realidade significativa. A maioria do povo britânico permaneceu firme. No entanto, a tensão entre as classes atingia camadas profundas. Grupos importantes, principalmente operários de fábrica, demonstravam insatisfação com o sistema. Seções da força de trabalho industrial não viam contradição alguma em apoiar Churchill e a cruzada contra o nazismo e, ao mesmo tempo, dar prosseguimento à luta de classes que se intensificara no começo do século. As greves foram oficialmente banidas por tempo indeterminado pela Ordem do Trabalho Essencial em março de 1941, mas a legislação não conseguiu impedir paralisações súbitas, sobretudo nas minas de carvão, nos estaleiros e nas fábricas de aeronaves, geralmente em apoio a demandas absurdas ou gananciosas. No pior momento da Depressão, em 1932, apenas 48 mil dias de trabalho foram perdidos em greves nas indústrias de metal, engenharia e construção naval. Em 1939, por sua vez, foram perdidos 332 mil dias; em 1940, 163 mil; em 1941, 556 mil; em 1942, 526 mil; em 1943, 635 mil; em 1944, 1,48 milhão; e em 1945, 528 mil. Ainda assim, os números são melhores do que os vistos em 1917, quando as paralisações nas mesmas indústrias custaram 3 milhões de dias de produção. Não obstante, isso sugere uma dedicação pouco profunda ao esforço de guerra em algumas fábricas, atitude apresentada também por trabalhadores das docas, que, para desgosto das tripulações dos navios, realizavam roubos sistemáticos, inclusive, de vez em quando, rações para botes salva-vidas.

Poucos operários negaram solidariedade durante o período de Dunquerque, mas, à medida que as notícias sobre a guerra iam melhorando, eles atribuíam menos urgência à luta pela sobrevivência nacional. "Ouço que a produção está muito longe do necessário", escreveu o parlamentar *tory* Cuthbert Headlam em dezembro de 1940, "que as pessoas trabalhando em fábricas de aeronaves e outras fábricas do governo começam a desacelerar; que os estivadores nos portos estão criando problemas (...) comunistas ativos — só espero que esses boatos sejam exagerados, mas mesmo assim são alarmantes".[37] Em setembro de 1941, quando Churchill visitou a fábrica da Armstrong-Siddeley em Coventry, onde bombardeiros Whitley eram produzidos, alertaram-lhe que o local era um "viveiro do comunismo". Jock Colville escreveu: "Fiquei indignado ao saber que seu ritmo de produção não cresceu até a Rússia entrar na guerra."[38] Nove mil homens da Vickers-Armstrong em Barrow entraram em greve extraoficial após uma discussão sobre pagamentos por peça. Quando perderam a ação no tribunal, o comitê de greve fez uma grande reunião num campo de futebol e apresentou uma moção com a sugestão de que os homens voltassem ao trabalho "sob protesto". A proposta foi derrotada por maioria esmagadora, e a briga se arrastou durante semanas.

Das oito greves sérias que foram deflagradas entre fevereiro e março de 1943 na indústria aeronáutica, seis tinham relação com salário, uma foi provocada por objeções a uma verificação de eficiência no uso de máquinas e outra pela recusa a permitir que dois montadores fossem transferidos para diferentes setores da mesma fábrica.[39] Houve 28 paralisações menores causadas por disputas quanto a instalações da cantina, à suposta injúria a um delegado sindical, ao emprego de mulheres para cravar rebites e à recusa da administração a permitir coletas para o Exército Vermelho no horário de trabalho. Um relatório sobre a companhia De Havilland em Castle Bromwich assinalou "acentuada ausência de disciplina (...) negligência (...) dificuldade para controlar os delegados sindicais".[40] Ernest Bevin informou que a indústria aeronáutica "não tinha conseguido melhorar a produtividade de maneira proporcional à oferta de mão de obra".[41] Um total de 1,8 milhão de dias de trabalho foi perdido durante 1.785 disputas em 1943, número que subiu para 3,7 milhões durante 2.194 disputas em 1944.

"As greves continuam causando muitas discussões", dizia um relatório da Inteligência Interna. "O sentimento predominante é de que a ação grevista em tempos de guerra não se justifica (...) A fadiga e o cansaço da guerra, combinados à crença de que passamos pelo pior e que a vitória agora é certa, explicam, para muitos, a situação."[42] Marinheiros americanos que chegavam à Grã-Bretanha ficavam chocados com a atitude dos estivadores. Walter Byrd, primeiro oficial do navio mercante americano *J. Marshall*, "fez críticas muito duras à atitude de estivadores e outros trabalhadores das docas no porto de Glasgow. Acusou-os de total indiferença às exigências de qualquer situação, por mais urgente que fosse". Byrd reclamou com funcionários da segurança do porto que muitos caminhões e tanques eram danificados pelo manuseio descuidado na descarga.[43] Decidiu-se mandar alguns estivadores para trabalhar em navios britânicos nos estaleiros dos Estados Unidos. Numa época em que espaço para passageiros era um luxo, os chefes militares ficavam furiosos quando esses homens se recusavam a navegar sem as mulheres — e as demandas eram atendidas: "Não vejo por que o país não deva ser mobilizado e por que a igualdade de sacrifício não deva ser exigida", comentou, indignado, um alto oficial do exército.[44]

De todas as disputas industriais durante a guerra, 60% diziam respeito a salários, 19% à designação de trabalho para os sindicatos, 11,2% a acordos de trabalho.[45] Administrações responsabilizaram o forte grupo comunista em Clydeside por muitas dificuldades locais. Alguns sindicalistas adotaram o descarado ponto de vista de que não havia melhor momento para garantir aumentos salariais do que numa emergência nacional, quando a necessidade de produção contínua era tão premente. Quem servia ao país de uniforme recebia uma recompensa pífia — o soldado médio ganhava menos de 1 libra por semana — mas os operários da indústria lucraram com a guerra. O Índice de Custo de Vida subiu de 88 em 1939 para 112,5 em 1945, enquanto o salário médio aumentou de 106 para 164. Os homens mais bem pagos, que lidavam com lâminas de metal nas montadoras de fuselagem, recebiam de 20 a 25 libras por semana, embora o salário de 12 libras estivesse mais perto da média para uma semana de sessenta horas. Em julho de 1944, o salário médio dos civis mal passava de 6 libras.[46]

Na indústria carbonífera, os aumentos salariais foram muito mais bruscos, de um índice de 109 para 222. Isso, porém, não impediu o inexorável declínio na produção — 12% entre 1938 e 1944 —, o que alarmava o governo e confundia o público. As minas empregavam 766 mil operários em 1939 e 709 mil em 1945. A perda de operários qualificados das minas para as forças armadas servia como desculpa inadequada para a queda de produção *per capita*, uma vez que a indústria carbonífera alemã obtinha aumentos surpreendentes com idêntica desvantagem.

O absenteísmo se alastrou pela força de trabalho das minas britânicas, subindo de 6,4% em 1943 para 8,3% em 1940; 12,1% em 1943; 16,3% em

1945. Acreditava-se que quase metade dos ausentes depunha as ferramentas por escolha. Além disso, em 1943, as greves de mineiros foram responsáveis por metade dos dias de trabalho perdidos em disputas industriais e por dois terços em 1944. Quase tudo estava errado na indústria carbonífera: má gestão, altos índices de acidentes e doenças, problemas no transporte ferroviário e teimosa resistência dos mineiros à mecanização. No começo de 1941, segundo a história oficial da indústria carbonífera britânica durante a guerra, "passou a ser necessário que a indústria compreendesse a urgência da produção".[47] A Ordem do Trabalho Essencial (Mineração do Carvão) entrou em vigor garantindo os salários, mas proibindo o absenteísmo. Em julho de 1942, o governo, em desespero, assumiu o controle operacional da indústria. Mesmo assim, a produção definhava e as paralisações persistiam.

Um relatório do Ministério de Combustíveis e Energia afirmou, em 1942: "A comunidade dos mineradores, mais do que qualquer outro grupo industrial (...) tende a ver os acontecimentos atuais à luz da história de sua comunidade e de sua experiência (...) Subjacente aos sentimentos contra os proprietários e à desconfiança dos líderes mineradores, há uma atitude mais generalizada de descrença nas declarações das autoridades."[48] Ali estava o problema central: a alienação dos mineiros, especialmente no sul do País de Gales, aos objetivos do governo e até mesmo aos objetivos de guerra da Grã-Bretanha. Os historiadores oficiais escreveriam, posteriormente: "É quase impossível exagerar o efeito dos anos de Depressão no moral da comunidade mineradora (...) muitos mineradores (...) sentiam uma satisfação sardônica de poderem, pelo menos uma vez, dar as cartas. Tal atitude não foi antissocial. Foi apenas não social (...) É preciso pensarmos até que ponto esses homens amargos, de mente estreita, poderiam responder aos incentivos arrancados das autoridades pela urgência da guerra."[49]

Em 1944, 3 milhões de toneladas de produção de carvão se perderam por greves. Uma equipe de especialistas americanos que estudaram a indústria de mineração britânica informou ao governo: "O âmago da questão (...) é o sentimento hostil, o antagonismo que permeia a indústria e que se manifesta em queda do moral, em não cooperação e em indiferença. Em quase todos os distritos que visitamos, líderes dos mineradores e donos de minas se queixaram de homens que saíam das minas antes da hora e não limpavam o rosto e de absenteísmo deliberado."[50] O Gabinete decidiu não publicar o relatório.

As divisões de classe causavam notáveis variações na saúde das comunidades. O sudeste tinha progredido economicamente nos últimos anos antes da guerra, mas outras regiões continuavam arruinadas pela Depressão. Em 1942, enquanto morriam quatro bebês de cada mil nascidos no sudeste da Inglaterra, morriam seis no sul do País de Gales, no noroeste e no nordeste.

O sarampo produzia quatro vezes mais baixas entre crianças dessas últimas áreas do que na primeira e as taxas de tuberculose eram muito mais altas. Em 1943, um estudo do Ministério da Saúde mostrou que 10% de uma amostragem de seiscentas crianças eram desnutridas: "muitas pessoas viveram os últimos anos na pobreza e no desemprego, bem como desistiram de lutar para manter um padrão decente na limpeza da casa e na preparação de alimentos".[51] A condição de muitas crianças evacuadas de cidades atingidas durante a blitz chocava quem quer que as recebesse. Das 31 mil registradas em Newcastle, por exemplo, 4 mil não tinham calçados adequados, 6.500 não possuíam roupas. As autoridades do País de Gales informaram que, entre os evacuados de Liverpool, havia "crianças maltrapilhas" numa situação pessoal "impossível de descrever".[52] Muitas famílias que geravam essa prole viam a guerra em termos nada idealistas.

Na outra ponta do espectro social, um parlamentar conservador, Thomas Dugdale, observou que muitos de seus colegas, conscientes dos impostos punitivos que as classes proprietárias pagavam, bem como da minguante riqueza de seu grupo econômico, indignavam-se com "os salários absurdamente altos pagos para os operários da guerra (...) com os numerosos relatos de negligência, absenteísmo etc. nas fábricas". Cuthbert Headlam disse, com amargura, que a esquerda estava fomentando a guerra de classes: "Pelo que falam homens como J. B. Priestley, tem-se a impressão de que nada estava sendo feito pela grande massa da população e que este país só está sendo preservado para usufruto de uma ociosa multidão de parasitas, que nunca levantaram um dedo pelo bem público."[53] Em 24 de fevereiro de 1942, o tenente-coronel Rayner, parlamentar *tory* que representava Totnes, reclamou na Câmara dos Comuns que a resposta do povo britânico a dois inimigos fanáticos era inadequada: "Não estamos demonstrando implacabilidade de propósito. Centenas de milhares de pessoas não estão trabalhando como deviam. A negligência é generalizada, o sacrifício em muitos lugares é mais notável por sua ausência e interesses escusos de pessoas e grupos, de um tipo ou de outro, ainda funcionam como freio para nossas atividades bélicas." Parlamentares trabalhistas, por sua vez, ressentiam-se dessas desfeitas contra os operários, e achavam que grande parte da culpa era dos patrões e administradores.[54] Aneurin Bevan e outros quinze parlamentares votaram contra o Regulamento 1AA, submetido pelo ministro do Trabalho, Ernest Bevin, que impunha punições a quem incentivasse greves extraoficiais.

O próprio Churchill sempre relutou em participar de ataques à força de trabalho industrial. "Somos informados de como os trabalhadores se comportam mal", disse ele, num debate sobre a produção de guerra em 29 de julho de 1941,

> e então muita gente, que jamais teve um dia de trabalho duro, começa a atacá-los (...) Fala-se de operários que recebem seis, sete ou oito libras por semana e não dão um retorno adequado ao Estado (...) Vi o comentário do meu ilustre Amigo e Membro [do Parlamento] por Kidderminster [Sir John Wardlaw-Milne], segundo o qual "nosso povo só trabalha 75% de sua possível eficiência". Setenta e cinco por cento de quê? (...) Tomo como ponto de referência os três meses seguintes a Dunquerque. Então, deve-se admitir, nosso povo trabalhou até o limite de sua força moral, mental e física. Homens caíam exaustos em seus tornos mecânicos, operários e operárias ficavam uma semana sem tirar a roupa. Refeições, descanso e relaxamento nem passavam pela cabeça deles (...) Sem dúvida há (...) razões que explicam por que não conseguimos recapturar e manter indefinidamente os intensos esforços pessoais de um ano atrás (...) Se vamos ganhar esta guerra (...) será sobretudo pelo poder de resiliência. Para atingir esse objetivo, é preciso dar um mínimo razoável de folga para as massas operárias.

Churchill sugeriu que as condições dos trabalhadores manuais tinham piorado devido à dieta durante a guerra: "Exceto por nossas Forças Combatentes, em larga medida fomos empurrados da condição de carnívoros para a de herbívoros. Isso pode ser bom para os cientistas dietéticos que gostariam que vivêssemos de castanhas, mas certamente produziu, e está produzindo, um efeito definitivo sobre a produção energética do operário. Queremos mais carne nas minas e fundições e queremos mais queijo."[55] Ele comentou os ataques da esquerda contra Ernest Bevin, ministro do Trabalho: "Ele comete erros, como eu cometo, embora não tantos nem tão sérios — não tem as mesmas oportunidades (...) E, se os senhores me disserem que os resultados que ele alcança não se comparam com os de sistemas de governo e sociedades totalitários, eu respondo dizendo: 'É o que veremos quando chegarmos ao final da história.'"

Churchill tinha uma fé muito maior no povo britânico do que a maioria de seus ministros, o que ajuda a explicar sua amargura quando esse mesmo povo o expulsou do cargo em 1945. A maioria dos políticos conservadores temia a classe operária, conscientes do profundo descontentamento popular com a velha ordem. Muitos eleitores jamais perdoariam aquilo que consideravam traições da política externa no período de Depressão e pré-guerra, que permitiram a ascensão de Hitler. *Tories* atentos sabiam disso. Halifax certa vez escreveu para Duff Cooper: "Nós [ministros de Chamberlain no começo de 1940] percebíamos o contraste entre a disposição do País (...) para gastar nove milhões de libras por dia a fim de proteger certo estilo de vida e a relutância das autoridades administrativas em tempos de paz para investir, digamos, dez milhões de libras na reconstrução de Durham, a não ser que pudessem ver o projeto rendendo uma razoável percentagem."[56]

Muitos britânicos "com recursos" receavam os "sem recursos", especialmente quando o entusiasmo popular pela Rússia estava no auge. O medo dos "vermelhos" e das consequências malignas do prestígio conferido pela guerra impregnava toda a classe política. Os mais francos diziam que os comunistas russos pareciam conduzir o esforço de guerra de modo mais admirável do que os capitalistas britânicos. O desconforto com essa situação nunca esteve longe do pensamento de Churchill e de seus associados em 1942 e 1943. Um profundo e persistente descontentamento com o que lhes parecia a inércia dos Aliados Ocidentais, em contraste com as conquistas soviéticas, predominava em muitas das casas mais humildes da Grã-Bretanha.

11

"Segunda Frente, já!"

Em 3 de abril de 1942, Roosevelt enviou Harry Hopkins e o chefe do exército para Londres com uma carta sua para o primeiro-ministro. "Caro Winston", começava a carta, "o que Harry e Geo Marshall irão lhe informar reflete o que me vai pelo coração e pela cabeça. Seu povo e o meu exigem o estabelecimento de uma frente para aliviar a pressão sobre os russos, e esses povos são sábios o bastante para ver que, hoje, os russos matam mais alemães e destroem mais equipamentos do que nós dois juntos. Mesmo que o êxito total não seja alcançado, o grande objetivo o será. Sigamos em frente!"

A missão de Hopkins e Marshall era convencer os britânicos a realizar um desembarque antecipado na França. Foi o primeiro encontro do chefe do exército americano com Alan Brooke, e os dois homens mostraram-se muito cautelosos. Tinham em comum a teimosia, e praticamente nada mais. O ulsteriano ficou perplexo quando Marshall lhe disse que, às vezes, ficava seis semanas sem ver Roosevelt: "Tenho sorte se ficar seis horas sem ver Winston."[1] Os Estados Unidos ofereceram aos britânicos dois planos possíveis. O primeiro previa uma invasão em 1943 por trinta divisões americanas e dezoito britânicas, com o objetivo estratégico de salvaguardar Antuérpia. Marshall, muito atento à urgência dos apuros russos, preferia a segunda e menos ambiciosa alternativa: uma operação a ser lançada em setembro de 1942 por forças majoritariamente britânicas, apoiadas por duas divisões e meia dos Estados Unidos — "uma contribuição não muito grande", como Brooke observou acidamente.[2] O general americano reconheceu que talvez fosse impossível manter uma cabeça de praia no continente em face do rápido progresso alemão. Ainda assim, admitia que os benefícios de tirar forças inimigas do front oriental em um momento tão crítico faziam valer a pena até mesmo uma breve incursão na França.

Era extremamente irritante para os britânicos que, depois de sofrerem bombardeios e assédio alemão por 31 meses, 27 dos quais os americanos passaram no mais absoluto conforto, assistindo de camarote, os Estados Unidos lhes exigissem o sacrifício de outro exército para satisfazer sua irrequieta impaciência pelo combate. Brooke escreveu sobre Marshall: "Em diversos aspectos, é um homem muito perigoso, embora tenha muito charme!"[3] O chefe do estado-maior imperial disse ao seu estado-maior que, para qualquer operação anglo-americana na França ser digna de crédito em 1942, seu objetivo maior precisava ser a captura e o controle da península de Cherburgo em seus 32 quilômetros de extensão.[4] Comparada à guerra no leste, disse Brooke, onde os russos combatiam ao longo de um front de 1.600 quilômetros, uma iniciativa tão débil transformaria os Aliados Ocidentais em motivo de piada no mundo inteiro. John Kennedy analisou as demandas soviéticas por uma invasão à França: "O extraordinário é que os russos não parecem ter ideia do nosso verdadeiro poderio. Ou, se têm, estão tão obcecados com o ponto de vista deles próprios que não se importam com o que possa nos acontecer."[5] Era estranho um general britânico esperar outra coisa de Moscou. Muito mais assustador, porém, era ver os americanos se entregarem à mesma fantasia estratégica, defendendo a ideia de uma incursão sacrificatória, até mesmo suicida, na França, de um tipo que os samurais japoneses provavelmente aplaudiriam.

Apesar disso, Churchill respondeu com entusiasmo à carta do presidente — que chamou de "seu magistral documento". "Estou inteiramente de acordo, em princípio, com tudo que você propõe, assim como estão de acordo os chefes de estado-maior. Se, como nossos especialistas acreditam, pudermos executar esse plano com êxito, será um dos grandes acontecimentos da história das guerras."[6] Assim, o primeiro-ministro deu o tom para todas as negociações com os americanos sobre a Segunda Frente, como o conceito de invasão era popularmente conhecido — a "Primeira Frente" estava, é claro, na Rússia. Embora Churchill não tivesse a menor intenção de liderar um ataque antecipado na Europa, reagiu animadamente à proposta ao ouvi-la dos visitantes. Reconhecia a necessidade de as forças terrestres aliadas travarem combate com o inimigo no continente, pois sabia como esse objetivo era caro aos corações americanos, sobretudo ao de George Marshall. Attlee e Eden fizeram coro ao primeiro-ministro declararam aprovação total ao plano de Washington. Então, Churchill e seus comandantes trabalharam para assegurar que nada fosse feito para colocá-lo em prática.

Confiavam na dificuldade que os americanos teriam para vender a ideia. Numa série de reuniões iniciada em Chequers, Marshall apresentou seus argumentos. Em 14 de abril, disse a Churchill e aos chefes de estado-maior britânicos que "dentro de três ou quatro meses, muito provavelmente as circunstâncias nos forçarão a agir no continente". Mountbatten, que na época pertencia ao comitê dos chefes de estado-maior como diretor de operações combinadas, chamou a atenção para a terrível escassez de barcaças de desembarque. O primeiro-ministro advertiu que seria muito difícil interromper as operações em todos os demais teatros onde as tropas aliadas combatiam. Marshall, nem um pouco impressionado com o que lhe parecia um extravagante emprego de unidades britânicas no Oriente Médio, comentou que "grande firmeza" seria necessária para evitar "mais dispersões".

Os visitantes americanos foram generosamente cobertos de cortesias. Voltaram para Washington cientes de que Churchill e seus comandantes tinham dúvidas sobre um desembarque em 1942, mas supondo, erroneamente, que seria possível persuadi-los. Só muito lentamente Marshall e seus colegas perceberam que as manifestações britânicas de entusiasmo não correspondiam a nenhuma intenção de empenho antecipado. O chefe do exército americano era um homem grande demais para sucumbir à anglofobia, como fizeram alguns de seus colegas. Contudo, a partir de então, esse oficial rígido e destituído de humor, que ocultava considerável paixão sob uma fachada de frieza, passou a nutrir uma desconfiança pelos subterfúgios britânicos, verbais ou estratégicos, que persistiria pelo restante da guerra. Achava que o país de Churchill estava traumatizado por suas derrotas, morbidamente consciente de sua pobreza e obcecado pelo medo de sofrer pesadas baixas. Os britânicos se recusavam a aceitar o que, para os americanos, parecia uma realidade fundamental: a de que valia a pena pagar qualquer preço para manter os russos na luta.

Durante toda a guerra, os líderes militares dos Estados Unidos ostentaram uma confiança estratégica muito maior do que seus equivalentes britânicos. O fato de os americanos nunca precisarem enfrentar a possibilidade de invasão a seu território, menos ainda a realidade de bombardeio em suas cidades, bastava para remover boa parte da tensão e apreensão que gradualmente dominou o processo decisório da Grã-Bretanha. Forças americanas sofreram reveses no exterior, mas nunca a tempestade de bombas no país ou as derrotas abjetas no ultramar que caracterizaram a experiência britânica por três anos. Na questão da Segunda Frente, o julgamento de Marshall estava, com quase absoluta certeza, gravemente equivocado. A visão estratégica adotada em 1942 por Churchill e Brooke era a correta. No entanto, a persistente dissimulação dos britânicos prejudicou suas relações com o chefe do exército e seus colegas. Num telegrama de 17 de abril para Roosevelt, Churchill reconheceu o entusiasmo americano por um desembarque antecipado na França e afirmou que "estamos avançando nossos planos e preparativos com base nisso".[7] Ainda em 20 de junho, ele escrevia, embora com uma forte camada de ressalvas: "Arranjos estão em curso para um desembarque de seis ou oito Divisões na costa do Norte da França no começo de setembro."[8] Os britânicos mentiam por medo de que a franqueza levasse os americanos a concentrarem o esforço nacional no oeste, rumo ao Pacífico. Marshall, de fato, ameaçou seguir essa linha de ação.

O que complicava mais ainda o debate era o fato de que a opinião de Marshall coincidia com a dos povos britânico e americano. Muitos cidadãos comuns reagiam às provações russas com um apreço e uma solidariedade ausentes na atitude de ministros e chefes militares britânicos. Em 14 de fevereiro de 1942, o *New Statesman* publicou as declarações de um oficial que fora candidato trabalhista ao Parlamento antes da guerra: "Em toda parte há uma sensação de que alguns grupos — talvez dos Grandes Negócios, talvez de políticos — estão impedindo nosso desenvolvimento natural. Talvez mais algumas vitórias russas e derrotas no Extremo Oriente obriguem Westminster a entender que o sentimento mais profundo na Inglaterra hoje é o de inveja — inveja dos russos, que têm liberdade para lutar com todas as forças." Inveja era, sem dúvida, a palavra errada para descrever o sentimento geral, mas a sensação de culpa era abundante no povo britânico, para quem o país estava fazendo constrangedoramente pouco para derrotar o Eixo.

No domingo, 29 de março, 40 mil pessoas se reuniram em Trafalgar Square para uma manifestação de apoio a uma Segunda Frente. Entre outros oradores, o colunista do *Sunday Express* John Gordon abordou o tema "Ataque na Europa, já!" Em abril, o governo perdeu duas eleições suplementares para o Parlamento, uma delas em Rugby, para o candidato independente de uma chapa favorável à "Segunda Frente, já". Em 1º de maio, o semanário esquerdista *Tribune* publicou um artigo não assinado de Frank Owen, que então fazia treinamento de blindados como soldado, sob o título "Por que Churchill?". O autor levantava a seguinte questão: "Será que temos tempo para a estratégia de Churchill?", referindo-se à demora em criar uma Segunda Frente. Brooke escreveu em seu diário, expressando opiniões que persistiriam pelos dois anos seguintes: "Será difícil competir com esse grito universal por uma Segunda Frente, mas, ao mesmo tempo, o que podemos fazer com cerca de dez divisões contra as massas alemãs? Infelizmente o país não percebe a situação em que estamos."[9] Os alemães, operando com boas comunicações terrestres e uma poderosa força aérea, poderiam esmagar uma invasão em pequena escala sem maiores desfalques ao vasto exército do Eixo, com mais de duzentas divisões, combatendo no front oriental.

Se Churchill esperava sofrer ataques de críticos que desconheciam a fraqueza militar britânica, não foi fácil ser hostilizado por um homem que deveria ter mais bom senso. Beaverbrook saíra do governo supostamente por motivo de exaustão. Entretanto, para o astuto servidor civil Archie Rowlands, o magnata da imprensa achava que o governo de Churchill estava desabando e quis distanciar-se de seu destino. Desde sua visita a Moscou, o arquicapitalista Beaverbrook ficara obsessivamente dedicado à causa de Stalin e da ajuda britânica à Rússia. Seus jornais faziam estridente campanha pela Segunda Frente, intensificando a pressão sobre Churchill.

Em visita a Nova York como representante semioficial do governo britânico, Beaverbrook falou, em 23 de abril, para uma plateia de editores de jornais e revistas americanos: "O comunismo, com Stalin, conquistou o aplauso e a admiração de todos os países ocidentais." Afirmou que não havia perseguição religiosa na União Soviética e que "as portas das igrejas estão abertas". Insistiu: "Ataquemos para ajudar a Rússia! Ataquemos com violência! Ataquemos sem pensar nas consequências!" Essa retórica ia muito além das cortesias necessárias para aplacar Stalin e incentivar seu povo, e mostrava a irresponsabilidade de Beaverbrook. Ainda assim, quando Churchill telefonou de Londres no dia seguinte, em vez de repreender Beaverbrook com a contundência apropriada, tentou apaziguar o errático magnata da imprensa, oferecendo-lhe a supervisão de todas as missões britânicas em Washington. Felizmente a proposta foi rejeitada, mas ela refletia a percepção de Churchill sobre o cerco político a que fora submetido.

Beaverbrook gabava-se para Halifax da imensa correspondência de fãs que supostamente estava recebendo. Sua egomania alimentava ambições extravagantes. O embaixador registrou em seu diário que Beaverbrook lhe disse o seguinte: "Eu talvez seja o melhor homem para dirigir a guerra. É preciso alguém implacável, inescrupuloso e severo, e acho que eu poderia desempenhar essa função."[10] Num momento em que havia um clamor generalizado para o Ministério da Defesa e a chefia do governo se separarem, é possível que Beaverbrook aspirasse ao primeiro cargo. Apesar disso, demonstrava notável ingenuidade quanto às realidades estratégicas, levando em conta que dispunha de muitas informações secretas sobre a vulnerabilidade britânica. Quando lhe chamaram a atenção para as dificuldades de prover cobertura aérea num desembarque antecipado na França, Beaverbrook afirmou que os Beaufighters resolveriam o problema. Sugerir que esses aviões bimotores poderiam disputar a supremacia aérea com Bf109s alemães era passar um atestado de inaptidão para as decisões estratégicas. Beaverbrook ameaçou, absurdamente, usar seus jornais numa campanha para que as reivindicações de Stalin na Europa Oriental e nos países bálticos fossem reconhecidas. Mesmo assim, Churchill jamais perdeu a fé no amigo nem o expulsou de seu círculo, contrariando as insistentes recomendações de Clementine. A lealdade do primeiro-ministro a "the Beaver" era não apenas injustificada, como se mostrou também pouco compensadora.

Molotov, o ministro do Exterior de Stalin, chegou à Grã-Bretanha em 21 de maio de 1942 para negociações formais. Depois do encontro inicial com o primeiro-ministro, informou a Moscou: "A respeito da Segunda Frente, Churchill falou na sessão matinal que os governos britânico e americano estão, em princípio, empenhados em montar essa operação na Europa, usando todos os recursos disponíveis na primeira data possível e fazendo enérgicos preparativos nesse sentido."[11] Depois de outras reuniões, porém, nas quais os britânicos destacaram as dificuldades práticas de empreender uma invasão no continente, ele disse a Moscou que seria precipitado contar com uma ação tão cedo. Molotov era um grisalho burocrata tão servilmente leal a Stalin que, durante os expurgos dos anos 1930, assinou uma ordem de prisão contra a própria mulher. Com esses expedientes, ele, quase sozinho entre os velhos bolcheviques de destaque, conseguiu escapar dos carrascos e se manter no cargo. A obediência de Churchill aos imperativos políticos sem dúvida foi testada ao máximo quando recebeu esse homem em Downing Street e em Chequers, lugar de que o russo se lembrava, sobretudo e desdenhosamente, pela falta de chuveiros.

Se fossem necessárias mais provas das estripulias de Beaverbrook, Molotov relatou em 27 de maio, após dois encontros com o magnata da imprensa: "Ele me aconselhou a pressionar o governo britânico [a realizar uma invasão], e me garantiu que Roosevelt é um entusiasta da Segunda Frente." Além do impenetrável sigilo russo, Churchill também tinha de lutar contra a suscetibilidade de Moscou a ideias fantasiosas. Stalin parecia acreditar sinceramente que aeronaves japonesas eram pilotadas por aviadores alemães e que os britânicos haviam, por qualquer razão insondável, fornecido 1.500 aviões de combate ao Japão.

A principal tarefa de Molotov em Londres era negociar um tratado de aliança. Desalentou-o a recusa britânica em atender a demandas feitas pela Rússia desde que entrara na guerra, pelo reconhecimento de sua hegemonia não só nos países bálticos, mas também na Polônia oriental. Stalin, entretanto, estava menos preocupado. Telegrafou para Molotov no dia 24, instruindo-o a aceitar a opaca minuta de Eden sobre segurança no pós-guerra: "Não achamos que esta declaração seja trivial; nós a consideramos um documento importante. Não contém aquele parágrafo [proposto numa minuta russa] sobre segurança de fronteira, mas talvez isso não seja algo tão ruim, já que nos dá liberdade para agir. Resolveremos a questão das fronteiras, ou melhor, da garantia de segurança para nossas fronteiras (...) à base da força."[12] Muito mais séria, aos olhos dos russos, era a suposta insuficiência das remessas britânicas. Stalin insistia na necessidade de caças e tanques, especialmente Valentines, que se mostraram mais adequados, ou menos inadequados, para as condições da Rússia. Os britânicos, no entanto, continuavam evasivos a respeito de um reforço aos comboios para Arcangel. Joan Beaumont, uma das cronistas mais convincentes sobre a ajuda ocidental à Rússia durante a guerra, escreveu: "É uma ironia do compromisso com a União Soviética que, conforme (...) o consenso sobre sua necessidade aumentava no primeiro semestre de 1942, também aumentavam os obstáculos para colocá-lo em prática."[13]

Grandiosas promessas americanas de ajuda — inicialmente 8 milhões de toneladas para 1942 e 1943, metade em alimentos — naufragaram devido à incapacidade aliada de realizar despachos nessas quantidades. No fim de junho de 1943, menos de 3 milhões de toneladas haviam sido entregues, de um total prometido de 4,4 milhões. Segundo Joan Beaumont: "Apesar de consideráveis, tais façanhas e sacrifícios pareciam pequenos diante das promessas feitas (...) Na época em que a necessidade russa era mais premente, a assistência ocidental (...) foi, na melhor das hipóteses, incerta."[14] Os soviéticos se ressentiam sobretudo da recusa britânica a atender repetidas solicitações de Spitfires. O mais ruidoso propagandista russo, Ilya Ehrenburg, denunciou a seus milhões de leitores soviéticos que os Aliados estavam "mandando pouquíssimos aviões, que nem eram seus melhores modelos".[15] Os russos se disseram insultados ao descobrir que alguns Hurricanes recebidos eram recondicionados e não novos. Devido à má qualidade dos aviões e tanques, Moscou começou a concentrar as demandas em caminhões e alimentos.

Molotov voou de Londres para Washington, onde o mordomo da Casa Branca informou a Roosevelt que o ministro do Exterior da Rússia chegara com uma pistola na mala. O presidente observou que só lhes restava esperar que a intenção não fosse usá-la contra ele. Depois de um encontro na Casa Branca em 30 de maio, Molotov demonstrou, em seu relatório a Moscou, uma frustração com a evasiva bonomia de Roosevelt que certamente soaria familiar aos britânicos. O jantar, queixou-se o russo, "foi seguido de uma conversa longa e irrelevante (...) Eu disse que seria desejável enfrentar pelo menos quarenta divisões alemãs no front ocidental no verão e no outono deste ano. Roosevelt e Marshall responderam que gostariam muito de conseguir isso, mas tinham dificuldades imediatas de transporte para movimentar forças até a França". O russo argumentou que, se não houvesse uma Segunda Frente em 1942, a Alemanha estaria muito mais forte em 1943. "Eles não ofereceram qualquer informação definida."[16] Contudo, o presidente declarou que "os preparativos para a Segunda Frente estão em andamento (...) ele, Roosevelt, está tentando convencer os generais americanos a assumir o risco e desembarcar de seis a dez divisões na França. É possível que isso signifique outra Dunquerque e a perda de 100 a 120 mil soldados, mas é necessário fazer sacrifícios para prestar ajuda em 1942 e destruir o moral alemão".[17]

Stalin telegrafou em 3 de junho, dessa vez para repreender Molotov pela brevidade de seus relatórios. O líder soviético disse que não queria ser informado apenas do essencial. Precisava também dos detalhes triviais para avaliar o estado de ânimo. "Finalmente, achamos absolutamente necessário que ambos os comunicados [britânico e americano] contenham parágrafos sobre o estabelecimento da Segunda Frente na Europa e declarem que houve pleno acordo nessa questão. Também julgamos necessário que ambos os comunicados incluam detalhes precisos sobre entregas de material da Grã-Bretanha e dos Estados Unidos à União Soviética."[18]

Naquele momento, Stalin era pressionado pelos mesmos imperativos que pesaram sobre Churchill em 1940 e 1941. Primeiro, como o líder russo reconhecia em seus telegramas para Molotov, era vital convencer Hitler de que havia uma ameaça real de invasão aliada à França, a fim de impedir que ele transferisse mais divisões para o front oriental.[19] Em segundo lugar, o moral era tão importante para os povos da União Soviética quanto para os povos das democracias. Cada fiapo de esperança era precioso. Stalin não esperava, de fato, que os exércitos anglo-americanos desembarcassem no continente em 1942. No entanto, assim como em 1941 Churchill alimentou na Grã-Bretanha expectativas muito mais ambiciosas sobre a entrada americana na guerra do que os fatos justificavam, Stalin desejava anunciar para o povo russo as garantias de Roosevelt e Churchill sobre uma Segunda Frente, embora não acreditasse em sua realização. Se os britânicos e americanos posteriormente violassem tais garantias, forneceriam uma prova muito útil da perfídia capitalista. No entanto, para a acossada Rússia no verão de 1942, o "posteriormente" não parecia ter importância alguma.

De volta a Londres em 9 de junho, Molotov teve mais um encontro com Churchill antes que um tratado de aliança fosse assinado. Se o objetivo do russo era semear a discórdia entre Londres e Washington, ele sem dúvida teve êxito. O primeiro-ministro ficou muito incomodado quando Molotov lhe falou das aspirações de Roosevelt para o mundo do pós-guerra, entre elas, tutela internacional sobre os impérios holandês e francês na Ásia, bem como o desarmamento obrigatório de todos que não pertencessem às Grandes Potências. Então o ministro do Exterior resumiu suas conversas na Casa Branca sobre a Segunda Frente:

> Mencionei, entre outras coisas, a concordância de Roosevelt com o ponto de vista que expus, ou seja, que seria mais difícil estabelecer uma Segunda Frente em 1943 do que em 1942, devido a possíveis problemas graves em nosso front. Finalmente, mencionei que o presidente atribuía tanta importância à criação de uma Segunda Frente em 1942 que estava disposto a apostar alto, a sofrer uma nova Dunquerque e perder cem mil ou 120 mil soldados (...) Ressaltei, porém, que achava insuficiente o número de divisões que Roosevelt propôs empregar, isto é, de seis a dez.
>
> Nesse momento, Churchill me interrompeu muito agitado, declarando que jamais concordaria com uma nova Dunquerque, tampouco com o sacrifício inútil de cem mil homens, independente de quem recomendasse essa ação.[20] Quando respondi que estava apenas transmitindo o ponto de

vista de Roosevelt, Churchill respondeu: "Falarei diretamente para ele o que penso disso."

Oliver Harvey registrou a mesma conversa: "Roosevelt disse calmamente a Molotov que estava disposto a contemplar o sacrifício de 120 mil soldados se necessário — nossos soldados. O primeiro-ministro afirmou que não admitiria uma coisa dessas."[21]

Anos depois, Molotov disse o seguinte: "Precisávamos arrancar tudo que pudéssemos dos [Aliados]. Eu sabia que Stalin não acreditava [na formação da Segunda Frente]. Mas era preciso exigi-lo! Era preciso exigi-lo para o bem do nosso próprio povo. Pois as pessoas estavam esperando, não é mesmo, para ver se a ajuda [dos Aliados] viria mesmo. Aquele pedaço de papel [o acordo anglo-soviético] tinha grande significado político para nós. Animou o povo, e, na época, isso era muito importante."[22]

O Tratado Anglo-Soviético assinado em 26 de maio limitava-se a comprometer "as Partes Contratantes (...) a prestarem uma à outra assistência militar e de outras naturezas, bem como apoio de todos os tipos".[23] Em Moscou, porém, após o retorno de Molotov a Londres, o *Pravda* informou: "Está chegando o Dia em que a Segunda Frente será aberta." Em 19 de junho, o jornal descreveu uma reunião do Soviete Supremo, na qual os membros foram informados de que os acordos entre a União Soviética, a Grã-Bretanha e os Estados Unidos refletiam o fato "de que um consenso total foi alcançado sobre a urgência de se abrir uma Segunda Frente na Europa em 1942". Esse anúncio, disse o jornal, foi recebido com prolongados aplausos, assim como a declaração subsequente de que "tais acordos são da mais alta importância para as nações da União Soviética, uma vez que a abertura de uma Segunda Frente na Europa criará dificuldades insuperáveis para os exércitos de Hitler no nosso front". Tudo não passava de fachada, e Stalin e Molotov sabiam muito bem disso. Contudo, em meio a tantos engodos, o que era mais um, considerado tão necessário para animar o espírito do povo russo? E, nesse caso, os russos tinham o pleno direito de declarar que os americanos — e em grau menor os britânicos — fizeram promessas de má-fé.

Molotov, na velhice, afirmou que achava Churchill "mais esperto" do que Roosevelt:[24] "Conheci todos eles, esses capitalistas, mas Churchill era o mais forte e inteligente[25] (...) Quanto a Roosevelt, acreditava no dólar. Não só nisso, mas achava que eles eram tão ricos e nós tão pobres que ficaríamos fragilizados a ponto de suplicar à porta dos americanos. Esse foi o erro deles (...) Quando acordaram, já tinham perdido metade da Europa. E aqui, é claro, Churchill se viu numa situação bem ridícula. Na minha opinião, Churchill era o mais inteligente de todos, como um imperialista. Sabia que se nós, os russos, derrotássemos a Alemanha, a Inglaterra começaria a perder força. Percebia isso. Já Roosevelt pensava assim: [A Rússia] é um país pobre, sem indústria, sem fibra, os russos vão chegar aqui suplicando. Não têm outra saída. E nós víamos tudo isso de um jeito totalmente diferente. O país inteiro estava preparado para os sacrifícios, para a luta."[26] Trata-se, é claro, de uma exposição retroativa, caracteristicamente soviética, do que aconteceu em 1942-1943. Molotov, contudo, parece certo ao identificar no comportamento dos americanos uma condescendência fundamental, que também subjazia à sua atitude com a Grã-Bretanha. Baseava-se na crença de que, quando o conflito terminasse, o poder dos Estados Unidos não seria contestado por nenhum dos dois aliados.

O general Dwight Eisenhower escreveu para seu velho amigo George Patton, em 20 de julho de 1942: "Essa guerra ainda é jovem." Para os americanos, era verdade. Já os britânicos, após quase três anos de privações, derrotas, bombardeios intermitentes e inatividade forçada, tinham uma visão bem diferente. Por meio de intimidações, Washington tentava obrigar Churchill a sacrificar um exército britânico, contando com apenas uma simbólica participação americana, como gesto de apoio à União Soviética. O erro de Marshall foi não perceber que os Aliados não tinham condições de determinar a escala de uma batalha na França. Poderiam buscar uma operação menor, mas os alemães eram capazes de acumular forças para convertê-la num grande desastre.

Nunca houve a menor possibilidade de o primeiro-ministro e seus generais aceitarem a proposta dos Estados Unidos. "Não acho que haja muito o que fazer na costa da França este ano", afirmou o primeiro-ministro em memorando para os chefes de estado-maior no dia 1º de junho. A Grã-Bretanha, em meados de 1942, tinha quinze divisões no Oriente Médio, dez na Índia e trinta no próprio país, sendo que poucas destas últimas estavam prontas para a guerra. Nenhuma das quinze principais divisões de infantaria nas forças metropolitanas estava plenamente equipada, e a situação de nove divisões "de categoria inferior" era ainda pior. Dois terços das armas e equipamentos que saíam das fábricas seguiam diretamente para além-mar, a fim de atender às necessidades da "linha de fogo", enquanto as forças metropolitanas continuavam na fila por material.[27]

Naquela primavera, Churchill tentou impor duas propostas contra a vontade dos chefes de seus estados-maiores. Uma passou, mas a outra, não. O primeiro-ministro desconsiderou a avaliação de Brooke, para quem era desnecessária a captura de Madagascar, na época controlada por Vichy. Tropas desembarcaram na ilha em maio, tomando rapidamente o porto principal e travando uma campanha de seis meses contra a tenaz resistência de Vichy, antes que a ilha inteira fosse subjugada em novembro. Foi uma sábia ação preventiva. Se os japoneses, no auge de suas conquistas, tivessem concretizado a ambição de invadir Madagascar, as comunicações britânicas com a Índia e o Oriente Médio ficariam severamente ameaçadas. No entanto, a outra proposta churchilliana de um desembarque na Noruega foi derrotada por objeções de todas as forças armadas. Em 1942, deveria estar ao alcance dos poderes do exército britânico capturar um perímetro norueguês, frustrando os ataques da Luftwaffe e da marinha alemã a comboios com destino à Rússia. Entretanto, em razão das comprovadas deficiências do exército e da Aviação Naval, Brooke provavelmente estava certo ao derrubar o plano. Uma operação como essa teria prejudicado fatalmente as ambições de Churchill no Norte da África, que prometiam ganhos maiores com riscos menores.

O povo britânico e americano, entretanto, não sabia que as forças armadas dos Aliados Ocidentais eram fracas em comparação às de seus inimigos. Durante a maior parte de 1942, a opinião pública dos dois países debateu a ideia de uma Segunda Frente com um fervor que exasperava o primeiro-ministro e seus comandantes. Churchill ficou indignado com um artigo da revista *Time* que descrevia a Grã-Bretanha como "escaldada, inclinada a pensar na defensiva" e escreveu para Brendan Bracken: "Esse pasquim perverso não deve ter nenhuma facilidade especial por aqui."[28] A embaixada britânica em Washington informou a Londres: "A campanha por uma Segunda Frente aumentou muito em consequência dos reveses sofridos pelos russos. Uma seção influente da opinião editorial (...) insiste que o risco de uma operação como essa agora nem se compara ao risco maior que provavelmente virá se ela for postergada."[29] Os britânicos eram constantemente provocados por manifestações da ignorância americana sobre dificuldades operacionais. Um oficial americano, num jantar em Londres, quis saber de um general britânico por que o governo não mandava mais caças para Malta a fim de proteger comboios no Mediterrâneo. O visitante desconhecia o fato, explicado impacientemente pelo anfitrião, de que Malta estava muito além do alcance de Spitfires ou Hurricanes que voassem de Gibraltar.[30]

Os britânicos se incomodavam cada vez mais com a dificuldade de comunicar suas opiniões à cúpula dirigente americana, cujos elementos político e militar pareciam resistentes à visão de seus aliados. Um oficial britânico em Washington escreveu para Londres em maio de 1942: "Aqui nenhum inglês tem as estreitas relações com Hopkins e com o presidente que seriam necessárias. Não há ninguém que possa continuamente levar à Casa Branca as opiniões do primeiro-ministro sobre a direção da guerra. O embaixador não acha que seja da alçada dele. Dill não ousa, temendo que encontros demasiados com Hopkins possam arruinar suas relações com os chefes de estado-maior americanos."[31] O brigadeiro Vivian Dykes, da Missão Militar Britânica, escreveu: "Nós simplesmente não temos nenhum controle da situação e, apesar disso, Londres espera que façamos milagres. É uma vida dura."[32]

Churchill chegou à conclusão de que só outro encontro pessoal com Roosevelt poderia resolver a questão da Segunda Frente, ou, mais apropriadamente, o plano alternativo de desembarque no Norte da África — a operação Tocha — a favor da Grã-Bretanha. Partiu mais uma vez com Alan Brooke num hidroavião Boeing. Na tarde de 19 de junho, entrava de carro na propriedade de Roosevelt em Hyde Park, *tête-à-tête* com o anfitrião. Era exatamente o cenário pretendido por Churchill e criticado pelos chefes de estado-maior americanos. O comandante em chefe dos Estados Unidos conversava sozinho com o ferozmente persuasivo primeiro-ministro da Grã-Bretanha. Churchill escreveu em suas memórias que, daquela maneira, os dois homens resolviam mais assuntos do que nas conferências. Não era bem assim. O que ele quis dizer, é claro, era que assim ficava livre das intervenções inflamadas e hostis de Marshall e seus colegas. Em Hyde Park, o primeiro-ministro ficou exultante por ser tratado como "família", embora sua equipe às vezes abusasse dos privilégios de hóspede. O secretário particular John Martin foi severamente repreendido pela telefonista de Roosevelt, Louise Hachmeister, quando ela o flagrou instalado no estúdio de seu chefe usando a linha direta do presidente para falar com Washington.[33]

Em 20 de junho, em Hyde Park, Churchill entregou a Roosevelt uma nota habilmente escrita sobre estratégia. Arranjos para um desembarque na França em setembro estavam sendo providenciados, afirmou o primeiro-ministro. Apesar disso, os britânicos continuavam se opondo a essa operação, a não ser que houvesse uma perspectiva realista de manter o terreno. "Nenhuma autoridade militar britânica responsável foi capaz, até agora, de preparar um plano para setembro de 1942 que tenha qualquer chance de êxito a menos que os alemães fiquem completamente desmoralizados, o que não parece provável. O estado-maior americano tem algum plano? Se tem, qual é? Se for possível preparar um plano com razoável probabilidade de sucesso, o governo de Sua Majestade o acolherá cordialmente e partilhará plenamente com seus camaradas americanos os riscos e sacrifícios (...) Contudo, caso não tenhamos um plano que mereça a confiança de qualquer autoridade responsável (...) o que mais vamos fazer? Podemos nos dar ao luxo de ficar parados no teatro do Atlântico durante todo o ano de 1942?"[34] Era nesse contexto, insistia Churchill, que um desembarque no Norte da África deveria ser estudado.

Naquela noite, o presidente e o primeiro-ministro voaram para a capital. Estavam na Casa Branca quando uma mensagem num papel cor-de-rosa foi entregue a Roosevelt, que a repassou para Churchill sem pronunciar uma palavra. Dizia: "Tobruk se rendeu, com 25 mil soldados feitos prisioneiros."

De início, Churchill duvidou. Antes de sair da Grã-Bretanha, enviara uma mensagem para Auchinleck na qual ressaltava a importância de manter o porto: "Sua decisão de lutar até o fim é fervorosamente endossada. A retirada seria fatal. Não é uma questão só de força blindada, mas de força de vontade. Deus abençoe a todos." Então o primeiro-ministro telefonou para Ismay em Londres, que confirmou a derrota de Tobruk, juntamente com a perda de 33 mil soldados, 2 mil viaturas, 5 mil toneladas de suprimentos e 1.400 toneladas de combustível. Uma defesa caótica, entregue a um recém-promovido e inexperiente major-general sul-africano, ruíra em face de uma inesperada arremetida alemã do sudeste. A debacle foi caracterizada por um comando incompetente, uma indolência lamentável e a falta de iniciativa de muitas unidades. A última mensagem do major-general Klopper enviada de Tobruk foi uma enigmática exemplificação de desespero: "Situação um caos (...) Aqui está pior. Gasolina destruída."

O primeiro-ministro se sentiu atordoado e humilhado. Parecia intolerável que aquela notícia chegasse justamente quando ele era um visitante, a rigor um suplicante, em Washington. Roosevelt, percebendo o desalento de seu hóspede, respondeu com uma espontaneidade, generosidade e gentileza sem precedentes. "O que podemos fazer para ajudar?", perguntou. Depois de consultar os chefes de seus estados-maiores, o presidente cogitou, por um momento, despachar uma divisão blindada para o Egito. Refletindo melhor, decidiram enviar os trezentos tanques Sherman e os cem canhões autopropulsados da grande unidade para os britânicos. Esse reforço de bons equipamentos foi vital para a vitória posterior da Grã-Bretanha em El-Alamein. O gesto de Roosevelt, que implicava a remoção de armas novas de uma formação de combate americana, levou à mostra mais profunda e justa de gratidão britânica ao presidente durante a guerra.

O historiador americano Douglas Porch, um dos mais aptos cronistas das campanhas do Mediterrâneo, acredita que Churchill avaliou erroneamente as atitudes americanas quanto ao esforço de guerra britânico. O primeiro-ministro queria uma vitória no Oriente Médio para dissipar o ceticismo dos Estados Unidos sobre sua capacidade de luta. Porch afirma, porém: "Foi a situação de desamparo sitiado da Grã-Bretanha que despertou mais simpatia em Washington e preparou psicologicamente o povo americano para intervir na guerra."[35] Sem dúvida, era verdade que os americanos tinham pena da fraqueza material britânica. No entanto, uma persistente fonte de ressentimento americano, refletido em pesquisas de opinião realizadas durante a guerra, era a crença de que os britânicos não estavam apenas mal armados, mas também não se esforçavam o bastante. Uma coisa era os Estados Unidos fornecerem alimentos e armas para uma democracia que resistia ao desafio; outra, bem diferente, era ver os britânicos aparentemente satisfeitos por permanecerem quietos em sua ilha, conduzindo pequenas operações letárgicas no Norte da África, enquanto os russos faziam o verdadeiro trabalho — pagando o horrível preço em sangue — de destruir os exércitos de Hitler.

Foi notável a mudança anímica em Washington a partir de janeiro. Dessa vez, não houve adulação a Churchill como visitante. "Sentimento antibritânico ainda forte", informou a Londres a embaixada britânica, "mais forte do que antes de Pearl Harbor (...) Em parte, essa situação se deve ao fato de que, embora fosse difícil criticar a Grã-Bretanha enquanto o Reino Unido era bombardeado, essas críticas já não carregam mais o estigma de simpatizantes isolacionistas ou pró-nazismo."[36] O senador Allen Ellender, pela Louisiana, declarou com amargura que "não há muito sentido em suprir os britânicos com material de guerra, se eles invariavelmente perdem tudo".[37] O secretário de Roosevelt, William Hassett, escreveu em seu diário: "Esses ingleses são muito agressivos exceto na frente de batalha, tão assertivos quanto os judeus, sempre pedindo um pouco mais e depois ainda mais."[38] Hassett admitiu que o presidente achava Churchill "um companheiro muito agradável", mas acrescentou: "Com um presidente molenga, Winnie colocaria rodinhas embaixo do Tesouro e abriria uma Segunda, Terceira ou Quarta Frente com nossos soldados."[39]

Quanto ao público em geral, um morador de Ohio escreveu para a Casa Branca: "Diga a Churchill que volte para casa, que é o lugar dele (...) Ele só quer o nosso dinheiro." Uma anônima "mãe de três filhos" tentou falar da Califórnia com o primeiro-ministro da Grã-Bretanha: "Sempre que o senhor aparece em nossas praias, isso significa alguma coisa terrível para nós. Por que não fica em casa e trava suas batalhas, em vez de sempre nos envolver para salvar seus malditos pescoços?" A carta de um nova-iorquino para um amigo em Somerset, interceptada pelos censores, dizia: "Eu sabia, quando vi seu primeiro-ministro cabeçudo por aqui, que outro desastre estava prestes a acontecer."[40] Essas opiniões eram atípicas — a maioria dos americanos ainda tinha um respeito cordial por Churchill. Elas, porém, refletiam o ceticismo generalizado sobre a vontade britânica de lutar, bem como a dúvida sobre a consonância entre os desejos do primeiro-ministro e o interesse nacional americano. "Todas as antigas animosidades contra a Grã-Bretanha foram ressuscitadas", escreveu um analista do Escritório de Informação de Guerra (OWI, na sigla em inglês): "Ela não pagou as dívidas depois da última guerra. Recusa-se a conceder à Índia a mesma liberdade pela qual diz estar lutando. Mantém um vasto exército na Inglaterra para proteger a pátria enquanto perde seus postos avançados para os inimigos."[41]

Um novo relatório no fim do verão detectou uma melhora marginal na opinião do povo, mas revelou que a confiança nos britânicos continuava bem abaixo do nível registrado no outono anterior. Conforme observou: "Frases como 'os britânicos sempre querem que alguém se jogue no fogo por eles' e 'a Inglaterra lutará até o último francês' alcançaram considerável circulação."[42] Em julho, a enquete do Escritório de Informação de Guerra pedia aos americanos que dissessem que país se esforçava mais para vencer a guerra. Uma leal percentagem de 37% respondeu os Estados Unidos, 30% citaram a Rússia, 14%, a China, 13% se mantiveram neutros. Apenas 6% identificaram os britânicos como os mais convincentes em suas tentativas.[43] Uma enquete similar no mês seguinte perguntou que país beligerante tinha o melhor espírito de luta: 65% disseram os Estados Unidos, 6%, a Grã-Bretanha. A mesma pesquisa destacou a espantosa ignorância [dos americanos] quanto às dificuldades de preparar uma invasão à Europa. Uma maioria de 57% disse achar que os Aliados deveriam lançar uma Segunda Frente "em dois ou três meses", 53% julgavam que uma operação dessa natureza teria uma perspectiva de êxito "muito boa", enquanto 29% viam chances iguais de sucesso e fiasco e só 10% temiam que a invasão fracassasse. Uma notável parcela de 60% dos entrevistados não só achava que uma invasão à França poderia ocorrer dentro de três meses, como também tinha certeza de que ocorreria.[44]

Em 9 de julho de 1942, o ministro da Suprema Corte Felix Frankfurter escreveu para Stafford Cripps, que demonstrara preocupação com as relações anglo-americanas: "O sentimento básico predominante não é ruim (...) Mas há uma dificuldade central. A meu ver, refere-se à falta de uma consciência contínua de camaradagem entre os dois povos, não apenas para repelir um inimigo que ameaça tudo que nos é caro, mas também para alcançar uma sociedade comum que tenha, essencialmente, os mesmos nobres e civilizados fins."[45] O colunista Walter Lippmann expressou pontos de vista parecidos para Maynard Keynes. Havia uma necessidade, sugeriu Lippmann, de um novo entendimento político entre a Grã-Bretanha e os Estados Unidos sobre o futuro de seu Império: "A guerra asiática reviveu o profundo anti-imperialismo da tradição americana."[46]

O Foreign Office ficou preocupado com os comentários do anglófilo Wendell Willkie durante uma visita a Moscou. Ele disse ao embaixador britânico, Sir Archibald Clark Kerr, que a opinião pública americana sobre a Grã-Bretanha estava ganhando uma forma "perigosa" e ele estava "assustado". Viajou de Washington a Moscou sem que um americano sequer, de motoristas de caminhão a embaixadores, oferecesse uma palavra positiva sobre o comportamento britânico no exterior. Solicitou que o primeiro-ministro fizesse um discurso sobre a política do pós-guerra, mostrando sua consciência de que "o imperialismo antiquado"[47] estava morto. Churchill, é claro, não tinha a menor intenção de fazer algo assim.

Em 6 de julho, o Foreign Office recebeu um relatório sobre a embaixada britânica em Washington que, ao expor a opinião dos americanos quanto à missão de Halifax, mostrou-se quase flagelativo: "A embaixada (...) tem uma reputação fantasticamente baixa. É vista como esnobe, arrogante, desdenhosa, obtusa, apática e sede de ideias reacionárias e geralmente infames." O relatório apresentava uma lista das objeções americanas à Grã-Bretanha, encabeçada pelo sistema de classes, que alienava operários — "os britânicos estão se tornando vermelhos"; imperialismo; "trapalhões britânicos em altos cargos: excessivamente cautelosos, desdenhosos de qualquer ideia nova, com uma mentalidade defensiva, velhos cansados e entediados com suas funções (...) britânicos estão na segurança de sua ilha enquanto 3,5 milhões de homens pegam em armas, sendo os britânicos sempre derrotados (...) O Lend-Lease está tirando dos Estados Unidos para suprir a Grã-Bretanha, que não pagou sequer suas dívidas da [Primeira] guerra (...) O sentimento antibritânico faz parte da tradição patriótica central dos americanos (...) Anglofobia é prova de vigoroso americanismo, socialmente aceito de uma forma que o anticatolicismo e o antissemitismo não são (...) Todos os detratores de Roosevelt odeiam os ingleses por considerá-los próximos do presidente".[48]

A censura postal britânica repassou ao Foreign Office uma amostra da opinião pública americana monitorada nas interceptações de correspondência. De Newark, Nova Jersey, um homem escreveu para um amigo na Grã-Bretanha: "Acredite, não aguentamos mais ler sobre retiradas britânicas, e ninguém responsabiliza os Tommies [soldados britânicos]. Culpamos os figurões do exército por sua ineficiência e por serem superados a todo instante pelos Jerries [soldados alemães]." Em 11 de setembro, um nova-iorquino escreveu na mesma linha: "Sem dúvida há algo de podre em cada nível do comando britânico (...) Nem sempre é falta de material — com mais frequência, é cega estupidez." Outro nova-iorquino, removido para a Austrália, escreveu a um amigo britânico em Stoke-on-Trent: "O imperialismo inglês é responsável por mais dores e guerras do que se possa imaginar. Aliás, fiquei surpreso ao ver que muitos australianos odeiam o sistema da Inglaterra mais do que eu! Vocês ingleses são IMPOSSÍVEIS!"

Richard Law, ministro de Estado de Eden e filho do antigo primeiro-ministro Bonar Law, despachou, durante uma visita aos Estados Unidos, um relatório extraordinariamente exaltado para o Foreign Office. Afirmou que, nos campos de treinamento do exército americano, "o sentimento antibritânico é inacreditável (...) deliberadamente inculcado por certos oficiais superiores, com destaque para o general [Brehon] Somervell, que zombava de Churchill quando dizia que lhe faltava 'ânimo durável' para executar um ataque através do canal". Em todo o alto comando do exército dos Estados

Unidos, afirmava Law, o sentimento antibritânico era intenso. Havia um ciúme violento do primeiro-ministro, que estaria dominando e enganando o presidente. Os chefes de estados-maiores americanos "eram tão amigos do estado-maior britânico como seriam do alemão caso se sentassem juntos a uma mesa".[49] Trata-se de uma análise extravagante da tensão anglo-americana. Ainda assim, ilustra a escala da preocupação nos círculos oficiais britânicos em 1942, quando a reputação militar do país passava pelo pior momento.

Churchill sabia que a Grã-Bretanha e seus soldados precisavam ser vistos lutando. Se não podiam travar combate na Europa, que o fizessem no Oriente Médio. O longo período de passividade que tomou conta do VIII Exército no Norte da África, por mais necessário que fosse logisticamente, infligiu um imenso dano à autoestima britânica e à imagem do país no exterior. Numa reunião do Gabinete de Guerra presidida por Attlee, Bevin declamou teatralmente: "Precisamos de uma vitória! O que o povo britânico quer é uma vitória!"[50] Quando John Kennedy foi convocado a Downing Street, o primeiro-ministro falou das operações em andamento no Norte da África, "então deu uma alfinetada no exército britânico (infelizmente ele não consegue resistir) ao comentar: 'Se o exército de Rommel fosse só de alemães, ele nos venceria.'" Mais tarde, o diretor de operações militares relatou a conversa a Brooke: "Eu lhe contei o que Winston dissera sobre os alemães serem melhores do que as nossas tropas, e ele respondeu que precisa falar com Winston sobre isso. Seus constantes ataques ao exército estavam provocando danos — especialmente quando feitos na presença de outros políticos, como quase sempre era o caso."[51] Kennedy, na qualidade de soldado, tinha tanta vergonha da queda de Tobruk que durante algum tempo evitou ir ao seu amado "Rag" — o Army & Navy Club — para fugir de questões indesejáveis sobre o lamentável desempenho do exército.

Em junho, enquanto Churchill estava em Washington, alguns jornais americanos sugeriram que o governo dele cairia. Ele ficou tão assustado com o que leu que telefonou para Eden da Casa Branca, para ter certeza de que não havia nenhuma ameaça imediata à sua liderança. Nada de importante mudara, disse-lhe Eden, mas o parlamentar *tory* Sir John Wardlaw-Milne submetera a debate uma moção de censura na Câmara dos Comuns. A opinião pública era frágil. "O povo não gosta que ele se ausente tanto em momentos críticos", escreveu um oficial naval.[52] Rosemary Black, da Mass-Observation, lamentou em seu diário a ida de Churchill aos Estados Unidos num momento em que o povo britânico recebia tantas notícias ruins: "Eu mesma fiquei bastante indignada quando vi uma fotografia dele se divertindo novamente na Casa Branca. Se ele pelo menos tirasse aqueles imensos e vulgares charutos da boca de vez em quando."[53]

A trabalhadora voluntária Vere Hodgson, aturdida como o resto do país pela queda de Tobruk, escreveu com irritação em seu diário: "O inimigo não compreendeu o que se esperava dele e não respeitou os nossos planos. Grrr! Como diz a srta. Moyes, isso deixa a gente verde, rosa e heliotrópio de raiva. Acordei na madrugada de domingo e pensei naquele comboio entregue a Tobruk no sábado à custa de tanto sangue, suor e perdas — para cair, como fruta madura, em bocas alemãs. Contorci-me debaixo dos lençóis e rangi os dentes de ódio."[54] E acrescentou, após ouvir a fala do primeiro-ministro pelo rádio duas semanas depois. "O discurso do sr. Churchill não trouxe muito conforto. Ele nos dominou, como sempre faz, e nós nos rendemos à sua irresistível personalidade — mas ele não sabe mais do que qualquer um de nós por que Tobruk caiu!"[55]

George King escreveu para o filho de Sanderstead em Surrey: "Soubemos ontem da perda de Tobruk; a velha história de sempre — liderança caindo aos pedaços. Os ianques ainda vão nos mostrar como trabalhar direito. Os 'red tabs' [altos oficiais] são a única parte podre do exército britânico!"[56] A dona de casa Nella Last, de Lancashire, intensamente leal a Churchill, ponderou em seu diário, consternada, em 25 de junho de 1942: "Será que em algum lugar os soldados têm uma chance razoável? Tobruk se foi — e o que dizer do Egito, de Suez e da Índia? Quase três anos de guerra: POR QUE não avançamos — o que nos impede? Sem dúvida, a esta altura, as coisas deveriam estar mais bem organizadas. Por que jogar nossos homens contra horrores mecânicos superiores, e por que nosso equipamento não é padronizado para que seja mais fácil manejá-los e consertá-los? Não há nenhum elemento que nos ligue — nada. É assustador. Essa falação toda sobre o ano que vem, e o ano seguinte, não impedirá que nossos jovens morram inutilmente. Se as mães pelo menos pudessem pensar que seus filhos não morreram em vão — que houve um propósito (...) É chocante."

Um relatório da Divisão de Inteligência Interna do Ministério da Informação declarou: "Os êxitos russos continuam a servir de antídoto para as más notícias de outros fronts (...) 'Graças a Deus existe a Rússia' é uma expressão frequente do sentimento profundo e fervoroso que permeia vastas seções do público."[57] O número de membros do Partido Comunista britânico subiu de 12 mil em junho de 1941 para 56 mil no fim de 1942. A mídia da Grã-Bretanha não oferecia a mais leve insinuação das espantosas crueldades com as quais Stalin sustentava a defesa da União Soviética, nem os erros e fracassos que caracterizaram seu esforço de guerra em 1941 e 1942.

Não havia, em círculos políticos e militares bem informados, qualquer traço da culpa pelos sacrifícios soviéticos que predominava no público em geral. De Churchill para baixo, havia uma percepção esmagadora, e não exatamente despropositada, de que, fossem quais fossem as desgraças e perdas sofridas pelo povo russo, a responsabilidade maior era das políticas adotadas por seu governo — sobretudo o Pacto Nazi-Soviético de 1939. Brooke escreveu com indignação sobre a ajuda britânica à Rússia: "Não recebemos nada além de insultos por lidarmos de maneira ineficiente com os comboios."[58] John Kennedy se mostrou perplexo com as atitudes da população: "Há um entusiasmo extraordinário e equivocado pelos russos. Stalin é mais herói do que o rei ou até mesmo que Churchill."[59] Um oficial naval, o comandante Andrew Yates, escreveu para um amigo nos Estados Unidos: "Por mais que eu desgostasse dele antes, o homem que matou um milhão de alemães, Jo Stalin, agora é meu amigo para o resto da vida."[60] Um funcionário do Ministério da Informação advertiu, porém, contra os exagerados temores de que a celebração à intrepidez militar soviética significasse uma conversão em massa ao comunismo, como os parlamentares conservadores julgavam: "Esse perigo nunca virá com a admiração pelas conquistas de outro país, apenas com a insatisfação pelo nosso governo — uma insatisfação feroz o bastante para sustentar um programa revolucionário."[61]

Apesar disso, a imagem popular do Exército Vermelho como mais corajoso e mais disposto ao sacrifício do que os soldados do império britânico era uma fonte de raiva e vergonha para o povo de Churchill, algo que persistiu durante todo o verão de 1942. O povo não podia saber que os exércitos de Stalin realizavam suas proezas notáveis graças a um regime de compulsão draconiana; que, se os soldados russos às vezes demonstravam mais fibra que os britânicos ou os americanos, isso se devia, basicamente, ao fato de os covardes estarem sujeitos à execução por seus comandantes, sanção imposta a centenas de milhares de soldados russos ao longo da guerra. O debate sobre a inércia e os fracassos militares britânicos continuou a dominar a imprensa. "As atitudes reacionárias estão crescendo", queixou-se a comunista Elizabeth Belsey.[62] "A *Spectator* desta semana parece se opor à Segunda Frente. O que essa gente supõe que a Rússia fará sem a Segunda Frente? Continuará lutando com fé em vez de petróleo?"

Maggie Joy Blunt, jornalista com tendência à esquerda, escreveu em 7 de agosto de 1942: "Por que, em vez de seus críticos, o sr. Churchill não sobe a coluna de Nelson para gritar por uma Segunda Frente e exigir mais esforços de cada homem e cada mulher deste país? O desejo de realizar esse esforço existe. O povo responderia imediatamente à palavra certa de Churchill. Temos a forte impressão de que os Poderes Constituídos desejam ver o poderio russo em pedaços antes de moverem um dedo para ajudar. Não querem que a Rússia tenha voz ativa nos termos de paz. Interesses capitalistas ainda são muito fortes, e os proprietários burgueses, embora sejam minoria, ainda têm enorme influência na conduta de nossos negócios e estão apavorados com a ideia do Socialismo. O Socialismo é inevitável." Em 1º de agosto, a londrina Ethel Mattison escreveu para a irmã na Califórnia: "Quando a Aliança Anglo-Soviética foi assinada, e (...) a Segunda Frente aparecia como um dos pontos principais (...) a tendência era as pessoas só aguardarem sua implementação. Mas a espera tem sido tão longa, e os russos estão sofrendo tão terrivelmente, que pelo visto a ideia precisará ser posta em vigor pela força da opinião pública. Por onde quer que se ande, nos trens, nos elevadores, ouvem-se fragmentos de conversa sobre o assunto."[63]

A imprensa russa, como era de imaginar, dedicava muito espaço ao lobby pela Segunda Frente. O *Pravda* publicou uma reportagem sobre os gigantescos comícios na Grã-Bretanha em apoio à ação antecipada, apresentando a manchete "O povo inglês quer ajudar camaradas russos".[64] Citava na matéria Drew Middleton, correspondente da Associated Press, declarando, após um giro pela Grã-Bretanha, que havia apoio público esmagador a uma invasão, que as dificuldades de transporte poderiam ser superadas e que o bombardeio à Alemanha era considerado um apoio insuficiente à Rússia. O *Pravda* também noticiou manifestações pela Segunda Frente no Canadá. Nos meses seguintes, houve mais abundantes comentários na imprensa de Moscou sobre o tema. Em 9 de agosto, o *Pravda* lançou a manchete: "Sem tempo a perder — britânicos fazem pressão pela Segunda Frente." Em 15 de agosto: "É hora de agir, dizem jornais americanos." No dia seguinte, uma reportagem descrevia uma delegação representando 105 mil operários britânicos de 78 empresas que foi a Downing Street entregar a Churchill uma petição sobre a Segunda Frente. No dia 19, a manchete do *Pravda* foi "Organizações públicas inglesas exigem ofensiva contra a Alemanha", e, no dia 23: "Não temos o direito de esperar — sindicatos ingleses exigem abertura da Segunda Frente."

Os historiadores geralmente apresentam uma narrativa da Segunda Guerra Mundial que, por se concentrar no que aconteceu, e não no que deixou de acontecer, pode se mostrar distorcida. Até novembro de 1942, semanas, às vezes meses, se passavam sem muitos sinais de atividade das forças terrestres britânicas. Entre junho de 1941 e o fim da guerra, jornais britânicos e programas da BBC eram quase sempre dominados por notícias da luta no front oriental, onde a ação parecia contínua. Inúmeros editoriais prestavam tributo aos feitos de "nossos bravos aliados russos". Isso ajuda a explicar por que a Rússia provocava tanta admiração na Grã-Bretanha. Relatos de combates no leste eram vagos e quase sempre incorretos, mas se uniam para criar a válida impressão de que o Exército Vermelho empreendia ações enérgicas, terrivelmente sacrificantes e cada vez mais bem-sucedidas. A Batalha de Stalingrado, que começava a receber enorme cobertura, intensificava o desalento geral diante do contraste entre as realizações britânicas e russas. "Cada semana de defesa bem-sucedida", informou o Ministério da Informação em 9 de outubro de 1942, "confirma a popularidade dos russos, e há muito mal-estar e infelicidade com o espetáculo de nossa aparente inação".[65]

Ismay disse que admirava Churchill tanto pela coragem com que resistiu a uma prematura Segunda Frente como pelo vigor com que promovia outros projetos. Observou que um homem mais suscetível poderia ter cedido aos lobistas vociferantes.[66] Criticava a incontornável ignorância do povo quanto ao fato de que uma parceria verdadeira com os russos era impossível, devido ao absoluto sigilo que caracterizava toda a sua conduta. Para compreender o comportamento do povo britânico na Segunda Guerra Mundial, é preciso levar em conta que as pessoas não sabiam quase nada do que acontecia, percebendo apenas os movimentos visíveis de exércitos e os bombardeios da noite anterior na Alemanha. Informações que são corriqueiras em tempos de paz se tornam objeto do mais alto sigilo na guerra: cifras da produção industrial, escassez de armas, movimentos e perdas de navios, detalhes da ajuda ou falta de ajuda à Rússia. Diversas notícias de jornal, sobretudo as que descreviam minuciosamente êxitos dos Aliados e perdas do inimigo, eram fantasiosas. O primeiro-ministro só oferecia ao país a noção mais vaga e genérica possível sobre as perspectivas futuras. Foi uma atitude prudente, mas obrigou milhões de pessoas a viverem durante anos numa atmosfera de incertezas, o que contribuiu decisivamente para a desmoralização de 1941 e 1942.

Um estudo dos jornais britânicos da época surpreende o leitor moderno, já que, em contraste com a prática do século XXI, dava-se mais atenção aos acontecimentos do que às personalidades, mesmo se a pessoa em questão fosse o próprio Churchill. Ele recebia bem menos cobertura da imprensa do que um primeiro-ministro de hoje, em parte porque poucos detalhes da vida pessoal do primeiro-ministro eram revelados fora do círculo de amigos íntimos. Por razões de segurança, as viagens quase nunca eram noticiadas até ele sair de onde quer que estivesse. Os discursos e aparições públicas recebiam, é claro, ampla cobertura, mas muitos dias se passavam durante a guerra sem maiores referências ao primeiro-ministro. Enquanto os comandantes de batalha, como Alexander e Montgomery, tornaram-se nomes familiares, outras figuras importantes permaneceram quase desconhecidas. Sir Alan Brooke, por exemplo, cuja função militar só perdia em relevância para a de Churchill, raramente era mencionado na imprensa. Acima de tudo, uma previsão certeira era quase impossível devido ao fato de que a condição do inimigo, a situação "do outro lado do morro", permanecia basicamente envolta em mistério até mesmo para líderes que sabiam os segredos do sistema Ultra. As condições na Europa ocupada, bem como o estado da máquina de guerra de Hitler, eram compreendidas de forma inexata em Londres. Noticiava-se amplamente que os nazistas realizavam assombrosos massacres, matando muitos judeus em campos de extermínio. No entanto, o conceito de genocídio sistemático envolvendo milhões de vítimas estava além da imaginação do povo e do primeiro-ministro. Livros inteiros foram escritos sobre Churchill e o Holocausto, mas o essencial pode ser dito sucintamente: a partir de 1942, o primeiro-ministro teve ciência de que os nazistas adotavam políticas assassinas contra os judeus. Líderes judeus britânicos tentavam convencê-lo de que seu povo era submetido a horrores únicos e sem precedentes. Ele reagia com palavras de profunda solidariedade, até mesmo de emoção, e chegou a recomendar que a RAF fizesse o possível para deter o morticínio. Contudo, não insistiu no assunto quando lhe falaram de "dificuldades operacionais" — cujo significado para os aviadores era de que tentativas de destruir trilhos ferroviários na Europa Oriental não eram tão úteis ao esforço de guerra quanto continuar o ataque a cidades alemãs. Churchill via a matança de judeus no contexto da mais ampla política hitlerista de massacres, que abrangia milhões de russos, poloneses, iugoslavos, gregos e outras nacionalidades. Acreditava que a única maneira de lidar com esses horrores era apressar a derrota da Alemanha e a libertação dos países ocupados. Essa noção também guiava o pensamento do povo.

A ignorância pública alimentava intermináveis conjeturas, envolvendo um vasto leque de possibilidades que iam desde o fim da guerra em alguns meses até a sua continuação por tempo indeterminado. Harold Macmillan, quando se tornou ministro britânico no Mediterrâneo, escreveu: "O problema (...) é que ninguém realmente tem ideia do curso futuro da guerra. Num minuto, as pessoas afundam no mais extremo pessimismo — e acham que ela nunca terá fim. No outro, ficam tão animadas com uma batalha favorável que a consideram quase terminada. E os especialistas não podem nos dar nenhuma orientação. Quanto mais competentes eles são, menos inclinados me parecem (refiro-me a homens como Cunningham, Tedder e Alexander) a oferecer um ponto de vista."[67] Um colaborador da *Punch* compôs um poema sobre sua "nebulosidade em meio a uma brilhante estrela da Inglaterra". Isso pareceu familiar a Alan Lascelles, secretário particular assistente do rei George VI, que escreveu em seu diário: "Acho que, com exceção de trinta ou quarenta Altos Esotéricos — o Departamento de Guerra e asseclas imediatos —, recebo tanta luz sobre a sombria névoa da guerra quanto qualquer pessoa neste país. E estou coberto de incertezas."[68] Para seguir em diante, o cidadão comum precisava alimentar uma cega esperança, pois não havia provas que justificassem um otimismo consciente.

Nos dois primeiros dias de julho, Churchill enfrentou um debate sobre a moção de censura apresentada contra ele na Câmara dos Comuns. Sir John Wardlaw-Milne destruiu a própria causa nos primeiros minutos de discurso ao propor que o duque de Gloucester, o irmão notoriamente bronco do rei, virasse chefe militar supremo da Grã-Bretanha. A Câmara rompeu em gargalhadas de zombaria, e o rosto de Churchill se iluminou. Ele percebeu, naquele momento, que poderia afastar seus detratores. Ainda assim, foi obrigado a suportar uma chuva de críticas. Aneurin Bevan falou com maliciosa perspicácia: "O primeiro-ministro vence debate após debate e perde batalha após batalha. O país começa a dizer que ele trava debates como se fosse uma guerra e a guerra como se fosse um debate." Bevan afirmou, ainda, que as fábricas estavam produzindo as armas erradas; que o exército estava "infestado de preconceito de classe" e era mal comandado.

Então, fez uma daquelas perorações que deixavam Churchill indignado, mas ecoavam profundamente na opinião pública: "Pelo amor de Deus, não nos faça cometer o erro de trair aqueles valentes russos. Oferecemos discursos, os russos acreditaram e abriram garrafas de champanhe. Acreditam que este país tomará providências este ano a respeito do que chamam de Segunda Frente (...) Eles e a nação britânica contam com isso. Digo que é a decisão certa, a coisa correta a se fazer (...) Em questões de tal importância, não falem com desfaçatez." Durante o debate sobre a moção de censura, parlamentares fizeram críticas válidas aos tanques ruins e à má liderança do exército. Muito se falou sobre falta de bombardeiros de mergulho na RAF, à qual os britânicos atribuíam exagerado crédito pelos êxitos alemães. Compreensivelmente, ninguém sugeriu que o soldado britânico não era páreo para o alemão, mas houve ferozes denúncias ao alto comando e à cultura classista do exército, sendo que algumas vinham de parlamentares menos tendenciosos do que Bevan.

Impressionava os americanos que críticas tão contundentes tivessem livre curso. "Polyzoides" escreveu no *Los Angeles Times*: "O fato de que, durante um dos períodos mais dramáticos da história do Império Britânico, ainda haja liberdade de expressão e crítica atesta a grandeza do país."[69] Tais visões elevadas, no entanto, não serviam de grande consolo para o primeiro-ministro. Leo Amery escreveu: "Winston está excessivamente inclinado, acho eu, a atribuir a pura maldade pessoal a ansiedade de várias pessoas em saber o que de fato está acontecendo, e não faz nenhuma concessão à importância democrática de contar toda a verdade ao nosso povo, por mais impalatável que seja."[70] A dona de casa sra. Clara Millburn, apesar de grande admiradora de Churchill, ficou impressionada com o relato da atuação de Wardlaw-Milne na Câmara dos Comuns e escreveu em seu diário: "A princípio, seu discurso nos pareceu muito bom."[71] Em compensação, não gostou do discurso de abertura oferecido por Oliver Lyttelton em nome do governo: "Todos parecem querer C como primeiro-ministro, mas acham que ele não foi muito sábio na escolha do Gabinete." Quando a casa dividida votou, Churchill venceu por 475 votos a 25. "Ele é um gigante entre pigmeus quando se trata de um debate desses, e acho que todo mundo percebe", escreveu o parlamentar conservador Cuthbert Headlam, geralmente um cético.[72] E acrescentou que, se a moção de censura tivesse por alvo o Ministério do Abastecimento, ele mesmo não teria votado contra. No dia seguinte, a sra. Millburn escreveu: "Esperemos que o primeiro-ministro leve em conta as críticas, pois a gente vê que algumas mudanças são necessárias."[73]

O sucesso de Churchill na Câmara dos Comuns não contribuiu em nada para abafar severas e amplas críticas à condução de guerra do governo. *The Times*, num editorial de 10 de julho, embora dissesse que "nenhum grupo de opinião responsável sonha em mudar o comando do país", reiterou sua frequente demanda por separar as funções de primeiro-ministro e ministro da Defesa. O jornal voltou à carga em 20 de julho, observando: "Precisa-se urgentemente de uma vitória britânica"; e, mais uma vez, no dia 22: "Todos os indícios mostram que a máquina de guerra é pouco prática e desorganizada." Na seção de cartas do *Times*, um missivista chamado Clive Garcia, escrevendo do Army & Navy Club, mencionou "um círculo vicioso ao qual nos acostumamos: primeiro, o desastre; depois, um debate sobre a condução da guerra, no qual se manifesta profunda apreensão; então um voto de confiança no governo (...) e, por fim, uma pausa até o próximo desastre". Enquanto isso, afirmava Garcia, "as falhas na máquina de guerra não são corrigidas".

Vários outros missivistas abordaram com inteligência e pertinência a inadequação dos tanques britânicos. *The Times* fez o seguinte comentário sobre as críticas: "A pergunta simples — embora a resposta possa ser complexa — é como um grande e criativo país industrial, chegando ao fim do terceiro ano de Guerra, não consegue suprir seu Exército com armas superiores às empregadas pelo inimigo, cuja natureza é, na maior parte, conhecida?"[74] Um editorial do *New Statesman* de 29 de julho afirmou que "a situação militar dos [Aliados] é mais séria do que em qualquer outra época desde 1940".

Em 2 de julho, minutos após Churchill voltar da Câmara dos Comuns a Downing Street, Leo Amery chegou com o filho Julian, oficial do exército que acabava de retornar do Egito. Para indignação de Alan Brooke, que também estava presente, o jovem Amery — "um rapaz extremamente desagradável",[75] nas palavras do general — descreveu para o primeiro-ministro o exército do deserto como uma força desmoralizada, mal equipada e sem confiança nos comandantes. Isso confirmava a opinião do próprio Churchill. Num esboço inédito de suas memórias de guerra, ele caracterizou as derrotas do deserto em 1942 como "ignominiosas" e "lamentáveis".[76] Em seis meses, as forças de Auchinleck foram obrigadas a recuar 960 quilômetros. Para piorar, o capitão Amery deu voz aos mais profundos instintos do primeiro-ministro ao recomendar que Churchill fosse ao Oriente Médio para resolver a situação. "A desfaçatez do jovem bruto era quase insuportável para mim", escreveu Brooke.[77] O chefe do estado-maior imperial esperava viajar sozinho ao Egito para tratar das dificuldades do exército. Agora, o primeiro-ministro estava decidido a intervir pessoalmente e, em seguida, voar a Moscou para confrontar Stalin.

Antes disso, Hopkins, Marshall e King fizeram uma nova visita a Londres. Enquanto aguardava a chegada deles, o ex-chefe do estado-maior imperial Sir John Dill escreveu de Washington para Churchill: "Permita-me sugerir, com todo o respeito, que o senhor convença os visitantes de que está determinado a vencer os alemães, de que vai atacá-los no continente europeu na primeira oportunidade, mesmo que em escala limitada, e de que todos os desvios a esse grande esforço serão ignorados pelo senhor."[78] O general fez reflexões tendenciosas sobre um possível desembarque na França: "O que significa êxito? Se a invasão falhar taticamente, mas tirar o foco do front russo, terá sido bem-sucedida?" Era improvável que essas ponderações sentimentais aumentassem a confiança de Churchill em Dill, que conquistara certa popularidade em Washington por ser visto como favorável à Segunda Frente antecipada. "Mas Churchill pensa o contrário", escreveu o vice-presidente Wallace. "Aparentemente, a classe dominante na Inglaterra está muito preocupada em não sacrificar soldados britânicos demais. Perde tantos na Primeira Guerra Mundial que acha inviável sofrer mais baixas na Segunda Guerra Mundial. Quer esperar até os exércitos americanos estarem suficientemente treinados para que as perdas sejam pelo menos meio a meio. Dill não pertence a essa escola de pensamento."[79] Era verdade, sem dúvida, que algumas pessoas em Londres achavam que o general tinha "virado nativo" em Washington.

Para desgosto do primeiro-ministro, quando chegaram a Londres em 19 de julho, Marshall, King e Hopkins passaram algumas horas conversando com o recém-nomeado oficial americano sênior na Europa, o general Dwight Eisenhower, antes de seguirem para Downing Street. Iniciadas as discussões anglo-americanas, os visitantes reiteraram sua demanda habitual por uma cabeça de praia na França em 1942. Apegaram-se teimosamente a duas propostas que os britânicos consideravam monstruosas. Em primeiro lugar, achavam que um "reduto", ideia que Churchill apoiara brevemente em junho de 1940, poderia ser capturado e mantido no norte da França. Em segundo, acreditavam que mesmo em caso de insucesso, as perdas — destinadas a ser britânicas, na maioria esmagadora — seriam justificadas pelo inconveniente imposto aos alemães.

Brooke repetiu as objeções de praxe. O chefe do exército americano o contestou abruptamente, perguntando: "Pois bem, como vamos vencer esta guerra? Não dá para ganhar com ação defensiva."[80] Churchill apresentou formalmente a proposta de Marshall ao Gabinete de Guerra, que a rejeitou por unanimidade. Não havia muito mais a ser dito. Os americanos continuavam profundamente insatisfeitos, mas sabiam que não poderiam impor um plano quase inteiramente dependente do sacrifício de vidas britânicas. Seguindo instruções de Roosevelt, Marshall tinha ido a Londres para tentar, uma última vez, convencer os britânicos a aceitar uma invasão à França; se não conseguisse, deveria concordar com o plano norte-africano. Em 22 de julho, o presidente telegrafou aquiescendo à rejeição britânica por um ataque antecipado ao continente. Com enorme relutância, Marshall concordou em participar dos desembarques daquela que se tornaria a operação Tocha em novembro de 1942.

Agora os britânicos eram só sorrisos, e era a vez de os americanos ficarem amuados. O embaixador "Gil" Winant, geralmente pouco assertivo, fez veementes objeções ao plano norte-africano. Os visitantes americanos passaram um último fim de semana em Chequers, com o primeiro-ministro no melhor humor possível, e depois voltaram para Washington remoendo a frustração.

Durante a maior parte de agosto, Marshall continuou a argumentar contra a operação Tocha. Desde o momento em que Churchill trouxe o plano norte-africano para a mesa, em dezembro, o chefe do exército insistiu em acatá-lo apenas se as tropas americanas pudessem desembarcar sem resistência, com o consentimento de Vichy. Os Estados Unidos temiam que, caso fosse necessário um ataque anfíbio, os alemães enviassem rápidos reforços para o Norte da África através da Espanha franquista, isolando as forças americanas desdobradas a leste do estreito de Gibraltar. É importante ressaltar que, no fim do verão de 1942, os chefes militares americanos achavam que os britânicos inevitavelmente perderiam o Egito. Isso deixaria o exército de Rommel livre para enfrentar uma força invasora americana. Marshall não só repudiava a ideia de empenhar soldados americanos no teatro do Mediterrâneo: temia que uma campanha ali fracassasse. Um pessimista como Alan Brooke, com sensibilidade à perspectiva de um malogrado ataque americano no Norte da África, talvez oferecesse um contraste desfavorável à indiferença do comandante americano aos perigos de um insucesso britânico na França.

O lançamento da operação Tocha representou uma das mais importantes vitórias de Churchill na guerra. Ele convencera Roosevelt a impor uma linha de ação aos chefes de seus estados-maiores, que eram opositores ferrenhos. Quanto ao presidente, essa foi a intervenção estratégica mais significativa, uma das poucas ocasiões em que ele de fato desempenhou a função de comandante em chefe, em vez de delegar poderes aos conselheiros militares. Os dois líderes nacionais demonstraram o mais alto grau de sabedoria. A decisão de Roosevelt foi movida pelos mesmos imperativos políticos que Churchill reconhecia. Marshall admitiria essa verdade posteriormente, ao dizer sobre os chefes de estados-maiores americanos: "Não conseguíamos ver que, numa democracia, um líder precisa entreter o povo. O povo quer ação."[81] O cumprimento desse requisito foi acompanhado pela admissão presidencial de que se os britânicos decidissem não desembarcar na França em 1942, ninguém poderia obrigá-los. Nessa fase, Roosevelt estava muito mais disposto do que nos anos vindouros a deixar-se influenciar pelo julgamento de Churchill. Inicialmente, os Estados Unidos desembarcariam apenas 70 mil soldados no Norte da África, ainda que aos poucos esse contingente fosse reforçado. Em 1942, uma proporção significativa das forças disponíveis de Marshall estava empenhada na defesa do território americano, embora fosse difícil imaginar que alguém tentasse uma invasão.

Os britânicos buscaram aliviar as frustrações dos Estados Unidos quando endossaram vigorosamente seus planos de desembarque na França em 1943. Marshall, contudo, sabia que, quando as forças americanas começassem a combater no Mediterrâneo, seria difícil retirá-las a tempo de participar, no ano seguinte, de uma invasão à França. No documento formal que ordenava o empenho no Norte da África, CCS94, os chefes de estado-maior reconheciam "que fica subentendido que um compromisso [com a Tocha] torna o sucesso da Roundup [uma invasão à França] quase certamente impraticável em 1943". Apenas muito tempo depois alguns proeminentes militares americanos admitiriam, com relutância, que Churchill talvez tivesse razão; que a decisão tomada junto a Roosevelt de lançar a Tocha salvou os Aliados de uma colossal insensatez. E isso só aconteceu depois que o Exército dos Estados Unidos experimentou a terrível realidade de lutar contra a Wehrmacht.

12
Os camelos e o urso

Churchill viajou ao Oriente Médio em austero e perigoso desconforto. "Que energia e bravura do velho senhor", disse, maravilhado, Oliver Harvey, "partindo (...) para uma viagem pela África no meio do verão."[1] Isso não deixava de ser verdade, mas mascarava o fato de que, até a fim da guerra, Churchill se sentia muito mais feliz em teatros de operações além-mar do que na insipidez da Grã-Bretanha, onde encontrava pouco romance, crescente mesquinhez e reclamações. Embora apreciasse a visão da fortaleza de Albion, a realidade ali ficava cada vez mais hostil. Antes de partir, o primeiro-ministro discutiu com Eden se outro ministro deveria juntar-se à comitiva: "Ele sentia necessidade de companhia, especialmente em Moscou."[2] Era uma mostra da solidão de Churchill quando enfrentava grandes desafios. Ele ansiava pela camaradagem de alguma figura como Beaverbrook, em quem podia confiar e com quem poderia trocar impressões e piadas. Dessa vez, entretanto, ficou decidido que ele só levaria servidores civis e militares no *entourage*, com destaque para Alan Brooke. Na etapa de Moscou, a eles se juntariam Averell Harriman, cuja presença se destinava a indicar aos russos que os americanos endossavam as ações britânicas, e Sir Archibald Wavell, que servira na Rússia em 1919 e falava a língua do país.

Eles viajaram a bordo de um bombardeiro Liberator que tinha preciosas virtudes de desempenho — raio de ação, velocidade e altitude —, mas nenhum dos luxos de um Boeing Clipper. Por alguma razão, para constrangimento dos aviadores da Grã-Bretanha, a segurança do primeiro-ministro foi confiada ao jovem piloto Bill Vanderkloot, de Illinois, que fazia entregas de aeronaves através do Atlântico. Julgava-se que Vanderkloot tinha a personalidade, as aptidões de navegação e a experiência de grande alcance que nenhum piloto britânico disponível poderia igualar. O americano correspondeu admiravelmente às expectativas. Seu avião, no entanto, era um transporte apertado e inadequado para um senhor de idade sobre cujo bem-estar repousavam, em considerável medida, as esperanças da civilização ocidental. Era tão barulhento que, para se comunicar com os outros passageiros, Churchill recorria à troca de bilhetes. O voo foi longo e frio. Fizeram uma escala africana no Marrocos espanhol e em seguida percorreram uma trajetória que os levou para dentro do continente antes de tomar a direção leste, sobre o deserto, voando alto e usando oxigênio. Com a máscara, escreveu um dos tripulantes, Churchill "tinha a aparência exata de quem estava numa festa de Natal à fantasia".[3] Sentado no banco do copiloto, reviveu inúmeras recordações da juventude enquanto se aproximavam do Cairo: "Eu costumava ver o sol nascer no Nilo."[4] Uma vez no solo, fez uma série de perguntas detalhadas a soldados e funcionários sobre a campanha no deserto, bem como sobre o exército e seus comandantes.

Tudo que viu e ouviu confirmava seus instintos em Londres. Desde 1939, visitantes no Egito se horrorizavam com a lassidão que impregnava o conjunto de quartéis, acampamentos, vilas, hotéis e clubes localizados ao longo do Nilo. Um ar de imperialismo imoderado, de uma espécie que confirmava os piores preconceitos de Aneurin Bevan, persistia mesmo em meio a uma guerra por sobrevivência nacional. "O velho Miles [Lampson, embaixador britânico no Egito] leva uma vida totalmente pacífica, um sátrapa", escreveu Oliver Harvey com desdém. "Não faz absolutamente nada."[5] Os hábitos e a tranquilidade dos tempos de paz também prevaleciam em muitos ranchos. Em 1941, Averell Harriman, que não era nenhum asceta, ficou chocado com a indolência e o luxo que viu em sua primeira visita ao Cairo. Um ano depois, ainda havia cavalheiros de mais dominando jogadores de menos. O ex-candidato republicano à presidência, Wendell Willkie, de passagem pelo Egito, percebeu uma atitude "lânguida" quanto à guerra que lhe pareceu "dolorosa". Auchinleck frustrou repetidas vezes as esperanças de Churchill. Os bons soldados do Oriente Médio estavam cansados. Um oficial de estado-maior escreveu do Egito em julho de 1942: "Parece-me que há muita gente aí que nunca viu guerra nenhuma — não por culpa sua — e muita gente aqui que viu mais do que deveria."[6]

O exército do deserto continuava a padecer de graves deficiências técnicas e táticas. O *éthos* de cavalaria ainda dominava as operações blindadas, embora as tentativas de destruir tanques alemães com tanques britânicos constantemente fracassassem. As formações de "Auk" pareciam incapazes de dominar a arte do Afrika Korps, que empregava canhões anticarro para deter blindados britânicos antes de lançar seus Panzers. A má qualidade da produção industrial britânica ficou escancarada quando tanques de fabricação nacional foram descarregados no Egito. Era evidente que os parafusos haviam sido apertados a mão nas fábricas, e a maioria não fora adequadamente acondicionada e embarcada para uma travessia oceânica. Semanas de trabalho foram necessárias nas oficinas do delta do Nilo para que os veículos blindados estivessem em condições de combate. Os tanques Grant americanos, que já equipavam algumas unidades britânicas, contavam com um canhão de 75 milímetros montado na torre capaz de destruir Panzers alemães, mas tirando isso eram inferiores. Novos Shermans ainda estavam em trânsito vindo dos Estados Unidos.

As tropas de Auchinleck viram-se superadas vez após vez. As derrotas britânicas em 1940 e 1941 foram atribuídas a circunstâncias fora do controle dos comandantes: negligência antes da guerra, falta de apoio aéreo e superioridade alemã. No entanto, era possível apontar responsáveis pelos fracassos no fim de 1941 e em 1942. Os dois mais aptos aviadores do Cairo, Arthur Tedder e "Maori" Coningham, comunicaram francamente a Churchill e Brooke sua visão sobre as deficiências do exército. Durante a visita ao Cairo, o coronel Ian Jacob anotou em seu diário que houvera "demasiados casos de unidades que se rendiam quando, em circunstâncias idênticas na guerra passada, teriam resistido (...) A disciplina do exército já não é o que era (...) Nessa guerra, falta o forte incentivo de uma causa nacional. Nada substituiu o velho lema 'Pelo Rei e pela Pátria'. Os objetivos apresentados ao povo (...) são negativos, e parece que ainda não ficou claro (...) que esta é uma guerra pela própria sobrevivência".[7] O correspondente de guerra Alan Moorehead concordava: "No Oriente Médio havia, em agosto, um sentimento geral e crescente [entre os soldados] de que alguma coisa estava sendo escondida, de que eles eram convocados a lutar por uma causa que os líderes não consideravam vital o suficiente para enunciar com clareza. Não adianta dizer ao soldado médio que ele está lutando pela vitória, por seu país, para cumprir o seu dever. Disso ele sabe. E agora pergunta: 'A luta é por que tipo de vitória? Por que tipo de país no pós-guerra? Para cumprir meu dever com que objetivo na vida?'"[8]

Se isso era mesmo verdade — e Moorehead conhecia bem o exército do deserto —, então parte da culpa cabia ao próprio primeiro-ministro. Era ele que, contrariando as recomendações dos ministros, se recusava a falar sobre os "objetivos da guerra" ou sobre um panorama do pós-guerra. Em vez disso, oferecia aos soldados britânicos a promessa de glória marcial, escrevendo do Cairo para Clementine: "Pretendo encontrar cada unidade importante deste exército, da retaguarda às linhas de frente, e fazer com que todas sintam as vastas consequências que dependem delas, bem como as magníficas honrarias que estão a seu alcance."[9] Ao supor que tais atitudes representavam estímulos plausíveis ou adequados para soldados civis, Churchill quase seguramente cometeu um erro. Todavia, não estava na natureza dele compreender que, para a maioria dos homens, as perspectivas pessoais num futuro pós-guerra eram mais importantes do que medalhas e lauréis a serem conquistados durante a luta.

Na opinião de Churchill, a maior prioridade no Egito era, como sempre, identificar novos comandantes. Em 6 de agosto, já tinha decidido demitir Auchinleck. O general recebeu a notícia com deselegância e ficou ressentido pelo resto da vida.[10] Dill responsabilizou Churchill pelo fracasso do comandante em chefe do Oriente Médio, e afirmou que o primeiro-ministro "arruinou Auchinleck (...) apequenou-o assim como apequena outros à sua volta". A acusação revela mais sobre as limitações de Dill, atuando como delegado sindical dos generais britânicos malsucedidos, do que sobre as limitações do primeiro-ministro. É claro que Churchill atormentara Auchinleck. Já foi sugerido que o fracasso do general refletia, em parte, fraquezas institucionais do exército britânico. No entanto, "Auk" fora o homem encarregado de uma série de operações pessimamente conduzidas por subordinados de escolha dele. Em maio e junho de 1942, a incapacidade britânica de derrotar o Afrika Korps em Gazala refletia uma total incompetência de comando. Demitir Auchinleck foi sem dúvida uma decisão acertada.

O primeiro impulso de Churchill foi nomear Alan Brooke como substituto. O chefe do estado-maior imperial ficou comovido com a possibilidade, mas sábia e generosamente a rejeitou. Julgava-se indispensável ao Departamento de Guerra — e estava certo. A próxima escolha do primeiro-ministro foi o tenente-general William "Strafer" Gott, que adquirira no front a reputação de líder arrojado, mas em quem Brooke não depositava confiança. Desde 1939, o primeiro-ministro se convencera de que faltavam às forças armadas da Grã-Bretanha líderes com coragem e determinação, de modo que procurara designar para o alto comando heróis e guerreiros comprovados. Nisso quase sempre errou. Mais do que evidente bravura pessoal, o que faltava era um profissionalismo inabalável. Há algo de verdadeiro na observação de um escritor russo, segundo o qual "a coragem muitas vezes constitui a maior parte do homem que a possui". Muitos guerreiros favoritos de Churchill careciam de intelecto. Em 1940, ele elevara o almirante Sir Roger Keyes a diretor de operações combinadas. Keyes era presunçoso e tinha talento para a linguagem bombástica, mas era totalmente inadequado para o cargo, como Churchill foi obrigado a reconhecer no ano seguinte. O substituto de Keyes, Mountbatten, conquistou Churchill com suas proezas no mar. A Marinha Real, porém, considerava "Dickie" uma espécie de indiferente contratorpedeiro condutor de flotilha, e alguns almirantes ficaram revoltados ao ver que o glamour, a eloquência e as ligações com a família real garantiram sua meteórica ascensão. Freyberg fracassou em Creta. Outro favorito de Churchill, o major-general Sir Edward Spears, foi responsável por muitas dificuldades nas relações com a França Livre, sobretudo em sua função de principal representante britânico na Síria.

Em 1942, Churchill escolheu o almirante Sir Henry Harwood para suceder Andrew Cunningham como comandante em chefe no Mediterrâneo. Harwood conquistara a aprovação do primeiro-ministro ao chefiar sua divisão de cruzadores na Batalha do Rio da Prata, em dezembro de 1939, contra o encouraçado de bolso *Graf Spee*. No entanto, apesar da coragem indubitável, era um oficial notoriamente estúpido cujo afastamento logo se tornaria necessário. Ainda assim, o entusiasmo de Churchill por heróis navais não diminuiu. Quando Dudley Pound morreu, em setembro de 1943, Churchill queria que o almirante Sir Bruce Fraser o substituísse como Primeiro Lorde do Mar. Oficiais navais achavam Fraser inepto, porém Churchill via nele um guerreiro. Quando a marinha insistiu em Cunningham, que frequentemente discutia com o primeiro-ministro, Churchill respondeu de modo petulante: "Tudo bem. Vocês podem ficar com seu Cunningham, mas se o Almirantado não seguir ordens, eu arruinarei a Junta mesmo que isso signifique a minha ruína."[11]

Gott foi mais um oficial que agradou ao primeiro-ministro pela fama de ser agressivo, mas é muito improvável que tivesse competência para comandar o VIII Exército. O destino interveio. Quando Gott estava a caminho do Cairo para assumir o cargo, o avião que o levava foi derrubado e ele morreu. Em seu lugar, o candidato de Brooke, Sir Bernard Montgomery, foi convocado do comando de um corpo de exército na Inglaterra para chefiar o VIII Exército. Churchill conhecera Montgomery em visitas às suas unidades e ficou impressionado com a personalidade forte, mas nem tanto com a grosseira presunção do comandante. Contudo, ao aceitar nomeá-lo para o deserto, o primeiro-ministro dependeu inteiramente do discernimento de Brooke. O general Sir Harold Alexander, valente, charmoso, porém passivo oficial da Guarda, que recentemente presidira a retirada britânica da Birmânia, foi nomeado comandante em chefe no Oriente Médio. O primeiro-ministro, que achava "Alex" agradável e tranquilizador, esperava que ele desempenhasse uma função muito mais importante no preparo de operações futuras do que Montgomery. Vários oficiais subordinados seniores também foram selecionados para demissão e substituição.

Tendo iniciado uma grande mudança na cúpula, Churchill partiu do Cairo para a etapa mais onerosa daquela épica excursão. Ia encontrar-se com o comandante militar da União Soviética para lhe dar a difícil notícia de que os Aliados Ocidentais decidiram não lançar uma Segunda Frente em 1942. Após uma breve escala em Teerã, em 12 de agosto, ele enfrentou um voo de dez horas e meia para Moscou, acompanhado por seus assessores e também de Averell Harriman. Poucas horas depois de pousar, Churchill foi convocado ao Kremlin e pediu a Harriman que o acompanhasse: "Acho que as coisas serão mais fáceis se parecermos estar juntos nisso. Tenho uma tarefa meio indigesta."

Na verdade, e como apenas um número surpreendentemente pequeno de historiadores reconhece, Stalin já estava ciente de tudo o que Churchill temia lhe contar. Whitehall e Washington eram frequentados por inúmeros simpatizantes do comunismo. Um dos mais importantes, John Cairncross, servia como secretário particular de lorde Hankey e tinha acesso aos documentos do Gabinete de Guerra até ser demitido por Hankey em 1942, quando foi transferido para Bletchley Park. Anthony Blunt servia no MI5, enquanto Guy Burgess e Kim Philby trabalhavam para o SIS (Serviço Secreto de Inteligência, na sigla em inglês). Donald Maclean tinha acesso a materiais do Foreign Office que eram de vital importância, sobretudo pesquisas sobre a bomba atômica. No governo americano — que, de todo modo, não escondia bem seus segredos dos russos —, Harry Dexter White trabalhava para Henry Morgenthau, Nathan Silvermaster, para o Conselho Econômico de Guerra, Alger Hiss, para o Departamento de Estado. Harry Hopkins falava com surpreendente liberdade, embora certamente sem más intenções, com um importante agente do NKVD nos Estados Unidos. Durante toda a guerra, por intermédio de seus controladores em Londres e Washington, essas pessoas repassaram a Moscou um grande volume de relatórios, memorandos dos governos britânico e americano e mensagens decodificadas do Eixo. Como resultado, antes de qualquer encontro de cúpula dos Aliados, os russos estavam muito mais bem informados sobre as intenções militares anglo-americanas do que vice-versa. Stalin recebia de Londres uma quantidade tão grande de material, que alguns ele até rejeitava por considerá-los desinformação, embustes plantados por ardilosos agentes de Churchill. Quando Kim Philby, do SIS, contou a seu controlador no NKVD que a Grã-Bretanha não conduzia operações secretas de inteligência na União Soviética, Stalin rejeitou o relato com o desdém que julgou apropriado. Molotov e Lavrenti Beria, chefes de inteligência e da polícia secreta soviéticas, com frequência escondiam de seu líder valiosas informações de inteligência por acharem que ele as receberia com raiva.

Contudo, em agosto de 1942, Stalin foi informado exaustivamente sobre a estratégia dos Aliados Ocidentais, graças a agentes soviéticos que ocupavam importantes posições. Ficou sabendo das acirradas disputas anglo-americanas quanto à questão da Segunda Frente. Em 4 de agosto, Beria informou:

> Nosso residente do NKVD em Londres enviou as seguintes informações, recebidas de uma fonte próxima ao Estado-Maior inglês: uma reunião sobre a Segunda Frente foi realizada em 21 de julho de 1942. Dela participaram Churchill, lorde Mountbatten, o general Marshall e outros. O general Marshall criticou duramente a atitude dos ingleses (...) Insistiu que a Segunda Frente deveria ser aberta em 1942 e advertiu que, se os ingleses não o fizessem, os Estados Unidos reconsiderariam a decisão de mandar reforços à Grã-Bretanha e concentrariam a atenção no Pacífico. Churchill deu a seguinte resposta ao general Marshall: "Não há um único grande general que recomende o início de operações no continente." Houve outra reunião sobre a Segunda Frente em 22

> ou 23 de julho de 1942. Do lado inglês participaram Churchill, Mountbatten e os chefes de estado-maior; do lado americano, Marshall, Eisenhower e outros. Os participantes discutiram um plano de especialistas militares ingleses e americanos para uma invasão ao continente (...) Todos os chefes do estado-maior inglês votaram contra e foram apoiados por Churchill, que declarou não poder votar contra os chefes do seu próprio estado-maior. O residente do NKVD em Londres também informou o seguinte, com base em informações de agentes que já foram confirmadas por uma fonte próxima à embaixada americana: em 25 de julho, o Gabinete de Guerra britânico chegou à conclusão de que não deve haver uma Segunda Frente este ano.[12]

Em 12 de agosto, Stalin recebeu mais informações de inteligência do NKVD, incluída uma nota sobre a posição política do primeiro-ministro: "Churchill partiu para a URSS numa atmosfera de crise política interna cada vez maior. O acirramento da luta no front soviético-alemão teve efeito marcante na opinião pública britânica (...) A fonte crê que Churchill fará numerosas concessões à União Soviética BERIA."[13] Não se deve concluir que, por causa do acesso russo a tais análises, Stalin sempre recebesse informações corretas. Por exemplo, várias vezes durante a guerra agentes do NKVD comunicaram a Moscou supostas conferências entre os Aliados Ocidentais e líderes nazistas. Em 12 de maio de 1942, Beria entregou a Stalin "um relatório do residente em Londres sobre tentativas alemãs de iniciar uma negociação separada com os ingleses": "Sabemos, de fonte segura, que um funcionário da embaixada alemã na Suécia voou de Estocolmo para Londres a bordo de uma aeronave civil."[14] Essa afirmação era falsa, assim como outras parecidas, mas alimentava a paranoia soviética. As informações do NKVD eram precisas, porém, no tocante à posição da Grã-Bretanha sobre a Segunda Frente. Moscou foi informada de que as objeções do primeiro-ministro não se deviam, como Stalin supunha, a uma hostilidade política à União Soviética, mas a pragmáticas considerações militares.

Stalin sempre demonstrou intensa curiosidade em relação a Churchill, que por um quarto de século foi o arqui-inimigo do bolchevismo. Em junho de 1941, o líder russo ficou surpreso com o entusiasmo do primeiro-ministro em abraçá-lo como cobeligerante. Nos quatorze meses de intervalo, porém, pouco aconteceu para despertar a confiança de Stalin. Extravagantes promessas ocidentais de ajuda resultaram em entregas relativamente parcas. O editorialista do *Times* falou com efusão, em 6 de janeiro de 1942, sobre o fluxo de suprimentos britânicos em apoio à aliança com os soviéticos: "O primeiro resultado dessa colaboração foi o esplêndido desempenho de tanques e aviões britânicos e americanos nos campos de batalha russos." Tratava-se de uma enorme distorção da realidade, baseada em fantasiosos comunicados do governo britânico à mídia e ao Parlamento. Na verdade, a quantidade de aeronaves e tanques enviados à Rússia era menor que o prometido, e boa parte do material foi afundada durante a viagem.

O comboio PQ16 foi alvo de 145 ataques da Luftwaffe e perdeu onze de seus 35 navios. Em julho, quando 26 de 37 navios que transportavam suprimentos americanos e britânicos foram destruídos com o PQ17, 3.850 caminhões, 430 tanques e 250 caças desapareceram no fundo do mar. Após esse desastre, a Marinha Real insistiu em cancelar todos os futuros comboios enquanto durasse o verão ártico e sua interminável claridade. Churchill, pressionado por Roosevelt, retomou os comboios de setembro e começou a transportar suprimentos pela Pérsia, onde os britânicos e os russos dividiam o controle militar. Entretanto, a única realidade que importava para Moscou era que as remessas estavam aquém das garantias aliadas e das necessidades russas. Além disso, e o que era mais grave, os britânicos vetaram planos americanos para uma Segunda Frente antecipada.

Era implausível que Stalin demonstrasse um entusiasmo sentimental por seus aliados britânicos, ou mesmo por quaisquer outros seres humanos em seu universo. Ele jamais admitiria que as dificuldades de seu país eram consequência da benevolência incrivelmente cínica com a qual tratou Hitler em 1939. Apesar disso, não é por ser espúrio que o sentimento russo de vitimismo indignado mostrava-se menos verdadeiro. Os soviéticos procuravam constranger ou forçar os britânicos e americanos a manter as remessas de suprimentos e a desembarcar um exército na Europa logo que possível. A Rússia contava seus mortos aos milhões, enquanto os britânicos cabriolavam no Norte da África, pagando uma minúscula fração do sangrento sacrifício oriental. Em agosto de 1942, Rostov-do-Don caíra, os exércitos da Alemanha avançavam rapidamente no Cáucaso e estavam quase às portas de Stalingrado. A posteridade sabe que, ao dividir suas principais arremetidas de verão para capturar a cidade estrategicamente irrelevante que levava o nome de Stalin, Hitler cometera um erro fatal. A maré da guerra no leste viraria decisivamente até o fim do ano. Os russos, contudo, naquela altura, não conseguiam ver além do cataclismo. Sabiam apenas que a situação em que estavam era desesperadora. Assim como um homem que braceja num mar de tubarões jamais olharia amigavelmente para espectadores que torcem de seus barcos, os russos jamais veriam os britânicos como companheiros de luta.

O primeiro-ministro não perdeu tempo, em seu primeiro encontro com Stalin, para informá-lo da decisão contrária a um desembarque na Europa em 1942. Disse que um empreendimento desse tipo precisaria ocorrer em escala reduzida e, portanto, estaria sem dúvida condenado ao fracasso. Não ajudaria em nada a causa da Rússia. Os governos britânico e americano estavam, porém, preparando "uma operação muito grande" em 1943. Contou a Stalin sobre a Tocha, o plano de invasão ao Norte da África, com a observação de que aquele segredo não deveria chegar ao conhecimento da imprensa britânica — uma crítica às notórias indiscrições do embaixador Maisky a jornalistas em Londres. Falou bastante sobre o bombardeio da RAF a cidades alemãs, ocasião em que descreveu os primórdios de uma longa campanha para destruir sistematicamente as cidades de Hitler com uma crueldade que, segundo imaginava, o líder soviético aplaudiria. "Não pedimos misericórdia", disse o primeiro-ministro, "e não demonstramos misericórdia".

O conteúdo desse primeiro encontro, que durou três horas e quarenta minutos, ficou ainda mais impalatável por causa da má tradução. De início, todos os visitantes estrangeiros que iam ao Kremlin ficavam desconcertados com o fato de Stalin nunca olhar nos olhos da pessoa. Em vez disso, esse comandante militar infinitamente tortuoso, trajando uma túnica lilás e calças de algodão enfiadas em botas de cano longo, olhava de modo impassível para a parede ou para o chão enquanto escutava ou falava. Não houve acessos de raiva por parte dos soviéticos, embora Stalin tenha deixado claro o descontentamento com a decisão sobre a Segunda Frente. "Quem não está preparado para correr riscos", escarneceu, "não pode vencer uma guerra." Levando em conta sua ciência prévia da "revelação" de Churchill, nesse encontro ele estava se divertindo à custa do primeiro-ministro, porém o fez com a suprema habilidade diplomática de costume, mantendo os visitantes em suspense sobre o que efetivamente sabia ou pensava. Quando se despediram e Churchill voltou à vila, o primeiro-ministro mandou uma mensagem para Attlee em Londres: "Ele já sabe do pior, e nos despedimos num clima de boa vontade." Harriman telegrafou para Roosevelt: "O primeiro-ministro estava em grande forma e não poderia ter conduzido a discussão de maneira mais brilhante." No dia seguinte, 13, Churchill conversou com Molotov sobre os pormenores dos planos aliados e sobre a ajuda à Rússia.

Naquela tarde, Brooke, Wavell e Tedder chegaram num Liberator que estava atrasado por causa de um problema técnico. Compareceram a tempo de assistir ao segundo encontro do primeiro-ministro com Stalin, e ficaram chocados com a frieza da recepção. O líder soviético começou entregando a Churchill um protesto formal contra o atraso da Segunda Frente: "É fácil compreender que a recusa do Governo da Grã-Bretanha em criar uma Segunda Frente em 1942 representa um golpe mortal à opinião pública soviética como um todo (...) complica a situação do Exército Vermelho no front e compromete os planos do comando soviético." Em seguida, aconteceu o que Churchill chamou de "uma discussão extremamente desagradável". Ele estava decidido a deixar o mais claro possível que a decisão dos Aliados era irrevogável e, portanto, tais "repreensões eram vãs". Stalin o provocou ao mencionar a destruição do PQ17: "Foi a primeira vez na história que a marinha britânica virou as costas e fugiu da batalha. Vocês, britânicos, têm medo de lutar. Não deviam pensar que os alemães são super-homens. Terão de lutar mais cedo ou mais tarde. Não podem vencer uma guerra sem lutar."

Harriman passou um bilhete para Churchill: "Não leve isso a sério — foi assim que ele agiu ano passado." O primeiro-ministro, então, falou para Stalin com genuína paixão sobre a audaciosa resistência da Grã-Bretanha no passado e sobre sua resolução no futuro, a torrente de sua retórica fluindo diante dos intérpretes. Stalin riu: "Suas palavras não são importantes, o que é vital é o espírito." Churchill acusou Stalin de demonstrar falta de camaradagem. A Grã-Bretanha, lembrou ele ao georgiano, foi obrigada a lutar sozinha durante um ano. Nas primeiras horas de 14 de agosto, as duas delegações se despediram tão friamente como quando se reuniram. "Estou desanimado e abatido", admitiu Churchill aos colegas britânicos. "Percorri um longo caminho e fiz um grande esforço. Stalin se refestelou fumando seu charuto com os olhos semicerrados, emitindo uma enxurrada de insultos. Disse que os russos perdiam dez mil soldados por dia. Disse que, se o exército britânico lutasse com os alemães tanto quanto o Exército Vermelho, não os temeria tanto."[15]

Depois de poucas horas de sono, os britânicos trocaram impressões. Churchill estava se recuperando da derrota recente. Toda a latente animosidade contra os soviéticos veio à tona, revivida pelos insultos de um líder que, dezoito meses antes, estava disposto a se unir a Hitler no estupro da Europa. Também ficou consternado com uma mensagem vinda de Londres, que narrava detalhadamente pesadas perdas do épico comboio *Pedestal* para Malta. Telegrafando a Attlee para informá-lo da intransigência dos russos, disse que levou "muito em conta os estresses pelos quais têm passado".

Naquela noite, os britânicos compareceram a um banquete, marcado pela costumeira orgia de brindes. Anfitriões e convidados se regalaram grotescamente numa sociedade à beira da inanição em massa. No entanto, o que era uma estranheza a mais, em meio à funesta e perpétua suntuosidade do Kremlin? Stalin ia de mesa em mesa, como tinha o hábito de fazer, retinindo copos e contando piadas, com frequência deixando Churchill sozinho e calado num canto. Quando o comandante militar soviético se sentou mais uma vez, o primeiro-ministro lhe disse: "Sabe de uma coisa, eu não fui muito cordial com você depois da última guerra. Você me perdoa?" O anfitrião respondeu: "Isso tudo é passado. Não cabe a mim perdoar. Quem perdoa é Deus."[16] A tradução literal obscurece o significado proverbial da frase russa, que Churchill provavelmente não entendeu: "Jamais perdoarei." A delegação britânica estranhou que Stalin, logo ele, invocasse com tanta frequência a Divindade, hábito que adquiriu quando era um jovem seminarista. A respeito da operação Tocha, declarou: "Que Deus abençoe essa empreitada."[17] O mais notável êxito da noite foi um discurso de Wavell em russo.

Até mesmo os soviéticos se impressionaram com a quantidade de álcool consumida tanto por seu líder como por Churchill. Um convidado, desconhecendo a habitual dicção do primeiro-ministro, escreveu posteriormente: "Sua fala estava arrastada, como se tivesse a boca cheia de mingau." Os russos imaginaram que Churchill estivesse cometendo uma chocante indiscrição quando viram Brooke puxá-lo pela manga, de um modo que nenhum homem jamais ousaria fazer com Stalin. Quando o primeiro-ministro deixou a sala de jantar, Stalin notou que Alexander Golovanov, responsável por comandar os bombardeiros de longo alcance da força aérea soviética, olhava para ele assombrado. "Não tenha medo", disse o líder soviético, com inusitada docilidade. "Não vou beber toda a Rússia." Ficou calado por uns momentos e continuou: "Quando grandes assuntos de Estado estão em jogo, o álcool tem gosto de água e a cabeça está sempre clara."[18] Golovanov notou, com respeito, que Stalin saiu da sala firmemente e sem pressa.

Churchill deixou o banquete taciturno, com críticas à comida, aos modos do anfitrião e ao ambiente desagradável. Na manhã seguinte, uma reunião com Brooke, Wavell e os principais oficiais de Stalin mostrou-se malograda quando os russos se recusaram terminantemente a revelar detalhes das operações no Cáucaso, com a alegação de que só estavam autorizados a discutir a Segunda Frente. O único sistema de armas soviético que despertou o entusiasmo britânico foi o lançador múltiplo de foguetes Katyusha, sobre o qual os visitantes pediram detalhes técnicos. Tais detalhes, contudo, nunca foram apresentados.

No sábado, Churchill e seus colegas entraram com grande apreensão na grande sala de conferência do Kremlin, que oferecia uma vista do rio Moskva. O primeiro-ministro disse a Stalin que considerava sua obrigação informá-lo pessoalmente da decisão sobre a Segunda Frente. As conversas entre os dois lados fluíram melhor, pois Churchill recorrera aos préstimos do major Birse, membro bilíngue da Missão de Ajuda Militar da Grã-Bretanha. Stalin de repente pareceu mais conciliador. "Evidentemente existem diferenças entre nós", afirmou ele, "mas (...) o fato de que a reunião ocorreu, que estabelecemos um contato pessoal (...) é muito valioso". Após mais de uma hora de conversações, ao se levantarem e deixarem a mesa, Stalin, súbita e pelo visto espontaneamente, convidou Churchill para tomar uns drinques em seu apartamento. Lá passaram mais seis horas conversando informalmente, e o primeiro-ministro julgou que uma relação mais forte foi entabulada. Stalin sugeriu um desembarque britânico no norte da Noruega, proposta que Churchill poderia endossar com sincero entusiasmo. O russo disse que seria mais útil se a Grã-Bretanha despachasse caminhões em vez de tanques, embora esse pedido refletisse ignorância sobre a fragilidade das viaturas militares britânicas. Um leitão foi trazido, que Stalin atacou com avidez e seus hóspedes provaram educadamente. Um memorando foi rascunhado. Às duas da manhã, Churchill despediu-se do anfitrião, com declarações de boa vontade de ambos os lados.

De volta à sua vila 45 minutos depois, o primeiro-ministro descobriu que o general polonês Wladyslaw Anders o aguardava havia já algumas horas. "Ah, meu pobre Anders", disse Churchill. "Fui detido por Stalin e agora preciso pegar o avião. Venha para o Cairo e lá conversaremos." Então se jogou, cansado, num sofá, fechou os olhos e descreveu para a sua comitiva o que se passou no apartamento de Stalin. Às cinco e meia da manhã, o grupo britânico partiu para o Cairo em quatro Liberators.

Churchill deixou a Rússia satisfeito pela visita ter rendido o máximo possível em circunstâncias pouco favoráveis. Demonstrou os mais altos dons de estadista, agindo com confiança diante das más notícias e jamais se acovardando quando o anfitrião brandia o chicote. Ian Jacob escreveu: "Ninguém, exceto o primeiro-ministro, teria ido tão longe com Stalin naquilo que enxergamos como amizade. O que mais me impressionou em Stalin foi o completo domínio de si e o distanciamento. Ele foi absoluto senhor da situação o tempo todo (...) Tinha uma voz suave, que nunca se alterava, e os olhos eram astutos e sagazes."[19]

Harriman encheu-se de admiração pela paciência de Churchill em face dos insultos russos, bem como pelo autocontrole em evitar a óbvia réplica ao escárnio de Stalin — em 1939, a União Soviética forjara um pacto maldito com a Alemanha nazista. Entretanto, o primeiro-ministro não gostou muito da viagem a Moscou. Jacob escreveu: "Churchill ficou decididamente desconcertado com a falta de camaradagem que encontrou. Não houve, na visita, a costumeira dimensão humana — nenhum almoço informal, nenhuma oportunidade de fazer o que mais apreciava, ou seja, analisar longamente a situação da guerra numa conversa e explorar a mente do interlocutor."[20] Apesar disso, Churchill iludiu-se a ponto de acreditar que estabelecera uma ligação pessoal com o líder russo. Ninguém conseguiria essa façanha, menos ainda um aristocrata britânico famoso pela hostilidade a tudo que a União Soviética representava. Brooke escreveu: "Ele apelou para sentimentos em Stalin que não acho que existam."[21]

A confiança de Churchill em alterar resultados pela força da personalidade se justificou, ocasionalmente, em negociações com Roosevelt, mas nunca com Stalin. Os russos concederam uma pequena dose de amabilidade e camaradagem quando a visita do primeiro-ministro a Moscou chegava ao fim, já que uma demonstração de infatigável hostilidade poderia ameaçar a linha de suprimentos anglo-americana. Em agosto de 1942, como em todas as reuniões de cúpula que se seguiram, Stalin contava com duas vantagens notáveis. A primeira era a certeza de que os Aliados Ocidentais jamais tentariam impor seus desejos além de certo limite, pois temiam que, caso não cedessem ao comandante militar soviético, ele buscaria a paz com Hitler. Se Stalin precisava de suprimentos anglo-americanos, a verdade é que os Aliados precisavam mais ainda do Exército Vermelho. A segunda vantagem era que, enquanto os visitantes eram obrigados a improvisar suas ações, lutando para se adaptar às aparentes mudanças de humor dos soviéticos, Stalin orquestrava seu comportamento do início ao fim. Antes que Churchill aterrissasse em Moscou e abrisse o pacote de notícias no Kremlin, já tinha conhecimento quase absoluto das intenções (ou da falta de intenções) militares aliadas — e o mesmo ocorreu nas reuniões posteriores entre 1943 e 1945. Com isso, o líder da Rússia podia ajustar adequadamente cada pormenor de cortesia ou insulto. É improvável que Stalin tenha feito muitos comentários ou gestos espontâneos — se é que fez algum — enquanto Churchill esteve em Moscou. Ele simplesmente levantava ou destruía o espírito britânico conforme lhe parecesse conveniente, com a segurança de um maestro regendo uma orquestra.

Os russos não perderam nenhuma oportunidade de forçar divergências entre britânicos e americanos. Certa noite, quando Churchill foi dormir, Stalin insistiu que Harriman ficasse para uma conversa. O diplomata alegou exaustão. Contudo, quando Harriman se viu a sós com o líder russo, teve o ego massageado com comparações entre as proezas americanas e britânicas: "Stalin me disse que a Marinha Real perdera a iniciativa. Não havia boa razão para interromper os comboios. Os exércitos britânicos também não sabiam lutar — Singapura etc. A Marinha dos Estados Unidos lutou com mais coragem, assim como o exército, em Bataan. Reconhecia que a força aérea britânica era boa. Mostrou pouco respeito pelo esforço militar da Grã-Bretanha, mas muita esperança no empenho americano."[22] As palavras de Stalin não foram semeadas em vão. Ao conversar com Roosevelt em Washington, Harriman achou que o presidente recebeu com prazer a frustração de Churchill.[23]

Uma das curiosidades mais notáveis da Segunda Guerra Mundial é o fato de dois homens brilhantes, como eram Winston Churchill e Franklin Roosevelt, suporem que a simples descoberta de um inimigo comum em Hitler bastasse para forjar uma relação real, mais profunda do que um acordo de conveniência em questões específicas, entre a Grã-Bretanha, os Estados Unidos e a União Soviética. Stalin e seus acólitos não esqueceram jamais, nem por um momento, que seus objetivos sociais e políticos eram contrários aos dos aliados capitalistas. No entanto, políticos, generais e diplomatas britânicos foram tolos o bastante para imaginar que seria possível estabelecer algum tipo de camaradagem com os soviéticos — sem renunciar ao visceral desprezo que sentiam por eles. Poucos americanos proeminentes eram tão hostis aos russos como os britânicos, em parte por confiarem muito no poderio dos Estados Unidos e, assim, temerem menos as ambições soviéticas. E os americanos também — com notáveis exceções como Harriman — alimentaram ilusões sobre a capacidade de conquistar os russos, ou pelo menos de usar o poderio americano para manipular o governo soviético à vontade, coisa que uma avaliação racional dos objetivos rivais deveria ter dissipado.

Surpreende que a visita de Churchill a Moscou não tenha inspirado qualquer aceleração na ajuda à Rússia. Após o desastre de julho, que envolveu o comboio PQ17, a Grã-Bretanha passou dois meses sem despachar mais suprimentos para Arcangel, recusando-se a arriscar outro comboio sob a implacável claridade do alto verão ártico. Em 20 de setembro e nos dias seguintes, 27 navios dos quarenta transportados pelo PQ18 chegaram em segurança. Dali por diante, por quatro meses, a Marinha Real dedicou-se a apoiar os desembarques da operação Tocha, deixando de enviar qualquer outro comboio. Assumindo enormes riscos, treze navios mercantes navegaram, de forma independente e sem escolta, até a pequena baía de Kola. Apenas cinco chegaram ao destino. Dali a janeiro de 1943, somente dois outros comboios, com trinta marinheiros mercantes no total, aportaram com sucesso na Rússia. Então, conforme os recursos aliados cresceram e o poderio alemão no norte da Noruega diminuiu com o desvio de aeronaves da Luftwaffe para outros teatros de operações, o quadro se alterou dramaticamente. Massivas entregas de viaturas, suprimentos e equipamentos, a maioria de fabricação americana, foram realizadas com segurança, metade das quais passou por Vladivostok. Tal assistência representou uma contribuição vital para a ofensiva do Exército Vermelho rumo à vitória em 1944-1945. Ainda assim, Stalin e seu povo tinham o direito de afirmar que, até 1943, eles salvaram a si próprios com uma ajuda apenas marginal dos Aliados.

Historiadores soviéticos, em épocas comparativamente recentes, continuam a criticar os déficits da assistência ocidental. Em 1978, Victor Trukhanovsky escreveu: "As remessas foram reduzidas não só pelas dificuldades de escoltar comboios (...) como Churchill e os historiadores britânicos gostam de alegar, mas também pelo fato de que, na Grã-Bretanha, círculos influentes não aprovavam a aliança com a União Soviética e atrapalhavam o desenvolvimento normal das relações entre os aliados. Tal influência afetou a conduta de Churchill."[24] Embora a escassez de armas e transporte, além da intransigência soviética, fossem os principais complicadores, também era verdade que poucas figuras importantes na Grã-Bretanha queriam ver os soviéticos emergirem da guerra fortalecidos. Washington e Londres fizeram extravagantes garantias iniciais a Moscou que, ao fim, foram desrespeitadas. A promessa de Churchill de despachar vinte, até mesmo quarenta, esquadrões aéreos para apoiar o Exército Vermelho jamais foi cumprida. Havia razões facilmente identificáveis para isso. Stalin, porém, só via uma realidade: enquanto seu país se afogava em sangue e destruição, a Grã-Bretanha permanecia relativamente ilesa e os Estados Unidos seguiam absolutamente incólumes.

Churchill era sensato demais para perder muito tempo considerando a superioridade moral da posição britânica sobre a russa. No momento, os britânicos e americanos só queriam que os três países participassem de um esforço conjunto para derrotar o nazismo. Não obstante, era difícil estabelecer até mesmo relações básicas de trabalho. Fossem quais fossem as cortesias dispensadas por Stalin a figurões como Churchill, Eden, Hopkins, Harriman e Beaverbrook, e fossem quais fossem os segredos soviéticos que de vez em quando lhes revelasse, as informações mais triviais eram negadas a oficiais e diplomatas menos graúdos. Estes sofriam infatigáveis descortesias nos dias bons e insolentes abusos nos dias ruins. Marujos britânicos e americanos que desembarcavam em Murmansk e Arcangel eram alvos de insultos e humilhações. Posteriormente, um chefe da missão militar britânica em Moscou, o tenente-general Brocas Burrows, teve de ser substituído por insistência dos soviéticos quando microfones ocultos o captaram chamando-os de "selvagens".[25]

O primeiro-ministro e seus colegas, como Roosevelt e Marshall, sabiam que os russos precisavam de assistência pois, em termos crus e objetivos, cada russo que morria combatendo os alemães era menos um soldado inglês ou americano com o mesmo destino. No entanto, seria pedir demais que os Aliados gostassem dos russos. Por razões políticas, o fingimento era essencial, e por vezes Stalin também oferecia um simulacro de camaradagem. No entanto, os soviéticos se comportavam como brutos tanto com o próprio povo quanto com os ocidentais. Só os idealistas de esquerda, que eram numerosos na Grã-Bretanha da época e menos comuns nos Estados Unidos, nutriam ilusões românticas sobre a Mãe Rússia. Tiveram a sorte de jamais vislumbrar aquela realidade.

De volta ao Cairo em 17 de agosto, Churchill se deixou vencer brevemente pela exaustão. Depois de um descanso, porém, interrogou Alexander sobre a futura ofensiva no deserto, com lançamento esperado para setembro. No dia 19, viajou 190 quilômetros de carro através de ermos de areia, passando por depósitos de suprimentos e acampamentos cercados de arame, para visitar Montgomery e seu quartel e inspecionar as tropas. Foi uma excursão que lhe deu imenso prazer. Disse ter detectado um novo estado de ânimo entre oficiais e militares. Sua imaginação certamente estava à frente da realidade, pois o novo regime havia sido implantado apenas uma semana antes. Entretanto, a percepção de uma mudança lhe elevou o espírito. Ele dormiu no avião de volta para o Cairo, depois compareceu a uma conferência, jantou e sentou-se para conversar com Brooke até as duas da manhã, no ar quente da noite que envolvia o jardim da embaixada. Encarregou a mulher do embaixador, lady Lampson, de fazer compras para Clementine, adquirindo perfume Worth, creme facial Innoxa e Chanel, quinze batons — e seda para as delicadas roupas de baixo que ele gostava de vestir.[26]

Recebeu uma mensagem de Mountbatten, na qual era descrito o ataque ocorrido aquele dia em Dieppe. De 6 mil soldados, na maioria canadenses, mil tinham sido mortos e 2 mil aprisionados. Mais de cem aeronaves se perderam na feroz batalha aérea com a Luftwaffe. Mesmo assim, o chefe de operações combinadas informou absurdamente: "Moral das tropas que voltam é excelente segundo consta. Todos que vi estão em ótima forma." Churchill levou algum tempo para compreender plenamente o caráter desastroso da incursão. Aprenderam bastante sobre as dificuldades de atacar uma praia hostil. Afirmações exageradas da RAF mascararam a realidade de que, naquele dia, os alemães derrubaram duas aeronaves britânicas para cada uma que perderam. Mais uma vez, uma sensação de incompetência institucional marcou a debacle. Os invasores erraram de todas as maneiras possíveis, arruinando o assalto anfíbio, enquanto os alemães reagiram com a velocidade e eficiência de costume. Após quase três anos de guerra, a Grã-Bretanha era incapaz de realizar um limitado ataque surpresa contra um objetivo e num momento de sua escolha. Mountbatten conseguiu fugir da responsabilidade, que em boa parte foi dele — em maio, ele se gabara para Molotov de "sua" iminente operação. Líderes e planejadores, porém, tinham falhado em todos os níveis. Incrivelmente, o general Sir Archie Nye, chefe do estado-maior imperial interino na ausência de Brooke, nem sabia que a incursão estava ocorrendo. Não admira que Churchill tivesse tão pouca confiança em seus comandantes, permanecendo morbidamente temeroso de que os instrumentos de guerra britânicos estivessem fadados a quebrar em suas mãos.

Só Beaverbrook, ainda militando pela Segunda Frente, parecia não ter se abatido com a experiência em Dieppe. De acordo com seu *Evening Standard*, os problemas de transporte envolvidos em uma invasão antecipada poderiam ser superados se os chefes de estado-maior mostrassem mais coragem. Ainda declarou que o ataque foi quase uma vitória, e disse, num editorial em 21 de agosto de 1942: "Os alemães não podem se dar ao luxo de outras Dieppes, seja em terra, seja no ar (...) Duas ou três incursões simultâneas em larga escala teriam derrotado as três solitárias divisões Panzer na França." Nenhum general ou ministro duvidava que esses chamados à luta fossem feitos a pedido explícito de Beaverbrook. As pressões sobre o primeiro-ministro, não apenas para lutar, mas também para vencer, eram agora maiores do que em qualquer momento desde que assumira o cargo.

13
A sorte virou

O expurgo dos generais do deserto, que se realizou sob as ordens de Churchill, foi recebido com previsível cautela na Grã-Bretanha. Inúmeros oficiais recém-promovidos eram saudados como novos Wellingtons e logo se revelavam rematados incompetentes. O correspondente militar do *Times* observou que os comandantes no Oriente Médio "foram trocados com tamanha frequência que o assunto agora só pode ser abordado com moderada alegria".[1] Nos meses seguintes, a mídia britânica exibiu uma prudência que raiava o pessimismo quanto às perspectivas do VIII Exército. Em 26 de agosto, o *Times* comentou em editorial que nem a ofensiva de bombardeiros da RAF nem a incursão em Dieppe "aliviaram o contínuo sentimento de insuficiência nas conquistas militares britânicas numa época em que nossos aliados passam por suprema crise". A jornalista Maggie Joy Blunt escreveu em seu diário, em 19 de agosto, manifestando consternação por Dieppe: "Enquanto eu resmungo, a jovem Rússia espera, agonizando, a nossa Segunda Frente. Aqui na Inglaterra estamos divididos, abatidos e sem fé, chefiados por velhos, governados por dinheiro. Os antigos temores e a velha desconfiança estão profundamente arraigados."[2] Essa melancolia não se limitava aos civis. Brooke escreveria mais tarde: "Quando olho hoje para aqueles dias, à luz dos acontecimentos posteriores, a tendência é deixar de lado os terríveis momentos de dúvida que, na época, me dominavam."[3]

Churchill, que lia avidamente os jornais, não devia sentir muito prazer com seu pessimismo em relação às mudanças de comando. No entanto, voltou para Londres em 24 de agosto ainda eufórico com o que vira no deserto e com o suposto êxito da visita que fizera a Stalin. Numa época em que todos à volta achavam mais fácil sucumbir ao desânimo, o ilimitado otimismo de Churchill era uma de suas maiores virtudes. Na noite de 30 de agosto, Rommel, em desesperada falta de combustível, atacou em Alam Halfa. Os britânicos, com conhecimento prévio oferecido pelo sistema Ultra, rechaçaram decisivamente o Afrika Korps. O primeiro-ministro agora estava ansioso para que a ofensiva de Montgomery fosse lançada antes dos desembarques americanos no Norte da África, provisoriamente programados para outubro. Houve novos problemas em Washington, onde Marshall insistia com Roosevelt para limitar a escala da operação Tocha e tirar Argel de seus objetivos. Churchill temia que precisasse ignorar ordens médicas e tomar de novo o avião para ver o presidente. Só em 3 de setembro Roosevelt cedeu às imprecações de Churchill, que eram apoiadas pelos generais americanos Dwight Eisenhower e Mark Clark em Londres. A operação Tocha deveria começar em 8 de novembro, com desembarques em Casablanca, Orã e Argel.

Contudo, enquanto os comandantes aliados se entregavam, reservadamente, à euforia diante da perspectiva de grandes acontecimentos, o público e os políticos só percebiam a continuação da inatividade. Churchill se permitiu um acesso de autopiedade em 24 de setembro, quando disse a Alan Brooke que ele, o primeiro-ministro, "era o único que tentava ganhar a guerra, o único que apresentava novas ideias, que estava absolutamente sozinho em todas as suas tentativas, ninguém o apoiava. (...) Muitas vezes, nesse discurso, ele ficava tão abalado pelo cenário descrito que lágrimas lhe escorriam pela face!".[4]

Era inevitável que, tendo insistido em assumir toda a responsabilidade pela condução da guerra, Churchill recebesse a culpa pelas debilidades que faziam as forças armadas serem com tanta frequência vistas como um fracasso. A insatisfação pública com o governo da Grã-Bretanha chegou ao auge nas semanas que antecederam uma virada decisiva. Muitos ministros e generais, que prontamente concordavam que só Churchill poderia ser primeiro-ministro da Grã-Bretanha, mesmo assim estavam convencidos de que ele deveria separar os cargos de primeiro-ministro e ministro da Defesa e delegar o controle operacional da guerra. Mas a quem? Os candidatos trazidos à discussão eram quase tão inadequados quanto o duque de Gloucester. Leo Amery disse a Dill, de licença em casa, que era favorável à nomeação de Wavell como "superchefe do estado-maior (...) Dill concordou, mas disse que Winston jamais aceitaria, por pior que fosse o arranjo atual".[5] Essa conversa revela pouco sobre o discernimento dos dois homens, mas muito sobre o clima em Whitehall com relação ao primeiro-ministro. Até mesmo Eden, o mais confiável colega de Churchill, estava certo de que ele deveria deixar o Ministério da Defesa.

Churchill posteriormente indicaria setembro e outubro de 1942 como os meses de maior ansiedade durante a guerra.[6] Amery queixou-se, após uma disputa de Gabinete: "É terrível lidar com um homem como Winston, que é, ao mesmo tempo, ditatorial, eloquente e confuso."[7] Beaverbrook, incorrigivelmente maldoso e desleal, disse a Eden em 8 de outubro que o primeiro-ministro era "um homem decadente e não se deveria esperar que durasse muito (...) O futuro pertencia a A.E".[8] O influente diplomata canadense Humphrey Hume Wrong, em Londres numa missão para apurar fatos, escreveu em seu diário: "O domínio de Churchill emerge em todas essas conversas. Cripps como um inútil, Attlee, um lacaio, Bracken, o braço direito de Churchill. Não é tão ruim como a fofoca política sugere, mas é ruim o bastante."[9] Em 17 de outubro, John Kennedy, que estivera doente, participou de uma reunião de comitê no Gabinete com Churchill: "Ele se sentou e lançou olhares zangados em volta, todos esperando para ver se estava de bom humor. Apertou a campainha e disse ao secretário que esquecera de trazer um lenço. Seu detetive tirou um de dentro de um envelope. W. pegou-o, assoou o nariz e olhou em torno. Então se levantou e passou um ou dois minutos ajustando a lareira elétrica. Sentou-se e olhou novamente em volta. Acendeu o charuto e tomou um gole de água gelada (...) Então me viu e, com um brilho nos olhos (...) disse: 'Bom ver que você está melhor.' E começou a tratar dos assuntos."[10]

Se fisicamente Churchill estava em Downing Street, seu espírito vagava longe, nas areias arrastadas pelo vento egípcio. Montgomery estava treinando tropas, traçando planos, estocando munição, preparando os novos tanques Sherman. O miúdo e finório general insistia em lançar a ofensiva do VIII Exército de acordo com seu próprio calendário, indiferente à impaciência do primeiro-ministro. Uma contribuição vital para a campanha já ocorria no mar. Guiadas por decodificações do sistema Ultra, a RAF e a Marinha Real infligiram uma série de golpes devastadores aos navios-tanque e cargueiros de suprimento italianos que abasteciam o Afrika Korps. No fim de outubro, mesmo antes de o VIII Exército iniciar o assalto, a situação logística dos alemães no Egito era desesperadora. O primeiro-ministro sabia disso graças ao decodificador *Boniface*, e despachou uma torrente de mensagens ansiosas, por vezes ameaçadoras, para Alexander. Um exército britânico muito superior em contingente, tanques, canhões e aeronaves certamente seria capaz de derrotar um inimigo que estava quase imobilizado por falta de combustível.

O valor no campo de batalha do material obtido pelo sistema Ultra dependia, basicamente, da receptividade de cada comandante e da qualidade dos respectivos chefes de inteligência. Alguns generais e almirantes eram espantosamente indiferentes aos subsídios que lhes eram oferecidos. Montgomery foi o primeiro comandante britânico no deserto a empregar um grande oficial de inteligência, o general-brigadeiro Bill Williams, acadêmico de Oxford, e a ouvir seus conselhos. O Ultra foi essencial para dar a Montgomery as condições de frustrar a arremetida de Rommel em Alam Halfa. O almirante Sir Dudley Pound, Primeiro Lorde do Mar até 1943, geralmente desaproveitava os dados de inteligência, como aconteceu, notoriamente, durante a batalha do comboio PQ17 no Ártico. Em contraste, a sala de rastreamento de submarinos no Almirantado era brilhantemente conduzida e teve papel decisivo na Batalha do Atlântico. Em 1942, porém, a dificuldade de Bletchley em decifrar o código dos U-boats deixou os comboios dos Aliados em situação terrivelmente vulnerável. Em novembro, ocorreram as perdas mais graves da guerra: cerca de 721.700 toneladas de navios de transporte foram postas a pique. Então, de modo repentino e dramático, os decifradores fizeram outra descoberta e novamente deram à Marinha Real recursos para rastrear posições de U-boats. De dezembro em diante, os comboios voltaram a desviar das alcateias de submarinos. Graças sobretudo a dados de inteligência, a maré da Batalha do Atlântico, assim como da campanha mediterrânea para interceptar suprimentos a Rommel, voltou-se decisivamente contra a Alemanha.

Montgomery lançou seu ataque a El-Alamein em 23 de outubro. Brendan Bracken disse: "Se perdermos esta batalha, é o fim de Winston."[11] A afirmação era exagerada: em duas semanas, os desembarques da operação Tocha, bem afastados do front de Rommel, teriam tornado insustentável a posição alemã no Egito. É por isso que Correlli Barnett, Douglas Porch e outros descrevem El-Alamein como "a batalha desnecessária".[12] Todavia, era desesperadamente necessária para a autoestima do povo britânico. As palavras de Bracken refletiam o estado de ânimo dominante até mesmo entre os mais leais partidários do primeiro-ministro. Churchill presidira muitos fracassos. Era fundamental que houvesse um êxito — um êxito britânico. Alguns estrategistas do pós-guerra sugeriram que, se Montgomery tivesse simplesmente esperado pela Tocha, poderia ter avançado sobre o exército de Rommel em retirada, em terreno aberto, e obtido uma vitória muito mais arrasadora e menos danosa. Essa, no entanto, nunca foi uma opção viável para o VIII Exército — tampouco para o primeiro-ministro.

Na noite de 23 de outubro, ele compareceu a um jantar oferecido a Eleanor Roosevelt no Palácio de Buckingham. Um cortesão escreveu o seguinte:

> Winston estava extremamente inquieto, aguardando notícias sobre o começo da ofensiva de Alexander no Egito. Ela (...) teve início às oito horas — no nosso horário —, e tive de sair no meio para obter as informações do nº 10 por telefone. Depois de um breve intervalo, Winston só ficaria satisfeito se pegasse o telefone. A conversa evidentemente foi de seu agrado, pois ele voltou pelo corredor cantando "Roll Out The Barrel" com vontade, mas oferecendo poucas mostras de talento musical. Isso chocou os criados em seu caminho. Fiquei imaginando o que seus antepassados pensariam se ouvissem Dizzy, ou o sr. G[ladstone], cantar "Knocked 'em in the Old Kent Road" em circunstâncias parecidas.[13]

Um pouco antes, em junho, Auchinleck preferira interromper a retirada e defender uma linha em El-Alamein. Ao sul de uma estreita faixa de deserto, com menos de 65 quilômetros de largura, os morros tornavam a posição impérvia a ataques de flanco. Em contraste com a maioria dos campos de batalha no Norte da África, havia pouca margem para manobras: o agressor precisaria abrir caminho numa investida frontal por campos minados, arame farpado e defesas reforçadas. Em agosto, quando Rommel atacou, essas circunstâncias foram vantajosas para os britânicos. Sete semanas depois, permitiram que 104 mil alemães e italianos montassem uma defesa inesperadamente firme contra 195 mil soldados britânicos, que ainda estavam apoiados por uma esmagadora potência de fogo. O general Georg Stumme, comandante interino do Eixo enquanto Rommel estava em licença de saúde, foi morto nos primeiros dias. Rommel voltou. Por quase uma semana, os britânicos martelaram contra suas posições. Churchill e o povo britânico aguardavam nervosamente. A primeira notícia foi boa — como tantas vezes antes, quando costumava ser seguida por um desapontamento arrasador. Os britânicos já não ousavam contar com a vitória. Um ministro, Amery, escreveu em 26 de outubro: "Estou terrivelmente ansioso, temendo que, a despeito de nosso volume superior de tanques, peças de artilharia e aeronaves, isso venha a ser outra Passchendaele, e nos desgastemos sem obter sucesso."[14]

Churchill ficou seriamente alarmado quando, no dia 28, Montgomery parou para reorganizar suas forças. Despachou uma mensagem ameaçadora para Brooke: "É absolutamente necessário que o ataque seja retomado antes da Tocha. Uma paralisação agora equivalerá a uma derrota. Consideramos essa uma questão da maior gravidade." Exércitos britânicos estiveram naquela situação muitas vezes antes. Auchinleck alcançara êxitos comparáveis, que logo se desfizeram em pó. Então, em 2 de novembro, Montgomery desferiu o golpe decisivo, a operação Supercharge: "Como nos sentimos miúdos e frágeis, presos neste turbilhão de fúria explosiva!", escreveu, perplexo, um jovem comandante de pelotão britânico. "Quando avançamos, nos movemos como camundongos nas areias inóspitas (...) prontos para sermos atingidos e achatados no chão caso uma bomba explodisse por perto (...) Estavam nos alvejando. Embora o sentido da guerra seja exatamente este, senti-me indignado e traído. Alguém pôs tudo a perder. Como um caos dessas proporções poderia se converter num ataque bem-sucedido? Mas todas as grandes batalhas da história devem ter sido assim, uma carnificina incontornável para quem está na linha de frente, com alguma coerência perceptível só para quem está na retaguarda."[15]

Os soldados de Montgomery romperam as linhas. O Ultra revelou para os britânicos que Rommel se dava por vencido e estava em plena retirada. Churchill exultou. Transbordando de alegria num almoço em Downing Street, disse aos convidados, entre eles o parlamentar Harold Nicolson: "Há mais coisas boas vindo por aí. Muito mais. E em lugares onde menos se espera."[16] Depois dessa evasiva alusão à Tocha, à mesma mesa de almoço, orientou Brendan Bracken a mandar tocar os sinos em todo o país. Quando a proposta

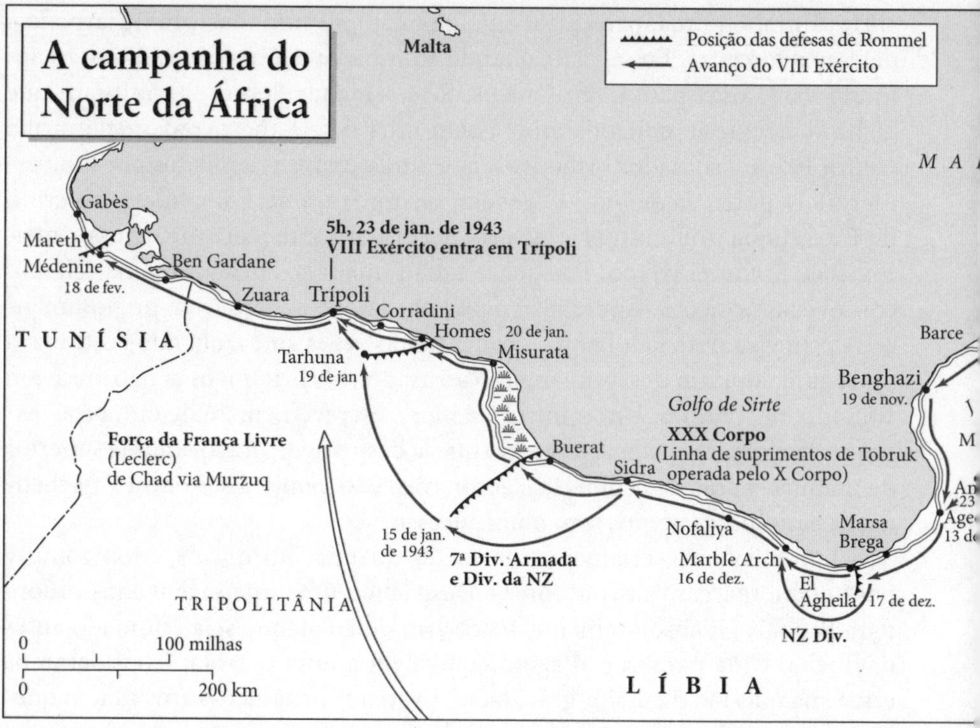

esbarrou em dúvidas, concordou em esperar até 15 de novembro para garantir que nenhum acidente sucedesse às armas aliadas. Em seguida, mostrou-se determinado a ver o povo britânico reconhecendo e celebrando o êxito recente.

Brooke escreveu em seu diário: “Se a Tocha for bem-sucedida, começaremos a parar de perder a guerra.”[17] Na manhã de domingo, 8 de novembro, as forças aliadas desembarcaram no Norte da África. De início, o comando de Eisenhower era pequeno, correspondendo à metade do contingente de Montgomery — 107 mil homens, dos quais 35 mil eram britânicos. Contudo, o significado simbólico do primeiro emprego de tropas terrestres americanas contra Hitler foi imenso. Ainda que os invasores deparassem com acirrada resistência das forças de Vichy, todas as cabeças de praia foram rapidamente asseguradas. Churchill telegrafou a Marshall para cumprimentá-lo, e acrescentou com ironia: “Vamos descobrir que os problemas do êxito não são menos desconcertantes, embora sejam mais agradáveis, do que aqueles que até agora superamos juntos.” Sobre a atuação do primeiro-ministro no jantar anual da Mansion House, em 10 de novembro, o *Times* escreveu: “Um sentimento de exaltação permeou o discurso do sr. Churchill. Era um direito do orador. Em meio ao sofrimento, ao suor e às lágrimas para os quais convocou

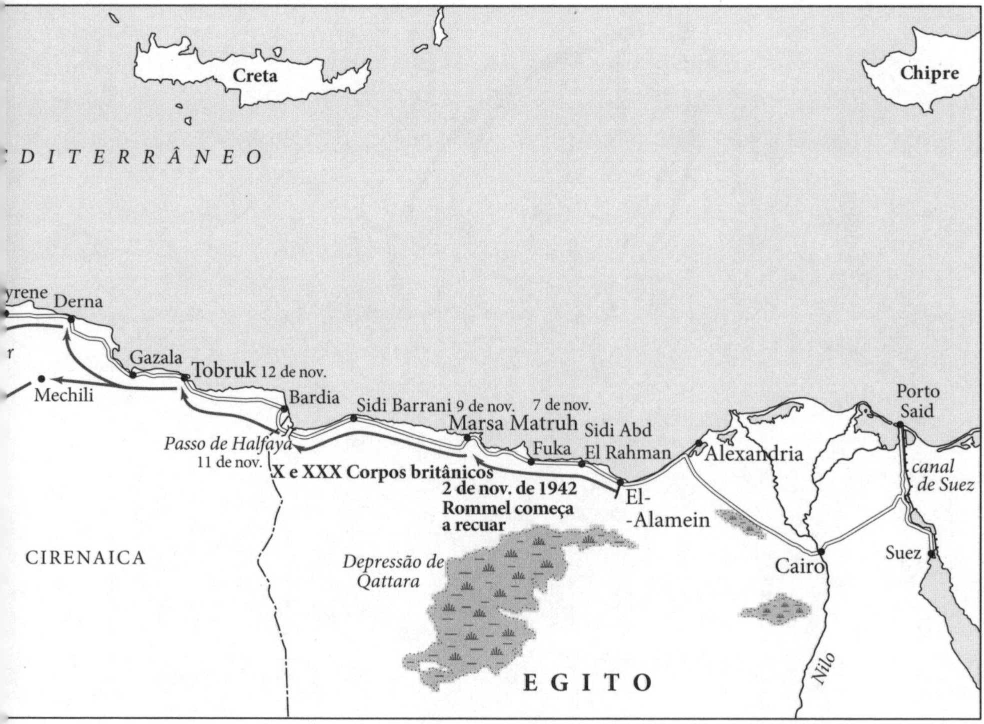

seu país, ele assumiu a carga destinada ao líder."[18] Dalton escreveu em 12 de novembro: "A autoestima do exército britânico está começando a ser restabelecida. Semana passada (...) um general britânico foi visto passando à frente na fila de um ônibus e pegando o veículo em movimento. Um espectador comentou que ele não ousaria fazer aquilo uma semana antes."[19]

Alexander e Montgomery se tornaram os heróis militares do momento, e, em rigor, do resto da guerra. O primeiro teve sorte em receber os louros da vitória, pois seus talentos eram limitados. A partir de então, Alexander caiu nas graças de Churchill. Para o primeiro-ministro, ele correspondia ao *beau idéal* de um *gentleman* guerreiro. Embora as forças sob seu comando sofressem muitos reveses, jamais conheceram a derrota absoluta. Montgomery era uma personalidade muito mais imponente, um magnífico administrador e treinador de tropas, sendo o primeiro comandante britânico de relevo a exibir a firmeza necessária para combater com sucesso os alemães. Churchill fez sobre ele um célebre comentário: "Pena que nosso primeiro general vitorioso seja um rematado salafrário."[20] A presunção de Montgomery era notória. Numa de suas proclamações pós-vitória, ele afirmou que a conquista fora alcançada "com a ajuda de Deus". No "Rag", um oficial comentou sarcas-

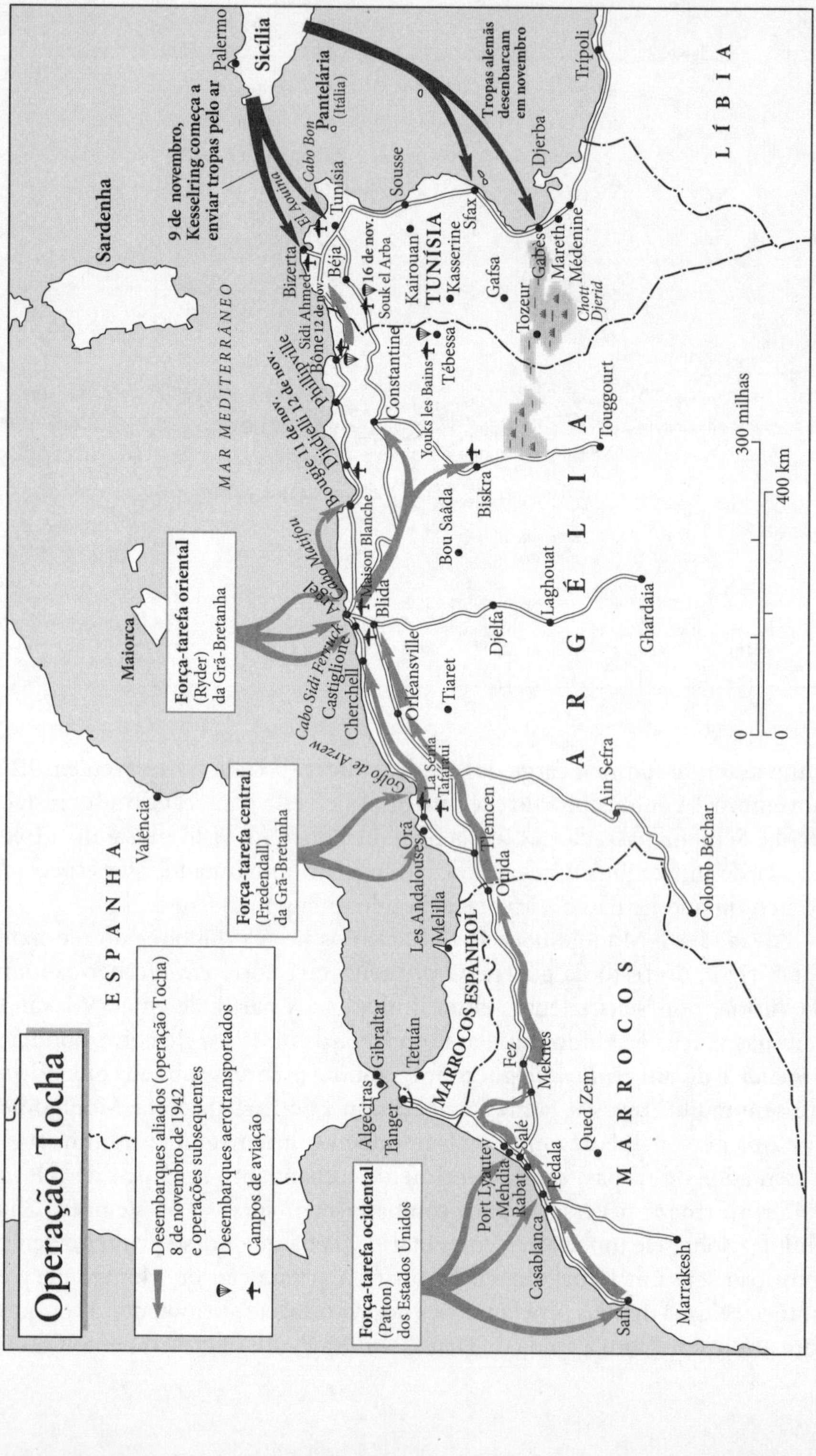

Operação Tocha
Desembarques aliados (operação Tocha) 8 de novembro de 1942 e operações subsequentes
Desembarques aerotransportados
Campos de aviação
Força-tarefa ocidental (Patton) dos Estados Unidos
Força-tarefa central (Fredendall) da Grã-Bretanha
Força-tarefa oriental (Ryder) da Grã-Bretanha
9 de novembro, Kesselring começa a enviar tropas pelo ar
Tropas alemãs desembarcam em novembro
E S P A N H A
M A R R O C O S
MARROCOS ESPANHOL
A R G É L I A
TUNÍSIA
L Í B I A
MAR MEDITERRÂNEO
Sardenha
Sicília
Maiorca
Pantelária (Itália)
Palermo
Valência
Algeciras
Gibraltar
Tânger
Tetuán
Melilla
Les Andalouses
Orã
Golfo de Arzew
La Senia
Tafaraui
Cabo Sidi Ferruch
Castiglione
Cherchell
Cabo Matifou
Argel
Maison Blanche
Blida
Orléansville
Tiaret
Bougie 11 de nov.
Djidjelli 12 de nov.
Philippville
Bône 12 de nov.
Sidi Ahmed
Bizerta
El Aouina
Cabo Bon
Túnis
Béja
16 de nov. Souk el Arba
Constantine
Youks les Bains
Tébessa
Kasserine
Kairouan
Sousse
Sfax
Gafsa
Tozeur
Chott Djerid
Gabès
Mareth
Médenine
Djerba
Trípoli
Biskra
Touggourt
Bou Saâda
Djelfa
Laghouat
Ghardaia
Ain Sefra
Colomb Béchar
Tlemcen
Oujda
Fez
Meknes
Qued Zem
Port Lyautey
Mehdia
Salé
Rabat
Fedala
Casablanca
Safi
Marrakesh
0 300 milhas
0 400 km

ticamente que "foi legal Monty finalmente mencionar o Todo-Poderoso em ofícios".[21] Churchill e Brooke, porém, sabiam que acanhamento e modéstia raramente são encontrados nos comandantes bem-sucedidos. Montgomery tinha poucos, se é que tinha algum, dos atributos de um cavalheiro. Essa era uma vantagem, embora o tornasse menos socialmente agradável ao primeiro-ministro do que Alexander. Demasiados desastres britânicos foram presididos por cavalheiros.

Ao frio profissionalismo de "Monty" aliava-se uma sagaz compreensão do que se podia ou não exigir de um exército de cidadãos britânicos, em cujas fileiras havia muitos homens dispostos a cumprir os deveres, mas poucos que queriam ser heróis. Ele não merece ser incluído entre os grandes capitães da história, porém representou um avanço significativo em relação aos generais que comandaram as forças britânicas na primeira metade da Segunda Guerra Mundial. Uma carapaça de vaidade blindava-o contra os abusos do primeiro-ministro, que tanto afligiram Wavell e Auchinleck. No outono e no inverno de 1942, os recém-chegados contaram com a sorte ao demonstrar competência no momento em que os britânicos alcançavam uma formidável superioridade de contingentes, tanques e aeronaves.

"Estamos conquistando vitórias!", exultou a londrina Vere Hodgson em 29 de novembro: "É difícil a gente se acostumar com essa situação. Nem ligamos para derrotas — desenvolvemos uma calma estoica para essas coisas na Inglaterra. Mas estar de fato avançando! Conquistando lugares! Fica a estranha sensação de estarmos usufruindo um luxo proibido."[22] Aneurin Bevan disse, maliciosamente, que o primeiro-ministro "sempre se refere a uma derrota ou a um desastre como se viessem de Deus, mas a uma vitória como se viesse dele próprio". Durante toda a guerra, Bevan preservou a tradição democrática da Grã-Bretanha criticando o governo de maneira incansável. Para os que resistem à oratória galesa, porém, sua personalidade era curiosamente repulsiva. Obstinado combatente da luta de classes, era implacável nos ataques a Churchill na Câmara dos Comuns tanto em momentos de vitória quanto em ocasiões de derrota. Bevan chamou atenção para o pequeno tamanho das forças que combatiam em El-Alamein, bem como para o predomínio de tropas da Commonwealth no exército de Montgomery. Os números dele estavam corretos, mas o desdém destoava do espírito do momento — marcado por gratidão, tal qual o primeiro-ministro. Numa reunião do Gabinete em 9 de novembro, Churchill, em nome do governo, parabenizou o chefe do estado-maior imperial e o secretário de Estado pelo desempenho do exército. Tempos depois, Brooke escreveria com amargura que aquela foi "a única ocasião em que ele manifestou publicamente qualquer estima ou agradecimento pelo meu trabalho durante todo o meu tempo de serviço".[23]

Por uma geração após a Segunda Guerra Mundial, quando a percepção britânica do conflito era esmagadoramente nacionalista, El-Alamein foi vista como um divisor de águas. Na verdade, é claro, Stalingrado — que atingiu o clímax poucas semanas depois — foi muito mais importante. Montgomery fez 30 mil prisioneiros alemães e italianos em sua batalha, os russos fizeram 90 mil em outra, que infligiu 250 mil baixas ao VI Exército de Hitler. El-Alamein, contudo, foi de fato decisiva para o primeiro-ministro da Grã-Bretanha. Em 22 de novembro, ele sentiu força suficiente para permitir que Stafford Cripps deixasse o Gabinete de Guerra, relegando-o ao Ministério da Produção Aeronáutica. A Stalin, Churchill fez o seguinte comentário sobre Cripps: "Seu peito é uma jaula na qual há dois esquilos em guerra, sua consciência e sua carreira." Cripps tinha apresentado propostas para tirar a direção da guerra do primeiro-ministro. Naquele momento, tais propostas poderiam ser ignoradas com segurança, com seu autor posto de lado. Sua breve impostura como opositor de Churchill à liderança nacional chegara ao fim. Nos trinta meses seguintes da guerra alemã, embora o povo britânico se cansasse e se impacientasse, a autoridade de Churchill nunca mais foi seriamente questionada.

Enquanto as forças de Montgomery continuavam a avançar pela Líbia em direção ao oeste, o primeiro-ministro olhava para a frente. Fortalecido pelos dados de inteligência Ultra, ele confiava que a vitória do VIII Exército em El-Alamein, aliada aos desembarques da Tocha, fariam com que os alemães fossem expulsos do Norte da África. Não previu, assim como todos os outros envolvidos, a súbita decisão de Hitler de reforçar o fracasso, promovendo um prolongamento da campanha. Em novembro de 1942, parecia plausível que, até o começo do ano seguinte, todo o litoral norte-africano estaria livre de inimigos. E o que fariam, então, em 1943? Os chefes de estado-maior sugeriram a Sicília e a Sardenha. Isso provocou uma tirada desdenhosa de Downing Street: "Vocês acham mesmo que os russos gostariam de nos ver parados durante todo o ano de 1943, enquanto Hitler investe pela terceira vez contra eles?"[24] Em vez disso, Churchill indicou possíveis desembarques na Itália ou no sul da França, talvez até no noroeste da Europa. Embora logo mudasse de ideia, em novembro ainda compartilhava as esperanças americanas sobre a Roundup, uma grande invasão ao continente em 1943. Sempre tinha em mente os compromissos com Stalin, e fazia o máximo para não ser visto novamente como desleal. Disse ao Departamento de Guerra em 23 de novembro: "Eu nunca quis que o exército anglo-americano ficasse preso no Norte da África. Aquilo é um trampolim, não um sofá."[25]

Os americanos supunham, injustamente, que Churchill partilhava a extrema cautela de seus generais. Pelo contrário, o primeiro-ministro estava na dianteira daqueles que recomendavam mais audácia aos chefes militares.

Como ele mesmo anunciou à Câmara dos Comuns em 11 de novembro: "Certamente não sou daqueles que precisam ser aguilhoados. Na verdade, estou mais para aguilhão. Meu problema está em ter paciência e comedimento durante as muitas semanas de ansiedade para que os resultados sejam obtidos." Pela maior parte da Segunda Guerra Mundial, Churchill foi obrigado a lutar contra o medo que seus conselheiros militares tinham de fracassar no campo de batalha — medo que, em 1942, tornara-se quase obsessivo. Alan Brooke era um oficial extremamente talentoso, que forjou notável parceria com Churchill. Entretanto, se as operações aliadas seguissem o ritmo do Departamento de Guerra, ou até do próprio Brooke, o fim do conflito teria vindo muito mais tarde. Os britânicos estavam tão acostumados com a pobreza de recursos e com as deficiências de desempenho no campo de batalha que temer o pior já era uma postura natural. Churchill, por sua vez, compartilhava com os americanos o desejo de apressar a vacilante máquina militar da Grã-Bretanha. Não é que os militares britânicos de alta patente não quisessem lutar — a questão nunca foi falta de coragem. O problema é que achavam prudente lutar lentamente. Em 14 de novembro, Oliver Harvey observou, com um cinismo que teria confirmado todas as convicções de Stalin: "Depois que o exército russo desempenhar a função que lhe foi atribuída de matar alemães, os chefes de nossos estados-maiores imaginam que, em 1944, poderão desferir um violento golpe contra o exausto animal."[26]

Era uma percepção importante e aguda da estratégia de guerra britânica a partir de 1942. Havia uma indiferença, explicitamente admitida por Harvey, quanto ao banho de sangue no front oriental. Nem Churchill nem Brooke jamais endossaram publicamente o desejo, manifestado por alguns colegas, de ver os alemães e soviéticos destruírem uns aos outros. Mas sem dúvida queriam que a vasta guerra de desgaste no leste poupasse os Aliados Ocidentais de semelhante destino. A maioria dos países, na maioria das guerras, não tem opção a não ser lutar contra um adversário que os confronta no campo. Já os anglo-americanos, por contraste, ficaram isolados dos inimigos por uma extensão de água eminentemente benéfica, que lhes dava a liberdade de escolher onde e com quem lutar. Na visão dos dois países, tal privilégio foi exercido com sabedoria. A vida de seus jovens foi diligentemente preservada. No entanto, esse comportamento egoísta, quase tão impiedoso quanto o da própria Moscou, estava fadado a incorrer na ira dos russos.

A invasão dos Aliados à África colonial francesa provocou uma crise política. Por acaso, o almirante Jean Darlan, vice-presidente e ministro do Exterior de Vichy, estava em Argel quando os americanos chegaram. Ele assumiu o comando das forças francesas, que, para surpresa e consternação dos comandantes americanos, resistiram energicamente aos pretensos libertadores, infligindo cerca de 1.400 baixas. Contudo, em seguida houve uma negociação que levou Darlan a instruir suas tropas a depor as armas, salvando um número muito maior de vidas americanas. Ele foi recompensado por Eisenhower, supremo comandante aliado da operação Tocha, que o reconheceu como o alto comissário da França, governante *de facto* do Norte da África. Os britânicos, que não foram consultados, ficaram perplexos. Darlan vinha colaborando entusiasticamente com os alemães desde 1940. Em dado momento, parecia plausível que comandasse a marinha francesa contra a Grã-Bretanha — era o que pensava De Gaulle. "*La France ne marchera pas*", disse ele a Churchill, "*mais la flotte — peut-être*". "A França não marchará [contra a Grã-Bretanha], mas a frota — talvez."[27] A traição de Darlan a Vichy demonstrava sua ruína moral. Em seu novo papel, rejeitou pedidos pela libertação dos prisioneiros da França Livre que estavam nas cadeias norte-africanas, e inclusive tratou-os com grande brutalidade. Muitos franceses exilados perderam uma ótima oportunidade, em novembro de 1942, de esquecer as diferenças e se atirar de corpo e alma na luta contra o Eixo. Um alto oficial britânico escreveu, ressentido: "Apesar de odiarem os alemães, os franceses nos odeiam mais ainda."[28] De Gaulle, representante da "França Combatente" ungido pela Grã-Bretanha, naturalmente ficou indignado com a nomeação de Darlan, assim como Eden. O Foreign Office havia apoiado aquele altivo porta-estandarte francês em muitas explosões de ira churchilliana e em face da implacável hostilidade americana.

Durante toda a vida, Churchill demonstrou um feroz compromisso com a França. Mantinha uma crença na grandeza desse país que contrastava com o desdém americano. Roosevelt via na França uma potência imperial decadente, à qual, em 1940, faltara a resolução britânica. Dada a tempestuosa relação entre De Gaulle e Churchill, o presidente errou grosseiramente ao considerar que o general era um fantoche britânico. Estava decidido a impedir a ascensão de De Gaulle ao poder quando os Aliados libertassem a França. Os americanos não sentiam nem um pouco do ódio visceral a Vichy que predominava em Londres. Desde 1940, mantinham relações diplomáticas com o regime de Pétain, que, aos olhos deles, possuía significativa legitimidade. Era mais uma manifestação da sensibilidade britânica derivada de sofrimento e proximidade, enquanto os Estados Unidos ostentavam um distanciamento radicado em confortável inviolabilidade.

Em novembro de 1942, a opinião política e pública da Grã-Bretanha reagiu violentamente à designação de Darlan. Assim como o país não era informado sobre os excessos de Stalin, tampouco conhecia a intransigência de De Gaulle. O povo britânico só sabia que o general era um patriota que optara pelo honrado exílio em Londres e que Darlan era não apenas um notório anglófobo, mas também um lacaio do nazismo. Numa sessão secreta da Câmara dos Comuns em 10 de dezembro, quando Churchill discursou sobre a crise norte-africana, o sentimento dos parlamentares era de raiva e incompreensão. Privadamente, após a nomeação de Darlan em 8 de novembro, Churchill vacilara. Nutria enorme antipatia pelo almirante, mas também não aguentava os acessos de raiva de De Gaulle. Para ele, a aliança anglo-americana transcendia quaisquer outras considerações. Falou para a Câmara com notável franqueza — a tal ponto que, depois da guerra, boa parte de suas palavras foi omitida dos registros públicos das sessões secretas.

"Na guerra", disse ele, "nem sempre as coisas saem como desejamos. Quando temos aliados, às vezes eles desenvolvem opiniões próprias (...) Não consigo achar que De Gaulle seja a França, menos ainda que Darlan e Vichy sejam a França. A França é algo maior, mais complexo, mais formidável do que qualquer manifestação seccional (...) A Câmara não pode ser levada a crer que o general De Gaulle é um amigo inabalável da Grã-Bretanha. Pelo contrário, acho que ele é um desses bons franceses que têm um tradicional antagonismo arraigado no coração por séculos de guerras contra os ingleses (...) Não posso recomendar que os senhores baseiem nele todas as suas esperanças e toda a sua confiança."[29]

Em seguida, explicou que o general Henri Giraud, para os americanos um líder nacional mais apropriado do que De Gaulle, fora retirado clandestinamente da França pelos Aliados com a intenção explícita de assumir o poder no Norte da África. Esse objetivo só fracassou porque Giraud foi logo rejeitado por altos oficiais franceses. Averell Harriman escreveu: "Sempre considerei trágico que os britânicos tenham escolhido De Gaulle, e ainda mais trágico que tenhamos escolhido Giraud."[30] Em 10 de dezembro, os parlamentares, talvez impressionados com a confiança depositada por Churchill, acataram seus argumentos. Nos bastidores, o governo britânico redobrou os esforços para afastar Darlan do cargo. Os americanos rejeitaram a proposta de Londres — uma proposta inviável — de que Harold Macmillan, ministro britânico residente no Mediterrâneo, assumisse temporariamente a direção em Argel. As relações anglo-americanas ainda se viam num amargo impasse quando tudo inesperadamente se resolveu. Em 24 de dezembro, um jovem monarquista francês invadiu o gabinete de Darlan no Palácio de Verão e o matou a tiros.

O responsável pelo assassinato continua sendo um dos últimos grandes mistérios da Segunda Guerra Mundial. O perpetrador imediato, Fernand Bonnier de la Chapelle, foi posto diante de um pelotão de fuzilamento dois dias depois. Oliver Harvey, secretário particular de Eden, manifestou um pesar pouco diplomático pela execução: "Serve para mostrar as consequências de cedermos ao mal. Acaba-se fuzilando um bom homem por fazer o que nós mesmos deveríamos ter feito."[31] Foi, porém, um alívio para quase todos os demais que De la Chapelle tenha morrido sem revelar os detalhes do esquema. É fato que havia um esquema. Um sacerdote absolveu De la Chapelle antes que ele entrasse no Palácio de Verão, e partidários modernos de teorias da conspiração notaram que o general-brigadeiro Menzies, chefe do Serviço Secreto de Inteligência, esteve em Argel na véspera do Natal. O historiador David Reynolds acredita no envolvimento dos britânicos.[32] A explicação mais plausível, no entanto, é que o assassino foi instigado por um grupo da França Livre. Embora não haja indícios da cumplicidade pessoal de De Gaulle, o impiedoso comportamento da organização londrina entre 1940 e 1944 torna a hipótese verossímil.

Por mais baixo que tenha sido o assassinato de Darlan, o fato acabou afastando a sombra que pairava sobre as relações anglo-americanas. O general Giraud foi nomeado para o lugar de Darlan. Depois de tortuosas negociações entre Churchill, Eden e De Gaulle em Londres, os dois franceses chegaram a um arranjo frio e relutante. A atitude de Macmillan refletia a de muitos políticos e diplomatas britânicos. "Como sempre ocorre após uma conversa com De Gaulle, saímos sem saber direito se ele é um demagogo ou um louco, mas certos de que é uma personalidade mais poderosa do que qualquer outro francês com quem já interagimos."[33] Essa opinião amplamente compartilhada levou a maioria dos políticos e diplomatas britânicos a concluir que De Gaulle ainda deveria ser apoiado. Churchill reagiu com veemência a esse realismo e exigiu, com extravagante verbosidade, que o general fosse largado. No fim das contas, acabou amuadamente aquiescendo. De Gaulle continuou reconhecido por Londres, embora não por Washington, como o principal representante da França no exílio.

Em 29 de novembro de 1942, Churchill oficiou aos chefes de estado-maior: "Estou certo de que deveríamos planejar de todos os modos um ataque à costa francesa no canal ou na baía da Biscaia, e deveríamos fixar 12 de julho de 1943 como a data prevista." Durante todo esse período, pressionou Roosevelt reiteradamente a agilizar os preparativos americanos na Europa para que a invasão se desse em 1943. De maneira espantosa, ou até perversa, dado seu entusiasmo quase inabalável por uma investida contra o suposto "ponto vulnerável" do Eixo, Churchill escreveu para Brooke em 1º de dezembro: "Talvez devêssemos encerrar as atividades no Mediterrâneo ao fim de julho com vistas à operação Roundup em agosto." Os chefes do estado-maior americano duvidavam, com razão, que os colegas britânicos pretendessem lançar um ataque pelo canal em 1943. No entanto, foram injustos com Churchill ao supor que, àquela altura, fosse uma decisão tomada. Ao longo do ano seguinte, ele vacilou diversas vezes.

Além disso, Marshall e seus colegas subestimaram não só a capacidade profissional, como também o discernimento de Brooke e sua equipe. A prática americana se baseava na expectativa de que era sempre possível encontrar recursos para realizar objetivos nacionais. Dessa maneira, os chefes do estado-maior de Roosevelt primeiro se decidiam por um objetivo e depois cuidavam dos problemas práticos de execução. Já os chefes do estado-maior britânico, sempre lutando contra recursos escassos, negavam-se a endossar qualquer linha de ação enquanto não se convencessem de sua viabilidade. Essa cautela irritava Churchill tanto quanto irritava os americanos: "Não quero saber de nenhum dos seus projetos de longo prazo", costumava dizer a Brooke, sacudindo o punho diante do rosto do chefe do estado-maior imperial. "Só servem para tolher iniciativas."[34]

Em dezembro de 1942, os chefes das forças armadas britânicas acreditavam que seria impossível reunir barcaças de desembarque suficientes para apoiar um Dia D em 1943. A pressão por meios de transporte era incessante em todos os teatros de operações. Nunca havia um número satisfatório de soldados. As relações britânicas com o governo australiano pioraram em dezembro, com a insistência de Camberra para que a 9ª Divisão Australiana voltasse do Norte da África para casa, apesar de não haver mais riscos de uma invasão japonesa à Austrália. Churchill telegrafou para Curtin, o primeiro-ministro australiano, dizendo que não considerava essa decisão "em conformidade com os interesses estratégicos gerais das Nações Unidas", mas Camberra continuava irredutível. Curtin certamente não ficou mais tentado a deixar seus soldados sob o comando britânico ao saber que, embora apenas 6% das tropas aliadas em El-Alamein fossem australianas, esse contingente correspondeu a 14% das baixas de Montgomery durante a batalha.

Assim, as duas campanhas norte-africanas esmoreciam. Os Aliados ficaram confusos com a decisão hitleriana de reforçar o teatro de operações. Se a ideia era estrategicamente insensata, tornou muito mais difícil a tarefa imediata dos exércitos britânico e americano. Os comandantes e as tropas dos Estados Unidos eram inexperientes. Embora os Aliados contassem com superioridade numérica em efetivos, tanques e aeronaves, os alemães combatiam com a habilidade e a persistência de sempre. Alexander era famoso pela cortesia e pelo charme no trato com os americanos, mas, fora dos holofotes, esbravejava contra a incompetência militar da parte deles.

As dúvidas com relação aos soldados de Eisenhower eram justas, mas não convinha a um oficial britânico expressá-las. O contingente britânico nas forças de Ike, chamado de I Exército, era comandado pelo general Sir Kenneth Anderson. Anderson se revelou mais um na longa fila de comandantes inaptos de seu país — "não valia muito",[35] nas sucintas e desdenhosas palavras de Brooke. Operações na Tunísia dissiparam qualquer noção de que os soldados do I Exército teriam o direito de tratar os colegas americanos com ar de superioridade. Eisenhower estava mais disposto do que a maioria dos compatriotas a esconder suas frustrações quanto às deficiências aliadas, mas escreveu em seu diário, em 5 de janeiro de 1943: "Conversas com os britânicos se tornam entediantes. É difícil falar com eles, parecem recear que alguém esteja tentando lhes dizer o que fazer e como fazer. Sua prática de guerra é dilatória." Poucos dias depois, acrescentou: "Os britânicos, como sempre, têm medo que alguém se aproveite deles, mesmo que forneçamos todo tipo de auxílio."[36] Em outra anotação, descreveu os britânicos como "arrogantes e teimosos". Richard Crossman, da Agência de Política de Guerra da Grã-Bretanha, achava que "conviver com os americanos é muito fácil, desde que se fale com absoluta franqueza e não se tente parecer inteligente demais, mas poucos ingleses conseguiram isso".[37] No Norte da África, eles não ficaram com uma boa impressão de Eisenhower. Ainda que o ceticismo de Churchill fosse posteriormente modificado por necessidade e experiência, naquele inverno ele se irritou tanto com os supostos erros do general que não atendeu ao pedido de Ike por uma foto sua autografada.

No começo de dezembro, o primeiro-ministro esboçou planos para 1943 com base na expectativa de que a Tunísia seria ocupada até o fim do ano e o Norte da África estaria livre de forças do Eixo um mês depois. No Natal, seu calendário já estava arruinado. O avanço do VIII Exército a oeste contra Rommel progredia muito mais lentamente do que Churchill esperava no início de novembro. O programa de comboios russos foi ainda mais desarranjado pela necessidade de manter grandes forças navais no Mediterrâneo. Os planejadores conjuntos da Grã-Bretanha, como sempre sem ambição, queriam que a Sardenha fosse o próximo objetivo dos Aliados. O primeiro-ministro rejeitou essa ideia, argumentando que a Sicília era um alvo muito mais valioso. Mas começara a perceber que um Dia D na França em 1943 era implausível.

Naquele momento, Churchill buscava uma conferência dos "Três Grandes" para estabelecer uma estratégia. Adorava as reuniões com os chefes de Estado, às quais deu o nome de *summits*, em parte por acreditar que, no quarto ano de guerra, a força de sua personalidade poderia alcançar resultados mais grandiosos do que a potência real de seu país. Stalin, no entanto, recusou a proposta de se reunir em Cartum, alegando que não tinha como se afastar de Moscou. Roosevelt geralmente demonstrava menos entusiasmo do que Churchill por esses encontros pessoais. Assim como o primeiro-ministro esperava obter, com as reuniões, resultados desproporcionais para seu país, o presidente sabia que a riqueza e o poderio dos Estados Unidos falavam mais decisivamente do que quaisquer palavras que ele pudesse pronunciar em volta de uma remota mesa de conferência. Por outro lado, gostava da ideia de visitar o teatro da guerra, e assim aceitou a proposta de Churchill para um encontro na Casablanca libertada, na costa atlântica do Norte da África.

O primeiro-ministro chegou no Liberator *Commando* em 12 de janeiro de 1943. Para fins de segurança, sua identificação como "comodoro do Ar Frankland" pareceu absurda desde que aterrissou em Casablanca para ser saudado por um reluzente grupo de altas patentes militares. Ismay sussurrou: "Qualquer idiota pode ver que se trata de um comodoro do Ar disfarçado de primeiro-ministro." O "comodoro do Ar" foi então levado de carro para a residência que lhe foi designada, a Villa Mirador, dentro do perímetro fortemente protegido onde ocorreria a conferência. Ele telegrafou para Attlee: "Condições muito agradáveis. Gostaria de poder dizer o mesmo dos problemas."

Os chefes das forças armadas americanas voaram de Washington para Bathurst, na África Ocidental, onde o chefe do exército foi convencido a desembarcar com um capuz de proteção contra abelhas para afugentar mosquitos. Isso foi posto de lado quando Marshall viu que o comitê de boas-vindas vestia apenas bermudas. Os americanos seguiram viagem para Casablanca com um generoso estoque de tendas, equipamento de cozinha e ornamentos próprios dos árabes, para o caso de precisarem fazer um pouso forçado no deserto, além de raquetes de neve e roupas de frio para uma possível esticada até Moscou. Os britânicos também tiveram de lidar com seus constrangimentos. Sentiam-se humilhados com o transporte aéreo improvisado, que forçava augustos passageiros a desembarcar sujos e desalinhados dos compartimentos de bombas. Roosevelt chegou a Casablanca no dia 14 e foi instalado numa vila próxima à do primeiro-ministro. Churchill o saudou efusivamente. Os dois grandes homens conversaram enquanto seus chefes de estado-maior mergulhavam no doloroso processo de buscar um acordo que, então, o presidente e o primeiro-ministro seriam convidados a endossar.

A conferência de Casablanca foi a mais importante reunião estratégica anglo-americana da guerra, pois estabeleceu as bases para a maioria das grandes realizações posteriores. Representou o ponto alto da influência britânica durante a guerra, por ter ocorrido num momento em que as operações projetadas ainda dependiam preponderantemente de suas forças. As deliberações foram impulsionadas por vitórias na África e pelo iminente triunfo russo em Stalingrado. Em El-Alamein, de certa forma, o exército britânico recuperou a reputação arruinada. Quando correspondentes lhe perguntaram sobre a perseguição do VIII Exército a Rommel, Churchill respondeu: "Posso lhe dar esta garantia — para onde quer que Maria vá, o carneirinho certamente irá atrás." O trabalho do estado-maior britânico na conferência foi magnífico, ajudado pela presença, na costa, de um navio de comando especialmente aparelhado.

Os chefes das forças armadas britânicas tinham fortes desconfianças quanto à sabedoria estratégica do seu primeiro-ministro, porém uma estreita relação de trabalho garantiu que soubessem exatamente o que ele queria. Em compensação, mesmo após treze meses de guerra, o presidente dos Estados Unidos ainda "era uma espécie de enigma para seus conselheiros americanos", nas palavras do biógrafo de Marshall: "Roosevelt não impôs nenhum plano unificado." Seus chefes militares "ainda tinham pontadas de dúvida sobre a falta de ordem administrativa de Roosevelt, sobre o fato de não manter os chefes de estado-maior por dentro das discussões privadas mais importantes e sobre a tendência a favorecer sugestões de funcionários de outros setores a conselhos do Departamento de Guerra".[38] Marshall sabia, desde o início, que perderia a luta por um ataque canal adentro em 1943. Antes da reunião de cúpula, Roosevelt exibira sua costumeira opacidade. Entretanto, deu pistas suficientes de que, assim como os britânicos, preferia a conquista da Sicília. O almirante Ernest King, da marinha americana, estava preocupadíssimo com a campanha do Pacífico. De modo pouco característico, o chefe do exército mostrou agressividade ao sugerir que uma invasão antecipada à França ainda era plausível.

No Anfa Hotel, na sala de conferência dos chefes do estado-maior combinado, Alan Brooke fez eco aos recentes protestos que Churchill dirigiu a Roosevelt sobre a escala da concentração de forças americanas no Pacífico. Segundo o chefe do estado-maior imperial, tal arranjo ameaçava o princípio acordado de "Alemanha primeiro". Os britânicos surpreenderam Marshall, pressionando-o a justificar o volume de recursos empenhados na guerra japonesa em detrimento da Europa. Foi um notável contragolpe aos argumentos americanos de que os britânicos tergiversavam. Brooke, então, afirmou — de modo implausível aos olhos da história, e até mesmo no contexto de janeiro de 1943 — que uma grande ofensiva combinada de bombardeiros contra a Alemanha, juntamente com a resistência local dos povos da Europa ocupada, poderia reduzir a invasão à França a mera operação de arremate. Os americanos pressionaram os britânicos por uma ofensiva antecipada na Birmânia para ajudar a causa da China. Em Washington, isso era tido como prioridade vital, enquanto em Londres era algo insignificante.

Os políticos e generais britânicos, até aquela altura, não tinham quase nenhum motivo para gostar da Segunda Guerra Mundial. Mas muitos dos que se encontravam em Casablanca — à exceção de Brooke, que raramente apreciava qualquer etapa do conflito — acharam a conferência agradável. Harold Macmillan mencionou "uma atmosfera geral de extraordinária boa vontade".[39] A temperatura ainda estava fresca, porém flores desabrochavam por toda parte em meio a palmeiras e buganvílias. Quadros de avisos forneciam detalhes sobre locais e horários de reuniões, então, "quando saíamos da aula às cinco da tarde, víamos marechais de campo e almirantes descerem até a praia para brincar com os seixos e fazer castelos de areia (...) O clima do acampamento era dominado pela consciência de que estavam ali dois homens que raramente apareciam em público, mas cuja presença era sempre sentida nos bastidores (...) Parecia uma reunião do fim do império romano (...) Havia uma curiosa mistura de feriado e dia útil naquele cenário extraordinariamente oriental e fascinante (...) Era a grande mescla de um cruzeiro marítimo, uma escola de verão e uma conferência".

Churchill, no mais radiante dos humores naquele clima ensolarado, escreveu para Clementine em 15 de janeiro sobre as deliberações dos chefes de estado-maior: "No momento, estão trabalhando de maneira extraoficial e abordando corretamente os problemas de forma natural e cautelosa dos dois lados."[40] Era uma visão exageradamente favorável. Apesar de as cortesias continuarem sendo observadas, sobretudo nos encontros sociais, os dois primeiros dias da conferência foram tensos e desconfortáveis. Marshall afirmou, repetidamente, que se os britânicos estivessem tão determinados a ajudar os russos como diziam, teriam de executar a operação Roundup, um desembarque na Europa em 1943. Inicialmente, os britânicos enfatizaram seu apoio à Roundup, mas insistiram que lhes faltavam recursos para lançar uma operação daquela magnitude.

A programação da *Symbol*, codinome da conferência, era árdua. Os chefes do estado-maior combinado realizaram 31 reuniões em onze dias. Cada uma envolvia fatigantes diálogos entre os principais participantes, tentando abordar uma vasta quantidade de questões estratégicas e logísticas. Em conferências posteriores, em Québec e noutros lugares, houve sessões a portas fechadas sem a costumeira congregação dos oficiais de estado-maior, permitindo aos líderes certa dose de franqueza, ou mesmo de grosseria, para romper impasses. Ian Jacob sempre tinha em mente as desconfianças americanas quanto a Brooke: "Acho que as opiniões extremamente precisas do chefe do estado-maior imperial, sua fala rápida e, às vezes, sua impaciência os faziam pensar se não estavam sendo ludibriados."[41]

Escrevendo sobre Brooke, Moran disse que ele "atirava seus fatos no caminho da compreensão com um gesto brusco. Nem por um momento lhe ocorria que talvez existisse outro ponto de vista".[42] Em Casablanca, o mau humor do almirante King, bem como sua fervorosa anglofobia, de vez em quando vinham à tona. Durante uma sessão, afirmou que a opinião pública americana nunca aceitaria certos modos de agir. Brooke simplesmente comentou:

"Então vocês vão ter de educá-los." King, irritado, respondeu: "Agradeço-lhe [por lembrar] que os americanos são tão educados quanto os britânicos."[43]

Churchill e Roosevelt só compareciam às reuniões plenárias da conferência, realizadas no começo da noite na vila do presidente. Churchill escreveu para Attlee sobre Roosevelt: "Está em grande forma e nunca fomos tão próximos." Harold Macmillan observou que o primeiro-ministro manipulava as sessões plenárias "com consumada habilidade". Longe da grande mesa, "seu curioso hábito de passar a maior parte do dia na cama e a noite inteira acordado era um tanto penoso para sua equipe. Nunca o vi tão bem. Comia e bebia bastante, resolvia imensos problemas, jogava bagatela e besigue toda hora e, de modo geral, se divertia".[44] Churchill ficou alarmado ao saber que seus chefes de estado-maior queriam realizar um ataque à Sicília em setembro. Em sua visão, seria tarde demais. Embora tivesse descartado um desembarque na França em 1943, considerando-o inviável, pretendia oferecer outra grande iniciativa aliada no verão.

De Gaulle chegou, amuado, para um encontro com Giraud. Churchill admirava-se de sua intransigência: "O primeiro-ministro observou do salão o francês atravessar o jardim com passos firmes e a cabeça erguida", escreveu seu médico Charles Wilson. "Winston se virou para nós com um sorriso bem-humorado: 'O país dele desistiu de lutar, ele é um refugiado, e, se nós o abandonarmos, ele está destruído. Mas olhem para ele!', repetiu. 'Parece até que é o Stalin, com duzentas divisões sustentando suas palavras. Fui bem duro com ele. Deixei claro que, se não pudesse ser mais útil, pararíamos por ali (...) Ele pareceu pouco interessado. Não reagiu a minhas propostas e ameaças." Lágrimas escorreram dos olhos de Churchill quando ele disse: "Para De Gaulle, a terrível ofensa cometida pela Inglaterra foi ter ajudado a França. Ele não aguenta pensar que seu país precisava de ajuda. Jamais deixará que manchem a honra da França."[45]

Se os britânicos se divertiam em Casablanca, o mesmo não acontecia com a maioria dos americanos. Ian Jacob escreveu com desdém: "Sendo os americanos extremamente crédulos por natureza, repetem tranquilamente qualquer relato absurdo que ouvem."[46] John Kennedy escreveu a respeito de seus oficiais superiores: "Sentimos que os americanos têm grande ímpeto e ideias mais ambiciosas que as nossas, mas achamos que são fracos no trabalho de estado-maior e em algumas concepções estratégicas. É muito difícil conhecer os americanos. Por baixo de suas maneiras calorosas e amáveis, sente-se que há desconfiança e desprezo em variados graus, a depender da personalidade."[47] Era isso mesmo. Um biógrafo de Eisenhower escreveu: "Muitos oficiais americanos achavam seus colegas britânicos insuportáveis, não apenas pela arrogância, mas também pela hesitação em atacar o inimigo."[48] Um dos comandantes divisionários de Ike, o major-general Orlando Ward, escreveu com repulsa que, no Norte da África, os americanos ficaram reduzidos à condição de "filhotes de pointer (...) Se alguém com bigode ruivo, bastãozinho na mão e sotaque britânico fala conosco, nós deitamos no chão e rolamos".[49]

Harriman ficou consternado ao ver que, quando os chefes de estado-maior dos Estados Unidos estavam apenas entre americanos, falavam mal dos britânicos com grande empolgação. No fundo, achava ele, Marshall e seus colegas reconheciam, tanto quanto Churchill e Brooke, a extrema dificuldade de montar um ataque pelo canal em 1943. Contudo, nas palavras de Jacob, "eles viam o Mediterrâneo como uma espécie de buraco negro, onde quem entrasse o faria por sua conta e risco. Se grandes forças fossem empregadas (...) a porta rapidamente se fecharia atrás delas".[50] Ainda pareciam obcecados, aos olhos dos chefes britânicos, por temores de que os alemães interviriam no Norte da África através da Espanha. Repudiavam a sensação de que os britânicos, e explicitamente Churchill, exerciam maior influência nas decisões do presidente americano do que eles mesmos.

No fim, o impasse estratégico foi rompido por uma combinação de duras realidades e uma habilidosa diplomacia, na qual Dill desempenhou papel decisivo. Em janeiro de 1943, os americanos tinham 150 mil soldados no teatro de operações do Mediterrâneo. Os britânicos dispunham de três vezes mais soldados na região, quatro vezes mais navios de guerra e quase tantas aeronaves quanto os Estados Unidos. Uma vez terminada a campanha norte-africana, as forças disponíveis para operações de prosseguimento compreenderiam quatro divisões francesas, nove americanas — e 27 britânicas. Os soldados, marujos e aviadores de Churchill continuavam a predominar no conflito com a Alemanha, embora usassem uma proporção cada vez maior de tanques e equipamentos americanos. Até que esse equilíbrio de forças drasticamente se alterasse em 1944, a vontade dos britânicos quase sempre prevalecia. A certa altura da discussão, numa pausa para o almoço em 18 de janeiro, quando Brooke já começava a se desesperar, Dill lhe disse que um acordo estava mais próximo do que ele imaginava. Então advertiu que, se os chefes não conseguissem firmá-lo, Churchill e Roosevelt precisariam ser chamados para arbitrar, o que nem os comandantes britânicos nem os americanos queriam: "Você sabe a confusão que eles causariam!"[51]

Naquela mesma tarde, as principais diferenças foram resolvidas. Os britânicos endossaram formalmente o emprego de unidades americanas no Pacífico e prometeram lançar uma ofensiva na Birmânia depois das monções. Os dois países se comprometeram a realizar um maciço programa aéreo contra a Alemanha, a Ofensiva Combinada de Bombardeiros, com o objetivo de criar condições para uma invasão bem-sucedida à França em 1944. Concordaram em invadir a Sicília no verão de 1943 e em definir aos poucos mais operações de prosseguimento contra a Itália. Para preservar a imagem dos Aliados, chegou-se a um arranjo sobre o ataque pelo canal: caso houvesse recursos e barcaças de desembarque, poderiam lançar uma grande operação para a conquista de uma cabeça de ponte na França em agosto de 1943. Provavelmente nenhum dos presentes esperava que essa condição fosse atendida, mas o fingimento persistiu durante meses, até mesmo em telegramas para Stalin. Churchill e Roosevelt acrescentaram, por conta deles, alguns pontos simbólicos para a aprovação formal dos chefes do estado-maior combinado. Reafirmavam a importância dos comboios para a Rússia e da ajuda à China; os chefes foram aconselhados a tentar um desembarque na Sicília já em junho; e enfatizou-se a necessidade de acelerar a concentração de forças na Grã-Bretanha para uma invasão à França.

Roosevelt agradeceu a Dill por seu papel na obtenção de um acordo anglo-americano. O oficial britânico respondeu: "Meu objetivo é servir a meu país e servir ao seu. Espero e acredito que nossos interesses sejam idênticos, e, em todo problema que surge, tento ver não um problema britânico ou americano, mas um problema anglo-americano."[52] Dill, no entanto, muito mais moderado do que Brooke em sua avaliação dos assuntos americanos, escreveu depois para o chefe do estado-maior imperial sobre o presidente: "Quanto mais conheço o homem, mais o considero egoísta e superficial (...) é claro, minha tarefa é tirar dele o melhor que posso."[53]

The Times adotou uma abordagem laudatória à posição do líder britânico na conferência de Casablanca, sobre a qual o público só foi informado depois que os principais participantes já haviam partido: "O sr. Churchill (...) toma seu lugar ao lado do presidente com autoridade equivalente e complementar. A luz que começa a irromper onde quer que as forças aliadas combatam destaca sua estatura em meio às densas sombras que o país dele atravessou."[54] Na matéria, o jornal afirmava erroneamente que De Gaulle e Giraud "se uniram na maior cordialidade".

Para Churchill, Casablanca foi um grande sucesso. Encantou-se com a afabilidade de Roosevelt, ainda que, segundo Harriman, não tenha gostado quando o presidente disse à imprensa, no encerramento da conferência, que os Aliados insistiriam na rendição incondicional das potências do Eixo: "Ele ficou ofendido por Roosevelt ter feito uma declaração tão importante sem consulta prévia, e certamente não gostou da forma como isso aconteceu. Eu o vi insatisfeito com Roosevelt mais de uma vez, porém naquela ocasião estava mais sentido do que antes. Ele também temia, suponho, que aquilo levasse os alemães a lutar com ainda mais empenho."[55] Tais comentários até hoje confundem os historiadores. Na realidade, o presidente discutira a rendição incondicional com

Churchill antes de fazer o anúncio. O primeiro-ministro, por sua vez, mandara uma mensagem avisando o Gabinete de Guerra em Londres.

Se ele, de fato, ficou irritado com Roosevelt, provavelmente foi por uma questão de ênfase. Não poderia haver qualquer chance de negociação com o regime nazista, mas talvez Churchill preferisse deixar um fio de esperança na mente de potenciais antinazistas alemães quando sugeriu que a Alemanha poderia contar com alguma misericórdia caso Hitler fosse deposto. Pouco antes de Pearl Harbor, em novembro de 1941, Churchill lembrou ao Gabinete que, quando a Rússia foi invadida, "fizemos uma declaração pública de que não negociaríamos com Hitler ou com o regime nazista". Acrescentou que, na opinião dele, "seria ir longe demais dizer que não devemos negociar com uma Alemanha controlada pelo exército. Era impossível prever qual seria a forma de governo na Alemanha se sua resistência diminuísse e eles quisessem um acordo".[56] É provável que, em janeiro de 1943, Churchill ainda achasse conveniente deixar a atitude pública dos Aliados em relação aos alemães não nazistas relativamente vaga, mesmo após o vasto aumento do poderio americano e a transformação da guerra.

Em Casablanca, Harriman falou com o presidente sobre o visível desconforto de Churchill com a ideia da rendição incondicional. Roosevelt pareceu não se importar. Do mesmo modo, num jantar com o primeiro-ministro, ele refletiu sobre temas como a independência do Marrocos, educação compulsória, combate a doenças e outras empreitadas sociais. Churchill demonstrou impaciência. Na opinião de Harriman, Roosevelt gostava de provocar o velho *tory* britânico. "Ele se diverte com o constrangimento alheio", escreveu o diplomata americano. "Nunca se preocupa muito quando outras pessoas estão infelizes."[57] Em todos os encontros, Churchill tentava criar oportunidades para uma conversa *tête-à-tête* com o presidente, mas era cada vez mais difícil encontrá-lo sozinho. Roosevelt se tornara cauteloso com os apelos de Churchill, impaciente com os monólogos do primeiro-ministro, e provavelmente lembrava que Marshall queria estar presente em todas as discussões estratégicas.

Nos meses seguintes a Casablanca, figuras ressentidas como Albert Wedemeyer não esconderam a raiva pelo modo como uma estratégia fora aprovada por Roosevelt contra a vontade dos chefes das forças armadas americanas. Acreditavam que o entusiasmo britânico por operações no Mediterrâneo devia-se mais a considerações imperiais do que militares. Mantiveram essa opinião pelos próximos dois anos. Esse sentimento alcançou o Congresso e a mídia, e foi responsável por boa parte da futura irritabilidade transatlântica. Marshall, porém, com notável diplomacia, aceitou as decisões elegantemente. Combateu o sentimento antibritânico generalizado entre os militares americanos quando escreveu ao chefe de relações públicas do exército logo após

Casablanca, pedindo que se opusesse "à insidiosa atitude de estimular a animosidade entre nós e os britânicos".

A conferência terminou com fervorosas expressões de boa vontade de todos os lados. Churchill deu à sua equipe a instrução habitual na hora de fazer as malas, brincando com as propagandas que fechavam os programas de peças teatrais: "Perucas Clarkson." O primeiro-ministro e o presidente viajaram duas horas de carro até Marrakesh, onde se instalaram na Villa Taylor. No fim daquela tarde, quando o sol se punha atrás das montanhas nevadas do Atlas, Churchill subiu ao telhado para apreciar o cenário, que muito o comovera numa visita seis anos antes, em tempos de paz. Fez questão de que o presidente compartilhasse a experiência. Dois empregados formaram uma cadeira com os braços, na qual o presidente foi levado pelas escadas em curva, "as pernas paralíticas balançando como os membros de um boneco de ventríloquo", como escreveu, cruelmente, Charles Moran. O primeiro-ministro murmurou: "É o lugar mais bonito do mundo inteiro."

Parece duvidoso que Roosevelt tenha sentido o mesmo prazer numa experiência que ressaltava a própria incapacidade física. Às vezes, Churchill era altamente insensível às vulnerabilidades alheias. Em meio ao deleite por vencer a batalha de Casablanca pelo emprego de tropas anglo-americanas na Itália, ele se permitiu um elogio ao aliado britânico que poucos membros da equipe de Roosevelt teriam retribuído: "Adoro esses americanos", disse ao médico particular, "eles se comportam de forma tão generosa". Contudo, nunca mais seu entusiasmo seria tão absoluto. Se houve, de fato, um período de real intimidade entre o presidente dos Estados Unidos e o primeiro-ministro britânico em 1941 e 1942, quando Roosevelt, de certa forma, submeteu-se à experiência de guerra de Churchill, a partir desse momento as relações ficaram decididamente mais frias. As cortesias mútuas e a retórica afetuosa continuaram a existir. No entanto, eram cada vez mais explícitas as divergências quanto ao que cada um supunha ser o interesse de seu respectivo país.

Antes de se despedirem, os dois líderes despacharam um telegrama conjunto para Moscou resumindo as decisões da conferência. "O que quer que resolvêssemos fazer em 1943 precisava ser apresentado a Stalin como algo de peso", escreveu Ian Jacob.[58] O comandante militar soviético foi informado de que haveria um desembarque na Europa "tão logo fosse praticável". Nenhum dos líderes supunha, porém, que o tom calculadamente vago enganaria Moscou. "Nada no mundo será aceito por Stalin como alternativa ao envio de cinquenta ou sessenta divisões à França até a primavera deste ano", observou Churchill. "Acho que ele vai ficar desapontado e furioso." O primeiro-ministro estava certo. Para o marechal Georgy Zhukov, àquela altura o comandante em que mais confiava, Stalin desabafou com raiva sobre a inadequação da ajuda aliada: "Centenas de milhares de soviéticos dão a vida na luta contra o fascismo, e Churchill está barganhando por duas dúzias de Hurricanes. E de qualquer forma esses Hurricanes são uma bosta — nossos pilotos acham que não valem nada."[59]

Houve um aspecto importante da conferência de Casablanca, até mesmo do planejamento estratégico dos Aliados para o restante da guerra, que nunca foi explicitamente enunciado por líderes ocidentais e que, ainda hoje, é poucas vezes reconhecido diretamente por historiadores. Os americanos e os britânicos se vangloriavam por elaborar políticas que resultariam na destruição do nazismo. Mas, na verdade, todas as opções que examinaram e todas as operações que subsequentemente empreenderam continuaram subordinadas à luta no front oriental. Os Aliados Ocidentais nunca foram responsáveis pela derrota dos principais exércitos da Alemanha. Simplesmente ajudaram os russos a obter êxito. Apesar da determinação de George Marshall e seus colegas em invadir a Europa, ainda é impossível acreditar que os Estados Unidos estivessem mais dispostos do que a Grã-Bretanha a aceitar milhões de baixas para exercer a função de desgaste do Exército Vermelho em Stalingrado, Kursk e numa centena de carnificinas menores entre 1942 e 1945. Roosevelt e Churchill tinham a satisfação de ocupar uma posição moral mais elevada que Stalin. Contudo, é difícil discordar que é do comandante militar soviético a reivindicação mais válida ao posto de arquiteto da vitória.

Roosevelt partiu para casa em 25 de janeiro. Churchill ficou mais tempo e, naquele ambiente que amava, produziu o único quadro que pintou na guerra, um panorama das montanhas do Atlas. Depois, iniciou um dos mais intensos períodos de viagens durante a guerra, que agradou sobretudo a ele mesmo. Para acompanhar o chefe à Turquia, Brooke teve de cancelar o estimado plano de dois dias de folga para visitar pontos turísticos e caçar perdizes no Marrocos. O Gabinete foi contra a expedição, que os ministros consideravam inútil. Churchill ignorou as objeções, ansioso por ressuscitar seu grande projeto, que ruíra em 1941, de incitar os Bálcãs contra Hitler. Também se deixou embalar pela felicidade de fazer turismo no Mediterrâneo como um comandante militar vitorioso, depois das humilhações e frustrações de anos anteriores.

Chegando à embaixada no Cairo nas primeiras horas de 26 de janeiro, ele recusou a oferta da embaixatriz para tomar chá no café da manhã, pedindo, em vez disso, vinho branco. Brooke descreveu a cena com meticulosa incredulidade: "Trouxeram um copo, que ele virou em um gole, depois lambeu os lábios, voltou-se para Jacqueline [Lampson] e disse: 'Ah! Isso é bom, mas, sabe de uma coisa, já tomei dois uísques com soda e fumei dois charutos de manhã.'!! E eram apenas pouco mais de sete e meia. Tínhamos viajado a noite inteira quase sem conforto algum, percorrendo 3.650 quilômetros num voo de mais de onze horas, com um bom pedaço acima de 3.350 metros, e ali estava ele, todo serelepe, tomando vinho depois de dois uísques e dois charutos!"[60] No Cairo, Churchill teve importantes conversas com seu ex-pesquisador histórico, o professor de Oxford William Deakin, na época um oficial da Agência de Operações Especiais (SOE) encarregado da Iugoslávia. Deakin descreveu a modesta ajuda que era despachada para o general monarquista Mihailović e seus guerrilheiros chetniks. Pela primeira vez, informou o primeiro-ministro sobre a importância de Josef Broz, "Tito", que comandava uma força em rápida expansão de 20 mil insurgentes, considerados pela SOE menos comunistas do que aparentavam. As opiniões de Deakin eram apoiadas por interceptações Ultra já conhecidas de Churchill, o que revelava a crença alemã de que os comunistas representavam uma ameaça militar muito mais substancial do que os chetniks.

O primeiro-ministro aprovou abordagens a Tito, e o próprio Deakin logo foi lançado de paraquedas ao quartel-general do líder croata. Sem o conhecimento dos britânicos, o chefe guerrilheiro passou a primavera de 1943 conversando com os alemães sobre uma possível trégua que liberaria suas forças para destruir Mihailović. Todavia, a intransigência nazista levou os guerrilheiros a lutarem contra o Eixo. Os britânicos, sobretudo oficiais da SOE, enganaram-se com persistentes ilusões sobre a política de Tito. Entretanto, estavam certos quanto a um ponto importante: a determinação de Hitler em defender a Iugoslávia e seus recursos minerais o fez empregar vastas forças num país ideal para as operações de guerrilha. Ali, como em nenhuma outra parte da Europa ocupada fora do território russo, a resistência interna obteve significativo impacto estratégico.

O contingente militar no grupo de Churchill partiu para a neutra Turquia com roupas civis emprestadas e de tamanho totalmente inadequado. A visita ao presidente Ismet Iononu em 30 de janeiro se deu como o Gabinete previra. Os turcos foram elegantes e fizeram muitas declarações de boa vontade. Sempre temendo Stalin, valorizavam os bons ofícios de Churchill para evitar um ataque russo à sua fronteira setentrional. No abafado vagão de trem em que as duas partes se encontraram, os britânicos ficaram um tanto constrangidos, um tanto impressionados, com a insistência de Churchill em falar com a delegação de Ancara em seu francês fluente, mas incompreensível. Não teria feito diferença se falasse em chinês. Os turcos não estavam interessados em participar da guerra. Por que estariam? Talvez fosse verdade que os Aliados agora pareciam vencedores. Contudo, como os anglo-americanos não tinham projetos na Turquia, sem dúvida era prudente que esse país empobrecido mantivesse a neutralidade. Brooke ficou preocupado com os riscos à segurança do primeiro-ministro, num trem malprotegido, passando no meio do nada. Rumores locais haviam difundido amplamente a notícia da visita. O chefe do estado-maior imperial foi procurar o detetive de Churchill e o encontrou comendo uma boa refeição no vagão-restaurante: "Eu lhe disse que os arranjos de proteção ao primeiro-ministro eram muito fracos, e que ele e seu assistente deveriam fazer rondas pelo vagão-dormitório de Winston durante a noite. Ele respondeu de um jeito insolente: 'Então devo trabalhar a noite toda e o dia todo?' Eu disse que ele tinha viajado nas mesmas condições de conforto da comitiva, e que eu nem sabia se ele já tinha começado a trabalhar naquele dia."[61]

A visita, porém, transcorreu em segurança até que o Liberator de Churchill, taxiando para decolar, atolou na pista em Adana. O primeiro-ministro fez cômicas tentativas pessoais de dirigir a recuperação, gesticulando muito para os turcos sobre a roda afundada do transporte, antes de recorrer a uma aeronave reserva. Novamente no Cairo, em 1º de janeiro, tomou conhecimento da rendição do VI Exército alemão em Stalingrado. Telegrafando para cumprimentar Stalin, manifestou entusiasmo por "uma grande operação pelo canal em agosto", envolvendo de dezessete a vinte divisões britânicas e americanas. Ninguém pode culpar os russos por adotarem uma opinião pessimista sobre seus aliados, quando o primeiro-ministro tentava manter essa absurda simulação dias após traçar um plano totalmente diferente em Casablanca. Ele voou para o quartel-general de Montgomery, nos arredores de Trípoli. Num anfiteatro natural, em Castel Benito, dirigiu-se aos soldados do VIII Exército. "Depois da guerra", disse ele, "quando vocês forem indagados sobre o que fizeram, bastará dizer: 'Marchei e lutei no Exército do Deserto'. E quando a história for escrita (...) suas façanhas irão brilhar e resplandecer, tornando-se uma fonte de canções e contos que seguirão no tempo mesmo após a nossa morte." Com lágrimas nos olhos, passou em revista a 51ª Divisão Highland, que desfilou pelas ruas de Trípoli encabeçada por seus tocadores de gaita de fole. Em seguida, passou na Divisão da Nova Zelândia, onde fez elogios ao comandante Freyberg.

Em Argel, em 6 de fevereiro, disse a ex-líderes militares de Vichy que "se marchassem conosco, não ligaríamos para divergências passadas".[62] Por fim, os britânicos conseguiram reconhecimento a De Gaulle no Norte da África. O general Giraud foi substituído como principal autoridade francesa por um comitê nacional incomodamente composto de gaullistas e giraudistas. A antipatia americana por De Gaulle persistia. Washington, porém, admitiu com relutância que a França Livre, cujos soldados lutaram contra as potências do Eixo enquanto os de Vichy atuavam como cúmplices, precisava ter algum direito de opinar sobre o futuro do país.

Nesse ponto, ao fim da odisseia mediterrânea de Churchill, ele fez algumas reflexões sobre sua própria morte. Ian Jacob registrou as observações: "Seria uma pena ter de partir no meio de um drama tão interessante sem assistir ao fim. Mas não seria um mau momento para ir embora — agora é um caminho reto até a linha de chegada, e até o Gabinete daria conta do recado."[63] Tais palavras eram significativas por duas razões. Primeiro, ele sabia, como qualquer pessoa, que poderia muito bem morrer numa de suas viagens aéreas durante a guerra, como aconteceu a tantos altos oficiais. Dois membros do secretariado de Casablanca morreram quando o avião em que estavam se perdeu na viagem de volta, notícia que Brooke mandou esconder temporariamente de Churchill, pois chegou na véspera da viagem à Turquia. O general Gott, o general polonês Sikorski, o marechal do Ar Sir Trafford Leigh-Mallory, o almirante Sir Bertram Ramsay, juntamente com Arthur Purvis, chefe da missão britânica de aproximação em Washington, foram apenas as figuras mais proeminentes que faleceram em voos da RAF durante a guerra — curiosamente, poucos passageiros proeminentes da USAAF foram vitimados por desditas similares. Churchill comentou, quando um voo norte-africano saiu atrasado por uma falha do magneto, que foi muita bondade do magneto falhar ainda no chão. Sem dúvida foi.

Também teve razão ao considerar que o período mais crítico de sua liderança estava chegando ao fim. Ainda haveria muitos dramas, mas a Grã-Bretanha já não corria nenhum risco de cair nas mãos da tirania nazista. O curso da vitória dos Aliados fora definido. Já em Londres, em 11 de fevereiro de 1943, ao fazer um resumo sobre Casablanca na Câmara dos Comuns, ele observou que antes a Grã-Bretanha e os Estados Unidos eram sociedades pacíficas, mal armadas e despreparadas. No entanto, "agora são nações guerreiras, vivendo no temor de Deus, fortemente armadas e com uma visão cada vez mais clara da própria salvação".[64] Consciente da renovada ameaça de U-boats no Atlântico, ressaltou que o mar era a principal área de risco. Quando lhe fizeram uma tola pergunta sobre os planos para impedir que a Alemanha iniciasse outra guerra, respondeu que era um bom tema para reflexão, "que ganharia importância mais precisa quando os dissabores atuais terminassem de modo satisfatório".

Seria absurdo descrever Churchill, no começo da primavera de 1943, como uma figura supérflua. Contudo, depois de três anos fazendo coisas que nenhum outro homem teria conseguido, já não era indispensável para a salvação da Grã-Bretanha. Se em 1940 e 1941 representara a redenção de seu país, em 1942 e 1943 os americanos tinham com ele uma dívida maior do que admitiam por convencer o presidente a adotar a estratégia mediterrânea. Seu discernimento estratégico fora superior ao dos chefes de estado-maior dos

Estados Unidos. Depois disso, porém, sua visão ficou cada vez mais nebulosa, e a influência da Grã-Bretanha entrou em declínio. Até o fim da guerra, Churchill avultaria na Grande Aliança mais como uma personalidade do que como o líder do elo menos poderoso. Desse momento em diante, nunca estaria longe do pensamento de Roosevelt e Stalin a paráfrase da brutal pergunta que Napoleão fez sobre o papa: "Quantas divisões os britânicos têm?"

14
Fora do deserto

Em 1943, para Winston Churchill e para muitos britânicos, russos e americanos, às vezes parecia que os Aliados Ocidentais passavam mais tempo conversando do que combatendo os exércitos de Hitler. É verdade que grandes contingentes aéreos acossavam a Alemanha numa ofensiva de bombardeiros muito comentada em jornais e em telegramas a Stalin. A Marinha Real, com efetivo, confiança e êxito crescentes, ainda lançava um esforço defensivo vital para manter abertas as rotas atlânticas de comboios. Forças americanas travavam lutas ferozes com os japoneses no Pacífico. Esse, no entanto, foi o último ano da guerra em que a escassez de recursos restringiu severamente a ação terrestre anglo-americana. Em 1944, um grande número de navios, aeronaves, armas e equipamentos gerados pela mobilização industrial dos Estados Unidos inundou os campos de batalha, armando forças aliadas em terra, no mar e no ar numa escala que o mundo jamais tinha visto. Até esse momento, porém, os exércitos de Churchill e Roosevelt que enfrentavam o Eixo continuaram pateticamente pequenos em comparação com os exércitos soviéticos.

Os britânicos destacaram treze divisões para o Norte da África e os americanos, seis. Dessas grandes unidades, oito desembarcariam na Sicília. Onze divisões britânicas, em variados graus de efetivo e subequipamento, permaneceriam no país, treinando para operações na França ou em qualquer lugar onde o primeiro-ministro resolvesse usá-las. Além disso, centenas de milhares de soldados britânicos espalhavam-se pelo litoral norte-africano e por Egito, Palestina, Síria, Iraque, Pérsia e Índia. Desempenhavam funções de logística e guarnição que oscilavam em nível de utilidade, mas não estavam, como Churchill sempre lembrava Alan Brooke, matando italianos, alemães ou japoneses. O Corpo de Fuzileiros Navais dos Estados Unidos estava mobilizado no Pacífico, enquanto o general Douglas MacArthur dirigia um modesto contingente de exército na Austrália e na Nova Guiné. Em 1943, a última dessas campanhas foi dominada por três divisões australianas. Na Índia, um imenso exército indiano complementado por unidades britânicas realizava operações isoladas, mas, naquele ano, foram raras as vezes em que conseguiram empregar mais de seis divisões contra os japoneses. Numa época em que Stalin e Hitler lançavam duzentas unidades um contra o outro no leste, não é de admirar que os russos vissem com desdém as atividades dos seus aliados no Mediterrâneo.

A maioria dos historiadores anglo-americanos concorda que, em 1943, um Dia D na França teria sido um desastre. Considerando a ferocidade da resistência que os alemães opuseram na Normandia entre junho e agosto de 1944, supõe-se que um ano antes a resposta a uma invasão teria sido ainda mais formidável, num momento em que o poderio de Hitler era bem maior e o dos Aliados, bem menor. De todo modo, os russos não se conformavam com o fato de os britânicos e os americanos aproveitarem ao máximo o conforto de escolher quando lutar contra um grande exército alemão, luxo negado a Stalin desde junho de 1941. Em 1943, talvez os Aliados conseguissem alcançar as praias e permanecer no local, mas as baixas da campanha subsequente teriam sido horrendas, fazendo com que as perdas do noroeste europeu em 1944-1945 parecessem até leves. Enquanto os russos lutaram a maior parte da guerra sob o triplo aguilhão do patriotismo, da compulsão e da indiferença pelo custo humano, os anglo-americanos pouparam vidas até terem condições de utilizar seus recursos industriais do modo mais vantajoso possível. Levando em conta sua população total, decidiram empregar na linha de frente forças terrestres de combate bem menores do que as da Rússia ou as da Alemanha. David French, autor de um arguto estudo sobre o exército britânico na Segunda Guerra Mundial, observa: "Em termos absolutos, os britânicos reduziram as baixas simplesmente se abstendo, por longos períodos da guerra, de travar intensas batalhas terrestres em que fatalmente sofreriam pesadas perdas."[1]

Em 13 de fevereiro de 1943, quando ainda havia esperança de que a campanha norte-africana pudesse ser concluída em um mês, Churchill ficou exasperado ao saber que o desembarque na Sicília não poderia ocorrer antes de julho. Passou um telegrama para Hopkins em Washington: "Acho terrível que, em abril, maio e junho, nenhum soldado americano ou britânico vá matar um único soldado alemão ou italiano, enquanto os russos perseguem 185 divisões." Ele, como o povo britânico, tinha aguda consciência das perdas dos russos e — cada vez mais — de suas vitórias no Cáucaso, na Carcóvia e em Stalingrado. Telegrafava constantemente para Stalin sobre o progresso da ofensiva de bombardeiros da RAF, assegurando-lhe, dissimuladamente, que o plano da invasão francesa era "mantido vivo de semana a semana". Quando os chefes de estado-maior lhe pediram que insistisse com Moscou para repassar informações sobre os planos militares russos, objetou: "Tenho tanta consciência da fraca contribuição oferecida pelos exércitos britânico e americano (...) que não estou preparado para obter a recusa que um pedido de informações certamente provocaria." Num acesso de impaciência, perguntou aos chefes de seu estado-maior se os britânicos poderiam lançar por conta própria a Husky, codinome da operação siciliana. Não, foi a resposta firme.

Contudo, ao fazer a pergunta, Churchill invalidou as suspeitas americanas de que hesitava em ver os próprios soldados na luta.

Em fevereiro, no passo de Kasserine, na Tunísia, uma arremetida alemã obrigou forças americanas superiores a recuar em debandada, porém a derrota não teve importância estratégica. Em poucos dias, as tropas de Eisenhower se reagruparam e recuperaram o terreno perdido. Ainda assim, foi um golpe decisivo contra as esperanças de que o fim da campanha estaria próximo. Em 27 de fevereiro, Alexander passou um informe sobre o estado das forças americanas e das três divisões francesas, na maioria tropas coloniais, que agora participavam da campanha: "Aos americanos falta experiência e aos franceses faltam armas (...) Detesto desapontá-lo, mas a vitória definitiva no Norte da África não está (repito, não está) perto de acontecer."[2]

Uma característica perversa da guerra era que, enquanto o povo britânico nutria uma calorosa admiração pelas conquistas russas, raramente demonstrava a mesma generosidade com os americanos. A Grande Aliança gerou, na Grã-Bretanha, inúmeros grupos anglo-soviéticos de encontro, mas poucos anglo-americanos. Um relatório entregue pela Inteligência Interna em 14 de janeiro de 1943 declarava: "Na época de Pearl Harbor, o interesse público pelos Estados Unidos recebeu um estímulo momentâneo, que logo diminuiu e desde então permaneceu baixo (ao contrário da atitude com relação à Rússia e a tudo que envolvia os russos)." Quando a notícia da Batalha de Kasserine foi divulgada na Grã-Bretanha, Violet Bonham-Carter registrou em seu diário o diálogo de um amigo com um vendedor de hortaliças em Covent Garden, que disse: "Boa notícia hoje, senhor!" "Os russos se saíram bem?" "Não, os americanos se saíram mal." Isso, segundo Bonham-Carter, representava "a reação universal" à notícia do revés sofrido pelos exércitos de Eisenhower.[3] *How Green was My Valley* [Como era verde o meu vale] foi um romance best-seller da época; Attlee, num gracejo indelicado, disse que Alexander estava escrevendo um segundo livro no Norte da África, *How Green is My Ally* [Como é inexperiente o meu aliado].[4] Churchill eliminou do rascunho de suas memórias uma carta de fevereiro ao rei, na qual escreveu: "O inimigo comete um grave erro se pensa que todas as tropas que temos lá são tão inexperientes quanto nossos amigos dos Estados Unidos."[5] Os americanos receberam com irritação os resultados de uma pesquisa da Gallup que investigou a opinião dos britânicos sobre o aliado que mais contribuía para ganhar a guerra. Cerca de 50% respondeu "Rússia", 43%, "Grã-Bretanha", 5%, "China", e só 3% disse "Estados Unidos".[6]

Os britânicos sabiam que a guerra estava longe do fim e aceitaram essa perspectiva. Contudo, após mais de três anos de bombardeios, privações e derrotas, a estafa tomou conta. É difícil descrever o impacto do blecaute no moral nacional. Ano após ano, durante as horas de escuridão, a lugubridade das cidades britânicas não era aliviada por qualquer chispa de luz. Como observou o romancista Anthony Powell, poucas pessoas mantinham em 1943 a sólida disposição mental de 1939. Os britânicos ressentiam-se profundamente do triunfalismo americano que atravessava o Atlântico, quando esses aliados ainda comiam prodigiosamente e nunca tinham sido bombardeados. Harold Macmillan escreveu com altivo desdém sobre os americanos à sua volta no Mediterrâneo: "Todos me parecem exatamente iguais — como os japoneses e os chineses."[7]

O parlamentar *tory* Cuthbert Headlam lamentou a notícia de um êxito posterior dos Estados Unidos no campo de batalha: "Soube que nossos esforços mal aparecem na imprensa americana. Imagino que, depois desta guerra, os americanos se mostrarão mais pretensiosos e exaustivos do que depois da última; podem nos causar mais problemas do que os russos."[8] No fundo, esses homens sabiam que seu país não conseguiria nada sem os Estados Unidos, e que só os recursos americanos tornavam possível a derrota de Hitler. No entanto, às vezes era difícil resistir a sentimentos mesquinhos, em meio à consciência britânica de que a luta estava reduzindo sua sociedade à penúria, enquanto os americanos cresciam inapelavelmente em riqueza e poder. Se muitos membros das classes superiores britânicas esperavam que os soviéticos e nazistas se destruíssem durante a guerra, a maioria dos americanos parecia satisfeita com a possibilidade de o Império Britânico ser uma das baixas da vitória.

Os russos demonstravam renovada impaciência com a falta de progresso no Mediterrâneo. Stalin telegrafou para Churchill: "Não só o peso da ofensiva anglo-americana no Norte da África não aumentou, como não houve qualquer espécie de desenvolvimento ofensivo, e o prazo para as operações que os senhores estabeleceram foi protelado." O líder soviético disse que 36 divisões alemãs estavam sendo transferidas do oeste para o front oriental, testemunho não muito impressionante dos esforços anglo-americanos. Churchill procurava acreditar que essa demonstração de raiva refletia a influência da hierarquia soviética. Ainda alimentava ilusões de que tinha um bom entendimento pessoal com Stalin, só interrompido quando outros membros do Politburo em Moscou exigiam mais dureza com os imperialistas. As relações anglo-russas pioraram de novo quando o Almirantado insistiu em cancelar o comboio de março para Arcangel. Grandes navios alemães representavam uma ameaça contínua na costa setentrional da Noruega, enquanto os recursos navais britânicos eram usados até o limite em empenhos mediterrâneos e atlânticos. No começo da primavera, pela última vez durante a guerra, a decodificação aliada de mensagens de U-boats foi interrompida, com terríveis consequências para vários comboios atlânticos — 42 navios mercantes foram destruídos em março, comparados a 26 em fevereiro.

Numa tentativa de acalmar Moscou, Churchill prometeu um fabuloso aumento nas remessas de aeronaves via Pérsia, bem como o envio de 240 mil toneladas de suprimentos em agosto. No entanto, novamente por dificuldades de transporte e de comboio, as promessas britânicas foram descumpridas. Stalin não queria ouvir desculpas. Por que ouviria? O fato era que seus exércitos tinham a incumbência de destruir os de Hitler, sendo ajudados mais por palavras do que por ações do Ocidente. Depois da guerra, Brooke mostrou surpresa quanto ao próprio diário: "É muito estranho que eu não tenha feito mais menções às notícias da Rússia."[9] De fato, era estranho. Mais de 2 milhões de soldados russos — e mais milhões de civis — morreram em 1943, enquanto as forças britânicas e americanas que combatiam os alemães perderam 70 mil pessoas, número que incluía tripulantes de bombardeiros. Aos olhos de Moscou, era uma atitude típica dos Aliados suspender novamente os suprimentos para a Rússia, onde a verdadeira guerra era travada, em favor de operações marginais próprias no Norte da África. Hugh Dalton perguntou ao embaixador britânico em Moscou, Sir Archibald Clark Kerr, se havia perigo de os russos assinarem a paz com Hitler: "Ele diz que, enquanto parecer aos russos que não estamos fazendo nada para ajudar, não eliminaria essa possibilidade."[10]

As relações anglo-soviéticas ficaram ainda mais complicadas em abril, quando os alemães anunciaram a descoberta dos corpos de milhares de oficiais poloneses, mortos em 1939 pelos soviéticos na região de Katyn, perto de Smolensk. No dia 15, Churchill disse ao general Sikorski, líder dos poloneses na Grã-Bretanha: "Deus meu, as revelações alemãs provavelmente são verdadeiras. Os bolcheviques podem ser muito cruéis." Na sala para fumantes da Câmara dos Comuns, quando Duff Cooper e Harold Nicolson mencionaram Katyn ao primeiro-ministro, ele respondeu laconicamente: "Quanto menos se falar nisso, melhor."[11] Recomendou que Sikorski não explorasse a história em público para não provocar Moscou. Em meio à raiva polonesa, a advertência foi ignorada. Os "poloneses de Londres" denunciaram publicamente os russos, que de imediato romperam as relações com o país e anunciaram a criação de um governo fantoche polonês. Churchill anunciou asperamente a Stalin que a Grã-Bretanha, por sua vez, não reconheceria os poloneses de Moscou. Os limites foram estabelecidos. Moscou não abria mão de um arranjo pós-guerra que pusesse a Polônia numa zona-tampão dominada pelos soviéticos. Nos dois anos seguintes, Churchill investiu uma imensa quantidade de energia e capital político para impedir esse desfecho. Mas nada poderia alterar a geografia: Varsóvia estava muito mais perto de Stalin do que dos exércitos de Churchill e Roosevelt.

Pode-se supor que, naquele período, alguns fatos aliviavam a existência diária de Churchill: muitas das grandes decisões haviam sido tomadas, êxitos no campo de batalha afastaram seus detratores e já não havia dúvida sobre a sobrevivência da Grã-Bretanha. Mesmo assim, não havia descanso real para um homem que decidira dirigir pessoalmente o esforço de guerra, em meio a uma luta global, e cuja vida se concentrava inteiramente em apressar a vitória dos Aliados. Ian Jacob descreveu-o na cama certa manhã: "Sawyers traz o café da manhã; Kinna é chamada para anotar alguma coisa; enquanto isso, toca-se a campainha para que o secretário particular de plantão traga as notícias e convoque alguém, digamos, o chefe do estado-maior imperial ou Pug. Então, o que se quer é a vela para acender charutos. Depois, alguém precisa telefonar para Hopkins. Tudo isso com o primeiro-ministro recostado na cama, respirando ruidosamente e cercado de papéis."[12]

Elizabeth Layton, uma das datilógrafas de Churchill, observou que ele odiava ouvir comentários de qualquer pessoa da equipe, a não ser que tivesse algo substancial a dizer. "Não há nada que ele odeie mais do que desperdiçar um minuto do seu tempo", escreveu para os pais.[13] "Ele é muito engraçado no carro; às vezes dita, às vezes passa o tempo todo pensando, murmurando e resmungando com ele mesmo; e às vezes olha as coisas que passam, de repente emitindo exclamações como 'Ah, veja os carneirinhos!' ou 'Que avião é aquele?!' — sem esperar um comentário ou uma resposta. Ele provavelmente já sabe que aprendi a não lhe tomar o tempo com observações bobas, que eu talvez me sentisse obrigada a fazer só para quebrar o silêncio."[14] Naquele fim de semana, Churchill estava muito afável. "Temos boas notícias da Tunísia", escreveu Layton aos pais, "por isso o chefe estava de bom humor, e poucas vezes me diverti tanto. Ele foi muito legal com todos nós e pela primeira vez nos tratou como seres humanos! Pobre homem, não pensem que eu o culpo por não agir assim sempre — é totalmente compreensível."[15]

O primeiro-ministro não mostrava o menor desejo por um descanso das responsabilidades, e só aceitava companhia para ter uma plateia. Apesar de sua sociabilidade, Churchill, de forma paradoxal, era uma pessoa intensamente reservada. Moran achava que ele mantinha os pensamentos bem guardados, "não contando seus segredos a ninguém (...) Não há ninguém para quem abra o coração. Brooke é frio e crítico demais; sempre parece pôr em dúvida os fatos do primeiro-ministro e com frequência joga um balde de água fria em seus projetos".[16] Alexander, em compensação, era um bajulador notavelmente hábil. O obsequioso oficial da Guarda ouvia com muita paciência os monólogos do primeiro-ministro. Nas palavras de Moran, quando ele respondia, "é sempre tão incentivador, está sempre tão seguro de que os planos do primeiro-ministro são os certos".[17] A presença de visitantes e membros da corte só aplacava a inquietação de Churchill por curtos períodos de tempo. Ele era impulsionado por uma sede constante de movimento, ação e companhia de outros grandes homens, com os quais pudesse resolver grandes questões.

Mesmo que outros fatores se mostrassem favoráveis, já estava claro que não havia barcaças de desembarque suficientes para um Dia D francês em 1943. A ausência de transporte tornava necessário abortar também um proposto desembarque anfíbio na Birmânia. Churchill queria garantir que os americanos perseverassem em sua estratégia mediterrânea, sem serem desviados para o Pacífico ou convencidos a se resguardar para um ataque posterior à França. Ficou chocado e furioso ao saber que, devido a notícias de duas divisões alemãs posicionadas na Sicília, Eisenhower sugerira que talvez fosse preciso abortar a operação Husky. Em 8 de abril, enviou um ofício aos chefes de estado-maior, perguntando-se como o general americano podia se dizer ansioso por uma invasão à França através do canal em 1943, "quando certamente precisaria lidar com muito mais do que duas divisões alemãs (...) Tenho certeza de que os chefes de estado-maior não aceitam essas doutrinas pusilânimes e derrotistas, venham de quem vierem".

John Kennedy escreveu, ao observar o primeiro-ministro redigir essa missiva: "Nunca o tinha visto ditar, e foi muito interessante. Ele articulava com os lábios e sussurrava cada frase até ficar satisfeito, e então a dizia em voz alta para a datilógrafa."[18] Churchill sugeriu outra reunião com Marshall e Hopkins no Norte da África em abril, mas nem o Gabinete de Guerra nem os americanos foram a favor desse encontro. Assim, decidiu ir mais uma vez a Washington. Em 4 de maio, partiu de Londres para Clydebank, de onde seguiu a bordo do grande transatlântico *Queen Mary* para Nova York.

Durante toda a primeira metade da guerra, em vez de opções, a Grã-Bretanha encontrava situações impossíveis. Depois disso, porém, circunstâncias vastamente melhores ofereceram oportunidades e provocaram dilemas. A campanha do Norte da África, já não era sem tempo, se aproximava do fim. Em 8 de maio, forças britânicas entraram em Túnis e os americanos tomaram Bizerta. Mais uma vez, os sinos das igrejas da Grã-Bretanha soaram em comemoração à vitória. Em Casablanca, os americanos endossaram uma visão majoritariamente britânica sobre novas operações no Mediterrâneo. Naquele ano, as duas conferências anglo-americanas subsequentes, de codinomes *Trident* e *Quadrant*, foram dominadas por esforços britânicos para manter compromissos que os americanos assumiram em janeiro. Algumas complicações impostas por Marshall e seus colegas refletiam um desejo de assumir o controle da agenda aliada, de resistir aos desejos britânicos pelo simples fato de serem britânicos. Para os americanos, era intolerável saber que seu dinheiro, assim

Cairo, agosto de 1942.
Da dir. para a esq.: Tedder, Smuts, Brooke, WSC, Harwood, Auchinleck, Richard Casey, Wavell.

Chegada a Moscou: Molotov (de óculos), ao lado de Harriman, e Churchill em frente ao seu Liberator.

Fiasco britânico e triunfo soviético. (Acima) Uma cena na praia em Dieppe depois do desastroso ataque de agosto de 1942. (Abaixo) Tropas soviéticas avançam rumo à grande vitória em Stalingrado na virada do ano.

Enfim fora do deserto. (Acima) Os britânicos avançam em El-Alamein em novembro de 1942. (Esq.) Líderes de guerra americanos em Casablanca em janeiro de 1943: Marshall e King sentam-se cada um de um lado de Roosevelt, enquanto atrás deles estão Hopkins, Arnold, Somervell e Harriman.

Em sentido horário, a partir do alto à esquerda: políticos, admiráveis e nem tanto: Bevan, Cripps, Attlee, Bevin e Beaverbrook.

Churchill com o general Anderson no anfiteatro romano de Cartago, onde discursou para soldados do exército britânico no deserto, em maio de 1943.

A agonia da Itália: tropas americanas avançam por terreno caracteristicamente difícil.

A tolice de Churchill no Dodecaneso. (Acima) Beaufighters atacam embarcações alemãs em Kos em 3 de outubro de 1943. (Abaixo) Tropas alemãs desembarcam na ilha, para conquistar um de seus últimos sucessos militares na guerra.

Em Argel, em junho de 1943, com (da esq. para a dir.) Eden, Brooke, Tedder, Cunningham, Alexander, Marshall, Eisenhower e Montgomery.

Com Clementine no salão de seu trem especial no Canadá, em agosto de 1943.

Os "Três Grandes" em Teerã, em 30 de novembro de 1943, no 69º aniversário de Churchill, com o presidente dos Estados Unidos visivelmente doente.

A última grande iniciativa de guerra estratégica pessoal de Churchill, o desembarque em Anzio, em janeiro de 1944.

como seus suprimentos, aviões, tanques e, logo, seus efetivos dominariam esmagadoramente as operações futuras dos Aliados, enquanto Churchill e seus colegas ditavam a direção geral.

Cada lado também alimentava ilusões irrealistas. Por exemplo, os americanos não tinham interesse em operações anfíbias no Sudeste Asiático, pois não contribuiriam em nada para atender ao principal interesse estratégico na região, que era ajudar o desorganizado esforço de guerra de Chiang Kai-shek na China. Já Churchill viajou para os Estados Unidos, em maio, decidido a não se deixar seduzir pelas febris florestas da Birmânia, ansioso, em vez disso, por uma "operação Tocha asiática" — possíveis desembarques em Sumatra, em Java ou na Malásia, o que na verdade era pura fantasia. Estrategistas sagazes, sobretudo o general britânico Bill Slim, compreendiam que o violento avanço americano pelo Pacífico central seria o elemento-chave para a derrota do Japão. Operações britânicas na Birmânia eram projetadas especialmente para "mostrar disposição" aos americanos, o que ajuda a explicar o cinismo do primeiro-ministro sobre quase tudo relacionado à guerra asiática.

Churchill e seus comandantes tinham razão em insistir que operações na Sicília, e posteriormente mais explorações na Itália, eram indispensáveis. Numa reunião a bordo do *Queen Mary*, em 10 de maio, ele disse aos chefes de estado-maior: "O maior avanço que podemos fazer em 1943 (...) seria a eliminação da Itália." Todavia, os britânicos lamentavelmente subestimaram não só as dificuldades de conduzir uma campanha no continente, como também a provável força da resistência alemã. Foram estouvados a ponto de impingir aos americanos a ideia de que ocupar a maior parte da Itália seria fácil, baseando-se em sua experiência contra tropas de Mussolini no Norte da África.

Os exércitos anglo-americanos precisavam aprender muitas lições sobre estruturas de comando, apoio aéreo e desembarques anfíbios em larga escala com oposição. Tais lições o Mediterrâneo lhes ofereceu em 1943. Contudo, num momento em que os russos travavam enormes e sangrentas batalhas no leste, os oficiais americanos previsivelmente relutavam em ter ambições tão modestas para o ano seguinte. Muitos figurões do Exército dos Estados Unidos duvidavam que os britânicos sinceramente apoiassem um Dia D francês mesmo na primavera de 1944. Marshall e seus colegas, e até o próprio Roosevelt, temiam que, uma vez na Itália, os Aliados tivessem dificuldade de extrair suas forças, cuja transferência para a Grã-Bretanha antes do fim do ano seria essencial.

Nos primeiros dias nos Estados Unidos, Churchill visitou Roosevelt no refúgio de Shangri-La, nos Alleghenies, e apresentou outro magnífico discurso no Congresso em 19 de maio. Quando Halifax, na embaixada em Washington, sugeriu que depois da guerra os americanos poderiam exigir o pagamento da dívida do Lend-Lease, Churchill respondeu com truculência:

"Ah, disso eu ia gostar. Eu diria, por favor, vamos mesmo fazer nossa contabilidade (...) mas eu tenho minhas próprias contas também, e ela diz que cuidamos sozinhos do bebê durante dezoito meses, um bebê muito feroz e brutal (...) Nem sei quanto devo cobrar por isso."[19] Ficou assustado, no entanto, com o visível declínio da saúde de Roosevelt. "Você notou que o presidente é um homem cansado?", perguntou a Moran. "A mente parece fechada; ele parece ter perdido a esplêndida elasticidade."[20] Embora a saúde do presidente de fato estivesse em declínio, a verdadeira razão para a mudança de humor era a de que se tornara menos suscetível às lisonjas de Churchill.

O primeiro-ministro teria ficado ainda mais perturbado se soubesse que, naquele exato momento, o presidente tentava marcar um encontro bilateral com Stalin, sem incluir Churchill, por intermédio dos bons ofícios do embaixador americano pré-guerra em Moscou, o infame Joseph E. Davies. Davies, como Stafford Cripps, era um devoto admirador da União Soviética. Enquanto servia em Moscou, tentou convencer a esposa de que as rajadas de tiros que ela ouvia, quando os pelotões de fuzilamento do NKVD executavam vítimas dos expurgos, eram meras britadeiras de operários da construção civil. Davies formou uma grande coleção de arte com peças vendidas a preços não revelados por autoridades soviéticas, que foram saqueadas de galerias ou confiscadas de inimigos do Estado assassinados. Em 1943, as afrontosas e servis memórias do tempo que havia passado na Rússia foram transformadas num filme de Hollywood, *Missão em Moscou*, com um roteiro autorizado pelo próprio embaixador. Em maio, Roosevelt pôs um avião da USAAF à disposição de Davies, o instruindo para que fosse a Moscou com cópias do filme a fim de agradar a Stalin. Embora essa figura lamentável não tenha conseguido o encontro que Roosevelt buscava, a simples disposição do presidente em utilizá-lo já indicava uma descarada dissimulação no trato com Churchill.

Os chefes do estado-maior combinado, nesse meio-tempo, realizavam reuniões a portas fechadas, tensas, quase contínuas, sob a direção de Marshall. Brooke, em 13 de maio, fez comentários que aturdiram e horrorizaram os americanos. Descartando qualquer hipótese de uma invasão antecipada à França, disse que "nenhuma grande operação seria possível antes de 1945 ou 1946, pois devemos lembrar que, em guerras anteriores, havia sempre cerca de oitenta divisões francesas do nosso lado (...) a posição britânica no tocante a efetivos era fraca". Marshall respondeu com frieza: "Isso quer dizer que os chefes de estado-maior britânicos viam as operações no Mediterrâneo como indispensáveis para o término bem-sucedido da guerra europeia?" Sir Charles Portal interveio, certamente com a intenção de limitar o estrago causado pela brutal afirmação de Brooke, argumentando que "se a Itália for liquidada este ano, então, em 1944, uma reentrada bem-sucedida no noroeste da Europa seria bem possível". O ceticismo britânico, continuou Portal, baseava-se na ideia de que uma força de vinte a 25 divisões poderia obter resultados importantes no outro lado do canal, no continente europeu, "a não ser que o exército alemão quase todo estivesse na Rússia ou nos Bálcãs".[21]

Brooke ressaltou, mais uma vez, que só o Exército Vermelho tinha massa suficiente para enfrentar o peso integral da Wehrmacht: "A Rússia é o único aliado que conta com grandes forças terrestres, e nossa estratégia precisa ser ajudá-la a maximizar sua eficácia." Naquela noite, escreveu em seu diário: "Ficou bem claro que Marshall era incapaz de compreender os objetivos de nossa estratégia, ou a magnitude das operações ligadas à estratégia de travessia do canal."[22] Para o chefe do estado-maior imperial, a conferência *Trident* foi uma das experiências mais fatigantes e deprimentes da guerra. Os diálogos daquele dia ilustraram sua profunda cautela e seu pessimismo. A reputação de Brooke como estrategista ficou significativamente manchada pelos comentários proferidos nessa reunião entre os chefes do estado-maior combinado. Embora em 1942 e 1943 Marshall tenha errado com frequência, depois disso o discernimento de Brooke é que passou a ser questionado. Se a visão britânica prevalecesse, seria difícil imaginar um Dia D em 1944. Em nenhum outro momento, desde dezembro de 1941, as lideranças militares dos Aliados pareceram tão distantes entre si.

Contudo, quando os americanos pressionaram, os britânicos cederam terreno. Finalmente, a equipe de Brooke admitiu uma "crença firme" de que as condições para uma invasão à França existiriam em 1944. No dia 19, os britânicos aceitaram fixar 1º de maio como data para o desembarque de 29 divisões no norte da França. O tenente-general Sir Frederick Morgan foi designado líder da equipe do COSSAC (chefe do estado-maior do comandante supremo dos Aliados) para planejar essa invasão. O resultado, telegrafou Churchill para Attlee em 21 de maio, foi o acordo de que a Grã-Bretanha teria "carta branca" no Mediterrâneo até novembro de 1943. O êxito na Sicília seria aproveitado para adiantar a eliminação da Itália do Eixo, até a concentração e o redesdobramento de forças para os desembarques na França terem início. Brooke escreveu, após uma reunião com Roosevelt e Churchill na Casa Branca, em 21 de maio: "Acho que eles não perceberam como estivemos perto de não chegar a acordo algum!" Dois dias depois, observou que essas conferências eram

> os espetáculos mais cansativos que se possa imaginar. Estou convencido de que são muito positivas no sentido de garantir um grande entendimento entre nós, mas mesmo assim não são suficientes se nossas convicções básicas permanecem inalteradas. King continua decidido a insistir no Pacífico em

> detrimento de todos os outros fronts. Marshall quer assegurar a operação de travessia do canal à custa do Mediterrâneo. [Ainda acho] que o Mediterrâneo oferece mais esperanças de contribuir para o êxito final. Portal sinceramente acha que, se lhe déssemos carta branca, só os bombardeios já seriam suficientes para vencermos a guerra. E meu bom e velho Dudley Pound, quando desperta, quer que coloquemos a guerra de submarinos acima de todas as outras obrigações (...) E Winston?? Pensa uma coisa num momento, outra no momento seguinte. Às vezes, a guerra pode ser vencida com bombardeios (...) Outras vezes, é indispensável lutarmos com tudo no continente, pois é o que a Rússia está fazendo. Outras vezes, ainda, nosso principal esforço deve ser no Mediterrâneo (...) com desejos esporádicos de invadir a Noruega e "puxar o mapa dos pés de Hitler"! O mais frequente, porém, é ele desejar que executemos TODAS as operações simultaneamente![23]

Churchill despediu-se de Roosevelt animado e cheio de energia. Em 26 de maio, numa última entrevista coletiva com o presidente na Casa Branca, encantou os correspondentes ao subir numa cadeira e oferecer seu famoso V de vitória. Então embarcou num Boeing Clipper para Argel via Gibraltar, acompanhado por George Marshall e Brooke. Os três viajaram juntos para relatar a Eisenhower as decisões da conferência. No trajeto, o avião foi atingido por um raio, despertando Churchill de um sono profundo. Ele escreveu, ironicamente: "Sempre me perguntei por que os aviões não se importavam em serem atingidos por um raio. Para um homem da terra, pareceria uma coisa muito perigosa."[24] Quando retornaram de Gibraltar, seguindo quase o mesmo trajeto, um avião britânico, que trazia entre os passageiros o artista de cinema Leslie Howard, foi derrubado por um caça alemão e causou a morte de todos a bordo. Se os perigos de muitos voos em tempo de guerra eram inevitáveis, a viagem de Churchill e seus companheiros a Argel certamente implicava riscos extravagantes. Caso o chefe do exército americano morresse junto com o primeiro-ministro e o chefe do estado-maior imperial, seria um golpe terrível para a Grande Aliança. Entretanto, o grupo chegou são e salvo. Quando se aproximavam de Gibraltar, Brooke ficou curiosamente comovido ao ver o primeiro-ministro, que usava o que descreveu como um chapéu de iatista, espiar ansiosamente através das nuvens com um charuto preso aos lábios, tentando avistar terra firme. O militar, frequentemente exasperado com o chefe, viu naquilo um sinal de seu "lado muito humano e adorável".[25]

Churchill passou oito dias felizes na Tunísia e na Argélia, num deles dirigindo-se a uma multidão de soldados britânicos no antigo anfiteatro de Cartago. "Eu falei", contou aos convidados para o jantar naquela noite, "do lugar onde os gritos das virgens cristãs rasgavam o ar enquanto leões rugidores as devoravam — mas não sou leão, e certamente não sou virgem."[26] Eisenhower e Montgomery se mostraram confiantes quanto aos planos do desembarque siciliano. Marshall, porém, afirmou que guardaria sua opinião sobre futuras operações italianas enquanto o desfecho da campanha siciliana não estivesse claro.

Em 4 de junho, Churchill voou para a Grã-Bretanha de Liberator. Quatro dias depois, fez um apanhado da guerra para a Câmara dos Comuns que foi, justificadamente, confiante, embora Marshall e seus colegas talvez contestassem o luminoso retrato das relações anglo-americanas: "Toda sorte de divergências, toda sorte de diferenças de perspectiva e toda sorte de pequenos e incômodos choques ocorrem de maneira inevitável enquanto seguimos laboriosamente em frente, juntos, pela turbulenta e esfacelada estrada da guerra. Mas nada disso faz a menor diferença em nosso acordo e em nossa união cada vez maiores, não há nada que não possamos resolver cara a cara em conversas sinceras e com pacientes discussões. Até mesmo minha relação com o ilustre presidente dos Estados Unidos se transformou, nestes anos de guerra, numa relação de amizade e consideração pessoal, e nada irá nos separar em nossa camaradagem e parceria de pensamento e ação enquanto formos responsáveis pela condução da guerra." Ali estava, é claro, uma expressão de fervoroso desejo, e não exatamente a realidade dos fatos.

Se Churchill demonstrava satisfação com o progresso da guerra, o mesmo não ocorria com Stalin. Ele telegrafou para Roosevelt, com cópia para Churchill, a fim de manifestar a consternação com os adiamentos anglo-americanos do Dia D, e no dia 24 de junho escreveu diretamente para o primeiro-ministro: "Não é preciso dizer que o governo soviético não pode tolerar tamanho desprezo pelos mais vitais interesses soviéticos na guerra contra o inimigo comum." Dois dias depois, Churchill enviou uma de suas mensagens mais duras para o líder russo: "Embora até 22 de junho de 1941 nós, os britânicos, tenhamos sido abandonados para enfrentar sozinhos o que a Alemanha nazista poderia fazer de pior conosco, imediatamente comecei a ajudar a Rússia soviética, da melhor maneira que nossos limitados recursos permitiam, no momento em que ela foi atacada por Hitler. Fizemos tudo que era humanamente possível para ajudá-los. Dessa maneira, as censuras que o senhor agora lança contra seus Aliados Ocidentais não me abalam. Eu tampouco teria, fora o prejuízo para nossos interesses militares, dificuldade alguma em levar meus argumentos ao Parlamento britânico e ao país." Estava ficando cansado dos russos, e escreveu duas semanas depois: "A experiência me ensinou que não vale a pena discutir com os soviéticos. Só precisamos confrontá-los com os fatos novos e aguardar as reações."[27]

Ainda assim, muitos cidadãos britânicos simpatizavam com o ponto de vista russo. "Eu seria o último a pugnar pela causa de Stalin",[28] telegrafou Clark Kerr de Moscou em 1º de julho, mas, para o embaixador britânico, parecia que a fragilidade da posição da Grã-Bretanha estava "não em nossa incapacidade de abrir uma Segunda Frente, mas em termos convencido os russos de que o faríamos". Beaverbrook, ainda cronicamente desleal, escreveu em 2 de julho para Henry Luce, suserano da revista *Time*: "A meu ver, questiona-se [na Grã-Bretanha] se um ataque à Itália pode, no que diz respeito à Rússia, alcançar as proporções de uma verdadeira Segunda Frente. O público está convencido de que esta é a hora de aproveitar ao máximo os êxitos russos. E nenhuma operação no Ocidente que não afetasse os desdobramentos alemães no Leste contaria por muito tempo com a simpatia popular."[29] George King, o taquígrafo do tribunal de Surrey, concordava com Beaverbrook: "Na semana passada, quando o sr. Churchill recebeu a condecoração Freedom of the City of London", escreveu em 7 de julho, "ele disse parecer claro que 'antes de as folhas de outono caírem, verdadeiras batalhas anfíbias serão travadas'. Espera-se que seja assim, pois, por mais que se temam as baixas, os Aliados devem uma ação como essa à Rússia e aos eslavos da Europa."[30] Oliver Harvey escreveu do Foreign Office: "Para parte do governo, é incrível, imperdoável, até mesmo inadmissível, que os russos possam ser tão bem-sucedidos. Essa é a atitude do D[epartamento de] G[uerra]."[31]

Em 10 de julho, forças aliadas desembarcaram na Sicília sob o comando de Sir Harold Alexander, da Grã-Bretanha. Em Washington e Londres, ministros e generais sabiam que a operação Husky fora marcada por toda sorte de erros, em nível maior e menor de gravidade. A incursão aerotransportada foi caótica. Os arranjos de comando anglo-americano continuaram confusos durante toda a campanha. As tropas italianas não mostraram nenhum desejo de lutar a sério, mas as duas divisões alemãs na ilha exibiram o alto profissionalismo de hábito, resistindo aos ataques das forças muito superiores de Alexander. O público britânico e americano, porém, recebeu poucas informações sobre o serviço malfeito. Só percebeu a realidade primordial de que os desembarques tiveram êxito e de que, em poucas semanas, as forças do Eixo foram expulsas da Sicília. Brooke, que se preocupava profundamente com a Husky por ser um projeto britânico, sentiu grande alívio. Churchill, eufórico, recomendou aos chefes de estado-maior, em 13 de julho, que planejassem ambiciosamente as operações subsequentes na Itália: "Por que deveríamos rastejar pela perna do inimigo como um ácaro, do tornozelo para cima? Ataquemos no joelho." Ele queria que desembarques anfíbios fossem lançados logo contra Nápoles e Roma, mesmo antes de a Sicília ser desobstruída. Em

16 de julho, disse a Smuts: "Acredito que o presidente está comigo: a inclinação de Eisenhower é naturalmente a favor."

Macmillan condoía-se de Eisenhower, que tentava exercer a função de comandante supremo do Mediterrâneo sob um constante bombardeio de telegramas marcados como "privado, pessoal e muito urgente", vindos ora dos chefes do estado-maior combinado, ora de Marshall, Roosevelt, diretamente de Churchill, de Churchill via Foreign Office ou de Eden via Foreign Office. "Todas essas instruções", observou Macmillan, lacônico, "são naturalmente contraditórias e conflitantes."[32] Ele e o chefe do estado-maior de Ike, Bedell Smith, esforçavam-se para organizar e conciliar essas comunicações, além de decidir quais deveriam ser executadas.

Churchill, mesmo enquanto alardeava as possibilidades no Mediterrâneo, voltou a ter dúvidas sobre a operação Overlord, como o Dia D na França passou a ser chamado. Em 19 de julho, disse aos chefes de estado-maior que já questionava se as forças que estariam disponíveis na Grã-Bretanha em 1º de maio de 1944 seriam suficientes para um desembarque bem-sucedido "considerando a extraordinária eficiência em combate do exército alemão e das forças muito maiores que eles poderiam usar a qualquer momento contra nossas tropas, mesmo que os desembarques fossem realizados com êxito. É correto, por muitas razões, fazer todos os preparativos com a máxima sinceridade e vigor, contudo, se mais adiante todos os envolvidos perceberem que a operação está além de nossas forças em maio, precisando ser adiada até agosto de 1944, é essencial termos na manga essa outra consideração". Recomendou-lhes que tirassem da prateleira a operação Júpiter, seu plano longamente acalentado de um ataque ao norte da Noruega.

Em 24 de junho, Oliver Harvey escreveu com admiração em seu diário sobre a firmeza de Churchill ao rejeitar uma proposta de Henry Stimson, em visita a Londres, de marcar o Dia D para antes de 1º de maio. "Nisso, digo com alívio, o primeiro-ministro se recusa terminantemente a ceder. Está tão instintivamente certo em questões militares quanto está errado nas relações exteriores. Como ministro da Guerra, é magnífico, impele os chefes de nossos estados-maiores, orientando-os à maneira de um cocheiro, aplicando o chicote ou o freio conforme a necessidade, com a confiança e o toque de um gênio."[33] Embora a proposta de Stimson fosse mesmo equivocada, o louvor de Harvey era inoportuno. A renovada relutância de Churchill mostrava o que ele tinha de pior. Durante dezoito meses, repelira as demandas de Marshall por uma ação imediata na França. Os britânicos venceram a disputa, mas alimentaram a desconfiança e o ressentimento dos americanos, que passaram a ser profundos. Ainda em maio, Brooke escrevera, demonstrando exasperação com a suposta inconsistência de propósito dos americanos: "Pode-se firmar

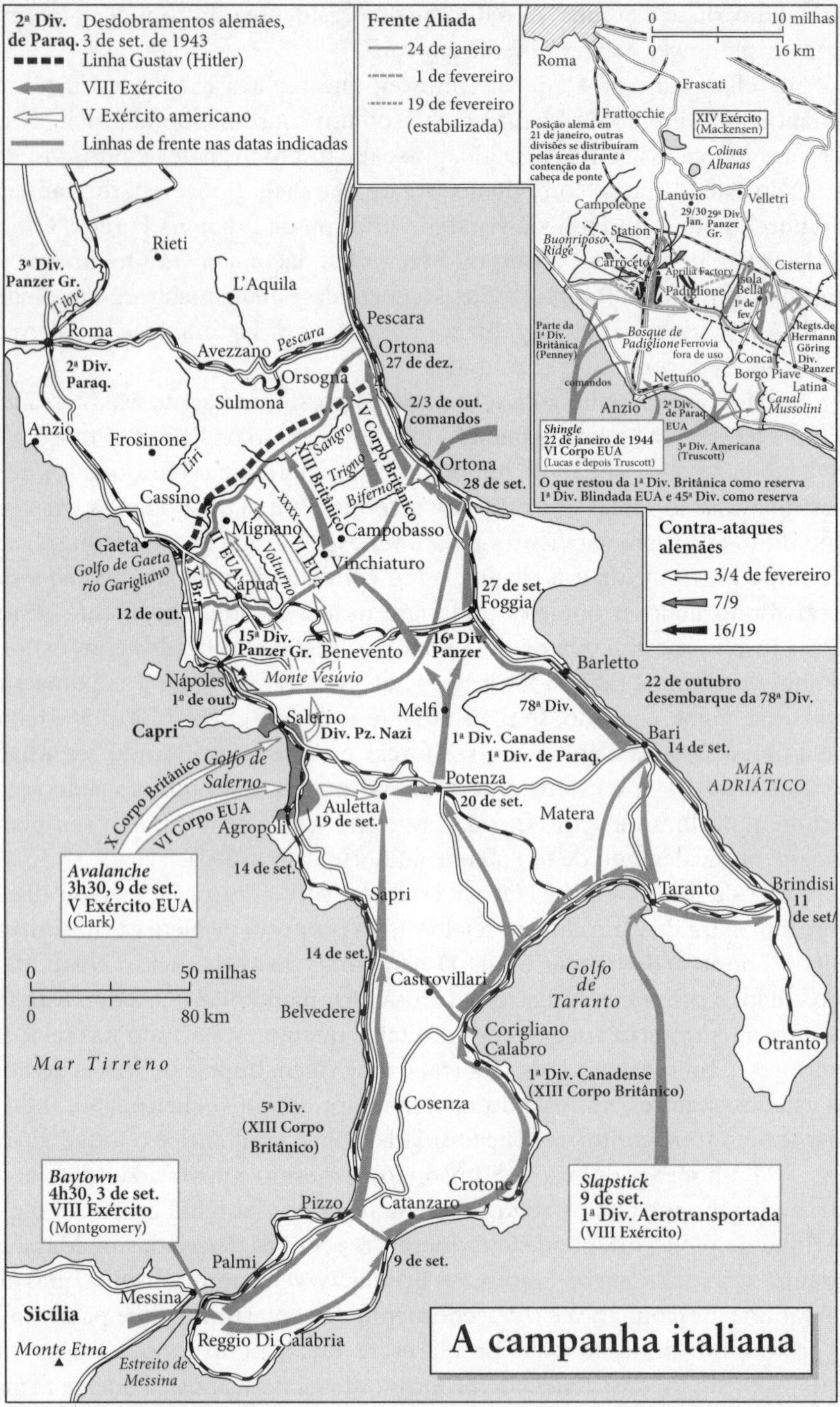

A campanha italiana
2ª Div. de Paraq. Desdobramentos alemães, 3 de set. de 1943
Linha Gustav (Hitler)
VIII Exército
V Exército americano
Linhas de frente nas datas indicadas
Frente Aliada
24 de janeiro
1 de fevereiro
19 de fevereiro (estabilizada)
Contra-ataques alemães
3/4 de fevereiro
7/9
16/19
Roma
Frascati
Frattocchie
XIV Exército (Mackensen)
Colinas Albanas
Posição alemã em 21 de janeiro, outras divisões se distribuíram pelas áreas durante a contenção da cabeça de ponte
Lanúvio
Velletri
Campoleone
29/30 Jan.
29ª Div. Panzer Gr.
Station
Buonriposo Ridge
Carroceto
Aprilia Factory
Isola Bella
Cisterna
Padiglione
1º de fev.
Parte da 1ª Div. Britânica (Penney)
Bosque de Padiglione
Ferrovia fora de uso
Regts. de Hermann Göring Div. Panzer
Conca
Borgo Piave
Latina
Nettuno
comandos
Anzio
2ª Div. de Paraq. EUA
Canal Mussolini
Shingle 22 de janeiro de 1944 VI Corpo EUA (Lucas e depois Truscott)
3ª Div. Americana (Truscott)
O que restou da 1ª Div. Britânica como reserva
1ª Div. Blindada EUA e 45ª Div. como reserva
0 10 milhas
0 16 km
Rieti
3ª Div. Panzer Gr.
Tibre
L'Aquila
Pescara
Roma
Avezzano
Ortona 27 de dez.
2ª Div. Paraq.
Orsogna
Sulmona
2/3 de out. comandos
Anzio
Frosinone
Liri
Sangro
Trigno
Biferno
XIII Britânico
V Corpo Britânico
Ortona 28 de set.
Cassino
xxxx
Mignano
Campobasso
Gaeta
II EUA
VI EUA
Volturno
Vinchiaturo
Golfo de Gaeta
rio Garigliano
X Br.
Cápua
27 de set. Foggia
12 de out.
15ª Div. Panzer Gr.
Benevento
16ª Div. Panzer
Barletto
Nápoles 1º de out.
Monte Vesúvio
22 de outubro desembarque da 78ª Div.
Melfi
78ª Div.
Capri
Salerno
Div. Pz. Nazi
1ª Div. Canadense
1ª Div. de Paraq.
Bari 14 de set.
X Corpo Britânico
Golfo de Salerno
VI Corpo EUA
Potenza
20 de set.
MAR ADRIÁTICO
Auletta 19 de set.
Agropoli
Matera
14 de set.
Avalanche 3h30, 9 de set. V Exército EUA (Clark)
Sapri
Taranto
Brindisi 11 de set.
14 de set.
0 50 milhas
0 80 km
Castrovillari
Golfo de Taranto
Belvedere
Corigliano Calabro
Otranto
Mar Tirreno
1ª Div. Canadense (XIII Corpo Britânico)
Cosenza
5ª Div. (XIII Corpo Britânico)
Baytown 4h30, 3 de set. VIII Exército (Montgomery)
Crotone
Slapstick 9 de set. 1ª Div. Aerotransportada (VIII Exército)
Pizzo
Catanzaro
Palmi
9 de set.
Messina
Sicília
Reggio Di Calabria
Monte Etna
Estreito de Messina

acordo após acordo no papel, mas se não estiverem realmente interessados, logo se distraem."[34] Em contrapartida, Marshall e seus colegas poderiam ter feito as mesmas críticas aos britânicos, e com igual justiça.

O tenente-general Sir Frederick Morgan, designado pelos chefes de estado-maior para planejar a Overlord, posteriormente se encheria de rancor por se considerar marginalizado antes que o Dia D por fim ocorresse. Ainda assim, as observações pessoais que fez depois da guerra não devem ser inteiramente desconsideradas. "Acredito firmemente", relatou ao historiador americano Forrest Pogue, em 1947, "que [Churchill e seus chefes de estado-maior] voltaram de Casablanca totalmente decididos a repudiar o acordo que assinaram à força com os americanos [para uma invasão à França] (...) Além da simples antipatia pelo projeto, as autoridades britânicas passaram a tomar todas as medidas possíveis para impedir o progresso no noroeste da Europa, desviando suas forças, tão discretamente quanto possível, para outros teatros de guerra." Achava que sua própria nomeação se dera na expectativa de que seria sacrificado "como bode expiatório quando encontrassem uma desculpa apropriada para retirar o apoio britânico à operação". Morgan citou o ceticismo do almirante Cunningham com relação à Overlord, que, segundo ele, teria dito: "Já evacuei três exércitos britânicos diante da ameaça inimiga e não pretendo evacuar um quarto." Morgan tinha os chefes americanos de estado-maior e Eisenhower em muito mais alta conta do que os líderes britânicos: "Da parte da Grã-Bretanha (...) ela sofreu uma longa série de desastres e se tornou sensível, em alto grau, ao número de baixas. Situação dos efetivos britânicos em estado de falência. Inconcebível que a Grã-Bretanha possa desempenhar apenas uma função marginal na (...) retomada da Europa das mãos dos alemães."[35]

Os americanos não leram, é claro, o ofício que o primeiro-ministro despachou em 19 de julho para os chefes de estado-maior. Contudo, a partir do fim do verão de 1943, perceberam uma contínua hesitação britânica quanto ao Dia D que, até então, ainda estavam implacavelmente — e de maneira compreensível — dispostos a ignorar. A indecisão de Churchill sobre uma invasão em 1944 trazia dúvidas sobre o poder de combate de um exército anglo-americano contra a Wehrmacht que não eram dignas da Grande Aliança, num momento em que os recursos já eram enormes e a imensa mobilização por fim alcançava a maturidade.

A nova visão estratégica de Churchill abarcava algumas noções desvairadas. Em 25 de julho, Mussolini renunciou e o governo italiano caiu nas mãos do rei Vítor Emanuel III e do marechal Pietro Badoglio. A queda do ditador italiano levou Hitler a ressuscitar um dos seus planos favoritos, um ataque à ilha de Rodes ocupada pelos italianos, que tinha por objetivo arrastar a

Turquia para a guerra. Essa ambição precipitaria um pequeno desastre no fim do ano: a campanha do Dodecaneso. O prestígio de Churchill aos olhos americanos cairia inexoravelmente entre o verão de 1943 e o fim da guerra, e ele mesmo foi o principal culpado. É verdade que suas sensatas advertências sobre a futura ameaça representada pela União Soviética não foram escutadas como deveriam. Mas, àquela altura, os americanos já haviam perdido a fé na capacidade estratégica do primeiro-ministro.

Churchill convenceu Washington de que uma nova cúpula anglo-americana era necessária a fim de traçar planos para a Itália. Esse encontro, *Quadrant*, seria realizado em Québec. Em 5 de agosto de 1943, na plataforma da estação de Addison Road, em West Kensington, ele cantou "I go away/ This very day/ To sail across the sea/ Matilda" [Estou partindo/ Hoje mesmo/ Para cruzar os mares/ Matilda]. Então, o trem deslizou da plataforma para Greenock, ao norte, onde uma delegação de duzentas pessoas embarcou no *Queen Mary* com destino ao Canadá. Churchill desembarcou em Halifax em 9 de agosto e permaneceu na América do Norte até 14 de setembro, sua maior temporada ali durante a guerra. Como estava claro que as grandes decisões estratégicas para o futuro seriam tomadas pelos americanos, ele procurou, como era típico dele, estar presente para tentar influenciá-las com sua personalidade dominante. Enquanto os chefes do estado-maior combinado começavam os debates em Québec, Churchill viajou de trem com a mulher e a filha Mary para ficar com Roosevelt. Nas cataratas do Niágara, ele disse aos repórteres: "Vi essas quedas antes de os senhores nascerem. Estive aqui pela primeira vez em 1900." Um correspondente perguntou nesciamente: "Eram iguais às de hoje?" Churchill respondeu: "Bem, o princípio parece o mesmo. A água continua descendo."

No Hyde Park o tempo estava abafado por causa das churrasqueiras, cheias de hambúrgueres e cachorros-quentes. Churchill reagiu com raiva à informação de assassinatos em massa cometidos pelos nazistas nos Bálcãs. Tentou fazer o presidente se interessar pela região, mas sem muito êxito. Em seguida, os dois líderes viajaram juntos para participar das discussões com os chefes do estado-maior combinado. O local fora escolhido para atender a conveniências anglo-americanas, sem que se levasse em conta o fato de estar em solo canadense. Moran escreveu que o primeiro-ministro do Canadá, Mackenzie King, parecia um homem que havia cedido a casa para uma festa: "Os convidados mal notam a presença dele, mas pouco antes de saírem lembram que ele é o anfitrião e dizem coisas agradáveis."[36] O secretário de Estado, Cordell Hull, teve permissão de Roosevelt para fazer uma de suas raras aparições na reunião de cúpula, algo que não o deixou muito satisfeito. Recusando-se a seguir as altas horas de Churchill, certa vez Hull anunciou à meia-noite, um tanto irritado, que ia dormir. O primeiro-ministro disse, com espanto: "Como assim, meu caro? Estamos em guerra!"

Muitas questões subsidiárias vieram à tona na conferência *Quadrant*. Churchill ainda insistia em lançar um desembarque britânico em Sumatra, evocando um arrojado precedente histórico ao afirmar que "em sua promessa de decisivas consequências, poderia ser comparado à operação de 1915 nos Dardanelos". Apresentou aos americanos dois novos heróis, o brigadeiro Orde Wingate, que comandara uma coluna de Chindits atrás das linhas japonesas na Birmânia, e o comandante de esquadrilha Guy Gibson, que chefiou o heroico ataque da RAF, em maio de 1943, às barragens do Ruhr. Wingate teria vida breve como protegido: um contato mais estreito levou Churchill a perceber que ele era maluco demais para o alto comando. Enquanto isso, os superiores do jovem aviador, com destaque para Sir Arthur Harris, achavam que a viagem transatlântica "estragou o jovem Gibson", expondo-o a uma adoração popular no Canadá e nos Estados Unidos que lhe subiu à cabeça. Astros do campo de batalha, como seus correspondentes artísticos em tempos de paz, raramente se encaixavam bem nos *entourages* de primeiros-ministros.

Enquanto isso, Stalin fazia demandas ameaçadoras por uma influência russa no governo de territórios ocupados. Telegrafou de Moscou exigindo uma comissão de junta militar, que teria o primeiro encontro na Sicília. Em Québec, Churchill alertou os americanos sobre "consequências sangrentas no futuro (...) Stalin é um homem cruel. Haverá sérios problemas." Ele estava certo, é claro. Mais tarde, os russos perceberam a Europa Ocidental como uma legitimação de sua própria conduta. Como os Aliados Ocidentais estabeleceram o controle dos territórios que ocupavam, a União Soviética se achou no direito de fazer o mesmo com as próprias conquistas.

No entanto, o grande assunto em Québec foi a Overlord. Os americanos estavam decididos a executá-la, enquanto os britânicos continuavam evasivos. Wedemeyer escreveu, antes da reunião, que os chefes de estado-maior americanos precisariam apresentar uma fórmula capaz de "despertar a imaginação e conquistar o apoio do primeiro-ministro, mesmo que seus recalcitrantes estrategistas e chefes de estado-maior não se convencessem".[37] O biógrafo de Marshall, o peremptório historiador americano Forrest Pogue, faz o seguinte comentário sobre o primeiro-ministro naqueles dias: "Como sempre, estava cheio de artimanhas."[38] Parece uma interpretação equivocada do comportamento de Churchill. Oportunismo e volatilidade, mais do que malícia calculada, guiavam a maioria de seus impulsos estratégicos. Apesar disso, em nenhum outro período da guerra o desalento americano com a conduta britânica foi mais compreensível do que no outono de 1943, conforme Eden e outros admitiam.[39] Churchill e seus comandantes sempre se diziam empenhados em lançar uma invasão à Europa em 1944. Nas conferências de Casablanca e Washington, os britânicos não se opuseram à Overlord, apenas lutaram pelo adiamento. Agora, pareciam estar de fato renegando a operação.

Churchill iniciou sua intervenção em Québec reafirmando que apoiava o plano de uma invasão. Entretanto, buscou um acordo para suspender a operação caso os alemães tivessem, na primavera de 1944, mais de doze divisões móveis na França. O tenente-general Sir Frederick Morgan, comandante da equipe anglo-americana do COSSAC, que vinha planejando o ataque, fez uma recomendação: se os alemães parecessem capazes de empregar mais de quinze divisões contra a cabeça de praia nos dois meses seguintes ao Dia D, o desembarque não deveria ser lançado. Poucos dias antes da conferência, quando os alemães inundaram as planícies ribeirinhas em torno de Caen, a divisão de operações do COSSAC oficiou: "As plenas implicações disso ainda não foram avaliadas, mas é possível que finalmente 'matem' a Overlord."[40] Brooke deixou claro seu ceticismo sobre a viabilidade da invasão.

Segundo o argumento britânico, a prioridade estratégica imediata deveria ser aproveitar as chances no Mediterrâneo, em vez de apostar tudo num ataque altamente perigoso e incerto através do canal. Na guerra, diziam eles, as circunstâncias estão sempre mudando. Ao compreenderem que a decisão de entrar na Itália era irrevogável, foram mais realistas que os americanos: "Pôr os pés em terreno italiano", escreveu John Kennedy, "equivale a assumir um grande compromisso (...) Os americanos com certeza não percebem que operações limitadas na Itália, por exemplo contra Nápoles, são impossíveis. Ou paramos no estreito de Messina, ou vamos até o fim."[41] Em 17 de agosto, Churchill recebeu uma mensagem de Alexander em seu estilo tipicamente triunfalista: "Às dez horas desta manhã, o último soldado alemão foi arremessado para fora da Sicília." O entusiasmo do primeiro-ministro por seu general favorito raramente arrefecia, e ele aplaudiu as operações sicilianas dizendo que foram "brilhantemente executadas". Ainda assim, embora fossem muito superiores, as forças aliadas levaram 38 dias para expulsar menos de três divisões alemãs. Longe de terem sido "arremessadas para fora", as tropas do general Albert Kesselring, indesculpavelmente, puderam se retirar em boa ordem, pelo estreito de Messina, com a maioria de seus veículos, canhões e equipamentos.

Em todas as conferências durante a guerra, havia um nítido contraste entre as tensões vividas pelos dirigentes, homens de meia-idade ou já idosos que debatiam grandes questões dia e noite, e o conforto permitido a centenas de funcionários de apoio, que não arcavam com as mesmas responsabilidades. Esses últimos — oficiais de estado-maior, servidores civis, escriturários, cifradores de texto — trabalhavam muito nas reuniões de cúpula, mas também aproveitavam a vida. Oficiais de serviço estavam sempre trabalhando nos teletipos que matraqueavam 24 horas por dia, despachando mensagens e relatórios. Datilógrafos produziam minutas das reuniões do dia e planejadores preparavam rascunhos para o dia seguinte. Mas, para esses jovens, a maioria homens, parecia um milagre escapar por umas poucas semanas daquela Inglaterra bombardeada, escura e racionada para aproveitar as luzes brilhantes e a prodigiosa quantidade de comidas e bebidas gratuitas. Muitos dançavam e festejavam animadamente à noite, enquanto os homens mais proeminentes altercavam. Os visitantes ingleses se deleitavam com oportunidades de compra estranhas à Grã-Bretanha nos últimos quatro anos.

Alguns acontecimentos, mais do que mudanças de opinião, resolveram divergências anglo-americanas em Québec. A conhecida rapidez do governo italiano em se render deixou claro para Marshall e seus colegas que as forças aliadas na Sicília precisavam avançar pela Itália. Parecia impensável deixar um vácuo que os alemães poderiam preencher à vontade. Os britânicos, por sua vez, professaram concordância com o plano da Overlord apresentado por Morgan e a equipe do COSSAC. Houve muita polêmica sobre o fim do prazo para que as divisões destinadas à França saíssem do Mediterrâneo, e, portanto, sobre que objetivos na Itália poderiam realisticamente ser alcançados de antemão. Churchill, que sonhava com exércitos aliados marchando para Viena, endossou, com relutância, uma linha de Livorno a Ancona até novembro: "Se não podemos ter o melhor, essas são ótimas alternativas." Na verdade, Livorno e Ancona só seriam tomadas no fim de junho de 1944. Entretanto, nos inebriantes dias de agosto, os Aliados ainda supunham que os alemães não lutariam tanto pelo país de Mussolini após a rendição italiana.

Quando a conferência terminou, em 24 de agosto, Ian Jacob escreveu: "Parece haver uma satisfação geral, embora eu não consiga ver muitos avanços com relação à *Trident*." A "satisfação geral" era apenas uma questão de cortesia pública. Brooke escreveu: "A conferência de Québec me deixou absolutamente extenuado."[42] Tempos depois, ele admitiria que naquela época esteve à beira de um colapso nervoso.[43] Os americanos ficaram profundamente descontentes com as condições britânicas para executar a Overlord. A equipe de Churchill não abandonara, nem por um momento, a determinação em manter os Aliados totalmente engajados na Itália, mesmo que isso significasse riscos para o Dia D. Churchill, após uma breve folga para pescar num acampamento nas montanhas — passatempo a que se entregava sem muita convicção —, viajou para Washington, onde passou os cinco dias seguintes insistindo na necessidade de acelerar as operações na Itália. Em 3 de setembro, representantes italianos assinaram um documento de rendição em Cassibili, Sicília, enquanto unidades do VIII Exército desembarcavam pela manhã no continente italiano, ao norte de Reggio. Cinco dias depois, a 1ª Divisão Aerotransportada britânica tomou o porto de Taranto sem encontrar muita resistência, o que Churchill qualificou como um "golpe de mestre" em mensagem laudatória para Alexander.

Em 9 de setembro, o V Exército de Mark Clark realizou uma incursão anfíbia em Salerno, dando início a uma das batalhas mais sangrentas da campanha, que quase foi um desastre. "Era como combater tanques de mãos vazias", escreveu um coronel de infantaria americano diante de um ataque de Panzers na cabeça de praia. "Vi fuzileiros se jogarem sobre tanques alemães em movimento, tentando atirar pelas frestas ou enfiar granadas. Outros tanques os metralhavam. Passavam por cima de soldados feridos (...) e giravam suas lagartas."[44] Nas primeiras horas, Clark ficou apavorado a ponto de ordenar o reembarque, até que Alexander proferiu uma contraordem. A um alto custo, um perímetro foi estabelecido e mantido. Naquele dia, enquanto forças alemãs se apressavam para ocupar posições estratégicas no sul da Itália, a frota italiana seguiu até Malta para se render. No trajeto, o navio-capitânia, o encouraçado *Roma*, foi posto a pique por bombardeiros alemães, demonstrando mais uma vez as habilidades da Luftwaffe contra alvos marítimos. Um insensato plano aliado de realizar um ataque com paraquedistas em Roma felizmente foi cancelado no último momento. Até mesmo os anglo-americanos no auge do otimismo foram obrigados a reconhecer que, contra os alemães, excesso de arrojo era invariavelmente punido.

Churchill se sentiu humilhado por, mais uma vez, receber más notícias na presença de Roosevelt. Ele apresentara ao presidente uma perspectiva de vitória fácil na Itália. Em vez disso, ambos eram informados sobre a encarniçada resistência alemã em Salerno. Fora ingenuidade dos britânicos achar que uma rendição do governo italiano faria, por si só, com que a maior parte do país caísse nas mãos dos Aliados. Brooke dissera aos chefes do estado-maior combinado em 13 de maio: "Ele não acredita que a Alemanha tentará controlar uma Itália que não esteja lutando."[45] Ele e Churchill foram enganados de maneira decisiva por decodificações do sistema Ultra, segundo as quais os alemães pretendiam abandonar a maior parte da Itália sem oferecer resistência. Como se viu, porém, e como ocorria com frequência, Hitler mudou de ideia. Isso se deveu ao fraco desempenho, aos olhos alemães, dos exércitos aliados na Sicília e em Salerno. Comandantes e soldados anglo-americanos expuseram suas limitações. A atuação de Montgomery não foi melhor do que a de Mark Clark. Os alemães ficaram abismados com a facilidade com que alguns soldados britânicos e americanos se deixavam aprisionar. Kesselring, o comandante alemão em serviço, concluiu que defender a Itália contra um inimigo como aquele talvez fosse menos difícil do que imaginara. Foi exatamente o que disse a Hitler. Em resposta, o Führer ordenou uma vigorosa defesa da península, tarefa que o marechal de campo — nomeado comandante supremo alemão na Itália em 6 de novembro — realizou com extraordinária energia e eficácia. Assim, as mostras de inépcia na primeira fase de operações na Itália provocaram graves consequências ao restante da campanha aliada.

Nos Estados Unidos, Churchill se animou com a possibilidade de um desembarque na costa dálmata com 75 mil soldados poloneses e talvez a Divisão da Nova Zelândia. Em 10 de setembro, Roosevelt viajou para Hyde Park, deixando o primeiro-ministro instalado na capital dos Estados Unidos: "Winston, por favor, trate a Casa Branca como se fosse a sua casa", disse o presidente generosamente, insistindo para que o primeiro-ministro convidasse quem quisesse. Churchill aproveitou ao máximo essa licença, convocando Marshall para tratar da aceleração dos reforços à Itália. Em 14 de setembro, finalmente voltou a Halifax para embarcar no encouraçado *Renown*. Os anfitriões americanos ficaram felizes com a partida. O entusiasmo pela exaustiva presença do primeiro-ministro diminuíra tanto quanto a paciência com suas fantasias mediterrâneas. O secretário de Roosevelt, William Hassett, escrevera após a visita anterior de Churchill a Washington, em maio: "Deve ser um alívio para o Chefe, pois Churchill é um hóspede difícil — bebe como um louco e fuma como uma chaminé, tem uma rotina irregular, trabalha à noite, dorme de dia, vira o relógio de cabeça para baixo (...) Churchill tem cérebro, coragem (...) e determinação para preservar o Império Britânico (...) Tem tudo, exceto visão."[46] Naquela época, esse era um entendimento quase unânime no governo de Roosevelt. Harry Hopkins disse a Eden, quando o secretário do Exterior visitou Washington, que o presidente — e até o próprio Hopkins — "ama W como um homem de guerra, mas fica horrorizado com sua atitude reacionária no pós-guerra". Hopkins falou da idade do primeiro-ministro, de sua "rebeldia".[47]

Os líderes americanos estavam convencidos, com razão, de que a época das estratégias volúveis tinha terminado. A postura evasiva dos britânicos quanto a um ataque pelo canal já não se justificava. Se a intenção dos Aliados Ocidentais era que suas forças terrestres tivessem um impacto decisivo no continente antes de os russos derrotarem Hitler, a Overlord teria de ser lançada em 1944. A partir de então, o emprego de unidades na Itália precisaria se ajustar à prioridade maior da invasão ao noroeste da Europa, e não o contrário. Ninguém podia criticar Marshall e seus colegas pela exasperação com os repetidos apelos do primeiro-ministro por um ataque ao norte da Noruega e pelo entusiasmo que demonstrava por operações no Mediterrâneo oriental.

Havia uma expectativa generalizada, em Washington e Londres, de que Marshall comandasse a Overlord. Churchill, que de modo negligente oferecera esse atraente cargo a Brooke, informou-lhe em Québec sobre a mudança de planos. Foi muita tolice, tanto do primeiro-ministro como do chefe do estado-maior imperial, imaginar por um momento que um oficial britânico pudesse ser aceitável para a função; e tolice ainda maior foi a de Brooke, como ele mesmo admitiu, ao ficar meses remoendo seu desapontamento. Ele tinha uma presunção sublime, e um tanto exagerada, sobre a própria sabedoria estratégica. Aos olhos dos americanos, ele se prejudicou gravemente com suas evasivas sobre a Overlord, que manifestou de forma mais explícita que o primeiro-ministro. Era absurdo supor que Brooke pudesse reivindicar o comando de uma operação cujo lançamento ele mesmo, durante meses, denunciara como prematuro.

A decisão mais plausível seria um americano encabeçar essa cruzada predominantemente americana, mas Roosevelt manteve em aberto até novembro a escolha de seu candidato. Naturalmente, Marshall desejava a função. O chefe do exército alimentou por um instante a fantasia de que Sir John Dill pudesse ser seu vice, ou mesmo — se os britânicos convencessem o presidente de que um dos seus deveria comandar — que o ex-chefe do estado-maior imperial pudesse ser o comandante supremo.[48] Stimson queria Marshall, pois achava que só o chefe do exército tinha a autoridade e a firmeza para superar a "inconstância mercurial"[49] do primeiro-ministro.

Como comandante militar, Churchill foi um grande paradoxo. De um lado, tinha um maravilhoso instinto para a luta, mais desenvolvido do que o de qualquer conselheiro militar. Seu talento para a guerra, porém, era prejudicado pelo apreço por ataques súbitos, incursões, escaramuças, manobras diversionárias e investidas mais compatíveis — como oficiais que trabalhavam com ele costumavam observar — com um subalterno de cavalaria vitoriana do que com o diretor de um vasto esforço de guerra industrial. A doutrina de concentração de força, uma obsessão dos americanos e especialmente de Marshall, era alheia à natureza do primeiro-ministro. Embora cuidasse de suas obrigações com profunda seriedade de propósito, Churchill queria que a guerra, como a vida, fosse divertida. Isso levava os chefes militares americanos, todos eles homens sisudos, a com alguma frequência acusarem o primeiro-ministro de ser frívolo, assim como de perseguir interesses nacionalistas próprios. Já Brooke foi, talvez, o maior oficial de estado-maior que o exército britânico teve em sua história. Mas a experiência de lutar quatro anos contra os alemães com recursos insuficientes fez dele um estrategista cauteloso e, àquela altura da guerra, pouco convincente. Compartilhava a impaciência dos americanos com os planos mais desvairados de Churchill. Contudo, no outono de 1943 — na verdade até o inverno —, Brooke se juntou ao primeiro-ministro em sua apreensão quanto à Overlord. Só a determinação americana garantiu o respeito ao calendário operacional para o Dia D. Se Roosevelt e Marshall houvessem sido mais maleáveis, os britânicos teriam mantido forças maiores na Itália, sobretudo quando os avanços de Clark e Montgomery definharam. O Dia D seria adiado até 1945.

Naquele momento, os Aliados estavam empenhados em tomar o porto de Nápoles e seguir explorando em direção a Roma. Depois disso, tinham concordado com certa apreensão que o futuro da campanha italiana seria decidido à luz dos acontecimentos. John Kennedy escreveu em 3 de setembro: "Será interessante ver se os americanos avaliaram a guerra do Mediterrâneo melhor do que nós." Ele mesmo lamentava a programada transferência de forças da Itália para a Overlord: "Mas não ditamos as ordens, e fizemos tudo a nosso alcance para persuadir os americanos. Eles estão convencidos de que o desembarque na França é a única maneira de vencer rapidamente a guerra e não querem ouvir argumentos sobre as dificuldades da operação, ou sobre a necessidade de enfraquecer e distrair os alemães por meio de operações no Mediterrâneo."[50] Um mês depois, ainda escrevia sobre os argumentos para "a estratégia mediterrânea *versus* Overlord", mas o Departamento de Guerra parecia resignado ao provável triunfo da última opção: "No fim das contas, podemos ir à França com pouca oposição e os historiadores irão dizer que perdemos gloriosas oportunidades um ano antes etc. etc."[51]

Beaverbrook tinha apresentado formalmente uma nova moção na Câmara dos Lordes a favor de uma Segunda Frente.[52] Aceitou voltar para o governo como Lorde do Selo Privado quando Churchill lhe garantiu, reservadamente, que a invasão estava prevista para o verão seguinte. A reconvocação de Beaverbrook irritou muitos ministros. Churchill falou com entusiasmo sobre o amigo para W. P. Crozier, do *Manchester Guardian:* "Preciso dele, preciso dele. Ele é instigante e, acredite, um grande homem."[53] Sir John Anderson achou necessário botar os resmungões ministeriais na linha. "Ele diz que não devemos criar dificuldades para o primeiro-ministro, 'que está conduzindo a guerra com notável habilidade'", relatou Dalton. "O primeiro-ministro foi muito infeliz durante o período em que Beaverbrook deixou de ser um dos seus companheiros. É um artista sensível, que dá muito valor à 'apresentação' e à qualidade da palavra falada. Gosta de cercar-se de certas pessoas, cujas respostas não sejam discordantes ou importunas. Por isso deu muito valor a Beaverbrook durante muitos anos. Não devemos, portanto, ser tão críticos, ainda que as coisas às vezes não sejam feitas da maneira mais regular ou ordeira."[54] Na época, uma das irregularidades de Beaverbrook consistia em ajudar Randolph Churchill a pagar dívidas. Esses subsídios, embora certamente não tenham influenciado a conduta do primeiro-ministro, refletiam uma relação fundamentalmente insalubre, como as que Beaverbrook estabelecia com muitos de seus conhecidos.

Os americanos tinham razões muito mais sérias para reclamar do comportamento de Churchill. O debate transatlântico continuava a ser dominado por tentativas britânicas de transformar o emprego de unidades na Overlord em uma opção flexível, bem como pela insistência dos Estados Unidos em garantir sua inviolabilidade. Devido à primazia americana na aliança, cada vez mais explícita, Churchill e Brooke no fundo deviam saber que o Dia D quase certamente ocorreria no próximo verão. Contudo, suas tentativas de sugerir o contrário destruíam a confiança entre os Aliados. Era um equívoco dos americanos supor que a política de Churchill visava ao cancelamento definitivo da Overlord. A imensa e onerosa infraestrutura que já estava em fase de criação na Grã-Bretanha para apoiar uma invasão à França — incluídos os portos artificiais do projeto *Mulberry*, tão caros a Churchill — desmente esse pensamento. A inconstância do primeiro-ministro só consistia em buscar o momento adequado, mas nem por isso causava menos estragos. Quanto ao povo britânico, o taquígrafo de Surrey George King não ficou nem um pouco impressionado com os floreios de Churchill sobre a campanha italiana: "Diz ele que a Segunda Frente existe, mas não consigo vê-la."[55]

A impaciência de King com o desenrolar da guerra era amplamente sentida. A esquerda destilava espantoso veneno contra o governo. A comunista Elizabeth Belsey, mulher altamente instruída e de notável gosto intelectual, comentou em carta ao marido que a morte súbita de Sir Kingsley Wood, o ministro da Fazenda, "economizará um pedaço de corda mais adiante". Em setembro de 1943, escreveu que ela e os amigos "nos divertíamos fazendo listas das pessoas que deveriam ser fuziladas primeiro, quando chegasse a hora dos fuzilamentos (...) [Walter] Citrine, Morrison [secretário-geral da federação sindical TUC], Halifax, [lorde] Londonderry, lady Astor, [Sir James] Grigg e mais um monte de gente".[56] Enojava-a a hostilidade que o governo polonês no exílio em Londres demonstrava contra a Rússia, e comemorou a morte de seu líder, o general Sikorski, num desastre de avião em Gibraltar, assim como a do parlamentar *tory* Victor Cazalet: "Não perdemos nada (...) Jamais gostei de ter esse sujeito Sikorski do nosso lado, e você?"[57]

Os russos, é claro, recebiam com prazer todas as manifestações de insatisfação pública com as operações aliadas. Em 6 de agosto, o *Pravda* ofereceu aos leitores um de seus comentários mais moderados:

> Seria um erro desmerecer a importância das operações militares aliadas — o bombardeio à Alemanha por forças aéreas britânicas e americanas, bem como a importância dos suprimentos e do material militar que nos são fornecidos. Apesar disso, só quatro divisões alemãs enfrentaram nossos aliados na Líbia, apenas duas alemãs e poucas italianas na Sicília. Tais es-

> tatísticas bastam para mostrar a verdadeira escala de suas operações quando olhamos para o front soviético-alemão, onde Hitler tinha 180 divisões germânicas e cerca de sessenta divisões de seus "aliados" no verão de 1942 (...) Os exércitos de nossos aliados britânicos e americanos até agora não tiveram nenhum choque sério com as tropas da Alemanha de Hitler. Até agora a Segunda Frente não existe.
>
> O que é a Segunda Frente? Não há nenhuma razão para ouvir as evasivas de certas pessoas que fingem não saber do que estamos falando; e que dizem já existir não apenas uma segunda frente, como também uma terceira, uma quarta, provavelmente até uma quinta e uma sexta frentes (incluindo as campanhas aérea e submarina etc.). Para falar seriamente sobre uma Segunda Frente na Europa, é necessário uma campanha que, como o camarada Stalin assinalou já no outono de 1942, desvie, digamos, sessenta divisões alemãs e vinte divisões dos aliados da Alemanha.
>
> Conhecemos todas as desculpas usadas para justificar atrasos (...) por exemplo, os argumentos sobre a mitológica "Muralha do Atlântico" [de Hitler] e o supostamente insolúvel problema de transporte. A "inexpugnável Muralha do Atlântico" só existe na cabeça daqueles que querem nos fazer acreditar nessas mentiras (...) Após o êxito do grande desembarque aliado no Norte da África no ano passado, e ainda da operação dos Aliados na Sicília, é ridículo citar "problemas de transporte" para um desembarque na Europa Ocidental.[58]

Em meio à torrente de propaganda, de palavras bombásticas e de insultos dos soviéticos, era difícil para os ministros britânicos e americanos saber o que Moscou realmente pensava. Muito tempo depois da guerra, Molotov disse a um entrevistador russo que Stalin era muito mais realista do que jamais admitiu a Churchill. O velho ministro do Exterior soviético falou com gratidão sobre a campanha italiana:

> Mesmo aquela ajuda nos foi benéfica. Afinal de contas, não estávamos defendendo a Inglaterra, estávamos defendendo o socialismo. E poderíamos esperar que eles ajudassem a causa do socialismo? Os bolcheviques seriam idiotas se esperassem. Só precisávamos pressioná-los, dizer "Que vilões vocês são!" (...) O povo [britânico] percebia, é claro, que os russos lutavam enquanto seu país se abstinha. E [os anglo-americanos] não só não agiam, como também escreviam e falavam uma coisa, para então fazerem outra completamente diferente. Isso levou seu próprio povo a perceber a verdade e a perguntar aos seus líderes: por que vocês estão mentindo? Isso enfraqueceu a confiança nos imperialistas. Foi tudo muito importante para nós.[59]

No fim de junho de 1943, Stalin chamou Ivan Maisky de volta a Moscou e, em agosto, substituiu-o formalmente na embaixada em Londres. Stalin disse ao sucessor, um *apparatchik* de 37 anos chamado Feodor Gusev, que Maisky "perdeu tempo demais tentando justificar a posição dos ingleses, que estão sabotando a abertura da Segunda Frente".[60] Churchill ficou perplexo com a remoção de Maisky e nem um pouco impressionado com Gusev, cuja compreensão do inglês era limitada e cujo traquejo social era inexistente. No primeiro encontro do primeiro-ministro com o novo embaixador, ele enfiou nas mãos relutantes do russo uma carta enviada por Stalin, na qual denunciava as vagarosas remessas de suprimentos britânicos, e lhe informou que se recusava a receber uma comunicação tão insultuosa. Gusev escreveria mais tarde: "Ele literalmente enfiou o envelope na minha mão, me deu as costas e voltou para a mesa." Relatando esse diálogo com certa ansiedade a Moscou, ficou aliviado quando Molotov lhe respondeu: "Você agiu corretamente com relação ao envelope. Consideramos a devolução do envelope apenas mais um dos gestos histéricos de Churchill (...) De agora em diante, você deve entregar cartas do camarada Stalin e outros documentos apenas em russo. Lembre-se de que em Moscou os ingleses só nos entregam documentos em inglês, inclusive cartas para o camarada Stalin." Churchill só concordou em receber Gusev novamente seis meses depois.

Na Grã-Bretanha, em 1943, houve mais greves de mineradores do que em qualquer outra época desde 1900. No editorial de 3 de setembro, *The Times* expôs em meio a outras paralisações nas minas: "A disposição para entrar em greve (...) talvez tenha uma origem comum. Há uma opinião muito predominante de que a guerra está indo tão bem que o esforço na indústria pode ser atenuado."

O sindicalista Jack Jones escreveu de Cardiff para Brendan Bracken em 3 de outubro de 1943:

> Posso dizer que conheço a mente de nossos operários, que são tão leais como os homens e mulheres das Forças Armadas. Apesar disso, fazem greve! E numa época em que é mais importante do que nunca que não o façam. Talvez haja paralisações ainda mais desastrosas no próximo inverno.
>
> O próprio tempo provoca uma fadiga da guerra e deixa os nervos em frangalhos, especialmente quando o que se faz não tem nada de espetacular, ocorre longe dos refletores e é monótono (...) Uma dúvida persistente é uma espécie de fósforo pronto para acender um ressentimento indefinido contra as condições de guerra (...) Para acalmá-los, o que eles querem é um tônico. Lembro, durante a última guerra, o efeito tônico nos mineiros de Gales do

> Sul que uma visita e uma conversa de L[loyd] G[eorge] proporcionou (...) Mas esta guerra faz a outra parecer pequena, e o sr. Churchill tem muito mais coisas para resolver do que L. G. jamais teve (...) Minha fé na liderança do sr. Churchill é maior do que nunca. Mas acho que agora sua capacidade de inspirar os outros deveria, se for humanamente possível, ser dedicada a acalmar e inspirar a esplêndida linha de produção do nosso front interno.[61]

O fato de Churchill não se dirigir explicitamente à classe operária industrial, fora de suas transmissões nacionais e de seus discursos, refletia em parte uma simples falta de vontade. Ele preferia se dedicar à condução da guerra e dos negócios exteriores; e em parte, também, refletia o fato de que o pessoal das fábricas não queria ouvir a maioria das coisas que ele tinha a dizer. Delegava sobretudo a Ernest Bevin a tarefa de animar e instigar mineradores e operários fabris que votavam nos trabalhistas. Ele mesmo não poderia oferecer a essas pessoas a visão da Grã-Bretanha depois da guerra, especialmente a visão de mudança socialista, que elas apoiavam com fervor. A obsessão exclusiva com a vitória estava na essência de sua grandeza como líder guerreiro. Mas, para um número cada vez maior de pessoas no outono de 1943, isso não era suficiente.

Naquela altura, entre as campanhas da Itália e da Normandia, ele fez uma de suas últimas tentativas de implementar uma ação estratégica explicitamente britânica, indo contra a vontade dos americanos. Achava que o Mediterrâneo Oriental oferecia oportunidades de exploração que Washington era cego demais para reconhecer. Buscou, portanto, aproveitá-las apenas com forças britânicas. O resultado foi um desastre, embora tivesse pouca importância na escala global da guerra, e, da maneira mais dolorosa, ressaltou a força residual da Alemanha, assim como as limitações do poderio britânico quando os Estados Unidos lhe negavam apoio.

15
Afundado no Egeu

Uma das mais aclamadas epopeias cinematográficas sobre a Segunda Guerra Mundial é *Os canhões de Navarone*, de Carl Foreman, baseada no thriller homônimo de 1957 escrito por Alastair Maclean. O livro narra o desembarque de uma unidade de forças especiais britânicas numa ilha grega no mar Egeu. Depois de proezas inacreditáveis de arrojo e bravura, tramam a ruína dos defensores alemães e uma passagem segura para os contratorpedeiros da Marinha Real. A heroica ficção de Maclean foi baseada numa extraordinária série de episódios no Mediterrâneo oriental durante o outono de 1943, que merecem ser mais bem conhecidos pelos estudiosos da guerra. Isso não se deve ao fato de a saga ter acabado em triunfo britânico, pois certamente não foi o caso, mas por oferecer um exemplo clássico de insensatez que tem em Winston Churchill seu maior responsável. A história merece ser repetida e analisada, como ilustração das consequências que a capacidade do primeiro-ministro para a imprudência pode gerar. Se a escala da campanha foi misericordiosamente pequena, os erros foram enormes e numerosos. Com isso, ajudam a explicar por que estrategistas que trabalhavam em estreita colaboração com Churchill às vezes ficavam desesperados com suas obsessões.

Rodes e as ilhas bem menores do Dodecaneso ao norte ficam a poucos quilômetros da costa turca e são habitadas pelos gregos. A Itália capturou-as em 1912. Três anos depois, a França e a Grã-Bretanha endossaram essa descarada aventura imperialista como parte do preço a ser pago pela adesão da Itália à causa aliada na Primeira Guerra Mundial. As ilhas, que tinham poucas virtudes além da árida beleza e da posição estratégica, desde então eram guarnecidas por forças italianas. Atraíram a atenção de Churchill pela primeira vez em 1940. Ele acreditava, equivocadamente, que se os Aliados pudessem desalojar os italianos, uma mudança de poder tão visível no Mediterrâneo oriental convenceria a Turquia a entrar na guerra. Por ordem sua, um comando britânico fez uma malograda incursão em fevereiro de 1941. Nos dois anos seguintes, reconheceu-se que as ilhas estavam fora do alcance dos Aliados. No entanto, quando os céus do Mediterrâneo clarearam, o ânimo de Churchill para o Egeu ganhou novo impulso. Em Casablanca, tentou convencer os americanos da importância de capturar Rodes e o Dodecaneso e orientou os chefes de estados-maiores a preparar um plano. Além de tropas, barcaças de desembarque e caças americanos seriam necessários. Os bimotores Lightning e os Beaufighters britânicos eram as únicas aeronaves com raio de ação suficiente para oferecer apoio aéreo no Egeu a partir das bases no Norte da África. O máximo de "inventividade e expediente", recomendou Churchill, deveria ser empregado para assegurar o Dodecaneso.

Havia planos para duas hipóteses: a primeira era a de uma entrada em Rodes com permissão italiana; a segunda era a da operação Accolade, uma invasão contra a oposição alemã. Mas, com a prioridade dada à Sicília, até o fim do verão nada tinha sido feito. John Kennedy escreveu em 13 de agosto: "Talvez precisemos cessar operações no Egeu." O Departamento de Guerra supunha que a invasão à Itália, somada ao compromisso com a Overlord, tornava implausíveis operações naquele local. A iminente rendição dos italianos, porém, deu novo senso de urgência às ambições egeias do primeiro-ministro. Ele continuava convencido de que um golpe aliado deflagraria a beligerância turca.

Os americanos não estavam nem um pouco interessados na operação ou em ter os turcos como aliados. Achavam que as aspirações britânicas no Mediterrâneo oriental tinham mais a ver com imperialismo ultrapassado do que com estratégia contemporânea, então se opuseram resolutamente a qualquer desvio de recursos da Itália, muito menos da Overlord. Na conferência *Quadrant* de agosto, em Québec, eles fingiram polidamente entender o entusiasmo britânico por uma iniciativa no Egeu, mas deixaram claro que qualquer decisão sobre Rodes e o Dodecaneso contaria apenas com os recursos de que dispunha o general Sir Henry "Jumbo" Maitland-Wilson, na época comandante em chefe do Oriente Médio no Cairo — "sua jumbônica majestade",[1] como Macmillan se referia a esse enorme e previsível dignitário. Em outras palavras, os britânicos estavam sozinhos. Não haveria caças Lightning da USAAF, e as barcaças de desembarque seriam poucas. No momento em que a concentração de forças em torno do objetivo central aliado era mais importante do que nunca, os líderes americanos rejeitaram uma dispersão que lhes parecia inteiramente injustificada.

O primeiro-ministro não se abateu. Insistiu com Maitland-Wilson para que mesmo assim desembarcasse em Rodes. O general, que não era um dos grandes pensadores militares do país, mas seguia os desejos de Churchill, designou a 4ª Divisão Indiana para executar a Accolade. Foi decidido, porém, que os indianos seriam necessários na Itália. A despensa de Maitland-Wilson ficou praticamente vazia, quase sem unidades de combate. Em 31 de agosto, ele telegrafou para Eisenhower: "Qualquer empreendimento contra Rodes ou Creta que não seja uma entrada sem oposição alguma será impossível." O primeiro-ministro discordou. Em toda parte, os alemães estavam batendo em retirada. No front oriental, tinham acabado de sofrer uma derrota arrasadora em Kursk. Haviam sido expulsos da Sicília. A Itália estava quase saindo da guerra. Em todos os fronts, mensagens decodificadas pelo sistema Ultra davam testemunho de comandantes alemães lamentando a debilidade de suas forças em face da dominação aliada. Certamente, nessas circunstâncias, até mesmo pequenas forças conduzidas com arrojo seriam capazes de esmagar a presença residual dos alemães no Egeu. Se as operações no Mediterrâneo oriental tinham de ocorrer em escala modesta, aos olhos do primeiro-ministro isso lhes conferia um brilho especial, porque rapidez, ousadia e um toque de pirataria poderiam render um triunfo exclusivamente britânico.

Por ordem de Londres, Maitland-Wilson ressuscitou a Accolade com as forças heterogêneas que pôde reunir. Em 9 de setembro, o primeiro-ministro saudou a notícia da execução do seu amado projeto: "Ótimo. É tempo de apostar alto. Improvisar e ousar."[2] Quatro dias depois, telegrafou para Maitland-Wilson: "Sua captura de Rodes, agora com ajuda italiana, seria uma bela contribuição para a guerra em geral. Você consegue improvisar a guarnição necessária? (...) Qual é a quantidade total de suas rações? É tempo de pensar em Clive e Peterborough e nos homens de Rooke tomando Gibraltar." A referência do primeiro-ministro à "quantidade de rações" era, é claro, uma ferroada destinada a lembrar o comandante em chefe do vasto número de soldados sob sua autoridade espalhados por centenas de milhares de quilômetros quadrados, executando basicamente tarefas logísticas ou de guarnição. O apelo inspirador de Churchill à memória de históricos triunfos imperiais não levava em conta o fato de que, naquele momento, as tropas de Maitland-Wilson enfrentariam o exército alemão.

Um divisor doutrinário fundamental persistiu durante toda a guerra: os britânicos gostavam de operações menores, enquanto os americanos, com a exceção marginal de MacArthur, não as apreciavam. O pensamento estratégico dos americanos, assim como o dos alemães, era dominado pela crença na concentração de forças. O exército dos Estados Unidos executou poucas incursões do tipo que os britânicos, e Churchill em particular, adoravam — Vaasgo, Bruneval, Saint-Nazaire, Bardia, Dieppe e muitas outras. As forças especiais absorviam uma proporção espantosamente alta dos mais ardorosos guerreiros da Grã-Bretanha, voluntários atraídos pela perspectiva de uma ação independente imediata, em vez dos sempre postergados choques que envolviam as restrições da hierarquia militar. Brooke criticava a proliferação de unidades de comando do exército e dos Fuzileiros Navais. Achava, provavelmente com razão, que suas funções poderiam ser, do mesmo modo, bem executadas por unidades regulares treinadas para tarefas específicas.[3] A grande multiplicação de forças especiais britânicas refletia a convicção do primeiro-ministro de que a guerra deveria, tanto quanto possível, entreter os participantes e exibir feitos ousados para inspirar o povo. Nesse contexto, os "exércitos particulares" de elite cumpriam seu objetivo. Não serviam, porém, aos interesses do exército britânico, cronicamente carente de bons soldados de infantaria para os grandes campos de batalha. Muitos dos mais corajosos soldados da Grã-Bretanha passaram a guerra conduzindo atividades irregulares, extravagantes e de duvidoso valor estratégico.

Operações no Mediterrâneo tinham inspirado, desde 1940, a criação de uma série de unidades exóticas que contavam com o apoio do primeiro-ministro e eram chefiadas por figurões da sociedade, por excêntricos inspirados, ou até por ambos. O Serviço Aéreo Especial (SAS), o Esquadrão Especial de Embarcações (SBS), o Grupo de Longo Alcance do Deserto, o Exército Privado de Popski, o Grupo Especial de Interrogatório (SIG) e outras unidades semelhantes davam muito prazer aos espíritos aventureiros que preenchiam suas fileiras, além de infligir variados graus de inconveniência aos inimigos. Na ausência de forças mais substanciais, quando a Itália de repente anunciou sua adesão à causa dos Aliados, Maitland-Wilson recorreu a um dos "exércitos particulares", o Esquadrão Especial de Embarcações, para as primeiras movimentações no Egeu. Enquanto os incursores aos poucos desembarcavam nas ilhas que estavam a seu alcance, o comandante em chefe do Oriente Médio despachou o comandante do esquadrão como emissário junto aos italianos, com a recomendação de que fizessem um ataque imediato aos alemães locais sem esperar pelas tropas britânicas.

O major Earl Jellicoe, filho de um almirante da Primeira Guerra Mundial, comandou o SBS com notável coragem e vigor. Na noite de 9 de setembro, Jellicoe, arrancado de uma hora para outra da vida farta que levava em Beirute, foi lançado de paraquedas em Rodes com um radioperador e um oficial polonês que falava italiano e servia sob o *nom de guerre* de "Major Dolbey". O polonês não tinha nenhuma experiência em saltos e quebrou a perna ao aterrar. Jellicoe, que se viu debaixo de uma saraivada de tiros no momento em que atingiu o solo, teve de engolir a carta que levava do general Maitland-Wilson para o governador italiano, o almirante Inigo Campioni. Quando os tiros cessaram, no entanto, os soldados italianos transportaram o grupo britânico para o quartel de Campioni. Ali, com Dolbey servindo de intérprete apesar das dores intensas na perna quebrada, Jellicoe tentou convencer o governador a se juntar aos Aliados.

De início, Campioni demonstrou interesse, mas quando soube que os britânicos só conseguiriam desembarcar algumas centenas de soldados em Rodes, enquanto poderosas forças alemãs estavam no local, o fervor arrefeceu. Ele ainda tergiversava sobre beligerância ativa, diferente de beligerância simbólica, quando 6 mil soldados da divisão de assalto alemã arquitetaram um golpe por conta própria, tomaram Rodes e aprisionaram toda a guarnição italiana de 35 mil homens. Jellicoe e Dolbey, por sorte, tiveram permissão de Campioni para partir de barco e evitar a captura. Tempos depois, o general Maitland-Wilson escreveria que o espírito do almirante "foi claramente afetado pela demora e pelo fato de que os alemães estavam lá e nós não".[4] O infeliz italiano experimentou o pior dos dois mundos. Tendo desapontado os britânicos, em seguida foi morto pelos alemães.

A tomada de Rodes e dos excelentes campos de aviação da ilha permitia às forças de Hitler dominar o Egeu. A única opção prudente para os britânicos seria reconhecer o fracasso do gambito e abandonar suas ambições. Em vez disso, decidiram reforçar o fracasso. Calcularam que, se pudessem conquistar outras ilhas próximas, elas serviriam de trampolim para um desembarque em Rodes em outubro, e assim reverteriam o resultado de 11 de setembro. Foi uma decisão temerária, de responsabilidade imediata de Maitland-Wilson, mas, em última análise, de Churchill, que despachou uma série de mensagens incentivando o general. Não só os britânicos careciam de forças suficientes para lutar no Dodecaneso, como também um ataque com oposição em Rodes teria exigido um banho de sangue por um objetivo estratégico bem secundário. *The Times* de 18 de setembro noticiou o início das operações no Dodecaneso e comentou: "Os alemães provavelmente tentarão expulsar os Aliados lançando paraquedistas, mas espera-se que as forças aliadas sejam suficientes para frustrar os esforços alemães. Dessa maneira, a situação no Egeu está repleta de possibilidades."

Tais possibilidades, no entanto, não estavam a favor dos britânicos. O que veio em seguida, em setembro e outubro de 1943, foi um desastre intercalado por proezas e dramas piráticos, cada qual merecedor de um épico cinematográfico. Patrulhas do Grupo de Longo Alcance do Deserto, sem areias onde combater desde o fim da campanha norte-africana, começaram a atacar o Dodecaneso em barcaças de desembarque, aeronaves, lanchas, caíques e barcos de um grupamento que atendia pelo magnífico nome de Forças Incursoras da Flotilha de Escunas do Levante. Uma companhia do Regimento de Paraquedistas foi transportada por Dakotas até Kos. Soldados do SBS de Jellicoe chegaram a Castelorizo em duas lanchas, e dali foram distribuídos para outras ilhas. Companhias da 243ª Brigada, a única força britânica de infantaria disponível, foram transportadas aos poucos para Kos e Leros, à medida que iam aparecendo navios na região.

Um esquadrão de Spitfires pilotados por sul-africanos foi sediado em Kos, a única das ilhas que possuía um aeródromo. Um oficial britânico ali estabeleceu o quartel-general ao lado da guarnição italiana, um novo aliado claramente hesitante. Um oficial da SOE desembarcou em Samos, seguido de centenas de soldados. Um general que servia como adido militar em Ancara fez a travessia a partir da costa turca. Logo havia cerca de 5 mil britânicos espalhados pelo arquipélago. Os planos de comando eram caóticos, com uma ausência quase absoluta de coordenação entre exército, marinha e força aérea. Contudo, naqueles ingênuos primeiros dias, muitos recém-chegados saborearam a sensação de se aventurar no azul dos mares e em ilhas ricas de alusões clássicas. Entre morros áridos, olivais e pequenas casas caiadas, bucaneiros britânicos com submetralhadoras e granadas misturaram-se aos gregos locais, respirando profundamente os ares byronianos, montaram acampamento e aguardaram a reação dos alemães.

Não esperaram por muito tempo. Hitler não tinha intenção alguma de ceder o controle do Egeu. Os alemães começaram a confrontar tentativas de incursões britânicas pelo mar e pelo ar com a energia e a eficácia de costume. As escaramuças eram quase diárias, com Beaufighters da RAF metralhando navios alemães, aviões da Luftwaffe atacando Kos, patrulhas do Grupo de Longo Alcance do Deserto e elementos do SBS combatendo destacamentos alemães onde quer que os encontrassem. Um oficial de outro grupo de inteligência britânico, o MI9, foi subitamente sequestrado — e baleado na perna — por marujos pró-fascistas numa lancha italiana que o transportava entre portos locais. Esses homens mudaram de lado quando ouviram pelo rádio que Mussolini, preso num cativeiro nas montanhas, fora resgatado pelos comandos nazistas de Otto Skorzeny. Em várias ilhas, alemães, italianos e britânicos deambulavam desordenadamente, sem saber a localização ou a lealdade uns dos outros. Dois oficiais britânicos mantidos em cativeiro foram abordados por um guarda austríaco que propôs deixá-los fugir, desde que pudesse acompanhá-los. Captores e cativos geralmente trocavam de papéis ao sabor das marés da pequena campanha.

O tema dominante logo ficou claro, porém. Os alemães estavam ganhando. Na Grécia e no Egeu, empregaram 362 aeronaves operacionais, muitas das quais estavam disponíveis para ações no Dodecaneso. O esquadrão sul-africano de Spitfires em Kos foi destruído no ar e no solo por Bf109s. Os Beaufighters da RAF sofreram muitas perdas em ataques contra navios, que infligiram modestos prejuízos ao inimigo. O bombardeio alemão desmoralizou os britânicos — e, ainda mais, os novos aliados italianos —, além de destruir Dakotas que faziam a ponte aérea para Kos. A Marinha Real ficou alarmada com as dificuldades de mandar suprimentos para ilhas precariamente controladas e sob ataque aéreo alemão. As tropas britânicas na área eram uma mixórdia de forças especiais, equipes de inteligência, artilheiros, infantes e uma miscelânea de pessoas, carentes de massa, coerência e convicção. A principal força, a 234ª Brigada, passara os três anos anteriores guarnecendo Malta, onde os soldados adquiriram muita experiência de bombardeio, fome, tédio e nenhuma experiência de batalha. No quinto ano da guerra, quando os Aliados venciam em quase todos os demais teatros de operações, Churchill criou uma situação difícil no Mediterrâneo Oriental, na qual ficaram vulneráveis localmente em terra, no mar e no ar.

Na manhã de 3 de outubro, os 680 soldados, quinhentos pilotos e operadores de terra da RAF e 3.500 italianos em Kos viram, ao acordar, navios alemães desembarcarem na costa uma força de invasão com efetivo de brigada, que chegara sem ser detectada e sem encontrar resistência. Mostrando a costumeira capacidade de improviso, os alemães realizaram essa operação com pouco treinamento e pouca parafernália especializada, elementos que, para os Aliados, eram essenciais para desembarques anfíbios. Os alemães montaram a invasão a Kos com uma força heterogênea, reunida ao acaso e suplementada por um lançamento de paraquedistas, contra a qual a RAF deflagrou ineficientes ataques aéreos. Os defensores britânicos não tinham nem mobilidade nem vontade para deixar suas posições e preparar contra-ataques rápidos.

A ilha tem 45 quilômetros de comprimento por dez de largura e, na época, contava com uma população de 20 mil habitantes. Os morros escarpados, nos quais era impossível cavar trincheiras, chegavam a 850 metros de altura. Em dois dias de confronto, 2 mil alemães, apoiados por inúmeros bombardeiros de mergulho Stuka, tomaram Kos ao custo de apenas quinze mortos e setenta feridos. Por sua vez, capturaram 3.145 prisioneiros italianos e 1.388 britânicos, juntamente com um grande volume de armas, provisões e equipamentos. Nem os italianos nem o pessoal da RAF situados na ilha demonstraram muita disposição para participar da batalha terrestre. Fora uma tola ilusão de Londres supor que tropas italianas, que durante três anos haviam relutado em combater os Aliados, pudessem ser induzidas a atacar os alemães. Os militares do Batalhão de Infantaria Ligeira de Durham estavam em inferioridade numérica, eram inexperientes e não viam muita perspectiva de êxito. Churchill descreveu a defesa de Kos como "uma resistência insatisfatória". Embora fosse verdade, a responsabilidade era quase exclusivamente de quem havia colocado a guarnição. As maiores vítimas foram os italianos, que pagaram caro pela breve mudança de lado. Em Cefalônia, nas ilhas Jônicas, os alemães já tinham conduzido um massacre indiscriminado de 4 mil soldados italianos "traidores" que se renderam. Em Kos, os vitoriosos se limitaram a executar 89 oficiais italianos. Umas poucas dezenas de fugitivos britânicos determinados escaparam em barcaças de desembarque e em pequenos barcos.

Nos dias e semanas seguintes à perda de Kos, Churchill pressionou inutilmente Eisenhower para desviar recursos da Itália a fim de recapturá-la. Um jogo de gato e rato persistiu em outras ilhas entre unidades de Hitler e forças especiais britânicas. Os alemães realizaram outro desembarque aeroterrestre, em Astipaleia. Tripulantes da Luftwaffe, acostumados aos ânimos deprimidos de muitos compatriotas cientes de que estavam perdendo a guerra, ficaram espantados de ver paraquedistas exultantes em aviões de transporte Junkers seguindo para uma área de lançamento enquanto cantavam "*Kameraden*, hoje não dá para voltar atrás". Nessa fase avançada da guerra, os obsequiosos britânicos haviam oferecido aos *Fallschirmjäger* um campo onde ainda era possível colher vitórias.

O Grupo de Longo Alcance do Deserto, cujos soldados não estavam organizados, treinados ou equipados para lutar contra uma infantaria, foi muito castigado em batalhas sem propósito. A principal força britânica restante no Dodecaneso estava agora em Leros, uma ilha muito menor do que Kos e situada 32 quilômetros ao norte. Quando o comandante britânico local foi informado de que prisioneiros alemães na vizinha Lebinto subjugaram seus captores e assumiram o controle, embarcou cinquenta soldados do Grupo de Longo Alcance do Deserto em duas lanchas navais, dando-lhes a missão de retomá-la. Ao desembarcar, o grupo travou uma série de pequenos combates com os alemães, nos quais quatro incursores foram mortos e quase todos os outros foram capturados. Apenas sete escaparam ao anoitecer, por cortesia da Marinha Real. Lebinto continuou firmemente em mãos alemãs.

Churchill consternou-se com as desventuras no Egeu, e com razão. Brooke escreveu em 6 de outubro: "Está bem claro na minha cabeça que, com os compromissos que temos na Itália, não deveríamos realizar operações sérias no Egeu (...) [mas] o primeiro-ministro, a esta altura, está decidido a lutar por Rodes sem levar em conta os efeitos na Itália."[5] Churchill estava impaciente para ir ao Norte da África e incorporar os americanos às operações no Egeu. Cadogan escreveu: "Ele está animado com Kos e quer liderar uma expedição a Rodes."[6] O primeiro-ministro se esforçou em vão para convencer Washington de que Marshall deveria tomar um avião e encontrá-lo na Tunísia, onde tentaria persuadi-lo sobre as virtudes da empreitada no Egeu. Em 7 de outubro, Churchill escreveu pessoalmente para Roosevelt: "Nunca desejei enviar um exército para os Bálcãs, apenas estimular, por meio de agentes e comandos, a intensa atividade guerrilheira na região. Isso pode render resultados com consequências incomensuráveis, a um custo baixo de manutenção das operações. O que quero é a captura de Rodes e das outras ilhas do Dodecaneso (...) Leros, que no momento mantemos muito precariamente, é uma importante fortaleza naval, e, quando estivermos abrigados nessa área, forças aéreas e navais ligeiras terão um papel valioso a desempenhar (...) Suplico-lhe que considere essa linha de ação."[7] Afirmava que operações no Mediterrâneo oriental "merecem pelo menos uma divisão de primeira classe".[8] Os americanos discordavam. Transferiram alguns esquadrões de Lightnings para a Líbia, a fim de operar em apoio à Marinha Real no Egeu. Contudo, sob pressão de outras prioridades, após quatro dias retiraram essas aeronaves. Como os alemães operavam caças monomotores Bf109 muito melhores, de toda maneira era improvável que os bimotores Lightning pudessem fazer mais do que os Beaufighters da RAF para alterar o equilíbrio de poder aéreo no local. Ainda assim, os britânicos não gostaram nada de terem sido deixados sem apoio na luta.

Em Londres, em 8 de outubro, *The Times* disse sobre a queda de Kos: "Não se pode esperar que toda iniciativa dos Aliados seja bem-sucedida, mas não há como negar que a situação no Dodecaneso causa inquietação." O jornal fez perguntas pertinentes sobre o porquê de forças aliadas superiores não terem sido empregadas. Naquele dia, Brooke escreveu em seu diário: "Aos poucos me convenço de que, em sua velhice, Winston fica cada dia menos equilibrado! Já não consigo controlá-lo. Ele se entregou a uma animação frenética sobre o ataque a Rodes, exagerou tanto a importância dessa ilha que não consegue ver mais nada e só pensa em capturá-la, mesmo arriscando-se a prejudicar as relações que mantém com o presidente e com os americanos, além de todo o futuro da campanha italiana. Recusa-se a ouvir qualquer argumento ou a enxergar qualquer perigo! (...) Tudo isso é pura insanidade, e ele está se colocando, sem necessidade, numa posição muito difícil! Os americanos já estão extremamente desconfiados dele, e isso vai piorar muito as coisas."[9]

Tudo que Brooke disse era verdade. Naquele mesmo dia, 8 de outubro, Churchill voltou a escrever para os americanos, dirigindo-se a Eisenhower e ao presidente: "Proponho (...) dizer ao general Wilson que ele tem toda a liberdade, se considerar a posição insustentável, para ordenar que a guarnição [de Leros] seja evacuada (...) Nem preciso falar o quanto essa decisão é penosa para mim."[10] Contudo, embora Leros devesse ser evacuada, não foi o que aconteceu. Churchill telegrafou para Maitland-Wilson em 10 de outubro: "Resista até onde puder (...) Se depois de tudo você for obrigado a desistir, eu darei meu apoio, mas o prêmio é a vitória."

Em 13 de outubro, John Kennedy escreveu em seu diário: "Parece incrível que o primeiro-ministro passe praticamente uma semana inteira forçando a execução de suas ideias, apesar de todos os conselhos militares (...) Jumbo [Maitland-Wilson] assumiu um grande risco ao ocupar Kos e as outras ilhas do Egeu."[11] Churchill telegrafou para Maitland-Wilson em 14 de outubro: "Estou muito satisfeito com a maneira como você aproveitou os ínfimos recursos que lhe restaram. *Nil desperandum.*" E novamente para Maitland-Wilson, com cópia para Eden: "Mantenha Leros em segurança." Churchill se referia a Leros, absurdamente, como uma "fortaleza", algo ainda menos plausível do que quando usara a mesma palavra para descrever Singapura e Tobruk. O comandante em chefe, desesperado para não desapontar o primeiro-ministro, perseverou. Em vista do ceticismo de Brooke, por que o chefe do estado-maior imperial não se impôs e insistiu em se retirar do Egeu? A resposta mais provável é que, enfrentando Churchill quase todos os dias em questões muito maiores, como o entusiasmo do primeiro-ministro por uma invasão a Sumatra, Leros não lhe parecia importante o bastante para justificar outro duelo. Ganhando ou perdendo, a campanha representava apenas um pequeno gasto de recursos. Brooke não conseguiria subjugar as paixões do primeiro-ministro em todos os assuntos. Em vez disso, preferiu recuar e assistir ao subsequente desenrolar do fiasco.

Durante mais cinco semanas sangrentas, os britânicos continuaram lutando no Egeu. As batalhas travadas no mar, no ar e em terra eram mais parecidas com as de 1941 do que a maioria dos choques aliados com os alemães em 1943. Os cruzadores, contratorpedeiros, submarinos e as pequenas embarcações da Marinha Real tentavam pôr a pique navios alemães, bombardear portos e posições no litoral, ao mesmo tempo em que eram submetidos a constantes ataques aéreos dos Ju88s da Luftwaffe. Com a perda do aeródromo de Kos, a base mais próxima da RAF ficava a quatrocentos quilômetros de distância. Até mesmo velhos bombardeiros de mergulho Stuka, impotentes diante da oposição de caças, tornavam-se armas poderosas quando conseguiam voar à vontade.

Houve muitos combates navais pequenos e selvagens nas estreitas águas entre as ilhas. Em 7 de outubro, por exemplo, o submarino *Unruly* conduziu sem êxito um ataque de torpedos a um comboio de tropas alemãs, e então, frustrado, emergiu para usar seu canhão de convés de quatro polegadas até ser obrigado a submergir pela aparição da Luftwaffe. Posteriormente, o *Unruly* torpedeou um lança-minas que carregava 285 soldados alemães. Os cruzadores *Sirius* e *Penelope* foram surpreendidos por bombardeiros alemães enquanto atacavam navios, e o *Penelope* sofreu avarias. O contratorpedeiro *Panther* foi afundado em 8 de outubro, e o cruzador *Carlisle* foi tão danificado por bombardeiros que, depois de voltar a muito custo para o porto, nunca mais se lançou ao mar. A Luftwaffe manteve ataques constantes contra as instalações portuárias de Leros, a ponto de os navios de guerra britânicos precisarem entrar, descarregar suprimentos e partir em no máximo meia hora. A habilidade da RAF para destruir navios ainda era inferior à dos alemães, e ataques de Beaufighters custavam mais aos agressores britânicos do que a seus inimigos. Mesmo quando as incursões eram bem-sucedidas, como a de bombardeiros Wellington na noite de 18 de outubro, os resultados eram dúbios: os Wellingtons despacharam para o fundo do mar navios com 204 alemães a bordo, mas que também continham 2.389 prisioneiros italianos e 71 gregos. Até 22 de outubro, 6 mil prisioneiros italianos se afogaram quando o transporte que os conduzia sucumbiu a ataques aéreos britânicos, enquanto 29.454 prisioneiros de guerra italianos e britânicos foram transferidos com êxito para o continente grego e dali para a Alemanha.

Os cruzadores *Sirius* e *Aurora* foram gravemente avariados por Ju88s, enquanto minas alemãs danificaram vários navios de guerra britânicos, entre eles o submarino *Trooper*, desaparecido a leste de Leros. Quase todos os navios da Marinha Real que passavam pelo corredor polonês do Dodecaneso, inclusive lanchas, torpedeiros e caíques, tinham de enfrentar bombas, mares agitados no clima ruim de outono e perigos naturais perto da costa. O contratorpedeiro *Eclipse* foi afundado em 23 de outubro com duzentos soldados e dez toneladas de provisões a bordo. A marinha decidiu, com relutância, que seus contratorpedeiros não navegariam mais no Egeu à luz do dia, em face do completo domínio aéreo alemão. A RAF continuou a ser severamente castigada — só nas operações de um único dia, 5 de novembro, seis Beaufighters foram destruídos e quatro tripulações desapareceram.

Em 31 de outubro, o mais graduado aviador britânico no Mediterrâneo, o marechal chefe do Ar Sir Arthur Tedder, escreveu: “Estamos sendo pressionados a jogar mais dinheiro fora. A situação é fundamentalmente despropositada." John Kennedy insistiu com Alan Brooke em 28 de outubro que "o preço que estávamos pagando [por Leros] era alto demais e o retorno, baixo demais para justificar sua manutenção".[12] Brooke manifestou concordância, mas disse a Kennedy que, na reunião dos chefes de estado-maior daquele dia, a decisão tinha sido persistir. Ficara muito difícil retirar a guarnição diante da superioridade aérea alemã. Em seu diário, Brooke definiu Leros como "um problema muito desagradável, o [comando do] Oriente Médio não foi nem sensato nem astuto e se meteu numa situação impossível, na qual não conseguia nem manter nem evacuar Leros. Nossa única esperança seria uma ajuda da Turquia, o fornecimento de campos de aviação de onde pudéssemos receber a cobertura aérea necessária".[13] Essa ajuda não estava próxima.

O ato final do drama no Egeu começou em 12 de novembro, quando os alemães atacaram Leros. A guarnição britânica, formada por cerca de 3 mil soldados e 5.500 italianos, pôde se preparar durante várias semanas para o inevitável. Entretanto, quando a hora chegou, nada deu certo. Antes do desembarque, a 234ª Brigada era comandada por um oficial baixo, de rosto avermelhado e bigodes bastos chamado Ben Brittorous, personificação de quase todas as deficiências do exército britânico durante a guerra. Brittorous era obcecado por etiqueta militar e perturbava oficiais e praças insistindo na importância de lhe prestarem continência. Nas semanas que passou em Leros, conquistou a antipatia da tropa e fez poucos preparativos eficazes para enfrentar o desembarque alemão. Quando a Luftwaffe começou a bombardear com ferocidade, retirou-se para o túnel do seu quartel-general e ali permaneceu até ser substituído, uma semana antes da incursão alemã, por um oficial de artilharia, o general-brigadeiro Robert Tilney. Tilney, recém-promovido e designado para chefiar em batalha soldados que só conhecia superficialmente, não era odiado como Brittorous, mas também não parecia inspirar muita confiança. Imediatamente, espalhou seus três batalhões de infantaria pela ilha, na tentativa de repelir um desembarque alemão nas praias. Não só os defensores ficaram sobrecarregados por causa do plano, como também a brigada quase não dispunha de aparelhos de rádio e telefone. A comunicação entre Tilney e as unidades era tênue antes mesmo da intervenção alemã.

Em 11 de novembro, o sistema Ultra informou aos britânicos que um desembarque em Leros, a operação Tufão, seria lançado no dia seguinte. Dois mil setecentos e trinta soldados alemães seriam empregados, uma força inferior à dos defensores. A RAF e a Marinha Real, porém, foram incapazes de tomar qualquer providência efetiva para prejudicar os planos do inimigo. O mau tempo frustrou os bombardeios britânicos que estavam previstos contra os campos de aviação gregos da Luftwaffe. O comandante de um esquadrão de contratorpedeiros da Marinha Real situado na área se recusou a enfrentar um provável campo minado para atacar o comboio invasor. O historiador oficial britânico, capitão Stephen Roskill, escreveria posteriormente: "O inimigo, de modo audacioso, descartou qualquer ameaça efetiva ao comboio durante o dia e, durante a noite, escondeu suas embarcações com grande habilidade; apesar disso, é inegável que ele não deveria ter chegado ao seu destino praticamente incólume."[14]

Enquanto os alemães desembarcavam a parte principal de sua força do mar, os *Fallschirmjäger* realizaram outro assalto aéreo extremamente corajoso e determinado. Os ataques da RAF contra as barcaças de desembarque foram bem menos eficazes do que o estreito apoio da Luftwaffe aos invasores. Um quarto batalhão britânico, enviado para reforçar a 234ª Brigada durante a batalha, foi incapaz de alterar o desfecho. Alguns defensores da ilha lutaram bem, mas outros nem tanto. A escala limitada das baixas britânicas indica que não houve nenhuma atitude de sacrifício na resistência. Em Leros, de batalhões com quinhentos soldados, o Royal West Kents perdeu dezoito, mortos em combate, os Fuzileiros Reais Irlandeses perderam 22, o King's Own, 45, e o Buffs, 42.

Quando os paraquedistas alemães aterraram, os defensores — muito superiores numericamente — deveriam ter promovido um contra-ataque imediato na zona de lançamento, antes que os invasores pudessem se reorganizar. Em vez disso, a infantaria britânica se limitou a esperar, atirando de suas posições. Enquanto os alemães avançavam pela ilha, um oficial britânico viu, horrorizado, soldados do King's Own fugindo dos tiros de morteiro. Às seis da tarde do primeiro dia, o indicativo de chamada *Stupendous*, do Grupo de Longo Alcance do Deserto, avisou amargamente de Leros: "Falta de apoio da RAF absolutamente lamentável: navios o dia inteiro parados e os Stukas rindo de nós."[15] Faltava à defesa mobilidade e, mais importante, motivação e competência comparáveis às dos alemães. Jeffrey Holland, que serviu como sargento de infantaria em Leros, escreveria posteriormente: "No decorrer da batalha, ficou evidente que o inimigo tinha empregado (...) tropas de combate de primeira classe, que demonstraram habilidade consumada, coragem e autoconfiança."[16] Um soldado do SBS descreveu uma cena que observou: "Ficamos chocados ao ver grupos de soldados britânicos afastando-se da área de batalha em marcha (...) O coronel os deteve e os interrogou, e eles responderam que tinham ordem para bater em retirada na direção sul. Muitos não carregavam armas, estavam abatidos e extremamente cansados."[17]

O general-brigadeiro Tilney perdeu o controle da maior parte de sua força logo no início, enfurecendo-se com as unidades que se retiravam por conta própria. Ameaçou levar à corte marcial dois comandantes de batalhão que se recusaram a dar ordem de ataque a suas unidades. Jeffrey Holland escreveu:

"Os alemães se moviam rapidamente de uma posição para outra, mas nunca recuavam; pareciam dispostos a aceitar uma alta porcentagem de baixas. Seus oficiais e sargentos se expunham aos tiros quando dirigiam um ataque ou uma defesa. Pareciam indiferentes ao fogo britânico, que percebiam ser vacilante; nem bem coordenado nem bem dirigido."[18]

Alguns corajosos contra-ataques britânicos foram lançados, nos quais um comandante de batalhão e vários comandantes de companhia morreram. À meia-noite de 14 de novembro, Bletchley Park decifrou uma mensagem alemã, a qual advertia que a posição da força invasora em Leros era "crítica", sendo, portanto, indispensável dispor de armas pesadas em terra imediatamente para virar a batalha.[19] O que os alemães enfrentaram em Leros não foi nada parecido com o passeio que desfrutaram em Kos. Os defensores, no entanto, por não terem tomado logo a iniciativa, nunca mais a recuperaram. O terreno não permitia que os soldados cavassem trincheiras para se proteger do bombardeio. Durante a Segunda Guerra Mundial, com frequência excessiva as tropas britânicas viam na superioridade aérea um motivo suficiente para se resignarem à derrota.

Maitland-Wilson manteve vivas as esperanças de Churchill de salvar a batalha, dizendo numa mensagem em 14 de novembro que as tropas britânicas em Leros, embora "um tanto cansadas", estavam "cheias de espírito combativo e bem alimentadas". Até o fim, o primeiro-ministro insistiu em medidas mais enérgicas para apoiá-las. Na noite do dia 16, quando se aproximava de Malta no trajeto para a conferência de Teerã, mandou esta mensagem para o marechal chefe do Ar Tedder: "Lamento muito não poder vê-lo esta noite, pois deveria ter reforçado a necessidade vital de manter Leros a qualquer custo. Essa é a coisa mais importante que está acontecendo no Mediterrâneo, e deverá continuar nos próximos dias (...) Não entendo como o senhor pode se desinteressar pelo destino de Leros."[20] Tedder escreveu sarcasticamente depois: "Era de se supor que algumas das terríveis lições de Creta estivessem mais frescas na memória para impedir uma repetição (...) Parece incrível agora, como foi então, que, após cinco anos de experiência em guerra moderna, as pessoas esqueçam que o poderio aéreo depende de bases seguras, tempo bom e efetivo raio de ação."[21]

Às quatro da tarde de 17 de novembro, quinto dia depois do desembarque em Leros, Tilney se rendeu. Cerca de 3 mil soldados britânicos e 5.500 italianos foram aprisionados. Quase uma centena de feridos já tinha sido evacuada. Dezenas de espíritos audaciosos, inclusive o inevitável e invencível lorde Jellicoe, escaparam em pequenos botes e chegaram à Turquia ou a pequenas ilhas de onde foram resgatados pela marinha. Mais de 3 mil funcionários britânicos, gregos e italianos foram evacuados com êxito da ilha vizinha de Samos, antes que os alemães a ocupassem também. Contando com as tripulações de aeronave, cerca de 1.500 britânicos morreram em operações no Egeu entre setembro e novembro de 1943 — 745 da Marinha Real, 422 soldados e 333 da RAF. O Grupo de Longo Alcance do Deserto sacrificou mais soldados no Dodecaneso do que em três anos de combate no Norte da África. Cinco batalhões britânicos de infantaria foram dados como perdidos.

Hitler mandou uma mensagem de felicitações aos seus comandantes no Egeu, dessa vez inteiramente merecida: "A captura de Leros, que foi empreendida com recursos limitados, mas com grande coragem, realizada com tenacidade apesar de vários reveses e conduzida com bravura a uma conclusão vitoriosa, é uma conquista militar que ocupará lugar de honra na história da guerra." Os britânicos tinham vantagens em Leros — notavelmente a de dominar o solo — que deveriam ter sido decisivas, mesmo em face da superioridade aérea inimiga. Foi vergonhoso que os paraquedistas alemães pudessem subjugar com tanta facilidade defensores mais numerosos que sabiam de sua chegada.

O almirante Sir Andrew Cunningham, então Primeiro Lorde do Mar, foi severo com o exército: "Ainda acredito firmemente que Leros poderia ter sido mantida", escreveu mais tarde.[22] O general-brigadeiro Tilney, prisioneiro de guerra dos alemães até 1945, emergiu como o principal bode expiatório pela queda da ilha. Mas a culpa, na verdade, seguia cadeia de comando acima e remontava a Downing Street. Não era possível em 1943 — como não era em 1941 — que navios de guerra operassem com êxito diante da superioridade aérea inimiga. As tripulações de aeronave alemãs eram muito mais eficientes no ataque a navios do que as britânicas. Os soldados britânicos em Leros, como tantas vezes antes durante a guerra, mostraram-se guerreiros menos efetivos do que seus oponentes. Longe de ser uma elite, a 234ª Brigada era uma grande unidade de qualidade inferior, que lutou tão bem quanto se poderia esperar naquelas circunstâncias. A melhor desculpa que se pode oferecer para sua atuação é que não valeria a pena os soldados demonstrarem uma coragem suicida, nem aceitarem perdas sacrificiais, numa campanha que já estava praticamente condenada e num momento em que não havia dúvida sobre a vitória final dos Aliados.

Se os defensores de Leros tivessem rechaçado o assalto alemão em meados de novembro, o prestígio britânico talvez saísse fortalecido, mas o equilíbrio de poder no Egeu permaneceria inalterado e a agonia teria sido prolongada. A Marinha Real ainda ficaria, por tempo indefinido, com o compromisso de abastecer Leros sob ataque aéreo alemão. Enquanto Rodes estivesse em mãos inimigas, a presença britânica no Dodecaneso não teria qualquer significado estratégico. Longe de oferecer um trampolim para um possível ataque a Rodes, como Churchill insistia, Leros era apenas um fardo sitiado. A Marinha Real sofreu mais danos do que causou na campanha do Egeu e obteve tanto quanto se poderia esperar. Ao todo, quatro cruzadores, cinco contratorpedeiros, cinco navios-varredores, dois submarinos e embarcações costeiras de diversos tipos foram postos a pique ou severamente avariados. A RAF não podia ser responsabilizada pelas dificuldades de conduzir operações que estavam fora do alcance para uma cobertura aérea efetiva, mas sua atuação contra os navios não foi nada inspiradora. Cento e treze aeronaves foram destruídas — o que afetou especialmente os esquadrões de Beaufighters, que perderam metade de sua força. Sem o aeródromo de Kos e, com isso, sem a esperança de utilizar caças monomotores, os britânicos deveriam ter evitado mais desastres e desistido.

Em Londres, as notícias do Egeu causavam consternação e perplexidade numa temporada que, fora isso, era de vitórias no Mediterrâneo. Cadogan, do Foreign Office, escreveu em 16 de novembro: "Más notícias de Leros. As conversas e os planos para evacuação trazem lembranças dos dias terríveis de '40 e '41. Mas em menor escala, é claro."[23] Um editorial do *Times* de 18 de novembro comentava, com razão: "A queda de Leros deve ser um lembrete de que princípios bem estabelecidos de estratégia não podem ser ignorados impunemente."[24] Uma semana depois, o jornal disse que "esse episódio lamentável" levantava dúvidas quanto à "estratégia geral de toda a nossa campanha no Mediterrâneo (...) sobre a qual a opinião pública britânica precisará ser tranquilizada".

O empenho da Grã-Bretanha no Egeu foi insignificante no grande esquema da guerra, mas representou um golpe contra o orgulho e o prestígio nacional, provocado pelas decisões pessoais do primeiro-ministro. Mais uma vez ele foi obrigado a reconhecer as limitações de seus soldados contra os alemães — assim como a vulnerabilidade das forças britânicas sem os americanos. John Kennedy descreveu a operação como "um risco justificável. [Maitland-Wilson] não tinha como saber que os alemães resistiriam com tanta determinação". No entanto, quatro anos de guerra contra Hitler deveriam ter deixado o primeiro-ministro e seus generais imunes a ações temerárias. Interceptações feitas pelo sistema Ultra advertiram Londres de que a Luftwaffe estava reforçando o Mediterrâneo oriental antes que tropas britânicas fossem empregadas. Vez após vez, Churchill alimentou a ilusão de que a audácia, por si só, traria recompensas. Isso talvez fosse verdade contra um inimigo incompetente e fraco, mas era inteiramente equivocado no caso de um adversário altamente profissional que sempre castigava equívocos. A audácia da decisão do primeiro-ministro não encontrou correspondência no desempenho dos incumbidos de executá-la. No Egeu, como costumava ocorrer noutros lugares, a rapidez da reação alemã a circunstâncias novas contrastou dolorosamente com as vacilantes iniciativas aliadas.

Kennedy escreveu que "o primeiro-ministro tem, no papel, total respaldo profissional para tudo o que foi feito". Ele queria dizer que os chefes de estado-maior e Maitland-Wilson endossaram formalmente o emprego de unidades realizado pelo primeiro-ministro no Egeu. Na verdade, porém, quase todos os altos comandantes permitiram que os desejos do primeiro-ministro prevalecessem sobre o julgamento deles próprios. Brooke, injustificadamente, juntou-se ao primeiro-ministro para culpar os americanos pela falta de apoio: "O chefe do estado-maior imperial acredita que a guerra talvez tenha sido prolongada em seis meses porque os americanos não perceberam a importância de explorar toda a situação no Mediterrâneo e de apoiar a Turquia a ponto de fazê-la entrar na guerra."[25] Mas por que os americanos deveriam salvar os britânicos do naufrágio de uma aventura na qual não acreditavam, como sempre deixaram claro? Além disso, não há razão para supor que o apoio aéreo adicional dos Estados Unidos alterasse o desfecho. Da mesma forma, o historiador oficial britânico parece cometer um erro ao lamentar o desvio do Egeu, nos primeiros dias da campanha, de seis esquadrões de contratorpedeiros da Marinha Real para escoltar encouraçados de volta à Grã-Bretanha.[26] Se os contratorpedeiros tivessem permanecido no local, teriam apenas oferecido mais alvos para a Luftwaffe. Mesmo que os britânicos conseguissem capturar Rodes, é improvável que a Turquia entrasse na guerra, e é questionável se a assistência militar turca seria de grande valia para os Aliados.

Algumas das objeções feitas à iniciativa de Churchill no Egeu em 1943 poderiam se aplicar à incursão feita nos Bálcãs em 1915. A campanha dos Dardanelos, na qual ele fixou sua reputação na Primeira Guerra Mundial, destinava-se a abrir a rota do mar Negro para armar a Rússia. Mesmo que a passagem tivesse sido assegurada, os Aliados na Primeira Guerra Mundial sofriam de crônica escassez de armas para seus exércitos e praticamente não dispunham de excedentes para enviar aos russos. De maneira análoga, em 1943, mesmo que a Turquia tivesse participado do conflito, o exército turco estaria inteiramente dependente de armas e equipamentos anglo-americanos. Era muito difícil atender às necessidades de forças russas, americanas, britânicas e francesas. Como os americanos previram, era mais provável que a Turquia se tornasse uma boca faminta para os Aliados alimentarem do que uma ameaça aos objetivos alemães nos Bálcãs.

Com amargura, Churchill caracterizou a campanha do Egeu como o primeiro êxito dos alemães desde El-Alamein. Em 21 de novembro, disse à esposa Clementine, num telegrama despachado do Norte da África: "Ainda estou sofrendo com Leros etc. É terrível lutar com as duas mãos atadas."[27] Estava, é claro, expondo a frustração por não ter convencido os Estados Unidos a apoiar suas aspirações. Nas memórias de guerra, descreve esse caso como "a mais aguda diferença que já tive com o general Eisenhower".[28] Telegrafou para Eden do Cairo, também em 21 de novembro, para sugerir que, se o Parlamento fizesse perguntas sobre o Egeu, o secretário de Estado dissesse firmemente à Câmara dos Comuns que os perigos da operação estavam previstos desde o início, "e, se foram ignorados, foi porque outras razões e esperanças foram consideradas mais importantes. Se só agirmos quando houver garantias, precisaremos enfrentar a possibilidade de uma guerra prolongada".[29] Eram argumentos pobres para justificar o injustificável.

Incrivelmente, em 24 de novembro na reunião dos chefes do estado-maior combinado no Cairo, o primeiro-ministro renovou os apelos por uma invasão a Rodes. Marshall escreveu: "Os britânicos estavam todos contra mim. O conflito ficou cada vez mais acirrado. Finalmente Churchill segurou suas lapelas (...) e declarou: 'O Governo de Sua Majestade não tolera que seus soldados fiquem ociosos. Os mosquetes precisam lançar chamas.'"[30] Marshall respondeu em termos igualmente histriônicos: "Nenhum soldado americano morrerá [naquela] maldita praia." Os chefes de estados-maiores dos Estados Unidos permaneceram inabaláveis, mesmo depois que Maitland-Wilson chegou à reunião para defender a causa de Rodes. Os britânicos tinham perdido para os alemães, e agora perdiam também para os americanos. Numa carta de 26 de novembro para Clementine, Churchill mais uma vez lamentou a queda de Leros: "Não posso fingir que tenho uma justificativa adequada para o que aconteceu."[31] E de fato não tinha. A campanha do Egeu representou um triunfo do impulso sobre a razão que nunca deveria ter ocorrido. Infligiu novos danos à confiança americana não só no julgamento do primeiro-ministro, como também em seu compromisso com os objetivos vitais da Grande Aliança. Foi uma sorte, para o prestígio da Grã-Bretanha e a reputação de Churchill, que ela tenha se desenrolado num momento em que êxitos noutras partes eclipsaram a consciência pública de uma humilhação gratuita.

16
Teerã

Aos olhos do mundo, no outono de 1943, o prestígio de Churchill era inexpugnável. Junto a Roosevelt e Stalin, formava o grupo dos "Três Grandes", claramente destinado a vencer o maior conflito da história da humanidade. Em seu país, os "resmungões" foram silenciados por êxitos no campo de batalha que, entre 1939 e 1942, haviam sido negados à Grã-Bretanha. Mas quem trabalhava mais estreitamente com o primeiro-ministro, fossem funcionários, fossem chefes militares, inquietavam-se com manifestações de fadiga e julgamento errático. Seu governo nunca deixou de ter críticos. A recusa de Churchill a abordar seriamente questões de reconstrução no pós-guerra causava desânimo geral. "Seu ouvido está tão voltado para a música da história", escreveu Aneurin Bevan — dessa vez com justiça —, "que ele com frequência não escuta o clamor estridente da vida contemporânea."[1] Eden concordava: "O sr. Churchill não gostava de dedicar tempo a qualquer coisa que não estivesse exclusivamente relacionada à condução da guerra. Isso parecia ser um instinto profundo, e, ainda que fosse parte de sua força como líder bélico, também podia ser um constrangimento."[2]

Para os ministros responsáveis por cuidar de questões vitais sobre o futuro da Grã-Bretanha, era irritante ver que o líder não queria nem discutir nem tomar as medidas necessárias. Haveria dificuldades cada vez maiores em conciliar as opiniões dos membros trabalhistas e conservadores do governo quanto à política do pós-guerra. Sobre uma reunião posterior, Leo Amery escreveu: "Winston conduziu o debate [sobre o Projeto de Lei de Planejamento Urbano e Rural] com considerável habilidade e imparcialidade, mas, quanto mais perto chegarmos da reconstrução, mais difícil será manter a equipe unida."[3] Em 29 de novembro de 1943, Bevin foi admitido ao quarto do primeiro-ministro, onde tantas cenas notáveis se desenrolaram num ambiente descrito por Brooke: "O roupão vermelho e dourado já fazia uma viagem de quilômetros valer a pena, e só mesmo a Winston ocorreria a ideia de usá-lo! Ele parecia um mandarim chinês! Os poucos fios de cabelo estavam geralmente desgrenhados na cabeça calva. Um grande charuto pendurava-se de lado no rosto. A cama era atulhada de papéis e ofícios. Às vezes, a bandeja com os restos do café da manhã ainda estava na cama. A campainha era continuamente tocada para convocar secretários, datilógrafos, estenógrafos ou seu leal camareiro Sawyers."[4]

Nessa ocasião, Bevin mencionou o futuro papel de lorde Woolton no planejamento do pós-guerra. Churchill disse secamente que estava de saída para um encontro com Stalin, portanto preocupado com outras coisas, "e que seria demais entrar em detalhes sobre qualquer assunto naquele momento".[5] Bevin ficou tão furioso quanto o primeiro-ministro. Jamais havia um momento certo para discutir com Churchill questões que não despertassem seu interesse, mas ele era tão criticado por não querer tratar seriamente de questões do pós-guerra que parece proveitoso comparar a atitude dele com a de Hitler. Quando tentaram forjar uma nova "Grande Alemanha", os nazistas infligiram incapacitantes danos econômicos, sociais e militares ao próprio império, num momento em que o resultado da guerra ainda não estava definido. A preocupação obsessiva de Churchill por alcançar a vitória pode ter incomodado os colegas, mas, ao que parece, a falha tinha um lado positivo.

O povo britânico via no primeiro-ministro a personificação de seu esforço de guerra. À medida que o domínio dos Estados Unidos e da União Soviética crescia, sua retórica e estatura de estadista eram as armas mais formidáveis à disposição de seu debilitado país para seguir no topo da Grande Aliança. Contudo, nos últimos dezoito meses da guerra, enquanto recebia sua cota de aplausos pelas vitórias aliadas, também sofria frustrações e decepções. A todo instante, projetos estimados sucumbiam e políticas preferidas definhavam por não serem factíveis sem os recursos e a boa vontade dos americanos, que não estavam à disposição. Isso nem sempre atuava em prejuízo da Grã-Bretanha. Alguns projetos, como a campanha do Egeu, eram falhos e de êxito improvável. Todavia, nenhum homem gostava menos de ser contrariado do que Churchill. Nos anos de ascensão dos Estados Unidos, muitos acontecimentos — e muitos impedimentos — deixaram o primeiro-ministro furioso com a própria impotência.

Suas palavras continuavam tão magníficas nos anos de vitória como haviam sido nos anos de derrota. Ele viveu momentos de exultação por ter uma grande capacidade de demonstrar alegria. As tristezas, porém, foram frequentes e variadas. Não largava a obsessão de atrair os turcos para a guerra, telegrafando para Eden, na viagem de volta de Moscou, que era preciso "lembrar à Turquia que o Natal estava chegando".[6] Rejeitou sumariamente propostas para depor o rei da Itália, dizendo: "Por que quebrar a alça da jarra antes de chegarmos a Roma e termos a chance de arranjar uma nova alça para ela!"[7] Certo dia, durante uma discussão sobre a perfídia dos soviéticos, que publicaram no *Pravda* alegações de que a Grã-Bretanha iniciara uma negociação unilateral de paz com os nazistas, disse ao Gabinete: "Tentar manter boas relações com um comunista é como amansar um crocodilo, nunca se sabe se é para acariciá-lo debaixo do queixo ou golpeá-lo na cabeça. Quando ele abre a boca, não sabemos se está tentando sorrir ou se está prestes a nos devorar."[8]

Naqueles meses, a mente de Churchill estava concentrada quase exclusivamente na campanha do Mediterrâneo. No entanto, uma importante questão foi ignorada pelo primeiro-ministro e teria se mostrado vantajosa para o esforço de guerra britânico. O marechal chefe do Ar Sir Arthur Harris, comandante em chefe do Comando de Bombardeiros, escolheu aquele momento para desviar o grosso de sua força cada vez mais formidável do Ruhr, onde Lancasters e Halifaxes vinham castigando fábricas havia anos, para atacar a capital da Alemanha. Foi um dos maiores erros estratégicos da RAF durante a guerra. A região de Berlim sem dúvida era relevante industrialmente, mas situava-se longe da Grã-Bretanha, era muito bem defendida e em geral estava coberta por nuvens de inverno. O assalto continuou até abril de 1944, com um número proibitivo de perdas na RAF, sem desferir o golpe decisivo que Harris buscava — e que prometera ao primeiro-ministro. O Comando de Bombardeiros perdeu a "Batalha de Berlim".

Muito mais significativo, porém, foi o descanso concedido ao Ruhr. A notável pesquisa recente de Adam Tooze sobre a economia nazista mostrou que, no outono de 1943, as indústrias do Ruhr estavam à beira do colapso.[9] Se o Comando de Bombardeiros tivesse continuado o ataque em vez de buscar outros alvos a leste, as consequências negativas para a máquina de guerra de Hitler poderiam ter sido imensas. As informações de inteligência sobre a produção alemã eram pobres. Um dos grandes erros de Harris, como chefe da ofensiva de bombardeiros, foi não perceber a importância de golpes reiterados contra alvos já atingidos. Deixou que fotografias aéreas das cidades arrasadas o iludissem sobre o impacto de suas forças.

O primeiro-ministro fez o mesmo. Para explicar como permitiu que a RAF agisse por contra própria durante a maior parte da guerra, é necessário reconhecer que havia poucas informações confiáveis sobre os danos — ou a falta de danos — que os bombardeios estavam causando à Alemanha. O progresso dos exércitos britânicos era fácil de medir, bastava seguir os avanços ou as retiradas no mapa; para checar o da Marinha Real, bastava examinar estatísticas de afundamento. Mas uma vez concluída a Batalha da Inglaterra, a atuação da RAF passou a ser julgada basicamente por avaliações, com frequência espúrias, de seu próprio estado-maior. Ninguém, nem mesmo Portal, Harris ou Churchill, sabia de verdade qual era o efeito dos bombardeios, embora soldados e marujos achassem que era bem menor do que o percebido pelos aviadores. O primeiro-ministro tinha um forte interesse pessoal em ver sucesso nos bombardeios. Ele alardeava suas conquistas para os americanos, e mais ainda para Stalin, a fim de aplacar suas frustrações com as deficiências das operações terrestres do Ocidente. Teria sido um grande constrangimento político se aparecessem indícios de que a ofensiva estratégica não obtinha os resultados anunciados por Harris.

Dessa maneira, entre 1942 e a controvérsia de 1944 sobre priorizar, em vez da Overlord, o bombardeio da rede ferroviária francesa, Churchill jamais buscou uma avaliação independente sobre o impacto do Comando de Bombardeiros, ainda que consumisse cerca de um terço de todo o esforço de guerra britânico. Harris convenceu o primeiro-ministro de que suas aeronaves causavam estragos, o que era verdade. Contudo, imagens espetaculares de chamas e destruição no Reich não eram acompanhadas de rigorosa análise da indústria alemã, sobre a qual as informações de inteligência eram escassas e a maior parte dos dados da RAF mostrava-se decididamente errada. Harris, como seus correspondentes americanos, ficou livre para travar a batalha como achasse melhor e para insistir numa tentativa obsessiva de provar que, mesmo sem provas confiáveis ou imaginação, os bombardeios eram capazes de vencer a guerra. Foi uma grave omissão do primeiro-ministro e uma oportunidade perdida para a RAF.

Nessa fase avançada da guerra, a fadiga do povo britânico cresceu juntamente com o poderio americano e russo. A campanha do Egeu representou uma pequena demonstração da vulnerabilidade da Grã-Bretanha, mas ainda surgiriam provas mais claras. No fim do outono de 1943, quatro questões dominavam a agenda militar britânica: a campanha na Itália; o compromisso com a Overlord; possibilidades residuais de ambiciosas aventuras nos Bálcãs; e a operação Buccaneer, um suposto desembarque anfíbio na Birmânia. Em 6 de novembro, Sir Archibald Clark Kerr avisou, de Moscou, que os russos ainda temiam uma hostilidade britânica à Overlord. Churchill respondeu: "Farei o que for humanamente possível para dar vida ao movimento ofensivo no qual meu coração está concentrado." As palavras "movimento ofensivo", porém, abarcavam uma série de possíveis operações, algumas no Mediterrâneo, e a Overlord era apenas uma delas. Dalton escreveu após uma reunião de Gabinete: "Num momento de abertura, Winston nos falou de suas apreensões sobre a política de '*Over-lord*' [Super-comando] que os americanos nos impuseram, a qual envolvia uma divisão de nossos transportes e barcaças de desembarque em dois objetivos, uma estratégia que era perigosa e desperdiçava nosso tempo, quando poderíamos agir com mais eficácia na Itália e nos Bálcãs."[10]

Nas últimas semanas, Churchill vinha pressionando por uma reunião com Roosevelt e Stalin que gostaria de realizar em Londres. Não foi uma surpresa quando o líder russo rejeitou a ideia no ato, mas os britânicos se sentiram esnobados ao saber que o presidente dos Estados Unidos também não queria visitar seu país. Segundo alegou Roosevelt, esse encontro teria repercussões negativas no eleitorado americano para as eleições do ano seguinte. Depois de algumas voltas, Teerã foi considerada um local aceitável para todos. Churchill propôs uma pré-reunião bilateral no Cairo, com a qual os americanos concordaram. Ele viajou para o Mediterrâneo no cruzador de batalha *Renown*, acompanhado da comitiva de praxe e dos chefes militares, bem como da filha Sarah e do filho Randolph. Harold Macmillan embarcou no grande navio de guerra em Gibraltar: "Fomos recebidos por seu dono — ou foi o que pareceu —, que achava aquilo um agradável método de aproveitar um cruzeiro."[11] Mas a saúde de Churchill não estava boa. Desembarcando em Malta, passou dois dias de cama, na residência do governador lorde Gort.

Gort não era escravo de confortos materiais. Quando Ismay visitou o enfermo primeiro-ministro, recebeu pedidos patéticos de rações melhores e de um banho: "Será que você me traria um pouco da manteiga daquele lindo navio? (...) Eu só queria uma xícara de água quente, mas não consigo." O quarto de Churchill dava para uma rua movimentada, cheia de malteses tagarelas. Moran registrou um momento comovente: "Da rua lá embaixo vinha um grande burburinho. O rosto dele se anuviou. Ele jogou as pernas para fora da cama e, atravessando o quarto a passos largos, pôs a cabeça para fora da janela: 'Vão embora', berrou. 'Por favor, vão embora e parem de fazer tanto barulho.'"[12]

Os chefes de estado-maior fizeram uma reunião insatisfatória, espremidos nos aposentos do primeiro-ministro. Poucos dias antes, John Kennedy explicou em seu diário a política britânica para o encontro com os americanos: "Já cristalizamos nossas ideias sobre a estratégia a ser defendida." Dariam sequência à campanha italiana, realizariam novos esforços para trazer a Turquia à guerra mediante ações aliadas nos Bálcãs e tentariam convencer os Estados Unidos "a aceitar o adiamento da Overlord".[13] O ajudante-general Sir Ronald Adam disse a um colega oficial: "No momento, o primeiro-ministro não desfruta muito prestígio com o presidente, que está sendo arrastado, muito a contragosto, para o Cairo (...) O primeiro-ministro só pensa no Mediterrâneo, e o futuro da Overlord volta a ser incerto."[14]

Churchill vivia irritado com a lentidão das operações aliadas na Itália. O clima de inverno desacelerara a campanha, e os alemães resistiam com a determinação de sempre. "O padrão da batalha quase nunca varia", escreveu um veterano da campanha, Fred Majdalany. "Os alemães mantêm uma posição por algum tempo, até ela ser seriamente disputada, então recuam dois ou três quilômetros para o próximo lugar defensável, deixando um rastro de pontes arrebentadas, campos minados e estradas destruídas (...) Os exércitos aliados começam com um ataque noturno — atravessam a vau um riacho ou um rio ao anoitecer, atacam as colinas do outro lado, amanhecem entrincheirados e esperam que a essa altura os sapadores, seguindo em seus calcanhares, tenham reparado as demolições e removido obstáculos para permitir a passagem de tanques (...) Os alemães, que observam essa movimentação, tentam frustrá-la despejando fogo de artilharia e de morteiros."[15]

O primeiro-ministro ficou furioso ao saber que duas divisões britânicas já haviam sido retiradas da linha de frente com o intuito de voltar para casa e se preparar para o Dia D. Num ofício para os chefes em 20 de novembro, reclamou que as operações italianas estavam sendo prejudicadas pela "sombra da Overlord". Disse que os guerrilheiros da Iugoslávia, que estava ansioso para apoiar com mais vigor, seguravam mais divisões do Eixo do que os exércitos britânicos e americanos. Criticou a insistência dos americanos em manter 1º de maio como a data do Dia D, "com uma rigidez inflexível e sem levar em conta as perdas e os prejuízos que provocava à causa aliada". A consequência desse "prazo fixo", continuou ele, era que "nossos negócios nos Bálcãs vão se deteriorar e o Egeu vai permanecer firmemente em mãos alemãs (...) em nome de uma operação fixada para maio com base em hipóteses que muito provavelmente não serão realizadas até essa data". Churchill queria que todos os recursos disponíveis fossem empregados, primeiro, na captura de Roma até janeiro de 1944 e, depois, na tomada de Rodes no mesmo mês. Essa linha de ação dificilmente seria aceita pelos americanos, e nem merecia ser.

De navio, a delegação britânica partiu de Malta para Alexandria, de onde tomou um avião para o Cairo, aterrissando em 21 de novembro. Macmillan, vendo Churchill pela primeira vez em meses, achou os poderes do primeiro-ministro reduzidos, mas ainda notáveis: "Winston está ficando mais dogmático (pelo menos externamente) e muito repetitivo. Às vezes esquecemos, é claro, que ele é na verdade um velho — mas também é um velho maravilhoso (...) É curioso vê-lo absorver um argumento e reproduzi-lo um ou dois dias depois como se fosse dele. Quase nada passa despercebido, embora nem sempre pareça estar ouvindo."[16]

A primeira reunião da conferência *Sextant* foi realizada em 23 de novembro e tratou do Extremo Oriente. O contingente americano estava irritado, pois a notícia do encontro vazara de antemão para correspondentes, aumentando os riscos à segurança. Os britânicos ficaram furiosos com a presença de Chiang Kai-shek e da esposa, que compareceram por insistência americana. Muita atenção foi dada a questões chinesas. Ao contrário dos americanos, os britânicos não davam tanto valor a uma aliança com a China nem apreciavam o enorme compromisso de fornecer ajuda "por cima da Corcova" do Himalaia. Não tinham esquecido que, poucos meses antes, Roosevelt insistira para que cedessem o domínio de Hong Kong a Chiang Kai-shek como um "gesto de boa vontade". Em resposta, Eden comentara com Harry Hopkins que não tinha ouvido o presidente sugerir qualquer ato similar de generosidade à custa dos americanos.[17] Smuts disse em tom conciliatório: "Tendemos a esquecer as dificuldades do presidente. Existe uma forte corrente contra ele.

Parte das ações dos americanos se baseia em ignorância, parte na determinação de conquistar poder. Aprendemos duras lições nos quatro anos de guerra. Eles não receberam duras lições. Mas não queremos esperar mais quatro anos para que as aprendam."[18]

Os britânicos tinham razão no que dizia respeito à intratabilidade da China, porém seu desinteresse fez a tensão anglo-americana crescer. Churchill deu muita importância a planos para lançar Orde Wingate e seus Chindits em ambiciosas penetrações na Birmânia setentrional. Os americanos, por outro lado, viam nisso um reflexo do característico entusiasmo britânico por atividades secundárias em detrimento de operações centrais. Preferiam a Buccaneer, um grande desembarque na costa da Birmânia. Os britânicos, porém, já sustentavam que combates no Mediterrâneo, sem falar na Overlord, seriam fatalmente prejudicados pelo desvio de barcaças de desembarque para a baía de Bengala.

Na segunda sessão plenária do dia 24, Churchill reclamou vigorosamente da perda de Kos e Leros. Também desmentiu alegações de que priorizava operações ilimitadas na Itália: estava comprometido "de corpo e alma" com a Overlord, mas buscou um acordo para que os exércitos aliados tentassem alcançar uma linha entre Pisa e Rimini. Eisenhower falou na conferência do dia 26. Ainda era apenas o comandante supremo no Mediterrâneo, e não sabia que a Overlord logo passaria a ser de sua responsabilidade pessoal. Disse que apoiava as aspirações britânicas no vale do Pó e no Egeu. "Ressaltou a importância vital de dar continuidade ao máximo possível de operações num teatro já estabelecido, uma vez que sempre se perdia tempo ao mudar o cenário da ação." Churchill, ao contrário de Marshall, gostou de ouvir isso.

Os administradores britânicos da conferência tentaram oferecer uma hospitalidade comparável à dos americanos no encontro de janeiro em Casablanca. No entanto, devido ao empobrecimento da Grã-Bretanha, ficaram constrangidos com a atitude dos hóspedes, semelhante a uma praga de gafanhotos. A multidão de funcionários e oficiais de serviço consumiu 20 mil cigarros e 75 charutos. Cada dia, quinhentas cervejas, oitenta garrafas de uísque, vinte de conhaque e 34 de gim eram esvaziadas. Ficou decidido que, em futuras reuniões de cúpula, por respeito ao povo da Grã-Bretanha que vivia de rações, os participantes deveriam pelo menos pagar as próprias bebidas.

Entre uma sessão e outra, Churchill levou Roosevelt para ver as pirâmides e falou com alegria para sua equipe sobre a cordialidade de suas relações. Ainda assim, até mesmo Eden descreveu a conferência no Cairo como "uma das mais difíceis de que já participei". A sorte britânica no Extremo Oriente atravessava um dos pontos mais baixos. As forças imperiais pareciam incapazes de romper as linhas de um exército japonês numericamente inferior para entrar na Birmânia. Devido ao jeito tortuoso de Roosevelt para lidar com os assuntos,

"Winston teve de assumir o papel de cortesão e aproveitar qualquer oportunidade que aparecesse. Fico impressionado com a sua paciência (...) Embora o papel de ouvinte fosse contrário à natureza dele, o primeiro-ministro o desempenhou impecavelmente durante todos aqueles dias, de modo que, no fim, mantivemos nossas penas intactas, mesmo que a cabeça não estivesse tão erguida."[19] Contudo, as alfinetadas presidenciais no primeiro-ministro eram mais pronunciadas do que de costume. Eden dissera ao rei da Grécia, por orientação de Churchill, que não tentasse voltar para casa quando o país fosse libertado até ficar claro que essa era a vontade dos súditos, e Roosevelt repreendeu o primeiro-ministro pela atitude. Foi uma intervenção estranha, levando em conta a subsequente hostilidade americana ao monarca. Os britânicos ficaram furiosos com o presidente por estimular a intratabilidade grega.

Churchill lamentou, para a delegação britânica, a informalidade de Roosevelt na abordagem dos negócios, observando que, embora fosse um "encantador fidalgo rural", seus hábitos dilatórios provocavam um desperdício de tempo. O primeiro-ministro e seus colegas ficaram surpresos e irritados pelo fato de os americanos não os incluírem em discussões bilaterais antes da reunião com Stalin. "O primeiro-ministro e o presidente *deveriam* se encontrar, juntamente com seus estados-maiores, antes da reunião com os russos, mas devido a uma série de infortúnios isso não aconteceu", disse Cadogan.[20] Os britânicos demoraram a perceber que essa evasão era resultado de uma política, e não de "infortúnios". Aquele seria o primeiro encontro do presidente com Stalin. No começo do ano, Roosevelt tentara uma reunião com o líder soviético sem a presença de Churchill. Quando a iniciativa fracassou, ele mentiu tranquilamente para o primeiro-ministro, afirmando que a proposta partira de Moscou. Na visão de Roosevelt, era possível forjar uma relação de trabalho com Moscou, que não deveria ser prejudicada por qualquer aparência de amizade excessiva ou conluio anglo-americano. Não o perturbava nem um pouco o fato de que, para cumprir esse objetivo, Churchill precisaria ser posto de lado.

Hopkins criticou a "maldita guerra italiana"[21] do primeiro-ministro e advertiu Moran: "Estamos nos preparando para uma batalha em Teerã. Vocês verão que estamos com os russos."[22] O médico escreveu, admirado, sobre a atitude americana com relação a Churchill: "Têm muito mais dúvidas sobre ele do que sobre Stalin."[23] O entusiasmo de Hopkins pelo primeiro-ministro diminuíra, assim como a influência que tinha no próprio país. O secretário de Roosevelt escreveu, em tom compassivo: "Pobre Harry, o povo não quer mais saber dele. Passou a ser um fardo para o presidente."[24] A delegação dos Estados Unidos no Cairo repassava informações livremente para os correspondentes. O *Washington Post* foi um dos muitos jornais que, depois da conferência, revelou ao público americano "a suposta resistência de Churchill" aos desejos estratégicos americanos.[25] Nenhum acordo militar entre britânicos e americanos foi alcançado até 27 de novembro, quando a *Sextant* foi encerrada para que os protagonistas voassem a Teerã.

Churchill raramente se preocupava com a segurança pessoal, mas se incomodou ao ver seu carro quase engolido pela multidão quando o comboio se aproximou da Legação Britânica na capital persa. Roosevelt aceitara ficar no complexo russo ao lado, decidindo ir sozinho ao seu primeiro encontro com Stalin. A sessão de abertura ocorreu na tarde de 28 de novembro, na embaixada soviética, sob a direção de Roosevelt. Deve-se enfatizar que, para qualquer participante com uma centelha de imaginação, tais encontros eram acontecimentos extraordinários. Até mesmo Brooke, cansado e pessimista, achou "fascinante" contemplar os "Três Grandes" juntos pela primeira vez ao redor de uma mesa.[26] Os presentes tinham consciência de estar participando de um momento histórico. A maioria tentava falar e agir à altura da ocasião.

Churchill começou reiterando seu firme compromisso com o avanço para uma linha Pisa-Rimini na Itália; com um desembarque no sul da França; e com a Overlord, desde que suas precondições relativas a uma força máxima alemã na área da invasão fossem atendidas. "Será nosso grave dever", disse ele, num ribombo notavelmente em desacordo com seus balbucios sobre a operação, "lançar através do canal cada nervo de nossa força contra os alemães." Stalin indagou habilmente: "Quem vai comandar a Overlord?" Foi uma brilhante estocada. Disse que não tinha como levar inteiramente a sério uma operação sem líder. Embora Eden tenha achado a personalidade de Stalin "arrepiante" e fria, o secretário do Exterior reconheceu, como todos os delegados ocidentais, que era um mestre da diplomacia: "Não havia dúvida de que o homem era implacável, e não havia dúvida de que sabia onde queria chegar. Não desperdiçava uma palavra. Nunca esbravejava, era raro até que se irritasse. Com as pálpebras pesadas, calmo, jamais erguia a voz e evitava as repetidas negativas de Molotov, tão exasperantes de se ouvir. Com métodos mais sutis, conseguia o que queria sem parecer inflexível."[27]

Roosevelt assegurou ao líder russo que um comandante para a Overlord seria designado nos próximos dias. Stalin — "Ursa Maior", como Churchill batizou "o Grande Urso" — ficou satisfeito. Até se disse entusiasmado pela campanha italiana, apesar do desalento com o fato de os alemães continuarem transferindo divisões do Ocidente para lutar na Rússia. Churchill aplaudiu os esforços dos guerrilheiros comunistas de Tito na Iugoslávia, julgando que isso agradaria a Stalin, e declarou estar ansioso para lhes dar mais assistência. O líder russo disse que a União Soviética entraria na guerra contra o Japão assim que a Alemanha fosse derrotada, o que agradou aos americanos.

No começo de cada manhã, oficiais do NKVD — incluindo o filho de Beria, Sergo — entregavam a Stalin transcrições de conversas entre americanos, interceptadas por microfones plantados na residência deles próprios. O líder soviético ficava admirado com a liberdade com que os ocidentais falavam entre si, quando deviam saber que alguém estava na escuta. Posteriormente, começou a se perguntar se de fato eram tão ingênuos a ponto de não alimentar desconfianças: "Você acha que eles sabem que estamos escutando?"[28] Com satisfação, viu que Roosevelt falava bem dele. Certa vez, lendo a observação do presidente de que "não há como enganar tio Joe", sorriu sob os bastos bigodes e murmurou: "O velho malandro está mentindo." Gostou bem menos de outras conversas transcritas, nas quais Churchill repetiu para o presidente suas reservas sobre a Overlord. O jovem Beria foi recompensado com um relógio suíço pela eficiência da escuta.

O episódio mais notório da conferência surgiu de um gracejo brutal de Stalin sobre o fuzilamento de 50 mil oficiais alemães após a vitória aliada, ao que Roosevelt replicou que 49 mil seriam suficientes. Elliott Roosevelt, filho do presidente, levantou-se para dizer que concordava cordialmente com a proposta de Stalin e tinha certeza de que os Estados Unidos a endossariam. Isso fez Churchill deixar subitamente a sala, enojado. Os russos acalmaram o primeiro-ministro, mas foi um momento medonho. Quando Stalin fez o gracejo, Churchill sabia ter sido o georgiano o responsável pelo massacre, a sangue-frio, de pelo menos 10 mil oficiais poloneses — o número real foi quase 30 mil —, assim como de incontáveis vítimas entre o próprio povo. Além disso, a disposição do presidente americano em participar da brincadeira sugeria uma frieza que chocou o líder britânico. Por fim, a intervenção de Elliott Roosevelt foi intolerável. Uma das curiosidades da guerra é que grandes homens julgavam apropriado levar os filhos em missões de Estado. A presença de Randolph Churchill no Norte da África, e em todos os outros lugares, era um constrangimento. Jan Smuts e Harry Hopkins levaram os respectivos filhos ao Cairo, para a *Sextant*. Nenhum deles, porém, se igualava, em grosseria, ao filho do presidente. Churchill sabia que, para manter as relações anglo-americanas, precisava aguentar quase tudo que Roosevelt resolvesse dizer ou fazer. Mas aquele momento em Teerã foi difícil. Marshall disse o seguinte sobre Stalin na conferência: "Ele estava sempre provocando Churchill, e o sr. Roosevelt, de certa forma, o ajudava. Ele [Roosevelt] se divertia um pouco constrangendo Churchill."[29]

Cadogan registrou o desconforto da delegação britânica ao ver que Roosevelt parecia disposto a endossar praticamente qualquer proposta de Stalin.[30] Quando as futuras fronteiras da Polônia foram discutidas, Averell Harriman ficou horrorizado com a visível indiferença do seu presidente. Roosevelt queria apenas o suficiente para satisfazer os eleitores polono-americanos, o que não era muita coisa. Segundo a espionagem soviética informou a Stalin, Churchill privadamente advertia Roosevelt sobre os preparativos de Moscou para instalar um governo comunista na Polônia.[31] De acordo com Sergo Beria, Roosevelt respondeu que, como Churchill estava tentando fazer a mesma coisa com a instauração de um regime anticomunista, não havia razão para reclamar.

O líder americano estava muito mais interessado em assegurar o apoio soviético para a futura organização das Nações Unidas, uma jogada fácil para os russos. Eles satisfizeram Roosevelt aquiescendo imediatamente, embora até mesmo Stalin tenha expressado descrença em juntar a China, a Rússia, a Grã-Bretanha e os Estados Unidos para regular o mundo do pós-guerra. Harriman percebeu o perigo de falar, diante dos russos, sobre a indiferença de Roosevelt quanto às fronteiras no Leste Europeu. O inexorável avanço dos exércitos de Stalin teria tornado difícil para o Ocidente conter o imperialismo soviético. Churchill, a essa altura, já concordava que as fronteiras da Polônia avançassem para oeste, compensando os poloneses com território alemão em troca do terreno a leste cedido para a Rússia. Essa proposta representava suficiente implacabilidade. Apesar disso, o comportamento do presidente ainda foi além, deixando claro que Stalin encontraria pouca oposição a seus desígnios na Polônia ou em outras partes.

Roosevelt, empenhado em criar um futuro no qual as Grandes Potências atuassem juntas, parecia indiferente a uma realidade: Stalin não dava a mínima para consenso e só estava interessado em obter licença para perseguir seus objetivos unilaterais. Na equipe americana, Charles Bohlen e George Kennan, do Departamento de Estado, compartilhavam as dúvidas e apreensões de Harriman sobre a crença de Roosevelt de que ele e Stalin tinham a mesma visão para o mundo. Os temores do primeiro-ministro sobre o futuro começaram a se amalgamar. "Que o presidente tratasse Churchill e Stalin como se fossem pessoas de reputação igual aos olhos dos americanos chocou profundamente Churchill", escreveu Ian Jacob.[32]

Apesar disso, a maior parte da delegação de Roosevelt deixou a reunião de cúpula exultante pelo compromisso formal com a Overlord, um desejo longamente acalentado pelos Estados Unidos e a União Soviética. As persistentes evasivas dos britânicos irritaram até os americanos mais anglófilos. A experiência de Teerã posteriormente rendeu uma das melhores observações de Churchill. A reunião o fez perceber como a Grã-Bretanha era pequena: "Sentei-me ali com o grande urso russo de um lado, as patas estendidas, e o grande búfalo americano do outro, e entre os dois estava o pobre jumentinho inglês, o único que sabia (...) o caminho certo para casa."

Stalin ficou extremamente satisfeito com as conversas em Teerã, nas quais concluiu que estava conseguindo tudo que queria. Acreditava que o presidente dos Estados Unidos falava a verdade, ao contrário de Churchill, e disse ao Stavka no retorno a Moscou: "Roosevelt assumiu o firme compromisso de lançar operações de larga escala na França em 1944. Acho que cumprirá a palavra. Mas, se não cumprir, seremos fortes o suficiente para acabar com a Alemanha de Hitler por nossa conta."[33]

Eden elegeu as reuniões de 1943 com os russos como as mais satisfatórias, ou menos insatisfatórias, de toda a guerra, antes da abrupta deterioração das relações em 1944, quando o expansionismo soviético ficou explícito. No entanto, a delegação britânica em Teerã criticou a forma como os Três Grandes discutiram erraticamente inúmeros assuntos, sem chegar a qualquer conclusão decisiva a não ser a de que até mesmo Churchill teria dificuldade em fugir do compromisso com a Overlord. Cunningham e Portal declararam que a conferência foi uma perda de tempo.[34] O que mais desalentou os britânicos foi não ter havido nenhuma tentativa de obrigar os russos a reconhecer a legitimidade do governo polonês exilado em Londres, o que ocorreria em troca da aceitação anglo-americana às fronteiras modificadas da Polônia.

Depois de Teerã, Churchill certamente percebeu, mesmo que apenas no íntimo, o total desinteresse de Roosevelt quanto à Grã-Bretanha, a seus interesses ou à sua estatura. Nem por um instante o primeiro-ministro relaxou nos esforços para cortejar e lisonjear o presidente. Ainda assim, já era mais difícil para ele recorrer aos Estados Unidos do que à Rússia. Com Stalin, Churchill continuou a buscar acordos, mas suas expectativas eram baixas. A relação com os americanos, entretanto, era fundamental para todas as operações de guerra, para a alimentação do povo britânico e para as perspectivas de preservar o Império no pós-guerra. É extraordinário que alguns historiadores caracterizem o relacionamento de Roosevelt e Churchill como uma amizade. De fato, o primeiro-ministro se referia ao presidente em suas falas e em correspondências entre os dois como "meu amigo". Em nenhum aspecto de sua vida e de sua conduta como líder da Grã-Bretanha ele demonstrou um autocontrole mais ferrenho do que no trato com os americanos durante a guerra. "Todas as manhãs quando acordo", disse ele, certa vez, "o primeiro pensamento que me ocorre é como agradar ao presidente Roosevelt."[35] Todavia, entre 1943 e 1945, muito do que Roosevelt ofereceu a Churchill foi uma experiência desagradável e exasperadora.

De Teerã, enquanto Roosevelt voltava para casa em Washington, Churchill voou para o Cairo. Estava cansado e doente, mas as reuniões e os jantares se acumulavam. Numa mensagem, censurou Mountbatten por exigir os serviços de 33.700 soldados combatentes para enfrentar 5 mil japoneses em Arakan — "Os americanos estão tomando suas ilhas à base de dois e meio para um. O fato de seus generais pedirem seis e meio para um causou péssima impressão."[36] Jantou na embaixada em 10 de dezembro com um grupo que incluía Smuts, Eden, Cadogan e Randolph Churchill, depois partiu à uma da manhã para a Tunísia. Seu York aterrissou no campo de aviação errado, onde Brooke o viu "sentado em sua mala, no vento frio da manhã, não se parecendo com nada deste mundo. Ficamos ali cerca de uma hora antes de prosseguir, e a essa altura ele estava congelando".[37]

Pousaram novamente após outro voo curto, dessa vez no lugar certo, então Churchill foi conduzido de carro para Maison Blanche, a vila de Eisenhower perto de Cartago. Em 11 de dezembro, dormiu o dia todo e jantou com Ike, Brooke, Tedder e outros. Em seguida, deitou-se com dor de garganta. Às quatro da manhã, Brooke foi acordado por uma voz lamuriosa que gritava "Alou, alou, alou". O chefe do estado-maior imperial acendeu uma lanterna e perguntou asperamente "Que diabo é isso?", e a lanterna iluminou o primeiro-ministro em seu roupão de dragão, com uma atadura marrom em volta da cabeça, queixando-se de dor de cabeça e procurando seu médico. No dia seguinte, Churchill teve febre e Moran telegrafou para pedir enfermeiras e um patologista. Foi diagnosticado com pneumonia.

Nos dias que se seguiram, embora continuasse a receber visitas e a despachar mensagens, ele permaneceu na cama, sabendo que estava muito doente. "Se eu morrer", disse a Sarah, "não se preocupe — a guerra está ganha."[38] Em 15 de dezembro, sofreu um ataque cardíaco. Sarah leu para ele *Orgulho e preconceito*. Notícias sobre o estado de Churchill provocaram uma onda de emoção e solidariedade em seu povo. Um soldado britânico, no Norte da África, escreveu em seu diário: "Esperamos e oramos para que fique bom. Seria ótimo se o sr. Churchill vivesse para ver o fim vitorioso da sua grande luta contra os nazistas."[39] Na tarde do dia 17, Clementine Churchill chegou escoltada por Jock Colville, que fora reconvocado da RAF para o secretariado de Downing Street. Os novos antibióticos M & B estavam funcionando. Embora o primeiro-ministro continuasse debilitado e sofresse mais um brando ataque cardíaco, já não parecia correr risco de morte. No dia 19, Clementine escreveu para a filha Mary: "Papai bem melhor hoje. Concordou em não fumar e em beber só uísque fraco com soda."[40]

Estava furioso com a "escandalosa (...) estagnação" da campanha italiana, sobretudo por não terem usado as barcaças de desembarque disponíveis para lançar um assalto anfíbio atrás do front alemão. Pediu a Roosevelt que examinasse rapidamente as propostas britânicas para a mudança de comando no Mediterrâneo, já que Dwight Eisenhower fora designado para dirigir a Overlord. É quase certo que Roosevelt teria confiado essa função a Marshall, caso os britânicos houvessem aceitado o chefe do exército como supercomandante em chefe de todas as operações contra os alemães, tanto no Mediterrâneo quanto no noroeste da Europa. Mas Churchill e Brooke estavam determinados a preservar pelo menos uma nomeação central de comandante em chefe para um oficial britânico. O presidente não quis tirar Marshall de Washington só para comandar a Overlord. Nesses termos, preferia manter o chefe do exército por perto, como diretor-geral do esforço de guerra americano.

Os chefes de estado-maior britânicos queriam que Maitland-Wilson substituísse Eisenhower como comandante supremo no Mediterrâneo e que o marechal chefe do Ar Sir Arthur Tedder se tornasse vice de Ike na Overlord. Churchill apoiava Alexander para comandante britânico no Dia D — assim como Eisenhower. O Gabinete de Guerra objetou, recomendando Montgomery em respeito à opinião pública e ao desejo militar. Surpreendentemente, Churchill assentiu. Foi sem dúvida a nomeação correta, pois Montgomery era um general muito superior. De todo modo, era inusitado que Churchill se deixasse influenciar por ministros numa questão dessa magnitude. O mais provável é que, ao permitir que Alexander permanecesse na Itália, o primeiro-ministro mostrasse a importância que atribuía às operações naquela região. Acreditava, equivocadamente, que "Alex" fosse capaz de dar o ímpeto que lhe parecia faltar. Macmillan recomendou com veemência a designação de Alexander, observando que Maitland-Wilson fora comandante em chefe no Oriente Médio por um ano e nada fizera para estimular a indolente máquina de guerra britânica no Egito.[41] Por fim, os americanos cederam aos desejos britânicos de que Alexander assumisse no Mediterrâneo, justamente por atribuírem bem menos importância à Itália do que à Overlord.

Em 22 de dezembro, os chefes de estados-maiores britânicos enviaram uma mensagem de Londres na qual apoiavam a proposta de Churchill para um novo assalto anfíbio à Itália. O planejamento inicial partia do princípio de que só havia transporte para uma única divisão, enquanto Churchill e os chefes queriam desembarcar duas. No Dia de Natal, Eisenhower, Maitland--Wilson, Alexander, Tedder e Cunningham chegaram a Cartago procedentes de todas as partes do Mediterrâneo para discutir planos da operação Shingle, um ataque a Anzio, ao sul de Roma, previsto para 20 de janeiro. A reunião endossou uma incursão inicial de duas divisões, com a ressalva de que não deveria ameaçar a programação da Overlord para maio.

Em 27 de dezembro, Churchill voou até Marrakesh para um prolongado período de recuperação. "Proponho ficar aqui ao sol", escreveu para Roosevelt, "até me sentir forte de novo." No segundo dia na Villa Taylor, para sua surpresa e alegria, soube que o presidente aprovara a Shingle, sujeita apenas à data de invasão à França. Esta, porém, seria adiada por um mês, até junho, por insistência de Eisenhower e Montgomery. Depois de estudarem pela primeira vez o plano para o Dia D, concluíram que mais preparativos, assim como um reforçado desembarque inicial, eram essenciais. A nova data cairia na primeira semana de junho. Churchill era hostil ao uso da palavra "invasão" no contexto do Dia D: "Nosso objetivo é libertar a Europa da tirania alemã, (...) nós 'entramos' nos países oprimidos em vez de 'invadi-los' e (...) a palavra 'invasão' deve ser reservada para quando atravessarmos a fronteira alemã. Não há necessidade de usá-la para presentear Hitler com a ideia de que ele é o defensor de uma Europa que buscamos invadir."[42] Foi, é claro, uma disputa semântica que ele perdeu.

Em 4 de janeiro de 1944, escreveu para Eden: "Cada dia fico mais forte (...) Todos os meus pensamentos estão voltados para a 'Shingle', que, como pode imaginar, observo intensamente." A convalescência em Marrakesh terminou em 14 de janeiro. Voou para Gibraltar, onde Maitland-Wilson e Cunningham lhe fizeram um resumo final do plano para Anzio. Então embarcou no encouraçado *King George V*, que o levaria de volta para casa. Na noite de 17 de janeiro, atracou em Plymouth, onde tomou um trem que já o aguardava. Na manhã seguinte, após uma ausência de nove semanas, chegou a Downing Street. Telegrafou para Roosevelt: "Estou bem, só um pouco trêmulo nas pernas." Chegando ao Palácio de Buckingham para almoçar com o rei, um secretário particular lhe perguntou se gostaria de usar o elevador. "Elevador?" replicou o primeiro-ministro, indignado. Subiu as escadas correndo, de dois em dois degraus, e em seguida virou para o cortesão com o polegar na ponta do nariz.

A Câmara dos Comuns só soube de seu retorno quando os parlamentares, atônitos, ergueram a cabeça no meio da sessão de perguntas, puseram-se de pé e começaram a gritar, aplaudindo e acenando com as ordens do dia. Harold Nicolson descreveu os aplausos que o saudaram, "enquanto Winston, muito corado, bastante tímido, rindo travessamente, passou pelo banco da frente e se atirou na cadeira de costume. Foi tomado de prazer e emoção, e logo que se acomodou sentiu duas grandes lágrimas descerem-lhe pelas faces. Enxugou-se, desajeitadamente, com um grande lenço branco. Poucos minutos depois, levantou-se para responder a perguntas. A maioria dos homens teria sido incapaz, numa ocasião como aquela, de não dramatizar um pouco suas falas. Winston, porém, respondeu como se fosse o jovem subsecretário, pondo os óculos, consultando papéis, abordando com tato as perguntas suplementares e encarando tudo da forma mais consciensiosa possível. Apesar disso, pareceu pálido quando o rubor de satisfação esmaeceu e a voz não soou tão vigorosa como antes".[43] Churchill preservara a extraordinária capacidade de prender a atenção da Câmara dos Comuns com longas e digressivas avaliações da guerra. Depois de uma dessas falas, virou-se de repente para a oposição e perguntou, em tom casual: "Tudo certo?" Os parlamentares sorriram afetuosamente. Seu domínio da Câmara dos Comuns, escreveu Nicolson, "vinha da combinação de grandes voos de oratória com súbitos mergulhos no íntimo e no coloquial".[44]

Na tarde de 19 de janeiro, Churchill presidiu uma reunião dos chefes de estado-maior, durante a qual insistiu no desembarque de comandos na costa dálmata para, aos poucos, expulsar os alemães das ilhas próximas à Iugoslávia. Suas expectativas quanto a Anzio eram enormes. Falou em forçar os alemães a se retirarem para o norte da Itália, ou mesmo para além dos Alpes. Então os exércitos de Alexander poderiam seguir livremente para Viena, atacar nos Bálcãs, ou se dirigir à esquerda para a França. Dois dias depois, quando o corpo de exército do major-general americano John Lucas se preparava para chegar às praias da Itália, o V Exército dos Estados Unidos atravessou o rio Rapido, ao sul de Roma. Churchill telegrafou para Stalin: "Lançamos o grande ataque de que lhe falei em Teerã contra os exércitos alemães que defendem Roma." À meia-noite do dia 22, já havia 36 mil soldados britânicos e americanos em Anzio, bem como 3 mil viaturas, e nenhum movimento fora detectado.

No entanto, nos dias que se seguiram, a maré virou na Itália. As travessias do Rapido se revelaram um desastre. Os alemães destruíram as precárias cabeças de ponte americanas, uma de cada vez. Kesselring agiu com extraordinária energia, recuperando-se do choque em Anzio para concentrar tropas e isolar os invasores. Quatro divisões aliadas logo estavam em terra, mas não conseguiam ir adiante. Enquanto os alemães despejavam fogo sobre a rasa cabeça de praia, soldados britânicos e americanos, de seus abrigos individuais e posições de tiro, viam-se presos em uma das situações mais dramáticas da guerra. "No fim, parecíamos todos animais", disse um soldado do Sherwood Foresters. "Ficamos confinados no mesmo lugar. Não tínhamos para onde ir. Ninguém descansava (...) nem dormia (...) Ninguém esperava que aquilo tivesse fim. A gente simplesmente esquecia por que estava ali."[45]

As baixas rapidamente se multiplicaram, assim como as deserções. Da praia à linha de frente, não havia um só lugar que oferecesse abrigo seguro contra os bombardeios. A Luftwaffe atacava navios na costa com novas e mortais bombas planadoras. "Será desagradável se você ficar bloqueado e não puder avançar do sul", escreveu Churchill para Alexander em 27 de janeiro. Em 8 de fevereiro, enviou uma mensagem para Dill, em Washington: "Tudo isso foi uma decepção para mim." Era verdade que forças alemãs estavam ocupadas na Itália, deixando de combater em outras regiões. "Até mesmo uma batalha de desgaste é melhor do que ficar parado vendo os russos lutarem. Também aprendemos umas boas lições sobre o que não fazer em combate, que serão valiosas na Overlord." Isso, porém, era apenas um pequeno consolo para o que, sem dúvida, foi um dos grandes fracassos dos Aliados na guerra.

Anzio seria a última operação importante gerada pela inspiração pessoal do primeiro-ministro. Sem seu apoio, nem Eisenhower nem Alexander teriam convencido os chefes americanos de estado-maior a prover os meios para essa iniciativa. Ela refletia sua paixão pelo que Liddell Hart chamou de "a estratégia da abordagem indireta", ou seja, o uso do comando aliado no mar para contornar as dificuldades de um assalto frontal num dos terrenos mais inóspitos do mundo. Em princípio, a operação Shingle era válida. Contudo, num grau extraordinário, os comandantes foram incapazes de pensar num plano para quando as tropas já tivessem desembarcado. Nesse ponto, a fragilidade da ação em Anzio se parece muito com outro notório fracasso anfíbio de Churchill, nos Dardanelos em 1915 — como sugeriu o major-general Lucas, comandante de corpo de exército americano, antes da operação.[46] Alexander, como comandante em chefe, deve ser responsabilizado pelo planejamento estratégico falho para a Shingle. Ele e seu estado-maior subestimaram grosseiramente a velocidade e a força da reação alemã, achando que a mera ameaça à retaguarda de Kesselring o faria abandonar a defesa de sua linha em Monte Cassino. Não perceberam, em nenhum momento, a importância de capturar rapidamente as elevações além das praias de Anzio, objetivo bem mais plausível do que uma arremetida para Roma. Os americanos, sempre profundamente céticos, mostraram melhor discernimento sobre as perspectivas do desembarque do que os britânicos.

Além disso, toda operação de guerra deve ser julgada no contexto das forças disponíveis para executá-la. Por conta do número insuficiente de navios aliados no Mediterrâneo, não seria possível transportar um exército grande o bastante para arriscar uma investida decisiva pelo interior. Lucas foi bastante criticado por não se dirigir a Roma na esteira do bem-sucedido desembarque de seu corpo de exército. Ele certamente era um mau general. Contudo, se tivesse feito a vontade dos mais exaltados e seguido rumo à capital, teria exposto um longo e estreito saliente a contra-ataques. Os alemães sempre castigavam excesso de ousadia, como o fariam um ano depois em Arnhem. O mais provável desfecho de uma arremetida contra Roma a partir de Anzio seria a destruição do corpo de exército de Lucas. Em vez disso, apesar de resignados a padecer quatro meses de miséria, os defensores do perímetro de Anzio foram recompensados com um êxito tardio.

Tão acirrada foi a luta na costa, comparável à batalha mais ao sul pelas elevações de Monte Cassino, que os Aliados não se alegraram muito com a conquista tardia de Roma, quando ela finalmente ocorreu em junho de 1944. Essa conclusão, porém, era preferível ao que poderia ter acontecido caso houvesse um comandante mais ousado à frente do assalto a Anzio. A Shingle confirmou a convicção dos chefes do estado-maior americano de que a Itália só tinha frutos venenosos a oferecer. "Quanto mais examinamos a península, menos adequada ela parece para operações militares modernas", escreveu Harold Macmillan.[47] A campanha não pôde ser abandonada, mas os americanos passaram a vê-la como um fardo. Não apoiariam mais nenhuma iniciativa de Churchill, fosse no Mediterrâneo, fosse em qualquer outra região.

O que aconteceu na Itália durante o inverno de 1943-1944 ressaltou, mais uma vez, o abismo existente entre as heroicas aspirações do primeiro-ministro e as limitações dos exércitos aliados que combatiam os alemães. "Acho que ainda somos mais fortes do que o inimigo", disse ele em mensagem para Alexander, em 10 de fevereiro, "e naturalmente nos perguntamos como mais de 70 mil britânicos e americanos são acuados por um contingente que, se supõe, não passa de 60 mil alemães". Escreveu a Smuts, em 27 de fevereiro, que a confiança depositada em Alexander continuava "inalterada", acrescentando melancolicamente: "Ainda assim, se eu estivesse bem para acompanhá-lo, como pretendia fazer no momento crítico, acho que poderia ter lhe dado o estímulo necessário. Malditos são o tempo, a distância, a doença e a idade avançada". Se os generais da Grã-Bretanha e dos Estados Unidos fossem Marlboroughs, ou Lees, se seus soldados possuíssem a têmpera dos espartanos, talvez tivessem obtido no Mediterrâneo as grandes proezas que a imaginação de Churchill concebeu — mas não eram, não possuíam e não obtiveram. Eram barro mortal, fazendo o melhor que podiam contra um comandante excepcional como Kesselring e um dos melhores exércitos que o mundo já viu.

Churchill estava certo, em 1942 e 1943, ao impor as campanhas americanas no Mediterrâneo, quando não havia nenhum outro lugar onde pudessem lutar. Disse à Câmara dos Comuns em 22 de fevereiro: "Em termos estratégicos gerais, a decisão de Hitler de enviar dezoito divisões para o sul da Itália, provavelmente envolvendo, com suas tropas de manutenção, algo em torno de meio milhão de alemães, e de abrir um grande front secundário na Itália, não é ruim para os Aliados (...) Precisamos combater os alemães em algum lugar, a não ser que nosso trabalho seja apenas observar os russos." Mas, àquela altura, essa explicação já soava esfarrapada. Em 1944, a visão de Churchill sobre a Itália foi suplantada pela Overlord, uma imensa e indispensável concepção americana. Depois de Anzio, até o primeiro-ministro reconheceu implicitamente esse fato, abraçando a perspectiva do Dia D com crescente animação. Embora o entusiasmo por operações no Mediterrâneo nunca tivesse diminuído, ele foi obrigado a admitir que as grandes batalhas no Ocidente seriam travadas na França e não na Itália.

Na primavera de 1944, Churchill estava apreensivo não apenas com a Overlord, mas também com a disposição do povo britânico. Várias eleições suplementares evidenciaram a falta de entusiasmo dos eleitores pelo governo de coalizão e o cansaço da guerra. Depois que um candidato do Partido Trabalhista Independente em West Derbyshire derrotou, em 18 de fevereiro, o *tory* lorde Hartington, que fez campanha com o apoio explícito do primeiro-ministro, Jock Colville escreveu: "Sentado numa cadeira em seu estúdio no Anexo, o primeiro-ministro parecia velho, cansado, muito deprimido, e até murmurava sobre uma Eleição Geral. Agora, disse ele, na iminência de grandes acontecimentos, é que a unidade nacional era essencial, a questão de aniquilar grandes Estados tinha de ser enfrentada; começava a parecer que a democracia não dispunha da persistência necessária para ir até o fim, por mais que tenha mostrado uma boa capacidade de defesa."[48] No discurso de 22 de fevereiro, na Câmara dos Comuns, Churchill deu uma estocada desdenhosa em seus detratores, "gente miúda, que brinca junto à força destrutiva da guerra para ver que divertimento ou notoriedade consegue extrair do processo". Cinco dias depois, escrevendo para Smuts, voltou a mencionar essas pessoas: "seus gorjeios logo serão silenciados pelas descargas de canhão".[49] Em 25 de março, escreveu pesarosamente para Roosevelt: "Certamente temos muitos motivos para nos preocupar, agora que nossas respectivas democracias se sentem tão seguras de que a guerra está ganha." O parlamentar conservador Cuthbert Headlam escreveu em abril de 1944: "Na sala para fumantes da Câmara dos Comuns, um novo líder é escolhido quase dia sim, dia não."[50]

Diversos assuntos aborreciam Churchill, e o fardo pesava ainda mais pelo fato de poucas dificuldades e poucos perigos poderem ser publicamente admitidos. Incontáveis horas foram dedicadas à Polônia. O governo polonês no exílio em Londres se opunha obstinadamente às mudanças em suas fronteiras — o deslocamento de todo o país um passo a oeste —, que Churchill aceitara com relutância. Seus representantes insistiam em proclamar a raiva que sentiam de Moscou pelo massacre de Katyn. Que partidário da liberdade e da democracia poderia censurá-los? Apesar disso, tão espantosa era a popularidade da Rússia na Grã-Bretanha que as pesquisas mostravam um declínio no respaldo geral aos poloneses devido à aberta hostilidade que devotavam a Moscou. Repetidas vezes o primeiro-ministro solicitou que os exilados calassem os protestos. Uma vez que a Rússia logo assumiria o controle físico daquele país, a boa vontade soviética era indispensável para que tivessem qualquer possibilidade de compartilhar sua administração no pós-guerra. Stalin mentiu descaradamente para Churchill quando disse que não pretendia influenciar a política interna da Polônia e que, depois da guerra, os poloneses teriam liberdade para escolher seus governantes. Entretanto, numa série de telegramas e cartas, o comandante militar soviético descarregou a própria raiva, tão real quanto abjeta, pelas declarações hostis dos poloneses de Londres à União Soviética.

Estava claro para Churchill que as perspectivas de uma Polônia livre eram escassas e cada vez menores. Em meio à rejeição dos exilados a seus apelos por realismo, sua batalha solitária para restaurar a liberdade do país se perdia. Com toda a probabilidade, nada que os Aliados Ocidentais pudessem fazer salvaria a Polônia das garras de Stalin. Havia uma realidade dominante e intratável: a insistência da União Soviética em cobrar um preço pelos 28 milhões de russos que morreram na luta para destruir o nazismo. Em 3 de março, Eden pediu a Churchill que telegrafasse diretamente a Moscou para abordar o caso de dois marujos da Marinha Real, capturados em Murmansk por causarem uma briga pós-bebedeira e condenados à servidão penal na Sibéria. O primeiro-ministro escreveu para o secretário do Exterior: "Não posso mandar esse telegrama, que me enredaria numa briga com Bruin por uma questão menor, quando tantas questões vitais assomam no horizonte." Em vez disso, sugeriu a Eden que algumas perguntas levantadas no Parlamento poderiam gerar uma publicidade proveitosa para o caso: "Um pouco de sentimento antirrusso na Câmara dos Comuns seria salutar no momento." Quando Sir John Anderson escreveu para Churchill solicitando que os russos fossem informados sobre o projeto "Tube Alloys" — a criação da bomba atômica —, Churchill rabiscou na margem do ofício de Anderson: "Em hipótese alguma."[51]

Eden escreveu sobre a Polônia em seu diário: "A atitude soviética nessa questão provoca muitos pensamentos inquietantes. Será que o regime soviético algum dia irá cooperar com o Ocidente?"[52] Poucos dias depois, acrescentou: "Temo cada vez mais que a Rússia tenha objetivos maiores, e que esses objetivos incluam o domínio da Europa Oriental e até do Mediterrâneo e a 'comunização' de boa parte do que resta."[53] Na Itália, os soviéticos se recusaram a lidar com a Comissão Aliada de Controle, designando um embaixador próprio com a missão de causar constrangimentos para os anglo-americanos. Era doloroso para Churchill, que conhecia a verdade sobre a tirania de Stalin e os perigos das ambições do líder soviético, ser obrigado a curvar-se às ilusões românticas do povo britânico e expressar gratidão pelos sacrifícios russos. Mesmo num momento em que mantinha com Moscou uma troca de telegramas excepcionalmente duros sobre diversos assuntos, prestou generoso tributo ao Exército Vermelho num programa radiofônico da BBC, em 26 de março. Sua ofensiva de 1943, disse ele, "foi a maior responsável pela ruína de Hitler". Era muita sorte do povo russo ter encontrado "em sua provação e em sua agonia supremas um líder guerreiro, o marechal Stalin, cuja autoridade lhe permite combinar e controlar os movimentos de exércitos de milhões ao longo de um front de quase 3.200 quilômetros, além de conferir uma unidade e uma harmonia à direção da guerra no Oriente que têm sido muito importantes para a Rússia e seus aliados". Tudo isso era verdade, mas representava apenas uma parte da realidade.

Enquanto isso, as dificuldades com os franceses persistiam. Harold Macmillan escreveu de Argel: "Eu preferia conseguir o que queremos — se possível — junto com os franceses, e não impondo aos franceses. Mas, para mim, é uma atitude difícil de tomar (...) O problema é que nem o presidente nem o primeiro-ministro têm a mínima confiança em De Gaulle."[54] Churchill adotou uma opinião pessimista desde que o intransigente general dera uma entrevista ao *Chicago Daily News*, em Brazzaville, no Congo, em julho de 1941, na qual sugeria que a Grã-Bretanha "estava fazendo um acordo com Hitler". Churchill e Eden discutiram várias vezes a possibilidade de De Gaulle ser mentalmente desequilibrado. O primeiro-ministro estava farto da petulância e da calculada descortesia do francês. Parecia intolerável que a Grã-Bretanha lutasse contra Washington em nome da França Livre, que os americanos desprezavam, e fosse recompensada apenas com a ingratidão do seu líder.

Quando esteve no Norte da África, Churchill passou horas em companhia de Macmillan, De Gaulle e outros franceses proeminentes, procurando manter um verniz de união. Seus esforços eram sabotados pelo unilateralismo de De Gaulle. A certa altura, o general mandou prender três destacados partidários de Vichy em Argel, o que provocou uma explosão da ira churchilliana. Políticos e diplomatas britânicos defenderam à exaustão a causa de De Gaulle, um transgressor contumaz diante de um juiz inclinado a proferir a sentença de morte. Depois de uma altercação, Macmillan escreveu: "Por mais que eu goste de Winston, estou chegando a meu limite." Contudo, dois dias depois, como quase todos os colaboradores íntimos do primeiro-ministro, ele abrandou: "É realmente um homem notável. Apesar de às vezes ser cansativo e cabeça-dura, não há ninguém como ele. Sua devoção ao trabalho e ao dever é extraordinária."[55]

O empenho de Churchill em restaurar a França à sua posição legítima como um grande país nunca vacilou. Por isso, e por lutar contra os americanos com tamanha firmeza em apoio aos interesses franceses, o governo britânico merecia, embora nunca tenha recebido, a gratidão eterna dos vizinhos gauleses. No ano anterior, em Québec, Eden discutira ferozmente com Cordell Hull sobre as virtudes da ressurreição francesa: "Ambos ficamos muito inflamados certa vez quando eu lhe disse que tínhamos de viver a 32 quilômetros da França e eu queria reconstruí-la até onde fosse possível."[56] Macmillan observou que, enquanto Roosevelt odiava De Gaulle, as impressões de Churchill eram mais complexas: "Ele sente por De Gaulle o que sente um homem que brigou com o filho. Estava pronto para deserdá-lo. Mas (no fundo do coração) lhe faria uma festa se o filho pródigo confessasse os erros e aceitasse suas ordens no futuro."[57] Como isso não aconteceria, porém, houve muitos momentos em 1943 e 1944 nos quais, não fosse pela lealdade de Eden a De Gaulle, Churchill teria abandonado o francês.

Mesmo então, com 2 milhões de soldados treinando e se armando na Grã-Bretanha para o Dia D, Churchill preferia manter a perigosa ficção — perigosa pela desconfiança que alimentava entre os americanos contra o próprio primeiro-ministro — de que a Overlord ainda representava mais uma opção do que um compromisso absoluto. Em fevereiro, ele pediu aos chefes de estado-maior que revisassem os planos para a Júpiter — um assalto no norte da Noruega —, na hipótese de os desembarques na França fracassarem. Criou um comitê para informá-lo semanalmente dos preparativos para o Dia D e escreveu a Marshall em 15 de fevereiro: "À medida que a hora se aproxima, fico cada vez mais determinado a realizar essa operação, desejando atacar se for humanamente possível, embora as condições básicas que acertamos em Teerã não tenham exatamente se cumprido." O condicional ainda estava presente, como numa mensagem que redigiu a Roosevelt em 25 de março: "Qual é a última data em que poderemos decidir se a 'Overlord' será ou não lançada na data prevista? (...) Caso (...) vinte ou 25 divisões móveis alemãs já estiverem na França nessa data, o que faremos?" Tal telegrama, que teria provocado ainda mais desalento entre os americanos, foi retido após prudente reflexão. No entanto, sinalizava a persistente incerteza de Churchill, dez semanas antes do Dia D.

No Mediterrâneo, Harold Macmillan escreveu: "Estou muito triste com a degradação geral das relações anglo-americanas desde que Eisenhower saiu, e, no momento, também não tenho muita esperança de introduzir alguma ideia nova na cabeça do primeiro-ministro."[58] Houve muito debate e muitas mudanças de opinião sobre a Anvil, um possível desembarque no sul da França que, originariamente, estava programado para coincidir com o ataque à Normandia. Os britânicos, de início favoráveis ao plano, mudaram de ideia por causa do impacto que inevitavelmente causaria à força aliada na Itália. Em 21 de março, Maitland-Wilson mandou uma mensagem com a recomendação de que a Anvil fosse cancelada. Depois de prolongadas conversas com Washington, relativas sobretudo a barcaças de desembarque, decidiu-se pelo adiamento da operação. Churchill primeiro se mostrou cético, depois absolutamente hostil. Preferia desembarques diversionários de comandos na costa atlântica da França. Continuava firme em seu entusiasmo por uma invasão a Sumatra, o que exasperou seus chefes militares, principalmente Brooke. Eles se opunham ao plano em sua essência, e também sabiam que os americanos jamais forneceriam o transporte necessário. Washington só tinha interesse numa ofensiva até o norte da Birmânia porque tinha o intuito de abrir uma passagem para a China. Com grande relutância, os britânicos finalmente assentiram.

Os colegas mais próximos de Churchill durante a guerra, acima de tudo os chefes de estados-maiores, emergiram da Segunda Guerra Mundial reconhecendo a grandeza do primeiro-ministro como estadista, mas criticando suas deficiências como estrategista. Nenhum líder aliado, porém, demonstrou sabedoria inquestionável. A grande visão churchilliana da guerra era magnífica. Mesmo admitindo suas ilusões sobre o futuro do Império Britânico, deve-se reconhecer que ele enunciava as esperanças e ambições da Grande Aliança como nenhum outro homem, incluindo Roosevelt, era capaz de fazer. A atuação do primeiro-ministro como comandante militar deve ser julgada pelo que foi feito, não pelo que foi dito. Ele se permitiu muitos voos de fantasia, mas raramente insistiu em sua concretização. A aventura de 1943 no Egeu foi mais exceção do que regra. A operação da máquina de guerra britânica não deve ser julgada isoladamente, mas em contraste com a dos aliados e inimigos da Grã-Bretanha, e até com a experiência de todos os demais conflitos da história. Nesse sentido, Churchill presidiu um sistema de planejamento militar e governança política que sempre servirá de modelo.

Se em 1944 e 1945, como acreditavam aqueles que trabalhavam com ele, Churchill já não era o que tinha sido em 1940 e 1941, não há razão para surpresa. Smuts disse a Eden depois de um almoço com o primeiro-ministro: "Talvez ele seja mentalmente o homem que era, talvez seja, mas sem dúvida não é o mesmo fisicamente. Temo que superestime suas forças e se esgote caso não tome cuidado."[59] O sábio sul-africano, não por acaso, fez esse comentário na presença do primeiro-ministro. Ismay se divertia ironicamente com a seriedade com que Smuts recomendava a Churchill que cuidasse da saúde, repreendendo-o por passar da hora de dormir. O primeiro-ministro respondia "como um menino pequeno que recebia ordens da mãe".[60]

Apesar de toda a exaustão e da saúde comprometida de Churchill, o destemor pessoal persistia. Adorava observar os ocasionais ataques noturnos da Luftwaffe no telhado de Whitehall. "Os ataques agora são bonitos de se ver", escreveu em 4 de abril para Randolph, que estava na Iugoslávia, "por causa das brilhantes labaredas vermelhas que pairam no ar, aparentemente imóveis, e das luminosas chuvas de incendiárias (...) às vezes vou para a bateria de Maria [posição de defesa antiaérea de Mary Churchill] e ouço a menina mandar os canhões dispararem."[61] É uma bela frase. Em 4 de março, Jock Colville descreveu o primeiro-ministro num sábado em Chequers:

> Tarde da noite, depois do inevitável filme, o primeiro-ministro se instalou no Grande Salão e começou a fumar cigarros turcos — a primeira vez que o vi

> fumá-los —, dizendo que foram a única coisa que conseguiu dos turcos. Falou várias vezes que não tinha muito tempo de vida e, naquela noite, enquanto o gramofone tocava a "Marselhesa" e "Sambre et Meuse", disse a Coningham, Harold Macmillam, Pug, Tommy e a mim que este era o seu testamento depois da guerra: "Muito mais importante do que a Índia, as Colônias ou a quitação de dívidas é a Ária. Vivemos num mundo de lobos — e ursos."[62] Então tivemos que ouvir mais Gilbert e Sullivan no gramofone, antes de nos recolhermos às três da manhã.

Um encontro que ocorreria nas Bermudas com Roosevelt, durante a Páscoa, foi cancelado porque o presidente estava doente — na verdade, sua saúde nunca se recuperou das tensões vividas na conferência de Teerã. Fosse como fosse, Brooke, Moran e outros se opunham a mais voos longos para o primeiro-ministro. O desejo de ver Roosevelt era movido mais por inquietação e pela fé exagerada nos próprios poderes de persuasão do que pela necessidade real de um encontro entre os chefes de governo. Em 4 de abril de 1944, Churchill informou à Câmara dos Comuns que 197.005 britânicos haviam morrido desde o começo da guerra, em setembro de 1939. Esse número não incluía muitos outros britânicos relacionados apenas como desaparecidos, mas que nunca voltariam para casa. O povo, e até mesmo pessoas mais próximas do poder, achava que a guerra já entrava na fase final. Churchill nunca sucumbiu a essa ilusão, ainda mais às vésperas da Overlord. Mais 100 mil britânicos morreriam antes que a vitória fosse alcançada. Ele precisava despertar a si mesmo e a seu povo para os novos desafios no caminho.

17
Tocando fogo na Europa

A primavera e o verão de 1944 assistiram ao florescimento, embora imperfeito aos olhos do primeiro-ministro, de uma de suas mais maiores aspirações: a Resistência na Europa ocupada e nos Bálcãs. Ainda em 1940, Churchill dera uma ordem ao ministro da Economia de Guerra, Hugh Dalton, que ficou famosa: "Toque fogo na Europa." Essa instrução levou ao estabelecimento da SOE, organização secreta incumbida de fomentar a Resistência — mais especificamente, o terrorismo e a ação armada por civis não uniformizados — onde quer que o Eixo exercesse controle. Por submarinos e barcos pequenos, aviões e paraquedas, agentes treinados pela Grã-Bretanha chegavam à Europa e depois ao Sudeste Asiático para estabelecer contato com quem desejasse se opor à tirania, ainda que tais métodos não fossem sancionados pela Convenção de Genebra. O que aconteceu na França recebeu mais atenção dos cronistas do pós-guerra, embora a Resistência na Iugoslávia tenha adquirido significado estratégico bem maior, como Churchill percebeu a partir de 1943.

Os homens e mulheres da SOE ajudaram a criar uma das lendas mais duradouras da Segunda Guerra Mundial. Parecia então, como ainda hoje parece, heroico enfrentar sozinho a tortura e a morte, principalmente quando se está bem atrás das linhas inimigas. O apoio à insurreição interna representava um ato pessoal de fé do primeiro-ministro, que ia de encontro às opiniões de muitos dos seus conselheiros militares. Ele alimentava a crença de que os povos da Europa poderiam desempenhar parte importante em sua própria libertação, declarando, em 10 de junho de 1941: "Devemos ajudar e incitar o povo de cada país conquistado à resistência e à revolta. Devemos destruir e desarticular todos os esforços de Hitler para sistematizar e consolidar a subjugação." Por ordem do primeiro-ministro, naquele mês, o documento de planejamento do Departamento de Guerra abordou a promoção da Resistência: "Os povos subjugados precisam ser levados à rebeldia contra os opressores, mas só quando os preparativos estiverem concluídos. O 'ataque de dentro' é o conceito básico dessas operações — e devemos ser capazes de executá-lo com intensidade maior do que os alemães. Eles contavam apenas com a ajuda de uns poucos traidores, e nós temos populações inteiras. Os patriotas precisam ser organizados e munidos secretamente, se necessário, com armas pessoais a serem entregues por via aérea."[1]

Churchill previu que as populações de cada país desempenhariam papel importante na libertação delas próprias. Se os Estados Unidos entrarem na guerra, escreveu num ofício a Portal, o chefe do estado-maior do Ar, em 7 de outubro de 1941, haverá "ataques simultâneos de forças blindadas a muitos países conquistados que estão prontos para uma revolta".[2] Num documento de 15 de junho de 1942, falou em "incitar as populações" como um dos primeiros objetivos dos desembarques aliados no continente. A missão da SOE era acelerar esses preparativos e essa "incitação". Em numerosos livros publicados até mesmo no século XXI, relatos do que ocorreu na tentativa de concretizar a visão dessa organização são extremamente romanceados. A realidade foi pelo menos tão interessante quanto a ficção, mas revelou-se muito mais complexa.

Em junho de 1940, expondo ao primeiro-ministro canadense Mackenzie King sua incerteza sobre a permanência francesa na guerra, Churchill escreveu: "Espero que eles, mesmo na pior das hipóteses, mantenham uma gigantesca guerrilha."[3] No fim, durante os primeiros anos de ocupação, a França e o resto da Europa Ocidental continuaram passivos. Atos de oposição violenta eram esporádicos. Levou um tempo para que o trauma da derrota fosse superado, para que espíritos rebeldes afins se encontrassem e se reunissem em grupos. Os britânicos não tinham condição de oferecer assistência. Além disso, só uma minúscula minoria estava disposta a se opor ativamente aos alemães. No que se referia à Resistência, como a tantas outras questões, o heroico entusiasmo de Churchill teve pouca ressonância no ânimo dos cidadãos europeus, preocupados com assuntos menos glamorosos. Precisavam alimentar a família, ganhar um salário, preservar um teto sobre a cabeça. Qualquer ato de contestação aos ocupantes punha em risco — e em risco mortal — esses simples propósitos humanos.

Manifestações violentas eram contrárias aos consensos nacionais. Não que o povo gostasse dos alemães, mas essa aquiescência à hegemonia que exerciam parecia representar a única saída racional. Figuras destacadas como o escritor francês André Gide, que rejeitava completamente a colaboração com os ocupantes, ainda assim se opunham à ideia de oposição violenta. Até a União Soviética e os Estados Unidos entrarem na guerra, o controle de Hitler sobre seu império permaneceria protegido de qualquer contestação militar. O primeiro-ministro da Grã-Bretanha pronunciava palavras inspiradoras, reproduzidas de Londres por comentaristas radiofônicos que falavam em muitas línguas para povos oprimidos, mas nenhum exército britânico seria capaz de voltar ao continente. Isso fez com que, nos novos domínios de Hitler, a maioria das pessoas hesitasse em pôr em risco o bem-estar de suas sociedades com ações passíveis de represália.

Mesmo para aqueles que queriam lutar, Churchill subestimava as dificuldades de conduzir operações de guerrilha contra um invasor eficiente e implacável, em regiões intensamente urbanizadas da Europa. Na Dinamarca, na Holanda, na Bélgica e em grande parte da França, havia poucos esconderijos para bandos armados. Os alemães adotaram políticas destinadas a incentivar a passividade. Qualquer ação contra suas forças trazia castigos para comunidades inteiras. Em 27 de maio de 1941, Churchill mandou um bilhete para lorde Selborne, sucessor de Dalton no Ministério da Economia de Guerra, sugerindo que fornecessem a povos oprimidos armas simples e bananas de dinamite.[4] No entanto, o uso de "armas simples" por esses "povos oprimidos" provocou reações alemãs decididamente desproporcionais. Em 20 de outubro daquele ano, um comunista alsaciano matou a tiros o comandante militar alemão de Nantes e em seguida fugiu. O historiador Robert Gildea escreveu: "Longe de aplaudirem o assassinato como um primeiro passo para a libertação, os moradores de Nantes ficaram horrorizados",[5] em parte porque o alemão morto, aos olhos da burguesia local, era uma personalidade inusitadamente compassiva, embora fosse um antissemita implacável. Noventa e oito reféns civis foram executados. Isso levou Maurice Schumann a solicitar de Londres, pelo serviço radiofônico francês da BBC, que tais ações terroristas não se repetissem. De Gaulle mandou a mesma mensagem em 23 de outubro: "Na guerra existem táticas. A guerra dos franceses deve ser travada pelos que estão no comando, ou seja, por mim e pelo Comitê Nacional."

Churchill, porém, discordava. Para ele, era essencial impor o máximo de sofrimento e inconveniência aos inimigos. Considerava a morte de reféns um sacrifício necessário para que o povo francês pudesse mostrar que não se curvava à tirania, como a maioria vinha fazendo desde junho de 1940. Certa vez, disse numa reunião do comitê de defesa do Gabinete que, apesar de atos de resistência provocarem sangrentas represálias, "o sangue dos mártires era a semente da Igreja". O comportamento dos sequazes de Hitler na Europa ocupada transformava os alemães no povo mais odiado da história, disse ele, e esse sentimento deveria ser explorado. Repudiava qualquer tentativa de sufocar a Resistência em nome de espectadores inocentes. "Não devemos fazer nada que possa causar a diminuição desse valioso meio de perturbar o inimigo."[6] Era uma extensão da atitude que adotara quando a Grã-Bretanha foi ameaçada de invasão. Em 1940, os generais Paget e Auchinleck recomendaram que a população civil fosse instruída a permanecer em casa, em vez de arriscar a vida oferecendo uma resistência ineficaz com segadeiras e pedaços de tijolo. O primeiro-ministro discordava categoricamente. Na guerra, disse ele, a clemência se dá não por compaixão, mas para impedir que o inimigo lute até o fim: "Aqui, queremos que todos os cidadãos combatam desesperadamente, e o farão com mais empenho se souberem que a alternativa é o massacre."[7] O que esperava dos civis britânicos em 1940 ele passou a exigir dos civis da Europa ocupada.

Esse era Churchill em sua forma mais implacável. Ele constantemente temia que, deixada por conta própria, a Europa deslizaria para a subserviência à hegemonia de Hitler. Causava-lhe grande desgosto que poucos franceses seguissem o exemplo de De Gaulle, não apenas em 1940, mas também nos anos posteriores. Favorecendo as aspirações de Churchill, a Alemanha adotou, na maior parte de seu império europeu, políticas tão descaradamente egoístas e brutais que até os governantes da França de Vichy entenderam que não seria possível se unir a seus invasores. Berlim queria apenas uma pilhagem econômica.[8] As políticas de Hitler, assim, ajudaram as de Churchill.

Contudo, pelo menos até depois do Dia D, em 1944, as represálias convenceram a maioria dos residentes em países ocupados de que o custo de atos violentos não se justificava. Os noruegueses, embora intensamente hostis aos alemães, conduziam a Resistência com notável prudência. De vez em quando, forças norueguesas especiais despachadas da Grã-Bretanha atacavam alvos importantes, como a fábrica de água pesada de Rjukan, porém moradores locais evitavam combater abertamente. Na Tchecoslováquia, Reinhard Heydrich, "protetor" da Boêmia e da Morávia, foi morto em 27 de maio de 1942 por tchecos enviados de paraquedas pela Grã-Bretanha, o que provocou represálias espantosas. A mais notória foi a morte dos 198 homens da aldeia de Lídice e a transferência de todas as mulheres para campos de concentração. Grupos da Resistência locais foram esmagados. Até hoje, muitos tchecos acreditam que o assassinato foi um equívoco, devido ao alto custo em vidas inocentes.

Na França, a detonação de uma bomba numa rua de Marselha levou os alemães a demolirem todo o *vieux quartier* da cidade, deixando 40 mil pessoas desabrigadas. Terrasson, bonita cidadezinha na região centro-sul da França, sofreu severamente tanto com o ativismo da Resistência quanto com represálias alemãs. "O ciclo é simples", escreveu melancolicamente o prefeito Georges Labarthe para a mãe, em Paris, em junho de 1944: "O *maquis* [resistência] conduz uma operação, os alemães chegam, a população civil paga o preço, os alemães vão embora e o *maquis* reaparece. Quando há baixas entre os alemães, o castigo é terrível. Confesso que, nessas circunstâncias, é difícil ser representante e defensor do povo."[9]

Na Europa Ocidental, a Resistência atingiu o auge de sua força nos ermos que tinham menos importância estratégica para Hitler — os mais distantes de possíveis invasões da costa. Em sua esmagadora maioria, a gente de posses, que tinha mais a perder — a aristocracia e a comunidade do comércio —, colaborava com os ocupantes. Muitos agentes da SOE capturados pelos alemães foram traídos por moradores locais. Oficiais britânicos pediam ajuda e abrigo basicamente às pessoas mais simples — professores, sindicalistas, camponeses. Até mesmo numa etapa avançada da guerra, nos primeiros meses de 1944, apenas 20% das cartas abertas pelos censores franceses expressavam aprovação ao "terrorismo". Eis um comentário típico: "O *maquis* age em nome do patriotismo, mas felizmente a polícia está endurecendo, e espero de todo o coração que esses jovens sejam logo destruídos, pois cometem todo tipo de atrocidade contra pessoas inocentes." Julian Jackson escreveu: "Há outros indícios de que a violência do *maquis* era amplamente condenada."[10] No Jura, onde ocorreram terríveis atos de selvageria alemã em 1944, alguns médicos locais deixavam de atender feridos da Resistência. Muita gente negava abrigo a fugitivos. Sacerdotes se recusavam a dizer as últimas orações para os moribundos. Em Haute-Saône, o prefeito vichyista observou: "Os terroristas contam com cada vez menos apoio da população rural." A repressão extrema e a brutalidade desenfreada alimentavam o ódio, mas também o medo. A polícia alemã era bem eficiente para suprimir dissidências.

Churchill imaginava os povos da Europa causando tantas dificuldades para os alemães que a ocupação se tornaria onerosa ou até mesmo inviável. No entanto, civis não treinados e mal organizados jamais conseguiriam derrotar tropas regulares. "O que é um exército sem artilharia, tanques e força aérea?", indagou Stalin desdenhosamente, referindo-se à Resistência na Polônia. "Na guerra moderna, um exército desses tem pouca utilidade." Ele não estava errado. A objeção de muitos europeus decentes e patriotas à Resistência era que seu ritmo lentamente crescente de violência bastava para irritar os alemães, mas não para lhes impor uma crise. Com bravas e notáveis exceções, pode se sugerir que a Resistência era apoiada com mais vigor por aqueles — britânicos e naturais dos países ocupados — que não tinham interesse pessoal nas comunidades locais vulneráveis a represálias.

Alguns oficiais britânicos de alta patente se opunham ao mandato da SOE por razões pragmáticas e éticas. Percebiam a improbabilidade de estimular revoltas em massa que fossem bem-sucedidas, como era a vontade de Churchill, e não se sentiam bem fomentando o terrorismo de civis armados. Portal, o chefe do estado-maior do Ar, insistiu em fevereiro de 1941 que um dos primeiros grupos da SOE lançados de paraquedas na França usasse farda: "Acho que lançar homens em trajes civis com o objetivo de matar membros das forças adversárias não é uma operação da qual a Real Força Aérea devesse participar", disse a Gladwyn Jebb, do Foreign Office. "Tenho certeza de que você concordará que existe uma vasta diferença, em termos éticos, entre a operação tradicional de desembarcar um espião e este plano, inteiramente novo, de trazer o que só poderíamos chamar de assassinos."[11] Esse escrúpulo talvez pareça irônico na boca de um dos arquitetos do bombardeio de área. Ainda assim, ilustra o pensamento de muitos altos oficiais. Outros, como Sir Arthur Harris, do Comando de Bombardeiros, tornaram-se inimigos fervorosos da SOE por se ressentirem do desvio de aeronaves para apoiar suas redes.

Sir Stewart Menzies e seus subordinados do Serviço Secreto de Inteligência (SIS, na sigla em inglês) odiavam seus rivais amadores, primeiro por razões territoriais em Whitehall, e depois porque as emboscadas e as sabotagens deixavam os alemães exaltados, dificultando a discreta coleta de informações por agentes do SIS. Um dos primeiros agentes da SOE no Oriente Médio, Bickham Sweet-Escott, escreveu sobre a própria iniciação no mundo do sigilo e das tramas: "Quem nunca viveu essa realidade não pode imaginar a atmosfera de inveja, suspeita e intriga que, durante o verão de 1941, azedou as relações entre os diversos departamentos secretos e semissecretos no Cairo."[12] A situação não melhorou muito um ano depois, quando Oliver Lyttelton foi despachado para o Mediterrâneo como ministro residente. Ele registrou: "Fiquei desconcertado (...) com a falta de segurança, o desperdício e a ineficácia da SOE."[13] As mesmas críticas costumavam ser feitas em Londres.

Entre 1940 e 1943, a maior conquista da SOE na maioria dos países ocupados era manter os agentes vivos e as comunicações ativas, o que faziam com mais sucesso nas áreas rurais. A entrada da União Soviética na guerra provocou um insólito fortalecimento da Resistência, oferecido pelos comunistas da Europa. Um segundo acontecimento decisivo na França foi a introdução alemã, em 1943, do trabalho forçado coletivo, conhecido como Service de Travail Obligatoire (STO). Dezenas de milhares de jovens fugiram para o interior em busca de refúgio, rumo ao *maquis*, a fim de evitar uma deportação para a Alemanha. Formaram grupos comandados por líderes de matizes políticos diferentes que, com frequência, eram hostis entre si. A principal preocupação da maioria não era combater os alemães, mas se alimentar por meio de atos de banditismo, o que enfurecia as vítimas burguesas. Depois da guerra, muitos franceses afirmaram amargamente, pelo menos em caráter privado, que os alemães se comportavam melhor do que os *maquisards* comunistas.[14] Há uma ilusão generalizada de que grupos da Resistência eram comandados por oficiais da SOE, mas isso raramente ocorria. A maioria dos agentes britânicos desempenhava um papel de ligação, exercendo, com o controle de dinheiro e do lançamento aéreo de provisões, variados graus de influência sobre líderes de grupos franceses.

Acima de tudo, até a primavera de 1944, a Resistência era mal armada. Só então os Aliados passaram a dispor de aeronaves e armas suficientes para equipar a sério os *maquisards*. Uma extravagante proposta feita por lorde Cherwell em novembro de 1941, segundo a qual recipientes com armas seriam lançados em toda a Europa ocupada para incentivar atos de violência, foi rejeitada como desperdício de escassos recursos aéreos.[15] Até os últimos meses pré-libertação, operações de sabotagem e guerrilha na maior parte dos países europeus — com a notável exceção da Iugoslávia, da qual voltaremos a falar mais adiante — eram conduzidas em escala relativamente minúscula. O chamado Armée Secrète, que reconhecia a autoridade de De Gaulle, geralmente acatava instruções de Londres para permanecer passivo até a aproximação do Dia D. Grupos comunistas do FTP — Franc-Tireurs et Partisans — adotavam táticas mais ativistas, exibindo uma cruel indiferença pelos interesses da gente local.

Churchill adorava conversar com agentes britânicos e franceses recém-chegados de missões perigosas. Recebeu em Downing Street o comandante de esquadrilha Edmund Yeo-Thomas — "o Coelho Branco" —, Jean Moulin e Emmanuel d'Astier de la Vigerie. Esses encontros invariavelmente o levavam a solicitar à RAF que desviasse mais aeronaves para ajudá-los na luta. O entusiasmo pessoal demonstrado em relação à Resistência foi decisivo para derrubar o ceticismo dos guerreiros convencionais. Sobre os "Irregulares de Baker Street", às vezes se dizia que a Grã-Bretanha tinha capotado e tudo que não estava preso caíra sobre a SOE. Muitos de seus membros, previsivelmente, eram individualistas e excêntricos, bem como a perspicácia nem sempre correspondia ao vigor. Tinham uma fé absurda nos invisíveis protegidos dentro da Europa ocupada. Um cético fez o seguinte comentário sobre o coronel Maurice Buckmaster, chefe da Seção Francesa da SOE: "Ele achava que todos os seus gansos eram cisnes."[16]

A mais evidente falha de segurança da SOE foi sua incapacidade de perceber, apesar de muitas advertências, que os alemães haviam se infiltrado tão profundamente em suas operações holandesas, que praticamente todos os agentes lançados de paraquedas na Holanda em 1942 e 1943 cairiam em mãos inimigas. A revelação desse desastre, no fim de 1943, precipitou uma crise nos domínios da organização. Os inimigos em Whitehall, que eram numerosos, logo exigiram uma redução das operações e uma mobilização de recursos. Menzies e seus colegas no SIS argumentaram que o fracasso refletia o crônico amadorismo e a falta de experiência em espionagem que predominavam na sede da SOE, em Baker Street, e permeavam suas operações de campo. Tinham razão. A SOE, desde 1940, de fato vinha aprendendo aos poucos, provocando um severo desperdício de esforços e vidas humanas. Enquanto isso, em setembro de 1943, a irritação do exército com as operações da SOE nos Bálcãs, que estariam fora de controle, levou o comandante em chefe no Oriente Médio a exigir que a organização passasse a obedecer às ordens dele. Essa questão ainda não tinha sido resolvida quando explodiu o escândalo holandês.

Ao voltar de Marrakesh em janeiro de 1944, Churchill percebeu que a briga lhe agradava. Renovou o mandato da SOE (rejeitando, porém, a presunçosa exigência da parte dela de um assento no comitê dos chefes de estado-maior), confirmou a autonomia reivindicada e ordenou à RAF que liberasse mais aviões para o lançamento de armas. O historiador interno da organização escreveria posteriormente: "Não há dúvida de que, numa fase decisiva de seu desenvolvimento, a SOE e os movimentos de Resistência que ela liderava foram mantidos basicamente por influência pessoal do sr. Churchill."[17] O primeiro-ministro adotou a opinião de que o ânimo e o ativismo da SOE compensavam as deficiências. A guerra já estava em fase adiantada demais para acomodar uma reestruturação geral. Boa parte das críticas à SOE, acreditava ele, devia-se a ciúmes em Whitehall. Era impossível conduzir uma guerra secreta de proporções inéditas sem haver infortúnios que custassem vidas, e qualquer erro em tempos de conflito era inevitavelmente fatal.

Dessa maneira, nos últimos meses antes da libertação, uma grande quantidade de armas — que incluía, contudo, uma quantidade patética de munição — começou a chegar aos membros da Resistência. Os britânicos estimavam que havia cerca de 35 mil *maquisards* em campo, embora De Gaulle alegasse que o exército secreto da França contava com um efetivo de 175 mil. Com seus paraquedas, a SOE acreditava ter lançado armas para 50 mil. A inebriante confiança que se criou persuadiu alguns grupos a conduzir desastrosas batalhas campais contra os alemães. Em Montmouchet, em 20 de maio de 1944, o comandante regional do Armée Secrète, Émile Coulaudon, ordenou uma maciça concentração dos seus grupos, que somavam um total de 6 mil homens. Em 10 de junho, os alemães os atacaram. Pelo menos 350 *maquisards* morreram e o restante se dispersou e fugiu. Comunidades da área sofreram represálias devastadoras.

Outro ato de loucura, a breve libertação de Tulle no Corrèze, realizada por algumas horas pelo movimento comunista FTP, em 9 de junho, levou os Panzergrenadiers da SS a enforcar 99 reféns inocentes em postes de iluminação pública, retribuindo o suposto massacre perpetrado pela Resistência aos idosos reservistas da Wehrmacht que guarneceram a cidade. Em Oradour-sur-Glane, no dia seguinte, 642 homens, mulheres e crianças foram assassinados para vingar o sequestro de um popular comandante de batalhão da SS por *maquisards*. Naquele dia, de Londres, o general Pierre Koenig, comandante das Forces Françaises de l'Intérieur (FFI), ordenou "uma suspensão máxima das atividades guerrilheiras". A exigência se chocava tanto com o estado de ânimo do momento quanto com as instruções anteriores. Provocou confusão nas fileiras da Resistência. Em 17 de junho, Koenig baixou nova ordem: "Continuar ao máximo com esquivas atividades guerrilheiras", evitando concentrações. Isso não impediu a selvageria do Vercors em 21 de julho, onde 640 *maquisards* e 201 civis locais foram mortos quando os alemães atacaram outra imprudente reunião de forças de resistência.

Cerca de 24 mil combatentes das FFI morreram durante a luta na França. Outros milhares, na maioria civis, pereceram em represálias e execuções de prisioneiros, como, por exemplo, 11 mil dentro de Paris e nos arredores, 3.673 em Lyon, 2.863 na área de Limoges, 1.113 em Lille e proporções similares em cidades menores. Além disso, milhares de pessoas foram deportadas para campos de concentração alemães, de onde a maioria jamais voltou. Permanece em questão se armar a Resistência francesa em grande escala foi uma escolha útil ou prudente. O entusiasmo de Churchill fez o *maquis* ficar perigoso o bastante para enfurecer os alemães, mas insuficientemente poderosa para se defender ou para defender suas comunidades. A maioria dos *maquisards* contava apenas com pistolas ou submetralhadoras Sten, com dois ou três carregadores cada uma. Eles careciam de armas pesadas, munição e radiocomunicação para sustentar um empenho maciço.

A coragem e o sacrifício daqueles que apoiaram a Resistência, ou mesmo que negaram apoio a Vichy, merecem o profundo respeito da posteridade. A conquista moral, entretanto, deve ser separada da fria análise do equilíbrio militar. Alegações feitas no pós-guerra sobre os danos causados ao inimigo pela Resistência francesa e pelo comando da SOE foram absurdamente exageradas, como os diários de guerra dos alemães deixam claro. Historiadores da Resistência, por exemplo, afirmam que o *maquis* infligiu centenas de baixas à 2ª Divisão Blindada SS *Das Reich*, em junho de 1944, durante a marcha do sul da França para a Normandia. Os registros alemães, por sua vez, revelam apenas 35 mortos.[18] Naquele verão, o impacto de ataques do *maquis* sobre as comunicações alemãs foi infinitesimal se comparado ao efeito dos ataques aéreos dos Aliados. A Resistência cumpriu uma notável função moral, especialmente significativa por ressuscitar, no pós-guerra, a autoestima dos países ocupados. Todavia, um dos melhores historiadores do período, Julian Jackson, escreveu: "Na história da França, a Resistência é mais importante como fenômeno social e político do que como fenômeno militar."[19]

Nos Bálcãs, porém, a situação foi diferente. O terreno era muito mais favorável à guerra de guerrilha. Na Albânia, Grécia, Iugoslávia e também na Itália, o primeiro-ministro percebeu circunstâncias políticas e oportunidades militares que podiam render benefícios insólitos. O primeiro-ministro da Nova Zelândia, Peter Fraser, recomendou cautela a Churchill, observando sensatamente que os Bálcãs eram uma região de "facções em ebulição, que seguiriam quem quer que lhes desse mais apoio".[20] No entanto, para o primeiro-ministro, era possível subordinar as paixões locais aos propósitos aliados. Detratores costumam observar que a euforia do primeiro-ministro e dos agentes da SOE indicava um "complexo de T. E. Lawrence", ou seja, ilusões descabidas sobre a possibilidade de uns poucos oficiais britânicos envolventes influenciarem o comportamento de sociedades balcânicas inteiras, que então apoiariam objetivos britânicos de política externa. A desconfiança americana de que havia motivos imperialistas por trás da SOE levou Roosevelt a apresentar a Churchill, em outubro de 1943, um pedido canhestro, rapidamente rejeitado pelo primeiro-ministro, para que o coronel Donovan, do OSS americano (Escritório de Serviços Estratégicos), tivesse autoridade para comandar todas as operações especiais dos Aliados nos Bálcãs.

De 1943 em diante, a SOE despendeu muitos esforços nos países mediterrâneos, mas obteve resultados conflitantes. Alguns dos seus mais extravagantes oficiais britânicos, homens como Billy Maclean e David Smiley, foram lançados nas montanhas da Albânia para trabalhar com guerrilheiros locais. Quase todos odiaram o país e o povo. Descobriram que os albaneses estavam muito mais ansiosos para aceitar armas e roubar equipamentos ou provisões do que para lutar contra os alemães. "Ficarei tão feliz quando voltar para a civilização", confidenciou um oficial britânico em seu diário, "quando estiver entre pessoas em quem posso confiar, não mais cercado de sujeira, imundície e falta de educação (...) Não fazemos nada de útil aqui, e nem há o que fazer. Essas pessoas têm um senso tão frágil de caridade que não conseguem acreditar que alguém venha de tão longe para ajudá-las (...) São arrogantes e vaidosas sem terem motivo algum para se vangloriarem ou se envaidecerem. Não têm coragem, consistência ou senso de honra."[21]

Enver Hoxha, o líder comunista albanês que dominava as operações de guerrilha, queria sobretudo assegurar uma base própria de poder para assumir o controle no pós-guerra. É fácil entender por que os albaneses, atolados na pobreza e na luta pela sobrevivência, não tinham muito interesse em apoiar os propósitos ativistas das missões britânicas. As operações de guerrilha provocavam represálias alemãs que as equipes da SOE eram totalmente incapazes de impedir. Jovens oficiais britânicos na Albânia arriscavam a vida com considerável despreocupação. Em compensação, os camponeses locais viam suas casas, plantações e famílias sob risco sem que houvesse qualquer vantagem perceptível, salvo a busca por uma vaga visão de "liberdade". Além de uns poucos atos úteis de sabotagem, as conquistas militares da Resistência na Albânia foram pouco relevantes.

Em toda a região dos Bálcãs, rivalidades políticas internas prejudicavam os esforços britânicos para mobilizar sociedades contra os invasores. Na Grécia e em Creta, a população hostil aos alemães predominava. O país tinha uma longa tradição de oposição à autoridade. Infelizmente, porém, a sociedade grega estava dominada por dissensões, cuja ferocidade deixava os oficiais britânicos completamente desnorteados. Não havia amor pelo rei nem pelo governo grego no exílio apoiado por Churchill. Cada grupo guerrilheiro possuía lealdades próprias. O coronel Monty Woodhouse, um dos mais célebres oficiais da SOE que serviram entre os gregos, informou para o Cairo: "Ninguém jamais está livre da luta pela sobrevivência; todo o resto é secundário. É por isso que ninguém fora da Grécia pode falar em nome dos gregos."[22] Os britânicos, por instruções do Cairo e, em última análise, de Churchill, estavam predispostos a apoiar os monarquistas. Quando Napoleon Zervas, líder do EDES, um grupo republicano relativamente pequeno, disse à SOE em 1943 que apoiava a restauração do rei George, foi recompensado com remessas de armas duas vezes maiores do que as lançadas para os comunistas da EAM (Frente de Libertação Nacional) e do ELAS (Exército de Libertação do Povo Grego), embora os comunistas fossem seis vezes mais numerosos e estivessem lutando sozinhos. Zervas retribuiu a generosidade britânica estabelecendo uma trégua tácita com os alemães e evitando qualquer ação para perseguir seus próprios objetivos. Como era frequente na Europa ocupada, objetivos políticos e militares conduziam a política britânica a direções diferentes.[23]

Em 1944, as realidades regionais pareciam tornar essencial que armas fossem fornecidas aos comunistas do ELAS, sendo que apenas uma parte do exército lutava contra os alemães. Monty Woodhouse foi chamado à Grã-Bretanha durante o verão, e visitou Churchill em Chequers para defender a manutenção da ajuda ao ELAS. Woodhouse disse ao primeiro-ministro que, se os suprimentos para os comunistas fossem interrompidos, "duvido muito que algum dos meus oficiais saia vivo da Grécia". Churchill refletiu por um momento, então pegou Woodhouse pelo braço e disse: "Sim, meu jovem, eu compreendo." Quando o oficial britânico estava de saída, o primeiro-ministro lhe confessou: "Estou muito impressionado, oprimido e deprimido."[24] Apesar de hesitante, Churchill ordenou que a ajuda aos comunistas fosse mantida. Agentes britânicos esforçavam-se para convencer os gregos a se juntarem numa causa comum, mas o ódio recíproco era forte demais. Além disso, todo ataque da Resistência aos alemães provocava represálias tão terríveis quanto as represálias na Rússia e na Iugoslávia, que culminavam em inanição generalizada.

Apesar disso, a Resistência na Grécia tornou-se um movimento popular mais difundido do que na Europa Ocidental. Alguns atos espetaculares de sabotagem foram executados por equipes da SOE, com destaque para a destruição do viaduto Gorgopotamos, em 1942. Mas "os comentaristas superestimavam o que as guerrilhas podiam realizar", nas palavras de Noel Annan, que serviu na seção conjunta de inteligência do Departamento de Guerra.

Segundo afirma, êxitos como a destruição de Gorgopotamos chegaram tarde demais para terem utilidade estratégica, e ainda deixaram os planejadores de Londres excessivamente otimistas. "Nossos oficiais de ligação levaram meses para convencer o ELAS a explodir a ponte. Houvesse sido destruída antes, teria cortado uma das linhas de suprimento de Rommel quando ele estava em El-Alamein. Mas não foi (...) As dificuldades com o ELAS deveriam ter alertado o Foreign Office para o fato de que seu primeiro objetivo não era assediar os alemães, mas sim eliminar outras forças guerrilheiras e seus líderes."[25] Nick Hammond, oficial britânico que trabalhava com os gregos, escreveria depois: "A resistência armada em campo aberto é raramente realizada. Só homens de disposição extrema, ou mesmo fanática, tentariam iniciar e liderar esse tipo de movimento, pois atrai terríveis represálias contra a família, os amigos e os conterrâneos."[26]

Na Grécia e em outros países ocupados, os alemães economizavam seus efetivos recrutando colaboradores locais para serviços de segurança. Na França, havia várias milícias pétainistas brutais, que até o verão de 1944 eram significativamente mais numerosas do que o *maquis*. Na Iugoslávia, os ustashas croatas se tornaram sinônimo de selvageria. Cossacos de uniforme alemão, posteriormente objeto de muita solidariedade no Ocidente por serem repatriados à força para a Rússia, desempenharam papel de destaque na supressão da Resistência no norte da Itália e na Iugoslávia, onde sua brutalidade era notória. O governo fantoche de Atenas empregava "batalhões de segurança" próprios contra os guerrilheiros. Um milhão de gregos perderam suas casas em consequência da repressão alemã e mil aldeias foram arrasadas. Mais de 400 mil civis gregos morreram na guerra, embora a principal causa tenha sido inanição.

O derramamento de sangue se tornou implacável. O quartel-general do Alto Comando da Wehrmacht ordenou a morte de cinquenta a cem reféns para vingar cada vítima alemã. No fim de outubro de 1943, guerrilheiros no norte do Peloponeso desferiram um grande golpe, capturando e matando 78 soldados da 117ª Divisão Jaeger. Como consequência, 696 gregos foram executados e 25 aldeias foram incendiadas. Em 1º de maio de 1944, houve o fuzilamento de duzentos reféns em Atenas após um ataque contra um general alemão. No dia 5, 216 aldeões foram massacrados em Klisura. No dia 17, mais cem reféns foram executados em Khalkis. O ritmo dessas atrocidades se intensificou até o último dia da presença alemã na Grécia. Conforme a Wehrmacht recuava, oficiais britânicos tentaram, com limitado êxito, convencer as facções armadas rivais a hostilizar a retirada. "Não infligimos tantos danos sérios quanto poderíamos", escreveu Monty Woodhouse, da SOE. "Mas àquela altura, certamente no caso da EAM e do ELAS, seus olhos já estavam voltados para o futuro e não para o futuro imediato."[27] Pode-se argumentar, de forma convincente, que muito do que ocorreu e deixou de ocorrer era resultado de contendas internas entre os gregos, bem como de atos espontâneos de oposição aos ocupantes, sobre os quais a influência britânica era quase nula.

Na Itália, a guerra de guerrilha começou a tomar impulso após a rendição do governo de Roma, em setembro de 1943. Além disso, havia profundas divisões entre grupos comunistas e não comunistas. Em junho de 1944, em meio à euforia do progresso em Roma, transmissões radiofônicas do quartel-general de Alexander apelavam aos grupos guerrilheiros, com um contingente total estimado em mais de 100 mil homens, para que atacassem os alemães na retaguarda. A consequência foi um surto de incursões locais, seguido de terríveis represálias. Enquanto a ofensiva dos exércitos empacava nas chuvas de outono, uma nova transmissão foi feita em nome de Alexander em 13 de novembro, dessa vez recomendando prudência. No quartel-general dos Aliados, chegou-se à conclusão de que a convocação para o combate havia sido prematura.

No começo da primavera de 1945, os guerrilheiros retomaram as hostilidades contra os alemães, desempenhando um ruidoso papel na última fase da campanha italiana. Sabotaram pontes, linhas elétricas e telefônicas e atacaram as linhas de comunicação alemãs. Apesar disso, Alexander sentiu-se obrigado a baixar uma diretriz em 4 de fevereiro, abandonando formalmente qualquer intenção de criar um grande exército guerrilheiro e anunciando uma campanha de sabotagem seletiva. O problema era que os grupos da Resistência se mostraram cronicamente avessos a ordens de missão da SOE: "Grupos organizados por conta própria (...) já estão fugindo do controle."[28] Foi decretado que, a partir de então, armas só seriam fornecidas quando se tivesse certeza de que os beneficiários as usariam contra os alemães, e não para perseguir ambições políticas próprias. O quartel-general do 15º Grupo de Exércitos observou com pesar: "Um movimento de Resistência pode, de repente, passar da coluna de crédito para a coluna de débito no livro de contas dos Aliados."[29] Era o fim das esperanças churchillianas, embora, nas últimas semanas da guerra, guerrilheiros italianos tenham capturado muitas cidades e aldeias por iniciativa própria.

Rússia e Iugoslávia foram os únicos países onde as guerrilhas influenciaram significativamente as mobilizações de Hitler. Na Rússia, o Exército Vermelho patrocinou grandes forças irregulares para inquietar as linhas de comunicação alemãs. Tais operações soviéticas se beneficiavam da indiferença de Stalin a baixas ou a vítimas de represália. Na Iugoslávia, quase a partir do momento de sua conquista em abril de 1941, os alemães enfrentaram oposição local. O marechal de campo Von Weichs ordenou às tropas alemãs que matassem civis do sexo masculino em qualquer área da resistência armada, independentemente de haver ou não indícios de cumplicidade individual. Naquele outubro, depois de sofrer uma dúzia de baixas num choque com guerrilheiros, os alemães massacraram todos os 2 mil homens da cidade de Kragujevac, na Sérvia. Adultos e meninos foram fuzilados em grupos de cem num único dia. Mas nem mesmo essa brutalidade conseguiu suprimir a guerrilha comunista, que cresceu e atingiu um efetivo de cerca de 200 mil. Hitler estava decidido a proteger o flanco direito de seu front oriental e a garantir o controle dos recursos minerais da Iugoslávia. Para isso, o Eixo desdobrou 21 divisões em 1944.

Michael Howard, historiador das dissimulações estratégicas da Grã-Bretanha durante a guerra, acredita que essa mobilização de Hitler se deveu muito mais a temores de um desembarque anfíbio dos Aliados na Grécia ou na Iugoslávia do que à atividade guerrilheira, que poderia ser contida com forças bem menores. De acordo com Howard, o alto comando alemão foi enganado pela operação de dissimulação Zeppelin, que sugeria um grupo de exército aliado no Egito prestes a seguir para os Bálcãs.[30] Ainda na primavera de 1944, o Alto Comando da Wehrmacht em Berlim calculou que havia quatorze divisões aliadas no Egito e na Líbia, quando na verdade só havia três. Naquela época, porém, foi o suposto êxito das guerrilhas que animou a imaginação de Churchill. Notícias das façanhas de Tito, consideravelmente exageradas, encheram-no de entusiasmo. Ainda em janeiro de 1943, quando recebeu as primeiras informações sobre a Iugoslávia por meio de seu velho pesquisador Bill Deakin, percebera possibilidades que agora lhe pareciam quase maduras. Aquele, finalmente, era o tipo de revolta popular que ele tanto queria.

No outono de 1943, os britânicos, que até então apoiavam os chetniks, as forças monarquistas do general Draža Mihailović, concluíram que os guerrilheiros de Tito conduziam operações muito mais efetivas contra os alemães, sobretudo na Bósnia e Herzegovina. Com persistente ingenuidade, na melhor das hipóteses — e talvez com decidida premeditação, já que um dos oficiais da SOE no Cairo, James Klugmann, era agente do NKVD e já que outros tinham pontos de vista marcadamente de esquerda —, eles se convenceram de que os partidários de Tito não eram "verdadeiros comunistas". Na conferência de Teerã, os "Três Grandes" concordaram em dar apoio máximo aos guerrilheiros iugoslavos. Convinha aos interesses de Stalin atenuar a lealdade ideológica a Moscou por parte dos "*jugs*", como os soldados britânicos chamavam os seguidores de Tito. O comandante militar soviético recomendou — sem êxito — a uma delegação de guerrilheiros que deixassem de usar estrelas vermelhas nos bonés "para não assustar os ingleses".

Churchill, de passagem pelo Cairo na volta de Teerã, reiterou sua alegria pelo empenho iugoslavo. Ignorando protestos de que era inconsistente apoiar monarquistas na Grécia e "vermelhos" na Iugoslávia, adotou a simples opinião de que o exército de Tito mataria mais alemães do que Mihailović, e nisso sem dúvida tinha razão. O eixo do esforço britânico mudou de maneira drástica e inexorável. Além dos lançamentos de paraquedas e das aterrissagens de Dakotas, em 1944 tornou-se possível transportar armas por via marítima até a costa dálmata. As forças de Tito começaram a receber suprimentos em grandes quantidades, o que aumentou sua capacidade de luta. De 1943 a 1945, 16.470 toneladas de armas aliadas foram fornecidas à Iugoslávia, 5.907 toneladas foram lançadas na Itália e 2.878 toneladas chegaram ao sul da França.

Uma importante missão britânica chefiada pelo brigadeiro e parlamentar Fitzroy Maclean assumiu o papel de ligação desempenhado por Bill Deakin em setembro de 1943, no quartel-general de Tito, e a ele logo veio juntar-se o major e parlamentar Randolph Churchill. Os guerrilheiros, apesar de implacavelmente hostis em ideologia, reconheceram que o primeiro-ministro mandara o que tinha de melhor e mais brilhante para representá-lo. O líder guerrilheiro Milovan Djilas escreveu: "Deakin era excepcionalmente inteligente (...) Descobrimos que era uma espécie de secretário de Churchill, e isso nos impressionou tanto pela consideração que nos foi demonstrada quanto pela ausência de favoritismo nos mais altos círculos ingleses no que se referia aos perigos da guerra."[31] Quanto ao dissoluto major Churchill, "é claro que ficamos honrados, embora nos ocorresse que Randolph talvez fosse a eminência parda da missão. Ele mesmo, todavia, se encarregou de nos convencer, pela conduta, de que era figura secundária e que o pai fizera aquele gesto ditado por um senso aristocrático de sacrifício, bem como para dar estatura ao filho. Randolph logo encantou nossos comandantes e comissários com seu fino humor e seus modos pouco convencionais, porém nos revelou, por intermédio da bebida e da falta de interesse, que não herdara nem imaginação política nem dinamismo com seu sobrenome."[32]

A avaliação de Djilas sobre o comportamento britânico, depois de quase três anos nos quais os guerrilheiros lutaram sem ajuda, não era surpreendente nem injusta: "Os britânicos não tinham outra opção a não ser realizar um desembarque para combater os guerrilheiros ou chegar a um acordo com eles numa base racional e vantajosa para os dois lados. Preferiram a última, com cautela e sem entusiasmo (...) Nossa própria e dogmática desconfiança ideológica nos impedia de compreendê-los, ainda que também nos preservasse de qualquer ânimo precipitado."[33] Os americanos nunca compartilharam a simpatia britânica por Tito. Em abril de 1944, enfureceram Churchill ao despachar uma missão para Mihailović, que, segundo as ordens do primeiro-ministro, deveria permanecer em trânsito pelo maior tempo possível: "Usando-se sempre de toda a cortesia com nossos amigos e aliados", escreveu em 6 de abril, "mas nada de transporte." O grupo americano acabou alcançando os chetniks, mas os britânicos conseguiram impedir que Washington lhes enviasse suprimentos.

Os guerrilheiros de Tito nunca tiveram treinamento, organização, armas ou equipamento para derrotar as forças alemãs num combate frontal. Foram incapazes de desalojar os invasores de qualquer cidade importante. Apesar disso, conseguiram controlar grandes áreas rurais da Iugoslávia. Repetidas ofensivas alemãs apoiadas pela Luftwaffe infligiram pesadas baixas, sobretudo na população civil, porém não destruíram o exército de Tito. Mais oficiais britânicos foram lançados de paraquedas para quartéis locais, de modo que logo havia onze missões e radiotransmissores na área. Os grupos da SOE ficavam frustrados com a indiferença dos guerrilheiros a suas propostas e a seus conselhos, exceto no que dizia respeito à mecânica dos suprimentos. O historiador interno da SOE observou laconicamente: "Não se sabe se as missões serviram para alguma coisa além de oferecer uma ocupação aventuresca para jovens corajosos (...) meia tonelada de munição e explosivos teria sido mais eficaz do que meia tonelada de oficiais de ligação britânicos."[34] A lealdade dos seguidores de Tito residia inequivocamente no próprio movimento comunista. De 1942 a 1945, paralelamente à luta contra os alemães, uma sangrenta guerra civil foi travada entre guerrilheiros e chetniks, na qual nenhum lado ficava atrás em matéria de atrocidades.

Os britânicos foram incapazes de exercer influência, embora Churchill tenha feito repetidos esforços para reconciliar Tito com o exilado rei Pedro. No entanto, Tito não se mostrou mais dócil nem mesmo em junho de 1944, quando precisou fugir de um ataque surpresa dos alemães e aceitar uma evacuação por via aérea até o quartel-general dos Aliados em Bari. Os prestativos britânicos despacharam-no para a ilha costeira de Vis, onde ficou protegido contra assaltos alemães e pôde preparar outro avanço de guerrilha. Contudo, suas forças foram incapazes de desferir um golpe decisivo contra os ocupantes e, no fim de 1944, dependeram da ajuda do Exército Vermelho para desapossar os chetniks da Sérvia. Diferentemente de qualquer movimento guerrilheiro da Europa Ocidental, a resistência iugoslava desviou significativas forças inimigas dos principais campos de batalha da guerra — apesar de o impacto ter sido consideravelmente menor do que a lenda sugere, a julgar pela interpretação de Michael Howard sobre os documentos do Alto Comando da Wehrmacht.

As complexidades políticas da ajuda à Resistência exasperavam ministros e oficiais de campo britânicos incumbidos de promover conciliações locais. Harold Macmillan escreveu, em maio de 1944, que o primeiro-ministro podia muito bem recomendar apoio a facções antialemãs dos mais variados matizes políticos, mas, numa época de comunicações rápidas, "o problema é que, com (...) audiência universal do rádio, é difícil [para os britânicos] ser comunista na Iugoslávia e monarquista na Grécia".[35] Embora quisessem armas britânicas, os comunistas gregos odiavam Churchill, pois sabiam que ele queria reconduzir o rei ao trono. Quase todas as armas despachadas para os Bálcãs durante a guerra, assim como as armas fornecidas aos nacionalistas no Sudeste Asiático, foram usadas posteriormente para defender interesses antiocidentais e anticapitalistas. Churchill disse a Eden: "Cheguei à conclusão de que em Tito alimentamos uma víbora (...) ele já começou a nos morder."[36]

Sir William Deakin escreveu: "Paradoxalmente, a influência britânica sobre a Resistência na Europa alcançou o auge no momento mais crítico da nossa força e dos nossos recursos militares e durante o período de nosso próprio isolamento."[37] À medida que os grupos da Resistência ganhavam confiança e os alemães começavam a recuar, qualquer gratidão que sentissem aos britânicos pelo abastecimento de armas era superada pela alienação de seus supostos objetivos políticos. O historiador francês da Resistência, Henri Michel, escreveu: "A Grã-Bretanha prometeu à Resistência o retorno a uma Europa pré-guerra, algo que a Resistência rejeitara." Tratava-se de uma generalização exagerada, mas refletia um sentimento amplamente difundido.

Em maio de 1944, quando o Dia D já se aproximava, 120 grandes aeronaves britânicas e americanas foram usadas no lançamento de armas para movimentos europeus de Resistência. A SOE crescera e se tornara uma organização com mais de 11 mil soldados e civis, operando uma rede de escolas de treinamento na Grã-Bretanha, no Mediterrâneo e na Índia, comunicando-se com agentes em cerca de vinte países. Conforme afirmava sua história interna do pós-guerra, nenhuma outra força de seu tamanho contribuiu tanto para o esforço de guerra aliado. Seus agentes e suas atividades estimularam uma torrente de livros e filmes, tanto históricos quanto de ficção, que perdura até hoje. O romantismo da história é incontestável, embora servir como agente da SOE em campo — ao contrário do mito popular — fosse, em termos atuariais, menos perigoso do que combater num batalhão de infantaria e ainda menos perigoso do que voar no Comando de Bombardeiros. Por exemplo, dos 215 funcionários da SOE lançados na Iugoslávia, só 25 morreram. A Seção "F" perdeu um quarto dos quatrocentos agentes que despachou para a França, mas nem mesmo essa percentagem se comparava à das baixas sofridas por companhias de fuzileiros em muitas campanhas.

Sem dúvida alguma, era vital para os Aliados manter contato entre o mundo livre e os países ocupados. As transmissões da BBC em muitas línguas alimentaram chamas de esperança que desempenharam um papel comovente e decisivo na vida de milhões de pessoas sob o jugo de tiranias. São inquestionáveis os méritos de despachar agentes para coletar informações de inteligência, contatar grupos hostis aos alemães, estabelecer redes e trabalhar para a fuga de equipes aliadas. Em 1944 e 1945, guerrilheiros com frequência se mostraram úteis como guias e fontes de inteligência para as forças dos Aliados, apesar de essa atividade ser marginal.

A mais importante questão relativa à SOE diz respeito à sabedoria de suas políticas militares. Perto do fim da guerra, enquanto os chefes de estado-maior desejavam ardentemente que a Resistência "instaurasse o caos", como um oficial da SOE na França ocupada interpretou as ordens que recebera, nenhuma estratégia coerente foi formulada com base em avaliações realistas sobre o que a guerrilha poderia alcançar. Embora um trabalho proveitoso tenha sido feito na França após o Dia D, ataques a comunicações e guarnições alemãs quase invariavelmente prejudicavam mais as populações locais do que os inimigos. Esse resultado não era surpreendente?

Os chefes de estados-maiores britânicos solicitaram, em 1944, que a Resistência local fosse orientada a não provocar batalhas campais com os alemães. O major-general Colin Gubbins, chefe militar da SOE, foi formalmente repreendido quando houve um sangrento levante na Eslováquia, pois sua organização aparentemente desobedecera às ordens recebidas e promovera a revolta.

Com isso, o alto comando tentava tardiamente reverter a política adotada pela SOE desde 1940, que era fortemente estimulada pelo primeiro-ministro. Churchill não compartilhava os escrúpulos dos generais. Por exemplo, numa reunião em 27 de janeiro de 1944 com os chefes do estado-maior do Ar, o ministro da Economia de Guerra, Ismay e outros, ele manifestou o desejo de fomentar choques em grande escala entre a Resistência francesa e os alemães. "Ele queria, e julgava possível, criar uma situação em toda a área entre o Ródano e a fronteira italiana que fosse comparável à situação na Iugoslávia. Homens corajosos e desesperados poderiam causar as maiores dificuldades para o inimigo, e devíamos mesmo fazer tudo ao nosso alcance para estimular uma ajuda tão valiosa à estratégia dos Aliados."[38] Em 22 de abril, Churchill recomendou aos chefes de estados-maiores a operação Caliph, um plano para desembarcar simultaneamente ao Dia D milhares de soldados britânicos na costa próxima a Bordeaux. Havia, escreveu ele, "a chance de um ataque surpresa em meio a uma população ansiosa para se rebelar".

Embora a Caliph nunca tenha sido executada, Churchill continuava incitando os guerrilheiros a realizar um ataque em grande escala contra os alemães. Um milhão de iugoslavos morreram num confronto que ele explicitamente tentou replicar no sul da França. Revoltas populares, a última das quais ocorreu em Praga em maio de 1945, custaram muitas vidas e não serviram a maiores propósitos. Mark Mazzower escreveu: "Só na União Soviética o contraterrorismo alemão fracassou."[39] A visão grandiosa de Churchill sobre uma revolta dos povos oprimidos da Europa era heroica, mas não poderia desempenhar um papel legítimo numa guerra industrializada contra um ocupante implacável. A redenção estava nos grandes exércitos.

Qualquer julgamento acerca da Resistência deve avaliar o saldo entre benefício moral e custo humano e reconhecer que o resultado militar foi pequeno. O coronel Dick Barry, chefe do estado-maior de Gubbins, admitiu posteriormente: "Valeu a pena, mas por muito pouco."[40] O povo francês, por exemplo, teve orgulho da extravagante exibição da FFI, que ocupou as ruas de Paris no rastro da retirada alemã em agosto de 1944. Contudo, a decisão alemã de deixar a capital não foi de forma alguma influenciada pela Resistência. Em Creta, em julho de 1944, guerrilheiros contrariaram as ordens da SOE e lançaram ataques abertos, levando os alemães a executarem mil civis inocentes e a incendiar trinta aldeias. O historiador da própria SOE escreveu, com pesar: "Não valia a pena disputar o jogo nesses termos."[41]

A mais desastrosa epopeia da Resistência foi, é claro, o levante de Varsóvia, iniciado em agosto de 1944. Ali, a visão churchilliana de 1940, segundo a qual um povo oprimido deveria se rebelar contra seus invasores, foi dramaticamente concretizada, embora a SOE não tivesse estimulado diretamente a iniciativa polonesa. Contudo, na ausência de forças regulares dos Aliados, o Armia Krajowa, exército nacional polonês, foi categoricamente derrotado. Os britânicos deram excessiva importância a suas tentativas, frustradas pela intransigência russa, de lançar armas para os poloneses de Varsóvia. Gubbins cometeu até a imprudência de recomendar aos chefes de estado-maior que cedessem à insistência dos líderes do Armia Krajowa, que pediam o envio de uma brigada polonesa de paraquedistas, então na Grã-Bretanha, para ajudar os rebeldes.[42] Fora as dificuldades práticas, o endosso de uma noção tão romântica e fútil dizia muito sobre o discernimento profissional de Gubbins. Tal assistência talvez aliviasse a frustração de Churchill e de seu povo, mas não poderia alterar o trágico desfecho em Varsóvia. Levantes populares em grande escala estavam condenados ao fracasso, a não ser que fossem conduzidos em conjunto com o avanço de exércitos, o que os tornaria estrategicamente irrelevantes. O incentivo à oposição violenta em países ocupados fazia sentido entre 1940 e 1942, quando todos os expedientes implacáveis precisavam ser testados para evitar a derrota aliada. Entretanto, em 1944 e 1945 configurava uma irresponsabilidade, pois a vitória dos Aliados já era certa.

Depois da guerra, a gratidão dos países ocupados à Grã-Bretanha pelo estímulo à Resistência foi, com frequência, ambígua. De Gaulle, com característica grosseria, expulsou da França a equipe da SOE logo que teve poder para isso. Georgios Papandreou, o primeiro-ministro grego exilado, disse a

Harold Macmillan, pouco antes da libertação de seu país, que os britânicos deveriam reconhecer que o prestígio deles nos Bálcãs caíra, enquanto o dos russos aumentara, apesar das vitórias aliadas na França e na Itália: "Além disso, em nosso afã de atacar os alemães, insuflamos e armamos perigosas forças comunistas na própria Grécia."[43] O entusiasmo de Churchill pela Resistência foi atenuado em 1944, pelo triunfo de vários movimentos comunistas e nacionalistas nos países em que ela atuava. Alguns tomaram o poder, outros apenas tentaram, lançando-se em disputas internas com muito mais determinação do que quando lutavam contra os alemães.

Mais para o fim da guerra, Jock Colville descreveu como o responsável pelos serviços europeus da BBC, o ex-diplomata Ivone Kirkpatrick, "fez um relato negativo da ineficácia tanto da SOE quanto da PWE (Agência de Política de Guerra), ambas as quais se autopromoveram abertamente".[44] Kirkpatrick observou que o fracasso das executivas confirmava a crença que ele tinha na importância de um acompanhamento parlamentar minucioso. Mandatos secretos tornavam a SOE e a PWE imunes à cética supervisão a que, de outro modo, tais atividades certamente estariam sujeitas. Essa é uma crítica aplicável à maioria das organizações na guerra ou na paz, mas, como Kirkpatrick conhecia bem a SOE, sua opinião não deixava de ser significativa. As "operações militares especiais" recrutaram alguns homens e mulheres notáveis e podiam se orgulhar de várias missões úteis de sabotagem. No entanto, o objetivo essencial era equivocado. "Os países invadidos tinham uma crença fervorosa", conforme expôs Sir William Deakin, "e lutaram para construir, na Resistência interna e externa, exércitos secretos que desempenhariam papel proeminente no último estágio da libertação de seus países. Mas esse era um sonho obsessivo."[45]

Em 1842, o educador e historiador Thomas Arnold declarou de maneira firme: "Se a guerra conduzida por exércitos regulares sob a mais estrita disciplina já é um grande mal, a guerra de guerrilheiros irregulares é um mal dez vezes mais intolerável (...) deixando à solta uma multidão de homens armados que não possuem nem a obediência nem os honestos sentimentos do soldado."[46] Pode-se argumentar que a visão idealizada de Arnold tornou-se anacrônica com a tirania de Hitler e a necessidade de mobilizar todos os recursos possíveis para derrotá-la. Arnold, a bem da verdade, moderou a afirmação que fizera ao dizer que, se um invasor violasse as regras de conflito, "uma guerra de guerrilha contra ele passaria a ser justificável". Em parte alguma, porém, nem mesmo na Iugoslávia, as operações da Resistência eliminaram a necessidade de forças regulares derrotarem os exércitos nazistas. A libertação da França não teria atrasado um dia sequer se o *maquis* nunca tivesse existido. Os argumentos em defesa da Resistência, embora não sejam de forma alguma desprezíveis, baseiam-se na contribuição para a autoestima histórica das sociedades ocupadas e para a criação de uma lenda nacional.

A consequência mais funesta da Resistência foi que ela representou a legitimação da violência civil na oposição a regimes locais, num nível que desde então gera controvérsias no mundo inteiro. Não só os alemães, mas também muitos cidadãos de países ocupados, endossaram a opinião de que "o combatente da liberdade para uns é o terrorista para outros". É importante lembrar que homens como Portal viam os operadores da SOE como terroristas. Embora agentes britânicos raramente tivessem envolvimento direto nas ações mais cruéis de grupos locais, era próprio da natureza da luta que os guerrilheiros armados por Londres fuzilassem prisioneiros, às vezes em massa; que assassinassem colaboradores reais ou suspeitos e também membros de facções rivais; e que, com frequência, se sustentassem mediante atos institucionalizados de banditismo. O apoio das democracias à guerrilha abriu um precedente que nunca mais pôde ser desfeito.

Seria exagero dizer que a SOE permitiu a elementos dissidentes de várias sociedades subverter a ordem social tradicional. O colapso das monarquias balcânicas era inevitável, o que foi motivo de lamentação apenas para um sentimentalista vitoriano como o primeiro-ministro. Na Europa Ocidental, governos anticomunistas, decisivamente ajudados pela presença de exércitos anglo-americanos, conseguiram prevalecer em 1944 e 1945. No entanto, o impacto da ajuda da SOE a movimentos de Resistência foi bem maior nas sociedades do pós-guerra do que na luta contra os alemães. Churchill reconheceu isso. David Reynolds observa o notável fato de que, nos seis volumes de suas memórias de guerra, a SOE só é mencionada uma vez — e num apêndice.[47] "'Tocar fogo na Europa' foi uma iniciativa fracassada", diz o historiador.[48] Para os povos de muitos países ocupados, ainda bem que foi assim.

18
Overlord

No quinto ano de guerra, todos os britânicos que ocupavam posições de comando estavam extremamente cansados: "O problema não é a intensidade do trabalho, mas a intensidade das preocupações", disse Robert Bruce Lockhart, chefe da Agência de Política de Guerra.[1] Depois de uma reunião ministerial presidida por Churchill, Dalton escreveu: "Sinto que Woolton e muitos outros estão quase completamente esgotados." Para o povo britânico, a espera pelo Dia D, marco decisivo da guerra no Ocidente, parecia interminável. O Ministério da Informação, numa de suas habituais pesquisas de opinião, descreveu o moral do povo na primavera de 1944 como "pobre", especialmente por causa da ansiedade quanto às futuras baixas da invasão. "O sentimento geral é de desânimo", informaram os monitores do Ministério em 14 de abril.[2]

Mais e mais operários demonstravam má vontade. As paralisações industriais dispararam. Em fevereiro, havia 120 mil mineiros em greve não oficial em Yorkshire, 100 mil em Gales e centenas de milhares em outras regiões. Até mesmo o presidente do sindicato de mineiros sugeriu que a agitação trotskista desempenhava um papel. As greves de mineiros diminuíram em abril, após um reajuste de salários, mas houve paralisações também entre os gasistas e aprendizes de engenheiro. Uma fábrica escocesa de aeronaves registrou a perda de aproximadamente 730 mil homens-hora. Em outra empresa, em agosto de 1944, houve um prejuízo de 419 mil horas quando operários rejeitaram uma proposta da administração para que as mulheres operassem a maquinaria têxtil — o negócio normal da firma — enquanto os homens continuassem a produzir componentes de aviões. Em 8 de abril de 1944, a embaixada britânica em Washington atualizou Londres sobre a opinião pública americana: "Evidencia-se considerável inquietude quanto à situação política na Inglaterra. Ela tem girado em torno, principalmente, da demanda de Churchill por um voto [parlamentar] de confiança, embora contínuas greves nas minas e nos estaleiros, supostos indícios de fracassos na trégua partidária (...) estejam sendo vistos como sinais de que a situação não é nada boa. Notícias na imprensa sugerem que há uma profunda insatisfação com a política interna e que o povo britânico, não menos do que o americano, está apreensivo com a aparente falta de união entre os Aliados."[3]

Os povos britânico e americano teriam ficado ainda mais assustados se soubessem da acrimônia que tomou conta das relações entre Churchill e seus chefes de estado-maior na primavera de 1944. Ironicamente — já que o interesse do primeiro-ministro pela guerra japonesa era inconstante —, a razão da discórdia foi uma discussão sobre operações no Extremo Oriente. Churchill estava obcecado pelo desejo de empregar todas as forças disponíveis, inclusive a poderosa esquadra designada para se juntar aos americanos no Pacífico, numa estratégia "baía de Bengala" para a recaptura da Birmânia e da Malásia. Ele tinha um entusiasmo especial por um possível desembarque em Sumatra, que serviria de trampolim para a operação. Ameaçou impor o plano aos líderes militares, a despeito de uma implacável oposição, exercendo a prerrogativa de ministro da Defesa. Em 21 de março, Brooke escreveu sobre uma reunião com Cunningham e Portal: "Discutimos (...) a melhor maneira de lidar com o mais recente dos impossíveis documentos de Winston. Está repleto de falsas declarações, falsas deduções e estratégias deficientes. Não podemos aceitá-lo como está, e seria preferível nós três nos demitirmos a acatar a solução apresentada por ele."[4]

O fato de os chefes de estado-maior terem pensado em demissão pouco antes do Dia D ilustra não apenas a exaustão, mas também o comportamento extravagante de Churchill. O primeiro-ministro nunca tinha visitado o Extremo Oriente, não sabia nada sobre as condições no local e raramente atuava com sabedoria em suas ocasionais intervenções num hemisfério onde quase todas as operações aliadas eram organizadas pelos Estados Unidos. Nesse caso, simulou-se um acordo. Os britânicos projetaram uma campanha contra os japoneses, lançada da Austrália através de Bornéu. Uma versão em tom menor foi executada por forças australianas no verão de 1945. As relações entre os chefes militares e o primeiro-ministro se estabilizaram nas semanas seguintes às terríveis reuniões de março de 1944, quando os homens, tensos e exauridos, concentraram as atenções na realidade inescapável da iminente invasão ao continente.

As dúvidas de Churchill sobre a Overlord persistiram até o Dia D. Sir Frederick Morgan, o planejador da invasão, cujo rancor aumentou por lhe ter sido negada uma função operacional nos desembarques, diria depois: "Até que a invasão ao noroeste da Europa fosse um sucesso comprovado, acredito [que o primeiro-ministro] estava certo de que não podia ter êxito." Trata-se de um exagero e de uma simplificação, porém a insatisfação de Churchill quanto aos desdobramentos aliados é inquestionável. Durante toda a primavera de 1944, ele se irritou com os recursos empregados na Itália, a seu ver inadequados, e com a insistência americana pela Anvil, o planejado desembarque franco-americano no sul da França. Ironicamente, depois de tantos desentendimentos entre Churchill e os chefes dos estados-maiores, eles se uniram na oposição à estratégia europeia dos Estados Unidos. "Dificuldades novamente com nossos amigos americanos", escreveu Brooke em 5 de abril, "que continuam querendo encerrar as operações na Itália e iniciar outras no sul da França, justo no momento mais crítico."[5] No mesmo dia, Churchill oficiou aos chefes: "A campanha no Egeu foi arruinada por histórias de batalhas decisivas na Itália. As batalhas decisivas na Itália foram arruinadas porque, no momento-chave, houve a retirada de sete das melhores divisões para participar da Overlord."

Em 19 de abril, ele mencionou a Cadogan o assunto da invasão: "Esta batalha nos foi imposta pelos russos e pelas autoridades militares dos Estados Unidos."[6] O diplomata, que passou horas daquele dia em encontros com o primeiro-ministro, assustou-se com aquelas divagações: "Estou realmente preocupado com o primeiro-ministro", escreveu em seu diário. "Não é mais o homem que era doze meses atrás, realmente não sei se aguenta continuar." Em 1º de maio, quando os primeiros-ministros dos domínios se reuniram em Londres para uma conferência de nove dias, tanto o primeiro-ministro do Canadá, Mackenzie King, como o da África do Sul, Jan Smuts, elogiaram Churchill por ter feito os americanos desistirem do Dia D em 1942 ou 1943. Churchill confessou francamente aos líderes dos domínios que teria "preferido chegar à Europa pelo sudeste, de mãos dadas com os russos. Entretanto, ficou claro que seria impossível convencer os Estados Unidos. Os americanos estavam determinados a invadir pelo noroeste da Europa, e insistiam incansavelmente para que interrompêssemos as operações no Mediterrâneo".[7]

Os problemas que assoberbavam o primeiro-ministro permaneciam altamente intimidadores, sobretudo quando outros viam nele a mesma exaustão citada por Cadogan. "Impressionante como o primeiro-ministro parece cansado e esgotado", escreveu Colville em 12 de abril.[8] Churchill andava apreensivo com o provável custo da Overlord, apesar de naquele dia ter escrito uma carta animada a Roosevelt, na qual afirmava que as perdas talvez não fossem tão altas quanto os pessimistas previam: "A meu ver, os alemães é que vão sofrer pesadas baixas quando nossos irmãos guerreiros estiverem entre eles."[9] O primeiro-ministro jamais gostou de Montgomery, cujos egoísmo e grosseria o irritavam. Avisou ao Departamento de Guerra que o general precisava encerrar seu barulhento circuito de recepções públicas e visitas cívicas. Em particular, Churchill rechaçava a proposta de Montgomery para realizar um "dia de orações" e para "consagrar" as forças armadas da Grã-Bretanha antes do Dia D numa grande cerimônia religiosa, durante a qual os emblemas e as insígnias da coroação do rei seriam exibidos. Aos olhos de Churchill, em vez de inspirar as forças de invasão, era mais provável que uma ocasião como essa as desmoralizasse.

Serviços de inteligência avisaram que armas secretas, bombas voadoras e foguetes de Hitler logo começariam a cair sobre a Grã-Bretanha. Havia desentendimentos contínuos com os americanos em relação à França Livre:

Washington se recusava a conceder autoridade na França a De Gaulle depois da invasão. Churchill concordou que seria prudente manter o intratável general em Argel até o último momento antes do Dia D. Mostrava constante irritação quanto ao impasse na Itália, tanto em Anzio como em volta de Monte Cassino. Repetidamente, forças aliadas sofriam pesadas baixas em ataques frustrados pelos abnegados defensores de Kesselring. Soldados e marinheiros gregos no Egito se amotinaram, exigindo participação comunista no comando. Houve um violento confronto armado. Churchill insistia em rejeitar as demandas dos amotinados. A revolta foi sufocada após a morte de um oficial britânico.

O Foreign Office e os chefes militares solicitaram ao primeiro-ministro que parasse de bombardear Roosevelt com telegramas sobre questões estratégicas. Àquela altura, Churchill defendia desembarques adicionais na costa do Atlântico, simultâneos à Overlord. Dill o alertou em 24 de abril: "O presidente, o senhor sabe, não tem inclinações militares." Os apelos feitos a Roosevelt eram simplesmente repassados a Marshall, que certamente se irritava com as tentativas britânicas de excluí-lo. A Grã-Bretanha perdeu uma batalha importante com Washington sobre o bombardeio pré-invasão de ligações ferroviárias francesas. Churchill e o Gabinete de Guerra se opunham a ataques extensos, que inevitavelmente matariam muitos civis franceses. Eisenhower e seu estado-maior afirmavam que uma campanha de interdição sustentada era essencial para retardar o recompletamento alemão após o Dia D. Roosevelt e Marshall concordavam, e sem dúvida estavam certos. Nas semanas anteriores a 6 de junho, a RAF se juntou à USAAF para executar incursões noite e dia, que infligiram danos decisivos para os exércitos aliados ao custo de 15 mil vidas francesas. Ao longo de toda a guerra, os bombardeios dos Aliados mataram 70 mil franceses e 50 mil britânicos morreram nas mãos da Luftwaffe.

As relações com os russos esfriaram. Moscou acusava os britânicos de conspirarem contra eles na Romênia. Churchill escreveu desanimadamente para Eden em 8 de maio: "Os russos estão embriagados pela vitória e são capazes de qualquer coisa." Nos seis meses anteriores, 191 navios britânicos haviam transportado mais de 1 milhão de toneladas de armas e suprimentos para a Rússia, finalmente equiparando a escala das remessas à das necessidades. Stalin, porém, não demonstrava gratidão. As disputas quanto à Polônia persistiam. Churchill voltou a solicitar aos poloneses de Londres que fossem menos intratáveis. Percebia que não tinham quase nenhum poder de barganha, com os russos na iminência de invadir e tomar conta do país, e Washington agindo com aparente indiferença.

Os britânicos alcançaram notável vitória naquela primavera, quando repeliram uma ofensiva japonesa no nordeste da Índia contra Imphal e Kohima.

Isso, no entanto, aumentou a tensão com os americanos. Eles exigiram com mais veemência uma grande ofensiva no norte da Birmânia, a fim de abrir uma rota terrestre para a China. Churchill criticava a perspectiva de uma campanha em florestas extremamente quentes e febris, sem nenhum objetivo que lhe parecesse importante. Contudo, devido à ausência de transportes americanos para desembarques anfíbios no Sudeste Asiático, o XIV Exército de Slim foi mesmo utilizado para invadir o norte da Birmânia.

Em 14 de maio, chegaram boas notícias da Itália. A ofensiva Diadema de Alexander rompeu a linha alemã, com uma contribuição expressiva das forças coloniais francesas do general Alphonse Juin. No dia 23, os anglo-americanos finalmente romperam o cerco do perímetro de Anzio. Churchill insistiu com Alexander sobre a importância de interceptar a retirada de Kesselring, objetivo muito mais relevante do que a captura de Roma. O general Mark Clark discordava, porém. Seu V Exército americano avançou com vigor para a capital italiana, desviando apenas uma divisão para impedir a retirada do inimigo. Os desengajamentos alemães foram tão hábeis na Itália, como mais tarde seriam no noroeste da Europa, que Clark dificilmente teria detido Kesselring, mesmo que empenhasse todos os esforços possíveis.[10] Mas não empenhou. A libertação de Roma, em 4 de junho, provocou uma onda de comemorações nos países aliados pela vitória simbólica, mas o significado estratégico era pequeno. Como todos os participantes deveriam ter percebido, a começar pelo primeiro-ministro, a capital italiana era apenas um local geográfico. Mais uma vez, Kesselring conseguiu estabelecer uma linha defensiva. A campanha italiana continuava a ser o que vinha sendo desde o início, frustração e desapontamento para seus comandantes, sobretudo para seu principal patrocinador, Winston Churchill.

O primeiro-ministro errou ao supor que a causa aliada se beneficiaria de um empenho italiano crescente em 1944. Apesar do entusiasmo pessoal de Churchill por Alexander, o oficial da Guarda era um comandante inadequado, cuja principal virtude consistia em trabalhar harmonicamente com os americanos, algo que Montgomery não conseguia fazer. Raramente insistia numa iniciativa, pois raramente tinha uma iniciativa. O terreno da Itália favorecia a defesa, que Kesselring conduziu de maneira brilhante. Os Aliados acertaram ao tomar a Sicília, em julho de 1943, e também ao desembarcar e lutar na Itália dois meses depois. Era essencial que, uma vez empenhados, sustentassem uma limitada campanha naquela área até 1945. Os americanos, entretanto, tinham razão, primeiro por insistir na Overlord e em seguida por conferir prioridade máxima aos interesses da operação. É difícil acreditar que as forças posteriormente desviadas para a operação Anvil obtivessem resultados semelhantes se ficassem retidas na Itália. Os alemães eram bons demais e o campo de batalha, impróprio para os objetivos dos Aliados. Além disso, com a rede ferroviária do norte da França arrasada por bombardeios, Marselha mais tarde se tornaria um centro logisticamente vital para todos os exércitos de Eisenhower, um canal para 40% de seus suprimentos até dezembro de 1944.

Dessa maneira, o primeiro-ministro gastou capital numa disputa com Washington que certamente — e merecidamente — perderia. Em 1944, talvez tivesse se saído melhor nos embates com os Estados Unidos se não contestasse o aliado em tantas frentes. Em 4 de junho, em seguida à notícia da queda de Roma, ele telegrafou para Roosevelt: "Como suas tropas lutaram magnificamente. Ouvi dizer que a relação entre nossos exércitos é admirável em todos os níveis, e o que existe aqui sem dúvida é absoluta irmandade."[11] Em grandes momentos, grandes homens precisam trocar palavras dessa ordem, mas a retórica de Churchill forçou ao máximo os limites da verdade. O jornalista americano John Gunther abordou a questão com muito mais realismo quando escreveu, num livro da época sobre a Overlord: "Muitos americanos e britânicos têm uma antipatia atávica uns pelos outros."[12]

O melhor que se pode dizer sobre as relações anglo-americanas em 1944 — e é um fato muito significativo — é que, em nível operacional, as forças armadas dos dois países trabalhavam juntas adequadamente. Os militares planejadores e executores sabiam que isso era indispensável. Os americanos gostavam de alguns oficiais-generais superiores britânicos — Portal, Tedder, Morgan, De Guingand, chefe do estado-maior de Montgomery —, mesmo achando difícil lidar com outros, a exemplo de Brooke. Cunningham observou, para a Marinha Real, que achava mais fácil conviver com os soldados do que com os marinheiros americanos, principalmente com King, o carrancudo chefe de operações navais. O almirante dos Estados Unidos jamais perdoou os britânicos por rejeitarem, num momento de desespero em 1942, o pedido de empréstimo de um porta-aviões para operações no Pacífico, depois de os americanos terem disponibilizado várias vezes seus "flat-tops" em apoio a objetivos britânicos no oeste. No entanto, se reconhecermos que todas as relações de aliança são profundamente difíceis, o modo como as forças armadas americanas e britânicas trabalharam juntas por uma causa comum entre 1942 e 1945 é digno de muita admiração e gratidão. Eisenhower, que gostava bem menos dos britânicos do que sua afabilidade os levava a supor, merece boa parte do crédito.

Os problemas da aliança ficavam mais evidentes durante as reuniões de cúpula. Churchill, ao abordar os planos aliados de despistamento, observou notoriamente que a verdade, por ser tão preciosa, precisa ser protegida por uma escolta de mentiras. Poderia ter dito o mesmo das relações que mantinha com os Estados Unidos. Engodos benignos eram indispensáveis. Em maio de 1942, quando as críticas à sua liderança atingiram o ponto mais alto, um leitor sugeriu no jornal *The Times* que, em vez de ser primeiro-ministro, Churchill deveria "ocupar um cargo que há muito tempo está vago em nossa política: o de Orador Público".[13] A proposta era maldosa, mas esse foi um papel que Churchill de fato desempenhou de forma extremamente proveitosa nas negociações entre a Grã-Bretanha e os Estados Unidos. Em seus discursos, entre 1940 e 1945, o primeiro-ministro criou a gloriosa ficção dos propósitos comuns a britânicos e americanos. Jamais deixou transparecer para o seu povo, menos ainda para o povo transatlântico, suas frustrações e seus desapontamentos com relação às políticas de Roosevelt e de Stalin. Roosevelt, por sua vez, pagava mais ou menos na mesma moeda. Para entender as relações anglo-americanas durante a guerra, é essencial analisar a retórica dos dois líderes e reconhecer que ela se baseava, como sempre ocorre nas relações entre Estados, em percepções de interesse nacional. Havia algum sentimento genuíno da parte de Churchill, mas nenhum da parte de Roosevelt.

Com a aproximação do Dia D, a atitude de Churchill foi se tornando desconcertantemente complexa, talvez até para ele mesmo. Emocionava-se com uma histórica operação militar cujo sucesso poderia concretizar todas as esperanças que nutria desde 1940. Ressaltava, para sua gente e para os americanos, que a Grã-Bretanha estava totalmente empenhada. Interessava-se ao máximo por todos os detalhes dos planos de invasão e cuidou pessoalmente do desenvolvimento dos portos artificiais *Mulberry*, que seriam utilizados na costa da Normandia. Mas nunca deixou de lamentar as consequências que o imenso empenho à campanha de Eisenhower teve sobre as ações de Alexander na Itália. Sabia que os Estados Unidos dominariam as operações no noroeste da Europa quando os Aliados desembarcassem. O esforço de guerra britânico atingiria o apogeu em 6 de junho. Depois disso, encolheria sob o olhar tristonho de seu chefe. No auge da força militar britânica na Normandia, Montgomery comandava quatorze divisões britânicas, uma polonesa e três canadenses em contato com o inimigo. O exército americano chegou a ter dezesseis divisões no noroeste da Europa, enquanto o Exército Vermelho empregou 480 grandes unidades em meados de 1944, embora suas formações fossem menores. Raramente havia menos de dois terços do exército alemão lutando no front oriental. Durante todo o último ano da guerra, Churchill trabalhou para compensar, por pura força de vontade e temperamento, a importância cada vez menor da contribuição britânica.

Apesar de todas as declarações de otimismo que apresentou não só a Roosevelt e a Marshall, mas também na reunião final de 15 de maio perante o rei e altos comandantes aliados em St. Paul's School, o quartel-general de

Montgomery no oeste de Londres, ele alimentava terríveis temores de fracasso ou de baixas catastróficas. Todos os cálculos racionais sugeriam que os Aliados, ajudados pelo elemento surpresa, pelo poderio aéreo e por recursos maciços, desembarcariam com êxito. Ninguém, entretanto, conhecia melhor do que Churchill o extraordinário poder de luta do exército de Hitler, bem como as limitações dos soldados britânicos e americanos, mais recentemente demonstradas em Anzio. Sua imaginação muitas vezes atingia alturas inalcançáveis para os meros mortais, porém também descia a profundidades correspondentes. Com frequência — na França e no Mediterrâneo, em Singapura, em Creta, na Líbia, na Tunísia, na Itália —, suas heroicas expectativas haviam sido frustradas ou apenas fragilmente consumadas.

Se, por qualquer razão, o Dia D fracassasse, as consequências para a Grande Aliança seriam vastas e terríveis. A derrota de Hitler ainda estaria assegurada, mas os Aliados não conseguiriam lançar outra invasão até 1945. Seria um golpe incapacitante para o moral dos povos da Grã-Bretanha e dos Estados Unidos, já cansados da guerra, assim como para a confiança que depositavam em seus líderes. Eisenhower e Montgomery teriam de ser demitidos, e buscariam-se substitutos numa reduzida lista de candidatos. Era ano de eleição presidencial nos Estados Unidos. Um desastre na Normandia precipitaria a derrota de Roosevelt. Em Westminster e Whitehall, já se murmurava que Churchill não era mais fisicamente capaz de liderar o país. "Estou cansado de tanto trabalho", resmungou para a secretária Marion Holmes na noite de 14 de maio, "portanto não vou exigir muito de você." Embora seus receios com relação à Overlord provavelmente fossem infundados, e embora as apreensões que tivesse fossem aumentadas pelos muitos encargos e pela exaustão, quem o culparia por deixar que dominassem seu pensamento? Mais notável era o entusiasmo e o bom ânimo com que, nas últimas semanas antes do Dia D, ele ocultou de todos, menos dos mais íntimos, suas reflexões mais negativas.

Alan Brooke invocou a autoridade do rei para dissuadir Churchill de assistir ao ataque do Dia D a bordo de um cruzador no canal. O primeiro-ministro achava que tinha adquirido o direito de acompanhar o maior acontecimento da guerra ocidental: "Um homem que desempenha parte efetiva, com a mais alta responsabilidade, na tomada de graves e terríveis decisões de guerra às vezes precisa do tônico da aventura", escreveu ele, ofendido.[14] Além do risco à sua segurança, Brooke certamente temia que, se houvesse uma crise naquele dia, Churchill não resistiria à tentação de intervir. Seguindo esse raciocínio, desde 1942, o chefe do estado-maior imperial sempre deu um jeito de garantir que o primeiro-ministro estivesse fora de qualquer teatro de operações onde uma batalha fosse iminente. Na manhã de 6 de junho, caso Churchill estivesse em um navio de guerra no canal, teria achado insuportável ficar calado e ocioso enquanto — por exemplo — os americanos combatiam na praia de Omaha. Os comandantes que se esforçavam para dirigir a batalha mereciam ser poupados de conselhos e imprecações churchillianos.

Dessa maneira, ele foi obrigado a se contentar com uma rodada de visitas às forças de invasão que se preparavam para o momento decisivo. "Winston (...) tomou seu trem e está visitando a área de Portsmouth e amolando todo mundo!",[15] escreveu Brooke, duramente. No dia 4 de junho, o primeiro-ministro estava a bordo do seu vagão especial, estacionado a poucos quilômetros da costa num desvio em Droxford, Hampshire, em meio a um incessante fluxo de visitantes. Eden se irritou com as inconveniências das acomodações, que só dispunham de um banheiro e um telefone: "O sr. Churchill parecia estar sempre no banheiro e o general Ismay sempre ao telefone. Com isso, apesar de fisicamente mais perto da batalha, era quase impossível desenvolver qualquer trabalho."[16] Longe dos ouvidos do primeiro-ministro, Bevin e o secretário do Exterior conversaram de forma amigável e desleal sobre a possibilidade de manter o governo de coalizão se "o velho" fosse obrigado a se aposentar. Bevin disse que trabalharia com Eden como primeiro-ministro, desde que o *tory* se comprometesse a nacionalizar as minas de carvão, atendendo à exigência dos sindicatos. Smuts se juntou a eles e perguntou o que estavam discutindo. Quando soube das condições de Bevin, "Sócrates" comentou secamente: "Vai sair até barato."[17] Foi uma discussão de curioso mau gosto entre os três homens, num momento em que meio milhão de jovens se preparavam para avançar contra a Muralha do Atlântico de Hitler. Entretanto, refletia o novo estado de espírito entre os políticos, que já pensavam num futuro sem Winston Churchill.

De Gaulle chegou, convocado de Argel na última hora. O primeiro-ministro andou pelos trilhos para encontrá-lo, de braços estendidos num gesto de boas-vindas. De Gaulle ignorou a oferta do abraço e desabafou a amargura por lhe ter sido negado um papel na volta dos Aliados à França. Churchill lhe disse que os Estados Unidos não queriam dar ao comitê do líder militar o governo do território francês libertado. Os britânicos precisavam respeitar os desejos dos Estados Unidos. Ele orientou De Gaulle a buscar uma reunião privada com Roosevelt, com a esperança de que, com isso, talvez resolvessem as diferenças. Segundo o francês posteriormente afirmaria, Churchill informou-lhe em Droxford que, se fosse obrigado a escolher entre os Estados Unidos e a França, a Grã-Bretanha ficaria sempre do lado dos Estados Unidos. Quase certamente a história é falsa, ou pelo menos deliberadamente exagerada. Ainda assim, o ressentimento de De Gaulle por lhe ter sido negada autoridade na França, reivindicação que se esforçara por quatro anos para justificar, confirmava uma animosidade contra a Grã-Bretanha que persistiria pelo resto de sua vida.

Churchill trocou telegramas com Roosevelt sobre a possibilidade de reenviar o líder da França Livre para Argel. Ele, porém, acabou recebendo permissão para ficar. No entanto, as relações anglo-francesas já eram tão tóxicas, que nem a subsequente ascensão de De Gaulle ao poder conseguiu suavizá-las.

O líder guerrilheiro iugoslavo Milovan Djilas estava com Stalin na *dacha* do líder soviético, nos arredores de Moscou, quando soube que os Aliados desembarcariam na França no dia seguinte. O comandante militar soviético reagiu com incontido pessimismo: "Sim, haverá um desembarque, se não houver neblina. Até hoje sempre aconteceu alguma coisa para interferir. Suspeito que amanhã será outra coisa qualquer. Talvez eles deparem com alguns alemães! E se depararem com alguns alemães? Nesse caso talvez não haja desembarque, só as promessas de sempre." Molotov rapidamente explicou ao iugoslavo que Stalin não duvidava que fosse haver uma invasão, só gostava de zombar dos Aliados. Nesse ponto, após as evasivas e os engodos dos últimos dois anos, o líder soviético conquistara o direito de ser sarcástico.

Ao anoitecer de 5 de junho, Churchill estava de volta a Londres. Antes de ir para a cama, Clementine foi dar boa-noite ao marido na sala da situação debaixo de Whitehall. Disse ele: "Você percebe que, quando acordar de manhã, vinte mil jovens talvez estejam mortos?" Diferentemente dos americanos com seu inabalável otimismo, Churchill sofrera as consequências de muitos fracassos desde 1940. Seria o cúmulo da infelicidade se as armas britânicas não realizassem a missão com uma habilidade à altura dessa hora solene.

Os desembarques do Dia D em 6 de junho representaram o maior feito de organização militar da história, um triunfo de planejamento, logística e, acima de tudo, de empreendimento humano. O concentrado ataque aerotransportado aos flancos, que começou no escuro, o bombardeio aéreo e naval, e por fim a arrancada ao alvorecer, pela costa varrida de fogo, de mais de 100 mil engenheiros, infantes, guarnições de blindados e artilheiros britânicos, americanos e canadenses, alcançaram brilhante sucesso. Num espírito que teria enternecido o coração do primeiro-ministro, enquanto uma barcaça de desembarque trazida pelo Regimento do Leste de Yorkshire se aproximava da praia em La Brèche, o comandante da companhia, major "Banger" King, declamou um trecho de *Henrique V* para seus soldados:

> Avante, avante, nobilíssimos ingleses!
> Cujo sangue descende de pais forjados na batalha

Em Colleville, o prefeito apareceu na areia para dar boas-vindas aos invasores, adornado por um reluzente capacete de bombeiro. Na praia de Omaha, a 29ª Divisão americana se deparou, ao desembarcar, com a mais feroz resistência do dia. "Quando nosso barco tocou na areia e a rampa desceu", diria depois um soldado de infantaria, "eu me tornei um visitante do inferno." Para Ernest Hemingway, que servia como correspondente de guerra, os canhões dos encouraçados de apoio "soavam como se disparassem trens de ferro pelos ares". Os invasores combateram persistentemente, através de fogo e fumaça, emaranhados de arame, casamatas, campos minados e posições de canhões, para demarcar a presença dos exércitos aliados dentro da Europa de Hitler.

A Muralha do Atlântico do Führer foi rompida. Churchill passou a manhã do Dia D na sala da situação, acompanhando o avanço dos desembarques hora a hora. Para poucos homens no mundo aquela batalha significava tanto como para ele. Ao meio-dia, disse à Câmara dos Comuns: "Essa vasta operação é, sem dúvida, a mais complexa e difícil que já ocorreu." Almoçou com o rei, voltou à tarde para Downing Street e então, às 6h15, sentiu-se seguro para informar à Câmara que a batalha se desenrolava "de forma altamente satisfatória". Em vez da carnificina que Churchill temia, apenas 3 mil soldados americanos, britânicos e canadenses morreram no Dia D, juntamente com um número similar de civis franceses. Ao anoitecer, em alguns pontos, os invasores haviam progredido vários quilômetros terra adentro, estabelecendo perímetros que logo estariam conectados. Uma longa e terrível luta se anunciava, com invasores e defensores se apressando para reforçar seus exércitos na Normandia. Houve dias em que morreram mais soldados aliados do que em 6 de junho. Contudo, o triunfo da Overlord estava garantido.

Graças a planos de despistamento anglo-americanos, que mantiveram Hitler na expectativa de mais desembarques, e graças a bombardeios realizados antes da invasão, os reforços alemães mostraram-se mais lentos do que se temia. Ao anoitecer de 7 de junho, 250 mil soldados de Eisenhower estavam em terra. Três noites depois, já eram 400 mil. Churchill alertou os parlamentares para a necessidade de evitar um otimismo exagerado. Embora "grandes perigos tenham ficado para trás, enormes esforços nos aguardam pela frente". Em 10 de junho, num telegrama para Stalin, manifestou extravagantes esperanças sobre a Itália. Proclamou que Alexander "perseguia os surrados remanescentes do exército de Kesselring na direção norte. Está em seu rastro enquanto extermina os outros". Na verdade, tal manifestação de energia, com uma vitória tão abrangente, estava além das possibilidades de Alexander e seus exércitos.

Dois dias depois, em 12 de junho, Churchill finalmente teve permissão para visitar a cabeça de praia da invasão à Normandia, expedição que, é claro, ele adorou. A caminho de Portsmouth, tentou provocar um companheiro, o almirante Ernest King, proeza comparável a acender um fósforo num iceberg: "Não seja tão taciturno. Neste exato momento, não estou tentando tirar nada da marinha americana."[18] Encantou-se com o espetáculo na área costeira da invasão e telegrafou para Stalin: "É maravilhoso contemplar essa cidade de navios espalhados pela costa por quase oitenta quilômetros, aparentemente a salvo de aviões e dos U-boats que estão tão perto." Num almoço com Montgomery, manifestou surpresa por ver que o campo normando parecia relativamente ileso. "Estamos cercados por vacas gordas, deitadas em deliciosas pastagens com as patas cruzadas."[19] Antes de voltar para a Inglaterra, o contratorpedeiro que o transportava disparou alguns tiros contra posições alemãs em terra, a uma distância de 5.500 metros. Churchill falou do prazer que sentiu por estar pela primeira vez a bordo de um navio da Marinha Real em combate.

Em Londres, uma sombria recepção o aguardava. Naquela noite, bombas voadoras alemãs V1 começaram a cair sobre a capital. Churchill saiu para a rua em Downing Street, examinando o céu e ouvindo o ronco dos motores das "*doodlebugs*" no alto, cujo súbito silêncio pressagiava a descida e a detonação. Logo, estavam caindo perto dele. No domingo, 18 de junho, uma V1 matou seis pessoas durante uma cerimônia religiosa na Capela dos Guardas, a menos de trezentos metros do escritório dele. Em uma ruidosa noite de explosões e fogo antiaéreo, às duas horas da madrugada, ele estava ditando para a secretária Marion Holmes. "O primeiro-ministro me perguntou se eu tinha medo. Eu disse 'não'. Como pode alguém ter medo em sua companhia?"[20] O Primeiro Lorde do Mar Andrew Cunningham era um crítico habitual do primeiro-ministro, mas escreveu em seu diário após uma reunião do *Crossbow*, o comitê da operação antibomba voadora, em 19 de junho: "Churchill estava em sua melhor forma, e disse que a questão deveria ser apresentada robustamente ao povo, que suas tribulações faziam parte da batalha na França e que deveriam estar contentes de compartilhar com os soldados os perigos da guerra."[21]

Na realidade, porém, a população ficou muito abalada com a ofensiva de V1s. As pessoas estavam quatro anos mais velhas e incomparavelmente mais cansadas do que durante a blitz de 1940. A impessoalidade monstruosa das *doodlebugs*, que atacavam a qualquer hora do dia ou da noite, parecia a mais refinada crueldade. A sra. Lylie Eldergill, moradora de East London, escreveu para uma amiga nos Estados Unidos: "Espero que acabe logo. Meus nervos não aguentam mais."[22] Brooke ficou indignado com o sentimentalismo de Herbert Morrison, secretário do Interior: "Ele repetiu o tempo todo que não se poderia pedir ao povo londrino que aguentasse a tensão após cinco anos de guerra (...) Foi patético."[23] O bombardeio afetou severamente a produção industrial nas áreas atingidas. Só na primeira semana morreram 526 civis, e depois disso o número de baixas aumentou. Foi uma sorte para o moral da população que a queda de Roma e o Dia D ocorressem antes da ofensiva de

V1s. Hitler cometeu um erro importante ao desperdiçar recursos imensos com o programa de armas secretas. As V1s e os subsequentes foguetes V2 eram maravilhas tecnológicas para os padrões da época, mas os respectivos sistemas de orientação eram imprecisos demais e as ogivas, pequenas demais para alterar resultados estratégicos. As armas V só deram aos nazistas o poder de causar aflição na Grã-Bretanha. Poderiam provocar danos bem mais graves se tivessem alvejado a cabeça de praia aliada na Normandia.

Por volta dessa época, Macmillan descreveu Churchill certa noite em Chequers: "Sentado na sala de visitas em torno das seis horas, disse [ele]: 'Sou um homem velho e cansado. Estou exausto.' A sra. Churchill retrucou: 'Mas pense em como Hitler e Mussolini devem estar se sentindo!' E Churchill respondeu: 'Ah, mas pelo menos Mussolini teve a satisfação de assassinar o genro [o conde Ciano].' Essa resposta pronta lhe agradou tanto que ele saiu para dar uma volta e ganhou novo ânimo."[24] Uma das mais notórias passagens do diário de Brooke sobre o primeiro-ministro foi escrita em 15 de agosto:

> Chegamos a um ponto em que, para o bem do país e para o bem de sua própria reputação, seria uma bênção ele desaparecer da vida pública. Provavelmente fez mais por este país do que qualquer outro ser humano em qualquer época, sua reputação atingiu o clímax, e seria uma tragédia macular esse passado com ações néscias durante o inevitável declínio que começou no ano passado. Ultimamente, tenho achado quase impossível trabalhar com ele, e fico apreensivo, imaginando para onde poderá nos levar em seguida.[25]

Entretanto, se era fato que Churchill estava velho, exausto e muitas vezes teimava em seguir o caminho errado, como líder guerreiro da Grã-Bretanha ainda era o mesmo de sempre, e Brooke se diminuía ao demonstrar tamanha impaciência. A estatura do primeiro-ministro elevava o prestígio global do país com muito mais eficácia do que a minguante contribuição militar. Jock Colville escreveu: "Sejam quais forem os defeitos do primeiro-ministro, não há dúvida que ele dá orientação e propósito aos chefes de estado-maior e ao Foreign Office em questões que, sem ele, com frequência se perderiam no labirinto interdepartamental ou se dissipariam, por concessões e por cautela. Além disso, ele tem duas qualidades, imaginação e determinação, que não se veem entre os outros ministros e os chefes militares. Ouço muitas críticas a ele, muitas vezes de pessoas próximas, mas acho que boa parte se deve à nossa incapacidade de avaliar pessoas e ações na perspectiva correta quando as examinamos muito de perto."[26] Tudo isso era profundamente verdadeiro.

Mesmo na fase final da guerra, quando o domínio americano ficou dolorosamente explícito, Churchill exerceu a indispensável função de manter o ímpeto do país. Depois do Dia D, não fosse a contribuição pessoal do primeiro-ministro, a Grã-Bretanha teria se tornado um lugar isolado, um centro de suprimentos e porta-aviões para os exércitos chefiados pelos americanos na Europa. No campo de batalha, havia consideráveis indícios de que o exército britânico mais uma vez expunha suas limitações. O correspondente de guerra Alan Moorehead, que serviu no deserto, na Itália e na Normandia, mantinha estreitas relações com Montgomery. Sua opinião foi registrada depois da guerra em notas sucintas tomadas por Forrest Pogue: "Em julho, o soldado americano era melhor do que o soldado britânico. O inglês original (...) veio de divisões que tinham sido muito atingidas. Nos primeiros dias, fui com os tanques britânicos. Paravam em todas as pontes porque podia haver um 88 por perto." Essas ressalvas talvez sejam um tanto severas, porém os americanos não estavam errados ao julgar que os britânicos, após cinco anos de guerra, eram mais avessos a sofrer baixas do que eles próprios.

Em 1944 e 1945, Churchill exerceu uma influência bem menor nos acontecimentos do que de 1940 a 1943. Sem ele, no entanto, o país teria parecido apenas uma vítima exausta do conflito, e não o protagonista que, conforme decidiu, a Grã-Bretanha deveria ser até o fim. "Até aqui", disse Churchill à Câmara dos Comuns, "esta é certamente uma história gloriosa, não apenas por libertar os campos da França depois de atroz escravização, como também por unir em vínculos de verdadeira camaradagem as grandes democracias do Ocidente e os povos de língua inglesa (...) Vamos à luta, portanto, em todos os fronts (...) Atravessemos a tempestade, agora que ela atinge sua fúria, com o mesmo propósito marcado e a mesma determinação inflexível que mostramos ao mundo quando estávamos sozinhos". E foi exatamente isso o que ele procurou fazer.

19
Pechinchando de carteira vazia

Para Churchill, as semanas seguintes ao Dia D foram dominadas por novas disputas infrutíferas com os americanos. No estilo de um diretor de escola, Roosevelt despachou-lhe uma repreensão, preparada por Cordell Hull, por aparentemente conceder aos russos papel de destaque em assuntos romenos em troca de aquiescência ao domínio britânico na Grécia.[1] Para os americanos, essa atitude refletia o lamentável apreço da Grã-Bretanha por esferas de influência combinadas bilateralmente. No dia seguinte, Churchill respondeu, irritado: "Seria muito fácil para mim, com base no princípio geral de serpentear para a esquerda, tão popular em política externa, deixar as coisas seguirem seu curso desgovernado, quando é provável que o rei da Grécia seja forçado a abdicar e que [os comunistas d]a EAM instaure um reino de terror (...) Não posso dizer que tenha cometido algum erro nesta questão." Se Roosevelt ficou ofendido porque os britânicos não informavam à Casa Branca sobre todos os telegramas enviados a Stalin a respeito da Grécia e da Romênia, o que dizer das mensagens americanas para Moscou sobre a Polônia, que nunca foram comunicadas aos britânicos? Churchill finalizou com uma nota melancólica: "Não consigo pensar em outro momento em que o fardo da guerra tenha pesado mais sobre meus ombros, ou em que eu tenha me sentido menos à altura dos problemas cada vez mais intricados."[2]

O primeiro-ministro ainda preferia desembarques na costa atlântica da França à operação Anvil e, mais espetacularmente, um grande ataque em Ístria, localizada no nordeste da costa italiana depois de Trieste, a ser lançado em setembro. Brooke via essa incursão com cautela, e advertiu que o terreno talvez favorecesse a defesa e viesse a deflagrar uma campanha de inverno nos Alpes. Entretanto, os chefes militares e seu líder ficaram animados com uma mensagem alemã interceptada em 17 de junho. Nela, Hitler declarava a determinação de manter posições nos Apeninos como "linha de bloqueio final", na tentativa de impedir que os Aliados entrassem na planície setentrional italiana do Pó. Aos olhos dos britânicos, era um indício convincente do empenho alemão na Itália e, portanto, da importância de disputar esse domínio. Os americanos — tanto Eisenhower como os chefes de estados-maiores — não se convenceram. E seguiu-se uma das mais ríspidas disputas anglo-americanas da guerra.

Os líderes militares britânicos achavam "inaceitável" que mais forças aliadas fossem retiradas da Itália. Eisenhower, como comandante supremo, reafirmou seu compromisso com os desembarques no sul da França. Além disso, em termos ainda mais vigorosos, rejeitou ideias britânicas expostas num plano preparado por Maitland-Wilson, na qualidade de comandante em chefe do Mediterrâneo, sobre um avanço violento a partir do nordeste da Itália para a chamada "brecha de Ljubljana". Em 20 de junho, Ike escreveu para Marshall que o plano de Maitland-Wilson "parece não considerar que os chefes do estado-maior combinado decidiram há muito tempo fazer da Europa Ocidental a base de suas operações decisivas contra a Alemanha. Autorizar qualquer desvio desta sólida decisão me parece imprudente e potencialmente perigoso. (...) Na minha opinião, contemplar a possibilidade de vagar por terra via Trieste para Ljubljana, repito, Ljubljana, é ceder injustificavelmente a conjecturas (...) Não consigo, repito, não consigo ver de que forma isso atenderia à necessidade mais urgente de explorar o êxito inicial da Overlord". Os chefes americanos enviaram uma mensagem em 24 de junho afirmando que o plano de Maitland-Wilson relativo a Trieste era "inaceitável". Insistiram novamente para que as três divisões americanas e as sete divisões francesas designadas para a Anvil fossem, como estava planejado, retiradas de operações na Itália.

De forma imprudente, Churchill dirigiu um apelo a Roosevelt contra essa decisão, enquanto, em 26 de junho, os chefes de estado-maior britânicos reafirmavam, numa mensagem para seus oficiais correspondentes em Washington, a "inaceitabilidade" do redesdobramento. Marshall continuava inflexível. No dia 28, Churchill despachou um bilhete para o presidente no qual escreveu: "Será que devemos arruinar todas as esperanças de uma vitória importante na Itália e em todos os seus fronts e nos condenar a um papel passivo nesse teatro de operações depois de ter fragmentado o excelente exército aliado que avança tão rapidamente pela península, em favor da 'Anvil' com todas as suas limitações? Essa é, sem dúvida, uma grave decisão que só o Governo de Sua Majestade e o presidente, com os chefes do estado-maior combinado, podem tomar."[3] Declarou-se completamente hostil à Anvil. No dia seguinte, Roosevelt rejeitou a mensagem de Churchill: "Meus interesses e esperanças", disse, "consistem em derrotar os alemães diante de Eisenhower e avançar para a Alemanha em vez de limitar esta ação para o empreendimento de um grande esforço total na Itália." Roosevelt acrescentou, em meio à campanha para reeleger-se, que havia também implicações políticas práticas: "Eu jamais sobreviveria a um revés na 'Overlord', por menor que fosse, se descobrissem que forças numerosas foram desviadas para os Bálcãs."[4]

Incrivelmente, Churchill voltou à carga. Numa mensagem a Roosevelt em 1º de julho, depois de uma longa exposição sobre a futilidade da Anvil — "A divisão da campanha no Mediterrâneo em duas operações, nenhuma das quais pode alcançar nada de decisivo, é, na minha humilde e respeitosa opinião, o primeiro grande erro estratégico e político pelo qual nós dois teremos de ser responsáveis" —, ele concluiu: "O que posso fazer, sr. Presidente, quando seus chefes de estado-maior insistem em descartar nossa campanha ofensiva italiana, com todas as suas deslumbrantes possibilidades (...) quando estamos condenados a ver a vida integral desta campanha ser drenada para o Vale do Ródano? (...) Estou convencido de que, se tivéssemos nos encontrado, como tantas vezes propus, teríamos chegado a um feliz acordo."[5] Era uma lamentável argumentação. O primeiro-ministro agiu com suprema indelicadeza ao sugerir a Roosevelt que, se tivesse recebido a oportunidade de intimidá-lo num encontro pessoal, talvez o convencesse a passar por cima de seus próprios chefes de estado-maior. Aos chefes militares britânicos, manifestou desdém pelos correspondentes americanos: "A combinação Arnold-King-Marshall é uma das equipes estratégicas mais estúpidas já vistas. São bons sujeitos, e não é necessário que isso seja dito a eles."[6]

Os americanos não se comoveram com a enxurrada de telegramas disparados de Londres. Os britânicos, com gélida formalidade, concordaram com o lançamento da Anvil — rebatizada de Dragão — em 15 de agosto. Nesse

Overlord e Anvil

momento, Churchill percebeu que sua influência sobre o presidente dos Estados Unidos e, consequentemente, sobre os Estados Unidos, estava em declínio. "Até a Overlord", escreveria posteriormente Jock Colville, "ele se via como a autoridade suprema a quem cabia tomar todas as decisões militares." A partir de então, tornou-se, "por força das circunstâncias, pouco mais que um espectador".[7] O primeiro-ministro disse posteriormente a Moran: "Até julho de 1944, a Inglaterra tinha considerável influência sobre os acontecimentos; depois disso, eu estava consciente de que os Estados Unidos é que tomavam as grandes decisões."[8]

Os britânicos agiam teimosamente como se fossem os donos da campanha italiana, e essa atitude permaneceu até bem depois que a operação desandou e mesmo após o esplêndido sucesso da Overlord. Marshall cometera sua cota de erros ao longo da guerra — mas Brooke e Churchill também. Nada, nas trocas de palavras entre Londres e Washington durante o verão, justificava a condescendência do primeiro-ministro em relação aos chefes militares americanos. Embora Eisenhower costume ser criticado, às vezes com justiça, por falta de imaginação estratégica, ele e Marshall sem dúvida tinham razão quando insistiam em concentrar as forças na França.

Contudo, era difícil Churchill aceitar o segundo plano e se afastar, juntamente com seu país, das grandes decisões. Um cientista político americano, William Fox, cunhou a palavra "superpotência" em 1944. Assumiu automaticamente que a Grã-Bretanha se encaixava na categoria. No entanto, a verdadeira medida para o *status* de superpotência é a capacidade de agir unilateralmente. Isso o país de Churchill tinha perdido. Frustração e desalento transpareciam em seu humor. Eden escreveu em 6 de julho: "Depois do jantar, um comitê de defesa realmente medonho que se dizia voltado para a estratégia no Extremo Oriente. Começamos com uma referência de W. às críticas americanas a Monty por excesso de cautela, as quais W. parecia endossar. Isso fez o chefe do estado-maior imperial explodir."[9] Brooke escreveu em seu diário:

> Uma reunião terrível com Winston que durou até as duas da manhã! Foi a pior que tivemos com ele. Estava muito cansado por causa do discurso que fizera na Câmara dos Comuns sobre bombas voadoras e tentara se recuperar com bebida. O resultado é que estava lamurioso, mal-humorado, bêbado, ofendendo-se com qualquer coisa, desconfiando de todos e com disposição altamente vingativa contra os americanos. Tão vingativa, aliás, que toda a sua visão estratégica foi deformada. Comecei tendo uma briga feia com ele. E ele se pôs a atacar Monty, porque as operações não andavam mais depressa (...) Fiquei furioso e perguntei se ele não podia confiar em seus generais por cinco minutos em vez de insultá-los e diminuí-los constantemente (...)

> Então ele apresentou uma série de propostas pueris, como a de formar uma Home Guard no Egito para termos uma força capaz de lidar com agitações no Oriente Médio. Só à meia-noite conseguimos tocar no assunto que pretendíamos discutir, a guerra no Extremo Oriente! (...) Ele acabou se desentendendo com Attlee e se envolvendo em uma grande briga sobre o futuro da Índia! Retiramo-nos sob a proteção dessa cortina de fumaça às duas da manhã, após não conseguirmos nada além de perder a cabeça e valiosas horas de sono!![10]

Eden comentaria tempos depois: "Chamei aquilo de 'noite lamentável', o que seguramente foi. Não poderia ter acontecido um ano antes; estávamos todos marcados pelo ferro de cinco anos de guerra."[11] Relatos como o de Brooke, descrevendo tais embates com Churchill, causaram consternação àqueles que amavam o primeiro-ministro, tanto seus assistentes pessoais quanto sua família, quando foram publicados na década seguinte. Pessoas que lidaram de perto com o primeiro-ministro refutaram, sobretudo, a acusação de que a conduta dele no cargo foi afetada adversamente pelo álcool. O chefe do estado-maior imperial se juntou a lorde Moran, cujo diário apareceu em 1966, não só como traidor do mito churchilliano, mas também como testemunha desleal da conduta do primeiro-ministro. Ainda assim, a opinião dos dois homens era amplamente difundida. Depois de ouvir o primeiro-ministro por algum tempo numa reunião do comitê, Woolton se inclinou para sussurrar a Dalton, no estilo de um menino travesso: "Ele está mamado."[12] O cansaço e a frustração provavelmente influenciavam os rompantes de Churchill bem mais do que o conhaque. No entanto, há indícios claros de que, em 1944 e 1945, ele sofreu progressiva perda de disciplina intelectual, por vezes até de coerência.

A belicosidade que servira tão maravilhosamente ao país nos primeiros anos tornava-se dolorosa quando dirigida aos próprios colegas, homens de talento e dedicação que sabiam não merecer um tratamento tão brutal. Churchill era capaz de convocar seus extraordinários poderes para as grandes ocasiões, algumas das quais ainda estavam por vir. Haveria muitos outros lampejos de graça e inteligência. Todavia, figuras importantes na liderança britânica, em vez de olharem diretamente para ele como a fonte de todas as decisões, já o miravam por cima dos ombros para um futuro no qual supunham que ele estaria ausente. Eden, ansioso pela sucessão, irritava-se terrivelmente quando o primeiro-ministro parecia não reconhecer a própria mortalidade política. "Almocei sozinho com W", escreveu ele em 17 de julho. "Ele estava bem animado. Fiquei desapontado quando disse que, após o desmanche da coalizão, devíamos ter dois ou três anos de oposição e depois voltaríamos juntos para pôr a casa em ordem!"[13]

Apesar disso, ainda havia momentos em que Churchill conquistava corações, incluído o do secretário do Exterior, com demonstrações de extravagância e doçura. Em 4 de agosto, quando Eden apareceu em Downing Street com o filho Nicholas, em férias escolares de Harrow, o primeiro-ministro enfiou discretamente notas de 2 libras na mão do menino, valor equivalente a mais de duas semanas de salário para um recruta do exército, com a ordem murmurada e naturalmente inútil de não contar nada "para *ele*".[14] Os companheiros de Churchill se entediavam quando ele recitava longas passagens de "Marmion" e *The Lays of Ancient Rome* à mesa de jantar em Chequers, mas quantos outros líderes nacionais na história seriam capazes de igualar essas performances? Ficou em estado de êxtase numa sessão de *Henrique V*, o novo filme de Laurence Olivier, em parte porque sabia quem representava o papel do rei num épico semelhante na Inglaterra, em meados do século XX. A impaciência era a mesma de sempre. Seguindo de carro com Brooke de Downing Street para Northolt, seu comboio deparou com um desvio num trecho em obras. Churchill insistiu em desbloquear a estrada e entrar com os carros por uma trilha de pedestres. Nem o rei seria capaz de fazer isso, declarou o infrator alegremente, pois "era *muito* mais obediente à lei".[15]

Quanto à guerra, no fim do verão de 1944, a apreensão que afligiu Churchill e seus chefes militares durante toda a primavera foi suplantada pela certeza de que a ruína da Alemanha estava próxima — mas quando viria? Nisso o primeiro-ministro mostrou mais discernimento do que os generais. Até o fim de setembro, eles previam que o colapso nazista ocorreria perto da virada do ano. Já Churchill afirmou, numa conferência do estado-maior, em 14 de julho: "É claro que os alemães enfrentam sérias dificuldades e podem desistir de lutar. Em contrapartida, havia indícios de que eles pretendiam continuar a luta, e ele acreditava que, se realmente tentassem, talvez conseguissem resistir ao longo do ano que vem."[16] Não mudou de opinião nem mesmo após o fiasco do atentado a bomba contra Hitler em 20 de julho. A trama ressaltou a oposição interna ao Führer — e também sua fraqueza.

Ainda persistem ilusões de que, durante a guerra, os Aliados perderam oportunidades de promover a causa dos "bons alemães" que se opunham a Hitler rejeitando a aproximação de homens como Adam von Trott. Os britânicos, no entanto, pareciam certos ao supor, em primeiro lugar, que qualquer flerte desse tipo certamente vazaria, fomentando a paranoia soviética sobre uma paz negociada; e, em segundo, que a facção anti-Hitler era fraca e desorganizada. Michael Howard escreveu o seguinte: "Sabemos que essas 'pessoas sensatas' existiam; mas impressionava que (...) fossem tão pouco numerosas e sua influência fosse tão débil."[17] Howard observou que os conspiradores do atentado em julho de 1944 eram, na maioria, nacionalistas fervorosos que nutriam ambições grotescamente extravagantes para a constituição política do país no pós-guerra.

Se Hitler pudesse ser deposto, seus inimigos internos esperavam persuadir os Aliados a reconhecer as fronteiras da Alemanha em 1914, e até a negar que a Alsácia-Lorena, anexada em 1870 e novamente em 1940, fosse devolvida à França. A maior parte dos conspiradores de julho abrigava noções persistentemente direitistas sobre a futura governança da Alemanha. Claus von Stauffenberg, em maio de 1944, adotou explicitamente uma visão baseada em preservar a união da Alemanha com a Áustria, retendo os Sudetos tchecos e o oferece "autonomia" à Alsácia-Lorena. A maioria dos participantes da conspiração contra Hitler, como o Foreign Office percebeu na época, tinha como objetivo conseguir ajuda anglo-americana contra os russos. É fácil compreender por que, depois da guerra, os alemães tentaram canonizar os conspiradores do atentado à bomba de julho. Contudo, para o governo de Churchill, teria sido loucura aceitar uma aproximação, e não há motivo para os historiadores lhes concederem respeito exagerado. A grande maioria dos conspiradores se voltou contra Hitler não por ele ser extraordinariamente perverso, mas por acharem que estava conduzindo a Alemanha à derrota.

O historiador John Wheeler-Bennett, amigo de Eden que conhecia intimamente a Alemanha, preparou um memorando para o Foreign Office a respeito do complô. Escreveu em 25 de julho, sugerindo que o fracasso do atentado foi uma bênção. Acreditava que, se tivessem matado Hitler e se generais alemães do "Velho Exército" tivessem, então, abordado os Aliados Ocidentais em busca de um acordo diferente da rendição incondicional, haveria inúmeras complicações. Oliver Harvey foi mais longe ao escrever em seu diário: "Desprezo os generais mais ainda do que Hitler, que merece ser mais bem tratado por eles."[18] Isso certamente era levar as noções britânicas do dever militar a extremos perversos. Harvey alegou, depois de uma conversa com Sir Frederick Morgan, que os generais estavam de acordo "sobre a necessidade de extirpar o Estado-Maior-Geral alemão e agradecidos por Hitler não ter sido morto naquele dia".[19] Wheeler-Bennett escreveu, na mesma linha, que "o expurgo atual está supostamente tirando de cena muitos indivíduos que talvez nos causassem dificuldades, não apenas se o complô fosse bem-sucedido, mas também após a derrota da Alemanha nazista".[20] Era um veredicto extremamente brutal. Apesar disso, não há dúvida de que a opinião pública anglo-americana poderia ter ficado confusa, assim como as relações do Ocidente com a Rússia poderiam ter entrado em crise, se de repente surgisse uma oportunidade de acabar com a carnificina na Europa mediante uma negociação com alemães supostamente “bons”.

Naquele julho, em face de novos relatos de inteligência sobre as operações no campo de extermínio de Auschwitz-Birkenau, Churchill escreveu para Eden, usando seus termos mais explícitos durante a guerra para descrever a natureza da ação nazista contra os judeus: “Não há dúvida de que este é, provavelmente, o maior e mais horrível crime cometido em toda a história da humanidade (...) Todos os envolvidos que venham a cair em nossas mãos, inclusive aqueles que apenas seguiam ordens executando a carnificina, devem ser condenados à morte.” Apesar disso, mais uma vez os britânicos rejeitaram a ideia de bombardear as instalações dos campos de extermínio ou as ligações de transporte ferroviário, usando o argumento da ineficácia — qualquer dano poderia ser prontamente reparado — e também o espúrio argumento de que a deportação de judeus da Hungria, cujos relatos levaram ao bilhete de Churchill, aparentemente tinha acabado.

Mesmo naquele estágio, a escala das matanças nazistas escapava à compreensão dos dirigentes britânicos. Em 1944, um oficial de inteligência a par das decodificações do sistema Ultra fez uma palestra para militares de alta patente sobre a maquinaria de repressão alemã, falou de mortes aos milhares, e não aos milhões, e não mencionou explicitamente os judeus. De maneira análoga, em novembro de 1943, a Declaração dos Aliados em Moscou omitiu os judeus e alertou sobre as penalidades para alemães envolvidos no “fuzilamento em massa de oficiais italianos ou na execução de reféns franceses, holandeses, belgas ou noruegueses e de camponeses cretenses, ou para alemães que tenham participado do massacre infligido ao povo da Polônia ou em territórios da União Soviética”.

Não parece haver dúvida de que, através do sistema Ultra e de prisioneiros que fugiram de Auschwitz, os serviços de inteligência britânicos e americanos dispunham de informações suficientes, no fim de 1944, para deduzir que algo singularmente terrível estava sendo perpetrado contra os judeus na Europa ocupada pelos nazistas, assumindo que os indícios fossem apropriadamente ressaltados. A omissão de ambos os governos suscitou críticas brutais de estudiosos depois da guerra. Apesar disso, Churchill, Roosevelt e seus principais subordinados talvez mereçam alguma compreensão por suas reações inadequadas. Em primeiro lugar, uma relutância instintiva persistia, tanto em Londres como em Washington, em conceber uma sociedade europeia, mesmo governada por nazistas, que fosse capaz de matar na escala colossal revelada em 1945 e 1946. Em segundo lugar, os indícios sobre o massacre de judeus ainda eram vistos à luz de outros conhecidos assassinatos em massa de russos, poloneses, gregos, iugoslavos, italianos e de outras etnias. Os britânicos, em especial, temiam repetir os erros da Primeira Guerra Mundial, quando relatos de atrocidades alemãs foram deliberadamente exagerados com objetivos propagandísticos. Nos anos do pós-guerra, essa exploração provocou no povo britânico raiva e ceticismo em relação ao seu próprio governo.

Finalmente, em vista das conhecidas limitações dos bombardeios de precisão, mesmo quando contavam com boas informações de inteligência sobre os alvos, o argumento em defesa de uma ação específica contra a máquina de morte nazista parecia superado por um argumento mais amplo: a aceleração da vitória militar para pôr fim ao sofrimento de todos os povos oprimidos da Europa. Os aviadores tinham certeza de que um bombardeio dos campos de extermínio mataria muitos prisioneiros. É privilégio da posteridade reconhecer que teria valido a pena pagar esse preço. No calor da guerra, para usar uma frase de Churchill empregada em outro contexto, é possível compreender por que os britânicos e os americanos deixaram de agir com a energia e o empenho que hoje, olhando para trás, parecem-nos apropriados. A maioria dos historiadores mais comedidos da época questiona se qualquer ação plausível da força aérea teria impedido, de forma substancial, as operações da máquina devastadora dos nazistas.

Muitas vezes, naquele verão, Churchill viu suas aspirações serem frustradas. Estava ansioso para que a Grã-Bretanha tivesse a honra de sediar uma reunião de cúpula, depois de ter viajado tantas vezes para tão longe a fim de agradar a Roosevelt e Stalin. Propôs que o encontro ocorresse em Invergordon, na Escócia, com o argumento de que cada líder poderia chegar de encouraçado. O rei recepcionaria os "Três Grandes" em Balmoral. Stalin recusou-se terminantemente a deixar a Rússia. Roosevelt de início concordou com um encontro bilateral, mas, mesmo depois de professar entusiasmo por Invergordon, finalmente decidiu, para desgosto de Churchill, que a reunião não deveria ser realizada na Grã-Bretanha. O presidente não queria, sobretudo em ano eleitoral nos Estados Unidos, ser visto como hóspede do parceiro secundário de seu país. Uma nova visita a Québec foi marcada para setembro.

A solitária luta de Churchill para salvar fragmentos da liberdade polonesa era cada vez menos compensadora. Ele se deixou levar por um surto de esperança quando Stalin telegrafou em 23 de julho, endossando uma "unificação de poloneses que tenham boa vontade com a Grã-Bretanha, a União Soviética e os Estados Unidos". Interpretando essas palavras — ao contrário de Eden — como sinal de que Stalin estava disposto a acomodar os "poloneses de Londres" num novo regime, Churchill disse a Roosevelt: "Parece a melhor coisa já recebida do Tio Joe."[21] Mas logo ficou claro por que Stalin reconhecera o Comitê Nacional Polonês, fantoche de Moscou e conhecido em Londres como os "poloneses de Lublin". Stalin estava decidido a formar um governo polonês dominado por comunistas, com representação apenas simbólica de outros interesses. Sob extrema pressão de Churchill, o primeiro-ministro polonês exilado em Londres, Stanisław Mikołajczyk, concordou em tomar o avião para Moscou. Mas o polonês previu, corretamente, que obedecer a Stalin não traria nenhum benefício para ele ou para a liberdade de seu país.

Em 31 de julho, com as forças soviéticas a menos de 25 quilômetros do Vístula, o exército polonês Armia Krajowa em Varsóvia desencadeou o levante. Durante as aflitivas semanas que se seguiram, Churchill lutou para acessar os locais de desembarque russos a fim de despachar armas para os poloneses. Os apelos mais diligentes e humildes a Stalin — em alguns telegramas, Churchill de fato foi reduzido a súplicas — não convenceram Moscou. O líder russo achava que Churchill tinha provocado deliberadamente o levante de Varsóvia para garantir o governo do país aos "poloneses de Londres". Moscou estava decidida a impedir esse desfecho. O primeiro-ministro certamente promovia desde 1940 um ideal de revolta popular, e alguns oficiais da SOE tinham alimentado ilusões polonesas. Ele, no entanto, não foi, de forma alguma, cúmplice da Revolta de Varsóvia, uma iniciativa explicitamente local. Embora ainda mantivesse por muitos meses a campanha em favor da liberdade polonesa, ele sabia que as possibilidades de insucesso eram consideráveis. Se os americanos não estavam indiferentes à situação, assim pareciam tanto a Londres quanto a Moscou. O Exército Vermelho estava no coração da Polônia, enquanto as forças de Eisenhower se mantinham bem longe.

Ainda mais séria para Churchill era a frustração de seus desejos estratégicos. Ele fez uma última e inútil tentativa de convencer os americanos a rejeitarem a campanha na Birmânia. Durante toda a guerra, enquanto Churchill ansiava para que forças britânicas fossem vistas recuperando colônias do Império no Extremo Oriente, seu interesse nos meios militares necessários foi esporádico e pouco convincente. A maior parte do foco, e quase todo o coração do primeiro-ministro, concentrava-se na guerra contra a Alemanha, mesmo quando o exército imperial de Slim se preparava para avançar rumo à fronteira da Birmânia no rio Chindwin.

Até quase o último dia antes do desembarque no sul da França, em 15 de agosto, Churchill se opunha teimosamente ao "aborto da Anvil", suplicando por ataques alternativos na costa atlântica da França ou no nordeste da Itália. "Fico triste por ver que nem mesmo vitórias esplêndidas e oportunidades cada vez maiores nos unem em estratégia", escreveu para Hopkins em Washington, em 6 de agosto. Os britânicos não perceberam que os argumentos para entrar no sul da França eram menos persuasivos aos americanos do que os argumentos pela retirada do máximo possível de soldados da Itália.

Enquanto protestava em face de tantas dificuldades e tantos desapontamentos, Churchill adotou uma panaceia familiar: a atividade pessoal. Num processo altamente emotivo, pois marcava uma transição de protagonista para espectador, ele foi, por algumas semanas, turista de campo de batalha. Durante suas viagens, conduziu alguns negócios. As jornadas, contudo, funcionavam como um substituto, e não como um meio, para a execução de políticas. Em 20 de julho, voou para a Normandia, onde 1,4 milhão de soldados aliados estavam posicionados. Em 5 de agosto, passeou novamente pela zona de batalha e conversou com comandantes. As duas viagens lhe deram muito prazer, permitindo-lhe saborear, como tanto gostava, a proximidade da música dos canhões. Ele subestimou a escala e a velocidade do colapso alemão na França, bem como as novas oportunidades estratégicas que se abririam. Esperava ainda meses de combate antes que as tropas aliadas chegassem às fronteiras da Alemanha. Tivesse compreendido que as circunstâncias dos exércitos de Eisenhower logo sofreriam mudanças dramáticas, com o colapso da resistência alemã na França, provavelmente teria permanecido a postos para despachar uma torrente de mensagens imprecatórias a Roosevelt, Marshall, Eisenhower e Brooke. Em vez disso, partiu para o Mediterrâneo.

Em 11 de agosto, aterrissou em Argel. Convocou De Gaulle para um encontro e ficou furioso quando o francês, indignado porque os Aliados se recusaram a lhe conceder autoridade em seu próprio país, rejeitou o chamado. Randolph Churchill, que se recuperava de um desastre de avião na Iugoslávia, encontrou-se com o pai e ouviu uma tempestuosa censura a De Gaulle. Em seguida, numa intervenção inusitadamente digna de um estadista, Randolph solicitou piedade: "Afinal de contas, ele é um homem frustrado representando um país vencido. O senhor, como líder inconteste da Inglaterra e o principal arquiteto da vitória, pode muito bem ser magnânimo."[22] Churchill escreveu para Clementine: "Acho que a França de De Gaulle será uma França mais hostil à Inglaterra do que qualquer outra desde Fashoda [em 1898]."[23]

Apesar disso, sob implacável pressão de Eden, Churchill apoiou a causa de De Gaulle contra os americanos. Antes do Dia D, o almirante Leahy, secretário de gabinete de Roosevelt que serviu como embaixador dos Estados Unidos em Vichy, disse ao presidente que os Aliados teriam no marechal Pétain o parceiro francês mais apropriado para negociações, devido à sua popularidade com o próprio povo. Nas semanas seguintes ao Dia D, essa ilusão foi destruída por combatentes da Resistência, que tomaram o poder em áreas libertadas e manifestaram apoio esmagador a De Gaulle. Os homens de Vichy foram relegados por seus compatriotas à prisão ou ao esquecimento. No fim de agosto, o general teve permissão para voltar à França, onde se tornou o governante *de facto* do país. Dois meses depois, embora com a mais profunda relutância, Washington reconheceu-o como líder de um governo provisório francês.

Em 12 de agosto, Churchill voou para a Itália, onde se instalou na residência de Maitland-Wilson, a Villa Rivalta, com vista para a baía de Nápoles. Permaneceu mais de duas semanas na Itália, frequentemente tomando banhos de mar, o que lhe dava grande satisfação, e conduzindo reuniões. Continuou a esbravejar contra o desvio de forças para a França. Naqueles dias em meados de agosto, 100 mil soldados foram transferidos da Itália em navios de desembarque. Em certa manhã de sol, enquanto navegava em uma lancha, Churchill foi saudado por milhares de soldados aglomerados nas amuradas dos navios que seguiam para a Côte d'Azur. Ele respondeu às saudações, mas escreveu em suas memórias: "Não sabiam que, se dependesse de mim, estariam rumando noutra direção."[24] Quanto ao povo italiano, depois de anos proclamando a necessidade de tratar com firmeza, ou mesmo severidade, o país de Mussolini, a visão de sorridentes rostos italianos amoleceu-lhe o coração, reacendendo nele o perene instinto para a misericórdia.

Encontrou-se com Tito, que chegara de avião da Iugoslávia, e o recebeu com festa. O líder comunista voltou para o quartel-general tão encantado com o primeiro-ministro que alguns de seus guerrilheiros camaradas ficaram alarmados. Ignorando as advertências sobre a falsidade do líder britânico, o iugoslavo falou com euforia: "Não é tão simples como vocês pensam! Sim, Churchill é um imperialista, um anticomunista! Mas vocês não vão acreditar, os olhos dele se encheram de lágrimas quando me viu. Chegou quase a soluçar: 'Você é a primeira pessoa da Europa escravizada com quem me encontro!' Churchill me disse até que queria saltar de paraquedas na Iugoslávia, mas estava velho demais para isso." Um guerrilheiro sacudiu a cabeça e murmurou para outro: "Os ingleses são espertos: uma escolta de navios de guerra e manobras navais em honra do Velho Homem [Tito], e vejo que funcionou!"[25]

Em 16 de agosto, Churchill assistiu aos desembarques da operação Dragão de um navio posicionado a poucos quilômetros da costa. Numa carta para Clementine, descreveu o esplendor da esquadra "dispersa ao longo de trinta quilômetros de litoral, com a pobre Saint-Tropez no centro".[26] Os invasores depararam com pouca oposição, e em 12 de setembro já avançavam aceleradamente para nordeste a fim de estabelecer ligação com os exércitos de Eisenhower. O primeiro-ministro passou horas conversando sobre a política mediterrânea com Macmillan, Maitland-Wilson e outros. O jeito de os britânicos lidarem com assuntos italianos era ineficaz, e os americanos sabiam disso. Churchill e Eden concordaram que o líder comunista exilado

Palmiro Togliatti voltasse de Moscou e fosse incluído no governo italiano, o qual, em troca, deveria ser reconhecido pelos russos. A acirrada resistência britânica à participação do conde Carlo Sforza, ex-ministro do Exterior que vivia nos Estados Unidos e era estimado pelos americanos, irritou intensamente Washington. Londres foi apanhada de surpresa quando o marechal Badoglio foi expulso da liderança italiana em junho de 1944. Depois disso, os esforços britânicos para criar e sustentar um governo de Roma que fosse aceitável para Churchill e seus colegas incorreram em críticas constantes do Departamento de Estado americano e da mídia. As ideias dos próprios americanos eram ingênuas, mas fundadas num compromisso com os direitos italianos de autodeterminação que, a seu ver, os britânicos desrespeitavam à sua velha maneira imperialista.

A atenção de Churchill se concentrava cada vez mais na Grécia, onde ele via um sério risco de os comunistas tomarem o poder. Os guerrilheiros da EAM e do ELAS, armados pela SOE, eram a força mais bem organizada do país. Quando os alemães começaram a recuar para o sul da Grécia, Churchill ordenou às tropas britânicas que estivessem prontas para voar a Atenas logo que o inimigo abandonasse a cidade, na tentativa de prevenir um golpe comunista. Era difícil encontrar soldados, pois a Dragão desfalcara consideravelmente os exércitos aliados na Itália, mas o primeiro-ministro insistia que houvesse forças para a Grécia. Algumas unidades aerotransportadas foram designadas.

Então ele avançou para o front, trajado com equipamento de verão do exército com passadeiras de medalha, além de um capacete colonial que pareceria absurdo em qualquer outro homem. Alexander levou-o de carro até o alto de uma colina, de onde poderia ouvir os tiros de armas leves, observar metralhadoras malhando o inimigo sob uma chuva de cápsulas vazias que rodopiavam antes de cair no chão empoeirado e ver tanques rangendo em combate. O passeio lhe trouxe mais felicidade do que qualquer experiência nos últimos meses da guerra. Estava no meio de um exército britânico que, se não imediatamente vitorioso, era inquestionavelmente predominante, em companhia de um general que ele considerava um paladino. Alexander era bem menos repreendido do que Montgomery por avançar com lentidão. Churchill atribuía os contratempos do triste e sangrento teatro italiano de operações exclusivamente aos americanos. Achava que haviam privado o exército de Alexander dos meios necessários para mudar o destino da Europa e poupar os Bálcãs do domínio soviético. Muitos dos que participaram da luta e sofreram as consequências tinham a mesma opinião. Um humilde sinaleiro do VIII Exército escreveu em seu diário, em 27 de agosto de 1944: "Tenho certeza de que este é um front secundário, ao qual, portanto, são negadas as necessidades vitais da guerra."[27]

Em 29 de agosto, Churchill desembarcou de volta à Grã-Bretanha com 38,3 graus de febre e uma mancha no pulmão, de modo que os médicos lhe prescreveram outro tratamento com sulfapiridina. Ele não conseguiu nada de substancial no Mediterrâneo nem na Normandia, mas aliviou a crescente sensação de impotência e satisfez sua paixão por testemunhar grandes acontecimentos. O funcionário do Foreign Office Oliver Harvey murmurou, com desdém, sobre "as vadiações [do primeiro-ministro] na Itália".[28] Em meio às misérias e à carnificina infligidas a Londres pela ofensiva de bombas voadoras, Churchill corria mais riscos pessoais em casa do que na Normandia ou no Mediterrâneo. Embora seu governo tivesse muito a fazer, a maioria das tarefas não lhe agradava. Os ministros dedicavam cada vez mais tempo se preparando para a paz. Na pior das hipóteses, a vitória não deveria demorar mais de um ou dois anos. O povo britânico olhava, com uma mistura de ansiedade e incerteza, para um futuro sem guerra. Contudo, o interesse do primeiro-ministro por questões internas era espasmódico e superficial. David Reynolds registra que, em suas memórias, Churchill nem sequer menciona a Lei de Educação de Butler, anunciada em 1944, a mais importante legislação interna aprovada durante sua gestão na guerra.[29] Ismay observou certa vez: "Pode-se contar com o primeiro-ministro para marcar cem pontos numa disputa internacional de críquete, mas ele não é muito bom no críquete de várzea."[30] Assuntos como a reconstrução depois da guerra e as preocupações mundanas do cansado e infeliz povo da Grã-Bretanha exigiam, muitas vezes, que ministros entrassem em campo para jogar críquete de várzea.

Vencer a guerra e assegurar o lugar do Império Britânico no novo mundo eram os focos inalteráveis de Churchill. Para as pessoas obrigadas a trabalhar com ele, os problemas eram cada vez maiores. A saúde em declínio, os monólogos desconexos e a recusa a tratar de questões mundanas que não lhe interessavam criavam grandes dificuldades. Leo Amery se queixava: "Nossas reuniões de Gabinete ficam mais e mais incoerentes, embora eu perceba que todo mundo fale mais hoje, quase sempre ao mesmo tempo, do que quando Winston dominava inteiramente a cena (...) O que mais me cansa nessas reuniões é uma sensação parecida com a do passageiro de um táxi que quer pegar um trem, mas vê o motorista embromar e perder todos os sinais verdes."[31]

O filósofo e historiador Isaiah Berlin escreveu: "Churchill está preocupado com seu único e vívido mundo, e não se sabe se algum dia teve consciência do que se passa na cabeça e no coração dos demais. Ele não reage; age; não imita, afeta outros e os altera ao sabor de seus poderosos critérios (...) Sua conduta é ditada por uma grande profundidade e constância de sentimento — em especial, sentimento e fidelidade a uma grande tradição pela qual assume pessoalmente a responsabilidade, uma tradição que carrega nos ombros e precisa repassar, não apenas sólida e ilesa, mas fortalecida e aprimorada, a sucessores dignos do fardo sagrado."[32] Essa parece uma análise profundamente verdadeira do comportamento de Churchill nos últimos meses da guerra. Dois ou três anos antes, ele tinha poder para influenciar acontecimentos e a percepção popular. Agora, o mundo seguia em frente se importando cada vez menos com sua grandiosa e vetusta visão, embora ainda pudesse se comover com suas palavras.

Durante o outono, os infortúnios da Polônia foram o tema constante de discussão, enquanto os nazistas sufocavam a Revolta de Varsóvia com a selvageria de sempre. Stalin e Roosevelt resistiam aos apaixonados apelos de Churchill, que desejava pressionar Moscou a respeito da Armia Krajowa de Varsóvia. Os americanos queriam bases siberianas para as operações com bombardeiros B-29 contra o Japão, e não tinham intenção de provocar os russos com assuntos que julgavam menores. Em 26 de agosto, o presidente rejeitou um apelo de Churchill para que os Estados Unidos e a Grã-Bretanha despachassem para Moscou um duro protesto conjunto sobre a Polônia. Roosevelt escreveu: "Não considero vantajoso para as perspectivas gerais e de longo prazo da guerra juntar-me ao senhor na proposta mensagem ao Tio J."[33] Em 4 de setembro, o primeiro-ministro, ainda mal de saúde, sentiu-se obrigado a deixar a cama para acalmar o Gabinete, cujos membros estavam furiosos com os acontecimentos em Varsóvia. Embora apreciasse as manifestações espontâneas de horror que apareciam na mídia, pediu ao Gabinete que agisse moderadamente com relação ao comportamento russo.

Em 6 de setembro, Churchill ainda estava adoentado quando embarcou no *Queen Mary*, em Greenock, com destino a Québec. Brooke comentou que ele parecia "velho, indisposto e deprimido. Evidentemente tinha dificuldade para se concentrar e ficava segurando a cabeça entre as mãos".[34] Durante a maior parte da travessia, as condições abaixo do convés eram de calor opressivo. Depois das austeridades da dieta britânica, no transatlântico a costumeira alimentação sibarita foi posta à disposição do primeiro-ministro e de sua comitiva. Jock Colville descreveu as refeições como "gargantuescas em quantidade e epicuristas em qualidade; de forma até descarada".[35] Como sempre, havia uma conversa interessante à mesa, registrada fielmente pelos três notáveis escritores de diários — Colville, Brooke e Moran. O primeiro-ministro disse que não sentiria a falta de nenhum trabalhista no governo dele, exceto Bevin, o único cujo caráter e cuja capacidade ele estimava.[36] Lamentou o fato de já não ter uma mensagem para transmitir ao povo britânico: "Tudo que podia fazer agora era terminar a guerra, trazer os soldados de volta e garantir que ainda tivessem lares. Mas, material e financeiramente, as perspectivas eram sombrias."[37]

Encontrou tempo para ler primeiro *Phineas Finn*, de Trollope, depois *The Duke's Children*, que descreve os problemas de um político fidalgo da era vitoriana com sua prole. O romance provavelmente comoveu Churchill, num momento em que o casamento do próprio filho com Pamela se desfazia. Ela tivera um caso notório com Averell Harriman, o futuro marido, e posteriormente foi descrita como "especialista mundial em teto de alcova de homens ricos". No começo do ano, Churchill partilhara um dos poucos momentos de intimidade com Brooke, quando os dois discutiam à mesa de jantar sobre as dificuldades com os respectivos filhos adultos.[38]

Enquanto lutava para recobrar as forças, o primeiro-ministro novamente passou horas no *Queen Mary*, preparando-se para a reunião de cúpula. Durante a travessia, oficiou aos chefes de estados-maiores que a Grã-Bretanha não deveria "ceder a Europa Central e a Setentrional inteiramente à ascendência e à dominação soviéticas". Essa era uma questão, disse ele, "de altas consequências políticas, mas [que] também tem sérias potencialidades militares".[39] Manifestou tristeza pelo fato de que os exércitos britânicos e imperiais não estavam levando em parte alguma o estandarte do país, como ele desejava. Um terço de sua força se achava no noroeste da Europa sob comando dos Estados Unidos; um terço na Índia estava prestes a lançar uma ofensiva na Birmânia, "o país mais insalubre do mundo, nas piores condições possíveis", simplesmente para satisfazer as ambições dos americanos na China; e o terço restante na Itália fora desfalcado pela Dragão. Disse que, se soubesse que os americanos usariam o monopólio de barcaças de desembarque de forma unilateral para impor estratégias, teria tomado providências para que a Grã-Bretanha fabricasse ela mesma as próprias embarcações. Ficou horrorizado ao saber que Mountbatten exigia 370 mil soldados e 24 mil viaturas da Europa antes de lançar um ataque contra Rangum. Ainda desejava ardentemente um desembarque anfíbio na península da Ístria, "no sovaco do Adriático".

Churchill chegou a Québec no trem noturno na manhã de 11 de setembro, quase junto com o presidente. Os dois seguiram de carro da estação para a Cidadela. No dia seguinte, Colville ouviu o primeiro-ministro dizer que, naquela noite, discutiria com Roosevelt as zonas de ocupação na Alemanha depois da guerra. O secretário particular, sabendo que o chefe não examinara os documentos relevantes, ofereceu-se para lê-los em voz alta enquanto ele tomava banho. Esse procedimento deu certo apenas em parte, pois Churchill tendia a submergir de vez em quando, perdendo importantes trechos do resumo. O primeiro-ministro telegrafou para o Gabinete de Guerra em Londres, informando que a conferência tinha começado "num arroubo de amizade". Houve, sem dúvida, um arroubo de cortesias, mas não de políticas convergentes. Em sua exposição inicial dos acontecimentos, Churchill tentou lisonjear os americanos dizendo que os resultados da detestada Dragão foram "muito gratificantes". Roosevelt o interrompeu com a observação provocativa — até mesmo maliciosa — de que "parte do crédito da concepção vai para o marechal Stalin". Churchill então falou bastante sobre a Itália e sobre os méritos de avançar para Viena. Aparentemente não percebeu o tédio e a indiferença dos americanos. Cunningham, Primeiro Lorde do Mar, achou que Roosevelt "parecia muito frágil, e pelo visto não estava assimilando o que ocorria à sua volta".

Os dois líderes perderam um tempo considerável discutindo o plano de Henry Morgenthau, o secretário do Tesouro, para ruralizar a Alemanha depois da guerra. O presidente, sabendo que Churchill estava cada vez mais preocupado com o pagamento das contas após o término do Lend-Lease, disse que desindustrializar o Ruhr acabaria com o principal competidor da Grã-Bretanha na Europa. Assim, grandes oportunidades econômicas poderiam brilhar para o povo britânico. A ideia foi recebida com alegria por Churchill. Cherwell, numa de suas funestas intervenções, insistiu nos méritos do plano. Em 15 de setembro, os dois líderes endossaram formalmente o Plano Morgenthau, para horror tanto de Cordell Hull como de Anthony Eden, o qual afirmou que o Gabinete britânico jamais o aceitaria. Roosevelt reconheceu imediatamente seu erro. O Plano Morgenthau foi esquecido — exceto pelos propagandistas nazistas após o vazamento da história. Nos últimos meses da guerra, muitos alemães acreditaram quando Goebbels lhes disse que, se aceitassem a derrota, estariam condenados a se tornar mão de obra escrava numa economia camponesa. A tola iniciativa do secretário do Tesouro em Québec levou alguns inimigos a lutar ainda mais desesperadamente num esforço final de resistência.

A última sessão formal da conferência ocorreu em 16 de setembro. Churchill se comprometeu a despachar uma grande esquadra para a campanha no Pacífico assim que a guerra europeia lhe permitisse. Alardeou ao máximo essa iniciativa, ignorando o fato de que os navios da Marinha Real estavam tão gastos e surrados quanto as tripulações. Nem dispunham de sistemas de ventilação adequados para as condições no Pacífico. E as operações de porta-aviões, característica dominante da campanha, correspondiam à aptidão menos convincente do combate naval britânico. Na entrevista coletiva de encerramento, aparecendo como sempre ao lado do presidente, o primeiro-ministro exaltou o empenho da Grã-Bretanha no teatro oriental de operações. Provocou risadas entre os correspondentes americanos ao dizer: "Não podem ficar com as coisas boas só para vocês. Precisam dividi-las." Então discorreu efusivamente sobre as virtudes das reuniões entre os chefes de governo: "Quando tenho a rara e feliz oportunidade de me encontrar com o presidente dos Estados Unidos, nós não limitamos nossas discussões de forma alguma (...) O fato de termos trabalhado juntos por tanto tempo e o fato de conhecermos tão bem um ao outro sob a dura tensão da guerra tornam a solução dos problemas muito mais simples, de tão rápido e fácil que é o processo."

Conversa fiada. Na verdade, mesmo após dois dias com Roosevelt em Hyde Park, antes de embarcar no *Queen Mary* em Nova York, em 20 de setembro, para a viagem de volta, Churchill sabia que avançara muito pouco. "O que é esta conferência?", resmungou para Moran. "Duas conversas com os chefes de estados-maiores; o resto foi esperar para ter uma palavrinha com o presidente." Os britânicos se mostraram consternados com a ausência de Harry Hopkins em Québec. Mesmo quando seu sábio americano favorito apareceu em Hyde Park, ficou claro que Hopkins já não desfrutava a velha intimidade com Roosevelt. Especialmente num ano de eleições nos Estados Unidos, ele representava uma bagagem que o presidente não queria exibir a bordo, entre outros motivos porque Hopkins era visto pelos compatriotas como suscetível demais aos apelos britânicos. No momento em que os britânicos perceberam o fim de sua influência, a velha afeição por ele arrefeceu descaradamente. Brendan Bracken o descartou como "fraco" e "inútil".[40] Ainda assim, não há razão para supor que Hopkins fosse movido por despeito quando advertiu Halifax, em Washington, que uma vitória republicana na iminente eleição presidencial talvez conviesse mais aos interesses britânicos do que a volta de Franklin Roosevelt.[41] A "parceria histórica" havia decaído a esse ponto.

Churchill estava de bom humor na viagem para casa, mas não via razão para regozijo. A Revolta de Varsóvia dava os últimos suspiros, apesar da tardia e quase totalmente malsucedida iniciativa de 110 Fortalezas Voadoras da USAAF, que, após receberem relutante permissão para reabastecer na Rússia, lançaram armas para o derrotado Armia Krajowa. Eden fora incapaz de persuadir a conferência de Québec a reconhecer o Comitê Nacional Francês como o governo do país. Churchill disse a Colville que, após acompanhar os acontecimentos dos últimos anos, "minhas ilusões sobre os franceses foram largamente corroídas".[42] Outro mês transcorreu até que a evidente primazia de De Gaulle entre seus conterrâneos obrigasse Washington a ceder.

Em 28 de setembro, de volta a Londres, Churchill prestou contas à Câmara dos Comuns. Com uma hipérbole nacionalista que parecia fora de lugar, descreveu a Normandia como "a maior e mais decisiva batalha isolada de toda a guerra". Aclamou a Birmânia como "a campanha do almirante Mountbatten", um desrespeito ao general Bill Slim, o excelente comandante que conduziu a ofensiva britânica. Tentou jogar uma luz positiva sobre a derrota em Arnhem celebrando uma rara demonstração de audácia dos Aliados, embora o assalto aeroterrestre não tenha assegurado a travessia do Reno. No começo de outubro, tropas britânicas começaram a se movimentar rumo ao sul da Grécia, no rastro dos alemães que se retiravam. Churchill renovou os apelos a Roosevelt para que três divisões americanas fossem transferidas da França para a Itália — e recebeu a inevitável recusa.

Foi no contexto das repetidas descortesias americanas que Churchill realizou uma de suas mais polêmicas viagens da época da guerra. Decidiu voar até Moscou para conversas bilaterais com Stalin. É impossível ver nessa missão qualquer coisa que não seja um gesto de desespero. Não tendo conseguido o apoio americano para os objetivos que mais lhe importavam, tentou obtê-lo num encontro frente a frente com os russos. Mas Stalin barganhou por vantagens. A Grã-Bretanha nada tinha a oferecer que lhe interessasse. Ele compreendeu muito bem que os americanos haviam se distanciado do país de Churchill. Para explicar o comportamento do primeiro-ministro, é preciso admitir que ele ainda alimentava uma crença exagerada na própria capacidade de chegar a um entendimento com Stalin. Essa viagem a Moscou, em outubro de 1944, tinha uma aura de tristeza que foi captada por quem trabalhava em estreita colaboração com o primeiro-ministro.

Ele fez uma breve escala na Itália, tendo ouvido de seus comandantes histórias de recursos insuficientes e avanço vagaroso. Encontrou Georgios Papandreou e constrangeu o primeiro-ministro grego submetendo-o a uma longa preleção sobre as virtudes da monarquia. Em 9 de outubro, chegou a Moscou e foi levado de carro para a *dacha* de Molotov, que seria sua residência durante a visita. No primeiro encontro com Stalin, apresentou imediatamente uma demanda para que a Grã-Bretanha tivesse a palavra final sobre o futuro da Grécia. Logo deixou claro para o comandante militar soviético que falava em nome dele próprio e da Grã-Bretanha, não em nome do parceiro transatlântico. Stalin observou melifluamente que Roosevelt "demandava direitos demais para os Estados Unidos da América, deixando pouca coisa para a União Soviética e para a Grã-Bretanha". Churchill produziu o que chamava de "documento impertinente", o rascunho do que ficaria conhecido como "o acordo das percentagens", considerado pelos americanos a mais notória manifestação de chicanice na gestão de Churchill. Na Romênia, a Rússia teria direito a 90% de influência, enquanto "os outros" teriam 10%. Na Grécia, esses números seriam invertidos. Na Iugoslávia e na Hungria, os interesses seriam divididos meio a meio. Na Bulgária, a Rússia teria 75% de influência, "os outros", 25%. Churchill empurrou a meia folha de papel para Stalin, que deu uma olhada, fez um grande tique azul e a devolveu.

Durante as horas e os dias que se seguiram, houve muita conversa genérica entre os dois homens: sobre a Grécia e a Iugoslávia, onde Stalin concordou com Churchill que deveriam tentar impedir a guerra civil entre ideologias rivais; sobre a Itália, onde o primeiro-ministro pediu que Moscou não "instigasse comunistas italianos"; e sobre monarcas — Churchill garantiu que em parte alguma a Grã-Bretanha tentaria reintroduzir um governante contra a vontade do povo. Deixou claro que a Grã-Bretanha não apoiaria execuções em massa de nazistas derrotados, embora esperasse que o maior número possível morresse no campo de batalha. Reafirmou a crença de que nenhuma ideologia deveria ser imposta a Estados pequenos, que tinham o direito de decidir o próprio destino. Enquanto isso, Eden disputava com Molotov detalhes do acordo das percentagens: o ministro soviético do Exterior exigia, por exemplo, 90% contra 10% de influência na Bulgária.

Em 11 de outubro, Churchill procurou resolver essas questões numa longa missiva para Stalin, que ele redigiu e mostrou para Averell Harriman, então embaixador dos Estados Unidos em Moscou. Harriman disse que Roosevelt e Cordell Hull certamente repudiariam a carta caso fosse enviada. Assim, o primeiro-ministro telegrafou para o presidente insistindo na importância de agir depressa para evitar uma irrupção de guerras civis nos Bálcãs. Guerrilheiros comunistas na Albânia já haviam rejeitado a volta do rei Zog, exilado do país desde 1941.

Em seguida, a delegação de Churchill rumou para a embaixada britânica a fim de oferecer um jantar a Stalin e Molotov. Stalin comunicou ao anfitrião que realidades militares, e não políticas, impediram o Exército Vermelho de socorrer os poloneses de Varsóvia. O primeiro-ministro perguntou a Lazar Kaganovich, comissário para ferrovias, como fazia para garantir a pontualidade dos trens de transporte do país. Quando um maquinista deixava de cumprir seus deveres, explicou Kaganovich com um sorriso lupino... então simulou com a mão um corte na garganta. Churchill raramente demonstrava ansiedade sobre sua segurança pessoal, mas em Moscou ficou furioso ao descobrir que o avião que o transportava tinha passado a noite nas mãos de guardas russos. Depois disso, insistiu que alguém da sua equipe da RAF permanecesse a bordo da aeronave 24 horas por dia. É difícil sugerir que se tratava de paranoia.

Como sempre ocorria nessas reuniões, as conversas continuavam até altas horas. A disposição dos russos parecia incondicionalmente benigna. Churchill telegrafou para Roosevelt mencionando "uma extraordinária atmosfera de boa vontade". Para Clementine, escreveu no dia 13: "Os negócios vão bem. Resolvemos muita coisa sobre os Bálcãs e prevenimos uma série de contendas que estavam se formando. Os dois conjuntos de poloneses chegaram e vão passar a noite em celas separadas (...) Tive conversas m[uito] boas com o

Velho Urso. Quanto mais o vejo, mais gosto dele. Agora estão nos respeitando aqui, e tenho certeza de que querem trabalhar conosco. Preciso manter o presidente sempre a par de tudo, e essa é a parte mais delicada."[43]

Em quase todos esses assuntos, Churchill estava enganado. A inusitada civilidade, ou mesmo cordialidade, dos russos era inspirada por uma nova autoconfiança que provinha do triunfo no campo de batalha. Praticamente nenhuma das garantias dadas por Stalin tinha alguma substância. Ele não pretendia honrá-las. O que queria nos Bálcãs inevitavelmente tomaria. Stalin sempre provocava gargalhadas dos obsequiosos cortesãos com uma frase frequente: "Fodemos com essa Inglaterra!"[44] O primeiro-ministro só poderia mesmo reivindicar um êxito duradouro: a Grécia. Stalin reconheceu o vigor do sentimento britânico por esse país, assim como a realidade do domínio que os Aliados Ocidentais tinham de seu espaço aéreo e dos mares circundantes. O restante dos Bálcãs estava ao alcance dos soviéticos. Embora ainda houvesse lutas no futuro da Grécia, os russos não buscaram promover uma vitória comunista. Nisso, e somente nisso, Churchill talvez tenha conseguido algo de útil em Moscou.

O fracasso mais notável do primeiro-ministro foi a tentativa de salvar a Polônia. Convocou de Londres uma delegação de exilados poloneses, encabeçada pelo primeiro-ministro Mikołajczyk, que compareceu sob ameaça de Churchill. Seguiram-se dias de gélidas mesas-redondas, com os russos mostrando-se meio entretidos, meio constrangidos, pelo servil espetáculo de marionetes apresentado por seus "poloneses de Lublin". De Moscou, Churchill escreveu para o rei: "Nosso grupo de Londres, como Vossa Majestade bem sabe, é um grupo decente, porém fraco, de tolos, mas os delegados de Lublin me parecem os maiores vilões que se possa imaginar."[45] Entre as sessões, Churchill fez desesperados esforços para convencer os poloneses de Londres a aceitar as novas fronteiras propostas para o país, que cederiam território aos russos em troca de terra tirada da Alemanha oriental. No entanto, nem lisonjas nem ameaças sensibilizaram Mikołajczyk e seus colegas. Continuaram inflexíveis. Stalin rejeitou o arranjo proposto pelos britânicos. Quando o líder polonês retornou a Londres e transmitiu aos companheiros a oferta final dos soviéticos, eles a rejeitaram terminantemente. Em seguida, o primeiro-ministro Mikołajczyk renunciou ao cargo. Churchill teve que ouvir as condolências de Stalin por "seus" poloneses terem rejeitado um acordo. Ficou claro que, nessas circunstâncias, pessoas nomeadas por Moscou governariam o país.

Teria sido conveniente para Stalin obter a aquiescência de Mikołajczyk tanto na questão das novas fronteiras quanto no papel secundário que ele exerceria no novo governo. Entretanto, como não havia chance de os não comunistas terem qualquer influência real, muito menos poder, os poloneses de

Londres nada perderam e ainda preservaram a honra ao rejeitar as propostas de Stalin. A Churchill, porém, restou lidar com o desalento e o fracasso. Achou os poloneses quase insanos por recusarem um acordo com Moscou. Quando o general Anders, comandante de corpo de exército polonês na Itália, manifestou esperança de que os Aliados libertassem a Polônia à força após a derrota alemã, Churchill respondeu em tom resignado: "Isso é maluquice. Não é possível derrotar os russos." A seu ver, a teimosia de Mikołajczyk lançara o país no colo de Stalin. "O jogo polonês acabou", disse sucintamente a Moran.[46] Seria melhor, pensava ele, aceitar uma quinquilharia russa do que ficar de mãos abanando.

A posteridade deveria se comover com a grande preocupação de Churchill com a Polônia, onde a Grã-Bretanha não tinha qualquer interesse egoísta. Ele travou uma longa e ingrata luta em favor de um país que se tornara vítima da agressão nazista no começo da Segunda Guerra Mundial. Parecia-lhe intoleravelmente trágico que a iminente vitória dos Aliados oferecesse apenas uma nova servidão ao povo em nome do qual a Grã-Bretanha declarara guerra à Alemanha. Mas foi o que aconteceu, e o resultado permaneceria inalterado mesmo que Roosevelt também apoiasse a causa. Os russos estavam no Vístula, enquanto os anglo-americanos ainda não haviam chegado ao Reno. "Muito mais rapidamente do que os britânicos e os americanos", escreveu Sir William Deakin, "os russos compreenderam a lógica interna da situação, ou seja, que na vitória final o destino dos países ocupados da Europa (...) não seria decidido pelos líderes da Resistência no local nem por seus representantes (...) em Londres e Moscou, mas ao longo de uma fronteira em que os exércitos dos Aliados ocidentais estavam de um lado e os russos do outro."[47]

A visita a Moscou terminou com a costumeira rodada de banquetes. Churchill disse a Stalin que era a favor de agrupar a Polônia, a Hungria e a Tchecoslováquia depois da guerra, iniciativa pela qual o líder russo não demonstrou o menor interesse. Stalin surpreendeu Churchill ao expressar um ódio veemente à Suíça. Entretanto, os russos não demonstraram qualquer hostilidade aos britânicos, como haviam feito com frequência no passado. Pelo contrário, Churchill e Stalin falaram livremente e, do lado russo, com desembaraçada falsidade. No dia 18, Churchill concedeu uma entrevista coletiva na embaixada britânica. Na manhã seguinte, Stalin não só foi até o aeroporto debaixo de chuva para se despedir do primeiro-ministro, como aceitou olhar o interior da aeronave York. Os dois homens se separaram com todas as manifestações de cordialidade. Na tarde de 22 de outubro, Churchill aterrissou de volta na Grã-Bretanha.

O mundo foi levado a supor que a visita do primeiro-ministro a Moscou foi apenas um rotineiro encontro de aliados. A viagem inspirou em Churchill a breve ilusão de que ele havia estabelecido um proveitoso entendimento com Stalin, algo que nunca fora possível com Roosevelt. Já o presidente dos Estados Unidos ficou irritado. Não tinha dúvida alguma sobre as pretensões de Churchill. O primeiro-ministro tentava obter o que os Estados Unidos estavam absolutamente empenhados em impedir: a criação de esferas de influência na Europa e nos Bálcãs depois da guerra. Em nenhum outro momento desde 1941 a distância entre as políticas britânica e americana pareceu tão grande.

Apesar das expressões públicas de consideração mútua, é difícil imaginar que, àquela altura, Churchill ou Roosevelt tivessem muita afeição pessoal um pelo outro. Os objetivos de ambos eram divergentes demais. A visão de mundo do presidente era mais esclarecida do que a do primeiro-ministro, porém ainda menos realista. A fé de Roosevelt para o futuro se baseava na nova organização das Nações Unidas, na ascensão da China de Chiang Kai-shek e numa parceria entre os Estados Unidos e a União Soviética. Suas motivações eram elevadas. O apaixonado compromisso de Churchill com a liberdade excluía as raças negras e mestiças do mundo, ao contrário das políticas do presidente. Contudo, enquanto Churchill tinha uma veia quixotesca de humildade pessoal misturada à vaidade, Roosevelt mostrava-se inflexível. A fé que depositava no próprio poder e no poder de seu país era ilimitada. A relutância em reconhecer a própria mortalidade, que era ainda mais premente do que a de homens lutando nos campos de batalha, foi uma séria omissão nos últimos meses de presidência. Deveria pelo menos ter garantido que o vice-presidente Harry Truman tivesse acesso aos segredos da Grande Aliança.

Parece um equívoco, entretanto, surpreender-se com o tratamento arrogante dispensado por Washington à Grã-Bretanha e ao seu primeiro-ministro. Independentemente da nova presunção dos Estados Unidos, o fato é que os britânicos demonstraram, em muitas questões de estratégia e de política, um pífio discernimento em 1944. Erraram no caso da Overlord, no entendimento militar e político da Itália, e foram dilatórios e confusos a respeito da guerra japonesa. No campo de batalha, os soldados cumpriam seu papel adequadamente, porém sem causar grande impressão. Churchill se deixou distrair perseguindo caprichos extravagantes, como a proposta de que alguns velhos canhões navais britânicos em Dover fossem despachados para o continente a fim de ajudar na campanha de Eisenhower. As tentativas britânicas de ignorar o próprio empobrecimento e de reter um papel proeminente no mundo provocavam a piedade dos amigos americanos, assim como o desprezo dos inimigos. Churchill disse a Smuts: "Lembre-se de que (...) nossos exércitos têm mais ou menos metade do tamanho dos exércitos americanos, e logo estarão reduzidos a pouco mais de um terço (...) Já não tenho a mesma facilidade para tirar projetos do papel."[48] Churchill frequentemente afirmava que, longe de ter uma imensa dívida em dinheiro com os Estados Unidos no pós-guerra, a Grã-Bretanha deveria ser reconhecida como credora, pela solitária defesa da liberdade em 1940 e 1941. Isso nunca foi plausível. Quando a guerra acabasse, o mundo só avaliaria o justo lugar da Grã-Bretanha pelo extrato bancário. Britânicos bem informados sabiam disso, e temiam as consequências.

Em 27 de outubro, Churchill descreveu à Câmara dos Comuns a visita feita a Moscou. Ele já desfrutava uma afeição entre os parlamentares que transcendia as lealdades partidárias. "Quanta coisa depende atualmente deste homem", escreveu o parlamentar *tory* Cuthbert Headlam, cético de longa data. "Sem o prestígio e a personalidade de Winston, o que seria de nós com Roosevelt e Stalin? Mesmo agora eles são desagradáveis demais — mas como Anthony Eden ou Attlee os enfrentariam? Não — nunca fui winstoniano, mas me dou conta de que se hoje existe um homem indispensável, esse homem é Winston."[49]

Quando Attlee contou aos parlamentares que Churchill estava de novo em Moscou, alguns trabalhistas sacudiram a cabeça num misto de admiração e solidariedade. "Ele não precisava fazer isso", comentou alguém. "Pobre camarada, não precisava mesmo fazer isso."[50] Tratavam-lhe com uma paciência muito rara na experiência parlamentar. "Claro que ele não é mais tão vigoroso, tão combativo como em 1940", escreveu Harold Nicolson, "mas não precisa ser. Está certo ao adotar o tom mais sóbrio do estadista de idade."[51] Conservadores que tinham desprezado Churchill em 1940 reconheciam-no em 1944 como a única esperança política do partido, que já era profundamente impopular no país. A velha classe dominante percebia que o eleitorado pretendia despejá-la logo que pudesse votar numa eleição geral. Nas palavras de Nicolson: "As classes altas sentem que todo esse sacrifício e sofrimento só vai levar o proletariado a despojá-las de todos os seus confortos, de toda a sua influência, e transformar este país e Império num Estado de terceira classe."[52] O próprio primeiro-ministro não estava, nem de longe, imune aos efeitos da alienação pública. Certo dia, Nicolson ficou chocado quando viu rabiscada num banheiro de estação a frase "Winston Churchill é um canalha".[53] Quando contou a um oficial da RAF que estava ao lado, o aviador encolheu os ombros:

— Sim. Os tempos mudaram. É o que se vê por toda parte.

— Mas que sórdido. Que coisa mais imunda!

— Bem, a verdade é que os homens odeiam os políticos.

— Winston, um político! Pelo amor de Deus!

Em 27 de outubro, o primeiro-ministro fez um brilhante discurso sobre suas experiências em Moscou. Em seguida, passou para a sala dos fuman-

"Tocando fogo na Europa". (Esq.) Instruindo *maquisards* no uso da submetralhadora automática, fornecida à Resistência em grandes quantidades pela SOE em 1944. (Abaixo) Uma missão da SOE parecendo apropriadamente exibida na Iugoslávia ocupada.

Imagens do Dia D: operação Overlord, 6 de junho de 1944, momento culminante da Segunda Guerra Mundial no Ocidente.

Com seu indigno predileto Alexander, na Itália, em 26 de agosto de 1944.

Em Paris, no dia do Armistício, 11 de novembro de 1944, um momento geralmente agradável com De Gaulle.

Em Atenas, em 26 de dezembro de 1944, encontrando as facções de combate gregas na conferência com Eden, o arcebispo Damaskinos, Alexander e Macmillan, enquanto os tiros ecoam nas ruas.

Em Yalta, em fevereiro de 1945, o almirante da Marinha dos Estados Unidos King se engaja em conversa séria com Brooke, Ismay e Marshall.

Um dos tanques fornecidos pela Grã-Bretanha ao Exército Vermelho desfruta um momento de triunfo enquanto transporta soldados russos vitoriosos pelas ruas de Sófia, capital da Bulgária.

Último cenário da campanha ocidental: Churchill de pé em um ponto com boa vista para o Reno, com Brooke e Montgomery, antes da travessia britânica em março de 1945.

A sublime consumação da liderança de Churchill na Grã-Bretanha durante a guerra. (Acima) Na sacada do Palácio de Buckingham com a família real no Dia da Vitória na Europa, 8 de maio de 1945. (Abaixo) Ele se dirige ao seu país e ao mundo, de Downing Street.

Com Truman e Stalin em Potsdam, em 17 de julho de 1945.
Embora não soubesse, Winston Churchill tinha apenas mais nove dias como primeiro-ministro de guerra britânico.

tes e disse ao barman: "Collins, eu gostaria de tomar um uísque com soda — dose única." Sentou-se por um instante e, levantando-se com dificuldade da poltrona, voltou ao bar: "Collins, apague a palavra 'única' e insira a palavra 'dupla'." "Então", conforme observou um parlamentar, "sorrindo para nós como um menino, sentou-se novamente."[54] Era mais um exemplo das atitudes bem-humoradas que ajudam a explicar por que as pessoas que trabalhavam com Churchill tinham por ele um amor tão profundo. Apesar de irritado com o chefe na época, Alan Brooke escreveu afetuosamente sobre uma cena que presenciou naquele inverno, quando os dois visitaram o nevoso front francês nos Vosges. O primeiro-ministro chegou para almoçar com De Gaulle "completamente congelado, quase enrolado em si mesmo como um ouriço. Foi posto numa cadeira com uma bolsa de água quente nos pés e outra no encosto. Ao mesmo tempo, um bom conhaque lhe foi derramado na garganta para aquecê-lo internamente. O resultado foi maravilhoso, ele descongelou num instante e, quando chegou a hora, produziu um daqueles discursos indescritivelmente engraçados em francês macarrônico que botou a casa abaixo".[55]

No entanto, o povo britânico já tinha se fechado para seus governantes, até mesmo para os melhores. Em vez de gratidão por aqueles que asseguravam a vitória no conflito mais terrível da história, muitos sentiam implacável ressentimento pelos políticos que, em sua visão, envolveram-nos na guerra. Ainda que Churchill não estivesse entre os Homens Culpados* dos anos 1930, passou a ser o porta-estandarte. E apesar da gigantesca estatura como líder guerreiro da Grã-Bretanha, milhões de eleitores sentiam que o interesse do primeiro-ministro pelos prosaicos problemas domésticos nos tempos de paz era apenas superficial. Um anônimo oficial do II Exército que combatia na Holanda escreveu para a revista *Spectator* sobre a disposição dos soldados britânicos sob seu comando: "[Eles] lutam pelo futuro do mundo, mas não acreditam nesse futuro (...) Pedem muita coisa do futuro, mas não esperam que se realize." Para o oficial, seus homens eram cronicamente desconfiados de qualquer autoridade, de todas as instituições e de todos os políticos, acima de tudo dos *tories*: "Talvez seja encorajador que, em 1944, Tommy [o recruta britânico] não se deixe levar pela conversa fácil de uma terra feita de heróis. Ele quer fatos, não palavras."[56] Poucos desses homens viam Winston Churchill como o líder nacional capaz de corresponder a suas esperanças quando a vitória chegasse e seu grande dever já estivesse cumprido.

---

* O nome "Homens Culpados" tem origem no livro *Guilty Men*, publicado em 1940 sob o pseudônimo "Cato". O livro apresentou a tese altamente difundida de que a situação dramática da Grã-Bretanha e o poder alemão em 1940 se deviam à fraqueza de quinze apaziguadores nos anos 1930, entre eles Chamberlain, Halifax e Baldwin. (N. da E.)

20
Atenas: "Ferido na casa de nossos amigos"

A retirada alemã dos Bálcãs precipitou, para Churchill, uma crise que prejudicou severamente sua reputação nos Estados Unidos, envolveu-o numa acirrada disputa política na Grã-Bretanha e culminou na última aventura militar perigosa de sua vida. No fim da Segunda Guerra Mundial, a experiência demonstrou que é muito mais difícil governar países libertados do que países derrotados. Isso porque é indesejável, se não impossível, arbitrar os negócios com a mesma impiedade. Se os neoconservadores americanos do século XXI tivessem compreendido de forma menos confusa a experiência de 1944-1945, se tivessem estudado com mais atenção as dificuldades aliadas para administrar territórios libertados na era de Roosevelt-Churchill, talvez mais tarde não infligissem tanta dor no mundo com os erros cometidos no Iraque e no Afeganistão.

Em quase todos os países europeus libertados do jugo alemão, antigos grupos de resistência armados pela SOE tentaram se afirmar no governo. Na França, só a extraordinária autoridade pessoal de De Gaulle e a presença dos exércitos anglo-americanos — além da recusa de Stalin em mobilizar seus seguidores num país onde a instabilidade política talvez prejudicasse interesses soviéticos — tornaram possível conter os comunistas franceses do FTP. Na vizinha Bélgica, o governo exilado que retornou de Londres em setembro enfrentou forte contestação de esquerdistas, incluídos os comunistas da Resistência. Tendo desempenhado modesto papel na libertação do país, agora, para desespero das autoridades, eles se recusavam a depor as armas. A relutância do governo belga em punir aqueles que serviram sob o regime alemão provocou muita raiva. Em 25 de novembro, sindicalistas de esquerda fizeram uma grande manifestação em Bruxelas e pareciam determinados a invadir edifícios governamentais. A polícia reagiu de maneira desproporcional, disparando contra os manifestantes e ferindo quarenta pessoas. Nas semanas seguintes, a tensão aumentou. O exército britânico, fortemente respaldado por Churchill, decidira não tolerar ameaças a suas linhas de comunicação com a frente de batalha, nem qualquer tentativa comunista de assumir o poder. Soldados britânicos chegaram a Bruxelas em grandes levas.

Essa ação restaurou uma paz ressentida, mas provocou comentários hostis na imprensa. Correspondentes americanos, em especial, lamentaram o uso da força para conter "heroicos combatentes da Resistência" de qualquer coloração política. Churchill demonstrou insensibilidade ao apoiar que governos há muito tempo exilados retornassem ao comando de sociedades traumatizadas e radicalizadas pela experiência da ocupação. Ainda assim, o entusiasmo dos americanos pela autodeterminação subestimava tanto a malevolência dos comunistas como o risco de que a anarquia tomasse conta dos países libertados.

Enquanto isso, nos Bálcãs, à medida que os alemães recuavam, movimentos guerrilheiros comunistas na Albânia e na Iugoslávia começaram a assumir o controle. Não havia elemento político forte o suficiente para detê-los, e, na Sérvia, Tito contava com a ajuda direta do Exército Vermelho. "Tito está se tornando uma pessoa detestável", disse Churchill a Smuts em 3 de dezembro. Os guerrilheiros iugoslavos exigiam a expulsão dos britânicos da área costeira de Dubrovnik. Ao mesmo tempo, na Europa Oriental, os "poloneses de Lublin" proclamaram-se governantes provisórios do país, sem qualquer oferta de participação ao governo exilado em Londres. Isso tudo deixava Churchill extremamente preocupado com o futuro da Grécia. Nos primeiros dias depois da retirada alemã, tropas britânicas foram recebidas com incontida alegria. Quando Eden visitou Atenas em 26 de outubro, o carro em que ele estava foi cercado por multidões em delírio. Lorde Moyne, que o acompanhava, comentou animadamente: "É bom que haja um país onde somos tão populares."[1]

A lua de mel grega acabou bruscamente. Facções armadas percorriam as ruas das cidades, em meio a relatos substanciais de que os comunistas estavam trucidando supostos "reacionários". O governo de Papandreou lutava para garantir o comando do país, enquanto os comunistas da EAM e do ELAS se recusavam a se desmobilizar e bandos guerrilheiros convergiam em Atenas. Os britânicos empenhavam-se em reforçar seu fraco contingente na capital, vasculhando o Mediterrâneo em busca de soldados. "O governo grego está se degenerando", escreveu o primeiro-ministro a Eden em 28 de novembro, "e precisamos decidir se vamos impor nossa vontade pela força das armas ou se vamos nos retirar completamente". Dois dias depois, ele chegou a uma decisão previsível: "É importante deixar claro que, se houver uma guerra civil na Grécia, estaremos do lado do Governo instalado por nós em Atenas, e que, acima de tudo, não hesitaremos em atirar."

No dia seguinte, 1º de dezembro, os seis ministros comunistas e socialistas do regime de Atenas renunciaram *en bloc* e convocaram uma greve geral. No dia 3, policiais amedrontados e sem disciplina abriram fogo numa manifestação. Um policial e onze manifestantes morreram. Multidões furiosas cercaram delegacias de polícia em Atenas. A polícia, como outros elementos das improvisadas forças de segurança de Papandreou, era amplamente vista pelos gregos como colaboradora dos ocupantes alemães. O historiador Mark Mazower escreveu: "Apesar de Churchill acreditar que tinha impedido uma tentativa comunista de tomar o poder, não há sinal de que a revolta em Atenas fosse outra coisa além de um movimento popular espontâneo que surpreendeu a liderança partidária [comunista]."[2] De início, os guerrilheiros da EAM e do ELAS concentraram fogo nas forças do governo grego. Contudo, quando perceberam que as tropas britânicas defendiam a causa de seus inimigos de direita, começaram a disparar contra os "libertadores".

As nuances da situação escapavam ao entendimento dos comandantes britânicos no local. Eles só viam que sua autoridade estava sendo violentamente contestada. Ainda deve-se notar, como a maioria dos observadores americanos na época não enxergou, que, em toda a Grécia, os comunistas realizavam sanguinários expurgos de adversários burgueses, que com frequência incluíam as famílias. Churchill estava furioso. Avaliava a situação grega e as intenções comunistas pelo prisma de acontecimentos na Polônia, na Albânia, na Iugoslávia e na Bélgica.

A crise grega começou quando a da Bélgica ainda estava nas manchetes. Churchill foi julgado de forma errônea e áspera pelos americanos, que viam nas ações do primeiro-ministro a luta por um desfecho antidemocrático na Grécia. Seu erro foi, durante dois meses turbulentos, ter concedido ao rei grego George II, exilado em Londres, poder de veto sobre arranjos constitucionais. Tão imoderada era a hostilidade de Churchill aos comunistas da EAM e do ELAS, que Clementine sentiu a necessidade de escrever-lhe um bilhete de advertência:

> Meu querido Winston,
>
> Por favor, antes de apurar plenamente os fatos, não repita para ninguém o que você me disse hoje de manhã, ou seja, que os Comunistas de Atenas demonstraram sua habitual covardia ao colocar mulheres e crianças em sua frente para serem fuziladas. Porque, embora os Comunistas sejam perigosos, talvez até sinistros, pelo visto demonstraram coragem pessoal no Continente durante a Guerra...
>
> Sua amorosa e dedicada Clemmie[3]

As palavras de Clementine tinham peso, pois refletiam um sentimento público disseminado tanto na Grã-Bretanha quanto nos Estados Unidos. Durante toda a ocupação nazista, a propaganda aliada enfatizara bastante o papel dos comunistas na Resistência, pintando a EAM e o ELAS, e também os guerrilheiros de Tito na Iugoslávia, como heroicos combatentes da liberdade. No entanto, tal contribuição na luta antinazista foi exagerada, e relatos sobre as atrocidades que cometeram, bem conhecidas por oficiais da SOE na região, foram suprimidos. Com isso, muita gente em ambos os lados do Atlântico via um retrato irreal da esquerda grega.

Churchill comprometeu ainda mais sua autoridade com o desejo persistente de salvar a monarquia grega, cujas provas esmagadoras de impopularidade ele insistia em ignorar. Quase todos os seus ministros, incluídos Eden e Macmillan, relutavam em oferecer qualquer apoio a George II. Também tinham consciência de que o regime de Papandreou era frágil, um alicerce nada convincente para a restauração da democracia. Churchill provavelmente estava certo ao supor que, se os Aliados nada fizessem, os comunistas tomariam a Grécia com a mesma crueldade que demonstraram no restante da Europa Oriental e nos Bálcãs. Entretanto, uma diplomacia desajeitada levou os britânicos a serem vistos, principalmente em Washington, como futuros opressores imperialistas de um povo libertado. Lincoln McVeagh, o ministro americano em Atenas, criticou os britânicos por "tratarem esse país fanaticamente amante da liberdade como se fosse composto por nativos sob o raj britânico".

Em 5 de dezembro, Edward Stettinius, que acabara de substituir Cordell Hull como secretário de Estado dos Estados Unidos, agravou a situação quando criticou publicamente a política britânica na Grécia e na Itália, onde os britânicos não chegavam a um acordo com os americanos sobre a possibilidade de o conde Sforza desempenhar uma função no novo governo de Roma. Disse Sttetinius: "Esperamos que os italianos resolvam seus problemas de governo, seguindo os princípios democráticos e sem influência externa. Esta política se aplicaria em grau ainda mais pronunciado a governos das Nações Unidas* nos territórios libertados."[4] Fossem quais fossem os méritos do argumento, Stettinius certamente não ajudou ao distanciar publicamente os Estados Unidos da Grã-Bretanha, e sua atitude se provou danosa sobretudo para Churchill.

Uma acentuada mudança de opinião ocorria na mídia americana. Comentaristas conservadores, até então descrentes da política externa britânica, já se mostravam solidários aos esforços de Churchill para conter a investida do comunismo europeu. A imprensa liberal, contudo, criticava o que lhe pareciam novas manifestações de imperialismo britânico. A suposta conduta abusiva da Grã-Bretanha na Grécia e na Itália provocava, nos Estados Unidos, mais comentários e protestos do que o implacável tratamento dispensado pela Rússia aos territórios europeus recém-ocupados, o que ilustrava bem a tendência daqueles dias.

Muitos jornais americanos afirmavam ser um direito dos movimentos de Resistência, independentemente da coloração política, ter voz ativa no governo de seus países. Uma pesquisa de opinião do Departamento de Estado declarou: "Jornais 'liberais', defendendo maior representação para as forças de Resistên-

* Ou seja, aos Aliados.

cia, criticaram a suposta tentativa churchilliana de manter um regime reacionário contra a vontade do povo grego."[5] William Shirer, da CBS, recomendou que os Estados Unidos fizessem valer suas palavras e agissem em oposição ao "toryismo" britânico. O Departamento de Estado disse: "A proposta de que a composição de governos na Itália e nos 'territórios libertados' deve ser um assunto interno tem ganhado apoio universal (...) Representantes de organizações greco-americanas visitaram o Departamento de Estado para protestar contra a intervenção britânica na Grécia (...) O Departamento também recebeu numerosas cartas de organizações e indivíduos que protestavam contra a política britânica e aplaudiam a declaração dos Estados Unidos [de 5 de dezembro]."[6]

Os soviéticos e os britânicos eram indistinguíveis para diversos jornais americanos, que os enxergavam como dois países tentando impor a vontade egoísta de ambos a povos livres. Os isolacionistas acusavam a Grã-Bretanha, e explicitamente Churchill, de "querer sepultar a Carta do Atlântico" e seu direito declarado à autodeterminação. O *Raleigh News & Observer*, da Carolina do Norte, afirmou que "o fuzilamento de gregos, cujo maior crime foi se opor a um governo que tenta trazer de volta um rei desacreditado", foi "não apenas um erro, mas também uma tragédia". Havia demandas crescentes, repercutindo também no Congresso, por uma revisão da lei do Lend-Lease, a fim de vincular a ajuda americana à Grã-Bretanha e à Rússia a políticas externas menos impassíveis. O *Chicago Sun*, recomendando essa revisão, observou que "Washington tem o direito e a obrigação de deixar claro para o governo britânico que não é nosso objetivo ajudar os inimigos da democracia na Itália, na Grécia ou onde quer que seja com o Lend-Lease ou com quaisquer outros meios".

Em dezembro, uma pesquisa de opinião em Princeton revelou que, para os americanos, a Grã-Bretanha provavelmente seria um aliado muito menos confiável depois da guerra do que a China.[7] Em 13 de dezembro de 1944, a imprensa americana noticiou protestos e marchas estudantis antibritânicas em Harvard, Radcliffe, Wellesley e Northeastern. Em Boston, estudantes carregavam cartazes que proclamavam: AMERICANOS APOIAM CHURCHILL COMO LÍDER DE GUERRA, NÃO COMO *TORY*. Os manifestantes divulgaram uma declaração: "Não somos contra Churchill como líder de guerra, mas contra sua política reacionária na Bélgica, na Itália e na Grécia." Sindicalistas americanos também protestaram contra a política britânica.

Um ataque ao primeiro-ministro promovido por H. G. Wells foi amplamente divulgado. "Churchill precisa sair", escreveu o sábio literário no *Tribune*: "Winston Churchill, atual candidato a Führer britânico, é uma pessoa com ideias limitadas às aventuras e oportunidades da vida política britânica (...) Agora parece ter perdido totalmente a cabeça (...) Quando o povo britânico se viu humilhado pela política implacável da velha gangue conservadora no poder, a belicosidade de Winston o colocou em posição de destaque. O país gostava de lutar, e ele se deliciava com a luta. Na falta de motivo melhor, tornou-se símbolo do nosso gosto nacional pelo conflito, função que não precisa mais exercer."[8] Thomas Stokes escreveu no *Los Angeles Times*, em 12 de dezembro: "O que vemos agora é o início de uma grande batalha entre a direita e a esquerda pelo controle da Europa do pós-guerra. De um lado está a Grã-Bretanha, de outro, a Rússia, com os Estados Unidos como uma espécie de árbitro tentando estabelecer um caminho intermediário, na difícil posição do liberal constrangido que se viu no meio do fogo cruzado."

Para Churchill, a única notícia positiva vinda da Grécia era que os russos aparentemente estavam mantendo distância. "Isto é bom", escreveu para Eden, "e mostra como Stalin desenvolve seu jogo."[9] Pelo menos dessa vez, o otimismo do primeiro-ministro era justificado. Durante todo o imbróglio na Grécia, não houve sinal de que Moscou tentasse interferir. Churchill chegou a afirmar que, nesse ponto, achava os russos muito mais dóceis do que os americanos. Stalin reconhecia esferas de influência, por mais amplamente que tentasse estender a própria rede. Roosevelt não.

Em 8 de dezembro de 1944, houve um tempestuoso debate na Câmara dos Comuns sobre a Grécia, no qual Emanuel Shinwell e Aneurin Bevan, homens de esquerda, comandaram o ataque ao governo. Churchill, que mais uma vez preferiu lembrar à Câmara que ela poderia dispensá-lo se quisesse, ganhou um voto de confiança por 279 a 30. No entanto, muitos parlamentares continuaram insatisfeitos. Na visão de Harold Nicolson, o primeiro-ministro interpretara mal a disposição da Câmara, que "na melhor das hipóteses era de angustiada perplexidade, e na pior era de pura e inflamada fúria".[10] Harold Macmillan, que compareceu ao debate, esteve em seguida com o primeiro-ministro no Anexo de Downing Street. Achou-o cansado e petulante: "Ele continuou falando de modo um tanto triste e deprimido. O debate sem dúvida o cansara muito, e acho que ele percebia os perigos inerentes à política grega na qual embarcamos. Vencera o debate, mas não a batalha de Atenas."[11]

Churchill parecia inflexível. Telegrafou para Rex Leeper, o embaixador britânico na Grécia, em 10 de dezembro: "Em Atenas, como em toda parte, nossa máxima é 'não há paz sem vitória'." Contudo, o tenente-general Ronald Scobie, comandante das tropas britânicas, informou por mensagem que não tinha efetivo suficiente para manter o controle da capital, menos ainda para executar o desarmamento da guerrilha, como desejava o primeiro-ministro. Alexander era então comandante em chefe do Mediterrâneo, tendo substituído "Jumbo" Maitland-Wilson, que foi despachado como representante militar britânico em Washington após a morte repentina de Sir John Dill. Churchill insistiu que Alexander encontrasse mais soldados para a Grécia.

As relações com os americanos pioraram rapidamente. Em 5 de dezembro, Churchill solicitara a Scobie que adotasse uma política impiedosa com a guerrilha comunista: "Não hesite em abrir fogo contra qualquer homem armado em Atenas que ataque a autoridade britânica ou a autoridade grega (...) aja como se estivesse numa cidade conquistada em que há uma rebelião local." Jock Colville despachou essa mensagem às cinco da manhã, e, exausto, esqueceu de marcá-la com PROTEGER — assegurando que não fosse mostrada aos americanos. O almirante Ernest King, por iniciativa própria e ainda sem saber da ordem draconiana de Churchill, mandou que remessas americanas não fossem usadas para abastecer ou reforçar os britânicos na Grécia. Churchill passou um telegrama para Harry Hopkins em 9 de dezembro: "Entristece-me ver sinais das nossas divergências numa época em que a união é ainda mais importante, quando o perigo retrocede e as divisões aparecem." Hopkins convenceu King a rescindir sua ordem, aparentemente sem consultar Roosevelt. Entretanto, um editorial do *Washington Post* declarou, em 9 de dezembro: "O povo americano não sente prazer algum diante do espetáculo de tanques Sherman sendo usados contra os homens que resistiram ao inimigo na Hélade assolada pela guerra." O correspondente Barnet Nover criticou Churchill pelas severas palavras sobre as guerrilhas comunistas gregas: "O que foi que, de repente, transformou esses patriotas em 'bandidos'?"

Uma fonte maldosa em Washington vazou o comando draconiano de Churchill a Scobie para o colunista Drew Pearson, que o publicou no *Post* em 11 de dezembro. A diatribe antibritânica que se seguiu levou Churchill a traçar um paralelo desfavorável com o silêncio oportuno de Moscou. "Acho que recebemos de Stalin um bom tratamento na Grécia", escreveu para Eden, "bem melhor, na verdade, do que recebemos dos americanos."[12] O *Post* observou em editorial de 6 de dezembro: "O uso da força traz consigo as sementes de sua própria destruição." No dia 8, um artigo do *Post* assinado por Marquis Childs afirmava: "Winston Churchill e sua claque querem acreditar que é possível passar um pouco de tinta e um pouco de verniz sobre a velha ordem e recolocá-la no lugar. Não vai ficar em pé. É o que dizem as notícias de Bruxelas e Atenas (...) o caminho adotado na Grécia e na Bélgica é a melhor maneira de garantir o comunismo no fim."

Em 14 de dezembro, Walter Lippmann escreveu no *Washington Post* que houve problemas na Grécia "porque o sr. Churchill está tentando aplicar no governo o grande princípio de legitimidade sem avaliar corretamente o contexto inédito criado pela conquista e pela ocupação nazistas". O problema de quem tentava reconstruir a Europa era "como fundir a legitimidade adquirida pelos movimentos de Resistência à legitimidade herdada pelos velhos governos". Era uma análise precisa do dilema de Churchill, carente apenas de uma resposta.

Os acontecimentos na Grécia e em outras regiões tiveram a influência decisiva do resultado de políticas promovidas pelo próprio primeiro-ministro por meio da SOE. Só foi possível para o ELAS desafiar o governo grego e seus patrocinadores britânicos porque Londres havia armado os comunistas.

Halifax telegrafou pesarosamente da embaixada em Washington: "Nossa versão dos fatos é amplamente desacreditada."[13] Em Atenas, as unidades de Scobie enfrentavam pressão cada vez mais violenta dos guerrilheiros do ELAS. A insurgência começava a se manifestar abertamente. Alexander informou por mensagem: "As forças britânicas estão sitiadas no coração da cidade." Tanto Macmillan como Leeper, da embaixada britânica, achavam que Churchill não entendia as complexidades da situação. Por mais desagradáveis que fossem os comunistas, a direita grega era pelo menos tão desagradável quanto. Macmillan recomendou ao primeiro-ministro que aceitasse deixar o rei — "o verdadeiro vilão da peça" — exilado em Londres, enquanto o primaz de Atenas, o arcebispo Damaskinos, fosse designado regente em Atenas para reconciliar as facções em guerra. Damaskinos, de 53 anos, nascido Dimitrios Papandreou, ficara famoso durante a ocupação por desafiar publicamente os alemães e, em especial, por denunciar a perseguição aos judeus. Macmillan não tinha muita paciência com o primeiro-ministro grego: "Não queremos começar a Terceira Guerra Mundial contra a Rússia antes de terminarmos a Segunda Guerra Mundial contra a Alemanha — e certamente não é para agradar a M. Papandreou."[14] Os britânicos em Atenas, que viam na regência a melhor possibilidade de um arranjo aceitável para o povo grego, ficaram furiosos com a suposta duplicidade do primeiro-ministro grego, que solicitou a George II que rejeitasse o comando.

Os homens do exército britânico obrigados a sustentar à força o regime de Atenas estavam tão divididos quanto o resto do mundo sobre os méritos da causa. O capitão Phillip Zorab, por exemplo, odiava os comunistas e tudo que via ou ouvia falar sobre suas proezas: "Esses guerrilheiros do ELAS não querem nem saber quem atingem ou deixam de atingir", escreveu numa carta para casa, "e tenho quatro relatos em primeira mão de atrocidades cometidas contra outros gregos (...) Os gregos agora sabem que, quando dissemos que diferenças políticas não seriam resolvidas com armas, estávamos falando sério."[15] Outros soldados britânicos, porém, sentiam-se profundamente incomodados com o papel que estavam desempenhando. O major A. P. Greene, artilheiro como Zorab, disse à família:

> Pensei muito antes de escrever esta carta, porque ela contém algumas opiniões bem definitivas. Contudo preciso expressá-las, ou dez anos de princípios não terão valido de nada. Em resumo, acho que nosso país está sendo induzido ao

> erro na questão da Grécia. Acabei de ler o discurso de Churchill e discordo veementemente. A Grécia é um país sem tradição de verdadeira democracia em sua história moderna (...) Nós, os pregadores da não intervenção, estamos impondo à Grécia o governo que queremos e que, aos nossos olhos, o país também quer. (...) Para mim, o discurso de Churchill foi uma mentira política (...) As pessoas que estão em casa precisam saber que é o *Manchester Guardian*, e não Churchill, que representa a opinião de 80% do exército aqui. Sejam soldados regulares ou voluntários, sejam oficiais de alta patente ou recrutas, a vasta maioria não quer ter nada a ver com o que consideram uma guerra inventada por Churchill para salvar a própria reputação.

Greene reconhecia que todas as facções locais eram responsáveis por atrocidades, "mas acho que a maioria da juventude grega quer o socialismo (...) Permanecerei até ficar tão profundamente farto de ajudar na instalação de um regime fascista na Grécia que terei a coragem necessária para me demitir".[16] Estava certo ao acreditar que a experiência da guerra havia radicalizado a juventude grega, como parece tê-lo radicalizado também. Contudo, se Churchill errou ao apoiar a restauração da monarquia, tinha boas razões para não permitir que o poder caísse, na ausência de melhor alternativa, em mãos comunistas, como muito provavelmente teria ocorrido não fosse a intervenção militar britânica.

Em 17 de dezembro, Alexander declarou que talvez precisasse de outra divisão de infantaria para manter Atenas, uma perspectiva chocante, uma vez que essa grande unidade precisaria ser retirada do front italiano. Dois dias depois, 563 integrantes da RAF no quartel-general em Kifissia, nos arredores de Atenas, renderam-se ao ELAS depois de uma batalha na qual 57 aviadores foram mortos ou feridos. Durante o mês de luta em Atenas, o exército britânico sofreu uma assombrosa quantidade de baixas, 169 mortos, 699 feridos e 640 desaparecidos — na maioria prisioneiros —, para algo que começara como uma operação de segurança pós-libertação. Macmillan escreveu em seu diário em 21 de dezembro: "Pobre Winston! Com a Grécia, a Polônia e a ruptura alemã na frente ocidental, vai ser um Natal horrível."[17] No dia 22, com a luta cada vez mais intensa, Churchill finalmente começou a aceitar a possibilidade de uma regência, com o rei mantido fora da Grécia enquanto se realizava um referendo sobre o futuro dele. Ainda assim, Churchill disse asperamente a Cadogan: "Não instalarei um Ditador."[18] Na verdade, o primeiro-ministro estava indeciso. Uma enxurrada quase diária de perguntas na Câmara dos Comuns mantinha o governo sob pressão. Ele telegrafou para Smuts: "Tenho enfrentado infinitos problemas com a Grécia, onde fomos feridos na casa de nossos amigos. Os comunistas e as forças de esquerda no mundo inteiro têm se agitado em solidariedade a essa nova chance, e, com suas reportagens, a Imprensa Americana tem minado nosso prestígio e nossa autoridade na Grécia. Não conseguiríamos estabelecer uma política britânica na volta do rei. Precisamos, a todo custo, evitar a imagem de que o estamos impondo aos gregos com nossas baionetas."

Churchill teria evitado muito sofrimento — talvez até o sangrento conflito na Grécia — se tivesse chegado a essa conclusão meses antes, proclamando-a explicitamente para o povo grego. No entanto, era difícil resolver os problemas de metade de um mundo que emergia dos horrores da ocupação, em meio à nova realidade do expansionismo soviético. Se a política britânica por vezes era equivocada, a americana não ficava para trás. A embaixada britânica em Washington informou a Londres sobre a opinião da mídia americana: "A indignação com a Grã-Bretanha deu lugar a uma espécie de pessimismo raivoso e amargo, centrado na ideia de que foi ingenuidade supor que os leopardos europeus, em particular os russos e os britânicos, pudessem alterar suas pintas ouvindo apenas algumas palavras idealistas dos Estados Unidos."[19]

Qual seria a próxima linha de ação? Na tarde de sábado, 23 de dezembro, Churchill seguiu de carro para Chequers, onde um grande grupo familiar se reunia para o Natal. Logo após ter chegado, anunciou que abandonaria a comemoração para ir a Atenas. A decisão consternou a todos, especialmente Clementine. Foi um dos raros momentos da guerra em que ela desabou, subindo a escada aos prantos. O marido tinha 70 anos e não estava bem de saúde. O secretário particular John Martin escreveu em seu diário: "Estou muito feliz por não participar de uma expedição que desaprovo, o prêmio não compensaria os riscos."[20] Ainda na véspera do Natal, Churchill e seu *entourage*, entre eles Anthony Eden, seguiram de carro para Northolt, de onde decolaram para a Itália num C-54 Skymaster americano novo. "Façam-no parecer britânico", solicitara Churchill quando o avião foi entregue, e o transporte, depois de passar por uma reforma, oferecia um extraordinário padrão de conforto para a época. A única reclamação do passageiro principal foi de que o relógio em seu compartimento particular tiquetaqueava alto demais, e insistiu em desligar o assento aquecido a eletricidade de um vaso sanitário.

O que Churchill esperava conseguir em Atenas? Acreditava corretamente que, para o prestígio global da Grã-Bretanha, sobretudo para as relações com os Estados Unidos, seria essencial estabilizar a Grécia. Era implausível alcançar esse fim com Papandreou no poder. Seria necessário formar um governo de ampla coalizão. Seus conselheiros achavam que o arcebispo Damaskinos talvez oferecesse uma âncora adicional supervisionando a criação desse regime. Contudo, Churchill não estava muito inclinado a entregar o país a um ardiloso prelado local. Como sempre, queria agir e ser visto agindo por conta própria. Nas primeiras horas do dia de Natal, o Skymaster aterrissou no aeródromo de Kalamaki.

Alguém do comitê de recepção observou, sardonicamente, que os visitantes "tinham um ar de homens a quem ocorrera uma ideia brilhante depois da terceira taça de vinho do Porto, com base na qual decidiram agir imediatamente, mas já não conseguiam se lembrar com clareza que ideia era essa".[21] Aos olhos de Macmillan, o primeiro-ministro estava "num estado de espírito relaxado, para não dizer esmorecido".[22] Houve uma conferência de duas horas dentro do avião, cujo interior se tornara gélido. A datilógrafa de Churchill, Elizabeth Layton, trêmula de frio, temia pela saúde do "Patrão". As condições de segurança eram bem piores do que se reconhecia em Londres, com atiradores agindo em muitas partes da capital grega. Ao anoitecer, um comboio de carros blindados levou o grupo numa longa, tensa e desconfortável viagem a Falero, onde foi transportado de lancha para o cruzador ligeiro *Ajax*, veterano da Batalha do Rio da Prata em 1939, ancorado longe da costa, fora do alcance de armas leves.

O comandante do navio advertiu o ilustre visitante de que talvez fosse necessário perturbar a tranquilidade com o disparo do principal armamento do navio em apoio às forças terrestres britânicas. Churchill, é claro, ficou entusiasmado com essa perspectiva: "Por favor lembre-se, comandante, de que estou aqui como uma arrulhante pomba da paz, trazendo no bico um raminho de visco, mas longe de mim interferir nas necessidades militares." Pouco depois, Macmillan, Leeper, Papandreou e Damaskinos subiram a bordo. O espetáculo do prelado em seu traje canônico, que incluía um báculo negro de castão de prata, passando nas escadas de convés por marujos que festejavam o Natal em uniformes de gala, pareceu aos britânicos irresistivelmente engraçado.

Churchill ficou encantado com o efusivo arcebispo, que deixou claro seu repúdio aos comunistas e às atrocidades que haviam cometido. O prelado, diria depois o primeiro-ministro aos parlamentares, "me pareceu um homem notável, com os adornos de cabeça erguendo-se, moral e fisicamente, sobre a cena caótica".[23] Colville escreveu: "Estamos agora na curiosa e invertida posição em que o primeiro-ministro é fortemente pró-Damaskinos (...) enquanto [Eden] se inclina na outra direção."[24] Na manhã seguinte, os visitantes se levantaram para inspecionar o campo de batalha — que Churchill chamou de "o panorama rosa e ocre de Atenas e do Pireu, com deliciosas cintilações de vida e emplumado pelas glórias clássicas e pelas infinitas misérias e triunfos de sua história".[25] Um sol brilhante banhava a praia. "Dá para ver a fumaça da batalha nas ruas a oeste do Pireu", escreveu Colville, "e há um ruído constante de fogo de artilharia e metralhadora. Tivemos uma esplêndida visão de Beaufighters metralhando um reduto do ELAS."[26]

Osbert Lancaster, o artista que trabalhava como adido de imprensa à embaixada britânica, descreveu a chegada de Churchill na tarde seguinte, mais uma vez conduzido do porto por carro blindado pelas ruas monótonas, poeirentas e escoriadas de balas. O primeiro-ministro usava uniforme de comodoro do Ar da RAF: "A mudança de aparência, desde que eu o vira pela última vez de perto, cerca de três anos antes, era marcante. O rosto parecia moldado em lardo, levemente cingido com corante vermelho, e o cabelo precisava urgentemente de um bom corte. No entanto, o som de morteiros e tiros de fuzil, combinado com as históricas associações do campo por onde acabara de passar, evidentemente já produziam efeito tônico, de modo que ele se distinguia de todos os companheiros por um óbvio e inabalável senso de propósito, não menos impressionante por ser, no momento, indeterminado."[27] A insinuação de que os arranjos eram confusos não tinha base. Os britânicos já haviam convocado uma conferência com todas as partes em guerra, a ser realizada sob os auspícios de Churchill, mas sob a presidência de Damaskinos.

A embaixada parecia um posto avançado sitiado durante a Rebelião Indiana. A eletricidade fora cortada, enquanto os tiros de canhão se encarregavam do acompanhamento musical. Cerca de cinquenta funcionários, entre eles muitas mulheres, subsistiam havia nove dias com rações do exército em condições de extremo desconforto. A esposa do embaixador, que causou melhor impressão em Macmillan do que o marido, dirigia as operações internas com uma coragem e uma energia dignas de um drama imperial vitoriano. Felizmente para os cativos, os guerrilheiros do ELAS dispunham apenas de armas leves, então os britânicos estariam seguros desde que não se expusessem em portas e janelas. Entre os encontros com comandantes, Churchill reuniu-se com a equipe de funcionários da embaixada, à qual fez elogios e para a qual depois providenciou uma imediata distribuição de medalhas.

Às quatro da tarde, representantes das facções gregas se juntaram ao redor de uma longa mesa na gélida e árida sala de conferência no Ministério do Exterior. O estridente ruído da mosquetaria pontuava as atividades, com vozes muitas vezes abafadas pelos estrondos e abalos de foguetes e morteiros. Churchill sentou-se no centro, ladeado pelo arcebispo Damaskinos, por Eden e Macmillan. Numa das extremidades estavam representantes americanos, russos e franceses. Os gregos aglomeravam-se em volta, deixando espaço num lado vazio para os comunistas, que estavam atrasados. Churchill e o prelado falaram longa e brilhantemente, com demoradas pausas para a tradução, antes de receberem notícias dos ausentes, "três bandidos esfarrapados".[28] Os comunistas se atrasaram devido a uma discussão com seguranças britânicos, pois insistiam em entrar armados na sala de conferência. Churchill posteriormente descreveu sua chegada para Clementine: "depois de pensar um pouco, apertei a mão dos delegados do ELAS, e ficou claro, pela reação, que estavam satisfeitos".[29] Ele repetiu parte da fala de abertura: "O sr. Eden e eu viemos de longe, embora grandes batalhas estejam sendo travadas na Bélgica e na fronteira alemã, para fazer este esforço de resgatar a Grécia de um destino miserável e erguê-la a uma posição de grande fama e renome (...) Se a Grécia é monarquia ou república, cabe aos gregos, e apenas aos gregos, decidir. Desejo aos senhores tudo que há de bom e o bem para todos."

Alexander disse: "Em vez de trazer minhas brigadas para a Grécia, eu gostaria de ver brigadas gregas me ajudando na Itália na guerra contra o nosso inimigo comum." Macmillan ficou enojado com as platitudes aduladoras oferecidas pelos comunistas, que louvaram seu próprio desejo de paz: "Achei tudo muito falso, especialmente por me lembrar das pavorosas atrocidades que esses homens estão cometendo tanto contra nossas tropas quanto contra inofensivos conterrâneos deles em toda a Grécia. Winston ficou muito comovido, porém."[30] Então os estrangeiros se levantaram e saíram da mesa para que os gregos negociassem entre si.

Do lado de fora, as interações proporcionaram alguns episódios pitorescos. O primeiro-ministro puxou conversa com o líder da missão militar russa: "Qual é o seu nome? Popov? Bem, Popov, vi seu chefe outro dia, Popov! Bons amigos, seu chefe e eu, Popov! Não se esqueça disso, POPOV!" Apesar do inglês do coronel ser muito limitado, ele percebeu que Churchill tentava ostentar as relações que mantinha com Stalin. Então, explicaram que a demora para começar as atividades fora causada pela necessidade de desarmar os delegados comunistas. O primeiro-ministro refletiu por alguns instantes e tirou do bolso uma pistola, resmungando complacentemente: "Não sei nem descrever como é a sensação de segurança que a gente tem quando sabe que é o único homem armado numa assembleia como esta!"[31] E guardou a arma no sobretudo antes de se retirar com seu *entourage* em carros blindados que seguiriam para a embaixada e de lá para Falero. Quando a datilógrafa Elizabeth Layton se sentou em frente ao primeiro-ministro na cabine do batelão, Churchill disse: "Não, sente-se aqui do meu lado." Para irônico deleite de Alexander, os dois fizeram a viagem de volta para o *Ajax* agasalhados juntos num imenso tapete.

No dia seguinte, o arcebispo foi à embaixada britânica para informar sobre o andamento das estridentes e amargas conversas no Ministério do Exterior. A certa altura, aparentemente, o general Plastiras — que Churchill insistia em chamar de "Plaster Arse" [bunda de gesso] — berrou para um comunista: "Sente-se, assassino!"[32] O primeiro-ministro estava de bom humor, tendo sido levado por Alexander a um ponto de observação de onde o general lhe explicou o campo de batalha de Atenas. Macmillan viu nisso uma reprise da famosa aparição de Churchill num tiroteio com terroristas em Londres em 1911, ainda secretário do Interior: "É claro que isso aqui é como uma 'de Stepney', e ele adorou ouvir o problema ser explicado por um mestre da arte militar."[33] Quando os delegados do ELAS pediram para falar a sós com Churchill, ele aceitou na hora. Mas Macmillan e Damaskinos convenceram-no de que era essencial deixar os gregos resolverem as próprias dificuldades. Naquela noite, o arcebispo anunciou a renúncia de Papandreou como primeiro-ministro. A última medida que tomara no cargo foi passar um telegrama para o rei George II em Londres, na qual declarava o endosso consensual dos políticos gregos a uma regência. Churchill escreveu para Clementine: "Esta quarta-feira foi um dia animado e não de todo infrutífero. O ódio entre esses gregos é terrível. Quando um lado tem todas as armas que lhes demos para lutar contra os alemães e o outro, embora muitas vezes possua o mesmo contingente, não tem nenhuma, é evidente que um pavoroso massacre ocorreria se nos retirássemos."[34]

A falta de eletricidade e lâmpadas de flash tornou necessário que as fotos do adeus do primeiro-ministro fossem tiradas no jardim da embaixada, para horror dos responsáveis por sua segurança. O acesso só era possível atravessando-se uma curta passarela a partir da sala de estar, na qual ele ficava exposto aos olhares da Constitution Avenue. Tentativas de mantê-lo atrás do muro do jardim foram frustradas por uma avalanche de fotógrafos, que fizeram o primeiro-ministro parar na passarela. Para desespero do adido de imprensa que vinha atrás, "uma pequena rachadura seguida por uma chuva de reboco anunciou que uma bala atingira o muro sessenta centímetros acima de nossas cabeças. Reunindo toda a minha coragem (...) dei no enfurecido primeiro-ministro um brusco empurrão nas costas, levando-o rapidamente pela escada até a relativa segurança do jardim".[35] Em 28 de dezembro, Churchill voou de Atenas para Nápoles. Tinha como desejo ficar mais tempo para se encontrar novamente com os gregos. Mas Macmillan o convenceu de que era sua obrigação voltar a Londres e fazer o rei George dos helenos aceitar a regência. Churchill deixou que lhe apertassem o cinto na poltrona do Skymaster, reconhecendo que "mesmo as pessoas mais proeminentes estão sujeitas às leis da gravidade". Quando o avião já taxiava, ele de repente mandou parar. Insistia em passar à equipe de solo uma emenda ao comunicado final britânico. Em seguida, decolou para a Itália e de lá para casa.

Em Londres, na tarde do dia seguinte, o primeiro-ministro se encontrou duas vezes com o rei dos helenos, às dez e meia da noite e à uma e meia da madrugada. Às quatro da manhã, George II finalmente concordou com a regência. Churchill retirou-se para dormir após um dia de viagem e trabalho que durara 22 horas. O general Nikolaus Plastiras se tornou primeiro-ministro, mas foi forçado a renunciar logo depois, quando vazou uma carta revelando que em 1941 ele se oferecera aos nazistas como líder de um governo grego colaboracionista. Na noite de 4 de janeiro de 1945, o poder de fogo do exército britânico e a falta de confiança na possibilidade de sucesso convenceram a guerrilha comunista a retirar-se para o interior. Um intranquilo armistício foi firmado entre as facções. A violência em Atenas diminuiu, embora a presença de 90 mil soldados britânicos fosse necessária para controlar o território. A Grécia continuou a ser um país em guerra civil de 1946 a 1949, mas um governo não comunista — na realidade, ferozmente anticomunista — sobreviveu até os americanos aliviarem os britânicos da responsabilidade de manter a segurança grega.

A visita de Churchill foi importante principalmente porque o levou a uma linha de ação que todos os outros atores britânicos já haviam endossado. O fator decisivo na Grécia foi a abstenção de Stalin. Convinha a Moscou reconhecer que o aliado responsável pela libertação de um país ocupado determinaria seu futuro governo. Os líderes guerrilheiros do ELAS ficaram muito mais impressionados com o silêncio do coronel Popov, o homem de Stalin em Atenas, do que com a eloquência do primeiro-ministro da Grã-Bretanha. Na Grécia, Churchill recebeu uma única recompensa pelo "acordo das percentagens" de Moscou, que os americanos tanto detestavam. Tão atormentada e dividida estava a sociedade grega após a ocupação que é difícil imaginar qualquer caminho capaz de produzir o estabelecimento pacífico de um governo democrático. O que emergiu foi, provavelmente, o resultado menos pior, embora ninguém pudesse se orgulhar desse desfecho.

O dramático mergulho de Churchill na diplomacia pessoal recebeu menos atenção pelo mundo do que talvez recebesse em outras circunstâncias, já que coincidiu com a Batalha das Ardenas na Bélgica e em Luxemburgo. De acordo com uma pesquisa do Departamento de Estado, a impressão dominante na mídia americana sobre as ações britânicas continuava desfavorável: "As divergências anglo-americanas e a ação militar britânica na Grécia no começo de dezembro receberam duas vezes mais espaço de primeira página do que a missão de Churchill em Atenas (...) Durante a crise, a opinião editorial predominante nunca foi categoricamente contrária à liderança britânica na Grécia e no Mediterrâneo, mas se opunha com vigor à possível imposição ao povo grego de um governo não representativo e impopular, assim como à possível criação de uma fechada esfera britânica de interesse."[36] A última coluna de Drew Pearson em 1944 comparou desfavoravelmente o "imperialismo ultrapassado" de Churchill a atitudes mais esclarecidas do Estado britânico noutras partes. Críticas às deficiências britânicas dentro e fora do país já eram tema constante da imprensa americana. Virginius Dabney escreveu no *New York Times*, em 31 de dezembro, que a opinião pública na América do Sul, tradicionalmente simpática à Grã-Bretanha, estava ficando hostil. "O que mais provoca comentários adversos é a política de Winston Churchill na Grécia e na Itália. Mesmo nessa região fortemente pró-britânica tem havido críticas não apenas a Churchill, mas também ao povo britânico."

Os britânicos não receberam esse bombardeio em silêncio. Em 30 de dezembro, após uma onda de comentários americanos que acrescentavam "desleixo" e "evasão" a outras acusações contra o aliado dos Estados Unidos, a *Economist* desferiu um contragolpe:

> O que torna as críticas americanas tão intoleráveis não é só o fato de serem injustas, mas de virem de uma fonte que fez tão pouco para adquirir o direito de se colocar em posição de superioridade. Ouvir qualquer um dizer que o povo britânico está deixando de fazer o que deve em seu esforço de guerra já seria insuportável para um povo que luta para atravessar o sexto inverno de blecautes, rações e frio — mas quando essa crítica vem de um país que estava praticando o sistema Pague à Vista e Retire durante a Batalha da Inglaterra, cujo consumo aumentou durante os anos de guerra e que ainda não tem uma lei nacional de serviço militar — não dá para aguentar.
>
> Ainda há muita esperança na Grã-Bretanha, mesmo nos mais altos setores, de que bom comportamento nos trará uma grande recompensa, como uma aliança anglo-americana (...) Contudo, também convém ser brutalmente franco: a possibilidade de qualquer uma dessas coisas acontecer não é maior do que a de os americanos pedirem para novamente fazer parte do Império Britânico (...) Qual é, portanto, a conclusão a que se deve chegar sobre a política britânica com os Estados Unidos? Não é, evidentemente, que se deve provocar qualquer desavença (...) Mas que se ponha um ponto final na política de apaziguamento que, sob o comando pessoal do sr. Churchill, tem sido adotada com todas as consequentes humilhações e degradações.

Depois da explosão da *Economist*, o Departamento de Estado registrou "uma orgia de recriminações entre as imprensas americana e britânica".[37] Na semana seguinte, a embaixada em Washington fez um relato a Londres sobre atitudes americanas: "O sentimento geral é de que, embora o ataque britânico não tenha sido gratuito e não se pudesse esperar que apenas aceitassem a torrente de críticas lançada pela imprensa e pelo rádio dos Estados Unidos, os britânicos são muito suscetíveis e o tom de sua réplica é severo demais."[38] Ainda que um editorial da revista *Life*, em 14 de janeiro, descrevesse as críticas da *Economist* como merecidas, muitas publicações americanas continuaram hostis. Nos primeiros meses de 1945, pesquisas do Escritório de Informação de Guerra e do Departamento de Estado revelaram que os americanos consideravam, de forma consistente, os britânicos mais culpados do que os russos pelas dificuldades da Grande Aliança.[39]

O estudo do Departamento de Estado trazia a seguinte observação: "Apesar de recentes comentários de imprensa favoráveis aos britânicos, uma consulta de opinião confidencial indica que a insatisfação com os britânicos cresceu na população como um todo. A tabulação mostra que a opinião de massa, insatisfeita com a forma como a Rússia, a Grã-Bretanha e os Estados Unidos estão cooperando entre si, culpa em primeiro lugar a Grã-Bretanha (...) A imprensa 'nacionalista', mesmo em comentário elogioso ao marechal de campo Montgomery e ao povo britânico, continuou a alegar que 'os britânicos e russos estão travando uma disputa de poder uns contra os outros no meio da guerra, enquanto nós, pelo menos neste momento, somos responsáveis pela maior parte da luta.'"[40]

Churchill teve poucos motivos para comemorar no que chamou de "novo, revoltante ano" de 1945. A intransigência russa era velha conhecida, mas o arrogante comportamento americano preencheu uma taça de fel. Os ânimos estavam extremamente desgastados no governo e entre os britânicos. Eden escreveu em 12 de janeiro: "Terrível reunião de Gabinete, a primeira sobre a Grécia (...) O encontro durou quatro horas e meia. Realmente intolerável. Eu estava de péssimo humor (...) pois todo mundo quis redigir mensagens por mim."[41] Churchill achava bem mais difícil manter-se em relativa inatividade em Downing Street do que tomar iniciativas no exterior, por mais mal recompensadas que fossem. Certa manhã, disse à datilógrafa Marion Holmes: "Não posso lhe garantir aquela animação de Atenas todos os dias."[42]

Os problemas que apareciam para perturbá-lo pareciam ilimitados. Montgomery concedeu uma entrevista coletiva absurdamente pretensiosa depois de uma modesta contribuição na Batalha das Ardenas. Isso provocou novas hostilidades americanas e exasperou o primeiro-ministro. Churchill foi obrigado a reconhecer que era tão improvável reconduzir o rei Pedro da Iugoslávia ao trono quanto o rei Zog da Albânia ou o rei Carol da Romênia. Roosevelt concordou com a proposta de Stalin para uma reunião de cúpula em fevereiro na cidade de Yalta, na Crimeia, que levou Churchill a passar o seguinte telegrama: "Estarei esperando no cais. Não vacilemos mais! De Malta a Yalta! Que ninguém mude!" Na realidade, entretanto, os britânicos se queixaram amargamente da inconveniência do lugar escolhido. Continuavam ressentidos com Roosevelt, que não quis visitar seu país nem aceitar a sugestão alternativa de uma reunião na Islândia. O primeiro-ministro enviou cumprimentos a Stalin pela ofensiva russa no Vístula, exagerando na adulação porque desejava contar com a boa vontade soviética na Grécia e na Polônia. Brooke manifestou alívio por Churchill finalmente aceitar o fato de que não poderia haver um desembarque anfíbio no Adriático, tampouco uma arremetida para Viena. Churchill bruscamente rejeitou a demanda de De Gaulle para comparecer à conferência de Yalta em nome de seu país. "A França não pode se passar por Grande Potência para os propósitos da guerra", declarou a Eden.[43]

O primeiro-ministro disse a Marion Holmes: "Você não gostaria nem um pouco do meu emprego — são tantas coisas diferentes que aparecem para ser resolvidas em dois ou três minutos."[44] Numa época em que muitos dos ministros estavam cansados de Churchill, Holmes lhe prestou um tributo que reflete a apaixonada afeição e lealdade com que era tratado pela equipe pessoal: "Em todos os seus humores — totalmente absorto nas graves questões do momento, aflito com alguma notícia ruim da guerra, tomado por compaixão, sentimental e em lágrimas, truculento, ferozmente sarcástico, travesso ou hilariantemente engraçado — ele era esplendidamente divertido, humano e adorável."[45] Enquanto ministros e comandantes reclamavam com crescente impaciência da concentração instável e dos rompantes irracionais do primeiro-ministro, ele continuava sendo um incomparável repositório de sabedoria. Considerem-se, por exemplo, as palavras proferidas a Eden, que o pressionava sobre arranjos para a Alemanha do pós-guerra:

> É um erro tentar escrever em pequenos pedaços de papel quais serão as vastas emoções de um mundo indignado e estremecido seja imediatamente após o fim da luta, seja quando o inevitável ataque de frio se seguir ao de calor. Essas formidáveis marés de sensações dominam a mente da maioria das pessoas (...) A orientação nesses assuntos mundanos só nos virá passo a passo, no máximo um ou dois passos à frente. Há, portanto, sabedoria em reservar nossas decisões o máximo possível, até que se revelem todos os fatos e todas as forças que serão potentes no momento.[46]

Da mesma forma, em 18 de janeiro, Churchill leu na Câmara dos Comuns um informe sobre a situação da guerra que, para alguns, foi a mais brilhante demonstração de oratória que ele produziu desde 1940. Num discurso de duas horas, disse sobre a Grécia:

> A Câmara não deve supor que, naquelas terras alheias, as questões são resolvidas como o seriam na Inglaterra. Até aqui é difícil manter uma Coalizão unida, mesmo entre homens que, embora divididos por partidos, têm um supremo objetivo e tantas outras coisas em comum. Mas imagine as dificuldades que existem em países arruinados pela guerra civil, passada ou iminente, e onde cada enxame de pequenos partidos tem seu conjunto de

> apetites, delitos e vinganças. Se eu tivesse conduzido, de carro, a esposa do vice-primeiro-ministro à morte na neve, se o ministro do Trabalho tivesse mantido o secretário do Exterior no exílio por muitos anos, se o ministro da Fazenda tivesse baleado e ferido o secretário de Estado da Guerra (...) se nós, que nos sentamos aqui juntos, tivéssemos caluniado e traído uns aos outros enquanto fingíamos trabalhar juntos, e colocado nosso grupo ou partido em primeiro lugar e o país em lugar nenhum, e posto ideologias, slogans ou rótulos antes da compreensão, da camaradagem e do dever, nós certamente, para dizer o mínimo, teríamos chegado a uma eleição geral muito antes do que agora parece provável. Quando homens desejam ardentemente matar uns aos outros e temem profundamente ser mortos a qualquer momento, não lhes é possível trabalhar no dia seguinte, como se fossem amigos, com colegas contra os quais nutriram tais intenções ou que lhes inspiraram tais temores.

Naqueles dias, Churchill falou sobre o primeiro-ministro sul-africano com Colville: "Smuts e eu somos como dois velhos periquitos mudando as penas no poleiro, mas ainda capazes de dar bicadas."[47] Ele "dava bicadas" com incomparáveis efeitos. Depois de árduos duelos com parlamentares em dezembro, quando brigou sobre a questão da Grécia, ele restaurou sua posição. Mas disse uma considerável inverdade à Câmara dos Comuns, em 18 de janeiro, ao negar que os acontecimentos no Mediterrâneo fossem influenciados por noções rivais de "esferas de influência". Na realidade, em sua gratidão pela paciência de Stalin com a Grécia, desejava, desesperadamente, ser visto cumprindo sua parte no negócio fechado em Moscou. Ficou furioso ao ouvir que diplomatas britânicos na Romênia haviam protestado contra ações soviéticas no país, e escreveu com raiva para Eden: "Por que estamos fazendo tanto barulho sobre as deportações russas de saxões e outros na Romênia? Ficou combinado que os russos imporiam a vontade deles nessa esfera. De uma maneira ou outra, não podemos impedi-los."[48] E afirmou a Colville, em 23 de janeiro: "Não se engane, os Bálcãs inteiros, com exceção da Grécia, serão bolchevizados; e não há nada que eu possa fazer para impedir. Não há nada que eu possa fazer pela pobre Polônia também."[49]

Embora Churchill com frequência demonstrasse grandeza nas questões cruciais, seus ministros e comandantes estavam cada vez mais sensíveis às limitações do "velho". Os prolixos discursos proferidos em reuniões do Gabinete, em geral sobre documentos que não se dera ao trabalho de ler, irritavam colegas, assim como a tendência a estimular e aceitar opiniões de Brendan Bracken e Beaverbrooke, ignorando as visões ponderadas de comitês do Gabinete. Clement Attlee provocou a ira do primeiro-ministro ao lhe escrever um bilhete no qual criticava seu comportamento, mas que a própria equipe e Clementine acharam corajoso e justo. Attlee datilografou a mensagem com os próprios dedos desajeitados, para ter certeza de que ninguém mais a leria. No entanto, Churchill deu vazão ao seu despeito lendo-o ao telefone para Beaverbrook. O secretário particular John Martin disse: "Esse é o lado do primeiro-ministro de que não gosto." Jock Colville concordava. O primeiro-ministro acabou convencido a reconsiderar sua primeira reação, que era de devolver um irado contragolpe a Attlee. A resposta foi moderada. No fim, ele declarou: "Não vamos mais pensar em Hitler ou Attlee: vamos assistir a um filme."[50] Se ele às vezes se dava uma importância excessiva, raramente mantinha essa atitude por muito tempo. E se às vezes se comportava de maneira indigna, tinha conquistado o direito de ser prontamente perdoado.

21
Yalta

Quando não estava viajando, Churchill visitava quase todos os dias a sala da situação. O comandante Richard Pim, da Marinha Real, o esguio galês que chefiava o lugar, era figura-chave do *entourage* de Downing Street, viajando quase sempre com o primeiro-ministro para manter o fluxo de notícias que tanto desejava sobre os campos de batalha. Churchill ainda intervinha constantemente em questões que envolviam as forças armadas. Criticava os desfalques causados a algumas unidades para completar os claros nas fileiras de outras. Havia enfadonhos embates sobre as reivindicações de efetivos feitas pelo exército, pela RAF e pelas minas de carvão. Churchill estava ansioso para que os soldados enviados ao Extremo Oriente no fim da guerra alemã recebessem gratificações. Acompanhava com grande interesse o emprego de novos e avançados U-boats da Alemanha no Atlântico, o progresso britânico na produção de caças a jato comparáveis aos de Hitler e os esforços para enfrentar o bombardeio de foguetes V2, que continuava a provocar estragos no sul da Inglaterra.

Essas questões, todavia, eram menores, se contrastadas com as grandes decisões estratégicas dos primeiros anos. Os exércitos aliados avançavam pela Europa, oferecendo ao primeiro-ministro poucas oportunidades de influenciar seu curso de ação. Ele aplaudia os êxitos, irritava-se à maneira de sempre com reveses e atrasos, porém tinha consciência de que o poder residia no quartel-general de Eisenhower e em Washington. Oliver Harvey escreveu, em tom um tanto paternalista: "À medida que os problemas puramente militares se simplificam, a energia inesgotável do velho camarada o leva a prestar cada vez mais atenção a assuntos estrangeiros."[1] Quase todos os pensamentos de Churchill se concentravam no ordenamento da Europa depois da guerra, que poderia ser decisivamente influenciado pela reunião de cúpula de Yalta. "Tenho grandes esperanças para essa conferência", anunciou à Câmara dos Comuns, "porque ela vem num momento em que podemos criar muitos moldes para receber muito metal derretido."[2] Apesar disso, queixou-se a Harry Hopkins, então em Londres, de que se os Aliados tivessem passado dez anos pesquisando um possível ponto de encontro, não conseguiriam descobrir um menos conveniente do que a Crimeia. Era ridículo obrigar um presidente americano desesperadamente doente a viajar 9.600 quilômetros só para atender aos caprichos de médicos soviéticos que supostamente aconselharam

Stalin a não sair do país. Quanto ao primeiro-ministro, em 29 de janeiro ele chegou a Malta, ponto de paragem anglo-americano na rota de Yalta, com uma febre de 38,9 graus.

Os chefes do estado-maior combinado realizaram uma desagradável reunião preliminar, que teve a atmosfera envenenada por choques de personalidade relacionados à campanha no noroeste da Europa. O grosseiro comportamento de Montgomery com Eisenhower gerou um desgaste contínuo. Brooke ficou preocupado ao ver que Marshall se recusava até mesmo a entrar numa discussão com os britânicos a respeito de estratégia. A linha de ação dos Estados Unidos estava definida, e assim haveria um avanço uniforme em direção ao Elba. Franklin Roosevelt chegou a bordo do cruzador *Quincy* em 2 de fevereiro. Se Churchill estava febril, os britânicos ficaram chocados ao ver no líder dos Estados Unidos uma ruína humana. Partir para uma reunião de cúpula com um presidente americano sem condições de conduzir negócios era uma perspectiva sombria. Depois do primeiro jantar coletivo entre as delegações em Malta, Eden se irritou com a falta de discussão séria: "Impossível sequer nos aproximarmos do básico. Falei com bastante aspereza com Harry [Hopkins] sobre isso (...) ressaltando que íamos para uma conferência decisiva e até agora não chegamos a um acordo nem sobre o que vamos discutir nem sobre como vamos lidar com um Urso que certamente sabe o que quer."[3] A solidariedade humana por Roosevelt era eclipsada pela preocupação de que, em seu estado, ele seria incapaz de defender os interesses do Ocidente.

A chegada dos líderes aliados à Crimeia, em 3 de fevereiro, não foi muito animadora. Quando os aviões com os grandes homens pousaram, Roosevelt precisou de ajuda para entrar num jipe e inspecionar a guarda de honra russa, com Churchill andando a seu lado. Seguiu-se uma viagem de pesadelo, com seis horas de duração, por estradas terríveis. O primeiro-ministro olhava em volta com desânimo. "Em que buraco meti vocês!", disse a Marion Holmes. Mais tarde, descreveu sombriamente o resort como "a Riviera do Hades".[4] Os generais foram acantonados em grupos de quatro, os coronéis em dormitórios para onze. Dos líderes nacionais para baixo, todos reclamaram da escassez de banheiros. Em 4 de fevereiro, houve um jantar pré-conferência para os mais importantes. Eden escreveu: "Que time terrível, pensei. O presidente vago, perdido e ineficaz. W, compreendendo que o negócio não ia bem, fez desesperados esforços e discursos longos demais para que as coisas avançassem. A atitude de Stalin com os países pequenos me pareceu cruel, para não dizer sinistra."[5] A segurança em volta do líder soviético era tão rigorosa que ele chegou para uma sessão de fotos quase invisível em meio a uma falange de guardas armados.

Apesar de todas as críticas que, nos últimos meses, Churchill vinha sofrendo nos Estados Unidos, poucos americanos em Yalta duvidavam do poder de sua personalidade. C. L. Sulzberger escreveu no *New York Times* que, entre os "Três Grandes", Roosevelt era "certamente mais suave que seus colegas", ao passo que Churchill, "com suas concepções românticas, seu toque de misticismo, seu imperialismo, seu amor aos uniformes e às cores, parece uma figura do Renascimento. Combina mais talentos do que Stalin ou Roosevelt — mais do que praticamente qualquer figura política que algum dia tenha alcançado a sua estatura".[6]

As pesquisas de opinião nos Estados Unidos continuavam a revelar um respeito generalizado pelo primeiro-ministro, bem como uma fé renovada no fato de que a Grã-Bretanha se mostraria um aliado confiável depois da guerra. Mas o entusiasmo pelo país de Churchill era bastante restrito. A maioria dos americanos — 70% — era implacável na crença de que, no fim da guerra, os britânicos deveriam pagar os bilhões que receberam em suprimentos com o acordo Lend-Lease. Mesmo quando informados de que o aliado não dispunha de recursos para isso, 43% disseram que os britânicos precisavam pagar assim mesmo. Era um perverso e inútil elogio à Grã-Bretanha que os Estados Unidos, tanto os líderes como o povo, ainda lhe superestimassem a riqueza. Poucos compreendiam a dimensão do esgotamento moral, estratégico e financeiro da ilha. Finalmente, é claro, a guerra não tinha contribuído em nada para diminuir o anti-imperialismo dos Estados Unidos. Uma pesquisa feita em março pelo Escritório de Informação de Guerra informou: "Durante o último ano, a Grã-Bretanha (...) esteve sob severo ataque de uma ativa minoria por sua suposta incapacidade de desempenhar o papel que lhe cabia na 'Equipe dos Três Grandes' (...) Em dezembro e janeiro, a insatisfação com a cooperação dos Três Grandes (...) dirigia-se sobretudo à Grã-Bretanha (...) [que era] responsabilizada por não 'corresponder aos princípios dispostos na Carta do Atlântico'. A atitude da inusitadamente vasta minoria antibritânica (...) encontrou notável expressão num artigo bem difundido do *Army and Navy Journal*. Num trecho contundente, igualmente crítico tanto aos russos como à política britânica, o *Journal* acusou a Grã-Bretanha de 'mostrar, na Itália, Grécia e Albânia, mais preocupação em proteger sua linha vital de comunicação pelo Mediterrâneo com a Índia do que em alcançar o principal objetivo de nossos exércitos americanos — a imediata derrota da Alemanha'." A pesquisa concluía dizendo: "Enquetes recentes revelam que o alvo da maior parcela de culpa sofreu uma mudança, passando da Rússia para a Grã-Bretanha."[7]

Tudo isso deve ser examinado no contexto milagroso da aparente união entre os Aliados Ocidentais, uma ilusão preservada até o fim da guerra graças às habilidades diplomáticas de George Marshall, Dwight Eisenhower, Alan Brooke, Winston Churchill e Franklin Roosevelt. Em razão das deficiências de todas as alianças da história, as relações de trabalho anglo-americanas continuam sendo uma notável façanha. Contudo, em seus últimos meses de vida, Roosevelt fez política sabendo que o povo americano apoiava sua visão do pós-guerra e tinha pouca simpatia pela de Churchill. A Grã-Bretanha podia contar apenas com um parco crédito nos corações americanos.

A primeira reunião dos líderes ocidentais com Stalin, no Palácio de Livadia, levantou brevemente o ânimo de Churchill. Stalin, o afável anfitrião, utilizou seu limitado repertório de frases em inglês: "*You said it!*", "*So what?*", "*What the hell goes on around here?*" e "*The toilet is over there*" — todas elas, exceto a última [O banheiro é ali], provavelmente colhidas em filmes americanos. Tempos depois, Churchill descreveria a sensação de se ver no grupo dos três homens mais poderosos da Terra: "Tínhamos o mundo a nossos pés, 25 milhões de soldados marchando sob nossas ordens, por terra e por mar. Parecia que éramos amigos."[8] Essas ilusões românticas foram logo desfeitas. Para o britânico, pelo menos, a experiência de Yalta tornou-se cada vez mais angustiante.

Churchill começou de maneira inteiramente falsa, expondo à primeira sessão plenária suas esperanças num violento avanço dos Aliados, que seguiriam do nordeste da Itália pela "brecha de Ljubljana". Essa ideia estava morta havia meses na cabeça de todos, salvo na do primeiro-ministro. Parecia improdutivo revivê-la agora. Com os exércitos de Eisenhower já perto do Reno, Churchill procurou lisonjear os russos pedindo seu conselho sobre transposições de rio em grande escala. Stalin, por sua vez, perguntou a Churchill e Roosevelt o que gostariam que o Exército Vermelho fizesse — como se a resposta pudesse fazê-lo alterar os desdobramentos de suas forças. Declarou, hipocritamente, que tinha considerado o lançamento em janeiro da vasta ofensiva da Rússia "um dever moral", depois que os anglo-americanos rogaram por uma atitude para aliviar a pressão da ofensiva alemã nas Ardenas. Na realidade, é improvável que o momento do assalto soviético tenha sofrido qualquer alteração em deferência aos desejos do Ocidente.

Segundo Churchill disse a Stalin, as forças de Eisenhower queriam que o Exército Vermelho fizesse apenas uma coisa: continuasse na ofensiva. Os soviéticos sempre souberam, porém, que carradas de lisonjas britânicas disfarçavam uma hostilidade fundamental a seus objetivos, ao passo que o presidente dos Estados Unidos era muito menos intratável. "Nossos guardas comparavam Churchill a um poodle balançando a cauda para agradar a Stalin", escreveu Sergo Beria. "Compartilhávamos impressões amigáveis em relação a Roosevelt que não se estendiam a Churchill."[9] Mas a descrença soviética era dividida equitativamente entre os dois. Molotov citou um colega, não identificado, que disse de Roosevelt: "Que vigarista deve ser esse sujeito para conseguir se arrastar por três mandatos presidenciais mesmo sendo paralítico!"[10] Os soviéticos, atentos ao que ocorria nos cômodos, deram gargalhadas quando ouviram Churchill reclamar que não conseguia dormir à noite por causa dos percevejos.[11]

Os chefes se reuniam todo dia às quatro da tarde para sessões que duravam de quatro a cinco horas. Nos intervalos, havia almoços, jantares e tensas consultas nacionais entre as delegações. Stalin foi espantosamente amável, como aliás devia ser, pois era quem mais lucrava com a guerra. Roosevelt às vezes tinha consciência das atividades. Quando participava, quase sempre era para pedir mais prazo — por exemplo, para definir zonas de ocupação na Alemanha — ou para concordar com pontos de vista soviéticos. Os britânicos se viram frequentemente isolados. Churchill se opôs ao "desmembramento" da Alemanha, no qual Stalin estava empenhado, e argumentou contra a imposição de extravagantes reparações de guerra aos derrotados. Lembrou à conferência o fracasso dessa política em 1919: "Se quisermos que o cavalo puxe nossa carroça, é preciso dar-lhe um pouco de feno." Os americanos e os russos, no entanto, já tinham chegado a uma cifra provisória de vinte bilhões de dólares, dos quais a União Soviética receberia a metade.

Os americanos se juntaram aos russos para resistir à proposta de Churchill, que queria dar à França um assento na Comissão Aliada de Controle na Alemanha. Por insistência britânica, porém, concedeu-se relutantemente à França uma zona de ocupação. Os encontros bilaterais de Churchill com Roosevelt foram infrutíferos. Em almoços e jantares, trocavam banalidades, mas não negociavam. A combinação do mortal abatimento de Roosevelt e de sua aversão a satisfazer a Grã-Bretanha foi fatal para as esperanças de Churchill. Não havia quase nenhuma dúvida de que, tanto em Yalta como em Teerã, o presidente buscou deliberadamente se aproximar de Stalin e se distanciar do primeiro-ministro. É difícil sugerir que essa tática tenha causado dano substancial aos interesses do Ocidente, pois Stalin já havia definido uma linha de ação. Apesar disso, certamente não trouxe nenhuma vantagem perceptível.

Churchill, voltando na noite de 5 de fevereiro para a *villa* na qual estava hospedado, irritou-se ao descobrir que nenhum relatório de inteligência chegara de Londres. John Martin escreveu: "Doía-me o coração ouvir o 'coronel Kent' pedindo repetidamente notícias e recebendo apenas caviar."[12] Naquela noite, antes de ir para a cama, Churchill disse à filha Sarah: "Acho que em nenhum momento da história a agonia do mundo foi tão grande e generalizada. Esta noite o sol se põe sobre mais sofrimento do que jamais se viu no Mundo."[13] A compaixão de Churchill pelos inimigos, incomparavelmente maior do que a de seus pares em Yalta, era uma de suas mais notáveis qualidades. "Me sinto livre para confessar", escreveu a Clementine, "que meu coração se entristece com as histórias de multidões de mulheres e crianças alemãs fugindo por estradas em toda parte, em colunas de 65 quilômetros, rumando para o Ocidente diante dos exércitos que avançam. Estou claramente convencido de que merecem; mas isso não tira a imagem dos nossos olhos. A miséria do mundo inteiro me assusta, e cada vez tenho mais medo de que novas lutas surjam dessas a que, com êxito, estamos pondo fim."[14] Em meio a tais frases, desmoronam as alegações de que Churchill era "amante das guerras".

O presidente dos Estados Unidos e o primeiro-ministro da Grã-Bretanha costumam ser criticados por concordarem, em Yalta, em transferir para Stalin todos os súditos soviéticos detidos na Europa. Entre os que retornaram, até mesmo de cativeiro alemão, alguns foram fuzilados e a maioria foi despachada para campos de trabalhos forçados. Quase todos que vestiram uniforme inimigo foram liquidados. Apesar disso, no assunto da repatriação, é impossível pensar que os anglo-americanos poderiam ter agido de outra forma. A maior parte da responsabilidade pela guerra terrestre contra Hitler recaíra sobre a União Soviética. Os Aliados Ocidentais ainda solicitavam a assistência do Exército Vermelho para completar a derrota do Japão. O preço da ajuda militar soviética, com muito sangue russo derramado enquanto o sangue americano e britânico era salvo, foi uma grande aquiescência ao imperialismo soviético. Churchill expressou a Stalin a ansiedade que sentia pelo retorno dos prisioneiros de guerra britânicos, que os russos vinham libertando em números cada vez maiores. Num mundo consumido pelo sofrimento, como Churchill vividamente descreveu, era difícil os anglo-americanos exigirem solidariedade prioritária para os soviéticos que serviram à causa nazista. Durante a guerra, a integridade de propósitos aliados ficou inevitavelmente comprometida pela associação com a tirania de Stalin para derrotar a tirania de Hitler. Uma vez que se admitiu esse mal, males menores seguiram-se impiedosamente. Um deles foi a entrega de milhares de supostos renegados soviéticos.

O principal assunto de Yalta, sobretudo aos olhos de Churchill, foi o futuro da Polônia. Stalin queria o reconhecimento de suas novas fronteiras — a chamada "linha Curzon" a leste, a linha Oder-Neisse a oeste. Churchill deixou claro que estava menos preocupado com território do que com o caráter democrático do novo governo polonês. Procurou permutar o reconhecimento ocidental das fronteiras desejadas por Moscou por algum fiapo de liberdade interna para os poloneses. Não poderia aceitar, disse ele, que os "poloneses de Lublin" de Moscou representassem a vontade do país. Stalin retrucou que o novo regime de Varsóvia representava tanto o povo local quanto o novo governo de De Gaulle na França. Roosevelt tentou adiar a sessão, mas Churchill insistiu em resolver o assunto polonês. O presidente observou, com impaciência, que "a Polônia tem sido uma fonte de problemas por mais de quinhentos anos". O primeiro-ministro respondeu: "Precisamos fazer o que estiver ao nosso alcance para resolver esses problemas."[15] Essa foi outra disputa severamente prejudicial aos objetivos britânicos. A aparente indiferença de Roosevelt mais uma vez era ostentada diante dos olhos russos.

Durante a noite, porém, a causa polonesa recebeu algum reforço. Roosevelt assinou uma carta para Stalin na qual dizia que os Estados Unidos — como a Grã-Bretanha — não poderiam reconhecer o governo polonês da maneira como estava composto. Na terceira sessão plenária da conferência, em 7 de fevereiro, o presidente descreveu a questão polonesa como sendo "da maior importância". Houve mais discussões sobre zonas de ocupação na Alemanha. Chegou-se a um acordo sobre quais seriam os direitos de voto dos respectivos Estados nas Nações Unidas. Em 8 de fevereiro, Churchill reiterou a urgência de uma solução para a Polônia. Molotov declarou que o novo governo comunista fora "entusiasticamente aclamado pela maioria dos poloneses". Churchill insistiu na realização de eleições livres imediatas, o que levou Stalin, mais uma vez, a fazer comparações com a França, onde nenhuma eleição estava prevista. Depois, no entanto, o líder russo admitiu que uma eleição fosse realizada na Polônia dentro de um mês. Ainda não havia qualquer demonstração de raiva na sala de conferência. Seguiram-se, inclusive, novas trocas de elogios entre os chefes. Contudo, naquela noite, Churchill disse melancolicamente: "A única coisa que une os vitoriosos é o ódio comum" a Hitler.

O poder de barganha anglo-americano com Stalin vinha apenas dos suprimentos do Lend-Lease. Mesmo que Roosevelt tivesse ameaçado suspender as remessas caso as potências ocidentais não ficassem satisfeitas com a questão da Polônia, os russos não se curvariam. Stalin se mostrava implacável em executar suas demandas territoriais desde 1941, quando a ajuda ocidental era muito mais importante do que em 1945. Desde o começo, ele percebeu que os anglo-americanos precisavam mais do vasto sacrifício humano da Rússia do que a Rússia necessitava dos suprimentos ocidentais. Mesmo que o presidente tivesse decidido exercer essa pressão — o que, é claro, não era o caso —, nem o povo americano nem o povo britânico teriam apoiado sanções. O entusiasmo popular por uma frente comum contra o Eixo ainda era intenso. Tentativas de impor desejos ocidentais aos heroicos russos só conquistariam a simpatia de uma pequena minoria capaz de perceber a iminente servidão leste-europeia.

Na quinta sessão plenária, em 9 de fevereiro, Churchill disse que observadores diplomáticos deveriam monitorar as eleições polonesas. Os russos responderam calmamente que isso lhes parecia aceitável, mas o governo de Varsóvia precisaria ser consultado: a presença de observadores poderia ferir os poloneses, sugerindo-lhes que não eram confiáveis. Da mesma forma, quando Churchill declarou que um embaixador britânico deveria ser mandado para Varsóvia, os russos responderam que o assunto seria submetido aos poloneses. Com a sinuosa habilidade de sempre, Stalin lembrou ao primeiro-ministro da dívida com Moscou, e afirmou ter "absoluta confiança" na política britânica na Grécia.

No dia 10, Roosevelt causou consternação aos britânicos ao anunciar que deixaria Yalta na manhã seguinte. Quando o presidente telegrafara para o primeiro-ministro em janeiro, para avisar que pretendia passar apenas cinco dias em Yalta, Churchill reclamou para a sua equipe que até o Todo-Poderoso se permitira sete dias para criar o mundo. Aos olhos dos britânicos, a reunião de cúpula ainda precisava chegar a conclusões decisivas. No entanto, o presidente estava certo, pois, ainda que ficasse mais tempo, era improvável que se conseguisse mais alguma coisa. Não havia como superar o abismo que separava as intenções russas e as aspirações ocidentais no leste da Europa. Apesar disso, alcançou-se um acordo quanto à Polônia que, se Stalin cumprisse com a palavra, poderia assegurar um vestígio democrático. Churchill se declarou satisfeito. Não podia fazer mais nada. Passou o dia 12 de fevereiro como turista, visitando campos de batalha britânicos da Guerra da Crimeia e contemplando as ruínas de Sebastopol. No dia seguinte, descansou a bordo do transatlântico *Franconia*, ancorado na costa, e então voou para Atenas.

Não poderia ter sido maior o contraste entre a visita anterior, em meio aos tiros de canhão, e os estrondosos aplausos com que foi recebido na tarde de 14 de fevereiro. Vastas multidões saíram às ruas da capital grega, oferecendo-lhe uma deleitável absolvição. Ele decidiu fazer mais uma breve escala no Cairo. "Um menestrel errante sou eu", cantou para si mesmo, uma balada de sua querida dupla Gilbert e Sullivan, "feito de retalhos e remendos". Pousou de volta na Grã-Bretanha em 20 de fevereiro. Beaverbrook foi um dos que lhe fizeram extravagantes elogios pelo suposto "sucesso" em Yalta, que "veio tão ligeiro no rastro do triunfo grego, que, para os seus compatriotas, o senhor agora parece ser o maior estadista, bem como o maior guerreiro".[16]

Até para os padrões de Beaverbrook aquela era uma encenação impressionante. Na Câmara dos Comuns, havia profunda ansiedade sobre os resultados de Yalta e as implicações para os poloneses. O comunicado final divulgado pelos "Três Grandes" afirmava que o governo provisório da Polônia deveria ser "reorganizado numa base democrática mais ampla, com a inclusão de líderes democráticos da própria Polônia e dos poloneses no exterior". O novo governo "deverá estar comprometido com a realização de eleições livres e irrestritas, o mais cedo possível (...) Nessas eleições, todos os partidos democráticos e antinazistas devem ter o direito de participar". A cessão da Polônia oriental à Rússia foi reconhecida, em troca de indeterminada compensação territorial no oeste, que deveria "subsequentemente ser definida na conferência de paz".

Churchill anunciou ao Gabinete de Guerra "ter certeza" de que Stalin "desejava o bem para o mundo e para a Polônia". Da mesma forma, enfrentando ferozes críticas na Câmara em 27 de fevereiro, citou o fato de que "as declarações mais solenes foram feitas pelo Marechal Stalin e pelo Estado Soviético" sobre as eleições polonesas. "Repudio e rechaço qualquer sugestão de que estamos fazendo uma concessão questionável ou cedendo à força e ao medo (...) Os poloneses terão o futuro nas próprias mãos, com a única restrição de que devem adotar honestamente (...) uma política amistosa com a Rússia. Isto é sem dúvida razoável." Como Stalin cumprira a promessa de não interferir na Grécia, Churchill se agarrava à esperança de que o comandante militar soviético manteria a palavra com relação à Polônia: "Não sei de nenhum governo que cumpra as suas obrigações, ainda que seja a despeito de si mesmo, mais solidamente do que o Governo Soviético Russo. Recuso-me totalmente a entrar numa discussão sobre a boa-fé russa."

Depois, quando tomava um drinque na sala para fumantes com Harold Nicolson e lorde De la Warr, disse não saber o que mais poderia ter feito em Yalta além de aceitar as garantias de Stalin. Na noite de 28, afirmou a Jock Colville que se recusaria a ser enganado na questão da Polônia, "mesmo que tenhamos de chegar quase à guerra com a Rússia".[17] Manifestou em voz alta o temor de que Stalin o ludibriasse, assim como Hitler ludibriara Neville Chamberlain — então rejeitou essa possibilidade.[18] Ficou eufórico quando uma emenda sobre a Polônia foi apresentada por direitistas *tories* na Câmara dos Comuns, sendo derrotada por 396 votos a 25. Onze ministros, porém, se abstiveram e um renunciou. Eden, por falta de confiança na boa-fé russa, continuou profundamente deprimido. O general Anders, representando os poloneses, disse a Brooke que "não se sentia tão angustiado desde o começo da guerra (...) Não via esperança em parte alguma".[19]

Em Moscou, Stalin se declarou satisfeito com o que fora resolvido em Yalta. Previsivelmente, falou em termos mais efusivos de Roosevelt do que do primeiro-ministro britânico: "Churchill quer que uma Polônia burguesa seja vizinha da União Soviética", disse a Zhukov, "uma Polônia que nos fosse hostil. Não podemos permitir. Queremos garantir uma Polônia amistosa de uma vez por todas, e é isso que o povo polonês quer também."[20] O colunista político do *Pravda* informou com satisfação aos leitores: "Vemos uma unanimidade sem precedentes nos Estados Unidos e na Grã-Bretanha na aceitação às resoluções da Conferência da Crimeia."[21] O jornal afirmou que comentaristas americanos e britânicos trataram os protestos dos emigrados poloneses com o desprezo que mereciam.

Só a guerra contra a Rússia teria salvado a democracia polonesa em 1945, e, em fevereiro, só uma mistura de vaidade e desespero pode ter levado Churchill a pensar de outra forma. A União Soviética acreditava que, depois de pagar o preço mais alto para garantir a derrota de Hitler, tinha o direito de determinar a organização política da Europa Oriental levando em conta interesses próprios de segurança. Até hoje, admiradores de Roosevelt declaram que ele mostrou mais realismo do que o primeiro-ministro por reconhecer esse fato. Os Aliados Ocidentais não tinham poder para maquinar um desfecho diferente. Churchill, que lutara tão nobremente para libertar a Europa, agora era obrigado a assistir não à libertação do leste, mas à mera substituição de uma tirania assassina por outra.

22
O último ato

Nos últimos meses do mandato de Churchill, sua satisfação com a iminente queda dos nazistas foi quase inteiramente eclipsada pelo horror diante da hegemonia soviética na Europa Oriental. Em 6 de março, ele escreveu a um parlamentar *tory*: "Agora estamos trabalhando para garantir que o Acordo de Yalta no que diz respeito à Polônia e às eleições livres seja executado na prática, assim como na teoria." A rigor, é claro, o acordo de Yalta foi escarnecido em ambos os níveis. Quase diariamente, chegavam a Downing Street notícias da selvagem opressão soviética na Polônia, inclusive a prisão de dezesseis destacados poloneses que compareceram a uma reunião com salvo-conduto do Exército Vermelho, além da deportação de milhares de não comunistas para campos de trabalho forçado. O NKVD de Beria conduziu uma guerra de repressão contra democratas poloneses que persistiria após o fim da guerra alemã. Churchill redigiu um feroz telegrama para Stalin e pediu aprovação americana ao documento: "Todas as partes estavam preocupadas", escreveu ele, "com os relatos de que deportações, execuções e outras medidas opressivas eram realizadas em larga escala pela administração de Varsóvia contra quem mais provavelmente discordaria de suas atitudes."

O moribundo Roosevelt vetou a mensagem e depois rejeitou cada imprecação de Churchill para que os Estados Unidos adotassem uma política mais severa com Moscou. O presidente propôs uma "trégua política" na Polônia, que, para os britânicos, serviria apenas para fortalecer o regime fantoche soviético. "Não concordo que estejamos diante de um colapso do Acordo de Yalta", escreveu Roosevelt em 15 de março. "(...) Precisamos ter cuidado para não parecer que estamos propondo a suspensão das reformas agrárias [coletivização] impostas pelo novo governo polonês."[1] Seguiu-se um fluxo de mensagens de Churchill para Roosevelt, nas quais o primeiro-ministro destacou a urgência e a gravidade da situação polonesa. A maior parte ficou sem resposta. Os britânicos persistiam em seus esforços, mas recebiam pouco apoio de Washington e nenhum de Moscou.

Os acontecimentos no campo de batalha tinham ímpeto próprio e estavam fora do controle de Churchill. Nesse momento tardio, ele fez uma breve tentativa de reafirmar a influência britânica ao trocar Tedder por Alexander. Enviou uma mensagem ao marechal de campo em 1º de março como se fosse fato consumado: "Escrevi privadamente para Eisenhower dizendo que o senhor substituirá Tedder como vice-comandante supremo em meados deste mês e propondo que Tedder o substitua no Mediterrâneo." A suposta justificativa era que a presença de Alexander no noroeste da Europa aliviaria a tensão entre Eisenhower e Montgomery. Na realidade, porém, Churchill queria que seu favorito assumisse o controle de toda a batalha terrestre aliada na última fase da campanha alemã. A proposta era equivocada em todos os níveis possíveis, a começar pelo fato de que Alexander não era apto para a função. Os americanos rapidamente a rejeitaram. Churchill tampouco recebeu satisfações de Washington quando protestou contra uma mensagem de Eisenhower a Stalin, na qual o americano assegurava que os exércitos ocidentais ficariam fora de Berlim. Os Estados Unidos não estavam mais escutando. Apesar de tratarem Churchill com crescente rispidez, é impossível duvidar que tivessem razão nas grandes questões militares.

Churchill interveio uma vez mais na política de bombardeios estratégicos, que lançou uma sombra sinistra na historiografia da Segunda Guerra Mundial. Em 28 de março, oficiou a Portal, chefe do estado-maior do Ar, e ao comitê de chefes de estado-maior:

> Parece-me que chegou o momento de rever o bombardeio de cidades alemãs com o objetivo único de espalhar o terror, embora ocorra sob outros pretextos. Do contrário, assumiremos o controle de uma terra completamente arruinada (...) A destruição de Dresden continua sendo um sério ponto de interrogação sobre a conduta dos bombardeios aliados (...) Sinto a necessidade de uma concentração mais precisa em objetivos militares, como petróleo e comunicações atrás da imediata zona de batalha, em vez do foco em simples atos de terror e destruição deliberada, por mais impressionantes que sejam.

Portal, porta-estandarte da Força Aérea Real, sentiu-se insultado por essas observações, como aliás deveria. Convenceu Churchill a eliminá-las, substituindo-as por um novo documento que omitisse expressões como "atos de terror". A nova minuta começava em termos mais prosaicos: "Parece-me que chegou o momento de rever o chamado 'bombardeio de área' em cidades alemãs pensando em nossos próprios interesses (...)." A assinatura dessa versão higienizada aconteceu em 1º de abril. De todo modo, Churchill não tinha a menor dúvida de que ordenara a suspensão dos ataques de área a cidades. Ficou portanto horrorizado, logo depois, quando soube que quinhentos Lancasters do Comando de Bombardeiros tinham arrasado Potsdam. Cerca de 5 mil civis supostamente pereceram porque a população relaxara nas precauções antiaéreas, supondo que os tesouros arquitetônicos da cidade seriam uma garantia de imunidade a bombardeios. Churchill escreveu asperamente a Sinclair, secretário do Ar, e a Portal: "Qual é o sentido de destruir Potsdam?" Portal respondeu que a sede operacional da Luftwaffe fora transferida para lá e que o ataque fora "calculado para acelerar a desintegração da resistência inimiga".[2]

A resposta verdadeira à pergunta de Churchill era que existia uma imensa força de pesados bombardeiros britânicos e uma profunda relutância em deixá-la no solo enquanto a resistência alemã continuasse. O Exército Vermelho começara a travar sua última grande batalha da guerra europeia por Berlim a poucos quilômetros de Potsdam. A atitude de Churchill, expressa em uma nota rascunhada para Portal em 28 de março, era característica em sua impulsividade ou mesmo irracionalidade. No começo da guerra, ele se mostrara um fervoroso defensor do bombardeio de área, embora, uma vez libertado das circunstâncias desesperadas de 1940 e 1941, tenha abandonado a fé exagerada dos aviadores de que essa estratégia poderia definir o confronto. Quando as grandes campanhas terrestres começaram na Itália e na França, Churchill perdeu interesse pelo Comando de Bombardeiros. A contribuição talvez fosse útil, mas estava claro que não seria decisiva. Pode parecer leviano sugerir que o primeiro-ministro estava cego para as operações de pesadas aeronaves, as quais levavam, todas as noites, morte e destruição a algumas das maiores cidades da Europa. Contudo, em meio às imensas questões que o assolavam a cada dia, a ofensiva aérea foi relegada a segundo plano — como também, é preciso dizer, a questão dos campos de extermínio nazistas e das possíveis operações da RAF para impedir tais atividades. Na cabeça de Churchill, o destino dos judeus estava entrelaçado com o de milhões de outros cativos europeus de Hitler. A melhor maneira de assegurar a libertação dessas pessoas era vencer a guerra o mais rápido possível.

Tão vasta era a escala da guerra em 1944 e 1945, tão diversas as suas manifestações, que nenhum ser humano, nem mesmo Winston Churchill, poderia cuidar de todos os aspectos que a envolviam com o empenho que alguns críticos modernos esperavam. Como poderia ser de outra forma? Ele lidava pessoalmente com uma variedade de assuntos maior do que qualquer líder nacional em toda a história. No entanto, muitas coisas, inclusive a política aérea nos últimos anos da guerra, foram negligenciadas. Os comandantes tinham liberdade para tomar as medidas que julgavam mais adequadas. De 1942 em diante, a única controvérsia significativa sobre bombardeios em que Churchill se envolveu seriamente se referiu ao ataque de 1944 à malha rodoviária e ferroviária francesa antes do Dia D, a qual ele foi convencido, relutantemente, a endossar.

Durante toda a guerra, a direção do bombardeio estratégico foi estorvada pelo fato de que os resultados estavam envoltos em mistério. O progresso dos exércitos era facilmente medido por avanços e retiradas e o de esquadras rivais, por afundamentos. Contudo, as extravagantes declarações dos aviadores só podiam ser confirmadas mediante problemáticas interpretações de fotografias aéreas, com a limitada assistência de mensagens decifradas pelo sistema Ultra. Em dezembro de 1941, o relatório do sr. Butt, da secretaria do Gabinete, levou o primeiro-ministro a aceitar que a campanha da RAF contra a Alemanha, prodigiosa em suas demandas de recursos nacionais, não estava alcançando resultados compatíveis. Por isso tomou-se a decisão de mudar a política, instaurando o "bombardeio de área" em cidades no lugar dos desacreditados ataques cirúrgicos a alvos militares e industriais. "No fragor da guerra", observou Churchill na velhice, "era a única maneira de revidar. Eu fui, é claro, o principal responsável (...) Mas depois não tive mais tanta certeza da eficácia da iniciativa."[3] Até junho de 1944, porém, quando grandes exércitos aliados se engajaram no campo de batalha, o primeiro-ministro julgou conveniente promover a ideia de que o bombardeio estratégico oferecia contribuições decisivas para a vitória. Se não oferecesse, muitas pessoas — entre as quais Stalin se destacava — perguntariam se a Grã-Bretanha estava desempenhando um papel suficientemente expressivo na guerra.

Ao tentar distanciar-se do bombardeio de Dresden, como fez em 28 de março de 1945, Churchill ignorou o pedido que fizera a Sinclair no Ministério do Ar, pouco antes de Yalta, para que lançasse grandes ataques no leste da Alemanha com o intuito de ajudar e impressionar os russos, manifestamente ansiosos por esse tipo de apoio. Dresden estivera durante anos na lista de alvos do Comando de Bombardeiros. Só ficara ilesa até então porque era de baixa prioridade e estava localizada muito longe dos aeródromos britânicos. Ao longo de toda a guerra, nenhum dos principais oficiais aéreos da Grã-Bretanha demonstrou grande sensibilidade estética. Portal defendera um intenso bombardeio a Roma quando a cidade ainda pertencia a Mussolini.[4] Harris assegurara ao chefe do estado-maior do Ar que não abrigava "falsos sentimentos" com relação ao despacho de bombardeiros contra um dos maiores centros culturais do mundo. Foi a oposição americana que evitou ataques no centro de Roma. A intervenção pessoal de Churchill fez com que Dresden, juntamente com Chemnitz e Leipzig, subisse na lista de alvos de fevereiro e sofresse grande destruição na noite de 13 para 14. Não chega a ser surpreendente que ninguém, no quartel-general do Comando de Bombardeiros, tenha manifestado preocupação com o destino de igrejas barrocas antes de despachar os Lancasters.

O primeiro-ministro, no entanto, não pensara muito antes de fazer o pedido quase informal a Sinclair. Durante a guerra, uma enorme quantidade de questões lhe ocupava brevemente a atenção, depois sumia de vista. É implausível, mas possível, que em 28 de março ele tivesse, de fato, esquecido a solicitação que fizera à RAF para atacar cidades no leste da Alemanha. A chave para entender a destruição de Dresden, muitas vezes mal interpretada como uma atrocidade ímpar, é que, em meio à carnificina global diária, a ordem de atacar tem muito menos significado para os responsáveis do que deveria, pelo menos aos olhos da posteridade.

Após o bombardeio a Dresden, entretanto, a incursão foi tema de comentários generalizados — e de algumas críticas. Em 16 de fevereiro, depois de uma coletiva de imprensa no Quartel-General Supremo das Forças Expedicionárias Aliadas (SHAEF) sobre a política de bombardeios, um correspondente da AP chamado Howard Cowan comunicou à sua agência: "Os comandantes da força aérea aliada tomaram a decisão, há muito aguardada, de adotar o bombardeio de terror deliberado a centros populacionais alemães como implacável recurso para apressar a queda de Hitler." A reportagem foi tratada com destaque em jornais americanos, embora tenha sido censurada nos jornais britânicos. O secretário de Guerra dos Estados Unidos, Henry Stimson, exigiu uma investigação sobre Dresden, o que provocou a seguinte resposta do general "Hap" Arnold, da USAAF: "Não podemos amolecer. Guerra tem de ser destrutiva e, até certo ponto, desumana e impiedosa." Na Grã-Bretanha, apesar de não ter havido um protesto generalizado, o parlamentar trabalhista Richard Stokes, inveterado crítico do governo, fez perguntas sobre o assunto na Câmara dos Comuns. Pela primeira vez em muitos meses, Churchill tratou seriamente do bombardeio de área. Ele percebeu que era, de fato, uma arbitrariedade prosseguir com a destruição de grandes cidades, quando os alemães já estavam à beira do colapso. Com o costumeiro instinto de misericórdia em relação aos derrotados, quis suspender o processo. Era a decisão correta e humana. Entretanto, o primeiro-ministro se prejudicou ao tentar, no rascunho de ofício a Portal, tornar esse julgamento retrospectivo, condenando uma decisão que fora tomada com seu apoio explícito, ou pelo menos notório.

Churchill também correu tremendo risco diante da história ao declarar que a campanha do Comando de Bombardeiros era terrorista. Ninguém, nos escalões superiores da máquina de guerra britânica, jamais teve dúvidas disso, mas ministros e aviadores utilizavam-se dos mais elaborados circunlóquios para evitar tal reconhecimento. Não foi a primeira vez que Churchill mencionou terror no contexto dos bombardeios. Bem antes, ele tinha usado uma palavra parecida num memorando para o Gabinete de Guerra, em novembro de 1942, sobre a política para a Itália. "Todos os centros industriais devem ser atacados de forma intensa", escreveu, "todos os esforços devem ser feitos para aterrorizar e paralisar a população." Tanto na guerra como na paz, é improvável haver motivo de orgulho numa política em que se considere necessário enganar o próprio povo. A reputação de Churchill, de Portal e do Comando de Bombardeiros foi manchada pela troca de mensagens entre março e abril de 1945. O primeiro-ministro, que saberia melhor do que ninguém, apusera sua assinatura num documento, embora mais tarde a retirasse, com a declaração de que a ofensiva estratégica aérea da Grã-Bretanha tinha sido terrorista. Ele estava a par de uma jogada administrativa para suprimir essa admissão da verdade.

Os escritos de Churchill, desde a Primeira Guerra Mundial, deixam claro que ele considerava o bombardeio de civis um ato de barbárie. Na primeira fase da Segunda Guerra Mundial, quando a Alemanha já havia arruinado metade das cidades europeias e a Grã-Bretanha não dispunha de nenhum outro meio eficaz de atacar o Reich de Hitler, ele contrariou seus instintos e endossou a ofensiva de bombardeios. Essa decisão parece ao mesmo tempo inevitável e justificável. É um grosseiro abuso de linguagem qualificar o bombardeio de área como "crime de guerra", à maneira de alguns críticos modernos. Essa política destinava-se a acelerar a derrota da Alemanha com a destruição de sua base industrial, e não a massacrar inocentes arbitrariamente. Apesar disso, é uma mácula na conduta aliada o fato de as incursões terem continuado até 1945, quando imensas forças de aviação empregaram sofisticada tecnologia contra defesas insignificantes, num momento em que a produção industrial alemã já não era capaz de influenciar resultados. Tanto a necessidade operacional de atacar cidades — porque não havia outra coisa que a RAF pudesse fazer — quanto o objetivo estratégico dessas operações tinham deixado de existir. No entanto o assalto se manteve, porque, até a tardia intervenção de Churchill, ninguém pensou em mandar a força aérea interromper as atividades, ou pelo menos se limitar a alvos militares residuais.

Ali estava um clássico exemplo de determinismo tecnológico. As armas existiam, e por isso continuaram a ser utilizadas. A parte lamentável do memorando redigido por Churchill em 28 de março, principalmente para os cerca de 200 mil civis alemães mortos em 1945, era que não tivesse sido escrito meses antes. É difícil, porém, não sentir solidariedade pelo velho e exausto primeiro-ministro, que carregava nos ombros os problemas do mundo, por demorar a agir. O histórico de sua conduta em relação ao povo de Hitler mostra um abrangente instinto de misericórdia, notável no líder de um país que sofrera tanto em mãos alemãs desde 1939. Os documentos de Churchill referentes a 1945 contêm muitas caridosas reflexões e instruções sobre o tratamento ao povo da Alemanha. Isso deve ser posto na mesma balança que avalia os indubitáveis excessos da ofensiva de bombardeiros e a responsabilidade dele pela estratégia.

Nas últimas semanas da guerra europeia, Churchill fez mais dois passeios turísticos a campos de batalha. Para sua satisfação, urinou na linha Siegfried, em 3 de março, comentando num aparte para os fotógrafos: "Essa é uma das operações ligadas a esta grande guerra que não devem ser reproduzidas graficamente." Realizou cerimônia idêntica no Reno três semanas depois, numa visita para assistir com Alan Brooke à grande transposição do rio por Montgomery. Enquanto contemplava o panorama numa cadeira instalada para ele no alto do morro de Xanten, disse: "Teria sido bom posicionar meus soldados de casacos vermelhos na planície lá embaixo e ordenar um ataque." E, não sem satisfação, acrescentou: "Mas agora meus exércitos são vastos demais." Ao barulho dos aviões, levantou-se rapidamente: "Estão vindo! Estão vindo!" E observou, fascinado, enquanto a ampla expedição militar aérea passava por cima de sua cabeça, milhares de paraquedas multicoloridos desabrochando sobre a margem alemã. A contragosto, quando bombas alemães começaram a cair, foi conduzido apressadamente à retaguarda pelos generais. Brooke escreveu: "Foi um alívio levar Winston para casa a salvo (...) Eu honestamente acredito que ele teria gostado de morrer no front, nesse momento de êxito. Já me disse várias vezes que a melhor maneira de morrer é em combate, quando o sangue está agitado e não se sente nada."[5]

Num almoço em Chequers poucos dias depois, Churchill disse à prima Anita Leslie que havia adorado o passeio: "Sou um homem de idade e trabalho muito. Por que não me divertir um pouco? Pelo menos eu achei divertido, mas todos odiamos ver homens corajosos morrerem."[6] Leslie trabalhava como motorista de ambulância para a França Livre. "Com uma ansiedade infantil na voz, Winston perguntou o que os franceses achavam dele. 'Gostam de mim? Têm afeição por mim?' Diga-lhes que os amo." Se essas eram as palavras de um homem velho e sentimental, seu vacilante interesse pelas questões diárias refletia a condição de um homem cansado. "O primeiro-ministro está se tornando um obstáculo administrativo", escreveu Colville.[7]

Houve um último espasmo de frustração sobre a incapacidade do primeiro-ministro de influenciar operações militares. Quando soube que Eisenhower mandara uma mensagem a Stalin dizendo que os exércitos anglo-americanos não tentariam se aproximar de Berlim, ele manifestou seu desgosto por uma comunicação dessa natureza ter sido enviada sem consulta aos governos britânico e americano. Como o comportamento dos russos piorava rapidamente, recomendou que os exércitos anglo-americanos avançassem o máximo possível para o leste e lá permanecessem, alheios aos acordos sobre zonas de ocupação, até que Moscou cumprisse a parte dela nos negócios acertados em Yalta. Enquanto isso, intensificava-se a paranoia russa de que o Ocidente negociaria com os alemães um acordo de paz separadamente. Zhukov visitou o Kremlin em 29 de março. Stalin foi até uma mesa, folheou alguns documentos, pegou um deles e o entregou ao marechal. "Leia", disse ele. Era um relato baseado em informações de "simpatizantes estrangeiros", segundo os quais representantes dos Aliados Ocidentais conversavam secretamente com enviados de Hitler sobre uma paz isolada. As ofertas de Berlim tinham sido rejeitadas, dizia a carta, mas ainda era possível que o exército alemão abrisse seu front ocidental para dar aos Aliados passagem até Berlim. "O que acha disso?", perguntou Stalin, prosseguindo sem esperar a resposta de Zhukov: "Não acredito que Roosevelt violasse o acordo de Yalta. Mas Churchill... aquele homem é capaz de tudo."[8]

Os americanos, de fato, não demonstraram qualquer interesse em estabelecer uma diplomacia arriscada com o Kremlin. Por força da persuasão, Roosevelt foi levado a enviar uma última carta de contestação a Stalin sobre a Polônia, mas Washington não provocaria nenhum confronto. Quando Himmler tentou conferenciar com os Aliados Ocidentais, Churchill relatou a iniciativa a Stalin, que antes havia despachado uma série de telegramas furiosos e até insultuosos a Londres e Washington sobre negociações americanas na Suíça, referentes à rendição alemã na Itália, com o general SS Karl Wolff. Então, o líder russo mandou uma mensagem notavelmente conciliatória para Churchill: "Conhecendo-o, eu não tinha dúvida de que o senhor agiria exatamente assim." O primeiro-ministro encontrou o telegrama em Downing Street ao voltar de um jantar com o embaixador francês na noite de 25 de abril. O texto gerou uma onda de boa vontade sentimental com Stalin. Jock Colville observou horrorizado que Churchill, não inteiramente sóbrio, sentou-se durante noventa minutos no Anexo, falando animadamente com Brendan Bracken sobre o telegrama, e depois ficou mais dezenove minutos fazendo a mesma coisa com o jovem secretário particular: "Sua vaidade era espantosa, e fico aliviado de saber que T[io] J[oe] não sabe o efeito que umas poucas palavras amáveis, após tantas palavras duras, podem ter em nossa política com a Rússia (...) Nenhum trabalho foi feito, e fiquei irritado e um pouco enojado com essa mostra de suscetibilidade à lisonja. Eram quase cinco da manhã quando fui para a cama."[9] Três dias depois, Churchill telegrafou para Stalin oferecendo mais uma abertura: "Tem me incomodado muito o mal-entendido que surgiu entre nós com o acordo da Crimeia sobre a Polônia."[10] Não havia mal-entendido nenhum, é claro. Stalin estava empenhado em afirmar a hegemonia soviética na Polônia, e esse era o fim da história.

Em dezembro de 1941, quando Eden telegrafara para Churchill de Moscou e insistira na necessidade de aceitar as demandas russas por reconhecimento de suas fronteiras pré-Barbarossa, o primeiro-ministro respondera: "Quando você diz que 'nenhuma ação ou palavra dos Estados Unidos ou proveniente de nós afetará a situação no fim da guerra', você está formulando uma imensa suposição sobre as condições futuras. Ninguém pode prever como ficará o equilíbrio de poder ou onde estarão os exércitos vencedores. Parece provável, no entanto, que os Estados Unidos e o Império Britânico, longe de estarem exauridos, serão o mais poderoso bloco armado e econômico que o mundo já viu, e que a União Soviética precisará muito mais da nossa ajuda para a reconstrução do que nós precisaremos dela." Em 1945, a frustração dessas esperanças era clara. Os soviéticos estavam muito mais fortes do que Churchill previra e os britânicos, bem mais fracos. A dedicação dos Estados Unidos a supostos interesses anglo-americanos comuns, na Europa ou em outras partes do mundo, era mais tênue do que fora em qualquer outra época.

À fria luz do dia, o primeiro-ministro compreendia esse fato. Em 4 de maio, escreveu a Eden, então em São Francisco para participar da reunião inaugural das Nações Unidas, sobre o desenrolar da situação na Europa Oriental tal como ele a via:

> Temo que coisas terríveis tenham acontecido durante o avanço russo pela Alemanha em direção ao Elba. A proposta retirada do exército americano para as linhas ocupacionais combinadas (...) significaria uma maré de dominação russa avançando 190 quilômetros num front de 320 a 640 quilômetros. Se isso se concretizasse, seria um dos acontecimentos mais melancólicos da história. Ao fim, com o território já ocupado pelos russos, a Polônia estaria completamente engolfada e sepultada nas terras ocupadas pelos russos (...) A fronteira russa chegaria ao Cabo Norte, na Noruega (...) passando pelo Báltico até um ponto pouco a leste de Lübeck (...) por metade [da Áustria] até o rio Isonzo, atrás do qual Tito e a Rússia reivindicarão tudo que estiver a leste. Dessa maneira, os territórios sob controle russo incluiriam as Províncias Bálticas, toda a Alemanha até a linha ocupacional, toda a Tchecoslováquia, grande parte da Áustria, toda a Iugoslávia, a Hungria, a Romênia, a Bulgária, até que se alcançasse a Grécia em sua cambaleante situação atual (...) Isso constitui um acontecimento sem paralelo na história da Europa (...) Todas essas questões só podem ser resolvidas antes que os exércitos americanos na Europa enfraqueçam (...) É para esse próximo e célere confronto e acerto com a Rússia que devemos voltar nossas esperanças. Até lá, oponho-me a abandonar, em qualquer grau, nossa reivindicação contra a Rússia em nome da Polônia.[11]

Naquele momento, os Aliados se viam num novo mundo, desconcertante e inexplorado: Roosevelt falecera. Depois do imenso choque causado por essa morte, em 12 de abril, Churchill considerou a ideia de tomar o avião para comparecer ao funeral em Washington. Finalmente decidiu que sua presença era necessária em Londres, decisão provavelmente influenciada por relutância pessoal. A empolgação do primeiro-ministro pelo presidente diminuíra enormemente. Houvera muitas manifestações de desrespeito. Algumas foram relativamente triviais, como a decisão tomada por Washington em março de suspender as exportações de carne para a Grã-Bretanha. Outras mais sérias, como as restrições draconianas à aviação civil britânica no pós-guerra, seguindo os termos do Lend-Lease. Acima de tudo, é claro, havia um unilateralismo americano nas questões relacionadas ao Leste Europeu. Ninguém duvidava da grandeza de Roosevelt, muito menos Churchill. Mas essa capacidade fora utilizada a serviço dos Estados Unidos, e só por acaso, com relutância, pelos interesses do Império Britânico ou mesmo da Europa. "Percorremos um longo caminho", escreveu Moran em fevereiro, "desde que Winston, falando de Roosevelt, me disse no jardim em Marrakesh 'Adoro esse homem'."[12]

Agora, Churchill tinha de lidar com a figura totalmente desconhecida de Harry Truman. Nas primeiras semanas do novo presidente, embora a inexperiência fosse óbvia, houve sinais animadores de que estava preparado para negociar muito mais duramente com os russos do que Roosevelt em seus últimos meses. No entanto, não se mostrou mais disposto do que o antecessor a arriscar um confronto armado com a União Soviética por causa da Polônia ou de qualquer outro país europeu. Naquela altura, acreditava Washington, não havia virtude alguma em adotar uma falsa altivez quando o Exército Vermelho estava no Elba. Nem a combatividade de Churchill contra Moscou encontrou muita repercussão no próprio povo. Durante quatro anos, os britânicos tinham abraçado os russos como heróis e companheiros de luta, ignorando a ausência de simpatia recíproca. Tirando algumas dezenas de homens e mulheres no topo da máquina de guerra britânica, pouco se sabia da perfídia e selvageria da União Soviética. Não havia mais estômago na Grã-Bretanha e nos Estados Unidos para uma cruzada churchilliana contra um novo inimigo.

O Dia da Vitória na Europa foi proclamado em 8 de maio de 1945. Na tarde do dia 7, os chefes de estados-maiores se reuniram em Downing Street para um momento de comemoração. O próprio Churchill dispôs a bandeja, as taças e fez um brinde a Brooke, Portal e Cunningham como "os arquitetos da vitória". Ismay escreveu em suas memórias: "Esperei que erguessem as taças para o chefe que havia sido o grande planejador; mas talvez estivessem emocionados demais para confiar na própria voz."[13] Isso não foi muito sincero. Brooke e Cunningham, talvez o próprio Portal, abrigavam complexas emoções quanto ao primeiro-ministro. Outros, incluindo Ismay e a equipe de funcionários de Downing Street, perdoavam o tratamento rude por causa do amor e da admiração que tinham por Churchill. O marechal de campo e o almirante tinham mais dificuldade de fazer isso. Brooke escreveu em 7 de maio: "Não consigo ficar emocionado, minha maior sensação é de infinito cansaço mental! Uma espécie de letargia cerebral que se recusa a registrar os pontos altos e permanece num tom uniformemente apático."[14] No dia seguinte, acrescentou com certa amargura: "Não há dúvida de que o público nunca entendeu o papel dos chefes de estados-maiores na condução desta guerra. No geral, o primeiro-ministro nunca o deixou muito claro, e nem uma única vez nos discursos se referiu aos chefes de estados-maiores[15] (...) Sem ele, a Inglaterra certamente estaria perdida; com ele, a Inglaterra esteve repetidas vezes à beira do desastre. E, em todo esse processo, não houve quase nenhum reconhecimento por aqueles que o ajudaram, exceto, de vez em quando, uma migalha para impedir que o cão se afastasse muito da mesa."[16]

Brooke tinha inveja do poder e da fama que Marshall, seu correspondente americano, desfrutava. Homem de notável vaidade, bem manifesta em seus diários, ele superestimava os próprios talentos e era pouco generoso ao avaliar os de Churchill. Mas uma parte significativa de suas conquistas como chefe do estado-maior imperial — notáveis, aliás — deveu-se à disposição de enfrentar Churchill dia e noite quando achava que o primeiro-ministro estava errado. Se Brooke foi um soldado cauteloso, que talvez não funcionasse bem como comandante em campanha, o fato é que contrastava magnificamente com o primeiro-ministro, preservando-o de muitos infortúnios. A contribuição da parte dele para o esforço de guerra britânico foi substancial. Tal qual um porco-espinho, compreendera uma coisa importante: os Aliados não deveriam enfrentar prematuramente todo o peso da Wehrmacht. Ainda assim, ele foi incapaz de aceitar que o preço de servir a uma grande figura histórica fosse ser obscurecido pela respectiva sombra.

No Dia da Vitória, para tristeza de ambos os Churchill, Clementine estava visitando a Rússia em nome da Cruz Vermelha. Às três da tarde, o primeiro-ministro falou pelo rádio para o povo britânico: "Ontem de madrugada, às 2h41, no quartel-general, o representante do Alto Comando alemão, general Jodl, e o almirante de esquadra Dönitz, chefe do Estado alemão designado, assinaram o ato de rendição incondicional de todas as forças terrestres, navais e aéreas alemãs na Europa à Força Expedicionária Aliada e simultaneamente ao Alto Comando Soviético (...) A guerra alemã, portanto, chegou ao fim." Recordou a solitária luta da Grã-Bretanha e a adesão gradual de influentes aliados: "Finalmente o mundo quase todo se coligou contra os malfeitores, que agora se veem prostrados diante de nós. Podemos nos permitir um breve período de regozijo; mas não nos esqueçamos por um momento da labuta e dos esforços que temos pela frente. O Japão, com toda a sua perfídia e ganância, continua indômito (...) Precisamos dedicar toda a nossa força e todos os nossos recursos à conclusão da nossa tarefa, tanto aqui dentro como lá fora. Avante, Britânia! Viva a causa da liberdade! Deus salve o rei." Seus secretários e demais funcionários fizeram fila no jardim de Downing Street para aplaudi--lo no caminho até o carro. Ele reagiu com um largo sorriso: "Muito obrigado a vocês, muito obrigado." Então foi para a Câmara dos Comuns, onde repetiu para os parlamentares o discurso que fizera à nação.

Alguns ranzinzas queixaram-se da ausência de palavras de gratidão à Divindade, e é interessante conjeturar se Churchill expressou, reservadamente, o reconhecimento de uma dívida a uma potência divina na cerimônia de Ação de Graças da Câmara, realizada na Igreja de Santa Margarida, em Westminster. Na visão de Jock Colville, os acontecimentos da guerra, sobretudo a Batalha da Inglaterra, fizeram Churchill distanciar-se de um ateísmo desafiador para se aproximar da fé. O primeiro-ministro certa vez observou ao secretário particular que ficava imaginando se o governo lá em cima não seria uma monarquia constitucional, "e se fosse, sempre haveria a possibilidade de o Todo-Poderoso precisar chamá-lo".[17]

No começo daquela noite, Churchill falou de uma sacada em Whitehall para uma vasta e animada multidão: "Meus queridos amigos, este momento é de vocês. Essa não é a vitória de um partido ou de uma classe. É a vitória de toda a grande nação britânica. Fomos os primeiros, nesta ilha antiga, a puxar a espada contra a tirania (...)." A multidão cantou "Land of Hope and Glory" e "For He's a Jolly Good Fellow" enquanto Churchill voltava para o Anexo de Downing Street a fim de passar o resto da noite com lorde Camrose, proprietário do *Daily Telegraph*. Na companhia do editor, o primeiro-ministro deixou de lado a exuberância vespertina, manifestando mais uma vez o horror que sentia diante da barbárie soviética no leste. Quando Camrose saiu, à 1h15 da manhã, Churchill voltou para seus secretários e seus documentos.

O *Pravda* afirmou, triunfantemente, que "a importância da ligação do Exército Vermelho com as forças aliadas anglo-americanas é tão grande política quanto militarmente. Oferece mais uma prova de que as provocações do povo de Hitler, que visavam a destruir a solidariedade e a fraternidade entre nós e nossos aliados (...) fracassaram".[18] Mesmo assim, Churchill passou os primeiros dias de paz profundamente triste com o destino da Polônia. Em 13 de maio, passou um telegrama para Truman:

> Nosso poderio armado no continente está em rápido declínio. Enquanto isso, o que se fará a respeito da Rússia [?] Sempre trabalhei pela amizade com a Rússia, mas, como o senhor, sinto profunda ansiedade por sua interpretação errônea das decisões de Yalta, sua atitude com a Polônia, sua esmagadora influência nos Bálcãs à exceção da Grécia, as dificuldades que provoca com relação a Viena (...) e, acima de tudo, por sua capacidade de manter grandes exércitos em campanha por muito tempo. Qual será a situação em um ou dois anos,

> quando os exércitos britânicos e americanos forem dissolvidos (...) e quando a Rússia puder decidir se manterá duzentas ou trezentas [divisões] em serviço ativo? Uma cortina de ferro baixou sobre o seu front (...) Certamente é vital chegar agora a um entendimento com a Rússia, ou pelo menos ver como está nossa relação, antes de enfraquecermos mortalmente nossos exércitos ou nos retirarmos para as zonas de ocupação. Eu agradeceria muito se me desse sua opinião ou seu conselho (...) Em suma, o tópico de um arranjo com a Rússia antes de nossa força desaparecer me parece superar todos os demais.

Truman respondeu: "Do ponto de vista atual, é impossível especular o que os soviéticos farão quando a Alemanha estiver sob as pequenas forças de ocupação e quando a maior parte possível dos exércitos estiver combatendo no Oriente contra o Japão."[19] O presidente concordava com Churchill que uma reunião tripartite com Stalin se tornara uma necessidade urgente.

E se uma conversa com Stalin não resolvesse nada, como era muito provável? Poucos dias depois da rendição da Alemanha, o primeiro-ministro da Grã-Bretanha chocou os chefes de estados-maiores ao perguntar se as forças anglo-americanas conseguiriam lançar uma ofensiva para impor, com o uso de armas, o recuo dos soviéticos. Churchill estava entusiasmado com a robusta atitude de Truman, cujo tom sugeria uma nova disposição de responder impiedosamente ao escárnio comunista aos termos de Yalta. Brooke escreveu em 13 de maio, após uma reunião do Gabinete de Guerra: "Winston exultante, ele me dá a impressão de já estar ansioso por uma nova guerra! Mesmo que implique lutar contra os russos!"[20] No dia 24, o primeiro-ministro disse aos chefes de estado-maior que, com o "urso soviético escarrapachado sobre toda a Europa", eles deveriam considerar a possibilidade militar de empurrar o Exército Vermelho de volta para o leste, antes que as tropas anglo-americanas fossem desmobilizadas.[21] Ordenou aos planejadores que examinassem meios de "impor à Rússia a vontade dos Estados Unidos e do Império Britânico", a fim de assegurar "uma solução justa para a Polônia". Garantiu-lhes que teriam todo o apoio da opinião pública britânica e americana, e os aconselhou a partir do princípio de que poderiam "contar com o uso de mão de obra alemã e o que resta da capacidade industrial alemã". A data prevista para o lançamento desse ataque seria 1º de julho de 1945.

O Foreign Office — mas não o próprio Eden — ficou horrorizado com a belicosidade de Churchill. Um dos informantes de Moscou em Whitehall rapidamente transmitiu a Stalin uma instrução dada por Londres a Montgomery, recomendando-lhe que estocasse armas alemãs apreendidas para possível uso futuro. Zhukov escreveu em suas memórias:

> Recebemos informações confiáveis de que, enquanto a campanha final ainda estava em andamento, Churchill mandou um telegrama secreto ao marechal Montgomery, instruindo-o a coletar cuidadosamente armas e material alemães e guardá-los de tal maneira que fosse fácil recuperá-los e distribuí-los entre unidades alemãs com as quais precisariam trabalhar caso o avanço soviético continuasse. Tivemos que fazer uma severa declaração na sessão seguinte da Comissão Aliada de Controle. Ressaltamos que a história conhecia poucos exemplos de semelhante perfídia e traição das obrigações e dos deveres aliados. Declaramos que o governo e a cúpula do exército britânico mereciam a mais contundente condenação. Montgomery tentou refutar a declaração soviética. Seu colega, o general americano [Lucius] Clay, ficou calado. Aparentemente, estava a par dessa instrução do primeiro-ministro britânico.[22]

Apesar de sensacionalista, a versão de Zhukov tinha fundamento numa realidade que, na Grã-Bretanha, só foi reconhecida em 1998, quando os relevantes documentos foram liberados pelo British National Archive (BNA). Alan Brooke e seus colegas executaram fielmente os desejos do primeiro-ministro de examinar hipóteses para uma ação militar contra os russos. O relatório preparado pelo estado-maior de planejamento conjunto exigiu proezas imaginativas de seus criadores, inéditas durante o mandato de Churchill. No preâmbulo, os formuladores comunicaram a suposição de que, no caso de uma guerra entre os russos e os Aliados Ocidentais, a Rússia se aliaria ao Japão. "O objetivo geral ou político é impor à Rússia a vontade dos Estados Unidos e do Império Britânico." Todavia, os planejadores imediatamente ressaltaram que não lhes caberia determinar o escopo de qualquer novo conflito iniciado pelas potências ocidentais: "Muito embora 'a vontade' desses dois países possa ser definida como nada mais do que uma solução justa para a Polônia, isso não limita necessariamente o empenho militar. Um êxito rápido pode levar os russos a se submeterem à nossa vontade (...) ou talvez isso não aconteça. Caberá aos russos decidir. Se quiserem guerra total, estão em condições de promovê-la."[23]

Os estrategistas observaram que, mesmo havendo sucesso em uma ofensiva inicial do Ocidente, os russos poderiam então adotar a tática que empregaram com tanto êxito contra os alemães, cedendo terreno dentro dos infinitos espaços da União Soviética: "Praticamente não há limite para a distância que os Aliados precisariam percorrer na Rússia a fim de impossibilitar a resistência (...) Para alcançar a derrota decisiva da Rússia (...) seriam necessários (...) (a) o desdobramento na Europa de uma grande proporção dos vastos recursos americanos, (b) o reequipamento e a reorganização do efetivo alemão e de todos os Aliados Ocidentais europeus."

Os estrategistas concluíram que o poderio aéreo ocidental poderia ser empregado com eficácia contra as comunicações soviéticas, mas que "a indústria russa é tão bem distribuída que dificilmente seria um alvo aéreo proveitoso". Sugeriram que 47 divisões aliadas poderiam ser plausivelmente utilizadas numa ofensiva ocidental, quatorze delas blindadas. Mais de quarenta divisões precisariam ser reservadas para tarefas de defesa ou ocupação. Os russos talvez reagissem a uma arremetida aliada com 170 divisões de força equivalente, trinta delas blindadas. "É complicado avaliar até que ponto nossa superioridade tática aérea e o emprego superior de nossas forças restabeleceriam o equilíbrio, mas as probabilidades acima claramente tornariam o lançamento de uma ofensiva um empreendimento arriscado." Os estrategistas propunham duas arremetidas principais, uma num eixo setentrional, Stettin-Schneidemühl-Bydgoszcz, a segunda no sul, num eixo Leipzig-Poznan-Breslau. E concluíram: "Se formos entrar em guerra com a Rússia, devemos estar preparados para a guerra total, que será longa e causará muitas perdas."

Advertiram, num anexo, que Moscou provavelmente requisitaria a ajuda de comunistas locais na França, na Bélgica e na Holanda para conduzir uma extensa campanha de sabotagem às linhas de comunicação ocidentais. A palavra "arriscado" é usada oito vezes no documento de planejamento para descrever as operações anglo-americanas propostas. O Anexo IV tratava das prováveis reações alemãs a um convite para participar dos combates entre a Rússia e o Ocidente: "O Estado-Maior Geral e o corpo de oficiais alemães irão provavelmente decidir que seus interesses serão mais bem atendidos se ficarem do lado dos Aliados Ocidentais, embora, de início, o cansaço do Exército Alemão e da população civil provavelmente limite o grau em que serão capazes de produzir uma cooperação eficaz e ativa." Sugeriu-se secamente que os veteranos alemães que combateram no front oriental talvez relutassem em repetir a experiência. No entanto, ao tratar do moral entre os soldados aliados chamados para combater os russos, os estrategistas demonstraram espantoso otimismo. Disseram que seus homens lutariam com ânimo apenas um pouco menor do que o exibido contra os alemães — isso apesar de, na Itália, Alexander ter irritado o primeiro-ministro com relatos de que suas tropas relutavam em combater os comunistas de Tito.

Os chefes de estado-maior nunca tiveram ilusões sobre a praticabilidade militar, para não mencionar política, de lançar uma ofensiva contra a Rússia para libertar a Polônia. O chefe do estado-maior imperial escreveu em 24 de maio: "A ideia é obviamente fantasiosa, e as chances de êxito são totalmente impossíveis. Não há dúvida de que, de agora em diante, a Rússia é todo-poderosa na Europa."[24] No dia 31, os chefes "discutiram novamente a 'guerra impensável' contra a Rússia (...) e ficaram ainda mais convencidos de que é 'impensável'!".[25] Na cabeça dos que estavam a par do segredo, o debate certamente provocou ecos de 1918-1919, quando Churchill queria, a todo custo, despachar para a Rússia uma expedição militar britânica destinada a inverter o veredicto da revolução bolchevique de 1917.

Ao entregar o relatório dos estrategistas ao primeiro-ministro, em 8 de junho, Ismay escreveu: "No relatório anexo sobre a operação 'IMPENSÁVEL', os chefes de estado-maior expuseram os fatos nus e crus, sobre os quais podem discorrer em discussões com o senhor, se assim o desejar. Eles julgam que quanto menos se disser por escrito sobre este assunto, melhor." Os próprios chefes acrescentaram um comentário ao relatório: "Nossa opinião é (...) que, uma vez iniciados os atos de guerra, estará além do nosso poder alcançar um rápido porém limitado êxito, e que estaríamos envolvidos numa guerra prolongada com poucas chances de êxito. Essas chances, além disso, tornariam-se irreais caso os americanos se mostrassem cansados ou indiferentes e começassem a ser atraídos pelo ímã da guerra no Pacífico."

Churchill respondeu em 10 de junho:

> Se os americanos se retirarem para sua zona e levarem a maior parte de suas forças para os Estados Unidos e para o Pacífico, os russos terão o poder de avançar em direção ao mar do Norte e ao Atlântico. Por favor, façam um estudo de como, então, poderíamos defender nossa ilha, supondo que a França e os Países Baixos não tivessem condições de resistir ao avanço russo por mar. De que forças navais precisaríamos e onde ficariam baseadas? Qual seria a força do Exército necessária e como poderia ser disposta? Quanta força aérea seria necessária e onde ficariam localizados os principais aeródromos? (...) Ao manterem a palavra-código "IMPENSÁVEL", os estados-maiores terão percebido que se trata de um estudo preventivo sobre algo que, espero, será ainda uma contingência puramente hipotética.

No rascunho original dessa nota, as palavras finais de Churchill eram "um acontecimento altamente improvável". Ele fez a mudança com a tinta vermelha de praxe, para que a implementação da operação Impensável parecesse ainda mais remota.

Em 11 de julho, o comitê de planejamento conjunto de chefes de estado-maior respondeu a perguntas do primeiro-ministro, que indagou quais seriam as implicações de um possível avanço soviético para o canal quando os exércitos de Eisenhower já estivessem desmobilizados. A força naval russa, concluíram eles, era limitada demais para que fosse provável uma invasão anfíbia antecipada à Grã-Bretanha. Excluíram as chances de um assalto aéreo russo. Parecia mais provável, sugeriram, que Moscou recorresse a um intenso bombardeio de foguetes, numa escala mais destrutiva do que a dos V1 e V2 alemães. Para uma defesa eficaz contra uma ameaça russa de longo prazo, calculavam que seriam necessários 230 esquadrões de caças, cem de bombardeiros táticos e duzentos de bombardeiros pesados.

O arquivo da Impensável foi fechado poucos dias depois, quando chegou outro telegrama de Truman. Ele rejeitava os argumentos para abandonar ou sequer retardar a retirada dos Aliados para as zonas de ocupação combinadas em Yalta. Washington decidira que não havia motivo para isso. O primeiro-ministro foi obrigado a admitir que não existia a menor possibilidade de os americanos liderarem uma tentativa de retirar os russos à força da Polônia, ou sequer de lançar tal ameaça a Moscou. Também era inimaginável que o governo de Churchill e seus conterrâneos apoiassem uma ação dessa natureza. Em junho de 1945, a opinião do primeiro-ministro sobre a União Soviética estava extremamente distante da visão do povo britânico. A maioria dos britânicos estava bem menos impressionada com os perigos vividos pela Polônia do que com as conquistas dos companheiros russos de luta, a quem tinham aprendido a admirar. Churchill foi, por conseguinte, forçado a uma profunda mudança de opinião. Se os Aliados Ocidentais não podiam libertar a Polônia, então era o caso de buscar, mais uma vez, concessões de Stalin sobre o futuro do país. Deixando de lado o breve flerte com a Impensável, o primeiro-ministro se empenhou em renovar esforços diplomáticos e explorar as supostas relações pessoais que mantinha com Stalin em defesa dos interesses poloneses.

Foi uma sorte para a reputação de Churchill que seu estudo sobre um confronto armado com a Rússia só tenha sido revelado em detalhes meio século depois. Nos anos imediatos do pós-guerra, tornou-se cada vez mais claro para os chefes de estados-maiores, assim como para o mundo ocidental, que os Aliados Ocidentais precisariam adotar vigorosas medidas defensivas contra novas agressões soviéticas na Europa. Em 30 de agosto de 1946, o marechal de campo "Jumbo" Maitland-Wilson informou, de Washington, que os chefes de estado-maior americanos receavam tanto um possível conflito com os russos que eram a favor de esboçar planos militares para essa contingência. Em Londres, o arquivo da Impensável foi retirado da prateleira e desempoeirado.[26] Preparativos militares para um conflito com a União Soviética se tornaram a matéria-prima da Guerra Fria, embora em nenhum momento se considerasse politicamente aceitável ou militarmente viável tentar, pela força das armas, a libertação da Europa Oriental. Em maio e junho de 1945, os instintos bélicos de Churchill ainda eram assombrosamente poderosos. No entanto, a sociedade onde vivia só tinha ardor para terminar a guerra japonesa. Não havia disposição alguma para combater novos inimigos, fossem quais fossem os méritos da causa.

De início, o líder trabalhista Clement Attlee foi a favor de manter o governo de coalizão e postergar uma eleição geral até a derrota japonesa. O partido, porém, pensava de outra maneira. Em 23 de maio, a coalizão foi dissolvida após cinco anos e treze dias de governo. Houve uma emotiva reunião de despedida com os ministros em Downing Street. Então, Churchill começou a formar um novo gabinete, sem membros trabalhistas e liberais. Uma eleição foi convocada para 6 de julho, e quase todos os comentaristas previam que os *tories* sairiam vencedores. A gratidão do país a Winston Churchill, supunha-se, pesaria mais do que a rejeição ao Partido Conservador e seu fracasso pré-guerra.

Contudo, quem olhasse com cuidado encontraria vários sinais da tendência do povo britânico. Em 3 de julho de 1940, o general americano Raymond Lee almoçara em Londres com um parlamentar *tory* não identificado, que disse estar convencido de que os trabalhistas governariam depois da guerra mesmo em caso de vitória aliada. Em 1945, já havia chegado a hora do descanso para muitos veteranos.[27] Anthony Eden, amplamente visto como a estrela mais brilhante de sua geração de *tories*, tinha mais antipatia ao próprio partido do que Churchill. Durante uma visita à Grécia, registrou a sensação de distanciamento dos soldados britânicos que encontrou e as dúvidas sobre como alcançá-los no palanque: "Seria a mais alta honra servir a esses homens e liderá-los. Mas como fazer isso através da política partidária? A maioria não a possui, acho que eu mesmo não a possuo. E como esta eleição geral expressará tais fatores, já que, em sua forma mais extrema, não poderiam estar mais longe dos homens de Munique, nos quais tenho de pedir aos eleitores que votem? É um inferno. Curiosamente, W[inston] não parece sentir nada disso e está ansioso por uma batalha eleitoral, aparentemente satisfeito em trabalhar depois junto a homens com os quais, na maioria, ele não concorda. Sem dúvida acha que pode dominá-los, mas me pesa a responsabilidade de pedir ao eleitorado que lhes dê seu voto."[28]

Já em novembro de 1940, o soldado britânico Edward Stebbing escrevera: "Muitos (...) pensam que só valerá a pena lutar nesta guerra se depois as coisas forem ordenadas de outra forma."[29] Desde então, os acontecimentos fortaleceram essa crença na mente de muitos britânicos. Em dezembro de 1944, o *Wall Street Journal* demonstrou notável presciência ao identificar a insatisfação popular na Grã-Bretanha quanto à política grega de Churchill como uma rejeição mais profunda ao velho imperialismo *tory*: "Está claro que o governo de Churchill sobreviverá até o fim da guerra na Europa, mas as chances de voltar ao cargo na eleição pós-vitória são mais incertas. Não é muito provável que a [vitória] do sr. Lloyd George [1919] na 'eleição cáqui'* se repita."[30]

---

* Eleições nacionais realizadas durante ou logo após uma guerra com o intuito de aproveitar o entusiasmo popular. (N. da E.)

Os Mayhew eram uma família de classe média alta de Norfolk, e um de seus jovens rebentos, Christopher, apresentou-se em 1945 como candidato no condado contra um *tory* que fora membro do notório movimento de direita The Link. O tio de Mayhew, Bertram Howarth, secretário da Associação Britânica para o Progresso da Ciência, escreveu num boletim da família: "Estou no auge de uma convulsão política mental. Acho que votei nos Conservadores ao longo de toda a minha vida, mas, a não ser que algo sumamente importante aconteça até a eleição geral, não o farei mais." A esposa, Ellie, comandante distrital do Serviço Voluntário Feminino, era da mesma opinião: "Pessoalmente, não posso votar em nosso membro [*tory*] que está no cargo; é estúpido, velho e reacionário (...) Foi o único parlamentar a votar contra o Relatório Beveridge. Portanto terei de ser Liberal."[31] Quando Churchill falou com otimismo sobre suas perspectivas eleitorais para o general Bill Slim, que tirara licença na Birmânia para visitar a terra natal, Slim respondeu com característica franqueza: "Eu sei de uma coisa, primeiro-ministro. Meu Exército não votará no senhor."[32]

Uma maré de sentimento inundava os britânicos de todas as classes, mais preocupados em construir um futuro do que em cultivar o orgulho do passado. O próprio Churchill dissera em 1941, referindo-se aos rapazes de escolas públicas que ocupavam a maioria das cabines da RAF: "Eles salvaram este país; têm o direito de governá-lo."[33] O trabalhista Aneurin Bevan disse a uma das plateias de seus muitos comícios eleitorais: "Fomos os sonhadores, fomos os sofredores, agora somos os construtores."[34] Churchill era aplaudido aonde quer que fosse durante a campanha eleitoral de junho de 1945, e a admiração pública por ele era real. Ainda assim, com a sabedoria às vezes demonstrada pelas democracias, pouca gente deixava que isso influenciasse na hora do voto. Os programas radiofônicos eleitorais de Churchill eram severamente combativos. Ele utilizava, contra a ameaça do socialismo, toda a apaixonada verbosidade que por tanto tempo mobilizara contra os inimigos do país. No entanto, mesmo seus seguidores achavam essas tiradas impróprias, e havia momentos em que até ele parecia reconhecer isso.

Clementine escreveu para a filha Mary, em 20 de junho: "Papai fala pelo rádio hoje à noite. Está muito desanimado, o meu pobre querido. Acha que perdeu o 'jeito e se aflige com isso.'" A londrina Jennifer McIntosh escreveu para a irmã na Califórnia, em 4 de julho: "Uma das coisas mais extraordinárias tem sido a terrível queda do prestígio de Churchill (...) Eu queria que você tivesse ouvido os discursos eleitorais dele pelo rádio — foram lamentáveis, o último penosamente reles."[35] De forma semelhante e mais surpreendente, Oliver Harvey, do Foreign Office, achava que Churchill fazia uma "eleição jingoísta, apavorante em sua inadequação".[36] Churchill era muito mais conservador social do que politicamente. Não tinha simpatia nem interesse pelo partido que, em teoria, liderava nos palanques. Previu que o resultado da eleição representaria um voto de confiança em seu comando durante a guerra, mais do que um veredicto sobre a aptidão dos *tories* para governar. A guerra, porém, estava praticamente no fim.

Enquanto os candidatos rivais faziam campanha, a maioria das complexidades de ocupar a Alemanha e sustentar a luta contra o Japão era decidida sem intervenção do primeiro-ministro. Viciado em notícias dos campos de batalha, ele muitas vezes entrava ruidosamente na sala dos secretários em Downing Street para exigir: "Chegou alguma notícia?" Ouvindo talvez um sexto "não" naquele dia, disse irritado: "Não vou aceitar isso. (...) Preciso de relatórios mais regulares. O trabalho de vocês é me manter informado."[37] Contudo, já havia poucas oportunidades de ordenar o movimento de exércitos, esquadras e forças aéreas. Instruiu Alexander a agir vigorosamente para expulsar os guerrilheiros de Tito de Trieste e do noroeste da Itália, áreas que reivindicavam como suas. Quando o comandante em chefe advertiu que as tropas britânicas se empenhavam bem menos contra os iugoslavos do que contra os alemães, Churchill lhe ignorou seus temores — e exigiu uma demonstração de força. Diante disso, os iugoslavos se retiraram para trás do rio Isonzo. O primeiro-ministro mais uma vez usou tropas britânicas para forçar a retirada francesa da Síria, que foi entregue a um governo árabe nativo. A França ocupou uma área no noroeste da Itália que reivindicava para ela. Ali também Churchill agiu com dureza e com êxito, insistindo na remoção das forças de De Gaulle.

No Sudeste Asiático, o XIV Exército de Slim afastava os últimos japoneses da Birmânia e se preparava para um assalto anfíbio na Malásia, programado para setembro. O comandante Pim moveu cuidadosamente os alfinetes coloridos e as setas na parede da sala da situação em Downing Street, mas o primeiro-ministro não mostrou grande envolvimento. A cabeça dele estava no destino da Europa e em convencer o novo presidente americano da necessidade de adotar políticas firmes contra os russos.

Em 18 de maio, os Churchill receberam o embaixador russo Feodor Gusev para um almoço em Downing Street. Quando Clementine e outros convidados se levantaram e deixaram a mesa, o primeiro-ministro fez um desabafo ao enviado soviético. Vale a pena reproduzir em detalhes o relato de Gusev sobre o encontro, para mostrar tanto o pensamento de Churchill quanto o modo como essas impressões foram relatadas a Moscou. O primeiro-ministro começou por descrever a importância que atribuía a uma nova reunião de cúpula na qual "ou alcançamos um acordo de futura cooperação entre os nossos três países ou a comunidade anglo-americana se unirá em oposição à União Soviética. É difícil prever as possíveis consequências dessa segunda hipótese". Gusev escreveu:

> Neste momento, Churchill ergueu a voz e disse: "Temos muitas queixas." Perguntei-lhe o que tinha em mente. Com irritação, em tom exaltado, ele começou a catalogar os assuntos: 1) Trieste. Tito "entrou sorrateiramente em Trieste e quer controlá-la". Churchill pôs as mãos na mesa e mostrou como Tito entrou sorrateiramente em Trieste. "Não vamos permitir", rugiu Churchill, "que a resolução de disputas territoriais ocorra na base da força (...) Nós e os americanos estamos juntos na determinação de que todas as questões territoriais sejam solucionadas numa conferência de paz." Comentei que, até onde eu sabia, Tito não pretendia resolver nenhuma questão territorial. Churchill ignorou o que eu disse e prosseguiu: "Exércitos estão se confrontando. Sérios problemas podem surgir a qualquer momento se não houver boa vontade." 2) Praga. Churchill declarou que não permitimos a entrada de representantes britânicos em Praga. "Nosso embaixador acreditado foi impedido de entrar na Tchecoslováquia", afirmou ele. Observei que, no dia anterior, representantes do governo tcheco haviam viajado de Londres a Praga numa aeronave britânica. Churchill continuou: "Os senhores querem reivindicar direitos exclusivos em todas as capitais ocupadas por suas tropas. O governo britânico não entende essa atitude soviética e não pode justificá-la perante o povo britânico, que não esquece nosso dever mútuo de demonstrar amizade e cooperação (...) Nós, britânicos, somos uma nação orgulhosa e não permitimos que ninguém nos trate assim."

"Churchill ignorou meu comentário a esse respeito e prosseguiu: 3) Viena. 'Os senhores não nos deixam entrar em Viena. A guerra acabou, mas nossos representantes não podem inspecionar alojamentos para nossos soldados.'" Quando Gusev discorria sobre a posição soviética, o primeiro-ministro interrompeu: "Por que os senhores não permitem que nossos representantes entrem em Viena? A guerra já terminou, que argumento poderia justificar a recusa do governo soviético em admitir nossos representantes em Viena?" Houve outras falas bruscas sobre o estabelecimento soviético de um regime fantoche na Áustria, então Churchill se voltou para a capital alemã: "Os senhores não nos deixam entrar em Berlim. Os senhores querem fazer de Berlim sua zona exclusiva."

> Afirmei que a declaração de Churchill não tinha fundamento, pois temos um acordo sobre as zonas de ocupação e o controle da grande Berlim. Churchill repetiu que está disposto a deixar quaisquer representantes soviéticos circula-

> rem por onde quiserem. Churchill passou a tratar da Polônia e falou com mais raiva. As coisas iam de mal a pior no que dizia respeito à questão polonesa, comentou ele. Não via esperança de encontrar uma solução satisfatória: "Endossamos delegados poloneses e os senhores os prenderam. O Parlamento e o povo estão profundamente preocupados" (...) Churchill acha que os próximos debates no Parlamento demonstrarão a revolta do povo britânico, e ele não saberá o que fazer para agradar à opinião pública. Churchill então sugeriu, vagamente, que um desfecho satisfatório do assunto polonês talvez resolvesse também a questão dos países bálticos.
>
> Churchill não quis ouvir meus comentários e passou a descrever a gravidade da situação geral. "O seu front se estende de Lübeck a Trieste. Os senhores não permitem que ninguém entre nas capitais que controlam. A situação em Trieste é alarmante. Os assuntos poloneses chegaram a um beco sem saída. O clima geral está em ponto de ebulição." Eu disse a Churchill que ele conhecia bem a posição do governo soviético — que não faz qualquer reivindicação sobre territórios ou capitais europeias. Nosso front não vai até Trieste. As tropas do marechal Tito podem estar lá, mas não somos responsáveis pelo marechal Tito. Ele e o povo iugoslavo conquistaram um lugar de honra entre as Nações Unidas com sua luta.
>
> Churchill disse: "Sei que os senhores são um grande país. Com sua luta, igualaram o status das grandes potências. Mas nós, britânicos, também somos uma nação orgulhosa e não permitiremos que ninguém abuse de nós e atropele nossos interesses. Quero que os senhores entendam que estamos profundamente preocupados com a situação atual. Ordenei que a desmobilização da Força Aérea Real fosse adiada." Então encerrou abruptamente a conversa, pedindo desculpas pela franqueza, e saiu para discutir com Attlee as próximas eleições parlamentares.

A esse despacho, o embaixador soviético acrescentou uma observação pessoal sobre o encontro:

> Churchill estava extremamente irritado e parecia fazer um grande esforço para se controlar. Seus comentários eram repletos de ameaças e chantagens, mas não era apenas chantagem. Após sua fala pelo rádio em 13 de maio, a imprensa inglesa adotou uma forte linha antissoviética para noticiar acontecimentos europeus. Ela busca interpretar todos os problemas que surgem em termos da atitude da URSS. O discurso de Churchill foi uma instrução à imprensa. Agentes poloneses estão conduzindo uma audaciosa campanha antissoviética em círculos parlamentares e exigem novos debates sobre a questão polonesa. Eden já anunciou na Câmara dos Comuns que haverá um

> debate sobre política externa depois dos feriados. Podemos esperar que isso se transforme numa grande manifestação antissoviética destinada a pressionar e ameaçar a URSS. Até agora, não temos informações precisas sobre o objetivo da próxima visita de Eisenhower e Montgomery a Londres, mas temos razões para supor que foram convocados para discutir e avaliar a posição militar dos Aliados. É necessário reconhecer que estamos lidando com um aventureiro que gosta da guerra, que se sente muito mais à vontade nas circunstâncias da guerra do que nas da paz.[38]

É pouco provável que o relato de Gusev tenha sido mostrado a Stalin, pois a franqueza de Churchill não agradaria ao líder soviético. De qualquer forma, ele não teria exercido a menor influência sobre as políticas de Moscou. Os russos sabiam que os americanos não compartilhavam a paixão do primeiro-ministro pela Europa Oriental. Apesar da turbulência de Churchill, de seus murmúrios aos chefes de estado-maior sobre a possibilidade de lançar a "operação Impensável", nenhum país ocidental estava preparado para contestar os russos na base da força. A diatribe do velho estadista foi simplesmente um desabafo de sua amargura e frustração pessoal. Ele sabia, no fundo, que a tirania do Exército Vermelho não seria desfeita nem pela diplomacia nem pelas armas.

Após o dia da votação, em 6 de julho, houve uma pausa de três semanas até o anúncio do resultado, para que os votos dos militares no exterior fossem contados. Churchill voou para o sudoeste da França nas primeiras férias desde 1939, onde ficou no castelo de um simpatizante canadense. Dias depois, em 15 de julho, tomou um avião para participar da última grande conferência dos Aliados em Berlim, o marco de encerramento da guerra dele próprio.

Churchill manifestava confiança no resultado da eleição. Esse sentimento era partilhado por Stalin, que acreditava em seu retorno com uma maioria parlamentar de pelo menos oitenta. Não obstante, numa honrada demonstração de respeito pela democracia, Churchill convidou Clement Attlee, possível futuro primeiro-ministro, para se juntar à delegação britânica em Potsdam. O líder trabalhista o aguardava na *villa* que lhe fora designada, na Ringstrasse, 23, juntamente com Montgomery, Alexander e Eden. No dia 16, Churchill teve o primeiro encontro, de duas horas de duração, com Harry Truman. Saiu bastante animado pelo que viu e ouviu. Truman falou com muito mais dureza do que Roosevelt em seus últimos meses no cargo. Em seguida, o primeiro-ministro fez um passeio turístico pelas ruínas de Berlim e contemplou, sem animosidade, os alemães que remexiam o entulho à procura de comida. "Meu ódio morrera com a rendição alemã", escreveria posteriormente. "Fiquei muito comovido com aquela desolação, com a aparência magra e abatida das pessoas, com as roupas esfarrapadas."[39] Vendo o que restava do bunker de Hitler, ponderou que esse seria o estado de Downing Street se as coisas tivessem sido diferentes em 1940. Entretanto, logo se cansou de fazer turismo. O que lhe empolgava a imaginação, naturalmente, era a oportunidade de discutir assuntos importantes com os homens mais poderosos da Terra, se não como o representante de uma potência nacional equivalente, pelo menos como um reconhecido colega em estatura pessoal.

A Conferência de Potsdam, cuja primeira sessão oficial foi realizada em 17 de julho, não levou a nenhuma decisão ou conclusão significativa. Churchill disse de si mesmo: "Serei apenas meio homem até sair o resultado da eleição."[40] O diplomata John Peck notou em tom pressagioso que, quando o primeiro-ministro e Attlee passavam em revista um desfile de soldados britânicos em Berlim, Attlee recebeu mais aplausos. Inaugurando um clube de soldados, Churchill disse: "Que a memória desta gloriosa peregrinação de guerra não morra nunca!" Muitos na plateia, porém, soldados dos exércitos de Montgomery, viam tanto o passado recente como as perspectivas futuras em termos muito mais pragmáticos.

A primeira responsabilidade de Churchill foi fazer uma avaliação de Harry Truman e expor ao novo presidente os temores que o preocupavam quanto à Grã-Bretanha e ao mundo. Truman, por sua vez, via o encontro com certa apreensão. Harry Hopkins, em Moscou no fim de maio, estava prestes a tomar um avião rumo a Londres, onde encontraria Churchill, quando disse a Zhukov: "Respeito o velho, mas ele é difícil. A única pessoa que achava fácil conversar com ele era Roosevelt."[41] Em Potsdam, Churchill descreveu para Truman os receios que o afligiam quanto à solvência britânica, já que o país tinha uma dívida externa de 3 bilhões de libras esterlinas. Manifestou esperança de receber apoio americano. Falaram bastante sobre a Europa Oriental, de onde chegavam notícias cada dia piores. Churchill ficou muito animado quando o presidente obteve a notícia, em Potsdam, do bem-sucedido teste nuclear em Alamogordo. E incentivou o presidente a revelar a Stalin "o simples fato de que temos essa arma" — com o uso significativo e otimista do possessivo plural.

Churchill concordou, sem debater com os colegas de Gabinete, que os americanos empregassem a bomba atômica contra o Japão sem mais consultas a Londres. Recomendou que a Grã-Bretanha e os Estados Unidos mantivessem os mais estreitos vínculos militares depois da guerra, com direitos recíprocos de instalar bases no mundo inteiro. Quando Truman recorreu a declarações banais, negando-se a assumir um compromisso explícito, Churchill gracejou, desapontado: "Um homem pode pedir uma jovem dama em casamento, mas não adianta muito se ela sempre o vir como um irmão." Ainda foi descuidado o bastante para lançar uma tirada contra a China e suas pretensões, que, é claro, irritou os Estados Unidos. Brooke ficou indignado com os chefes do estado-maior americano, que discutiram a estratégia para a fase final da guerra no Pacífico sem a presença dos britânicos. O que mais podia esperar? O papel mais significativo da Grã-Bretanha era endossar, talvez modificar ligeiramente, a chamada Declaração de Potsdam ao Japão, advertindo-o das terríveis consequências caso não se rendesse, incontinênti, aos Aliados.

Brooke se mostrou furioso com o exuberante entusiasmo de Churchill pela notícia do "Tube Alloys" — o projeto da bomba atômica —, e demonstrou extraordinária incapacidade de compreensão quando o primeiro-ministro discutiu o assunto com os chefes de estados-maiores durante o almoço em 23 de julho. "Fiquei completamente arrasado com a visão do primeiro-ministro!", escreveu o chefe do estado-maior imperial.

> Ele tinha absorvido todos os pequenos exageros americanos, e por consequência estava completamente arrebatado. Não era mais necessário que os russos entrassem na guerra japonesa, o novo artefato por si só já era suficiente para resolver a questão. Além disso, agora temos em mãos algo que restabelecerá o equilíbrio de poder com os russos! O segredo deste explosivo e o poder de usá-lo vão alterar totalmente a balança diplomática! Agora temos um novo valor que reajustou nossa posição (levantando o queixo e franzindo a testa), agora podemos dizer que, se vocês insistirem em fazer isso ou aquilo, bem, nós podemos simplesmente obliterar Moscou, depois Stalingrado, depois Kiev, depois Kuibyshev, Karkhov [*sic*], Sebastopol etc. etc. E onde estão os russos agora!!! Tentei abafar esse excesso de otimismo que se baseava nos resultados de um único experimento, e ele me perguntou, com desprezo, que motivo eu tinha para minimizar o resultado dessas descobertas. Eu só estava tentando dissipar seus sonhos, e, como sempre, ele não gostou. Mas me assusta ver que ele está deixando os resultados imaturos de um experimento deturparem toda a sua perspectiva diplomática![42]

Se o primeiro-ministro não foi capaz de perceber as limitações estratégicas das armas nucleares, seu principal conselheiro militar demonstrou, nesse encontro, enorme ignorância a respeito do maior empreendimento científico da guerra, a rigor o mais importante da história. Foi uma mostra de como até mesmo augustos diretores de estratégia demoraram a compreender o significado da Bomba. Em 1940 e 1941, a pesquisa nuclear teórica dos cientistas britânicos estava bem à frente da americana. Depois do empenho conjunto para construir uma bomba atômica, e após a transferência de todo o material e pessoal relevante da Grã-Bretanha para os Estados Unidos, os americanos adotaram uma política cada vez mais implacável e possessiva quanto ao "Tube Alloys". Fora combinado que o projeto seria uma parceria. Entretanto, Sir John Anderson, o ministro responsável, logo informou a Churchill que os americanos estavam escondendo informações dos britânicos de uma forma "absolutamente intolerável". Em Québec, em maio de 1943, foi firmado um novo acordo entre o primeiro-ministro da Grã-Bretanha e o presidente dos Estados Unidos, confirmado por escrito em Hyde Park, no mês de agosto. E de novo em Hyde Park, em setembro de 1944, Churchill convenceu Roosevelt, tardiamente, a assinar um documento com a concordância de que a cooperação nuclear e a troca de informações anglo-americanas deveriam continuar depois da guerra. Apesar disso, os americanos se mostraram pouco inclinados a considerar a pesquisa atômica um empreendimento compartilhado — e a empobrecida Grã-Bretanha não tinha como construir uma bomba própria. No pós-guerra, sucessivos governos britânicos foram reduzidos à condição de impetrantes, com o pedido de que Washington honrasse os acordos nucleares firmados por Roosevelt e Churchill.

As nuances sociais de Potsdam eram intermináveis. Durante uma festa com os Aliados na *villa* em que Churchill estava hospedado, o anfitrião ofereceu um brinde ao marechal Zhukov.[43] O russo, apanhado de surpresa, respondeu chamando o primeiro-ministro de "camarada". Então, alarmado com os riscos de ser visto dirigindo essa linguagem fraternal a um arquicapitalista, rapidamente emendou para "camarada em armas". No dia seguinte, no gabinete de Stalin, o soldado foi de fato escarnecido pela prontidão com que transformara Churchill em camarada. Só Stalin, entre os russos, se dava ao luxo de tomar liberdades pessoais com os Aliados do Ocidente.

Churchill passou muito tempo — houve uma sessão de cinco horas — sozinho com o comandante militar soviético. Stalin estava de excelente humor. Considerava-se o principal vencedor da Segunda Guerra Mundial. Só décadas depois ficaria claro que a devastação da União Soviética, somada às consequências econômicas de subordinar todos os outros interesses à vasta máquina militar da Rússia, havia preparado o terreno para o futuro colapso do sistema comunista. Em julho de 1945, o mundo, assim como o próprio líder soviético, só percebia que ele presidia a maior potência do continente europeu, militarmente inexpugnável. Stalin afirmou confiar em Churchill como se fosse um velho amigo, desculpando-se pelo fato de a Rússia não ter demonstrado publicamente a gratidão pelos suprimentos britânicos recebidos durante a guerra, e também prometeu fazer compensações no momento adequado. Num banquete oferecido por Churchill, o tirano surpreendeu os convidados dando voltas em redor da mesa para coletar autógrafos no cardápio: "os olhos dele brilhavam de alegria e boa vontade". Ele lisonjeou o primeiro-

-ministro descaradamente — e foi premiado com a radiante benevolência de Churchill. Eden escreveu, horrorizado: "Está novamente sob o feitiço de Stalin. Repetia sem parar, 'gosto desse homem'."[44] Apesar disso, o comandante soviético, inevitavelmente, não fez concessão alguma. Os líderes fantoches da Polônia foram levados a Potsdam a pedido de Churchill, e ouviram friamente a recomendação para que o governo de Varsóvia abarcasse não comunistas e para que a Polônia moderasse as expectativas sobre a fronteira ocidental.

Churchill nunca duvidou que as intenções soviéticas na Europa Oriental e no mundo fossem maliciosas. No entanto, alimentou a ilusão residual de que talvez pudesse influenciar as ações de Stalin e, assim, alcançar objetivos para os quais o pleno empenho dos Estados Unidos fora negado. Sergo Beria, filho do chefe do NKVD, escreveu: "De todos os líderes ocidentais, Churchill era o que melhor compreendia Stalin, conseguindo enxergar o que estava por trás de quase todas as suas manobras. Mas quando leio suas insinuações de que exercia influência sobre Stalin, não posso deixar de rir. Parece incrível que uma pessoa dessa estatura pudesse se iludir tanto."[45]

Stalin só poderia ser destituído de sua vasta coleção de espólios pela força das armas. Ele sabia que os Aliados Ocidentais não tinham estômago nem meios para uma contenda dessa natureza. Por isso, estava à vontade para se distrair na companhia do velho imperialista, que talvez até o divertisse mesmo, assim como divertia o mundo. A Grã-Bretanha não perdeu nada com o flerte entre Churchill e Stalin em Potsdam e noutros lugares, pois nenhuma palavra ou ação poderia alterar o resultado final. Ainda assim, considerando o magnífico desempenho diplomático do primeiro-ministro durante a guerra, o fato de o leão ter se deitado com o urso, rolado de costas e permitido que lhe fizesse cócegas não deixou de ser um fim melancólico. Bem antes, em outubro de 1940, Churchill observara que "muita gente diz muita besteira quando afirma que as guerras não resolvem nada; nada na história jamais foi resolvido sem o auxílio das guerras".[46] Em julho de 1945, era impossível fingir que os negócios da Europa foram satisfatoriamente "resolvidos" pela vitória aliada na Segunda Guerra Mundial.

No dia 25, a delegação britânica deixou os americanos e russos conferenciando e voltou à Grã-Bretanha para saber o resultado da eleição. Naquela tarde, Churchill aterrissou em Northolt, esperando voltar a Potsdam dois dias depois. Até os russos expuseram uma expectativa clara: "Em nossa delegação na conferência, ninguém tinha a menor dúvida de que ele seria reeleito", lembrou o almirante Kuznetsov.[47] Em Downing Street, o capitão Pim havia reorganizado a sala da situação para mostrar o resultado das urnas à medida que os votos iam sendo apurados — uma interpretação um tanto generosa de obrigações navais em nome do líder de um partido político. Na manhã do dia 26, Churchill se instalou na frente dos quadros de Pim, permanecendo ali o dia inteiro em companhia de Beaverbrook e Brendan Bracken. Logo ficou claro que o desfecho seria desastroso para o Partido Conservador. Na nova Câmara dos Comuns, o Partido Trabalhista teria 393 cadeiras. O número dos *tories* caiu de 585 para 213. O governo conservador chegava ao fim. Churchill havia perdido a maioria parlamentar. Não poderia mais servir como primeiro-ministro. Às sete da noite, fez um pedido pouco usual a Pim: "Mande buscar a carruagem, preciso ir até o Palácio." E renunciou ao cargo. Clement Attlee assumiu o manto, formou seu governo e foi a Potsdam no lugar de Churchill. Os russos ficaram perplexos com a derrota de Churchill. "Ainda não entendi como ele pode ter perdido a eleição!", diria Molotov posteriormente. "Ao que parece, precisamos entender melhor o estilo de vida inglês (...) Em Potsdam (...) ele foi tão ativo."[48]

O líder caído esforçava-se para agir com nobreza. Quando saiu do Palácio de Buckingham e voltou a Downing Street, disse ao secretário particular Leslie Rowan: "Não pense mais em mim; seu dever agora é servir a Attlee, se ele assim desejar. Você deve, portanto, ir até ele, pois também precisa pensar em seu futuro."[49] Rowan perdeu o controle e chorou. Quando Moran mencionou a ingratidão dos eleitores, Churchill respondeu: "Ah, não, eu não diria isso, eles passaram por muitas provações." Ainda assim, a infelicidade da situação atingiu-o em cheio. Durante quase seis anos, habitara um universo de atividade febril. Um fluxo quase ininterrupto de relatórios, minutas, telegramas e questões para decidir passava dia e noite pelo estúdio, pela sala da situação, pela sala do Gabinete, pelo quarto de dormir e até mesmo pelo banheiro. De repente, com arrasadora brusquidão, não havia mais nada. O vácuo era quase intolerável. "O resto da minha vida se resumirá a férias", falou para Moran. "É uma sensação estranha, todo o poder desapareceu."[50]

Churchill mudou-se de Downing Street para o Hotel Claridge's. E viu-se obrigado a lidar com os mais variados problemas domésticos que pudera ignorar nos últimos seis anos, entre eles a necessidade de pagar as contas. Suas finanças pessoais durante os anos de guerra continuam um tanto desconhecidas. Recebia um salário mensal de 449 libras do Tesouro pelos serviços como primeiro-ministro. Além disso, os livros geravam uma renda substancial. A venda de coleções dos seus discursos como primeiro-ministro lhe renderam generosos royalties que, depois da guerra, levaram a algumas controvérsias políticas. Por exemplo, *Into Battle*, o primeiro volume, gerou 11.172 libras, sendo que metade do valor foi transferido para a conta do filho Randolph. Em outubro de 1943, Churchill recebeu uma soma vultosa, 50 mil libras, pelos direitos de filmagem da biografia sobre Marlborough, e, em abril de 1945, ganhou mais 50 mil libras de Alexander Korda pelos direitos de filmagem de

Uma história dos povos de língua inglesa. Ele pôde adotar uma atitude altiva com a editora, Macmillan, sobre contratos de direitos autorais e prazos de entrega, pois um dos mais influentes diretores da firma era membro de seu governo. Sir Henry Strakosch, um velho amigo que morreu em 1943, deixou para o primeiro-ministro uma herança de 20 mil libras em testamento. Contudo, a tributação punitiva dos tempos de guerra, correspondente a mais de 80%, absorveu grande parte dessas somas. Mesmo que só sob os cuidados de manutenção, Chartwell, a casa em Kent, também adicionava custos. Randolph, o monstruoso pelicano da família, provocava uma grande sangria no bolso de Churchill. Na condição de primeiro-ministro, ele contribuía com cerca de 35 libras por mês para as despesas de Chequers.[51] O que permanece indiscutível é que ele emergiu quase sem dinheiro da experiência como herói de sua terra.

Smuts disse, mais de dois anos antes: "A mente de Churchill tem um sinal de freio para o fim da guerra."[52] Churchill rosnou: "Não acredito neste admirável mundo novo (...) Conte-me algo de bom sobre qualquer coisa nova."[53] Mesmo que tivesse vencido a eleição, o grande conflito com o qual ficaria inseparavelmente identificado na história da humanidade duraria apenas mais três semanas. As insignificantes decisões militares ainda ao alcance de um líder nacional britânico exerceriam pouca influência no rumo das operações finais. Portanto, ainda que Churchill desejasse manter as pompas do poder, como é o caso de todos os primeiros-ministros, o fato é que ele era totalmente inapto para enfrentar os desafios da paz. Isaiah Berlin escreveu: "Churchill vê a história — e a vida — como um grande desfile do Renascimento: quando pensa em França ou Itália, Alemanha ou Países Baixos, em Rússia, Índia, África, nas terras árabes, o que vê são vívidas imagens históricas — um misto de ilustrações vitorianas num livro de história para crianças e a grande procissão pintada por Benozzo Gozzoli no Palácio Riccardi (...) Nenhum homem amou a vida com mais veemência e infundiu tanto vigor em todos e em tudo que tocava."[54]

Contudo, em julho de 1945, os britânicos ansiavam por coisas mais simples e imediatas. Já tinham desempenhado um papel no drama global mais terrível da história. Agora queriam deixar o palco e se entregar a objetivos pessoais e sociais. Churchill compreendia essa necessidade apenas vagamente, e não conseguia ajudar o povo a satisfazê-la. Alexandre Dumas escreveu: "*Il y a des services si grands qu'on ne peut les payer que par l'ingratitude*" [Há favores tão grandes que só podem ser pagos com a ingratidão]. O eleitorado prestou um favor a Churchill, bem como a si mesmo, despedindo-se de seu grande líder guerreiro quando não havia mais guerra para ele liderar. Ele estava profundamente feliz pelo país, pois sabia que a luta se aproximava do fim, mas profundamente triste por si mesmo. Ao meio-dia de 27 de julho, realizou sua última reunião de Gabinete — "um evento bem melancólico", nas palavras de Eden:

> Depois que terminou, eu estava a caminho da porta quando W. me chamou de volta, e ficamos meia hora sozinhos. Ele estava arrasado, o pobre companheiro. Disse que não acordara resignado naquela manhã, pelo contrário, a situação doía ainda mais, como um ferimento que fica mais doloroso depois do primeiro choque. Não conseguia deixar de pensar que o tratamento que recebera tinha sido vil. "Trinta anos de minha vida se passaram nesta sala. Nunca mais voltarei a me sentar nela. Você, sim, mas eu, não", e seguiu falando coisas do gênero.[55]

Quando deixou Chequers após um último fim de semana com a família e os amigos íntimos, ele escreveu no livro de visitantes: FINIS. Três semanas depois, em 15 de agosto, a rendição do Japão pôs fim à Segunda Guerra Mundial.

Churchill tivera mais poder do que qualquer outro primeiro-ministro teve no passado ou teria no futuro. Em 1938, parecia um homem fora de época, um imperialista patrício cuja visão estava arraigada no passado vitoriano da Grã-Bretanha. Em 1945, embora isso ainda fosse verdade e ajudasse a explicar suas decepções, tal fato não o impedira de se tornar o maior líder guerreiro que seu país já conhecera, um estadista cujo nome repercutiu no mundo inteiro como o de nenhum outro inglês na história. Acreditando na grandeza da Grã-Bretanha, ele a elevou a essa condição por uma última e breve temporada. O que ele fez entre 1940 e 1945 definiu, em grau extraordinário, a imagem que o país tem de si mesmo ainda no século XXI.

Sua grande façanha foi exercer os privilégios de um ditador sem abandonar o manto do democrata. Certa vez, Ismay o viu lamentar o incômodo de preparar um discurso para a Câmara dos Comuns, claramente preocupado com a recepção que teria. O soldado disse, em tom conciliador: "Por que você não os manda para o inferno?" Churchill respondeu, rápido como o raio: "Não diga essas coisas, sou um criado da Câmara."[56] O general Sikorski comentou em Chequers que o primeiro-ministro era um ditador eleito pelo povo. Churchill o corrigiu: "Não, sou um empregado doméstico privilegiado, um *valet de chambre*, o criado da Câmara dos Comuns."[57] Em certo nível, Churchill sinceramente acreditava nisso, e deveria ser motivo de admiração e orgulho que uma pessoa como essa tenha liderado a Grã-Bretanha durante a guerra. Era inteiramente plausível que ele encabeçasse um governo de coalizão, pois nunca foi um homem de partido. Existia, *sui generis*, fora do contexto da política convencional, e nunca pareceu à vontade com o Partido

Conservador, que tampouco o via com grande entusiasmo. A. G. Gardiner escreveu a respeito de Churchill, em 1914: "Era igualmente provável que ele pensasse em consultar um partido e um chofer pensasse em consultar o automóvel."[58] O mesmo era verdade em 1945.

No que diz respeito à direção de guerra, não é difícil identificar os erros estratégicos de Churchill e seus entusiasmos equivocados. Anatole France escreveu: "*Après la bataille, c'est là que triomphent les tacticiens*" [Depois da batalha, é aí que os estrategistas triunfam]. O desfecho, no entanto, justificou tudo. O que definiu a liderança de Churchill foi o fato de a Grã-Bretanha emergir da Segunda Guerra Mundial entre os vitoriosos. A maior parte do povo reconheceu isso. Ao longo da história, nenhum chefe militar e nenhum comandante deixou de cometer erros: como observou Tedder, "a guerra é uma confusão organizada". É tão fácil catalogar os erros de Alexandre, o Grande, de César e Napoleão quanto os de Churchill. Na Grã-Bretanha, os dois mais distintos líderes guerreiros anteriores, Pitt, o Velho, e Pitt, o Novo, foram responsáveis por tolices estratégicas ainda mais graves.

Os historiadores e biógrafos têm o dever de fornecer provas para a acusação, de identificar erros crassos e deficiências. Contudo, antes que o júri saia da sala, é necessário livrar-se de questões fúteis e se concentrar no essencial. Churchill ocupa lugar de destaque na guerra, posicionando-se à frente de todos os outros seres humanos no comando das forças benignas, como muitos americanos reconheceram. Mark Sullivan escreveu no *New York Herald Tribune*, em 11 de maio de 1945: "A grandeza de Churchill é insuperável (...) O papel de Churchill nesta guerra mundial reduz as figuras clássicas de Roma e da Grécia à estatura relativamente inconsequente de atores em dramas de menor alcance (...) Churchill era o líder combatente e o poeta de si mesmo." Qualquer um que tente a difícil proeza de imaginar a história britânica na guerra sem sua presença a achará tristemente diminuída em estatura. Até Brooke certa vez foi levado a se queixar: "Maçante reunião de Gabinete sem o primeiro-ministro."[59] Em grau extraordinário, um homem ergueu seu país a uma posição dentro da Grande Aliança que, a julgar por sua contribuição em tropas, tanques, navios e aviões, foi muito mais importante do que poderia ser a partir de 1943. É um erro avaliar a liderança de Churchill isoladamente. Quando comparada à de Roosevelt ou Stalin, para não falar na de Hitler, Mussolini ou Tojo, seus fracassos e deficiências diminuem notavelmente. Não havia nenhuma linha de ação honrada capaz de evitar a falência e a exaustão do país em 1945, nem a derrocada como potência mundial em face da nova primazia dos Estados Unidos e da Rússia.

Por meio da oratória, Churchill habilmente conferia majestade a conquistas e até a fracassos de homens comuns. Mais do que qualquer outro líder na história, ajudado pelo poder das transmissões radiofônicas, fez com que palavras se transformassem em atos de governança, e não apenas em afirmações de fatos ou anúncio de intenções. "Seus compatriotas sentem que ele diz o que eles gostariam de dizer se soubessem como", escreveu Moran. "(...) Talvez pela primeira vez na vida ele estivesse vendo as coisas pela perspectiva do homem comum. Ainda diz o que está sentindo no momento, mas agora fala em nome de toda a nação."[60]

Na realidade, como este livro tentou mostrar, Churchill não contou com o respeito e a confiança de todo o povo britânico o tempo inteiro. Entretanto, deu a milhões de pessoas a condição de olhar para além do caos no campo de batalha e das dolorosas circunstâncias domésticas, permeadas de privações e bombardeios, e perceber um objetivo maior em suas lutas e sacrifícios. Isso, é claro, mostrou-se mais importante para evitar a derrota em 1940 e 1941 do que posteriormente, quando os Aliados empregaram quantidades superiores de soldados e de material para garantir a vitória. A retórica de Churchill desempenhou papel significativo na percepção da posteridade, aos olhos de quem a luta contra Hitler foi "a boa guerra". Ele explicava o enfrentamento como nenhum outro saberia explicar, em termos que a humanidade compreendia e com os quais se identificava, tanto agora quanto na época. Até historiadores americanos, quando fazem a crônica da era da guerra, citam mais as palavras de Winston Churchill do que as de seu presidente, Franklin Roosevelt.

Ele nutria aspirações que frequentemente se revelavam maiores do que o país era capaz de concretizar. Esse também foi um dos principais temas desta narrativa. No entanto, parece inconsistente aplaudi-lo quando ele desafiou a razão em junho de 1940, insistindo que a Grã-Bretanha continuasse lutando, e então condenar a extravagância das posteriores exigências ao país e às forças armadas. Os chefes militares costumam lamentar os erros e a intemperança de Churchill. Mas seu instinto guerreiro era muito mais desenvolvido do que o deles. Embora muitas vezes estivessem certos ao argumentar que não era hora de travar combate, se a decisão dependesse só deles, teriam demorado intoleravelmente para ir à luta. Brooke, apesar de ser um oficial de notáveis qualidades, era, a exemplo de muitos soldados, um ser humano limitado. Iludia-se afirmando, como o fez depois do conflito, que a estratégia ocidental desenvolvera-se em conformidade com uma concepção dele. Talvez tenha sido o caso em 1942 e 1943, porém depois disso a guerra europeia chegou ao fim em consequência dos esforços soviéticos, auxiliados pelos suprimentos americanos, e com a significativa assistência da ofensiva aérea estratégica e dos exércitos de Eisenhower. No Ocidente, grandes operações militares — ou seja, a campanha no noroeste europeu — obedeciam a um plano americano, para o qual a principal contribuição britânica foi retardar a invasão ao continente até que as condições fossem completamente favoráveis.

A Grã-Bretanha produziu poucos comandantes militares excepcionais na Segunda Guerra Mundial, fato que ilustrava a debilidade institucional do exército britânico e afetava as táticas, a escolha das armas e o desempenho no campo de batalha. A Marinha Real era a melhor força de combate da Grã--Bretanha, cuja performance só era maculada pelas limitações da Aviação Naval. A Força Aérea Real também ofereceu uma contribuição expressiva, mas, como a USAAF, padecia da obsessiva relutância do alto comando em subordinar ambições estratégicas independentes a interesses das operações navais e terrestres.

Normalmente se observa, com justiça, que Churchill sentia prazer na guerra. Ele reverenciava os heróis. Em compensação, longe do campo de batalha, raramente os considerava uma companhia agradável. Poucos generais têm grande cultura ou sabem conduzir grandes conversas, sendo assim capazes de iluminar uma sala de conferência ou uma mesa de jantar nos padrões de Churchill. Em época de paz, mesmo após duas guerras mundiais, veteranos de guerra tinham pouco lugar na vida dele. Muita gente supunha que ele gostaria de ser condecorado com a Victoria Cross. Isso certamente foi verdade na juventude. No entanto, quando a filha Mary lhe perguntou, ele já velho, se faltava algo em sua magnífica coleção de lauréis, Churchill, sem mencionar medalhas, respondeu lentamente: "Eu queria que meu pai tivesse vivido o suficiente para ver que conquistei alguma coisa na vida."[61]

Durante os anos de guerra, seus comandantes mais frustraram do que corresponderam às expectativas de Churchill. Ele estava sempre à procura de grandes capitães, Marlboroughs e Wellingtons, porém perto do fim começou a perder a paciência até com Alexander, seu indigno favorito. Dava valor a Brooke e Montgomery, mas nunca teve grande entusiasmo por eles, a não ser como instrumentos de sua vontade. Nem o exército britânico nem seus caciques estavam à altura de seu elevado ideal guerreiro, e nunca pareceu provável que estivessem. Boa parte da história de Churchill e da Segunda Guerra Mundial é a do líder britânico a exigir façanhas maiores do que a entorpecida cultura militar do país podia realizar. O primeiro-ministro a inspirou a ir mais longe do que ela imaginava possível em junho de 1940, contudo nunca chegou ao nível desejado. Essa é a natureza das relações entre muitos grandes líderes e seus povos, que têm consciência de ser barro mortal. Caso a Grã-Bretanha e os Estados Unidos tivessem produzido, durante a guerra, legiões de guerreiros como os da Alemanha e do Japão, teriam deixado de ser as democracias liberais que a guerra se propunha a preservar.

Se a retórica e a personalidade de Churchill fossem menos notáveis, se ele mesmo não fosse tão cativante, algumas das decisões militares que tomara talvez recebessem julgamento mais severo dos contemporâneos e da posteridade. No fim das contas, ele soube lançar feitiços na Câmara dos Comuns e em seus escritos que bloquearam até mesmo as críticas mais merecidas. A única acusação que pesou junto ao público, e o levou à derrota na eleição geral de 1945, foi sua indiferença à construção de uma nova sociedade. Moran escreveu em 1943: "Para Winston, a guerra é um fim em si mesmo, e não o instrumento para alcançar um fim." O povo britânico entendeu sua indiferença às monótonas questões internas, e por isso agiu de maneira tão sensata em 1945, quando apoiou a saída dele de Downing Street, como em 1940, quando o apoiou na chegada.

Macmillan estava parcialmente certo ao dizer que só Churchill conseguiria garantir o empenho do poderio americano no Mediterrâneo e na Europa no ano seguinte a Pearl Harbor. Sem a influência pessoal do então primeiro-ministro, o Pacífico talvez tivesse se mostrado uma atração irresistível para Roosevelt e os chefes de seus estados-maiores. Se em 1944 e 1945 os americanos se arrependeram do envolvimento no Mediterrâneo, em 1942 e 1943 era impossível enxergar outra forma de os Aliados Ocidentais desempenharem um papel na luta contra os exércitos de Hitler.

Há algo inevitavelmente lastimável na situação de Churchill no último ano de guerra, já que, à exceção da vitória contra o Eixo, ele teve quase todas as ambições frustradas. O envolvimento com os exércitos se tornou quase exclusivamente o de um turista, pois já não era mais capaz de influenciar os próprios movimentos. Para um guerreiro tão prodigioso, isso era fonte de infelicidade. Os limites de seus poderes de negociação com Roosevelt e Stalin foram determinados por realidades econômicas e estratégicas. Ainda assim, ele conseguiu o pouco que estava ao alcance de um líder britânico.

A atitude de Churchill em relação ao Império Britânico e seus povos era pouco esclarecida se comparada à do presidente americano, ou mesmo para os padrões da época. É necessário que isso sirva de contrapeso às suas imensas virtudes. Ele excluía povos negros e morenos da sua visão pessoal de liberdade. No entanto, quase todos nós discriminamos, não necessariamente em questões raciais, mas no modo e na dosagem com que distribuímos nosso finito estoque de compaixão. Nisso, e em muitos outros aspectos, Churchill demonstrou a falibilidade dos mortais. Os grandes líderes nacionais são em geral homens frios, como Roosevelt provou ser, apesar da habilidade que tinha em simular afeição. Churchill, apesar de um egoísmo monumental, exibia uma solidariedade humana que não era menos impressionante pelo fato de negligenciar pessoas íntimas e empregados domésticos nem por deixar de estender sua caridade às raças subjugadas pelo imperialismo.

Qualquer avaliação das contribuições de Churchill durante a guerra precisa incluir palavras de homenagem à esposa. Clementine prestou um serviço ao mundo com os múltiplos auxílios que dedicou ao marido, principalmente dizendo-lhe verdades sobre ele mesmo. Winston foi um fracasso doméstico e paterno, como a maioria dos grandes homens. Seria problemático para qualquer família acomodar um leão na sala de estar. Sem jamais domesticar Winston, Clementine conseguia administrá-lo e moderá-lo tanto quanto seria possível para um simples mortal, ao mesmo tempo em que preservava o amor do marido de uma forma comovente para a posteridade. Sem essa indomável mulher ele poderia ter sido muitas coisas, mas certamente seria menos do que foi.

A história precisa considerar Churchill em sua completude, como seus compatriotas foram obrigados a fazer durante a guerra, em vez de usar uma plaina para desbastar os defeitos criados pelos momentos de excesso e loucura. Se em tempos de paz o governo de um país é mais bem conduzido por homens razoáveis, na guerra há um forte argumento a favor da liderança daqueles dispostos a seguir caminhos fora dos limites da razão, a exemplo de Churchill em 1940 e 1941. Ele tinha como principal virtude a força de vontade. Isso foi fundamental para o triunfo nos primeiros anos de guerra, portanto parece absurdo sugerir que ele deveria ter se tornado mais dócil só porque, de 1943 a 1945, sua teimosia às vezes foi usada em apoio a objetivos equivocados.

Churchill foi, provavelmente, um dos maiores personagens que o mundo já viu no palco da ação. A familiaridade com os discursos, as conversas e com o fabuloso anedotário das atitudes dele na guerra não diminui em nada nossa capacidade de comoção, de modo que a ininterrupta magnificência de seu desempenho ainda nos leva ao assombro, às lágrimas e ao riso. Winston Churchill foi o ser humano mais grandioso a ocupar o cargo em que esteve. Se sua liderança na Segunda Guerra Mundial foi imperfeita, o fato é que nenhum outro governante na história da Grã-Bretanha comandou como ele um país em situação de perigo, e, se Deus quiser, ninguém jamais terá a oportunidade de superá-lo.

Agradecimentos

Minha primeira dívida é com Richard Johnson, da HarperCollins, em Londres, e com Ash Green, da Knopf, em Nova York, pela confiança que demonstraram ao encomendar esta obra, quando almas menos otimistas achavam que não haveria mais nada de útil a dizer sobre Winston Churchill. Robert Lacey, da HarperCollins, é um editor magnífico que contribui imensamente para dar coerência aos meus livros, assim como Andrew Miller, da Knopf. Michael Sissons e Peter Matson são meus agentes há tanto tempo que já perdi a conta, e sempre me ofereceram um apoio incrível.

A dra. Lyuba Vinogradova é a responsável em Moscou pela pesquisa e tradução deste livro, algo que já fizera com meus livros anteriores *Armageddon* e *Nemesis*. Hoje é muito mais difícil ter acesso aos arquivos soviéticos do que uma década atrás, mas Lyuba conseguiu muita coisa vasculhando coleções de documentos publicados. Sou-lhe especialmente grato por traduzir centenas de páginas de material relativo a Churchill e aos Aliados, provenientes da imprensa soviética na época da guerra.

Edward Young, que conheci quando ele auxiliava Douglas Hurd em sua biografia de Peel, fez uma pesquisa importante e extraordinariamente dedicada nos arquivos americanos. Young está a um passo de tornar-se, ele próprio, um distinto historiador. Como sempre, sou grato ao pessoal extraordinário da London Library, cuja paciência e boa vontade são inestimáveis. Allen Packwood e sua equipe no Churchill Archive Center, em Cambridge, prestaram ajuda incansável, um grande tributo, considerando que eles lidam diariamente com hordas de especialistas em Churchill. Além da generosidade com seu tempo enquanto eu visitava o Churchill College, Allen foi generoso o bastante para ler os originais e fazer proveitosos comentários e correções.

William Spencer e seus colegas do British National Archive, juntamente com funcionários do National Archive de Washington, onde destaco Tim Nenninger, mostraram como funcionam coleções magnificamente grandiosas quando são operadas por homens e mulheres dedicados. A biblioteca e o arquivo de originais do Imperial War Museum vão ficando cada vez mais importantes, agora que a maior parte das testemunhas oculares de 1939-1945 está morta. O Liddell Hart Archive, no King's College, em Londres, guarda documentos relevantes, e sou especialmente grato pelo acesso ao diário de Sir John Kennedy. Tenho uma dívida de gratidão com proprietários de direitos autorais que me deixaram citar trechos de seu material em meu texto, entre eles Antonia Yates, pelos documentos do capitão Andrew Yates. Passagens dos escritos e discursos de Winston Churchill são reproduzidos com permissão de Curtis Brown Ltd, Londres, em nome de The Estate of Winston Churchill, copyright © Winston S. Churchill.

Qualquer pessoa que escreva sobre Winston Churchill deve homenagear Sir Martin Gilbert, seu biógrafo oficial, cuja obra lançou os alicerces para tudo que viria depois. A enorme *Life*, de Gilbert, acompanhada por coleções de documentos igualmente fascinantes, representa uma das grandes proezas acadêmicas de nossa época. Escritores e biógrafos futuros terão mais uma dívida com Sir Martin, quando ele completar os volumes dos Documentos de Guerra de 1942 a 1945.

O professor Sir Michael Howard OM [Ordem do Mérito], CH [Ordem dos Companheiros de Honra], MC [Military Cross] e dois outros velhos amigos, Godfrey Hodgson e Don Berry, leram meus manuscritos originais. Fizeram sugestões extremamente úteis e propuseram emendas, a maioria das quais acolhi. Sou muito grato a Antony Beevor, por direcionar minha atenção à operação Impensável, e pelo tempo e sabedoria do professor David Reynolds, do professor Robert Gildea, do professor Christopher Andrew e de Chris Bellamy. O índice de Douglas Matthews é uma obra de arte, pela qual agradeço afetuosamente. Nos Estados Unidos, o dr. Williamson Murray fez muitas sugestões oportunas sobre o texto com base em seu exaustivo conhecimento daquele período. A dra. Tami Biddle, do US Army War College, é extraordinariamente generosa com seu material, neste caso chamando minha atenção para os relatórios escritos de Washington por Harris e Slessor, em 1941. A contribuição da minha secretária, Rachel Lawrence, é sempre indispensável, sobretudo por cotejar notas e referências. Assim também é a contribuição da minha esposa infinitamente sofredora, Penny, que se sente para sempre condenada a partilhar minha existência espiritual, concentrada em 1939-1945. Ela merece acreditar que algum dia avançaremos para uma vida real em nossa própria época.

Notas

Abreviações

BNA British National Archive
CAC Churchill Archive Centre
IWM Imperial War Museum
LHA Liddell Hart Archive na King's College London
USNA United States National Archive

Depois de muita hesitação, omiti referências de alguns documentos que estão há muitos anos em domínio público e são claramente identificados e datados no texto. Todas as citações indiretas de Churchill que não estão creditadas podem ser encontradas nos livros de Martin Gilbert.

Introdução

1. James Boswell, *The Life of Samuel Johnson*, p. 1100
2. Andrew Roberts, *Mestres e comandantes: Como Roosevelt, Churchill, Marshall e Alanbrooke ganharam a guerra no Ocidente*
3. Entrevista do autor, 1992
4. John Colville, *The Fringes of Power: Downing Street — Diaries 1939–1955*, 10/12/1940
5. Sir John Wheeler-Bennett (org.), *Action this Day*, p. 236
6. Nigel Knight, *Churchill Unmasked*, p. 366
7. Chris Wrigley, *Churchill*, p. 85
8. LHA, diário manuscrito do major-general Sir John Kennedy, 26/1/1941
9. John Murray, *The Diaries of James Lees-Milne*, p. 69 19/8/1972
10. Harold Nicolson, *The Diaries of Harold Nicolson 1939–45* (org. Nigel Nicolson), 9/9/1939

Capítulo 1: A Batalha da França

1. David Reynolds, *In Command of History*, p. 126
2. Stanley Baldwin a lorde Davidson. Kenneth Young, *Stanley Baldwin*, p. 112
3. IWM, Sir C. Nicholson Papers, p. 9
4. Citado em Roberts, op. cit., fonte desconhecida, p. 199, 13/5/1940
5. Butler Papers, G11. Citado em Roberts, op. cit., p. 209
6. Richard Broad e Suzie Fleming (orgs.), *Nella Last's War*, p. 51
7. *New Yorker*, 12/5/1940
8. Harold Nicolson, *Spectator*, 17/5/1940
9. Leo Amery, *The Empire at Bay: The Leo Amery Diaries 1929–1945* (orgs. John Barnes e David Nicholson Hutchinson), p. 615, 11/5/1940
10. Winston Churchill, *Second World War*, vol. I, p. 526
11. Hugh Sebag-Montefiore, *Dunkirk*, p. 59
12. Relato de Sir Michael Howard, pessoalmente narrado ao autor, 28/12/2008
13. Henry Channon, *Chips: The Diaries of Sir Henry Channon* (org. Robert Rhodes-James), p. 248
14. Robert Rhodes-James, *Churchill: A Study in Failure 1900–39*
15. A. G. Gardiner, *The Pillars of Society*, p. 77

16. *Collier's*, 1/1939
17. *News of the World*, 14/4/1938
18. Winston Churchill para Neville Chamberlain, 25/3/1939
19. Martin Gilbert Heinemann (org.), *The Churchill War Papers*, vol. I, p. 568
20. Discurso a St. George's Association, 24/4/1933
21. Leo Amery, op. cit., p. 584, 14/3/40
22. Ibid., p. 617, 11/5/1940
23. Cuthbert Headlam, *Parliament and Politics in the Age of Churchill and Attlee: The Headlam Diaries 1935–51* (org. Stuart Ball), p. 197, 10/5/1940
24. Brian Bond, *Liddell Hart: A Study of His Military Thought*, p. 131
25. Stephen Roskill, *Hankey: Man of Secrets*, vol. III, p. 464
26. Sir John Wheeler-Bennett (org.), op. cit., p. 219
27. Anthony Eden, *The Eden Memoirs: The Reckoning*, p. 98
28. Lorde Moran, *Winston Churchill: The Struggle for Survival 1940–1965*, p. 275
29. *Philadelphia Inquirer*, 14/5/1940
30. *Time*, 27/5/1940
31. Charles Richardson, *From Churchill's Secret Circle to the BBC*, p. 77
32. Raymond Lee, *The London Observer* (org. James Leutze), p. 216, 9/1/1941
33. Colville, op. cit., p. 131
34. Warren Kimball (org.), *Churchill and Roosevelt: The Complete Correspondence*, vol. I, p. 37, 15/5/1940
35. Citado em Alastair Horne, *To Lose a Battle*, pp. 286–7
36. Harold Nicolson, *Diaries and Letters 1939–45*, p. 86, 17/5/1940
37. Wheeler-Bennett, op. cit., p. 219
38. Colville, op. cit., p. 184, 3/7/1940
39. Wheeler-Bennett, op. cit., p. 219
40. Citado em Martin Gilbert, *Finest Hour: Winston S. Churchill 1940–41*, p. 358
41. Eden, op. cit., p. 106
42. BNA INF1/264, 19/5/1940
43. Eden, op. cit., p. 107
44. Ibid.
45. Kimball (org.), op. cit., vol. I, p. 40, 20/5/1940
46. *New Statesman*, 25/5/1940
47. Brian Bond (org.), *The Diaries of Sir Henry Pownall*, vol. I, p. 327
48. Ibid., p. 333, 23/5/1940
49. Alexander Cadogan (org. David Dilks Cassell), *The Diaries of Sir Alexander Cadogan*, p. 189, 25/5/1940
50. *Gallup*, 29/5/1940
51. Cadogan em Cassell, op. cit., p. 190, 26/5/1940
52. Colville, op. cit., p. 132, 16/5/1940
53. Ibid., p. 118, 7/5/1940
54. Citado em Sheila Lawlor, *Churchill and the Politics of War 1940–41*, p. 96
55. Harold Nicolson, *Spectator*, 17/5/1940
56. Dorothy Sheridan (org.), *Wartime Women*, p. 91
57. David Howarth, *Pursued by a Bear*, p. 93
58. Lorde Hastings Ismay, *The Memoirs of Lord Ismay*, p. 131
59. Diário de Morgenthau, Morgenthau Papers, Franklin D. Roosevelt Library Hyde Park
60. *New York Herald Tribune*, 24/5/1940
61. Diário de Halifax, Borthwick Institute York, 27/5/1940
62. Isaiah Berlin, *Personal Impressions*, p. 6
63. Evelyn Waugh, *Men at Arms*, pp. 222–3

Capítulo 2: As duas Dunquerques

1. Pownall em Brian Bond, op. cit., vol. I, pp. 351–2
2. David Reynolds, op. cit., p. 170

3. Roberts, op. cit., p. 232
4. Hugh Dalton, *The War Diaries of Hugh Dalton* (org. Ben Pimlott), 28/5/1940
5. John Horsfall, *Say Not the Struggle*, p. 142
6. Informação dada ao autor, 2001
7. Antony Hichens, *Gunboat Command*, p. 81
8. Jacob, "His Finest Hour", *The Atlantic March*
9. *Germany and the Second World War*, vol. II, p. 291
10. Ismay, op. cit., p. 133
11. Basil Karslake, *The Last Act*, p. 124
12. C. P. Stacey, *The Canadian Army 1939–45*, p. 278
13. L. F. Ellis, *The War in France and Flanders*, p. 298
14. Colville, op. cit., p. 152, 10/4/1940
15. Eden, op. cit., p. 116
16. De Gaulle, *L'Appel*, p. 54
17. Relato de Ismay no diário do major-general Sir John Kennedy, 4/3/1941
18. FRUS 1940–41, pp. 4–115
19. Eden, op. cit., p. 182, 19/12/1940
20. Amery, op. cit., p. 624, 11/6/1940
21. Colville, op. cit., p. 232
22. Ibid., pp. 155–6
23. Lorde Alan Brooke, *War Diaries 1939–1945* (org. Alex Danchev e Daniel Todman), p. 81, 14/6/1940.
24. Brooke, op. cit., p. 83, 15/6/1940
25. Stacey, op. cit., p. 284
26. Citado em Karslake, op. cit., p. 262
27. Ibid.
28. Colville, op. cit., pp. 157–8, 15/6/1940
29. Ibid.
30. Ibid., p. 170, 25/6/1940
31. Entrevista de MH com George Starr, 3/3/1980
32. *Le Matin*, 24/6/1940
33. Brooke, op. cit., p. 69, 25/5/1940
34. Nicolson, op. cit., p. 96, 15/6/1940
35. Peter Fleming, *Invasion 1940*, p. 88 e p. 92
36. Potsdam Research Institute for Military History, diário de Bock, 2/6/1940
37. *New Yorker*, 17/6/1940

Capítulo 3: A febre pré-invasão

1. Horsfall, op. cit., p. 153
2. IWM, G.W. King 85/49/1, 16/6/1940
3. Hichens, op. cit., p. 90
4. Patrick Mayhew (org.), *One Family's War*, p. 77
5. CAC, diário de Edwards, REDW1/2
6. Carl von Clausewitz, *Da guerra*
7. Lee, op. cit., p. 5, 17/6/1940
8. Citado em Joseph Lash, *Roosevelt e Churchill: The Partnership that Saved the West*, p. 197
9. *Philadelphia Inquirer*, 23/5/1940
10. IWM, Misc 200/3160
11. Somerset Maugham, *Time*, 21/10/1940
12. Colville, op. cit., p. 175, 28/6/1940
13. Lee, op. cit., p. 23, 25/5/1940
14. Diário de Kennedy, op. cit., 12/11/1942, história recontada por Walter Elliott
15. CAC, diário de Martin, MART1, p. 12
16. Colville, op. cit., p. 135, 19/5/1940

17. Diário de Kennedy, op. cit., 27/5/1941
18. Diário de Halifax, op. cit., 8/2/1941
19. Moran, op. cit., p. 316, 9/7/1945
20. Ver, por exemplo, Stanley G. Payne, *Franco and Hitler*
21. BNA, PREM3/131/1, 27/6/1940
22. BNA, PREM3/131/2
23. Ibid.
24. Ibid.
25. Ibid.
26. CAC, Bevin Papers, Ernest Bevin para o professor W.K. Hancock, BEVNII/4/1, 13/11/1940
27. Kimball (org.), op. cit., p. 106, 7/12/1940
28. Lorde Ironside, *The Ironside Diaries* (orgs. R. Macleod e D. Kelly Constable), 6/7/1940
29. Gilbert, op. cit., vol. II, 10/7/1940
30. Fleming, op. cit., p. 80
31. Ibid., p. 307
32. Colville, op. cit., p. 195, 14/7/1940
33. F. H. Hinsley *et al. British Intelligence in the Second World War*, vol. I, pp. 429 e 451
34. Brooke, op. cit., p. 92, 17/7/1940
35. Henry Fairlie, "The Voice of Hope", *The New Republic*, p. 16, 27/1/1982
36. Vere Hodgson, *Few Eggs and No Oranges: The Diaries of Vere Hodgson*, p. 5
37. Nicolson, op. cit., p. 93, 5/6/1940
38. *New Yorker*, 25/8/1940
39. Berlin, op. cit., p. 22
40. Headlam, op. cit., p. 213
41. IWM, sra. E. Elkus Papers
42. CAC, Eade Papers, 2/2, 11/9/1942
43. CAC, diário de Martin, op. cit., p. 7

Capítulo 4: A Batalha da Inglaterra

1. Boswell, op. cit., p. 876
2. Colville, op. cit., p. 505, 24/8/1944
3. CAC, diário de Martin, op. cit., p. 29
4. George Barclay, *Fighter Pilot*, pp. 51–2
5. IWM, Diário Manuscrito de Alec Bishop, 98/18/1
6. Colville, op. cit., p. 288, 7/11/1940
7. BNA, PREM, 3/220/48
8. R. V. Jones, *Most Secret War*, p. 101
9. Ibid., p. 107
10. Colville, op. cit., p. 211, 7/8/1940
11. Ismay, op. cit., pp. 179–80
12. John Kennedy, *The Direction of War*, p. 62
13. Colville, op. cit., p. 231, 27/8/1940
14. Nicolson, op. cit., p. 127, 20/11/1940
15. Colville, op. cit., p. 340, 24/1/1941
16. Elizabeth Nel, *Mr Churchill's Secretary*, p. 74
17. Colville, op. cit., p. 389, 20/5/1941
18. Lee, op. cit., p. 77, 3/10/1940
19. CAC, diário de Martin, op. cit., p. 4
20. Amery, op. cit., p. 1034, 26/3/1945
21. Moran, op. cit., p. 287
22. Ibid., p. 324
23. Citado em Mary Soames (org.), *Speaking for Themselves: The Personal Letters of Winston and Clementine Churchill*, p. 454

24. Wheeler-Bennett, op. cit., p. 53
25. Moran, op. cit., p. 226
26. Colville, op. cit., p. 319, 15/12/1940
27. Moran, op. cit., p. 8, 12/12/1941
28. Wheeler-Bennett, op. cit., p. 177
29. Ibid., p. 150
30. Channon, op. cit., p. 266, 16/9/1940
31. Diário de Neville Chamberlain, 1/7/1940
32. Brooke, op. cit., p. 90, 2/7/1940
33. BNA, CAB69/1
34. Hichens, op. cit., p. 99
35. Sir Thomas Elmhirst, *Recollections*, p. 51
36. Lee, op. cit., p. 108, 15/9/1940
37. Dalton, op. cit., p. 80
38. Elmhirst, op. cit., p. 53
39. A. B. Cunningham, *A Sailor's Odyssey*, p. 410
40. Gen. Sir Frederick Pile, *Ack-Ack: Britain's Defence Against Air Attack*, p. 171
41. Colville, op. cit., p. 261, 11/10/1940
42. CAC, diário de Martin, op. cit., p. 32
43. Colville, op. cit., 10/8/1941
44. R. W. Thompson, *Churchill and Morton*, p. 41
45. *Dokumenty Vneshnei Politiki 1940 – 22/12/41*, pp. 361 e 387
46. Channon, op. cit., p. 263
47. Nicolson, op. cit., p. 104, 22/7/1940
48. Lee, op. cit., 8/12/1940
49. David Kynaston, *A History of the City of London*, vol. III, p. 472
50. Ibid., p. 479
51. Channon, op. cit., p. 268
52. IWM, Green Papers, 99/9/1, carta de 4/9/1940
53. Colville, op. cit., p. 262, 12/10/1940
54. Anthony Trollope, *Autobiography*, p. 102
55. Colville, op. cit., 16/9/1940
56. Eden, op. cit., 21/1/1941
57. Colville, op. cit., p. 312, 13/12/1940
58. Ibid., p. 289, 9/11/1940
59. Ibid., p. 406, 22/6/1941

Capítulo 5: Fogo grego

1 EM BUSCA DE AÇÃO

1. Ver Brian Bond, *Liddell Hart*, pp. 119–59
2. Dalton, op. cit., p. 87
3. Lee, op. cit., p. 54, 12/9/1940
4. Ibid., p. 10, 3/7/1940
5. Nicolson, op. cit., p. 103, 20/7/1940
6. Diário, citado em Simon Garfield, *Private Battles: How the War Almost Defeated Us*, p. 18, 14/11/1940
7. CAC, Bevin Papers, carta de F. Price, BEVN6/59, 22/9/1940
8. CAC, Eade Papers, 2/2, 6/3/1941
9. Andrew Gibb, *With Winston Churchill at the Front*, pp. 40–1
10. BNA, PREM3/21/1
11. Pownall, op. cit., vol. II, p. 8, 2/11/1940
12. Colville, op. cit., p. 266, 13/10/1940

13. Attlee para a conferência de imprensa em Nova York, 1/2/1946
14. Soames, op. cit., p. 23, 30/5/1909
15. Ibid., p. 357, 19/2/1932
16. Winston Churchill, *The World Crisis 1911–1918*, parte III, cap. X, pp.1131 e 1134–5
17. Churchill para Tovey, 7/4/1941
18. Colville, op. cit., p. 186, 3/11/1940
19. Ibid., p. 285, 3/11/1940
20. Nicolson, op. cit., p. 121, 17/10/1940
21. Gilbert, op. cit., pp. 905–6
22. Winston Churchill, *The Second World War*, vol. II, p. 480
23. Ismay, op. cit., p. 195
24. BNA, PREM3/288/1
25. Eden, op. cit., p. 180, 5/12/1940
26. Correlli Barnett, *The Desert Generals*, pp. 37–65
27. Diário de Harvey, 22/2/1941
28. Hodgson, op. cit., 11/2/1941
29. Colville, op. cit., 16/2/1941
30. Eden, op. cit., p. 168
31. Ibid., p. 170, 3/11/1940
32. Diário de Kennedy, op. cit., 26/1/1941 e 11/2/1941
33. Harry L. Hopkins, *The White House Papers of Harry L. Hopkins*, vol. I, pp. 239–40
34. Eden, op. cit., p. 131, 13/8/1940
35. Ibid., p. 133
36. Diário de lorde Tedder, *With Prejudice*, p. 74, 18/4/1941
37. Hinsley, op. cit., vol. I, p. 260
38. Eden, op. cit., p. 240
39. BNA, CAB120/10, 14/4/1941
40. Diário de Kennedy, op. cit., 10/4/1941
41. Ibid., 11/4/1941
42. Ibid.
43. Diário de Robert Menzies, *Dark Days*, p. 120
44. Nella Last, op. cit., 27/4/1941
45. Nicolson, op. cit., 13/4/1941
46. Hankey, op. cit., p. 506, 13/5/1941
47. Hodgson, op. cit., 25/5/1941
48. IWM, 92/12/1, Belsey Papers
49. Colville, op. cit., p. 443, 28/9/1941
50. Mikhail Sebastian, *Journal 1935–44*, 9/4/1941
51. Kurt Pauli, *Von Serbien Bis Kreta*, p. 137
52. Brooke, op. cit., p. 379, 4/2/1943
53. Menzies, op. cit., 1/3/1941
54. CAC, Eade Papers 2/2, op. cit., 24/7/1941
55. *Germany and the Second World War*, vol. III, p. 555
56. BNA, PREM4/17/2, 20/3/1941
57. Colville, op. cit., 3/6/1941
58. Transmissão da BBC, 27/4/1941
59. Soames, op. cit., p. 480, 13/5/1943
60. Ronald Lewin, *The Chief*
61. Pownall, op. cit., vol. II, p. 95

2 A MÁQUINA DE GUERRA

62. Diário de Kennedy, op. cit., 14/9/1939
63. Pownall, op. cit., vol. II, p. 19, 3/6/1941

64. Diário de Kennedy, op. cit., 9/7/1942
65. Diário de Kennedy, op. cit., 9/2/1941
66. Brooke, op. cit., p. 647, 20/1/1945
67. CAC, A.V. Alexander Papers, AVAR6/1, diário, 10/6/1942
68. Ver Stephen Roskill, *Churchill and the Admirals*
69. Cunningham, op. cit., pp. 578 e 580
70. Denis Richards, *Portal of Hungerford*, pp. 202–3
71. Diário de Kennedy, op. cit., 5/12/1941
72. Ibid., 10/4/1941
73. IWM, Alec Bishop, não publicado, MS 98/18/1
74. Diário de Martin, op. cit., p. 10
75. Michael Davie e Anne Chisholm, *Beaverbrook* p. 664, 14/5/1941
76. Thomas Wilson, *Churchill and the Prof*, p. 16, e *passim*
77. Wheeler-Bennett, op. cit., p. 110
78. Colville, op. cit., p. 125
79. Lee, op. cit., p. 243, 16/4/1941
80. Kennedy, *The Business of War*, p. 236
81. Citado em Reynolds, op. cit., p. 244
82. Diário de Kennedy, op. cit., 21/6/1941

Capítulo 6: Camaradas

1. Garfield, op. cit., p. 129
2. Sobre esse assunto, ver, por exemplo, David Carlton, *Churchill and the Soviet Union*. 17/9/1939
3. Transmissão da BBC, 1/10/1939
4. Colville, op. cit., p. 436, 3/9/1941
5. Pownall, op. cit., vol. II, p. 36, 17/7/1941
6. Headlam, op. cit., p. 157, 22/6/1941
7. Ibid., p. 258
8. IWM, 85/49/1, G. W. King MS, 30/7/1941
9. Hodgson, op. cit., p. 185, 22/6/1941
10. Ibid., p. 190, 2/7/1941
11. IWM, 92/12/1, cartas de Belsey, 25/6/1941
12. Pownall, op. cit., vol. II, p. 30, 29/6/1941
13. Ibid., p. 31, 30/6/1941
14. Cunningham, op. cit., p. 350
15. Lee, op. cit., p. 416
16. *Daily Mirror*, 14/2/1941
17. Hinsley, op. cit., vol. II, p. 671
18. Lee, op. cit., p. 317, 23/6/1941
19. Citado em Reynolds, op. cit., p. 256
20. Chris Bellamy, *Absolute War*, p. 415
21. *Ocherki Istorii Rossiikoi Vneshney Razvedki*. Estudos sobre a História do Serviço Soviético de Inteligência para Assuntos Internacionais, Moscou, 2007
22. Hansard, 30/9/1941
23. IWM, 85/49/1, G. W. King MS
24. G. A. Kumanyov, *Ryadom so Stalinym* [Perto de Stalin], p. 300
25. Hankey, op. cit., vol. III, p. 533
26. Bellamy, op. cit., p. 446
27. *Observer*, 17/8/1941
28. Citado em Garfield, op. cit., p. 172, 9/10/1941
29. Gilbert (org.), *The Churchill War Papers*, op. cit., vol. III, p. 1372, 25/10/1941
30. CAC, CHAR1/362
31. Diário de Kennedy, op. cit., 7/9/1941

32. Pownall, op. cit., p. 50, 29/10/1941
33. Diário de Harvey, 27/10/1941
34. Gilbert (org.), op. cit., vol. III, p. 1204, 12/9/1941
35. Menzies, op. cit., p. 99, 31/3/1941
36. Diário de Kennedy, op. cit., 9/10/1941
37. Ibid., 13/10/1941
38. Ibid., 11/10/1941

Capítulo 7: A Batalha da América

1 SÓ DINHEIRO VIVO

1. Diário de Kennedy, op. cit., 25/5/1941
2. *The Memoirs of Cordell Hull*, vol. II, p. 967
3. Eden, op. cit., p. 176
4. Kimball, op. cit., vol. I, p. 102
5. Citado em Kynaston, op. cit., vol. III, p. 472
6. Eden, op. cit., p. 135
7. Citado em Roberts, *The Holy Fox*, p. 280
8. Ibid., p. 278
9. Eden, op. cit., p. 182
10. *Christian Science Monitor*, p. 15, 12/5/1941, e p. 8, 4/11/1941
11. Diário de Harvey, op. cit., p. 20, 15/7/1941
12. Pimlott, op. cit., p. 272, 25/8/1941
13. Headlam, op. cit., p. 270, 15/8/1941
14. BNA, FO371/34114
15. LHA, Slessor Papers Box, XIIC
16. RAF Museum Hendon, Harris Papers, pasta H98, 15/9/1941
17. Dalton, op. cit., p. 247, 10/7/1941
18. Minutas do Comitê de Planejamento, BNA, INF1/249, 4/6/1941
19. Diário de Kennedy, op. cit., 7/3/1941
20. D. C. Watt, *Succeeding John Bull*, p. 161
21. Colville, op. cit., 1/11/1940
22. Robert H. Pilpel, *Churchill in America*, p. 16
23. Hodgson, op. cit., pp. 189-90, 2/7/1941
24. Colville, op. cit., p. 136, 19/5/1940
25. Reportagem de Richard L. Coe, *The Washington Post*, 11/1/1942
26. Sherwood, op. cit., vol. I, p. 125
27. *Time*, 10/3/1941
28. Sherwood, op. cit., vol. I, p. 239
29. Ibid., p. 237
30. Oliver Lyttelton, *Memoirs of Lord Chandos*, pp. 165–6
31. Citado em Gilbert, op. cit., pp. 997 e 999
32. Lee, op. cit., p. 220
33. *The Secret Diary of Harold L. Ickes 1953–1954*
34. Hodgson, op. cit., 27/7/1941
35. Diário de Robert Menzies, op. cit., p. 64, 22/2/1941
36. *Books & Bookmen*, outubro de 1977, resenha de Joseph Lash, *Roosevelt and Churchill 1939–41*
37. IWM, MP Troy Papers, 95/25/1, 1/1/1941
38. Averell Harriman e Elie Abel, *Special Envoy to Churchill and Stalin*, p. 5
39. Ibid., p. 15
40. Lee, op. cit., p. 307, 9/6/1941
41. Forrest Pogue, *George C. Marshall: Ordeal and Hope 1939–42*, pp. 133–4
42. Ibid., p. 139

43. Harriman, op. cit., p. 18
44. Ibid., p. 18
45. Ibid., p. 61
46. Ibid., p. 28
47. Amery, op. cit., p. 689, 19/5/1941
48. Harriman, op. cit., p. 57
49. Headlam, op. cit., p. 234, 31/12/1940
50. Nicolson, op. cit., 21/3/1941
51. Lee, op. cit., p. 357, 26/7/1941
52. Cadogan, op. cit., p. 393, 21/7/1941

2 INDO EMBORA

53. Citado em Gilbert, *Churchill War Papers*, op. cit., vol. III, p. 810
54. BNA, PREM4/27/9, 13/3/1941
55. BNA, PREM3/485/6, pasta 16
56. Colville, op. cit., 3/8/1941
57. CAC, Geoffrey Green, GREE1
58. Citado em Kenneth S. Davis, *FDR: The War President*, p. 212
59. CAC, diário de Jacob, op. cit., 11/8/1941, JACB1/10
60. Sherwood, op. cit., vol. I, p. 364
61. CAC, Green Papers, GREE1, 10/8/1941
62. CAC, diário de Jacob, op. cit., 10/8/1941
63. CAC, diário de Martin, op. cit., p. 60
64. Ibid., p. 62
65. Wheeler-Bennett, op. cit., p. 206
66. Churchill Papers, CHAR1/362/28–32, 29/8/1941
67. Pownall, op. cit., vol. I
68. Diário de Kennedy, op. cit., 24/8/1941
69. Hodgson, op. cit., p. 201, 15/8/1941
70. Gilbert, *Churchill War Papers*, op. cit., vol. III, p. 1125, 28/8/1941
71. Colville, op. cit., p. 434, 30/8/1941
72. Diário de Harvey, op. cit., p. 39, 31/8/1941
73. Citado em Lee, op. cit., p. 376, 24/8/1941
74. Gilbert, *War Papers* op. cit., vol. III, p. 1202
75. V. G. Trukhanovsky, *Winston Churchill*, p. 273
76. CAC, Churchill Papers, CHAR1/379/12–20
77. Nel, op. cit., pp. 43–5
78. Ibid., p. 67
79. Eden, op. cit., 22/9/1941
80. BNA, HWI/25
81. Hinsley, op. cit., vol. II, apêndice 3, p. 655
82. CAC, diário de Edwards, REDW2/3, 24/8/1941–25/8/1941
83. Kimball, op. cit., vol. I, p. 165, 2/11/1941
84. Harriman, op. cit., p. 109, 20/10/1941
85. Pownall, op. cit., vol. II, p. 41
86. Citado em lorde Hartwell, *William Camrose: Giant of Fleet Street*, p. 316
87. CAC, Eade Papers, 19/11/1941
88. Diário de Harvey, op. cit., p. 48, 3/10/1941
89. Hankey, op. cit., vol. III, 15/10/1941
90. Brooke, op. cit., p. 192, 20/10/1941
91. Kennedy, *The Business of War*, op. cit., p. 78
92. Diário de Kennedy, op. cit., 19/3/1942
93. John G. Winant, *A Letter from Grosvenor Square*, pp. 196–7

94. Harriman, op. cit., p. 111
95. Citado em Reynolds, op. cit., p. 264

Capítulo 8: Um vislumbre da *Arcadia*

1. Pierre Billotte, *Le Temps des armes*, p. 187
2. Nicolson, op. cit., p. 197, 11/12/1941
3. Hodgson, op. cit., p. 232, 9/12/1941
4. BNA, INF1/292
5. Soames, op. cit., p. 460, 21/12/1941
6. Ibid., p. 461, 24/12/1941
7. Harold Macmillan, *War Diaries*, 16/11/1943
8. *The Washington Post*, 27/12/1941
9. Diário de Ickes, op. cit., 26/12/1941
10. Moran, op. cit., p. 23
11. Lash, op. cit., p. 15
12. Ibid., p. 16
13. Charles Bohlen, *Witness to History*, p. 210
14. Amery, op. cit., p. 882, 15/4/1943
15. William Hassett, *Off the Record with FDR*, p. 171
16. CAC, diário de Jacob, op. cit., JACB1/12
17. Cadogan, op. cit., p. 586
18. CAC, diário de Jacob, op. cit., JACB1/14
19. Ibid., p. 90
20. Diário de Ickes, op. cit., 1/2/1942
21. Churchill, *The Second World War*, vol. III, p. 625
22. Amery, op. cit., 17/1/1942
23. Moran, op. cit., p. 21
24. Eden, op. cit., p. 319, 28/1/1942
25. *Denver Post*, 6/2/1942
26. *Chicago Tribune*, 20/2/1942
27. *Time*, "Book Review", p. 94, 17/3/1941
28. Lash, op. cit., p. 195
29. Michael Howard, *Books & Bookmen*, outubro de 1977
30. Eden, op. cit., p. 374
31. Ibid., novembro de 1942
32. Diário de Stimson, Sterling Memorial Library, Yale, 11/1/1942
33. Pogue, op. cit., vol. II, p. 265
34. Citado em Alex Danchev, *Very Special Relationship*, p. 10

Capítulo 9: "O Vale da Humilhação"

1. Moran, op. cit., p. 28
2. Brooke, op. cit., p. 212, 19/12/1941
3. Kennedy, *Business of War*, op. cit., p. 318
4. Moran, op. cit., p. 20
5. *New Statesman*, 31/1/1942
6. Christopher Bayly e Tim Harper, *Forgotten Armies*, p. 234
7. Diário de Harvey, op. cit., 9/2/1942
8. 9/2/1942
9. Violet Bonham-Carter, *Champion Redoubtable: The Diaries of Violet Bonham-Carter* (org. Mark Pottle), 1998, fevereiro de 1942
10. Dalton, op. cit., p. 368
11. Layton Papers citado em Martin Gilbert, *Road to Victory*, p. 56
12. Garfield, op. cit., p. 223

13. Relatório do grupo Mass-Observation citado em Leonard Mosley, *Backs to the Wall*, p. 241
14. Bonham-Carter, op. cit., 11/2/1942
15. CAC, diário de Colville, 16/2/1942
16. Nicolson, op. cit., p. 211, 12/2/1942
17. Pim Papers citados em Gilbert, *Road to Victory*, op. cit., p. 62
18. Brooke, op. cit., p. 231, 18/2/1942
19. Diário de Harvey, op. cit., p. 91, 5/2/1942
20. Diário de Kennedy, op. cit., 3/2/1942
21. Dill para Brooke, 5/3/1942
22. Arthur Bryant, *The Turn of the Tide*, vol. I, p. 375
23. Hopkins Papers, Georgetown University Washington DC, caixa 4, pasta 1, Accession 1, Series 1, correspondência
24. Eden, op. cit., p. 539
25. Cripps, transmissão da BBC, 6/2/1942
26. Diário de Kennedy, op. cit., 5/3/1942
27. Harriman, op. cit., p. 126
28. Moran, op. cit., p. 32
29. Citado em Gilbert, *Road to Victory*, op. cit., p. 69
30. Cadogan, op. cit., p. 440, 4/3/1942
31. Roskill, op. cit., p. 232
32. Atas Hansard, 16/11/1937
33. Kimball, op. cit., vol. I, p. 504, 1/6/1942
34. Hodgson, op. cit., p. 407, 15/8/1943
35. Anthony Montague Browne, *Long Sunset*, p. 201
36. *New Statesman*, 28/2/1942
37. Atas Hansard, 24/2/1942
38. Diário de Kennedy, op. cit., 31/5/1942
39. Roskill, op. cit., p. 130
40. Kimball, op. cit., vol. I, p. 438
41. Diário de Kennedy, op. cit., 7/4/1942
42. Amery, op. cit., p. 785, 8/3/1942
43. *New Statesman*, 11/4/1941
44. *New Statesman*, 17/1/1941
45. Diário de Kennedy, op. cit., 23/2/1942
46. BNA, WO163/52, Quarterly Morale Report
47. BNA, FO371/30656
48. *The Economist*, 19/12/1942
49. *Picture Post*, 17/1/1941
50. Amery, op. cit., 7/4/1942
51. Ibid., pp. 746 e 750, 19/11/1941 e 25/11/1941
52. Ibid., p. 822, 27/7/1942
53. D. G. Tendulkar, *Mahatma*, vol. V, p. 291
54. Kimball, op. cit., vol. I, p. 449
55. Cadogan, op. cit., p. 450, 7/5/1942
56. CAC, Churchill Papers, CHAR1/369/5–8, 2/5/1942
57. Ibid., pp. 107–8
58. Nicolson, op. cit., p. 222, 15/4/1941
59. BNA, CAB122/96, 7/4/1942
60. Arthur Salter, *Slave of the Lamp*, pp. 185–6

Capítulo 10: Soldados, chefes e indolentes

1 UM EXÉRCITO EM APUROS

1. Diário de Kennedy, op. cit., 11/6/1942
2. Cadogan, op. cit., pp. 374 e 389, 29/4/1941 e 18/6/1941
3. Ibid., p. 433, 9/2/1942
4. Churchill, *Great Contemporaries*, p. 144
5. Diário de Kennedy, op. cit., 31/7/1942
6. Alan Moorehead, *African Trilogy*, p. 418
7. Garfield, op. cit., p. 260
8. Ibid., p. 212, 10/2/1942
9. Dalton, op. cit., 18/11/1941
10. Pownall, op. cit., vol. II, p. 98
11. J. K. Stanford, *Tail of an Army*, p. 110 e *passim*
12. Macmillan, op. cit., p. 322, 8/12/1943
13. Diário de Kennedy, op. cit., 5/3/1942
14. Brooke, op. cit., p. 243, 31/3/1942
15. Macmillan, *War Diaries*, p. 313, 2/12/1943
16. Ibid., p. 347, 1/1/1944
17. Ver N. A. M. Rodger, *The History of the Royal Navy*, vol. II
18. Diário de Kennedy, op. cit., 5/12/1941
19. Brooke, op. cit., p. 270, 22/6/1942
20. David French, *Raising Churchill's Army*, *passim*
21. Citado em Gilbert, *Churchill*, op. cit., vol. IV, p. 63
22. BNA, PREM3/499/9, Churchill para Attlee, 29/7/1942
23. M. M. Postan, *British War Production*, p. 325
24. Moorehead, op. cit., p. 409
25. Eden, op. cit., 6/10/1942
26. Browne, op. cit., p. 148
27. Atas Hansard, 29/1/1942
28. Ian McLaine, *Ministry of Morale*, p. 139

2 O FRONT INTERNO

29. Amery, op. cit., p. 754, 18/12/1943
30. Dalton, op. cit., p. 677
31. Ibid., p. 736
32. Wheeler-Bennett, *John Anderson Viscount Waverley*, p. 224
33. Ibid., p. 256
34. Dalton, op. cit., p. 729
35. Ibid., 20/3/1942
36. Amery, op. cit., p. 707
37. Headlam, op. cit., p. 231, 5/12/1940
38. Colville, op. cit., 2/9/1941
39. BNA, AVIA10/269
40. BNA, CAB102/406
41. BNA, CAB70/6
42. BNA, INFI/282, outubro de 1943
43. BNA, FO371/34115
44. Diário de Kennedy, op. cit., 12/3/1942
45. P. Inman, *Labour in the Munitions Industries*
46. Inman, op. cit., p. 365 e *passim*
47. W. H. B. Court, *Coal*, p. 158
48. Citado em Ibid., p. 452

49. Inman, op. cit., p. 325
50. BNA, CAB123/21
51. Relatório do Ministério da Saúde, Cmd.6468
52. Richard Titmuss, *History of the Second World War: Problems of Social Policy*, p. 115
53. Headlam, op. cit., p. 243, 9/3/1941
54. Colville, op. cit., p. 401, 19/6/1941
55. Atas Hansard, 29/7/1941
56. Citado em McLaine, op. cit., p. 104

Capítulo 11: "Segunda Frente, já!"

1. Brooke, op. cit., p. 247, 10/4/1942
2. Ibid., p. 246, 9/4/1942
3. Ibid., p. 249, 11/4/1942
4. Diário de Kennedy, op. cit., 5/4/1942
5. Ibid.
6. Kimball, op. cit., vol. I, p. 448, 12/4/1942
7. Ibid., p. 459
8. Ibid., p. 515
9. Brooke, op. cit., p. 243, 30/3/1942
10. Diário de Halifax, op. cit., 31/3/1942
11. O. A. Rzheshevsky, *Stalin and Churchill: Meetings, Conversations, Discussions*, pp. 113 e 190
12. Ibid., p. 157
13. Joan Beaumont, *Comrades in Arms*, p. 99
14. Ibid., p. 142
15. Ibid., p. 147
16. Rzheshevsky, op. cit., p. 231
17. Ibid., p. 222
18. Ibid., p. 250
19. F. Chuev, *140 Conversations with Molotov*, p. 258
20. Ibid., p. 319
21. Diário de Harvey, op. cit., 10/6/1942
22. Chuev, op. cit., p. 66
23. *Pravda*, 14/6/1942
24. Chuev, op. cit., p. 26
25. Ibid., p. 65
26. Ibid., p. 67
27. French, op. cit., *passim*
28. BNA, PREM4/26/8, 7/6/1942
29. H. G. Nicholas (org.), *Washington Despatches*, 25/7/1942
30. Diário de Kennedy, op. cit., 5/4/1942
31. BNA, CAB109/47, Birley para Jacob
32. Diário de Dykes, 12/10/1942, citado em Danchev, op. cit., p. 20
33. Hassett, op. cit., p. 68
34. Churchill Archive, JACB1/14
35. Douglas Porch, *Hitler's Mediterranean Gamble*, p. 208
36. Nicholas, op. cit., 14/5/1942
37. Ibid., 26/6/1942
38. Hassett, op. cit., 20/6/1942 e 24/6/1942
39. Ibid., 20/6/1942
40. BNA, FO371/30656
41. USNA, RG84, caixa 5
42. Ibid., OWI, pesquisa nº 113, 10/6/1942
43. USNA, OWI, pesquisa nº 114, 1/7/1942

44. USNA, OWI, No.117, 29/8/1942
45. BNA, FO371/30656
46. Lippmann Papers, Yale, 18/4/1942
47. BNA, FO371/30656, Clark Kerr Despatch, 28/9/1942
48. BNA, FO371/30656, 6/7/1942
49. BNA, FO371/30656, 5/10/1942
50. Diário de Harvey, op. cit., 22/6/1942
51. Diário de Kennedy, op. cit., 18/7/1942
52. IWM, Cons Shelf P, cartas de Yates, 22/6/1942
53. Citado em Mosley, op. cit., p. 254
54. Diário de Hodgson, op. cit., p. 293
55. Ibid., 5/7/1942
56. IWM, G. W. King, 85/49/1, 22/6/1942
57. BNA, INF1/292, 26/1/1942–1/2/1942
58. Brooke, op. cit., p. 223, 27/1/1942
59. Diário de Kennedy, op. cit., 23/03/1942
60. IWM, Cons Shelf P, 2/1/1942
61. McLaine, op. cit., p. 210
62. IWM, Belsey, 92/12/1, 6/8/1942
63. IWM, documentos de Mrs. E. Elkus
64. *Pravda*, 5/8/1942
65. BNA INF1/284
66. Nicolson, op. cit., 7/8/1942
67. Macmillan, op. cit., p. 46, 20/3/1943
68. Sir Alan Lascelles, *King's Counsellor*, p. 41, 24/7/1942
69. *Los Angeles Times*, 28/6/1942
70. Amery, op. cit., p. 818, 6/7/1942
71. Clara Millburn, *Mrs Millburn's Diaries*, 1/7/1942
72. Headlam, op. cit., p. 322
73. Millburn, op. cit., p. 145, 2/7/1942
74. *The Times*, 1/7/1942
75. Brooke, op. cit., 3/7/1942
76. Reynolds, op. cit., p. 303
77. Brooke, op. cit., 3/7/1942
78. BNA, AIR8/1074, Dill, JSM 300, Aide Memoire on Future Operations, 16/7/1942
79. Diário de Wallace, 25/5/1943, citado em J. M. Blum (org.), *The Price of Vision*
80. Diário de Kennedy, op. cit., 18/7/1942
81. Pogue, op. cit., vol. III, p. 330

Capítulo 12: Os camelos e o urso

1. Diário de Harvey, op. cit., 30/7/1942
2. Eden, op. cit., p. 338
3. Ronald Winfield, *The Sky Belongs to Them*, p. 69
4. Churchill, *The Second World War*, op. cit., vol. III, p. 412
5. Diário de Harvey, op. cit., p. 307, 14/10/1943
6. IWM, 4/27/1, 8/7/1942. Documentos do tenente-general Sir Charles Gairdner
7. Richardson, op. cit., p. 119
8. Moorehead, op. cit., p. 412
9. Soames, op. cit., p. 467, 9/8/1942
10. Diário de Kennedy, op. cit., 23/8/1942
11. Roskill, *Churchill and the Admirals*, op. cit., pp. 236–7
12. *Studies on the History of Russia's Foreign Intelligence Service*, op. cit., 4/8/1942
13. Ibid., 12/8/1942

14. Ibid.
15. Moran, op. cit., p. 68, 13/8/1942
16. Harriman, op. cit., p. 161
17. Moran, op. cit., p. 138
18. Alexander Golovanov, *Memoirs*, p. 345
19. Richardson, op. cit., p. 144
20. Wheeler-Bennett, *Action this Day*, op. cit., pp. 215–6
21. Brooke, op. cit., p. 300, 13/8/1942
22. Harriman, op. cit., p. 161
23. Ibid., p. 169
24. V. G. Trukhanovsky, op. cit., pp. 283–4
25. Harriman, op. cit., p. 352
26. CAC, Churchill Papers, CHAR1/379/12–20

Capítulo 13: A sorte virou

1. *The Times*, 19/8/1942
2. Garfield, op. cit., p. 280
3. Brooke, op. cit., p. 314, 24/8/1942
4. Ibid., p. 324, 24/9/1942
5. Amery, op. cit., p. 830, 25/8/1942
6. Moran, op. cit., p. 85
7. Amery, op. cit., p. 838, 24/9/1942
8. Diário de Harvey, op. cit., 9/10/1942
9. Diário de Hume Wrong, 4/11/1942
10. Diário de Kennedy, op. cit., 17/10/1942
11. Moran, op. cit., p. 91
12. Porch, op. cit., p. 290
13. Lascelles, op. cit., pp. 66-7, 23/10/1942
14. Amery, op. cit., p. 840, 26/10/1942
15. Norman Craig, *The Broken Plume*, IWM, p. 79
16. Nicolson, op. cit., 2/11/1942
17. Brooke, op. cit., p. 338, 4/11/1942
18. *The Times*, 11/11/1942
19. Dalton, op. cit., p. 519
20. Diário de Bonham-Carter, op. cit., 7/11/1942
21. Diário de Kennedy, op. cit., 1/8/1943
22. Hodgson, op. cit., p. 331
23. Brooke, op. cit., p. 340, 9/11/1942
24. Diário de Harvey, op. cit., 10/11/1942
25. Gilbert, *Road to Victory*, op. cit., p. 260
26. Diário de Harvey, op. cit., 14/11/1942
27. Colville, op. cit., 13/12/1940, p. 311
28. Diário de Kennedy, op. cit., 18/11/1942
29. Gilbert, *Road to Victory*, op. cit., p. 277
30. Harriman, op. cit., p. 173
31. Diário de Harvey, op. cit., 26/12/1942
32. Reynolds, op. cit., p. 330
33. Macmillan, op. cit., p. 101, 1/6/1943
34. Brooke, op. cit., p. 376, 31/1/1943
35. Ibid., p. 364, 20/1/1943
36. Dwight D. Eisenhower, *War Papers*, vol. I, p. 98
37. Dalton, op. cit., p. 722
38. Pogue, op. cit., vol. III, p. 5

39. Macmillan, op. cit., p. 8, 26/1/1943
40. Soames, op. cit., p. 473, 15/1/1943
41. CAC, diário de Jacob, op. cit., JACB1/19
42. Moran, op. cit., 1/1/1942
43. Pogue, op. cit., vol. III, p. 7
44. Macmillan, op. cit., p. 9, 26/1/1943
45. Moran, op. cit., 22/1/1943
46. CAC, diário de Jacob, op. cit., JACB1/19
47. Diário de Kennedy, op. cit., 14/1/1943
48. Stephen Ambrose, *Eisenhower the Soldier*, p. 146
49. USAMHI, Orlando Ward Papers, diário de Carlisle, janeiro de 1943
50. CAC, diário de Jacob, op. cit., JACB1/19
51. Brooke, op. cit., p. 362
52. Roosevelt Papers, Hyde Park, PPF 8832
53. LHA, Alanbrooke Papers, 14/39/B, 9/2/1944
54. *The Times*, 27/1/1943
55. Harriman, op. cit., p. 188
56. BNA, CAB65/24, 27/11/1941
57. Harriman, op. cit., p. 191
58. CAC, diário de Jacob, op. cit., JACB1/19
59. G. K. Zhukov, *Vospominaniya i Razmyshleniya* (Memórias e reflexões), vol. II, p. 314
60. Brooke, op. cit., p. 370, 26/1/1943
61. Ibid., p. 374, 30/1/1943
62. Churchill, *The Second World War*, op. cit., vol. IV, pp. 647–8
63. CAC, diário de Jacob, op. cit., JACB1/19
64. Atas Hansard, 11/2/1943

Capítulo 14: Fora do deserto

1. French, op. cit., p. 284
2. Citado em Gilbert, *Road to Victory*, op. cit., p. 360
3. Bonham-Carter, op. cit., 9/3/1943
4. Dalton, op. cit., p. 557
5. Reynolds, op. cit., p. 207
6. Pesquisa da Gallup, 1/6/1943
7. Macmillan, op. cit., p. 256, 14/10/1943
8. Headlam, op. cit., p. 410, 26/6/1944
9. Brooke, op. cit., p. 464, 28/10/1943
10. Dalton, op. cit., p. 551, 8/2/1943
11. Nicolson, op. cit., 20/4/1943
12. CAC, diário de Jacob, op. cit., JACB1/19
13. Citado em Gilbert, *Road to Victory*, op. cit., p. 356, carta de 17/3/1943
14. Carta de Layton, 7/4/1943, citado em ibid., p. 375
15. Ibid., pp. 374–5
16. Moran, op. cit., p. 198
17. Ibid., p. 209, 20/8/1944
18. Diário de Kennedy, op. cit., 6/4/1943
19. Citado em lorde Birkenhead, *Life of Halifax*, p. 537
20. Moran, op. cit., p. 116, 25/5/1943
21. BNA, CAB120/83
22. Brooke, op. cit., p. 406, 18/5/1943
23. Ibid., pp. 409–11, 24/5/1943 e 25/5/1943
24. Churchill, *The Second World War*, op. cit., vol. IV, p. 727
25. Diário de Kennedy, op. cit., 8/12/1943

26. Brooke, op. cit., p. 416, 1/6/1943
27. BNA, CAB120/683, 25/7/1943
28. CAC, CHUR4/301/187, fs272-4 276
29. Biblioteca do Congresso, MS Div H. R. Luce Papers, caixa 1, pasta 7
30. IWM, 85/49/1, King Papers
31. Diário de Harvey, op. cit., 10/2/1943
32. Macmillan, op. cit., p. 1767, 29/7/1943
33. Diário de Harvey, op. cit., 24/7/1943
34. Brooke, op. cit., p. 398, 4/5/1943
35. USMH, Carlisle OCMH, notas de Forrest Pogue, que entrevistou Morgan em 1947 para *The Supreme Command*
36. Moran, op. cit., p. 130
37. Pogue, op. cit., vol. III, p. 241
38. Ibid., p. 244
39. Diário de Harvey, op. cit., 24/10/1943
40. BNA, WO205/33
41. Diário de Kennedy, op. cit., 13/8/1943
42. Brooke, op. cit., p. 450, 30/8/1943
43. Ibid., p. 466, 1/11/1943
44. Citado em Rick Atkinson, *The Day of Battle*, p. 207
45. BNA, CAB120/83
46. Hassett, op. cit., pp. 169 e 315
47. Diário de Harvey, op. cit., p. 238, 11/3/1943, e p. 239, 29/3/1943
48. Ver Pogue, op. cit., vol. III, p. 318
49. Ibid., p. 320
50. Diário de Kennedy, op. cit., 3/9/1943
51. Ibid., 26/9/1943
52. Atas Hansard, 23/9/1943
53. A. J. P. Taylor, *Beaverbrook*, p. 500
54. Dalton, op. cit., p. 660, 29/10/1943
55. IWM, G.W. King, 85/49/1, 22/8/1943
56. IWM, 92/12/1, cartas de Belsey, 23/9/1941 e 12/9/1943
57. Ibid., cartas de 1/5/1943 e 23/9/1943
58. *Pravda*, 6/8/1943
59. Chuev, op. cit., p. 39
60. Vladimir Sokolov e Pyotr Stegny, *Eagles and Lions*, p. 261
61. BNA, INF1/220

Capítulo 15: Afundado no Egeu

1. Macmillan, op. cit., p. 425, 19/4/1944
2. Churchill, *The Second World War*, op. cit., vol. V, p. 182 et seq.
3. Brooke, op. cit., p. 185, 25/9/1941
4. Wilson Despatches 1946, citado em Jeffrey Holland, *The Aegean Mission*, p. 33
5. Brooke, op. cit., p. 458, 6/10/1943
6. Cadogan, op. cit., p. 565, 7/10/1943
7. Kimball, op. cit., vol. II, p. 498
8. BNA, FO954/32
9. Brooke, op. cit., p. 459, 8/10/1943
10. BNA, FO954/32
11. Diário de Kennedy, op. cit., 13/10/1943
12. Ibid., 28/10/1943
13. Brooke, op. cit., p. 464, 28/10/1943
14. Stephen Roskill, *The War at Sea*, vol. III, pt. 1, p. 202

15. IWM, LRDG 2/3
16. Holland, op. cit., p. 135
17. Anthony Rogers, *Churchill's Folly*, p. 203
18. Holland, op. cit., p. 148
19. Ralph Bennett, *Ultra and Mediterranean Strategy*, p. 398
20. Citado em Tedder, op. cit., p. 485
21. Ibid., p. 486
22. Cunningham, op. cit., p. 582
23. Cadogan, op. cit., p. 576, 16/11/1943
24. *The Times*, 24/11/1943
25. Diário de Kennedy, op. cit., 7/11/1943
26. C. J. C. Molony, *The Mediterranean and Middle East*, vol. V, p. 541
27. Soames, op. cit., p. 485, 21/11/1943
28. Churchill, *The Second World War*, op. cit., vol. V, p. 199
29. Ibid., pp. 198–9
30. Pogue, op. cit., vol. III, p. 307
31. Soames, op. cit., p. 487, 26/11/1943

Capítulo 16: Teerã

1. Michael Foot, *Bevan*, p. 326
2. Eden, op. cit., p. 441
3. Amery, op. cit., p. 1016, 2/10/1944
4. Brooke, op. cit., p. 223, 27/1/1942
5. Dalton, op. cit., p. 676
6. Brooke, op. cit., p. 467, 3/11/1943
7. Ibid., p. 468, 8/11/1943
8. Ibid., p. 516, 24/1/1944
9. Adam Tooze, *The Making and Breaking of the Nazi Economy*
10. Dalton, op. cit., p. 947, 18/10/1943
11. Macmillan, op. cit., p. 293, 15/11/1943
12. Moran, op. cit., pp. 156–7, 18/11/1943
13. Diário de Kennedy, op. cit., 7/11/1943
14. Pownall, op. cit., vol. II, p. 119
15. Fred Majdalany, *Cassino: Portrait of a Battle*, p. 33
16. Macmillan, op. cit., p. 304, 25/11/1943
17. Sherwood, op. cit., vol. II, p. 717
18. Kennedy, *The Business of War*, p. 317, almoço de 19/11/1943
19. Eden, op. cit., pp. 424 e 426
20. Cadogan, op. cit., p. 579, 28/11/1943
21. Moran, op. cit., p. 159
22. Ibid., p. 160
23. Ibid.
24. Hassett, op. cit., p. 161, 9/3/1943
25. Selden Menefee, *The Washington Post*, 13/1/1944
26. Brooke, op. cit., p. 483, 28/11/1943
27. Eden, op. cit., p. 514
28. Sergo Beria, *My Father Beria*, p. 124
29. GCM, entrevista, 15/11/1956, citado em Pogue, op. cit., p. 313
30. Cadogan, op. cit., p. 580, 29/11/1943
31. Beria, op. cit., p. 126
32. Wheeler-Bennett, *Action this Day*, op. cit., p. 210
33. Zhukov, op. cit., vol. III, p. 94
34. Moran, op. cit., p. 168

35. Coote Papers, citado em Gilbert, *Road to Victory*, op. cit., p. 646, 27/1/1944
36. 9/12/1943
37. Bryant, op. cit., vol. II, p. 114
38. Citado em Gilbert, op. cit., p. 606
39. IWM, diário de WA Charlotte, 93/19/1
40. Citado em Gilbert, op. cit., p. 613
41. Macmillan, op. cit., p. 322, 8/12/1943
42. Churchill para o comitê, 2/1/1944
43. Nicolson, op. cit., pp. 344–5, 18/1/1944
44. Ibid., p. 321, 21/9/1943
45. Citado em Carlo D'Este, *Fatal Decision: Anzio and the Battle for Rome*, p. 316
46. Ver Atkinson, *The Day of Battle*, op. cit., p. 354
47. Macmillan, op. cit., p. 429, 23/4/1944
48. Colville, op. cit., p. 474, 18/2/1944
49. Atas Hansard, 27/2/1944
50. Headlam, op. cit., p. 403, 25/4/1944
51. Gilbert, op. cit., p. 715, 21/3/1944
52. Eden, op. cit., p. 439, 4/3/1944
53. Ibid.
54. Macmillan, op. cit., pp. 124 e 126, 15/6/1943 e 18/6/1943
55. Ibid., p. 335, 23/12/1943, e p. 338, 25/12/1943
56. Eden, op. cit., 20/8/1943
57. Macmillan, op. cit., p. 335, 23/12/1943
58. Ibid., p. 389, 4/3/1944
59. Eden, op. cit., p. 442, 1/5/1944
60. Diário de Kennedy, op. cit., 24/9/1942
61. CAC, Churchill Papers, CHAR1/381/11–18
62. Colville, op. cit., p. 476, 4/3/1944

Capítulo 17: Tocando fogo na Europa

1. Pownall, op. cit., vol. II, p. 21
2. Churchill, *Churchill War Papers*, op. cit., vol. III, p. 1313
3. Ibid., vol. II, p. 254
4. BNA, CAB120/827
5. Robert Gildea, *Resistance, Reprisals and Community in Occupied France*, p. 165
6. Comitê de defesa do Gabinete, 2/8/1943
7. Colville, op. cit., pp. 192–3, 12/7/1940
8. Ver, por exemplo, Mark Mazower, *Hitler's Empire*
9. Citado em Max Hastings, *Das Reich*, pp. 148–9
10. Julian Jackson, *France: The Dark Years*, p. 534 e *passim*
11. AHB/1D3/1588, citado em M. R. D. Foot, *SOE in France*, p. 153
12. Bickham Sweet-Escott, *Baker Street Irregular*, p. 73
13. Lyttelton, op. cit., p. 239
14. Hastings, op. cit., entrevistas ao autor, *passim*
15. Peter Wilkinson e Joan Bright Astley, *Gubbins and SOE*, p. 117
16. Hastings, op. cit., p. 35
17. William Mackenzie, *The Secret History of SOE*, p. 415
18. Hastings, *Das Reich*, op. cit.
19. Jackson, op. cit., p. 387
20. BNA, CAB99/28
21. Citado em Roderick Bailey, *The Wildest Province*, p. 134
22. Citado em Mackenzie, op. cit., p. 486, 26/5/1944
23. Mark Mazower, *Inside Hitler's Greece*, *passim*

24. IWM, arquivo de áudio citado em Roderick Bailey (org.), *Forgotten Voices of the Secret War*, p. 250
25. Noel Annan, *Changing Enemies*, p. 75
26. *Venture into Greece*, p. 180
27. Bailey, op. cit., p. 251
28. Citado em Molony, op. cit., vol. VI, pt. III, p. 210
29. Ibid.
30. Ver Michael Howard, *British Intelligence in the Second World War*, vol. V, pp. 135–55
31. Milovan Djilas, *Wartime*, p. 253
32. Ibid., p. 368
33. Ibid., p. 348
34. Mackenzie, op. cit., p. 434
35. Macmillan, op. cit., p. 445, 1/5/1944–23/5/1944
36. BNA, PREM4/381C/341 e 4/369/438, 19/12/1944
37. CAC, Deakin Papers, *A Note on Resistance*, MS DEAK16, p. 25
38. Documento do Gabinete de Guerra citado em William Mackenzie, op. cit., p. 612
39. Mazower, *Hitler's Empire*, op. cit., p. 485
40. Entrevista ao autor, 4/3/1980
41. Mackenzie, op. cit., p. 483
42. Wilkinson e Astley, op. cit., p. 202
43. Macmillan, op. cit., p. 545, 9/10/1944
44. Colville, op. cit., p. 581, 3/4/1935
45. CAC, Deakin Papers, op. cit., DEAK16, p. 24
46. Thomas Arnold, *Lectures on Modern History*, pp. 160–1
47. Reynolds, op. cit., p. 175
48. Ibid., p. 176

Capítulo 18: Overlord

1. Dalton, op. cit., p. 714, 29/4/1944
2. BNA, INF1/293
3. Nicholas, op. cit., p. 345
4. Brooke, op. cit., p. 533, 21/3/1944
5. Ibid., p. 537, 5/4/1944
6. Cadogan, op. cit., p. 621, 19/4/1944
7. BNA, CAB99/28
8. Colville, op. cit., p. 484, 12/4/1944
9. Kimball, op. cit., vol. III, p. 87, 12/4/1944
10. Ver, por exemplo, Atkinson, op. cit., *passim*
11. Kimball, op. cit., vol. III, p. 163
12. John Gunther, *D-Day*, p. 59
13. Sr. T. Bowman, *The Times*, 30/5/1942
14. Churchill, *The Second World War*, op. cit., vol. V, p. 551
15. Brooke, op. cit., p. 553, 4/6/1944
16. Eden, op. cit., p. 452
17. Ibid., p. 454
18. Pogue, op. cit., vol. III, p. 394
19. Brooke, op. cit., p. 557, 12/6/1944
20. Diário de Holmes, citado em Gilbert, op. cit., p. 813
21. Diário de Cunningham, citado em ibid.
22. IWM, Mrs E. Elkus Papers, carta de 2/9/1944
23. Brooke, op. cit., p. 563, 27/6/1944
24. Macmillan, op. cit., p. 474, 25/6/1944
25. Brooke, op. cit., p. 581, 15/8/1944
26. Colville, op. cit., p. 489, 13/5/1944

Capítulo 19: Pechinchando de carteira vazia

1. Kimball, op. cit., vol. III, p. 201, 22/6/1944
2. Ibid., p. 202, 23/6/1944
3. Ibid., p. 219
4. Ibid., pp. 222–3
5. Ibid., p. 229
6. Minuta pessoal do primeiro-ministro para o comitê, 6/7/1944, D.218/4, citado em Gilbert, op. cit., p. 843
7. Colville, op. cit., p. 574, 20/3/1945
8. Moran, op. cit., 5/7/1954
9. Eden, op. cit., p. 461
10. Brooke, op. cit., p. 566
11. Eden, op. cit., p. 462
12. Dalton, op. cit., 29/4/1944
13. Eden, op. cit., p. 463
14. Ibid., p. 467
15. Brooke, op. cit., p. 673, 23/3/1945
16. BNA, CAB79/77
17. Michael Howard, *Liberation or Catastrophe*, p. 75
18. Diário de Harvey, op. cit., p. 349, 5/8/1944
19. Ibid., p. 351, 18/8/1944
20. BNA, FO371/39062
21. Kimball, op. cit., vol. III, p. 261, 29/7/1944
22. CAC, Randolph Churchill para WSC, Churchill Papers, CHAR1/381/42–44, 11/8/1944
23. Soames, op. cit., p. 501, 17/8/1943
24. Churchill, *The Second World War*, op. cit., vol. VI, p. 84
25. Djilas, op. cit., p. 401
26. Soames, op. cit., p. 500, 17/8/1944
27. IWM, diário de WA Charlotte 93/19/1
28. Diário de Harvey, op. cit., p. 355, 26/8/1944
29. Reynolds, op. cit., p. 395
30. Colville, op. cit., p. 595, 1/5/1945
31. Amery, op. cit., pp. 994 e 1020, 9/8/1944 e 23/11/1944
32. Berlin, op. cit., pp. 13 e 15
33. Kimball, op. cit., vol. III, p. 296
34. Brooke, op. cit., p. 589, 8/9/1944
35. Colville, op. cit., p. 509, 6/9/1944
36. Ibid.
37. Colville, op. cit., p. 510, 7/9/1944
38. Brooke, op. cit., p. 525, 25/2/1944
39. Churchill para os chefes de estado-maior, 9/9/1944
40. Colville, op. cit., p. 555, 23/1/1945
41. BNA, FO371/38550/AN4451
42. Colville, op. cit., 20/9/1944
43. Soames, op. cit., p. 306, 13/10/1944
44. Chuev, op. cit., p. 75
45. BNA, CAB120/165
46. Moran, op. cit., p. 249, 17/10/1943
47. CAC, Deakin Papers, op. cit., DEAL16, p. 14
48. BNA, PREM4/337/23, 3/12/1944
49. Headlam, op. cit., p. 435, 13/12/1944
50. Nicolson, op. cit., p. 406, 9/10/1944
51. Ibid., p. 352, 22/2/1944

52. Ibid., p. 356, 27/3/1944
53. Ibid., p. 347, 7/2/1944
54. Ibid., pp. 408–9, 27/10/1944
55. Brooke, op. cit., p. 625, 13/11/1944
56. *Spectator*, 24/11/1944

Capítulo 20: Atenas: "Ferido na casa de nossos amigos"

1. Eden, op. cit., 26/10/1944
2. Mazower, *Inside Hitler's Greece*, op. cit., p. 352
3. Soames, op. cit., p. 507, 4/12/1944
4. *Foreign Relations of the United States*, 1944, vol. III, p. 1162
5. USNA, RG59, caixa 11, Pesquisas de opinião do Departamento de Estado sobre relações internacionais, 1943–1975
6. USNA, RG59, caixa 11, pesquisa nº 17, 23/12/1944
7. USNA, RG59, caixa 11, pesquisa de Princeton, 23/12/1944
8. *Tribune*, dezembro de 1944
9. Churchill para Eden, 23/11/1944
10. Nicolson, op. cit., p. 416, 8/12/1944
11. Macmillan, op. cit., p. 600, 8/12/1944
12. *Post*, 11/12/1944
13. BNA, CAB121/559
14. Macmillan, op. cit., p. 612, 19/12/1944
15. IWM, 06/110/1, carta de 7/1/1945
16. IWM, 86/61/1, cartas de 5/12/1944, 12/12/1944 e 5/2/1945
17. Macmillan, op. cit., p. 613
18. Cadogan, op. cit., p. 689, 21/12/1944
19. Nicholas, op. cit.; p. 481, 24/12/1944
20. CAC, Martin Papers, op. cit., MART/2, 24/12/1944
21. Osbert Lancaster, in *Spectator*, 12/11/1965
22. Macmillan, op. cit., p. 616, 25/12/1944
23. Atas Hansard, 18/1/1945
24. Colville, op. cit., p. 540, 26/12/1944
25. Atas Hansard, 18/1/1945
26. Colville, op. cit., p. 540
27. Lancaster, op. cit.
28. Colville, op. cit., p. 541, 26/12/1944
29. Soames, op. cit., p. 509, 26/12/1944–27/12/1944
30. Macmillan, op. cit., p. 619, 26/12/1944
31. Lancaster, op. cit.
32. Macmillan, op. cit., p. 619, 27/12/1944
33. Ibid.
34. Soames, op. cit., p. 509, 28/12/1944
35. Lancaster, op. cit.
36. USNA, RG59, Pesquisas de opinião do Departamento de Estado sobre relações internacionais,1943–1975, caixa 11
37. USNA, RG59, caixa 11, p. 500, 21/1/1945
38. Nicholas, op. cit., p. 494, 7/1/1945
39. USNA, RG59, caixa 11, pesquisa nº 22
40. USNA, RG59, caixa 11, Pesquisas de opinião do Departamento de Estado sobre relações internacionais, 1943–1975, nº 19
41. Eden, op. cit., p. 506
42. Citado em Gilbert, *Road to Victory*, op. cit., p. 1138
43. Churchill para Eden, 19/1/1945

44. Diário de Holmes, 14/1/1945, citado em Gilbert, op. cit., p. 1148
45. Carta de Holmes para Gilbert, 12/2/1985, citado em Ibid.
46. Churchill para Eden, 4/1/1945
47. Colville, op. cit., p. 553, 17/1/1945
48. BNA, FO954/26/382
49. Colville, op. cit., p. 555, 23/1/1945
50. Ibid., p. 554, 20/1/1945

Capítulo 21: Yalta

1. Diário de Harvey, op. cit., p. 365, 11/11/1944
2. Atas Hansard, 18/1/1945
3. Eden, op. cit., p. 511, 2/2/1945
4. Diário de Holmes, 3/2/1945, citado em Gilbert, op. cit., p. 1172
5. Eden, op. cit., p. 512
6. *The New York Times*, 4/2/1945
7. USNA, RG59, caixa 1, pesquisa de opinião, 22/3/1945
8. Citado em Gilbert, op. cit., p. 1174
9. Beria, op. cit., p. 137
10. Chuev, op. cit., p. 76
11. Beria, op. cit., p. 138
12. CAC, Martin Papers, op. cit., MART2
13. Sarah Churchill, *Keep on Dancing*, pp. 75–6
14. Soames, op. cit., p. 512, 1/2/1945
15. BNA, CAB120/170
16. BNA, PREM4/77/1B/359
17. Colville, op. cit., 28/2/1945
18. Ibid., p. 562, 23/2/1945
19. Brooke, op. cit., p. 665, 22/2/1945
20. Memórias de Zhukov, op. cit., vol. III, p. 216
21. *Pravda*, 18/2/1945

Capítulo 22: O último ato

1. Kimball, op. cit., vol. III, p. 568
2. BNA, PREM3/12/2, 20/4/1945
3. Browne, op. cit., p. 248
4. BNA, AIR8/436
5. Brooke, op. cit., p. 678, 26/3/1945
6. Anita Leslie, *A Story Half Told*, pp. 142–3
7. Colville, op. cit., 24/4/1945
8. Zhukov, op. cit., vol. III, p. 224
9. Colville, op. cit., 26/4/1945
10. 29/4/1945
11. BNA, FO954/20
12. Moran, op. cit., p. 277
13. Ismay, op. cit., p. 394
14. Brooke, op. cit., p. 688
15. Ibid., p. 689
16. Ibid., p. 590, 10/9/1944
17. Colville, op. cit., p. 128
18. *Pravda*, 29/4/1945
19. BNA, FO954/26c
20. Brooke, op. cit., p. 690, 13/5/1945
21. Ibid., p. 693, 24/5/1945

22. Zhukov, op. cit., vol. III, p. 322
23. CAB120/691
24. Brooke, op. cit., p. 693, 24/5/1945
25. Ibid., p. 695, 31/5/1945
26. BNA, FO954/26c
27. Lee, op. cit., p. 10, 3/7/1940
28. Eden, op. cit., p. 522, 16/2/1945
29. Stebbing, 27/11/1940, citado em Garfield, op. cit., p. 24
30. *The Wall Street Journal*, 13/12/1944
31. Mayhew, op. cit., pp. 234–5
32. Citado em Ronald Lewin, *Slim: The Standard Bearer*, p. 246
33. Colville, op. cit., p. 433, 30/8/1941
34. Foot, op. cit., p. 505
35. IWM, Mrs E. Elkus Papers
36. Diário de Harvey, op. cit., p. 383, 10/6/1945
37. Moran, op. cit., p. 319
38. Rzheshevsky, op. cit., pp. 519–24
39. Churchill, *The Second World War*, op. cit., vol. VI, p. 545
40. Moran, op. cit., p. 313, 8/7/1945
41. Zhukov, op. cit., vol. III, p. 325
42. Brooke, op. cit., p. 709, 23/7/1945
43. Zhukov, op. cit., vol. III, p. 336
44. Eden, op. cit., 17/7/1945
45. Beria, op. cit., p. 135
46. Colville, op. cit., p. 273, 22/10/1940
47. Kumanyov, op. cit., p. 303
48. Chuev, op. cit., p. 85
49. Wheeler-Bennett, op. cit., p. 262
50. Moran, op. cit., p. 353
51. CAC, Churchill Papers, CHAR1/379/12–20
52. Eden, op. cit., p. 350, 9/11/1942
53. Moran, op. cit., p. 224, 20/9/1943
54. Berlin, op. cit., pp. 4 e 12
55. Eden, op. cit., p. 551, 27/7/1945
56. Nicolson, op. cit., 7/8/1942
57. Diário de Kennedy, op. cit., 16/2/1941
58. A. G. Gardiner, *Prophets, Priests and Kings*, p. 234
59. Brooke, op. cit., p. 388, 8/3/1943
60. Moran, op. cit., p. 13, 23/12/1941
61. Mary Soames ao autor, 23/5/2004

Bibliografia selecionada

O material disponível sobre Winston Churchill é enorme. Minha biblioteca conta com mais de cem títulos dele ou sobre ele, além de milhares de livros sobre a Segunda Guerra, muitos dos quais foram úteis, em algum nível, para a elaboração deste livro. Não me parece importante, todavia, catalogar todos. A lista a seguir detalha apenas os trabalhos mais consultados ou citados explicitamente no meu texto.

ADDISON, Paul. *Churchill on the Home Front 1900–1955*. Londres: Jonathan Cape, 1992

AGLAN, André. *La Résistance sacrifice: Le Mouvement Libération-Sud 1940–1944*. Paris, 1999

ALANBROOKE, marechal de campo lorde. *War Diaries 1939–1945*. Organizado por Alex Danchev e Daniel Todman. Londres: Weidenfeld & Nicolson, 2001

AMBROSE, Stephen. *Eisenhower the Soldier*. Londres: Allen & Unwin, 1984

AMERY, Leo. *The Empire at Bay: The Leo Amery Diaries 1929–1945*. Organizado por John Barnes e David Nicholson. Londres: Hutchinson, 1988

ANDREW, Christopher e GORDIEVSKY, Oleg. *KGB*. Londres: Hodder & Stoughton, 1990

ANNAN, Noel. *Changing Enemies*. Londres: HarperCollins, 1995

ASTLEY, Joan Bright. *The Inner Circle: A View of War at the Top*. Londres: Hutchinson, 1971

______ e WILKINSON, Peter. *Gubbins and SOE*. Londres: Leo Cooper, 1993

ATKINSON, Rick. *An Army at Dawn*. Londres: Henry Holt, 2004

______. *The Day of Battle*. Londres: Henry Holt, 2007

ATTLEE, Clement. *As it Happened*. Londres: Heinemann, 1954

BAILEY, Roderick. *The Wildest Province*. Londres: Jonathan Cape, 2008

_____. *Forgotten Voices of the Secret War*. Londres: Ebury Press, 2008

BARCLAY, George. *Fighter Pilot*. Londres: William Kimber, 1976

BARKER, Elisabeth. *Churchill and Eden at War*. Londres: Macmillan, 1978

BARNETT, Correlli. *The Desert Generals*. Londres: Allen & Unwin, 1983

______. *The Audit of War*. Londres: Macmillan, 1986

BAYLY, Christopher e HARPER, Tim. *Forgotten Armies: The Fall of British Asia 1940–45*. Londres: Penguin, 2004

BEAUMONT, Joan. *Comrades in Arms*. Londres: Davis-Poynter, 1980

BELLAMY, Chris. *Absolute War*. Londres: Macmillan, 2007

BENNETT, Ralph. *Ultra and Mediterranean Strategy*. Londres: Hamish Hamilton, 1989

BERIA, Sergo. *Moi oets Beriya: V koridorakh stalinskoi vlasti* [Meu pai Beria: Nos corredores do regime de Stalin]. Moscou, 2002

BERLIN, Isaiah. *Personal Impressions*. Londres: Hogarth Press, 1980

BEST, Geoffrey. *Churchill: A Study in Greatness*. Hambledon & London: Oxford University Press, 2001

______. *Churchill and War*. Hambledon & London: Bloomsbury Academic, 2005

BILLOTTE, Pierre. *Le Temps des Armes*. Paris: Plon, 1972

BIRKENHEAD, conde de. *Halifax: The Life of Lord Halifax*. Londres: Hamish Hamilton, 1965

BLUM, John Morton. *Years of War 1941–1945: From the Morgenthau Diaries*. Londres: Houghton Mifflin, 1977

BOHLEN, Charles E. *Witness to History 1929–1969*. Nova York: W. W. Norton & Company, 1973

BOND, Brian. *Liddell Hart: A Study of His Military Thought*. Londres: Cassell, 1977

BONHAM-CARTER, Violet. *Champion Redoubtable: The Diaries of Violet Bonham-Carter*. Organizado por Mark Pottle. Londres: Weidenfeld & Nicolson, 1998
BOSWELL, James. *The Life of Samuel Johnson*. Londres: Everyman, 2004
BRENDON, Piers. *Winston Churchill: An Authentic Hero*. Londres: Methuen, 1984
BROAD, Richard e FLEMING, Suzie (orgs.). *Nella Last's War*. Londres: Sphere, 1983
BROWNE, Anthony Montague. *Long Sunset: Memoirs of Winston Churchill's Last Private Secretary*. Londres: Cassell, 1995
BRYANT, Arthur. *The Turn of the Tide*. Londres: Collins, 1957
BUTCHER, Harry C. *My Three Years with Eisenhower*. Nova York: Simon & Schuster, 1946
BUTLER, J. R. M. *Grand Strategy*, vol. II. Londres: HMSO, 1957
______. *Grand Strategy*, vol. III, partes I e II. Londres: HMSO, 1964
CADOGAN, Alexander. *The Diaries*. Londres: Jonathan Cape, 1986
CARLTON, David. *Churchill and the Soviet Union*. Manchester: Manchester University Press, 2000
CHANDOS, lorde (Oliver Lyttelton). *Memoirs of Lord Chandos*. Londres: Bodley Head, 1962
CHANNON, Henry. *Chips: The Diaries of Sir Henry Channon*. Organizado por Robert Rhodes-James. Londres: Weidenfeld & Nicolson, 1967
CHARMLEY, John. *Churchill: The End of Glory*. Londres: Hodder & Stoughton, 1993
______. *Churchill's Grand Alliance: The Anglo-American Special Relationship 1940-1957*. Londres: Hodder & Stoughton, 1995
CHUEV, F. *Sto sorok besed s Molotovym* [Conversas com Molotov]. Moscou, 1991
CHURCHILL, Sarah. *Keep on Dancing*. Londres: Weidenfeld & Nicolson, 1981
CHURCHILL, Winston S. *The World Crisis*. 2 vols. Odhams, 1927
______. *My Early Life*. Londres: Thornton Butterworth, 1930
______. *The Second World War*. 6 vols. Londres: Cassell, 1948-1954
______. *Great Contemporaries*. Londres: Leo Cooper, 1990
______. *Speeches 1938-45*. 5 vols. Organização de Randolph Churchill (vol. I) e Charles Eade (vol. II-V). Londres: Cassell, 1941-45
______. *The Secret Session Speeches*. Organização de Charles Eade. Londres: Cassell, 1946
CLARKE, Peter. *The Cripps Version*. Londres: Allen Lane, 2002
CLAUSEWITZ, Carl von. *Da guerra*. Martins Fontes, 2010
COLVILLE, John. *Fringes of Power: Downing Street Diaries 1939-1955*. Londres: Hodder & Stoughton, 1985
COURT, W. H. B. *Coal*. Londres: Longman, 1951
CRAIG, Norman. *The Broken Plume*. Londres: IWM, 1982
CUNNINGHAM, Andrew Browne. *A Sailor's Odyssey*. Londres: Hutchinson, 1951
DALTON, Hugh. *The War Diaries of Hugh Dalton*. Organizado por Ben Pimlott. Londres: Jonathan Cape, 1986
DANCHEV, Alex. *Very Special Relationship: Field Marshal Sir John Dill and the Anglo-American Alliance*. Londres: Brassey's, 1986
DAVIE, Michael e CHISHOLM, Anne. *Beaverbrook*. Londres: Hutchinson, 1992
DAVIS, Kenneth S. *FDR: The War President*. Londres: Random House, 2000
DE GAULLE, Charles. *War Memoirs*, vol. I: *Call to Honour 1940-42*. Londres: Collins, 1955; vol. II: *Unity 1942-44*. Londres: Weidenfeld & Nicolson, 1959
D'ESTE, Carlo. *Warlord: Winston Churchill at War 1878-1945*. Londres: HarperCollins, 2008
_____. *Eisenhower: A Soldier's Life*. Londres: Henry Holt, 2002
_____. *Fatal Decision: Anzio and the Battle for Rome*. Londres: HarperCollins, 1991
DJILAS, Milovan. *Wartime*. Londres: Secker & Warburg, 1980
Dokumenty Vneshnei Politiki 1940 - 22.12.41, Moscou, 1999
DYKES, Vivian. *Establishing the Anglo-American Alliance: The Second World War Diaries of Brigadier Vivian Dykes*. Organizado por Alex Danchev. Londres: Brassey's, 1990
EDEN, Anthony. *The Eden Memoirs: The Reckoning*. Londres: Cassell, 1965
EHRMAN, John. *Grand Strategy*, vols. V e VI. Londres: HMSO, 1956
Eisenhower War Papers, vol. I. Baltimore: Johns Hopkins, 1970

ELLIS, L. F. *The War in France and Flanders*. Londres: HMSO, 1953
ELMHIRST, Sir Thomas. *Recollections*. Edição do autor, 1991
FISK, Robert. *In Time of War*. Londres: André Deutsch, 1983
FLEMING, Peter. *Invasion 1940*. Londres: Hart-Davis, 1957
FOOT, Michael. *Bevan*. Londres: McGibbon & Kee, 1962
Foreign Relations of the United States, *The Conferences at Washington, 1941–1942 and Casablanca, 1943*. Washington, 1968
_____. *The Conferences at Washington, 1942*, vol. III. Washington, 1961
_____. *The Conferences at Washington and Quebec, 1943*. Washington, 1970
_____. *The Conferences at Cairo and Tehran, 1943*. Washington, 1961
_____. *The Conference at Quebec, 1944*. Washington, 1972
_____. *The Conferences at Malta and Yalta, 1945*. Washington, 1955
FRASER, David. *Alanbrooke*. Londres: HarperCollins, 1997
FRENCH, David. *Raising Churchill's Army*. Londres: Oxford, 2000
GARDINER, A. G. *The Pillars of Society*. Londres: Dent, 1916
_____. *Prophets, Priests and Kings*. Londres: Dent, 1914
GARFIELD, Simon. *Private Battles: How the War Almost Defeated Us*. Londres: Ebury, 2006
GIBB, Andrew. *With Winston Churchill at the Front*. Londres: Gowans & Gray, 1924
GILBERT, Martin. *Churchill: A Life*. Londres: Macmillan, 1991
_____. *The Churchill War Papers*. 3 vols. Londres: Heinemann, 1993–2000
_____. *In Search of Churchill*. Londres: HarperCollins, 1994
_____. *Finest Hour: Winston S. Churchill 1940–41*. Londres: Heinemann, 1983
_____. *Road to Victory: Winston S. Churchill 1942–45*. Londres: Heinemann, 1986
_____. *Never Despair: Winston S. Churchill 1945–1965*. Londres: Heinemann, 1988
GILDEA, Robert. "Resistance, Reprisals and Community in Occupied France". In: *Transactions of the Royal Historical Society*, 6º vol., 2003, pp. 163–85
GOLOVANOV, Alexander. *The Long-Range Bomber Force: Memoirs of the Chief Marshal of Aviation*. Moscou, 2007
GUNTHER, John. *D-Day*. Londres: Hamish Hamilton, 1944
HAFFNER, Sebastian. *Churchill*. Londres: Haus, 2003
HAMMOND, Nicholas. *Venture into Greece*. Londres: William Kimber, 1983
HARRIMAN, W. Averell e ABEL, Elie. *Special Envoy to Churchill and Stalin 1941–46*. Nova York: Random House, 1975
HARRIS, Sir Arthur. *Bomber Offensive*. Londres: Collins, 1947
HARRISON, Mark (org.). *The Economics of World War II*. Cambridge, 1998
HARTWELL, lorde. *William Camrose: Giant of Fleet Street*. Londres: Weidenfeld & Nicolson, 1992
HARVEY, Oliver. *The War Diaries of Oliver Harvey 1941–1945*. Organização de John Harvey. Londres: Collins, 1978
HASSETT, William. *Off the Record with FDR*. Londres: Allen & Unwin, 1960
HASTINGS, Max. *Bomber Command*. Londres: Michael Joseph, 1979
_____ e DEIGHTON, Len. *The Battle of Britain*. Londres: Rainbird, 1980
_____. *Das Reich: The 2nd SS Panzer Division's March to Normandy: June 1944*. Londres: Michael Joseph, 1981
_____. *Overlord: D-Day and the Battle for Normandy*. Londres: Michael Joseph, 1984
_____. *Armageddon: The Battle for Germany 1944–45*. Londres: Macmillan, 2004
_____. *Nemesis: The Battle for Japan 1944–45*. Londres: HarperCollins, 2006
HEADLAM, Cuthbert. *Parliament and Politics in the Age of Churchill and Attlee: The Headlam Diaries 1935–51*. Organização de Stuart Ball. Cambridge: Cambridge University Press, 1999
HICHENS, Antony. *Gunboat Command*. Londres: Pen & Sword, 2007
HIGGINS, Trumbull. *Winston Churchill and the Second Front 1940–1943*. Oxford: Oxford Press, 1957
HINSLEY, F. H. et al. *British Intelligence in the Second World War*. 4 vols. Londres: HMSO, 1979–1990
HODGSON, Vere. *Few Eggs and No Oranges: The Diaries of Vere Hodgson*. Londres: Persephone, 1999
HOLLAND, Jeffrey. *The Aegean Mission*. Londres: Greenwood Press, 1988

HOLMES, Richard. *In the Footsteps of Churchill*. Londres: BBC, 2006
HORNE, Alastair. *To Lose a Battle*. Londres: Macmillan, 1969
HORSFALL, John. *Say Not the Struggle*. Londres: Roundwood, 1977
HOWARD, Michael. *Grand Strategy, vol. IV: 1942–43*. Londres: HMSO, 1972
_____. *British Intelligence in the Second World War*. Hambledon & London, 2007
HULL, Cordell. *Memoirs of Cordell Hull*. Londres: Hodder & Stoughton, 1948
INMAN, P. *Labour in the Munitions Industries*. Londres: HMSO e Longmans, 1957
IRONSIDE, lorde. *The Ironside Diaries*. Organizado por R. Macleod e D. Kelly. Londres: Constable, 1962
ISMAY, lorde. *The Memoirs of General the Lord Ismay*. Londres: Heinemann, 1960
JACKSON, Julian. *France: The Dark Years*. Oxford: Oxford University Press, 2001
JACKSON, Sir William e BRAMALL, lorde. *The Chiefs: The Story of the United Kingdom Chiefs of Staff*. Londres: Brassey's, 1992
JEFFREYS, Kevin. *The Churchill Coalition and Wartime Politics*. Londres: Palgrave Macmillan, 1993
JENKINS, Roy. *Churchill*. Londres: Macmillan, 2001
_____. *Franklin Delano Roosevelt*. Londres: Macmillan, 2004
JONES, R. V. *Most Secret War: British Scientific Intelligence 1939–1945*. Londres: Hamish Hamilton, 1978
KARSLAKE, Basil. *The Last Act*. Londres: Leo Cooper, 1979
KEEGAN, John. *Churchill*. Londres: Weidenfeld & Nicolson, 2002
KENNEDY, David. *Freedom from Fear: The American People in Depression and War 1929–45*. Oxford: Oxford University Press, 1999
KENNEDY, Sir John. *The Business of War*. Londres: Hutchinson, 1957
KERSAUDY, François. *Churchill and De Gaulle*. Londres: Collins, 1981
_____. *Norway 1940*. Londres: Collins, 1990
KERSHAW, Ian. *Fateful Choices: Ten Decisions that Changed the World 1940–41*. Londres: Allen Lane, 2007
_____. *Making Friends with Hitler*. Londres: Allen Lane, 2004
_____. *Hitler: Hubris 1889–1936*. Londres: Allen Lane, 1998
_____. *Hitler: Nemesis 1936–45*. Londres: Allen Lane, 2000
KIMBALL, Warren (org.). *Churchill and Roosevelt: The Complete Correspondence*. 3 vols. Nova Jersey: Princeton University Press, 1984
KNIGHT, Nigel. *Churchill Unmasked*. Londres: David & Charles, 2008
KUMANYOV, G. A. *Ryadom so Stalinym* [Perto de Stalin]. Moscou, 1999
KYNASTON, David. *A History of the City of London*, vol. III. Londres: Chatto & Windus, 1999
LACOUTURE, Jean. *De Gaulle: The Rebel 1890–1944*. Londres: Collins Harvill, 1984
LANGWORTH, Richard M. (org.). *Churchill by Himself*. Londres: Ebury, 2008
LASCELLES, Sir Alan. *King's Counsellor: The Diaries of Sir Alan Lascelles*. Organizado por Duff Hart-Davis. Londres: Weidenfeld & Nicolson, 2006
LASH, Joseph P. *Roosevelt and Churchill 1939–1941: The Partnership that Saved the West*. Nova York: W. W. Norton & Company, 1976
LAVERY, Brian. *Churchill Goes to War: Winston's Wartime Journeys*. Londres: Conway, 2007
LAWLOR, Sheila. *Churchill and the Politics of War 1940–41*. Cambridge: Cambridge University Press, 1994
LEE, Raymond. *The London Observer: The Diaries of General Raymond Lee 1939–41*. Organizado por James Leutze. Londres: Hutchinson, 1972
LEES-MILNE, James. *The Diaries of James Lees-Milne*. Londres: John Murray, 2007
LESLIE, Anita. *A Story Half Told*. Londres: Hutchinson, 1983
LEWIN, Ronald. *Churchill as Warlord*. Londres: Scarborough, 1982
_____. *The Chief*. Londres: Hutchinson, 1980
_____. *Slim: The Standard Bearer*. Londres: Leo Cooper, 1977
LUKACS, John. *The Duel: Hitler versus Churchill*. Oxford: Oxford University Press, 1990
_____. *Five Days in London, May 1940*. New Haven: Yale University Press, 2001
LYSAGHT, Charles Edward. *Brendan Bracken*. Londres: Allen Lane, 1979
MACKENZIE, William. *The Secret History of SOE*. Londres: St Ermins Press, 2000
MCLAINE, Ian. *Ministry of Morale*. Londres: Allen & Unwin, 1979
MACMILLAN, Harold, *War Diaries*. Macmillan, 1984

MARTIN, Sir John. *Downing Street: The War Years*. Londres: Bloomsbury, 1991
MAYHEW, Patrick (org.). *One Family's War*. Londres: Hutchinson, 1985
MAZOWER, Mark. *Hitler's Empire*. Londres: Penguin, 2008
_____. *Inside Hitler's Greece*. New Haven: Yale University Press, 1993
MEACHAM, Jon. *Franklin and Winston: Portrait of a Friendship*. Londres: Granta, 2004
MENZIES, Robert. *Dark Days: The Diaries of Robert Menzies*. Organizado por A. W. Martin e Patsy Hardy. Biblioteca Nacional da Austrália, 1993
MILLBURN, Clara. *Mrs Millburn's Diaries*. Londres: Harrap, 1979
MOLONY, C. J. C. *The Mediterranean and Middle East*, vol. V. Londres: HMSO, 1973
MOOREHEAD, Alan. *African Trilogy*. Londres: Cassell, 1998
MORAN, lorde. *Winston Churchill: The Struggle for Survival 1940–1965*. Londres: Constable, 1966
MORGAN, Sir Frederick E. *Overture to Overlord*. Londres: Hodder & Stoughton, 1950
MORGAN, Ted. *Churchill 1874–1915*. Londres: Jonathan Cape, 1982
_____. *Franklin Roosevelt*. Londres: Simon & Schuster, 1992
MOSLEY, Leonard. *Backs to the Wall: London Under Fire 1939–45*. Londres: Weidenfeld & Nicolson, 1971
NEL, Elizabeth. *Mr Churchill's Secretary*. Londres: Hodder & Stoughton, 1958
NICHOLAS, H. G. (org.). *Washington Despatches*. Londres: Weidenfeld & Nicolson, 1981
NICOLSON, Harold. *The Diaries of Harold Nicolson 1939–45*. Organizado por Nigel Nicolson. Londres: Weidenfeld & Nicolson, 1967
Ocherki Istorii Rossiikoi Vneshney Razvedki [Estudos sobre a história do serviço soviético de inteligência externa]. Moscou, 2007
OVERY, Richard. *War and Economy in the Third Reich*. Oxford: Oxford University Press, 1995
_____. *Why the Allies Won*. Londres: Jonathan Cape, 1997
_____. *Russia's War*. Londres: Allen Lane, 1998
_____. *The Dictators: Hitler's Germany and Stalin's Russia*. Londres: Allen Lane, 2004
PAULI, Kurt. *Von Serbien Bis Kreta*. Steirische Verlagsanstalt, 1942
PAYNE, Stanley G. *Franco and Hitler*. New Haven: Yale University Press, 2007
PICKERSGILL, J. W. e FORSTER, D. F. *The Mackenzie King Record*, vols. I e II. Toronto: University of Toronto Press, 1968
PILE, gen. Sir Frederick. *Ack-Ack: Britain's Defence Against Air Attack*. Londres: Harrap, 1949
PILIPEL, Robert H. *Churchill in America*. Londres: New English Library, 1977
POGUE, Forrest C. *The Supreme Command*. Washington, 1954
_____. *George C. Marshall: Education of a General 1880–1939*. Nova York: Viking, 1964
_____. *George C. Marshall: Ordeal and Hope 1939–42*. Nova York: Viking, 1965
_____. *George C. Marshall: Organizer of Victory 1943–45*. Nova York, Viking, 1973
PORCH, Douglas. *Hitler's Mediterranean Gamble*. Londres: Weidenfeld & Nicolson, 2004
PORTELLI, Alessandro. "The Massacre of Civitella Val Di Chianti: Myth and Politics, Mourning and Common Sense". In: *The Battle of Valle Giulia: Oral History and the Art of Dialogue*. Wisconsin, 1997
POSTAN, M. M. *British War Production*. Londres: HMSO, 1952
Potsdam Institute for the Study of Military History. *Germany and the Second World War*. 9 vols. Tradução para o inglês publicada pela Oxford University Press, 1990–2008
POWNALL, Henry. *Chief of Staff: The Diaries of Lieutenant-General Sir Henry Pownall*. Organizado por Brian Bond. 2 vols. Londres: Leo Cooper, 1972 e 1974
RAMSDEN, John. *Man of the Century: Winston Churchill and His Legend Since 1945*. Londres: HarperCollins, 2002
RAY, John. *The Battle of Britain: New Perspectives*. Londres: Arms & Armour Press, 1994
REYNOLDS, David. *In Command of History: Churchill Fighting and Writing the Second World War*. Londres: Penguin, 2004
_____. *The Creation of the Anglo-American Alliance 1937–1941*. Londres: Chapel Hill, 1982
_____. *Allies at War: The Soviet, American and British Experience 1942–45*. Organizado junto a Warren Kimball e A. O. Chubarian. Londres: Palgrave Macmillan, 1994
_____. *From World War to Cold War*. Oxford: Oxford University Press, 2002
RHODES-JAMES, Robert. *Churchill: A Study in Failure 1900–39*. Londres: Weidenfeld & Nicolson, 1970

RICHARDS, Denis. *Portal of Hungerford*. Londres: Heinemann, 1977

RICHARDSON, Charles. *From Churchill's Secret Circle to the BBC: The Biography of Lieutenant General Sir Ian Jacob*. Londres: Brassey's, 1991

ROBERTS, Andrew. *The Holy Fox: A Life of Lord Halifax*. Londres: Weidenfeld & Nicolson, 1991

_____. *Mestres e comandantes: como Roosevelt, Churchill, Marshall e Alanbrooke ganharam a guerra no Ocidente*. Rio de Janeiro: Record, 2012

ROBINSON, Derek. *Invasion 1940*. Londres: Constable, 2005

RODGER, N. A. M. *The History of the Royal Navy*, vol. II. Londres: Penguin, 2005

ROGERS, Anthony. *Churchill's Folly*. Londres: Cassell, 2003

ROOSEVELT, Elliott. *As He Saw It*. Londres: Duell, Sloan & Pearce, 1946

ROSE, Norman. *Churchill: An Unruly Life*. Londres: Simon & Schuster, 1995

ROSKILL, Stephen. *Churchill and the Admirals*. Londres: Collins, 1977

_____. *Hankey: Man of Secrets*. 3 vols. Londres: Collins, 1974

_____. *The War at Sea*. Londres: HMSO, 1960

Royal Historical Society Proceedings. *Record of the Churchill Conference at the Institute for Historical Research Jan 2001*. Cambridge: Cambridge University Press

RZHESHEVSKY, O. A. *Stalin i Cherchil: Vstrechi, besedy, diskussi* [Stalin e Churchill: Reuniões, conversas e discussões]. Moscou, 2004

SALTER, Arthur. *Slave of the Lamp*. Londres: Weidenfeld & Nicolson, 1967

SAYERS, R. S. *Financial Policy 1939–45*. Londres: HMSO, 1956

SEBAG-MONTEFIORE, Hugh. *Dunkirk*. Londres: Penguin, 2006

SEBASTIAN, Mikhail. *Journal 1935–44*. Londres: Heinemann, 2001

SHERIDAN, Dorothy (org.). *Wartime Women*. Londres: Heinemann, 1990

SHERWOOD, Robert. *The White House Papers of Harry L. Hopkins*, vols. I e II. Londres: Eyre & Spottiswoode, 1948

_____. *Roosevelt and Hopkins: An Intimate History*. Londres: Harper, 1948

SLESSOR, Sir John. *The Central Blue*. Londres: Cassell, 1956

SLIM, marechal de campo visconde. *Defeat into Victory*. Londres: Cassell, 1956

SOAMES, Mary. *Clementine Churchill*. Londres: Doubleday, 2002

_____ (org.). *Speaking for Themselves: The Personal Letters of Winston and Clementine Churchill*. Londres: Doubleday, 1998

SOKOLOV, Vladimir e STEGNY, Pyotr. *Bridges and Barriers II Rodina No. 5*. Moscou, 2003

STACEY, C. P. *The Canadian Army 1939–45*. Ottawa: King's Printer, 1955

STAFFORD, David. *Roosevelt and Churchill*. Nova York: Little, Brown, 1999

STANFORD, J. K. *Tail of an Army*. Londres: Phoenix House, 1966

STRONG, Kenneth. *Intelligence at the Top*. Londres: Cassell, 1968

SWEET-ESCOTT, Bickham. *Baker Street Irregular*. Londres: Methuen, 1965

TAYLOR, A. J. P. *Beaverbrook*. Londres: Hamish Hamilton, 1972

TEDDER, lorde. *With Prejudice*. Londres: Cassell, 1966

TENDULKAR, D. G. *Mahatma*. Nova Délhi, 1969

THOMPSON, R. W. *Churchill and Morton*. Londres: Hodder & Stoughton, 1976

THORNE, Christopher. *Allies of a Kind*. Londres: Hamish Hamilton, 1978

THURLOW, Richard. *Fascism in Britain: A History 1918–1985*. Oxford: Oxford University Press, 1987

TITMUSS, Richard. *History of the Second World War: Problems of Social Policy*. Londres: HMSO, 1950

TOOZE, Adam. *Wages of Destruction: The Making and Breaking of the German War Economy*. Londres: Allen Lane, 2006

TROLLOPE, Anthony. *Autobiography*. Londres: Trollope Society, 1999

TRUKHANOVSKY, V. G. *Uinston Cherchil. Politicheskaya Biograpiya*. Moscou: Progress Publishers, 1978

WALLACE, Henry. *The Price of Vision: The Diary of Henry A. Wallace 1942–1946*. Organizado por John Morton Blum, Boston: Houghton Mifflin, 1973

WATT, D. C. *Succeeding John Bull*. Cambridge: Cambridge University Press, 1980

WAUGH, Evelyn. *Men at Arms*. Londres: Chapman & Hall, 1952

WHEELER-BENNETT, Sir John (org.). *Action this Day*. Londres: Macmillan, 1968

_____. *John Anderson Viscount Waverley*. Londres: Macmillan, 1962
WIEVORKA, Olivier. *Une Certaine Idée de la Résistance: Défense de la France 1940–1949*. Paris, 1995
WILMOT, Chester. *The Struggle for Europe*. Londres: Collins, 1952
WILSON, Thomas. *Churchill and the Prof.* Londres: Cassell, 1995
WINANT, G. *A Letter from Grosvenor Square*. Londres: Greenwood Press, 1947
WINFIELD, Ronald. *The Sky Belongs to Them*. Londres: William Kimber, 1976
WRIGLEY, Chris. *Churchill*. Londres: Haus, 2006
YOUNG, Kenneth. *Stanley Baldwin*. Londres: Weidenfeld & Nicolson, 1976
ZHUKOV, G. K. *Vospominaniya i Razmyshlenita* [Memórias e reflexões], vol. II. Moscou, 1992

Índice

1ª edição	DEZEMBRO DE 2025
impressão	IMPRENSA DA FÉ
papel de miolo	HYLTE 60 G/M²
papel de capa	CARTÃO SUPREMO ALTA ALVURA 250 G/M²
tipografia	MINION PRO